古代日本の穢《けが》れ・死者・儀礼

尾留川方孝
Masataka BIRUKAWA

ぺりかん社

古代日本の穢れ・死者・儀礼＊目次

序章　死者観念に関する先行研究とその限界

奈良・平安時代の朝廷および貴族社会ではどのように死者を理解していたのだろうか。朝廷を構成する人々によって死者はどこにどのような状態で存在していると考えられ、また人々はこれとどのようにかかわるべきと考えられていたのだろうか。死は穢れであり忌避すべきものであったとしばしば主張されるが、そうした捉え方は妥当なのだろうか。本書は、奈良・平安時代の朝廷を中心とする死者観念がどのようなものであったのか明らかにすべく、これと密接に関連する穢れがどのような内容でまたどのような状況で問題視されるのか、死者がいかなる存在として把握されどのように扱われたかという二つの視点を中心にして論じる。

これまでにも死者観念については、民俗学を中心にさまざまに論じられてきた[1]。それによると死者は二元的に捉えられている。人は死ぬと霊魂が身体から分離する。死体はキタナイ忌避すべきものとして遺棄され、霊魂こそが重要なものとして祭られる。霊魂は死んでからしばらくの期間は個体性を持っているが、やがて個体性を失い先祖代々の霊魂の集合体である祖霊に吸収される。祖霊はさほど遠くない山などにあり、お盆などの特定の機会に子孫のところに一時的に帰ってくる。このような祖霊観念を中心にする死者観念が、古代から一貫していたとするのが通説的理解と言えるだろう。古代の朝廷で死者がどのように捉えられていたかを論じる場合でも、根底にはこの祖霊観念があることを前提として、外来的要素などの影響を考慮しつつその個別具体的なあらわれとして考察されてきた。
しかし古代の死者観念を論ずるにあたってこのような死者観念を前提にすることには問題がある。本書ではこの通説的理解を問い直す。そのために通説的理解を前提にはせずに、まず死者観念があらわれるであろう穢れにかかわる事象や喪葬儀礼およびそれに関する奈良・平安時代の文献を考察し、そこから古代の死者観念がいかなるものであったか明らかにする。ここではまず古代の死者観念を考えるときに通説的理解となっている死者観念を前提にできない理由を示す。

一　柳田国男の祖霊観念とその限界

1　「基本的形態」とされる祖霊観念

近代以来、死に関する問題を積極的に扱ってきたのは民俗学である。そこで前提にされるのは柳田国男により構築された枠組みである。民俗学の発展により、先行する見解が再検証を経てより精緻になったり、あるいは修正されるなど個別の研究はそれぞれ深さを増していったが、死者に関するさまざまな事象の全体を覆う基礎的枠組みは、依然として柳田国男のそれが用いられている。このことについて佐藤弘夫は簡潔に述べている。

今日、大方の日本人が、日本固有の死生観・霊魂観と信じてやまないものは、実はその多くを柳田の学説に負っている。宗教学も民俗学もまた、基本的には柳田の理論の枠を超えていないのである。(2)

また藤井正雄は、柳田国男がもっとも基本に置く祖霊信仰についてつぎのように総括している。

> いわゆる祖霊神学を樹立したのは、民俗学者柳田国男である。（中略）日本人は死者が出た場合、葬儀にはじまって七日七日の中有の法要、百ヶ日忌、一周忌、三回忌……と年忌法要を重ねていくが、弔上げ・トイアゲ・トイキリなどと呼ばれ、その年忌供養をある一定の年限をもって打ち切る習俗が全国的にみられる。その打ち切りの年は場所によって四十九年目あるいは五十年目とされる所もあるが、多くの場合三十三年目である。三十三年忌までの死霊はホトケないし精霊などと称され、その個性を没してはいない霊である。三十三年忌には生木を切り込んだ杉の葉付きないし梢付塔婆などを立て、この時をもって死霊はその個性を失い、祖霊という集合的な霊体に合一される。この祖霊とは、汚れたホトケ・精霊とは異なって清まったカミであり、多くの場合生前の居住地からあまり遠くない山にあって子孫を見守り、毎年時を定めて子孫の家を訪問し、家の繁栄を守護するといわれる。その代表的な時が七月の盆行事で旧暦七月一日ころから十六日ころまで継続的に行われる一連の行事は、祖霊を迎え、送るという構造を持っている。すなわち盆道作りに始まり盆花迎え、迎え火、盆棚での精霊のまつり、送り火などがそれをシンボライズしている。柳田はまた、正月はかつては七月の盆と同様の先祖祭りの時であったと指摘している。現行の盆と正月の行事の著しい類似が共に祖霊祭であったことを裏付けているという。（中略）このような祖霊信仰は、日本の常民信仰の基本的形態であるとするのが柳田の根本的立場である。[3]

死者とはつまるところ霊魂のことであって肉体のことではない。霊魂は一定の時間がすぎると個体性を失い家を離れ、付近の山などに行く。すなわち死者は霊魂となったあともこの世の中に存在している。柳田はこのような見解を示した。柳田がひろく見聞きして得たさまざまな死者や死後にかかわる事象を、相互に関連する体系として整合性をもって一つにまとめあげて、包括的な見解を提供することに成功している。言い換えるならば、死や死者に関わる習俗にはさまざまなものがあるが、それらはこの見解によって連鎖性や補完性のあるものとして一つにつなげられ、そこから逆に全体における位置づけが論じられる。体系性や包括性を持つため、多くの研究でこれが基礎的枠組みとされ、検証対象とならないことから「祖霊神学」とも言われる。その後の民俗学の死生観や他界理解についての研究も、この死者および祖霊の理解を基礎とすることで積み重ねられてきた。藤井はこの「基本的形態」について説明する。

「基本的形態」という意味は、一つには、稲を中心とする農耕生活を取り入れた日本民族のもっとも古い形態の信仰であるとする〈起源〉としての意味と、いま一つは、歴史的変遷において様々な社会的文化的影響を蒙ってきたにもかかわらずに日本人の信仰習俗の根本を支えてきた、という歴史を貫く基層としての意味、の二つと考えることができる。(4)

つまり民俗学の基礎に置かれる祖霊観念は、柳田が彼の生きた時代に存在していた民俗を考察することから導き出したものだが、これが歴史を貫くものでなおかつ根底的なものであったと考えてきたというのである。古代について考察する場合はのちの時代と比較して、現存する資料の絶対数が少ないこと、記録の対象が権力者や寺院に大きく偏っていること、古い姿のまま残される習俗やその痕跡がまれであるなど資料的限界があるのだが、超歴史的なものとされる祖霊観念によって補うことで考察されてきた。こうした手法を採ると一定の成果はあるものの補足材料として援用した祖霊観念を越える成果は得られない。祖霊観念と矛盾するような実態が明らかになったとしても、当該の研究対象は諸条件により特殊なあらわれ方をしただけだと解釈されるにとどまり、前提にされた祖霊観念が批判され相対化される可能性は事実上失われる。柳田の示した祖霊観念は普遍的な観念であるとしてつねに根拠として援用されまた補足材料とされ、批判や反論をさまざまに受け流すことで通説的理解という地位を保ってきた。

2　死者の霊魂が神となるという祖霊観念への批判

しかし、研究が進められてゆくなかで、柳田の祖霊観念を中心にする死者観念には修正すべき点があることが、とくにより古い時代を中心に明らかにされてきた。

田中久夫は盆の習俗を考察し、日本在来の習俗と大陸由来のものが習合したともいわれるが、日本での盂蘭盆会は当初僧侶を供養する純粋な仏事であって、後世へとつながる盆行事の起源は藤原道長のときであるとした(5)。盆行事は在来の習俗ではなく摂関期にようやく成立するのであり、ここに典型的に示される霊魂観、すなわち死後祖霊は山に行き、特定の時期に山から子孫のもとへ一時的に帰ってくるという祖霊観は、必ずしも摂関期以前にさかのぼるものとは言えないという。

藤井正雄も、祖霊信仰の具体的行事や儀礼は、ほとんどのものが中世以降にはじまり、全国へひろがったのは近世に入ってからだと総括している。すなわち中有の七日毎の法要から、百ヶ日忌、一周忌、三回忌など十仏事は大陸で成立し日本に導入されたのだが、日本に入って七回忌、十三回忌、三十三回忌が加わり、十三仏事が成立するのは十二世紀から十四世紀にかけてであり、さらに十六世紀に十七回忌と二十五回忌を加え十五仏事になったとしている。仏教と民間習俗の相互作用の産物として今日の祖霊観は成立したのであり、海外よりもたらされた仏教の影響によりそれまでの習俗が変化していることは明らかであるという。「三十三年目にカミになるという日本の祖霊観の定着にも、仏教の用意した理論的裏付けが大きな影響をもっていたであろうと考えることができる。（中略）日本人の祖霊観は歴史的な文化接触を無視しては語ることができない(6)」と指摘する。

周忌で用いられる位牌もまた埋葬後に死者の霊魂の依り代として祭祀の直接の対象とされ、祖先祭祀の構成要素としてきわめて重要なものだが、これも同様に中世に取り入れられたとされる。この起源について複数の見解があるものの、そもそも中国ではじまった儒教的祖先祭祀で用いられた位牌（木主・神主・虞主）が仏教儀礼へと取り込まれ、宋時代にこれを禅宗の僧侶が日本に伝えて広く用いられるようになったと考えられている。位牌の存在を前提にして成り立つ死者理解は、すくなくともそのままの形で古来からあったということはできない。

また死者となった祖先の霊魂がやがて神として祭られるという習俗が古代からあったと考えられる最大の根拠とされてきた「氏神」について、津田左右吉がはやくも批判している。「氏神」の名称が成立した時期は奈良時代初期から中期にかけてのことで、「氏神」はこの時期の社会的政治的変動に対処するために氏族の内部結合を強くするために氏の祭る神を重視したことにはじまるという。そしてこの神は祖先神ではなく、氏の守護霊などの自然神の系譜を引く神であったとした。さらに下出積与によると、日本の氏神の概念そのものがその氏を組織する共同体が基礎になっているのに対して、祖先神は本来血縁関係がその祭祀組織の基礎になっていることから、氏神と祖先神の結合は本来的なものではなく、後世において別の契機によってなされたものであるという(7)。藤井はこれを示したうえで「下出の研究は、柳田の指摘する常民の祖霊観のアウトラインが超歴史的な「この世の始め」から成立していたのではなく、歴史的な所産であることを明確に示唆している」と、その意義を述べて、「歴史的背景をふまえた立場とともに、（中略）いま一度日本人の祖霊観を特に習合プロセスに焦点を合わせて洗い直す作業が必要であるだろう(8)」としている。実際死者が神として祭られたことが確実な事例は天満宮の菅原道真がもっとも早く、これより早い時期にはそうした事例は確認できない。

3　死穢観念の実体化とされた両墓制の問題

祖霊信仰と表裏をなし、死者観念と切り離すことができないものとして死穢観念がある。死穢観念は古来からあったとする理解は本居宣長などに見られ、近世以来ひろく浸透しており民俗学でも基本的にこれを踏襲している。柳田は霊魂を関心の中心としていたため遺体については副次的問題として扱うことが多いが、死者観念を考えるとき死体やこれを穢れとする観念も重要な意義を持つ。

霊魂観念と死穢観念の関係についてはつぎのように説明されている。死とは身体と霊魂の分離であり、このうち霊魂こそが死者の本質であって祭るべき対象とされる。この霊魂は一定期間は個体性をもつが、やがて祖霊と一体化するとされる。一方、霊魂のぬけだした身体すなわち死体はキタナイ穢れとみなされ忌避すべきものとされていた。霊魂を祭るとき、穢れを浄化したものとして骨を用いることがあるが、生身の肉体がそのままで用いられることはありえないという。西郷信綱もこうした理解を前提にして「肉体の腐敗と魂の純化とは常に表裏の関係にあるわけで、肉体が腐ってゆき骨化するとは、死者の魂が純化されてやがて祖先の一人となる過程と重なる」[9]と、両者の関係について説明している。

このような霊魂観念と死穢観念の双方をその関係まで含め端的に体現しているものとして両墓制が注目されてきた[10]。両墓制とは遺体を埋葬する「埋め墓」と、死者の霊魂を祭るための「詣り墓」を別々にして、遺体を埋めた「埋め墓」は埋葬後ほどなく顧みられなくなり、遺体のない「詣り墓」がもっぱら祭る対象とされる墓制のことである。この両墓制に関しては最上孝敬が正面から扱い、両墓制を改葬による二次埋葬の変形とする解釈の可能性を示し、最初に埋葬されたところから死者の霊魂のみを取り出し別に祭り、遺体の残る埋め墓を穢れとして避けたことなどを論じた[11]。

しかし新谷尚紀は、最上が古い本来的なものとした埋め墓を早めに放棄するタイプの事例は実際には非常に少ないことを指摘し、ほかにも同一地域で両墓制と単墓制の両方が行われていたり、両墓制やその痕跡が必ずしもひろく一般に確認されるわけではないと指摘し、両墓制を根底的な葬法とする解釈に疑問を呈している[12]。死穢観念と霊魂観念の関係を端的に体現していると考えられた両墓制も、原形や典型とすることには問題がある。

4　古代の喪葬の実態との矛盾

柳田の「歴史を貫く基層」とされる祖霊観念（霊魂観念）は、古代の喪葬の実態も説明できない。田中久夫によれば、古代の喪葬および埋葬後の死者に対する行為は、遺体軽視から遺体尊重へと移行すると総括されるのだが[13]、柳田の示した枠組みのなかでの説明が試みられるものの、結局十分な説明とならない。

遺体尊重は一見すると死穢観念と矛盾するが、白骨を霊魂の依り代と捉えることで柳田説を基本として合理的に説明しようとされる[14]。すなわち白骨を依り代と捉えることで、白骨尊重という行為を遺体尊重としてではなく霊魂尊重の延長線上の行為と捉え直す。そして白骨尊重は肉体軽視と表裏をなすものであり、死穢観念と矛盾しないと解釈する。穢れとして問題となるのは死体の生身の肉体のみであって、白骨は浄化された姿であり穢れとならないと見なす。白骨を中世以降に一般化する位牌に重ね合わせて解釈することで、摂関期以降に見られるようになる納骨などの遺体尊重を、死穢観念と矛盾しないように説明している。しかし実際は院政期には火葬後の白骨は穢れと見なされる[15]。白骨は遺体の一形態であり、一部例外もあるが依然として穢れと見なされていた。白骨を霊魂の依り代であり穢れではないとする解釈は現実と合致しない。

この時期の遺体尊重の本質は、穢れとして忌避すべき遺骨こそが尊重されることにある。穢れの観念を肥大化させ、その忌避をより拡大させる朝廷や貴族社会が、同じ時期に、対極に位置づけられる遺体尊重を行うという、矛盾と言いうる行動がとられている。それまでは埋葬後の遺体は顧みられることがなかったにもかかわらず、穢れの発生源である遺体を尊重することと、穢れに過剰なまでに敏感になるという、まったく逆方向と思われる変化が時期的に重なるという矛盾が現実に生じている。遺体を忌むべきキタナイ穢れとする柳田説では、これを尊重するという事態が生じたことを説明できない。また森謙二はこうした事態に対して死穢観念がこの時期には私的祭祀において希薄化したとするが[16]、摂関・院政期には穢れが社会問題といえるまで肥大化し、むしろ私的場面にまで拡大しているのが現実である。そもそも『延喜式』によれば埋葬完了後にその場所に訪れても穢れとならないが、民俗学で言う穢れ概念には埋葬地を忌避することも含まれるなど、穢れという同じ言葉を用いながら両者には明らかな乖離があり、古代についての考察としては不十分である。

遺体軽視についても柳田の死者観念では十分に説明できない。古代には廟や廟祭が受容されず、遺体とは別の場所で霊魂が単独で祭られた形跡は直接には確認できないことから、霊魂は顧みられていないとされる。また両墓制が一般的であったわけでもない。すなわち霊魂の尊重なしに遺体が軽視されているのが古代の実態である。これに対して柳田の唱える説は、霊魂こそが尊重すべきものでその裏返しとして遺体を忌避するという霊魂観念と死穢観念が表裏一体となる理解である。遺体軽視は表面的には柳田の理解に合致するかのように見えるが、関連する複数の観念から構成される全体的理解としてはまったく合致しない。柳田の提示した枠組みでは実態を理解することができない。

これらのことから霊魂の祭祀を伴わない遺体軽視の根底にある観念として、柳田説とは別の観念も想定される。藤井は、柳田の祖霊観念の問題点を指摘し、あえてこれを前提としないで、遺体遺棄ともいえる葬法からまったく異なる解釈に至る。

> 大化改新の「薄葬令」などをみても、当時の一般人の死体は路傍に打ち捨てられ、散乱していた様子が読み取れる。すくなくとも七世紀ごろには、一般人に対しては霊魂の存在を認めていなかったことの証拠といってよく、当時は霊魂は貴人官人など、一部上層階級だけに考えられていたものとみとめてよいであろう。[17]

死者の祭祀は重要でありそのためにまず埋葬が行われるべきだが、この状況では死体は埋葬されることなく放置されている。放置されるということは祭るべきものとされる霊魂がないと考えられていたのであろう。このように考えて藤井は死体を遺棄する事態から古代において一般人の死後の霊魂は存在しないとしている。この解釈にも問題がないわけではないが[18]、柳田説では説明のできない死体遺棄すなわち遺体軽視の態度の背後に、まったく異なる死者理解がある可能性を開示している。

5　折口の「天皇霊」と山陵祭祀

ちなみに柳田の祖霊観念と並ぶ重要な研究に折口信夫の研究があるが、その天皇の死後にかかわる見解では、個体性をもつ天皇が荷前儀礼で祭られることについて十分な理解はできない。

折口信夫は古代の霊魂観に関して記紀神話などを念頭に「霊魂の話」「大嘗祭の本義」「古代人の思考の基礎」などで重要な考察を行っている。記紀神話にはしばしばタマすなわち霊魂が登場し重要な働きをしているのは誰もが知るところだが、折口は「この一種不思議な霊的な作用を具えた魂の信仰があって、その魂が人間の身に憑くと、ものを発生・生産させる力を持つ」として、古代人は「元は体はたまの容れ物だと考えた」という。つまり人は身体だけでは人格を完全に具えることはなく、外来する魂の働きを合わせることでようやく十全に機能する。古代人の思考の基礎をこのようにとらえた。そして天皇が天皇である所以は「天皇霊」を持っていることだとする。器としてとらえられる歴代の天皇は、その死によって「天皇霊」を新帝に移し、そのあとで埋葬されたので、山陵には「天皇霊」は存在していないということになる。しかし荷前儀礼が行われる対象はほかならぬこの山陵なのである。「天皇霊」こそが重要で、その器たる個々の身体にはさしたる重要性がないというならば、なぜ「天皇霊」の抜け出したあとの遺体がほかの人とは異なる扱いをうけ、荷前儀礼の対象となるのか。この点は説明されない。折口はまたこのような代々受け継がれる霊魂のほかに個人の魂もあるとして、魂の一部は別人に憑きうるが、そのほかの部分は他の人には継承されず、常世国や高天原などといった国土の外へ行き、やがてこれが再びもどってきてあらたに人が生まれるとしている。これを死後の天皇にあてはめるなら、代々受け継がれる「天皇霊」以外にそれぞれの天皇に固有の魂もあると考えられるが、これらは死後に国土の外へ行き、この世には残らないということになる。したがって「天皇霊」とは区別される個人の霊魂があるとしても山陵にはなく、やはり荷前儀礼の対象がなにものなのか十分に説明できない。

折口の唱える歴代の天皇の継続性と天皇と他の人の違いを霊魂によって説明する考え方は、さまざまな儀礼や習俗を個別に考察するだけでは得がたい、多くの儀礼や習俗に及ぶ一つの全体像と言いうるものを提供している。観念的な着想であって事実による十分な裏付けがなされているとは言いがたいが、やはり十分な事例が得られない場合や他の事象との関連を考察する際には魅力的であり、無視することは難しくしばしば参照される。ただこれも柳田の祖霊観念と同様の問題を抱えている。

6　柳田説形成過程の問題

さらに岩田重則は、柳田の説について、その形成過程から問題点を指摘している。岩田は柳田の示した「霊肉分離の促進を前提とした霊魂重視の墓制が日本の典型であるとする理解」が現在は一般的であるとまず確認する。そのうえで柳田が「葬制の沿革について」でとりあげた、遺体の埋葬地を重視せずに霊魂を祭る石塔を重視したという事実は、彼の故郷の人の体験や認識であって、

それはいわば個別事象にすぎず、仮に、研究対象とするならば、それを一資料として分析の俎上にあげなければならないものであった。ところが柳田はその自己の体験と認識を分析対象としてとりあげたのではなく、その感性そのままに、霊肉分離と霊魂の重視であるとする、墓制をめぐる学問的結論へ移行させてしまっている。(19)

と、個人的体験や認識をそのまま学問的結論へと直結させたことを問題視している。民俗学がそもそも文献偏重に対するアンチテーゼという性格を持っていることもあり、習俗の実地での調査が重要な位置を占め、必然的に柳田の時代に存在した習俗や伝承がより中心的に扱われ、そこから帰納的に「日本の常民信仰の基本的形態」が

描き出されたことを指摘している。

中村哲も同様に「柳田は、祖霊がこの国にとどまって、子孫たちを故郷の山から見守ると繰り返し言っているが、それは彼自身の心情にほかならないようにみえる」とし、「彼の民俗学はたんなる実証以上の、むしろ国学の流れをくむ倫理観が底深くに流れている」と指摘している[20]。

古代や中世といった柳田とは隔たる時代の個別の事例の研究では、柳田の示した「日本の常民信仰の基本的形態」が否定される結果となっていることからも、柳田に対するこの認識は妥当である。分析対象であるべき当時の習俗の体験や認識をそのまま学問的結論とし、歴史を通底する「基本的形態」として定立された柳田の祖霊観念は、死者に関する諸事象の全体を覆う広い視野を持つがゆえに支配的地位を得るにいたっている。部分的には問題があるとすでに認識されているにもかかわらず、結局、不明な部分を類推したり相互関係を考えるときには、柳田の「基本的形態」を全体像や典型のモデルとして持ち出さざるを得なかった。ただ研究をこの先さらに進めるためには、たとえ部分的にしか解明できず全体像が描けないとしても、また諸事象の関係が十分に解明されないとしても、まず柳田の「基本的形態」を前提とすることをやめなければならない。

このように柳田の示した「日本の常民信仰の基本的形態」なるものを「古い形態の信仰」で「歴史を貫く基層」として、古代の死者観念を考察する際に前提にすることはもはや限界に来ていることが、その後の研究により示されているのである。文献に記録されないだけで「常民」の習俗は朝廷などとは別個にあり、古来から受け継がれてきたと主張するにしても、それを証明するのに十分な具体的な根拠は示されていない。仏教などの海外に由来するものや政治的条件などのさまざまな影響によりその姿が大きく変わったであろうことは否定できない。近世および近代の民俗を考えるうえで、「歴史を貫く基層」である「基本的形態」を措定することが大きな意義をもつことは、これまでの研究のさまざまな発展から明らかである。しかし近代に存在していた習俗や伝承を中心にして、そこから帰納的に得られた成果をこれよりさかのぼる時代にそのまま演繹的にあてはめる手法には、問題があると言わざるをえない。奈良・平安朝における死者に関する理解がどのようなものであったのかを解明するには、柳田国男の示した祖霊観や穢れの理解はあくまで歴史的所産であるとしてひとまずこれを保留し、まず同時代史料から実態を明らかにすることからはじめる必要がある。

二　本書の考察対象と先行研究

本書では奈良・平安時代の朝廷およびこれを構成する官人貴族の死者観念を、死者への態度と死者の存在形態および存在空間についての認識を機軸として考察する。この時代の資料は今に残される絶対量が少なく、しかも記録や文書も作成主体が朝廷や仏教者などに偏っているため、そこから得られる情報はおのずと記録主体の入手できた情報や記録主体の関心事に偏ることから免れられない。作成した主体やその認識や関心が記録や文書には反映されていても、そのことが問題とならないのは記録の対象と作成主体が集団として一致する場合であり、つまり朝廷やその構成者の観念を論じる場合ということになる。それゆえ本書では朝廷や官人・貴族の死者にかかわる認識に限定して論じる。いわゆる民衆の死者観念は権力集団が十分に把握できるとは限らず、また把握されたとしても記録主体の理解したかぎりでしか記録されないため、十分な解明には相当な困難が伴う。よってこれは論じない。

朝廷にとって重要な事柄については公式な見解が示されることも多いが、必ずしも朝廷を構成する官人等の見解がつねに一致しているわけではない。政治的な立場に限らず、死に関する認識でも完全には一致せずある程度の幅があると思われる。特定の個人の見解を厳密に追求するのではなく、細かい見解の違いがあるとしても共有されていると思われる部分を明らかにする。そのために共有された可能性が高い事物を中心に取り上げる。それらからは建て前としての観念しかわからず、その奥には建て前とは異なる本音の観念があるのかもしれないが、そうだとしても建て前として浸透していた観念や認識は一つの基準となるものであり、これを明らかにすることには一定の意義がある。

まず朝廷が管理または深く関与する制度化された儀礼、朝廷の構成者に共有され広く影響を与えた文献[21]、さらに観念が象徴的にあらわれなおかつ広く行われた行動などを取り上げる。具体的には穢れの観念とこれに基づく処理や対処の制度とその変遷、朝廷で行われる儀礼とその相互関係、律令期の儒教的喪葬儀礼と山陵祭祀および埋葬後の儀礼的行為、摂関期の浄土教の葬送儀礼とその理論的根拠とされる文献について、それぞれの周辺事情を含め考察する。たとえば儒教的儀礼であれば唐の制度や認識と比較し、仏教的儀礼であれば実際に行われた儀礼と経典の記述を比較することなどを通して、外来の要因に影響を受けつつも維持される日本での認識や観念の特徴を探る。

扱うのは一つの事柄でなく多くの事柄である。直接には必ずしも関係がないものであっても、死者や死後の理解にかかわる事柄を集積し、それらを総合して死者観念を描き出す。むろん柳田の祖霊観を「基本的形態」として前提とすることなく、そこでつなぎ合わされたさまざまな要素を一度完全に解体し、それぞれの実態を明らかにしたうえで、それらをあらためてつなぎ合わせ組み立てて一つの死者観念として像を結ばせる。なお奈良・平安時代を対象とし、律令期とは奈良時代のはじめ頃から平安時代前期の延喜年間までを、摂関期とは延喜年間以降の平安時代中期を指すこととする。院政期は平安時代後期ではあるが、考察する内容に関して、古代よりも中世とのつながりがより強いので、本書では扱わない。

つぎにここでは本書にかかわるかぎりでのそれぞれの研究史を概観したうえで、本書の構成について説明する。

1　穢れの観念と制度

かつては本居宣長の『玉勝間』の「死を穢とすることは神代より然り[22]」という言葉や記紀神話を根拠に、漠然と国のはじめから死を穢れとする観念はあったとされてきた。明治期の『古事類苑』でも触穢の項目で「触穢トハ、汗穢ノ事ノ身ニ触レ、又ハ器物衣類ニ及ブヲ云ウ（中略）我邦ハ、上古以来汗穢ヲ忌ミ、清潔ヲ貴ブ風俗ナリ」と上古以来のことと説明している。柳田国男の「葬制の沿革について」では仏教以前には人を祭る場所と埋葬される場所は死を忌む感情から別々であったが、時代が降ってから両者が同じ場所で行われるようになったとし、これに続く研究も多くが死を忌むことが日本人の根底的禁忌意識であり宗教意識であるとする立場をとっている。これをうけた最上孝敬は単墓制より、遺体の埋葬場所とは異なる場所に霊魂を祀る詣り墓を建てる両墓制が本来的であり、その背景には死穢観念があるとするが、[23]反論があることは先に述べた通りである。近年の、穢れ観念とも密接に関係する祖霊信仰が歴史的産物であることを指摘する藤井正雄も、大化から平安時代に一般人の遺体が遺棄される理由を死穢に求めている。[24]つまり大化以前から穢れ観念があったことを前提としている。本書では柳田の祖霊観念の影響から逃れるためにもこれらの見解をそのまま踏襲することはしない。

穢れについての研究は、民俗学と並んで、これとは別個に歴史学でも行われてきた。歴史学での研究は、まず中世を中心に行われた。横井清は、中世を念頭に穢れについて考察し「「けがれ」とは、人間に対して感覚的に不快の念をあたえるものとしてとくに忌避され、災害や死をもたらす何ものか（悪霊）の発揮する悪しき働きをいう。触穢とは、そのような力に囚われ、支配されることをいい、人びとはこれを極度に畏怖した」と穢れと触穢を定義し、穢れは誰もが忌避するのだが、そのなかでももっとも強く穢れが排除されるのは神社と内裏であることを示し、穢れを排除する仕組みを中世的都市構造として古代とは別に論じた。[25]大山喬平もさらに、内裏ないし天皇を中心として平安京へと重なる同心円状にひろがるキヨメの構造すなわち穢れ排除の構造があることを示し、そうした問題が生じた時期について「かかる観念の肥大化が律令制の解体過程の所産であることは横井氏をもふくめて多くの研究者によってすでに指摘されている」としている。[26]中世の非人などの身分制とのかかわりで穢れが論じられているのだが、死に対する理解の一端が示される重要な研究である。ほかにも都市内に放置される遺体に注目した勝田至の研究は注目すべき成果である。[27] このようにまず古代末期から中世において穢れの実態について考察された。[28]

穢れ観念がどの時代までさかのぼれるのかについてもまた研究がすすめられた。高取正男は、古代について「死の忌みについて神経質であったのは中央政府の側であり、庶民のほうは死者を家のそばに埋葬してもべつだんなんとも思わないというのが本来の姿であった」と指摘し、死を穢れとする観念は一般の習俗ではなかったと指摘した。[29] 丹生谷哲一も、穢れの排除の主体は民俗学でいうところの「常民」ではなく、むしろ朝廷の支配下の検非違使を中心に行われたことをその実態とともに明らかにした。[30] そして三橋正は「穢」概念は弘仁年間から貞観年間のころに形成されたとし、それ以前は「「穢」という独立した概念が存在していなかったことを窺わせる」と極めて重要な指摘をし、記紀神話との直接の連続性は見いだせないとした。[31] そしておそらく承和年間に発達し祟りをなす神という神観念と結びついて強調されたとした。極論すれば穢れとは「斎（ないしそれに準ずるもの）を必要とする信仰を妨げるもの」であったとしている。[32] 勝田至も「制度上の穢はそれ自体として忌避すべきものではなく、神事に関係する場合のみに問題となる」と明らかにしている。山本幸司も摂関期から院政にかけての史料より穢れを正面から考察し穢れに対する社会の対処の仕方や反応の全体像を描き出したうえで、内裏もしくは天皇からもっとも強く穢れの排除が行われたことについて、史料のほとんどが神事との関連で問題としていることから天皇は祭祀者の筆頭であることがその理由であり、内裏からの穢れの排除は必ずしも神社のように日常的に行われたわけではなかった可能性を指摘している。[34] 穢れが問題とされるのが本来神祇祭祀という特定の状況に限定されるという指摘はきわめて重要である。

そして史料の性格の違いなどの問題は残るものの、黒田日出男は六国史の「穢」の記事は時代が降るほど増加することから穢れ観念が肥大化すると説いた。[35] さらに三橋は摂関期および院政期に行われた、公卿が合議により穢れに関して判断する「定穢」をたどり、摂関末期には天皇は穢れの判断能力を実質的に持たなくなり、このことが院政期へとつながると、穢れの判断に関する変質を指摘した。ただそうしたときでも『延喜式』の規定が摂関期以降においても最大の根拠とされていたことを示した(36)。摂関期から中世へかけて穢れに関する判断の根拠となるのは、穢れに接触した人の感情などではなく、第一に『延喜式』の規定であり、その内容は民俗学でいう「ケガレ」とは必ずしも一致せず、両者はひとまず区別されるべきことを強調した。

穢れをもっとも忌むとされる神社に関する規定の『文保記』『諸社禁忌』なども、『延喜式』の条文を念頭にして、これをそれぞれに変形させたものである。国家の管理する制度としての穢れと区別される死穢観念が、神祇祭祀に固有のものとしてあったわけではない。すくなくとも文献で確認できるかぎり国家的制度が先にあり、これを各々の神社は独自のものへと変形したのである。中世・近世へと受け継がれる穢れ観念はその規定をさかのぼれば、まず『延喜式』に行きつき、さらにその前身の『弘仁式』に行きつく。すなわち穢れ観念は平安時代になってから成立したもので、それよりさかのぼるのは難しい。

このような穢れ観念の成立時期についての研究成果は、奈良時代より以前に遺体が排除され遺棄された理由が、穢れ観念であるという解釈にも疑問を提示することになる。奈良時代にはまだ穢れ観念は成立していないのだからこの穢れ観念が、奈良時代に遺体が顧みられない理由となることはありえない。穢れ観念により遺体が排除されたという見解には再考の余地がある。

歴史的変遷を度外視した穢れの解釈では古代の死について十分な理解は得られない。まず近代と明確に区別したうえで古代の穢れがいかなるものであったのかをあらためて確認し、そのうえで葬送や死者を対象とする儀礼を考察するべきである。なお本書では「穢」と史料にあらわれるもの、さらに史料での表記は異なるがこれと近い「穢悪」などを含め「穢れ」と表記する。民俗学で論じられる近世と近代を念頭に論じられる「ケガレ」については論じない(37)。

2 喪葬儀礼および陵墓祭祀

古代の朝廷での死者理解において重要なものとして喪葬儀礼とくに天皇のそれがある。この時代の民衆や一般官人の喪葬についてはまとまった記録が乏しく文献的に研究することは困難であり、比較的記録が豊富な天皇の儀礼がしばしば研究の対象とされてきた。これは国家的儀礼であり、常民を重視する民俗学よりも、歴史学によって多くの研究がなされてきた。律令期の朝廷の死者観念を問題とするとき、まず考察すべきは律令で定める喪葬儀礼であり、正史に記録される喪葬儀礼である。

律令期の朝廷による喪葬儀礼は、大陸から新たに導入された統治技術・技法である律令制の一部分として組み込まれているが、和田萃によると、天皇の喪葬儀礼に関しては律令の受容よりもさらに早く大化以前に単独で導入され、王権の確立と密接に関連し独自の変容が加わり殯宮儀礼が成立したという[38]。朝廷により整備された喪葬儀礼としてはまず天皇の殯宮儀礼が行われるのである。殯に関する記述は神話や魏書東夷伝倭人条(いわゆる『魏志倭人伝』)にもみられ、儀礼としては十分には整備されていなかったと思われるが、大化以前から行われていたことが知られる。その後大化薄葬令で「凡そ王以下及至庶民、殯を営するを得ず」として、殯宮儀礼が天皇に限定されることが明文化され、これが律令期にも受け継がれる。

奈良から平安時代にかけて、唐の文化の一つである薄葬思想の受容が深まり殯期間は大幅に短縮されて殯宮儀礼は縮小する。具体的には天武天皇の殯が二年半におよぶのに対し文武天皇では半年になり、さらに元明天皇以降は死から埋葬まで十日ほどになりこの期間中の儀礼は確認できなくなる。渡部真弓はこうした殯宮儀礼の変遷を明らかにした[39]。殯宮儀礼は時とともに縮小され行われなくなるので、これだけを取り上げるのではなく、殯宮儀礼が行われなくなったのちの儀礼もあわせ考察すべきである。ちなみに民俗学でも現行の民俗である「モガリ」が研究されるものの、これは国家的殯儀礼とは異質なものと考えられている[40]。

奈良末期から平安初期の庶民の実態をある程度反映している『日本霊異記』でも殯と思われることが記されて

いるが、これは埋葬までの一定期間の安置であって死者を対象とする儀礼行為とまでは言えず、またこの安置される期間には冥界を訪れ最終的には蘇生するのであって仮死状態でありいまだ完全な死者になっていないため、生者と峻別される死者についての朝廷の理解をここから導き出すことは難しい。両者はひとまず区別される。

また唐の制度や文化の受容が本格的に進められる律令期については、池田温や大津透が律令制度や礼秩序の受容の一側面として喪葬儀礼を考察している。律令制に取り込まれてこれと一体化した儒教に由来する礼の観念では、死者を埋葬する行為は礼制度を構成する要素の一つとされ、死者を尊重する行為である。そうした儀礼の具体例として、唐の皇帝が死んだときの官人の行う挙哀儀礼や素服とこれを日本でどのように受容したかについて論じている。[41]これらは国家制度や君臣秩序を実体的に表現する儀礼を中心とする研究であり、死者がどのように理解されていたのかを正面から扱うものではない。しかし儀礼において死者は礼の対象として尊重されていたことを明らかにしており、死者は穢れとして神話の時代から忌避されてきたという旧来の認識だけでは儀礼の実態を十分に説明することができないことを示している。ちなみにこれらの歴史的研究は唐の制度や文化の影響関係や、実際に行われる儀礼の次第やその意味さらに儀礼により体現される身分関係などを考察の中心にすることが多く、そこから朝廷がどのように死者を理解していたのか、たとえば霊魂観などへの言及には概して慎重である。

堀裕は律令制における天皇の喪葬儀礼に関する研究をふまえ、摂関期にいたるまでの期間を対象に、天皇が死んでから埋葬されるまでの期間に注目し、その変遷についてつぎのように論じている。律令に定める死者を対象とする儀礼は、摂関期になると仏教とくに浄土教に取って代わられた。また律令的喪葬儀礼が行われていた期間には埋葬前の遺体が慰霊の対象であったのが、これが停止される摂関期には埋葬前の遺体が慰霊の対象としての性格を失い、単なる死体として忌避の対象となったとした。[42]多くの研究が死者を埋葬の前後で分けることなく論じているのに対し、死んでから埋葬されるまでの遺体に焦点を絞り、その社会的位置づけの変化を示したという点と、死穢観念について根拠とされる『延喜式』の条文とは別に、実際に死体が忌避される場面を凶礼との連続性のなかで捉えている点の、二つの点できわめて重要な研究である。これによれば、律令制において凶礼として位置づけられ秩序を構成していた喪葬は、摂関期に浄土教により取って代わられ、国家秩序におけるその性格も変化したと考えられる。喪葬儀礼においては穢れと浄土教との関係がしばしば指摘されるが、さらにこれに国家的儀礼の性格を持つ儒教由来の凶礼も合わせ考えるべきことを示唆している。ほかにも朧谷寿は平安時代の葬送儀礼について文献から次第を詳しくたどっている。(43)

喪葬儀礼とは別個に埋葬後の天皇を対象とする儀礼である山陵祭祀（荷前儀礼）についても論じられている。服藤早苗は、埋葬後に祖先祭祀が行われるようになるのは父子関係を中心にする家族制の成立とかかわりがあるとし、そのもっとも早いものとして桓武天皇によって再構築される山陵祭祀の別貢幣を位置づけた。そしてこれに遅れ、九条家や小野宮家が成立する少しまえの藤原忠平の頃に、貴族によって私荷前や、父母の墓も合わせ拝むこととされた四方拝などがひろく行われるようになったとしている。(44) ちなみにそれまでは一般に墓を祭ることはなかったと考えられており、(45) それゆえこれ以前の時期の基調が遺体軽視であったとされる。これは埋葬後の死者を対象とする儀礼で、喪葬とは性格が少し異なるものの、死後や死者についての認識を考察するにあたって重要である。

また水藤真は中世を中心に、その前史として平安時代の葬法などを考察している。(46) 勝田至は平安時代後半から中世にかけての平安京における死体の放置の状況やそれがある時期から減少する様をたどるなど、儀礼とは異なる視点からも死や死者について考察し、さらに浄土教の影響により成立するあらたな葬送やその埋葬地についても論じている。(47)

3 仏教説話

律令制を構成する儀礼の一つであり儒教に由来する喪葬儀礼は、朝廷を構成する官人貴族が各々行い、また天皇の喪葬儀礼は朝廷が主体となり官人すべてがかかわるものであったから、この儀礼を根底で支える死者観念こそが朝廷が採用した死者観念であった。ある死者観念に依拠して儀礼は構築され、この儀礼の実行を通して官人や貴族にこの死者観念はあらためて浸透する。しかし、これと同じ律令期でも仏教に由来する死者観念が別個にあった。出家者の学ぶ仏教理論とは別に一般人を念頭にして独自の変質を伴いつつ編纂された仏教説話は、朝廷の構成者にも受容される。律令的喪葬儀礼を支える死者観念が公式の死者観念ではあるが、その水面下では仏教説話に見られる死者観念がひろがり、摂関期にはじまる貴族の浄土信仰の基礎ともなる。律令期では必ずしも朝廷や貴族社会で支配的にはならないが、のちに支配的となる浄土信仰の基礎もしくは前提として仏教説話における死者観念とこれに密接にかかわる六道輪廻観ついても実態を明らかにすべきであろう。本書では地獄・冥界訪問説話と化牛説話を取り上げる。

『霊異記』は唐の説話集に倣い日本での類似の事例を集めて成立した、現存する日本最古の仏教説話集であり、『三宝絵』や『今昔物語集』など後世の説話集に大きな影響を与えている。日本の民衆および官人貴族といった非出家者の仏教理解とその水準や実態を推し量るのに適した文献である。

これまでの『霊異記』の研究では、先行文献である唐の説話集からの影響がほぼ全体に及んでいることが明らかにされ、さらにそれをふまえてさまざまな角度から『霊異記』の固有性も論じられてきた(48)。これらの中には文章表現とストーリーの受容を、根底にある思想や観念の受容と結びつけて理解しているものもあるが、表面的には受容されつつも根底の思想や観念の受容がいまだ実質を伴っていない可能性も否定できない。独自の思想や観念がもっとも確実に反映されていると言えるのは、むしろ先行文献と差異が生じている部分である。そのままの受容を許さないほどの強い独自の思想や観念があるからこそ、受容にあたって独自の変化が生じるのである。先行文献そのままに受容した部分ではなく先行文献とのあいだに差異がある部分に注目して、そこに見られる死者に関する理解を確かめる。

六道輪廻観の受容に関して、井上光貞は「霊異記には輪廻について詳しく説いてはいないが、それぞれの説話の背景には、人の善悪の業によって三世にわたり、六道において種々の果報を得るという世界観が露骨にあらわれている」としている。[49] また『霊異記』で焦点があてられるのは輪廻転生の観念を前提にする生報および後報ではなく、それらなしにも理解できる現報だとも指摘される。[50] 出雲路修は各説話につけられる標題に注目し「「生報」説話は「アヤシキ表ヲ示ス縁」という標題を付されることによって、現在世の説話へと変容した」と指摘している。[51]

死者の理解ともっとも関係が深くしばしば取り上げられるのは地獄（冥界）であり、さまざまに論じられてきた。八木毅は、『往生要集』での描写を仏教的六道観の典型と位置づけて、『霊異記』でそのうちどの部分が受け容れられ、どの部分があまり受け容れられていないのかを論じる。そして極楽浄土や西方浄土の観念が見えるものの、中心的関心を得るには至っていないことと、死後世界として描かれる地獄が記紀神話に見られる黄泉国と重なる部分が大きく、『往生要集』のような垂直方向に重なる構造は見られないことを指摘した。[52] 丸山顕徳は、冥界で中心的地位にある黄金の宮を考察して、記紀神話の黄泉国との関連を示し、先行文献や仏教的観念の影響を受けてはいるが、独自の死と再生の儀礼の聖地として描かれているとした。[53] 入部正純も、『冥報記』などの先行文献に描かれる閻羅王（閻魔王）などは道教的要素が強いが、これと比較し『霊異記』ではその傾向は弱くより仏教的であり、大陸の先行文献の影響を受けているが独自性も見られるという。[54] ちなみに先行文献にみられる地獄について、澤田瑞穂は、インドで考えられていた地獄そのものではなく、仏教とは直接関係のない中国的冥界観念の影響を受けたものであると指摘している。すなわち生前の世界で皇帝を頂点とする官僚機構があるのと同様に、死後世界は閻魔王を頂点とした官僚機構により運営されるという冥界観はインドではなく中国で成立したとしている。[55]

このように『霊異記』で描かれる冥界ないし地獄について、大きく三つの観点から行われてきた。『冥報記』などの先行文献の影響を指摘したもの、六道観の受容過程として位置づけ、経典に描かれる地獄との異同を考察し

たもの、記紀神話に見えるイザナキの黄泉国訪問譚との類似性や大陸の先行文献とは異なる独自性を考察したものである。(56)

また死者の理解とも関連する霊魂およびこれに類するものも論じられている。八重樫直比古は、「霊異」を惹起する「聖」の本質である「聖霊」の概念がいかなるものか示し、さらにこれの肉体ともいうべき仏像との関係や、また対極に位置づけられるべき「凡霊」との関連を論じ、そのなかで「聖霊」「凡霊」などの霊魂が単独であらわれる冥界訪問譚も考察し、霊魂は転生の主体となり不滅であるとしている。(57)

4　浄土教

浄土教は摂関期に貴族社会へと受容され浸透する。井上光貞は、律令時代に南都六宗での浄土教の展開をたどり「その浄土教は教団内部にとどまって、社会的にはほとんど影響を与えなかった。（中略）しかるに十世紀のはじめごろ、いわゆる延喜・天暦時代に入ると、日本の浄土教史は一大転回をとげる」とし、「往生要集はしかも、貴族社会の念仏生活の上に、決定的ともいうべき影響を及ぼしたのである」とする。(58)そして中世の浄土系仏教を古代の現世的呪術から明確に区別される来世的信仰として評価して、そのはじまりと位置づけた。古代の呪術的仏教は現世の安穏を求め保存しようとするのだが、浄土教は現世を穢土とみなしこれから離れて極楽浄土へ往生することを願うもので、両者は本質的に対立的な性格を持っているとした。

これに対して薗田香融は勧学会の動向をより詳しく考察し、浄土教は奈良朝以来の密教的地盤（雑密などの呪術的地盤）の上に発生したと位置づけ直した。(59)速水侑もこれを受け「九世紀後葉から十世紀の浄土教家たちは、同時に、当時もっともすぐれた密教家、ことに事相に明るく、貴族たちに験者として尊ばれた人」であり、いわゆる浄土教を「念仏と密教修法を併せ信奉する信仰形態」とした。(60)このように平安時代後半に貴族に広がる浄土教は、呪術的仏教と断絶するもので中世浄土系仏教の先駆けであるとしてかつては位置づけられていたが、むしろ呪術的仏教と連続性を持ったものとして理解されるにいたった。

律令制が変質し摂関制に移行するなかで、官人や貴族の中でもっとも早くに浄土信仰を実践したのは、慶滋保胤など権力の中枢から排除されることになった文人貴族など、ごく一部の人たちであった。それからしだいにひろがり対極にある権力中枢へも浸透してゆく。藤原道長が浄土教の影響で法成寺を建立したのを一つの契機として[61]、摂関や上皇から官人貴族までひろく浸透し浄土教美術も発展し、摂関末期から院政期に大いに盛んになった。さらには民衆にいたるまで浄土信仰はひろまった。文献において浄土教の影響は道長とかかわりの深い『栄花物語』や『源氏物語』などにみることができる[62]。

この浄土教が喪葬において極めて重大な影響を与えたことは、圭室諦成がすでに指摘している。

浄土信仰は、庶民のなかに浸透する過程において、臨終の念仏、さらには臨終の宗教儀礼を重視することとなり、それが死者を葬る日本固有の民俗とむすびついて、庶民の仏教的葬式は浄土教系列のなかにおいてまず孵化することとなる。むろん仏葬は、浄土教の葬式以前にも行われていた。仏葬のシンボルともいうべき火葬は、すでに七〇〇年に死亡した道昭にはじまっていたし、天台宗においては、早くから法華三昧・常行三昧による葬法が行われている。しかし、庶民葬祭の源流ということにならば、恵心僧都源信が、その主著『往生要集』を宗教儀礼化した、二十五三昧講からとすべきであろう[63]。

『往生要集』に基づいて浄土往生を実現するために二十五三昧会という結社が結成され、その活動の中核的行為として特有の喪葬儀礼が行われた。庶民はそれまで遺体を遺棄するかのごとき葬法であったとされ、この二十五三昧会での喪葬儀礼によりはじめて積極的な喪葬が定着したとされる。ここでの庶民とは官人ではない身分の低い者を意味しているが、仏教を専門的に学びまた実践する教団や僧侶ではないという意味合いを含むもので、貴族や官人でも事情は同様であった。『二十五三昧結縁過去帳』には花山法皇の名が見えることからも特定の地位や身分に限定されなかったことが理解される。

朝廷でもそれまでの儒教に由来する国家的喪葬儀礼が実質的に行われなくなり、かわってこの浄土教的喪葬儀礼が行われるようになる。だから朝廷を構成する貴族の死者観念も、儀礼という客観的行為を通して、儒教的国家儀礼と結びついた観念から、浄土教的儀礼と結びついた観念へと移行していったと考えられる。

また院政期以降には仏教寺院への納骨が広く行われるようになるのだが、田中久夫はその端緒と考えられる貴人の高野山などへの納骨について考察し、「遺骨を寺に持ち込む風習（中略）を推進したのは浄土教ではないか」[64]と、納骨というかたちの遺体尊重が行われるようになる背景について浄土教の影響を指摘している。こうしたことは一定程度定着し後世にも受け継がれる。

浄土教の具体的実践は生前の念仏だけではなく死後の葬送なども重要な要素とする。この儀礼を呪術的仏教との連続性において分析することから実際の死者や死後にかかわる観念を導き出すことができるはずである。『霊異記』に代表される仏教説話との連続性を考慮して解釈することになろう。しばしば高尚な理論と身近な実践のあいだには乖離や矛盾が生じるので、そうした差異がある可能性も考慮する必要がある。

三　本書の構成

第一章では、穢れが固定した特定の事物を意味するのではなく、特定の状況での接触が問題とされる事物であることを明らかにし、その問題とされる状況の変化を明らかにする。つづけて穢れを問題とする状況もしくは条件の変化、具体的には分立していた朝廷儀礼が年中行事という一つの範疇としてまとめられる過程を論じる。第一節では『延喜式』で定められるところの穢れはどのような条件や環境で問題とされたのかに着目し、平安時代のはじめに規定が成立したときには神祇祭祀の斎戒において問題とされていたが、摂関期になると神祇祭祀という状況から分離し、朝廷儀礼の全般で問題とされるようになることを論じる。第二節では穢れが変質した背景にはこれが問題とされる状況の変化が想定されるので、その変化をたどる。すなわち官撰儀式書の構成の変化をたどり、平安時代のはじめにまず律令的儀礼が整備され、その後にこれとは異質と認識されていた神祇祭祀がそこに取り込まれ、やがて神祇祭祀と他の儀礼が性質の区別なく配列しなおされて、朝廷儀礼全体を一つにまとめる年中行事という形式が成立したことを述べる。第三節ではさらに踏み込んで、神祇祭祀や律令的儀礼など由来の異なる複数の儀礼が年中行事という一つの枠組みに統合される過程を、天皇の喪葬儀礼が変化しそれにより他の儀礼との関係付けが拡大したこと、郊祀導入の試みが神祇祭祀を律令的儀礼のなかに取り込む契機となったことを明らかにし、あわせてこの統合により朝廷での儀礼全般で穢れが問題視されるようになることを述べる。第四節では郊祀の導入が試みられるものの、そのまま日本に定着しなかった理由を探るべく、中国で行われていた郊祀と日本の在来の神祇祭祀との性質の違いについて補足的に論じる。

第二章では、穢れが特定の状況で問題となることを理解したうえで、人死の穢れがどのような内容であり、またそれがどのように変化したのか、喪葬儀礼を中心により具体的に考察する。第一節では穢れのなかでももっとも重要とされる人死の穢れが、当初は儒教由来の喪葬儀礼を行うこととまたはこれに関与することであったのを、穢れ規定が作られた時代の資料から明らかにし、その由来についても論じる。第二節では穢れ規定が作られる契機となったと思われる喪葬儀礼が神祇祭祀との関係において大きな問題となった光仁天皇の喪葬儀礼についてたどり、問題の核心は吉礼と凶礼の競合であったことを論じる。第三節では摂関期になると喪葬儀礼がそれまでのように儒教的国家儀礼としては行われなくなり、その結果として朝廷内での吉礼と凶礼の競合を構成しなくなり、喪葬儀礼は朝廷全体と対立関係にあって排除の対象とされるようになるのと同時に、人死の穢れとして想定される内容も変化してゆくことを、醍醐天皇から後一条天皇の喪葬を通じて論じる。

第三章では、穢れは特定の状況に置かれることで問題となることや、内容が変化することを念頭に、穢れの相対性と中世に向かう変化を論じる。第一節では、穢れにかかわる相対性を論じる。何が穢れとされるかは儀礼対象との関係により決まること、穢れは儀礼に用いられるはずの事物のなかで選別され除かれるものであり、精細との相対性により判断されることを論じる。第二節では朝廷で問題とされる穢れとは別に、これとは具体的な性質などが異なる穢れが神社に存在しやはり問題とされたことを明らかにし、さらに第三節ではこの二種類の穢れが相互に浸透し融合してゆく過程をたどり、中世につながる穢れ観念は『延喜式』を根拠として挙げるが事実上これを再構築したものであることを論じる。

第四章では、律令期の埋葬後の死者がどのような存在と認識されていたか論じる。第一節では、埋葬後の天皇を対象とする山陵祭祀や祟りをなしたときの対応から、死後の天皇はどのような形態でどこに存在していると観念されていたか、唐で行われていた儀礼と比較し異同とあわせ論じる。第二節では一般には儀礼の対象とはならない埋葬後の官人が、何らかの事情により儀礼的行為の対象とされた事例を考察し、そこから一般に儀礼の対象とはならない埋葬後の死者がどのような形態で存在しているのか明らかにし、さらにどのような観念によりこれらが儀礼対象とならないか論じる。

第五章では仏教説話における死者観念について考察する。朝廷を構成する人々の仏教理解は直接経典を学ぶ水準というよりもむしろ仏教説話の水準に近かった。仏教説話のひろがりとともに、そこに含まれる死後にかかわる観念が、儒教に由来する律令的儀礼を行う水面下で受け止められひろがる。摂関期になるとこれを基礎として理解される浄土教が貴族社会にひろがり、その喪葬儀礼は儒教に依拠するものに代わって支配的地位を得る。水面下ではあったが、律令期から摂関期につながる仏教説話の死や死後にかかわる観念を考察する。第一節では『霊異記』の化牛説話を取り上げ、仏教で前提とされる輪廻転生観念が仏教説話において実質的に解体される方向へ変化して受容されていることを論じる。第二節では『霊異記』の地獄（冥界）を取り上げ、そこは生前に犯した罪を滅するために一時的に訪問する空間であり、そこからの脱出が原理的に保証されていることと、したがって死後に永続的に存在するべき場所は地獄や冥界などではなく、むしろ生前暮らしていたこの世と思われることを論じる。第三節では死者の身体性に着目し、地獄や冥界に行くのは身体から抜け出した霊魂のみでありながら、結局取り除かれたはずの身体性によってしかその存在は把握されず、この世に残される死体はその背後に霊魂との結びつきが想像されることを『霊異記』から論じる。また冥界の空間構造もあわせて考察する。第四節では『往生極楽記』をとりあげ、貴族の浄土教受容の早い時期は、臨終での奇瑞の発生こそがもっとも重要視されたのであって、死後に浄土に転生したあとにさとりに到達できることには重点がなかったことを論じる。

第六章は浄土教による死後や死者の理解について考察する。律令的儀礼としての喪葬儀礼が行われなくなる摂関期には、これに代わって浄土教的喪葬儀礼が身分の尊卑にかかわらずひろく行われるようになる。そのことは朝廷や貴族の死者観念が、儒教由来の律令的喪葬儀礼にあらわれるものから浄土教の喪葬儀礼にあらわれるものへと移行したことを意味するので、後者について考察する。第一節は貴族が実際に浄土教が依拠するところの『往生要集』で死者や死後についてどのように認識しているか、またそれが貴族の行う浄土教的喪葬儀礼の根拠となりうるのか論じる。第二節では朝廷や貴族の実際の死者観念を明らかにするべく、『栄花物語』を取り上げ念仏の働く機序や『往生要集』では根拠付けられることのない死体尊重にかかわる部分を考察する。第三節では貴族から庶民までが行う浄土教的喪葬儀礼の原型となった二十五三昧会を取り上げ、その起請文から儀礼的行為を臨終から死後までたどり、念仏の働きやさらに背後にどのような死にかかわる認識や観念があるのか論じる。

終章では論じた複数の事柄を総合し、死者がどのような状況で穢れとされ排除の対象とされたのか、死者はどのような存在形態でどこに存在すると観念されたのか、それぞれの変遷を通して、古代の朝廷や貴族に共有された死者観念を提示する。

なお用いた古典籍はほとんどが漢文であるが、引用文はいずれも書き下した。古訓点による訓読文やすでにひろく用いられている訓読文がある場合はそれに従った。ただし（引用文にかぎらず）漢字は原則として通行字体にし、助動詞を平仮名にするなど、表記を一部改めた。また各節が単独でも理解できるように、他節ですでに引用し重複する文章であっても必要に応じて再び引用して示した。註も同様に各節で完結するように他節と重複するものもあえて付した。

註

（1）　喪葬儀礼や墓制などさまざまな研究成果は土井卓治他編『葬送墓制研究集成』一～五（名著出版、二〇〇四年）などにまとめられている。この『葬送墓制研究集成』はおもに民俗学の立場から、第一巻には火葬・水葬・風葬、改葬、沖縄に見られる洗骨、特殊な葬法について、第二巻では殯儀礼、死の前後での呪術や儀礼、葬式における親族の役割、骨掛けの習俗について、第三巻では仏教受容と祖先供養、高野山への納骨、菩提寺、仏壇や神棚、念仏やお盆、無縁仏について、第四巻では卒都婆など墓石や墓碑、両墓制についての各地の具体例など、第五巻は古代・中世・近世の時間軸に添った墓制の変遷などの重要な研究成果が収められている。これらの研究は、喪葬儀礼の多くが仏教の影響を受けていることも明らかにしている。

　仏教とも深くかかわる死者を扱う儀礼などについては、萩原龍夫他編『仏教民俗学大系』二～四（名著出版、一九八六～八八年）などで詳しく論じられている。同書第二巻では埋葬を直接の対象とはしないが密接にかかわる聖について述べ、第四巻では仏教の儀礼を中心に、祖先祭祀や埋葬、墓、納骨信仰について、さらに現代の神葬祭と仏教についてなどについて述べている。また五来重『増補　高野聖』（角川書店、一九七五年）で高野山への納骨で重要な働きをした高野聖について考察し、また五来重『日本人の死生観——民族の心のあり方をさぐる』（角川書店、一九九四年）、同『先祖供養と墓——新しい視座で説く、先祖の祭りと来歴』（角川書店、一九九二年）などで納骨やそのほかの喪葬儀礼の制度や習俗から霊魂観について論じている。霊魂観については、ほかにも最上孝敬『霊魂の行方』（名著出版、一九八四年）、山折哲雄『日本人の霊魂観——鎮魂と禁欲の精神史』（河出書房新社、一九七六年）、田中久夫『祖先祭祀の展開——日本民俗学の課題』（清文堂出版、一九九九年）、山折哲雄『死の民俗学——日本人の死生観と葬送儀礼』（岩波書店、二〇〇二年）などで考察されている。

（2）　佐藤弘夫『死者のゆくえ』（岩田書院、二〇〇八年）一六頁。

（3） 藤井正雄「総論 祖先祭祀と葬墓」（藤井正雄編『仏教民俗学大系四 祖先祭祀と葬墓』名著出版、一九八八年）七～八頁。
（4） 同前、八頁。
（5） 田中久夫「たままつり――盂蘭盆会の定着化の問題」（『祖先祭祀の研究』弘文堂、一九七八年）。
（6） 藤井正雄『祖先祭祀の儀礼構造と民俗』（弘文堂、一九九三年）三八七頁。
（7） 下出積与『日本古代の神祇と道教』（吉川弘文館、一九七二年）。
（8） 藤井正雄『祖先祭祀の儀礼構造と民俗』三八五頁、三九一頁。
（9） 西郷信綱『古代人と死――大地・葬り・魂・王権』（平凡社、一九九九年）二三六頁。
（10） 藤井正雄編『仏教民俗学大系四 祖先祭祀と葬墓』にもこれを考察したものが収められている。
（11） 最上孝敬『詣り墓――両墓制の探究』（古今書院、一九五六年）。
（12） 新谷尚紀『両墓制と他界観』（吉川弘文館、一九九一年）。
（13） 田中久夫『祖先祭祀の研究』（弘文堂、一九七八年）。
（14） 山折哲雄『死の民俗学』。
（15）『法曹至要抄』下には「一、死人・六畜の白骨を穢と為さざる事」という項目が立てられているが、「五体不具の骨の、年序を経て血気無き者は穢と為さざるなり」と説明があり、おそらくは地面に遺棄された骨が年月を経たものを念頭にしている。その一方で「一、卅日穢事」「一、七日穢事」の項目ではそれぞれ「一身を全焼せる灰は、なお卅日の穢と為すべし」「死人灰少々は五体不具の穢に准へ、七日を忌むべし」とあり、火葬によって得た骨は程度に差があるものの穢れとなるとしている。
（16） 森謙二『墓と葬送の社会史』（講談社、一九九三年）。
（17） 藤井正雄「総論 祖先祭祀と葬墓」一七頁。
（18） 大化の薄葬令と付随の詔からはこのような結論にはつながらない。「兄路に臥死ぬと雖も、其の弟収めざる者多し」と遺体を遺棄するのは、「忽然に得疾して、路頭に臥死ぬ」という突発的な事態に対して「路頭の家」が「強に祓除せしむ」と財産を要求するからであり、これが一般的な葬法なのではない。官位を持たない者は領域と墓標を持つ墓を造らずに「地に収め埋めよ」とされるのであって、これを官人と異なり遺体遺棄されたとするのは難しい。さらにたとえ遺体が遺棄されたとしても、そのことは必ずしも霊魂の非存在に直結しない。
（19） 岩田重則『「お墓」の誕生――死者祭祀の民俗誌』（岩波書店、二〇〇六年）四六頁。
（20） 中村哲『柳田国男の思想』上（講談社、一九七七年）一〇七頁。
（21） 朝廷にほとんど影響を与えていないと思われるものは、仏教史において重要な意義を持つものであっても本書では取り上げない。これに依拠して、浄土教そのものの形成において重要であっても、朝廷へ広く浸透するまでに至らなかった円仁の常行三昧や良源の『極楽浄土九品往生義』などは取り上げず、貴族社会への浸透において大きな役割を果たした『往生要集』をとりあげる。

（22）『玉勝間』四の巻、三四（『本居宣長』日本思想大系、岩波書店、一九七八年）。

（23）最上孝敬『詣り墓』。

（24）藤井正雄「総論　祖先祭祀と葬墓」。

（25）横井清『中世民衆の生活文化』（東京大学出版会、一九七五年）。

（26）大山喬平『日本中世農村史の研究』（岩波書店、一九七八年）三九七頁。

（27）勝田至『死者たちの中世』（吉川弘文館、二〇〇三年）、同『日本中世の墓と葬送』（吉川弘文館、二〇〇六年）など。

（28）近年の中世に関する研究として片岡耕平『日本中世の穢と秩序意識』（吉川弘文館、二〇一四年）があり、秩序との関係から穢れを論じている。

（29）高取正男『神道の成立』（平凡社、一九九三年）二一五頁。

（30）丹生谷哲一『検非違使――中世のけがれと権力』（平凡社、一九八六年）。

（31）三橋正「『延喜式』穢規定と穢意識」（『延喜式研究』二、一九八九年）、同「弘仁・貞観式逸文について――『延喜式』穢規定成立考」（『国書逸文研究』二二、一九八九年）。中世の社会現象化した穢れの様相を説明しうるのは、三橋正の示した「穢」概念であろう。ただし三橋は史料での表現により「穢」概念とするが、これも時代による変遷があり、一つの用語が一つの内容を端的に意味するわけではない。様々な内容と一対一に対応する用語はいまのところないといってよい状況である。

（32）三橋正「『延喜式』穢規定と穢意識」。

（33）勝田至『日本中世の墓と葬送』一四一頁。

（34）山本幸司『穢と大祓』（平凡社、一九九二年）。

（35）黒田日出男「こもる・つつむ・かくす――中世の身体感覚と秩序」（『日本の社会史八　生活感覚と社会』岩波書店、一九八七年）。

（36）三橋正「『延喜式』穢規定と穢意識」、同「摂関期における定穢の変遷――『西宮記』「定穢」から三条朝まで」（『大倉山論集』四四輯、一九九九年十二月）。三橋正「摂関末・院政期における定穢について」（『駒澤史学』六一、二〇〇三年十一月）。

（37）歴史上のさまざまな穢れにかかわる現象を抽象化して「ケガレ」という学術概念を提示し分析概念として用いることは、波平恵美子『ケガレの構造』（青土社、一九八四）、同『ケガレ』（講談社、二〇〇九年〈初刊一九八五年〉）など民俗学で行われている。こうした方向から本書で取り上げる事柄に言及する近年の研究に新保尚紀「ケガレの構造」（『岩波講座日本の思想　第六巻　秩序と規範』岩波書店、二〇一三年）がある。

（38）和田萃『日本古代の儀礼と祭祀・信仰』上（塙書房、一九九五年）、同「古代における礼と身分意識」（朝尾直弘他編『日本の社会史七　社会観と世界像』岩波書店、一九八七年）。

(39) 渡部真弓「古代喪葬儀礼の研究──奈良時代における天皇喪葬儀礼の変遷」(『神道史研究』四〇─二、一九九二年)、同「古代喪葬儀礼の変遷──天皇喪葬儀礼における吉凶意識の成立」(『神道宗教』一四五、一九九一年)。
(40) 井之口章次編『葬送墓制研究集成二 葬送儀礼』(名著出版、二〇〇四年)総論。
(41) 大津透『古代の天皇制』(岩波書店、一九九九年)。
(42) 堀裕「死へのまなざし──死体・出家・ただ人」(『日本史研究』四三九、一九九九年)、同「天皇の死の歴史的位置──「如在之儀」を中心に」(『史林』八一─一、一九九八年)。
(43) 朧谷寿『平安王朝の葬送──死・入棺・埋骨』(思文閣出版、二〇一六年)。
(44) 服藤早苗『家成立史の研究──祖先祭祀・女・子ども』(校倉書房、一九九一年)。『江家次第』によれば四方拝の際には、父祖の墳墓も儀礼対象に含まれる。貴族の四方拝の起源についてはさらにさかのぼるとする説もあるが、一般化を考えるならこの頃とするのが穏当であろう。
(45) 一般に墓の祭祀が行われていなかったことは律令によっても知られるが、田中久夫『祖先祭祀の研究』では実態をたどり、このことを確認している。
(46) 水藤真『中世の葬送・墓制──石塔を造立すること』(吉川弘文館、一九九一年)。
(47) 勝田至『死者たちの中世』、同『日本中世の墓と葬送』。
(48) これまで『霊異記』はさまざまな立場から論じられてきた。日本霊異記研究会編『日本霊異記の世界』(三弥井書店、一九八二年)には諸論文とともに研究文献目録も載せる。山口敦史「日本霊異記と中国六朝思想」(『日本文学論集』一四、一九九〇年)、小林由美子「『日本霊異記』と梵網経略疏」(『仏教文学』二六、二〇〇二年)、原田敦子「日本霊異記にみる骨肉の倫理──枯骨報恩譚の伝播と形成」(日本霊異記研究会編『日本霊異記の世界』一九八二年)など多くの典拠に関する研究で『霊異記』は先行文献から大きな影響を受けたものであることが明らかにされている。出雲路修『説話集の世界』(岩波書店、一九八八年)は、『霊異記』の個々の説話ではなく、一つの説話集としての性格すなわちその編集意識について主に標題から考察している。中村史『日本霊異記と唱導』(三弥井書店、一九九五年)では、個々の説話と全体を一つの説話集とみなす二つの切り口から研究史をまとめている。ほかにも八木毅『日本霊異記の研究』(風間書房、一九七六年)、入部正純『日本霊異記の思想』(法蔵館、一九八八年)、八重樫直比古『古代の仏教と天皇──日本霊異記論』(翰林書房、一九九四年)、寺川真知夫『日本国現報善悪霊異記の研究』(和泉書院、一九九六年)、永藤靖『古代仏教説話の方法──霊異記から験記へ』(三弥井書店、二〇〇三年)、小峯和明・篠川賢『日本霊異記を読む』(吉川弘文館、二〇〇四年)など。さらに化牛説話については藤本誠「『日本霊異記』の史料的特質と可能性──『日本霊異記』の化牛説話を中心として」(『歴史評論』六六八、二〇〇五年十二月)などがある。『霊異記』の研究は膨大な量があり、また日本史の史料として扱う研究もある。この立場からの研究史は、亀谷弘明

「なぜいま、『日本霊異記』なのか」（『歴史評論』六六八）にまとめられている。

(49) 井上光貞『日本浄土教成立史の研究』（山川出版社、一九七五年）一〇四頁。

(50) 春日和男・遠藤嘉基『日本霊異記』（日本古典文学大系、岩波書店、一九六七年）所収の春日和男の解説をはじめ各所で指摘される。

(51) 出雲路修「日本霊異記」（『岩波講座日本文学と仏教二　因果』一九九四年）。

(52) 八木毅『日本霊異記の研究』。

(53) 丸山顕徳「日本霊異記における冥界説話」。

(54) 入部正純『日本霊異記の思想』。

(55) 澤田瑞穂『修訂　地獄変——中国の冥界説』（平河出版社、一九九一年）。

(56) ほかに『霊異記』の冥界や他界を扱ったものとして、記紀神話などとの関連性から考察した永藤靖「古代説話の研究——『日本霊異記』の冥府訪問譚」（『明治大学人文研究所紀要』三八冊、一九九五年）、地獄や六道観の受容の程度から論じた安田夕希子「古代日本文学にあらわれた他界観——日本霊異記における「地獄」を中心に」（『国際基督教大学学報Ⅲ—A　アジア文化研究』二八、二〇〇二年）などがある。

(57) 八重樫直比古『古代の仏教と天皇』。

(58) 井上光貞『日本浄土教成立史の研究』八四頁、一一二頁。

(59) 薗田香融「慶滋保胤とその周辺——浄土教成立に関する一試論」（大隅和雄他編『日本名僧論集　第四巻　源信』吉川弘文館、一九八三年。初出は『顕真学苑論集』四八、一九五六年十二月）。

(60) 速水侑『浄土信仰論』（雄山閣出版、一九七八年）二〇〇頁、二〇一頁、同『呪術宗教の世界——密教修法の歴史』（塙書房、一九八七年）でも同様に論じている。

(61) 三橋正『平安時代の信仰と宗教儀礼』（続群書類従完成会、二〇〇〇年）で、藤原道長の浄土教信仰についても詳しく論じている。

(62) 浄土教の文学への影響について、石田瑞麿『日本古典文学と仏教』（筑摩書房、一九八八年）などでさまざまなものに言及している。

(63) 圭室諦成『葬式仏教』（大法輪閣、二〇〇四年）七八頁。

(64) 田中久夫『祖先祭祀の研究』一五三頁。

第一章　穢れが問題とされる状況とその変容

――神祇祭祀から朝廷儀礼へのひろがり――

第一節　神祇祭祀との関係からみる穢れ規定——斎戒規定の拡張と神祇祭祀からの独立

一　はじめに

歴史学の立場による触穢思想の研究はまず中世からはじめられた。横井清は、穢れとはどのような事物かまたどのような性質か、さらにその社会的性格付けおよび意味付けやこれに基づく社会での扱われ方を考察したうえで、穢れについてつぎのように定義した。

「けがれ」とは、人間に対して感覚的に不快の念を与えるものとしてとくに忌避され、災害や死をもたらす何ものか（悪霊）の発揮する悪しき働きをいう。触穢とは、そのような力に囚われ、支配されることをいい、人々はこれを極度に畏怖した。(1)

これによれば、穢れとはまず特定の性質を持つ事物もしくは事柄と理解され、さらにそれに基づく人々の一般的態度をも不可分なものとして合わせて理解される。穢れの排除が内裏を中心とした中世的都市構造もしくは都市機能であると理解する場合も、根底には穢れとは特定の性質を持つ事物であるとする理解がある。穢れとは特定の持続的性質がある事物を、他の事物と区別して把握する認識であり、社会の一定の範囲で共有され、その社会の人々の一般的対応をも含みこんでいるものと理解された。

中世において穢れがどういう事柄か、またどのように対処するのか論じられるとき、穢れの定義やこれと接触したときの対処の基準としてつねに根拠とされ引用されるのは、『延喜式』の神祇式臨時祭にある穢れ規定であった。(2) 古記録や古文書に記される穢れとされるものもしくは穢れではないかと疑われるものは、必ずしも『延喜式』の穢れ規定に合致するものだけではないが、規範とされたのは『延喜式』の規定であったことは疑えない。中世の穢れは、『延喜式』の成立した平安時代前期まではさかのぼることができる。

こうしたことをうけ『延喜式』が成立した古代を対象とする研究が進められた。そして『延喜式』の穢れ規定やその周辺の研究からは、穢れとはそもそも特定の持続的性質を持つ事物ではなく、あくまで神祇祭祀という特定の条件下で、関与を忌避すべき事物を意味していたことが明らかにされた。すなわち穢れとは事物自体の性質によって存在するわけではなく、状況における意味付けとして存在するとされた。ただ穢れはそれ自体が単独で孤立してあるのではなく一定の諸関係においてあらわれる事象でありながら、事物自体の性質として理解しようとする傾向が強く存在する。だからこそ十分な理解のためにはむしろその状況や環境を正面から考察することが不可避である。

そこで本節では古代における穢れ観念の理解をさらに深めるべく、『延喜式』の穢れ規定に注目し、これがいかなる事柄の規定の中に置かれたのか、そこに配置されることでどのような意味があるのかを論じる。まず規定成立時に『延喜式』においてどのように位置づけられたか、そしてその後の『西宮記』や『小野宮年中行事』などの儀式書においてどのように位置づけが変化したのかをたどり、その肥大化と変質について考察する。(3) 仏教など外的要因の影響も一部で指摘されるが、(4) ここでは除外する。

二　式における穢れと斎戒

まず『延喜式』の穢れ規定について確認する。この規定は成立して以降、穢れが社会的問題となる摂関期から中世において最大の根拠とされていた。『西宮記』『小野宮年中行事』『文保記』『法曹至要抄』『拾芥抄』など儀式書、神社の規定、法律書、事典にいたるまで根拠としてこれを引用している。

凡そ穢悪の事に触れて忌むべきは、人の死は卅日を限り 葬る日より始めて計へよ 産は七日、六畜の死は五日、産は三日 鶏は忌む限りに非ず、その宍を喫《はめ》るは三日 この官は尋常にこれを忌め。ただし祭の時に当たらば、余の司も皆忌め

凡そ喪を弔ひ、病を問ひ、および山作所に到り、三七日の法事に遭はば、身穢れずと雖も、而も当日は内裏に参入《まい》るべからず。

凡そ改葬および四月已上の傷胎は、みな三十日を忌め。その三月以下の傷胎は七日を忌め。(5)

これ以外にも穢れに関する規定はあるが、もっとも根本となるのはこれらの条文である。ここで規定されるのは「穢悪」とされるものの種類とそれに接触したときの対処である。人の死に触れた場合は三十日間忌み、産なら七日、同様に家畜の死・産、さらに改葬などが穢れとされ、それぞれに忌むべき日数が決められる。ちなみに「穢悪」と「穢」という異なる二つの表記が用いられているが、同一の内容を意味していると考えられる。この内容がはじめに定められたのは『弘仁式』で、そこでは「穢悪の事に触れてまさに忌むべきは、人の死は卅日を限り、産は七日、六畜の死は五日、産は三日、その宍を喫むおよび喪を弔ひ病を問ふは三日」(6)とあり、当初は「弔喪・問病」も三日忌むとされていた。『延喜式』はこれを受け、修正が加えられた「弔喪」以下を分割して別の条

文として成立させたもので、時代の下る儀式書などではもっぱら『延喜式』が引用される。

この『延喜式』へと受け継がれる『弘仁式』の穢れ規定は神祇令の斎戒規定を再構成して成立したことが明らかにされている。(7) 神祇令の斎戒規定はつぎのものである。

凡そ散斎の内には、諸司の事を理めむこと旧の如く。喪を弔ひ、病を問ひ、宍食むこと得じ。亦刑殺判《ことわ》らず、罪人を決罰せず、音楽作《おこ》さず、穢悪の事に預らず。致斎には、唯し祀の事の為に行ふこと得む。自余は悉く断《や》めよ。其れ致斎の前後をば、兼ねて散斎と為《せ》よ。(8)

あるべき祭祀とは神が自ら教え示した方法に則って祭ることであり、(9) 斎戒はこのような祭祀への集中の過程として位置づけられる。致斎では祭祀のみが許されそれ以外は禁じられ、散斎はその前段階として「弔喪」から「穢悪」までのいわゆる六色禁忌が設けられる。

この斎戒規定を再構成することで神祇式は成立した。神祇令で「穢悪」と並列されていた「弔喪」「問疾」「喫宍（食宍）」などの禁忌を、式の条文では「穢悪」の具体的内容と位置づけ直し、忌むべき期間をそれぞれ個別に設定している。すなわち六色禁忌として並列されていた中から具体性の低い「穢悪」を包括概念として、その他を「穢悪」の具体的構成要素として再構成したのである。「産」は『令集解』所載の注釈の一つの「古記」で「穢悪」の具体的内容としてすでにあげられており、式で「穢悪」の語句の位置づけを変更したことにともなって、あらためて式文に明示したものだと考えられる。(10) つまり『延喜式』にみられる穢れ規定は神祇令の斎戒規定を拡張整備して成立したのであり、穢れとはそもそも斎戒の場面に限定される問題であった。

このことは式とおおむね同じ時期に成立した『儀式』(11) が、唯一の大祀であり最重要視される大嘗祭に関する部分で、つぎのように令の斎戒規定の六色禁忌と式の穢れ規定を同列に並べていることからも了解される。

応に大嘗会の斎を為すべき事
散斎一月 十一月 致斎三日 同月の丑・寅・卯
忌むべき事の六条
喪を弔ひ、病を問ひ、刑殺を判り、罪人を決罰し、音楽を作す事。神に供ふの楽を調習するは、この限に在らず
言語の事 死は奈保留と称ひ、病は夜須美と称ひ、哭は垂監と称ひ、血は赤汗と称ひ、宍人姓は菌人と称へ
喪・産に預かり、ならびに雑畜の死・産に触るる事 喪は卅日を忌み、宍を食むは月を限りとし、産ならびに畜死は七日、産は三日、限りを満して后、祓へ清めて乃ち参れ、ただし祭事に預かるを得ず
穢悪に預かる事 祓詞の云ふ所の天つ罪国つ罪の類、皆神の穢とする所、悪む所なり
仏法を行ふ事
挙哀ならびに改葬の事(12)

ここで全体を包括する語句は、式文に見える「穢悪」の語句ではなく、「忌むべき事の六条」である。神祇令の斎戒規定と同じく六ヵ条を挙げているが、その内容は異なっている。具体的内容として、令に規定される「喪を弔ひ、病を問ひ、刑殺を判り、罪人を決罰し、音楽を作す事」と、式に規定される「喪・産に預かり、ならびに雑畜の死・産に触るる事 喪は卅日を忌み、宍を食むは月を限りとし、産ならびに畜死は七日、産は三日、限りを満して后、祓へ清めて乃ち参れ、ただし祭事に預かるを得ず」が並列されている。斎戒という枠組みをそのままに、神祇令であげられる内容のほかに、式文に見える具体的内容が加えられた様子が見事にあらわれている。神祇令の斎戒規定と神祇式の穢れ規定には密接なつながりがある。さらに『令集解』所載の注釈に見える天つ罪・国つ罪と仏法、延暦儀式帳や『延喜式』の大嘗祭などに見える忌み言葉もあげられている。しばしば「忌むべき事の六条」とか「穢悪」という言葉で包括的に表現されるが、その具体的内容には異同があり確定しているわけではない。

再び確認しておくが、令文の斎戒規定も式文の穢れ規定も、ともに神祇祭祀に関するもので、それぞれ神祇令と神祇式において規定される。『儀式』でも神祇祭祀の一つである大嘗祭に関する事柄としてこれを規定している。穢れが排除される場面は祭祀を念頭にしている。自明なようでもあるがこのことは重要である。

神との密接な関係は、排除の対象である「穢悪」についての説明からもわかる。なぜ「穢悪」などが排除の対象として規定されるのか、その理由は式文の規定に直接は示されていないが、『令集解』所載の令釈では「穢悪の事は神の悪む所を謂ふのみ」とあり、式の成立にやや遅れる『令義解』でも同様に「穢悪とは、不浄の物、鬼神の悪む所なり」とある。[13]「穢悪」とは神が嫌うものと定義されていて、神の意思が背景にあるとしている。人がそれらの事物をどのように認識しまた意味付けるかという視点とは異なる観点から定義されるのである。

このように規定の内容よりも規定の置かれる場所に注目すれば、祭祀という枠組みに位置づけられる令の斎戒規定をもとにして、この枠組みを受け継ぎ再構成したものが式の穢れ規定であると言うことができる。式によって新しい規定が成立したといっても、穢れの排除が祭祀の一部として位置づけられていることは神祇令と変わらない。

三　式の運用

つぎに、穢れを祭祀の一部として規定する式が運用される様子を、『延喜式』にやや遅れて成立した『西宮記』を中心に見てゆく。

『西宮記』の「定穢事」の項目のはじめに「一、穢を定むる事、甲乙丙・五躰の有無、其れ時議に随ひ、或は神祇官の勘文に依りて定めよ」とあり、穢の甲乙丙の伝染や手足が失われた死体が穢れとなるかなど、穢に関する判断を公卿等が行うものと定めている。判断の根拠として『弘仁式』と貞観格が引用されていて、あくまで式文が判断の根拠として前提にされていたことがわかる。[14] そのあとに勘物として規範的性格をもつ先例が列挙されている。定穢では神祇式を基準にする判断がまず前提にあり、そこで規定されてなかったり判断が分かれることについてあらためて判断する。式文は現実の運用においても、判断基準としてもっとも重視され規範性と拘束力をもっていた。先行研究の指摘するとおりである。[15]

たとえば甲乙丙の穢の伝染は『延喜式』でつぎのように規定されている。

凡そ甲の処に穢あり、乙その処に入らば（著座を謂ふ。下もまた同じ）、乙および同処の人は皆穢となせ。丙、乙の処に入らば、ただ丙の一身のみ穢となし、同処の人は穢となさず。乙、丙の処に入らば、同処の人皆穢となせ。丁、丙の処に入るとも穢となさず。その死葬に触れたらむの人は、神事の月に非ずと雖も、諸司ならびに諸衛の陣および侍従の所などに参著するを得ず。[16]

この条文で「穢」と一文字で表記されるものは、直前の条文の「穢悪」と同じものと解釈されとくに異論はない。ある場所に穢れとされる物があり、人がそこへ入り着座するとその人は伝染して同じように穢れとなる。穢れがある場所、そこへやってきた人、この人の同所人やその住所、さらにその場所へやってきた人など、伝染する範囲を甲乙丙として定めている。手足が失われた死体とともに甲乙丙の伝染に関する定穢での判断は、こうした式文を基準として行われる。「時議に随ふ」といっても判断は恣意的になされるのではない。

式文を最大の根拠とするこの定穢では、神祇祭祀との関連もやはり強く意識されている。勘物として挙げられる先例の多くは祭祀に言及しているし、直接言及していなくても数日後に祭祀が控えている場合が多い。すくなくとも定穢には祭祀と無関係であると断言できる先例はない。『西宮記』の勘物から具体例をあげる。

延長五年六月四日、左大臣参入す。云々。内蔵寮申して云く、「寮中に犬有あり、小児の足二つの腰皮の絶へて懸るを咋入れたり」と。穢となすや否の由を勘へしむに、「貞観十九年四月に此の如きの例あり。かの時穢となさず、諸祭事を行へり」と。「自今以後、此の如き事あるは、さらに穢と為すべからず」といへり。[17]

この時に参考にされた貞観十九年四月の先例では上半身のない死体を穢れとしないと判断したことに加え、「諸祭事を行へり」と祭祀に支障がなかったことを確認している。そしてこの判断を先例として同様の場合は以後これに倣って穢れとしないことが決められた。もう一つ例を示そう。

天暦二年十二月九日、小一条記云く、「伊尹朝臣宅の井に、死人の頭および肪有り。而してその由を知らずして大内に参る。今日公卿をしてその穢を定めしむ。公卿申して云く、『先例を勘ふるに此の如きの穢、或は七日、或は穢と為さず。処分に従ふべし』と。仰せて云く、『七日の穢と為すべし。来たる十一日の神今食は、所司に付して行はしめよ』といへり。」と。[18]

死体の頭および肪の部分が家にあったのだが、伊尹は知らずに大内裏に参じた。先例では七日間の穢れもしくは穢れではないとされていたが、結局七日間の穢れと判断された。内裏も穢れとなったためか、あわせて十一日の神今食に天皇は参加せず神祇官だけで行うとされる。やはりここでも穢れは祭祀と無関係ではない。穢れの判断が行われるとき、祭祀が常に意識されていたのである。[19]

さらに祭祀との密接な関係は、穢れの判断において参考とされるものにもあらわれている。すなわち「其れ時議に随ひ、或は神祇官の勘文に依りて定めよ」とあるように、判断において神祇官が一定の役割をはたすことがある。

康保三年閏八月十一日御記云く、左近少将懐忠申さしむるに云く、「私宅に在りて下女すでに死せり。いまだその由を知らざるの間、従者の男来たりて直廬に着けり。その後その告を聞く」と。且《まさ》に事の由を奏さしむ。即ち仰せらく、「慥かに件の女死ぬる程を尋問し申さしめよ」と。懐忠申さしむるに云く、件女初め夜の間相語り、寝たる後、病悩するを知らず。今朝驚くを推すに依るの間、始めて死去の由を知る。従者の男の参り来たるは、人の未だ驚かざる以前に在り。然らば則ちその死ぬる程を弁へ知らず」と。即ち諸卿に仰せらく、「穢と為すべきや否の由を定め申さしめよ」と。夜に入りて民部卿に奏さしむるに、「天慶八年十月廿八日外記日記云く、『宮内省に死児を置くの穢有り。内裏に入るの疑有り。而してその死人を置くの程を知らず。太政大臣申すに依りて、神祇官をしてこれをトはしむ。トするに云く穢と為すべからず』といへり。件の例は相准ふべし。」と。仰せしむるに云く、「神祇官をしてト申せしむ云々」と。十二日、民部卿神祇官をして穢や否やの由をト申せしむ。これを推すに穢の由見えず 仰せらく「勘申に依りて穢有るべからず」と。[20]

康保三年閏八月十一日のことである。懐忠の自宅で下女が死んだのだが、従者は懐忠の居た直廬へやってきた。穢れになるのかもしれないのでこのことを奏上した。懐忠によると、前日の夜にこの下女は話をしていたが就寝後は知らず、死んだことに人々が気付くよりも前に、従者はやってきたということであった。これと同様の天慶八年十月廿八日の外記日記にある先例に倣い、神祇官にト占させ、その結果に従い穢れとならないと判断した。『延喜式』[21]にはこうした対応に該当する条文はない。『新儀式』などでは穢物を知覚したときが穢れのはじめとするとあり、これに従えば死を知覚しないうちにその場を離れたから穢れとならないとも解釈できるし、また穢れとする解釈も可能なので奏上したのであろう。ここで重要なのは最終的な判断内容ではなく判断の根拠である。結論を導き出したのは式文の法律的解釈ではない。先例に倣い、神祇官のト占によって結論が導かれたのである。先例に倣ったのは卜占を行うことであって、その結果ではない。卜占は祭祀そのものではないにしても広義の祭祀に含まれるのであり、判断するのは卜占によって明かされる神の意思とひとまず言えるだろう。式文の単純な適用では処理できない穢れの判断を、朝廷が恣意的に下すのではなく、神の意思を卜占により明らかにしている。

何が穢れであるのかを決めるのは人の恣意ではなく神の意思であるという認識があり、穢れとは祭祀における問題だとする基本的態度が神祇令から受け継がれ維持されていることが確認できる。定穢においても令釈のいう「穢悪の事は神の悪む所を謂ふのみ」のとおり、穢れは神との関係のなかで理解されている。

四　穢れの祭祀からの分離

神祇令の条文や式文の穢れ規定そのものに加え式文の運用をたどるかぎり、穢れの問題が祭祀から独立していることは確認できず、むしろ穢れは祭祀との密接な関係にあることが明らかになった。祭祀の一部として位置づけられるのか、それとも祭祀ではない場面でそれ自体が問題とされるのかという点で、本節冒頭で引用して示した中世の穢れ観念とは決定的な違いがある。つまり先行研究により穢れ観念が弘仁年間から貞観年間にかけて成立したと示されているが、これは中世につながる穢れ観念とはいまだ異質であって、両者が直接つながるということはできない。式文の成立によって穢れという観念が成立したとしても、それだけでは中世につながる穢れ観念とはならず、さらにその後に祭祀から独立するという変化を経ることで、はじめて中世につながる穢れが成立するはずである。

そこで注目されるのは『西宮記』に載せるつぎの事例である。ここには穢れの判断において、見過ごしてはならない重要な変化があらわれている。

承平五年四月一日、神祇祐助実・史茂行の過状、外記真実に給ひ続け収めしむ。これ参議伊衡朝臣宅に小児の頭以下腹以上相連らなり四支無き有り。而して助実勘文を送りて云く、「五体不具なり。七日を忌むべし」といへり。かの朝臣此の勘文に依りて、七日を過ぎ内裏に参入す。先例を検へしむるに、延喜十六年、内蔵寮に此の穢有る時、三十日を忌む。而して勘文に依りて誤失するを責むる所の過状なり。[22]

問題となったのは手足のない死体である。式文では四肢のとれた状態は想定されておらず、規定がないので、いくつかの解釈が可能である。死体が不完全であっても完全な状態と同じように扱うべきだとする立場と、人の死とは見なさない立場、さらに不完全な状態を反映して本来三十日とされる期間を短縮する立場が考えられる。

ここでは結局、五体不具の死体は三十日忌むのであり、七日とする判断は誤りであるとされるのだが、注目すべきはその根拠である。穢れはそもそも斎戒において忌避すべきものであり、神祇祭祀の問題として判断されるべきことだが、ここでは祭祀を職掌とする神祇官の助実が示した勘文の判断を、先例を根拠として否定している。神祇祭祀をつかさどる者の見解を否定し、先例がこれに取って代わり根拠とされている。忌むべき期間が三十日か七日かという量的な問題ではなく、祭祀の一部であるか否かという位置づけの認識に重大な変化が生じているのである。神祇官の判断を否定することは祭祀からの分離を意味する。

この変化は『西宮記』以後に広く受け入れられるところとなったようである。すなわち、それ以前にも穢れの状態で参内した者の罪状について明法家にはかられることはあったが、穢れとなるか否かを勘申したのは長元六年の明法博士令宗道成が最初であるという。[23] 藤原頼通の時代には定穢において参考とされるものが、神祇官の勘文から明法家の勘申に置きかわっている。穢れは神祇式で神が嫌う「穢悪」として具体的内容が定められたのだが、判断の場面では神は不可欠な要素ではなくなり神祇官の意見も必要とされなくなる。定穢が神祇祭祀の問題ではなくなり、法律の問題へと位置づけが変化したのである。

これらの変化が個別的な事例にとどまるものではなく、規範となったことは儀式書を見れば明らかである。『小野宮年中行事』では規定の形式に、穢れ排除と祭祀との分離がはっきりとあらわれている。(24)『小野宮年中行事』はまず正月の四方拝からはじまり順を追って十二月の追儺までの恒例行事を列記し、そのあとに臨時不定期のものや一般的規定が続く。「神事」は臨時行事・一般規定のはじめにある。

神事

一　践祚大嘗祭は大祀と為し、祈年・月次・神嘗・毎年新嘗等の祭は中祀と為し、大忌・風神・鎮花・三枝・相嘗・鎮魂・鎮火・道饗等の祭は小祀と為せ。

一　風神祭已上は、ならびに諸司これを斎め。鎮花祭以下は唯だ祭官これを斎め。

一　賀茂祭は中祀と為し、諸司これを斎め。園韓神・平野・春日・大原野等の祭は小祀と為し、祭官これを斎め。

一　小祀祭官斎むは、内裏斎まず。それ勅使を遣すはこれを斎め。已上神祇前後式。

神祇令曰く、「凡そ散斎の内には、諸司の事を理めむこと旧の如く。喪を弔ひ病を問ひ宍食むこと得じ。謂は重親喪病有る者は、祭に預かるの限りに在らず。また刑殺判らず、罪人を決罰せず、音楽作さず。謂は絲竹歌舞の類を作さざるなり。穢悪の事に預らず。謂は穢悪は不浄之物。鬼神の悪む所なり。致斎には、唯し祀の事の為に行ふこと得。自余は悉く断めよ。其れ致斎の先後は、兼ねて散斎と為《せ》よ。(25)

神祇前後式を引いていることからもわかるように、実質的に『延喜式』神祇式臨時祭の規定を承けている。祭祀の大祀・中祀・小祀の分類は斎戒をする範囲や期間に直結する事柄で、これらはつまるところ斎戒に関する規定である。神事についての規定はこれで全部である。

そしてこれに「御服の事」「皇后の御服の事」「皇太子の御服の事」「御画の事」「免者の事」「廃朝の事」の各項目がつづく。朝廷にとって重要だが神事とはかかわりがないこれらの規定のつぎに「雑穢の事」があり、さらにそのつぎの「服喪の事」の項目で『小野宮年中行事』は終わる。この配列からみるかぎり、穢れは神事の枠内には位置づけられず、独立している。「雑穢の事」はつぎのような内容である。

雑穢の事

一　人の死は三十日を忌め。産は七日。（中略）

一　改葬および四月已上の傷胎は、ならびに三十日を忌め。それ三月以下は七日を忌め。

一　六畜の死は五日を忌め。産は三日。

一　宍を喫むおよび喪を弔ひ病を問ふは三日を忌め。（中略）

一　喪を弔ひ病を問ひ山作所に到り、三七日の法事に遭ふは、身穢れずと雖も、而して当日内裏に参入すべからず。

一　六月十二月月次・十一月新嘗祭の前後の散斎の日、僧尼および重服・奪情従公の輩は、内裏に参入するを得ず。軽服の人と雖も、致斎の前の散斎の日は、参入するを得ず。自余諸祭日は、皆此の例と同じ。（中略）

一　無服殤に縁り暇を請ひ、いまだ限りの日を満たさざるに、召され参入するは、祭事に預かるを得ず。

一　宮女の懐妊せるは、散斎の前に退出せよ。月事有るは、祭日の前に宿盧より退出せよ。殿に上がるを得ず。それ三月九月の潔斎は、預め前に宮外へ退出せよ。（中略）

一　失火の所に触るるは、神事に当る時、七日を忌め。（中略）

一　甲の処に穢あり、乙その処に入らば、乙および同処の人は皆穢となせ。丙、乙の処に入らば、ただ丙の一身のみ穢となし、同処の人は穢となさざれ。乙、丙の処に入らば、同処の人皆穢となせ。丁、丙の処に入るとも穢となさざれ。
一　宮城内の一司に穢れ有れども、祭事を停廃すべからず。以上前後神祇式(26)

「雑穢の事」の内容は神祇式の穢れに関する条文の大部分で、『延喜式』の条文から「神事」で示されたものを除いた残りに相当する。「神事」では神祇令の斎戒規定が引用され、これとは別個に「雑穢の事」が規定される。「雑穢の事」は、神祇令に由来し神祇祭祀の枠内に置かれる『延喜式』の穢れ規定と密接に関連する前後神祇式を引用しているにもかかわらず、「神事」から分割され独立した別個の事柄とみなされるに至っている。『小野宮年中行事』では穢れは斎戒の一部またはその延長ではなく、これと明確に区別され、それ自体で一つの制度となっているのである(27)。

穢れの祭祀からの分離は、さらに時代の下る『法曹至要抄』にも受け継がれている。『法曹至要抄』はその名からもわかるように法的問題を念頭にしているので、祭祀自体は記載せず祭祀における斎戒についても掲載の対象外である。上巻で罪科、中巻で禁制、売買、貸借など、下巻では喪とそれに伴う服喪期間や遺産の処分、休暇があり、そして最後に「雑穢条」がある。穢れに関する規定が『法曹至要抄』にあること自体に、祭祀の枠組みから穢れの問題がはみだしているとする社会の認識が端的にあらわれている。

『法曹至要抄』の「雑穢条」の前半は神祇式の穢れ規定の内容を並べ替えたもので、『小野宮年中行事』の「雑穢の事」に相当する。「卅日穢の事」「七日穢の事」「五日穢の事」「三日穢の事」「当日忌む事」とまず行動に制約が課される日数によって分類し、それぞれの具体的内容を示す。つぎに伝染に関する「穢の甲乙次第の事」がある。そして「穢物は看付するを以て穢の初となし、臭香を聞くを以て穢の初日となすがごとき事」「墻を隔て門を別する処は同処と雖も穢となさざる事」「死人・六畜の白骨は穢となさざる事」「乙丙の穢を忌まざる事」「穢に触ると雖もものを忌まざる事」と、『延喜式』では規定されないものを、おもに『新儀式』を根拠にして示す。さらにつづけて『西宮記』にみえる「定穢事」と同様のことを「穢に触るる事は時議に依るべき事」として記している。

ここで特徴的なのは根拠や参考とされるものである。令文と式文と『新儀式』が引用されるほかに「これを案ずるに」という考察では「法条」「先例」「先儒」「式条」「式典」「師説」「儒家之伝説」が根拠としてあげられている。穢れの問題は先例および法律の解釈として考えられるのみで、神や神祇官などは言及されず、もはや祭祀の問題と考えていないことが、ここからもうかがえる。

つまり、穢れは本来神事という非日常的な特殊な場面で問題とされていたのだが、ここにいたって問題とされる場は、制度的にも明確に世俗社会へと移されている。神祇令や神祇式で祭祀の問題として位置づけられていた穢れが、摂関末期には祭祀から独立した制度として位置づけなおされ、これが規範となり中世的穢れ制度が成立したということができる。

このように、中世に典型的にみられる穢れと、それ以前の穢れはともに式文が根拠とされるにもかかわらず、祭祀の一部なのか否かに注目すると、両者は明らかに断絶している。これまでは根拠とされる条文の内容が関心の対象となり、『弘仁式』および『貞観式』の成立が大きな変化をもたらしたと考えられてきた。しかし祭祀の枠組みの中なのかそれとも祭祀から分離したものなのかに注目すると、式が成立してもそれ以前から続く斎戒に変質はなく、「穢れ」という新たな表記がなされるものの依然として祭祀の中での問題であり、大きな変化があったとは必ずしも言えない。むしろこれより時代が下って生じた、穢れのことを祭祀から分離して別個のこととして行うことこそが、質的な変化であり、より重大な変化である。

五　分離の時期

では『小野宮年中行事』や『法曹至要抄』で決定的になる、穢れの判断や対応が祭祀から分離されるという事態は、いつごろまでさかのぼれるだろうか。この時期について儀式書をたどってより詳しく考察する。

まず『北山抄』は、著者の藤原公任が小野宮家であることもあってか「神事」と「雑穢事」が藤原実資の『小野宮年中行事』とほぼ同じ前後神祇式の引用という形でそれぞれ別々に記されている。穢れの問題が神事とは独立した事柄とする認識が規範的地位を得た時期は、ひとまずこの時点までさかのぼることはできる。

『小野宮年中行事』は現行文の『年中行事御障子文』と極めて近い[28]。この『年中行事御障子文』の原形は寛平のはじめ頃には成立したと考えられるが、所功によれば、成立当初に「「年中公事」だけ書かれていたのか、それとも奥に「服仮幷びに穢等」も記されたのか、今のところ不明というほかない」という[29]。すなわち中世に成立した『帝王編年記』には、

> 太政大臣昭宣公年中行事障子を進めらる。殿上に立つ。一つに年中行事を書き、奥に服仮幷びに穢等を書く。絹を障子に突き立つるなり。今案ずるに、彼の年、始めて立てらるるか。小野宮記に見ゆ。[30]

とあり、この所伝にしたがうなら光孝天皇の即位したころには穢れは単独で規定されていたといえるが、現存の『三代実録』にも『小右記』等にも見あたらず確証はないという。神事以下穢などがある現行本は、永延・長和年間ごろ吉田祭など数項目を付け加えたものと考えられ、『小野宮年中行事』からさほどさかのぼることはできない[31]。

つぎに『北山抄』『小野宮年中行事』に先立って成立した『九条年中行事』だが、その条文は『小野宮年中行事』や『北山抄』の前後神祇式の引用とされる条文ほど周到ではない。『九条年中行事』では「神事」に関しては項目自体がなく、十二月晦日の追儺のあとに「御服の事」「御画の事」「覆奏の事」「廃朝の事」と続き、そのつぎ

に「雑穢の事」がある。

雑穢の事。

一　人の死は卅日を忌め。

一　改葬は卅日を忌め。

一　傷胎は卅日を忌め。（謂は四月已上。それ三月以下は七日を忌め。）

一　産は七日を忌め。

一　六畜の死は五日を忌め。（鶏は忌む限りに非す。）

一　六畜の産は三日を忌め。

一　肉を喫み喪を弔ひ病を問ふは三日を忌め。

一　喪を弔ひ病を問ひ、山作所に到り、三七日の法事に遭ふは、当日内裏に参入せざれ。

一　失火所に触るるは七日を忌め。

一　宮女の懐妊するは、散斎の前に退出せよ。

一　宮女の月事有るは、祭日の前に、宿廬より退下し殿に上らざれ。

一　宮女の懐妊ならびに月事有るは、三月九月の潔斎の前に退出せよ。

一　甲の処に穢あり、乙その処に入らば、乙および同処の人は皆穢となせ。丙、乙の処に入らば、ただ丙の一身のみ穢となし、同処の人は穢となさざれ。乙、丙の処に入らば、同処の人皆穢となせ。丁、丙の処に入るとも穢となさざれ。

一　六月十二月祈年・月次、十一月新嘗祭の斎の日は、僧尼ならびに重服軽服の者は、ならびに内裏に参らざれ。

一　小祀は祭官斎むは内裏は斎まず。それ勅使を遣はす祭は斎め。また古人の記に云く、「致斎の前に穢れ有るの時、主上は御出せず。即ち所司に於いて神事を行はる」といへり。（延喜十九年六月二十四日の定むと邦基卿記す。）

一　無服殤に縁りて暇を請ひ、いまだ日を満たさずして召され参入するは、祭事に預かるを得ず。

一　宮城内の一司に穢れ有れども、祭を停廃すべからず。

已上内裏。

凡そ御本命（中宮・東宮亦同じ）および朔日・重日・復日は、凶事を申すべからず。

凡そ穢悪の事に触れて忌むべきは、死は卅日を限り、産は七日、馬牛および犬の死は五日、産は三日、それ肉を喫みおよび喪を弔ひ疾を問ふは三日。それ神祇官は尋常にこれを忌め。余の司も祭の時に当たらば皆忌め。ただし諸司に供奉するは、人の死・産を除くの外、喪を弔ひ疾を問ひ、および馬・牛・犬の死・産に触るるがごときは、当日御膳事に預からざれ。

凡そ僧尼および重服の人、六月十一月十二月神事の前に、内裏に参るべからず。その余の祭は唯だ散斎の日を忌むべし。また軽服は暇日を満たすと雖も、而して服のいまだ闋せざるは、散斎の日、神事に触れ預かるおよび内裏に参入するを得ず(32)。

特徴的なのは「已上内裏」の語句で、それより前の部分は内裏という場所を念頭にした規定となっている。その条文は一見してわかるように『小野宮年中行事』の「雑穢事」とほぼ同じなのだが、『小野宮年中行事』や『北山抄』では「神事」の中に含まれる「小祀は祭官斎みて内裏は斎まず。それ勅使を遣す祭は斎め。また古人記に云く、『致斎の前に穢れ有るの時、主上は御出せず。即ち所司に於いて神事を行はる』といへり」という条文が、ここには含まれている。内裏に関するものとしているが、同時に祭祀も念頭にしている。「凡そ御本命」以下は内裏の外の者を念頭に、内裏に穢れを持ち込ませないための規定で、「凡そ穢悪の事に触れて忌むべきは」と「凡そ僧尼および重服の人」ではじまるものは前半の内裏の規定と内容が重複する。また後半で穢れとともに祭祀についても規定している。いまだ穢れの問題が祭祀から完全には分離していない状態がみてとれる。

さらに『西宮記』は『九条年中行事』を数多く利用しているものの、[33]この部分は見えないことから、『九条年中行事』の「雑穢事」は十分な規範性をもってひろく受け容れられるにはいたっていなかったと考えることが妥当であろう。『九条年中行事』は穢れの問題が祭祀から分離する過程なのである。もしも藤原基経が献上した年中行事障子に服仮幷穢等が記載されていたとしても、その時にはいまだ規範として安定し定着してはいなかったと言える。

また『法曹至要抄』で『延喜式』と並んで引用される『新儀式』は、村上天皇の撰とも言われ、先述の事例すなわち承平年間の神祇官による勘文が先例により否定された事例にやや遅れて成立する。この『新儀式』では「捜盗の事」「恩赦の事」とならび「触穢の事」という項目が単独で立てられる。儀式書の体裁の上では単独の項目となっているのだから、ここで分離は明らかにはじまっていると指摘できる。

以上のことを考え合わせれば、穢れが祭祀の枠組みから分離して世俗の枠組みへと場を移されるのは、藤原忠平の頃にはじまり頼通の時代には完全に落ち着いたといえる。穢れと祭祀の分離はおそらく『延喜式』の成立したころにはじまり『新儀式』では形をあらわし、摂関末期に最終的に分離し単独の制度となったのである。『延喜式』の内容にはすでに時代遅れとなった部分があるということを考慮しても、『九条年中行事』の過渡的形態や『西宮記』に載せる勘物の先例を考えるなら、穢れと祭祀の分離は『延喜式』の成立よりもさかのぼることはないと考えてよいだろう。要するに、ながく根拠として引用される式の穢れ規定が成立したころには、穢れの問題は斎戒の拡張であり変わることなく祭祀と一体に行われたが、摂関期具体的には十世紀後半においてこれらの根拠とされる条文が改められることもないままに、祭祀から分離するという位置づけの変化が生じたといえよう。

摂関期の有職故実の第一人者である藤原実資は、『小野宮年中行事』を著す一方で『小右記』で穢れについて

「穢は日本の事、大唐は已に忌まず」[33]と記している。穢れは日本独自のものであり、唐ではこれを忌まないというのである。祭祀における穢れの排除を定める斎戒規定は、唐令からほぼそのまま継受したもので式もこれを継承している。したがって藤原実資が念頭にしていて、中世にも見られる日本独自の穢れに関する仕組みは、神祇令や神祇式とは区別されるものである。「穢」と表記が同じでも、『弘仁式』や『延喜式』が成立したときと、『小野宮年中行事』などが成立したときの間には断絶が認められる。

六　式の意義

最後に式文の果たした役割をあらためて考えてみたい。摂関期に穢れの位置づけが、祭祀の問題からそれとは別個の問題へと大きく変更されていることをふまえると、式文の意義はこれまで言われてきたことと少しばかり異なっていたと考えられる。この時代はちょうど有職故実の発展とかさなり、小野宮流や九条流など故実が重視されているので、先例とは異なるまったく新しいことが受け容れられる可能性は低く、画期となる変質が突如として生じたとは考えづらい。すなわち穢れを祭祀ではなく世俗社会の問題と見なす素地はこれ以前にすでにできあがっていたと考えられよう。この役割を果たしたものこそ式文であった。

『弘仁式』以前は、神祇令が規定するように斎戒期間に神への集中を高めるときに妨げとなるものを六色禁忌として排除する。これらは人と神のコミュニケーションを試みるという限定された場面でのみ、妨げとなり排除される。問題とされるのは斎戒期間のみであり、原理的に日常において問題とはなりえない。神とのコミュニケーションを試みていないならば、その邪魔になるか否かがそもそも問題になりようがない。

式文の成立はまず形式的な面で祭祀からの分離を準備した。「穢悪」の具体的内容を定義し明文化することによって、神を介在させずに式文という法律の判断として問題の処理が可能となる。式文の穢れ規定は人の死や産といった種類によりそれぞれ忌むべき期間が規定され、排除は神との関係によって行われるのではなく、ひとまず神をぬきに式の条文に従って行われる。このうえに甲乙丙の展転を定めたことで、祭祀とは直接関係ない場でも穢れへの接触が問題となり判断が必要とされる。神とのコミュニケーションではないこの場面での穢れについての判断や排除こそが、そのまま世俗へと移行可能な仕組みとして、祭祀からの分離の準備をしたということができる。このように式文の成立は、穢れの問題の位置づけを祭祀から世俗へと変更することが可能となる条件を整えたものとして理解できる。

式の成立は排除の対象をより具体的に明文化したのだが、それがそのまま穢れの問題を祭祀から分離することにはならない。しかし、摂関期を画期と考えるとき、式はその変化を可能にする条件をととのえたものとして、あらためてその意義が理解される。

七　小結

本節では『延喜式』に規定される穢れは歴史的に形成されまた変化していることをふまえて、平安時代初期に成立し、その後に変化し、中世につながる観念へと向かう過程をたどった。

穢れが斎戒での排除対象として定義されることに注目し、まず穢れを忌避し排除する仕組みが本来斎戒制度の一部として構成されていたことを確認し、また斎戒規定の拡充から穢れ規定が成立し成熟する過程の各段階を確かめた。さらに「定穢」という公卿による穢れに関する判断の事例から、摂関期に穢れが神祇祭祀やその斎戒から分離独立するという大きな変化が生じたことを明らかにし、儀式書からもこの変化を確かめた。また穢れは神祇祭祀の範疇から分離される別個の問題とする認識が、『新儀式』の頃にはじまり『小野宮年中行事』の頃には規範性を持つにいたり、この時ようやく中世つながる穢れ観念や処理の仕組みができたことを示した。

そして『弘仁式』での穢れ規定成立の意義をあらためて論じた。『弘仁式』の成立は中世に受け継がれる穢れ観念やその処理の仕組みの成立の画期とはならなかったが、明文化したことにより法律的運用による判断が可能となり、判断のたびに神の意思を明らかにする必要がなくなった。祭祀からの分離を可能にする条件が『弘仁式』の成立により整えられたと評価できる。平安時代初期に神祇式が成立することで穢れが定義されるとともに神の介在なしに穢れの判断を行う可能性がひらかれ、これを受けて摂関期に実際に祭祀から漸次分離するという二段階の変化を経て、中世につながる穢れの仕組みが形成されたと理解されるのである。

註

（1）　横井清『中世民衆の生活文化』（東京大学出版会、一九七五年）二六八頁。

（2）　延喜式は基本的に弘仁・貞観式をあわせたものであるとされる。虎尾俊哉『延喜式』（吉川弘文館、一九九五年）、神祇式については、早川万年「補註一「前後神祇式」について」（虎尾俊哉編『弘仁式貞観式逸文集成』国書刊行会、一九九二年）に詳しい。

（3）　『律令』は日本思想大系、『令集解』『帝王編年記』は新訂増補国史大系、『西宮記』『儀式』『北山抄』は神道大系、『新儀式』『九条年中行事』『小野宮年中行事』『法曹至要抄』は新校群書類従、『延喜式』は訳注日本史料を用いた。

（4）　横井清『中世民衆の生活文化』では浄土教の社会への浸透を念頭に仏教の不浄観といわゆる穢れとの関連、さらに陰陽道との関連を論じている。また高取正男『神道の成立』（平凡社ライブラリー、一九九三年）二八三頁でも「外来の文化、思想の影響を考えねばならない」としている。

（5）　『延喜式』巻第三、神祇三、臨時祭四十九～五十一条（原漢文。書き下しは訳注日本史料によった）。

（6）　虎尾俊哉編『弘仁式貞観式逸文集成』。逸文が『西宮記』「定穢」の項に伝わる（原漢文）。

（7）　三橋正「『延喜式』穢規定と穢意識」（『延喜式研究』二、一九八九年）および同「弘仁・貞観式逸文について――『延喜式』穢規定成立考」（『国書逸文研究』二二、一九八九年）。

（8）　『律令』巻第三、神祇令第六、十一条（原漢文。書き下しは日本思想大系によった）。

（9）　『日本書紀』巻第五、崇神天皇七年二月から十一月の祭祀に象徴される。

（10）　勝浦令子「七・八世紀将来中国医書の道教系産穢認識とその影響――神祇令散斎条古記「生産婦女不見之類」の再検討」（『史論』五九、二〇〇六年）では別の角度から論じられている。

(11)『儀式』は『貞観儀式』とされる。『延喜式』よりも早く成立したが、『延喜式』の内容が実質的に定まったのは弘仁・貞観式であるため、内容の成立に関しては両者はおおむね同時期である。

(12)『儀式』巻第四、践祚大嘗祭儀下。なお同様の規定は、巻第三、践祚大嘗祭儀中にも見られる（原漢文）。

(13)『令集解』巻第七、神祇令、散斎条。

(14) ここには「或記云く、弘仁式云く、穢忌の事に触れて応に忌むべきは、人死は卅日に限り、産は七日、六畜の死は五日、産は三日。其の宍を喫し及び喪を弔ひ疾を問ふは三日。貞観六年、云く、喪家当日には必ずしも之を葬らず。或は、日を経て旬に及びて死日を計り限を満たし、直ちに以て事に従ふ。已に卅日を忌むの意に違ふ。今、須らく葬日を取り始めて之を忌むべし。改葬・傷胎すら猶ほ卅日を忌む。況むや未だ葬らざるに於ておや」とあり、「弘仁式云」以下「問疾三日」までが『弘仁式』、それ以下が貞観格である。この貞観格は『類聚三代格』にはないが『拾芥抄』に引用されている。これに続く「失火穢を忌む可き七箇日の事」で、失火穢は七箇日忌むと規定するが、そのように定められるまでの経緯の説明の中に「人死に准へ、忌むこと卅日。但し式例無し」と、これ以前の三十日忌むとする規定には根拠となる式文がないことをわざわざ付記していることからも、判断は本来式文を基準として行われるべきだと考えられていたことがうかがえる。またこの「失火穢を忌む可き七箇日の事」の最後に割注で失火穢では甲乙丙展転しないとし、応和三年四月の勘物には「同三年四月十二日、左大臣に大外記の伝説せる勘中の、神事の間、失火穢を忌むの例文を給ひて仰せて云々。式に依らば只だ其の所の人に触るる人を忌むべし。忌みを展転すべきの由無し。貞観十六年の例、展転して之を忌むに似たりと雖も、仁和二年斎宮失火之時に至り、又た忌まれず。猶ほ一定無きに似たり。式文に依らば、甲乙転々して之を忌む可からず」とある。ここでは先例が一定しておらず、式文を根拠として失火穢は展転しないとされた。先例で判断が別れるような場合には、やはり式文を基準として判断がくだされる。

(15) 三橋正「摂関期における定穢の変遷――『西宮記』「定穢」から三条朝まで」（『大倉山論集』四四輯、一九九九年十二月）で詳しく論じられている。

(16)『延喜式』巻第三、神祇三、臨時祭五十五条。

(17)『西宮記』臨事一（甲）、定穢事、裏書。

(18) 同前。

(19) 勝田至「中世触穢思想再考」（『日本中世の墓と葬送』吉川弘文館、二〇〇六年）一四五頁でも「内裏の穢も『三代実録』には特に例が多いが、これも神事を妨げるのが問題になっているにすぎない。換言すれば、神と関係のない局面では、制度上の穢というものは存在しない」と貞観年間までについて指摘している。

(20)『西宮記』臨事一（甲）、定穢事、裏書。

(21)『新儀式』巻五、触穢事に「穢物有るを知らざれば、若し数日を経るも、只だ初めて看るを以て穢の初日と為せ」とある。

(22)『西宮記』臨事一（甲）、定穢事、裏書。ただし故実叢書により一部補った。

(23) 三橋正「摂関末・院政期における定穢について」（『駒澤史学』六一、二〇〇三年十一月）で、明法家の勘申の初見として『後二条師通記』寛治六年五月二十二日条裏書きに引かれる明法博士令宗道成が頼通へ奉った勘文を示し、「それ以前の明法家に求められていた範囲外のことで、戸惑いが隠せない」と指摘している。三橋はこの時期に院政につづく、定穢において実質的な判断能力を伴わない権威が出現したとしている。ちなみに院政期には明法家とともに検非違使が重要な役割をはたす。ただし、なぜ勘申が神祇官に求められなかったかについて、また穢は常に神事を背景にしていることに間違いがないとしてもこの判断が神事の一部なのか否かについても三橋は言及していない。

(24)『年中行事御障子』と『小野宮年中行事』との関係については、所功『平安朝儀式書成立史の研究』（国書刊行会、一九八五年）に詳しい。

(25)『小野宮年中行事』神事。ただし書き下しの都合により割注の位置を改めた。

(26) 同前、雑穢事。ただし説明部分と割注は省略した。

(27)「神事」と「雑穢」の分割は『師遠年中行事』などでも踏襲されている。

(28)『年中行事御障子』の成立については、甲田利雄『年中行事御障子文注解』（続群書類従完成会、一九七六年）の解題、所功『平安朝儀式書成立史の研究』、早川万年「補註一「前後神祇式」について」、黒須利夫「「年中行事障子」の成立」（『歴史人類』二一、一九九三年三月）、齋藤融「「前後神祇式」小考」（『法政史学』六一、二〇〇四年三月）などで論じられている。

(29) 所功『平安朝儀式書成立史の研究』。

(30)『帝王編年記』巻十四、光孝天皇、仁和元年五月二十五日条。

(31) 齋藤融「「前後神祇式」小考」では天徳の内裏焼亡による年中行事障子の新調を『小野宮年中行事』や『北山抄』に見られる体裁の成立の契機と考えている。

(32)『九条年中行事』雑穢事。

(33) 山中裕『平安時代の古記録と貴族文化』（思文閣出版、一九八八年）。

(34)『小右記』万寿四年八月二十五日条。

第二節　年中行事の成立と神祇祭祀の地位の変化——官撰儀式書の構成の模索と漢籍

一　はじめに

前節では、穢れ規定の条文が法典や儀式書のどういった所に配置されるかの変遷をたどり、穢れとは、『弘仁式』から『延喜式』までは神祇祭祀の斎戒中に接触を忌避すべきものであり、その後の『小野宮年中行事』などでは神祇祭祀に限定されることなくひろく接触を忌避すべきものとされたことを示した。すなわち穢れが問題となる状況は、当初は神祇祭祀であったが、時代が下ると朝廷で行われる年中行事全体へとひろがり、性質が変化したことを示した。

この規定が置かれる位置の変遷は穢れの変質を意味するが、その背景としてそもそも神祇祭祀や朝廷儀礼という大きな枠組みの変化が生じていた可能性が指摘できる。すなわち大きな枠組みが固定したものとして存在し穢れはその中での位置づけを変化させたのではなく、枠組み自体が変化し、穢れはこれと呼応するように位置づけを変化させた可能性である。枠組みが根底にあるからその上に穢れというものが存在するのであり、枠組みが変化すれば穢れも変化を迫られる。本節ではこの枠組みの成立と変遷をたどり一定の形式すなわち年中行事の形式が成立する経緯を儀式書の変遷によりたどる。

儀式や儀礼は文化的政治的意義をもった人間関係や認識を実体化する象徴的表現である。摂関期の貴族にとって儀式の遂行は最も重要な職務の一つであり、過失なく実行するために口伝や先例を記した日記などで各儀式を研究した。そうしたなかから有職故実の流派が成立し、また私撰儀式書が編纂された。これらは王朝文化の規範の一つとなり、またながく学問の対象とされた。近代以降でもそれまでの研究を受けた有職故実の儀礼考察、儀式書を中心とする研究、年中行事として論じたもの、個々の儀礼に注目してその成立や由来や変遷を論じたもの、さらに律令制度の要素としての儀礼の考察が行われている(1)。

儀礼に関する研究は平安時代中期の摂関期を典型とするものからはじまり、その頃すでに定着していた年中行事という範疇を無自覚ながら前提にしていたためか、この範疇自体にはあまり関心が向けられてこなかった(2)。しかし摂関期の私撰儀式書で共通する年中行事という基本的構成がはじめからあったわけではない。これに先立つ律令期の官撰儀式書で行われた全体の構成や各儀式についての模索ないし試行錯誤の結果として歴史的に成立したのである。本節ではこの過程、すなわち『内裏式』から『新儀式』にいたる官撰儀式書の全体の構成に関する試行錯誤ないし模索の過程を考察する。儀式の個別具体的内容ではなく儀式書の全体の構成、おもに各儀式の配列に注目し、これにどのような特徴があるのか、どのような部分で中国の制度や文化の影響を受けているのか、さらに日本では特殊な地位にあった神祇祭祀がどのように位置づけを変化させたのかをたどり、儀式書の思想的背景も考察する(3)。

二　日本の儀式書と中国の儀注

これまで儀式書とそこに記載される儀式について、各儀式の内容や成立および歴史的変遷についての研究、各儀式書の成立等の文献的研究、そして儀式書と律令の関係の研究などがなされてきた。近年では各儀式および儀式書が中国からの影響等を受けて成立したもので、礼制度ないし礼思想という包括的枠組みの導入でもあったと論じられる。[4] これによれば『内裏式』などの日本の官撰儀式書は、律令と相互補完的関係にあって国や社会の秩序を支える中国の儀注に倣うものであるという。

これらはつぎのように論じている。最初の官撰儀式書とされる『内裏式』の序が『隋書』経籍志に由来する「蓋儀注興、其所由来久矣」の語句ではじまることなどから、これが儀注として編纂されたとする。儀注とは、『隋書』経籍志や『旧唐書』礼儀志の文章や分類を根拠に、経書の三礼とは区別される『江都集礼』『貞観礼』『開元礼』などを指すという。さらに『内裏式』やその後継に含まれる儀式のいくつかは、『開元礼』などに依拠して整備されたことが明らかにされていることから、『内裏式』以下の儀式書は中国の『江都集礼』や『開元礼』といった儀注に倣い成立したとする。[5]

古代日本が国家制度や文化を整備するにあたって手本としてきた中国では、儀注に定める礼が律令と相互補完し表裏一体となり、国家の制度や秩序を支えていた。日本はこれを手本に中央集権的国家となったわけだが、当初は律令のみを編纂するにとどまり、これを補足する施行細則の格式もまた儀注もともに編纂されなかった。そののち唐の制度や文化の理解と導入がさらに進められ、儀注が請来されたのを一つの契機として、最初の官撰儀式書が編纂された。すなわちすでに行われていた個々の儀式が律令とともに国家の制度や秩序を形作るものとして意義を再認識され、新たに整備された儀式を加えてまとめることで儀式書が成立したとされる。

要するに、中国の律令と儀注の相互補完的仕組みを手本として、日本ではこれらを時間差をもって導入した。まず律令の編纂や導入が行われ、これに遅れて礼思想もしくは礼制度がしだいに理解され浸透した結果、平安時代のはじめにに儀注に相当する儀式書が成立したのだと先行研究では説明される。はたしてこうした理解は妥当なのだろうか。

三　中国の儀注の内容と意義

礼とは儒学でもっとも重視されるものの一つで、『周礼』『儀礼』『礼記』の三礼が経書とされる。礼の意味や内容にはかなりのひろがりがあるのだが、『説文解字』では「礼は履なり」とあり、ひとまず人が踏み行うべき行為、外形性が意識される具体的行動規範だと考えてよいだろう。その実践は漢から唐にいたるまで儒学の重要な課題の一つであった。

礼は大きく分ければ二つに分類できる。一つは、政治権力とは直接には関係なく行われるもので、『礼記』曲礼上に「聖人作ち、礼を為りて以て人に教へ、人をして礼有るを以て、自ら禽獣より別つことを知らしむ」とあるように、実行者を禽獣から差別化し人たらしめ、また文化的存在として夷狄などから自分を差別化する礼である。ひろく支配者層が実践すべき行動規範であり、『儀礼』で多く述べられるところである。これはさらに文化的存在者の間でも機能し「夫れ礼は親疏を定め、嫌疑を決し、同異を別ち、是非を明らかにする所以なり」と相互の差別化もする。もう一つは、政治権力における特定の地位や身分に伴う行動規範であり、『周礼』に記されるところである。その内容はつまるところ官制といえるもので、各官人の職務を記しているのだが、これも礼とされる。『礼記』王制などでも、王の政治的行為もその地位に特有の礼と位置づけられている。

政治権力の構成者としての職務的行動規範は、時代が下ると礼から分化し法律として規定される。したがって礼は時代が降ると内容がより限定されたものになる。漢以降に法家的統治機構が整備され、これを構成する各官人の行動規範は、皇帝の命令である律令により規定されるようになる。晋になると、刑法と行政法を分類しそれぞれ別々にまとめる律と令の形態が成立し、さらにこれとは独立して晋礼すなわち儀注が編纂される。隋さらに唐もこれを受け、皇帝の命令である律令を編纂し、また『周礼』を承ける『唐六典』を編纂する一方で、これらとは別に『開元礼』などの儀注も編纂する。唐の儀注は礼から分化独立した律令や官制は含まない。かつては礼に広範な事柄が含まれていたが、唐の儀注はその全体ではなくて一部分を継承するにすぎない。

ここで全体が現存する『開元礼』を取り上げ、律令等が分化したあと礼に残された内容を概観する。『開元礼』は、先行する儀注に倣い、行うべき状況の違いにより礼を五つに分類し、吉・賓・軍・嘉・凶の順序に配列するという形式をとる。また内容の性質に注目すれば二つに大別できる。

一つは、皇帝から六品以下にいたる支配者層のすべての構成者が、それぞれ別個に行う相似的礼である。吉礼の廟祭、嘉礼の加冠や婚姻、凶礼の喪葬などは、家の中での立場や家の範囲を実体的に表現したりその変化を明示したりする。皇帝は宗廟を祭り、臣下も各々自分の祖先の廟を祭る。加冠や婚姻や喪葬も、皇帝から六品以下にいたるまでそれぞれ行う。そしてより地位の高い者がより大規模に、より地位の低い者は小規模にと、その規模や程度が地位に応じて定められている。支配者層内部で相互に差別化し、全体を序列化する。

もう一つは、身分や地位に特有の礼である。代表的なのは朝賀である。朝賀では皇帝は臣下の朝賀を受けることでその上位にあることを表現し、臣下は朝賀をする順序により身分の高低が表現される。賓礼もその延長線上にあり、直接の支配下にはない蕃国使の朝賀とも言うべき内容になっている。そして関係が対立的である場合には、軍礼により自身で、または将軍を派遣しこれを征伐することが定められている。これらの礼で主体となるのは皇帝である。さらにこれに準ずるものとして領域の統治者が行う礼がある。すなわち皇帝は全世界を統治するので天地を祭り山や海も祭る。諸侯に比せられる刺史・県令等は諸州・諸県で社稷を祭る。これらの礼の主体は、それぞれの領域の統治者に限定される。政治的意義があり一部は律令と重なるものの、人民を支配統治する政治とは区別される。

このほかにも、政治権力やその中での地位と直接には関係がない農事暦的行為がある。明堂で時令を読む、農業神である先農を祭る、円丘で穀物の実りを祈り雨ごいをする、織物の先蚕を祭るといったものだが、補足的なものである。あくまで『開元礼』の根幹は、支配者層の誰もが行う相似的礼と身分に特有の礼の、二種類の礼である。

こうした内容を持つ『開元礼』が実現するのは、つまるところ身分のヒエラルキーである。皇帝がその地位にあることを他者に認めさせることと、臣下が地位や身分を承認されることは一体である。臣下が自身の地位を認めさせる根拠として冠婚葬祭などの礼を用いるということは、同時に皇帝がする冠婚葬祭をも正当化の根拠として認めることになる。しかもその規模はより大きいため、皇帝がより高い地位にあることを承認することになる。諸侯になぞらえられる刺史や県令は社稷を祭ることでその領域の統治者であることを表現するが、これも同時にそれよりもはるかに広大な天地を祭る皇帝が全世界の統治者であることを承認することにもなる。臣下が自身の地位を認めさせるべく礼を行うことが、結果として礼を行う皇帝の地位を認めることにもなる。

皇帝の地位の正当化は、礼で構築されるヒエラルキーの中に自身を組み込むことで実現されるのだから、儀注は身分の低い者だけを規定するのでも、身分の高いもののみを規定するのでもない。身分の低い人から高い人まで、皇帝を含め支配者層の全体を包括し規定するから、儀注は特有の意義を持つ。言い換えるなら、儀注は皇帝を含むすべての官人の礼をそれぞれ規定し、身分の上下関係の体系を制度として構築し再生産するとともに、各人がそのヒエラルキーのどこに位置するのかを表現するものとして構成されているのである。皇帝から臣下の各々が、礼の独立した主体となるからこそ、相互に差別化されヒエラルキーを作る。

『開元礼』は律令だけでは解決できないことを補完するものとして編纂された。律令は国家の官制や運営方法を規定するが、つまるところ皇帝の命令が恒常化したものだから、これに先立って皇帝が皇帝として承認されなければ効果を生じない。皇帝であると認めさせる根拠こそ律令に回収されることのない礼の観念であり、それを記したのが『開元礼』などの儀注である。

四　日本の儀式書と歳時

日本の官撰儀式書に載せられる各儀式の具体的次第については、釈奠で最も典型的に見られるように、たしかに『開元礼』などの儀注に倣っていると確認できる。[6] しかし、全体の構成すなわちどのような儀式が記載されるか、またそれらがどのような順序に配列されるかといった点は儀注と大きく異なる。儀式書の構成は、全体の配列が五礼に分類されておらず、実施される日付順になっていること、儀注にはない節日と政務的内容が掲載される一方、臣下が主体となって各自で行うものがないといった特徴がある。このことは日本の儀式書の性質を探る糸口になる。

『内裏式』の全体の配列は、詳しくは以下の通りである。[7]『内裏式』は全三巻で、上巻と中巻では正月の朝賀からはじまって重陽の節、十一月新嘗、十二月大儺と日付順に各儀式が配列され、下巻では任官など臨時の儀式が記されている。この日付順の配列は雑令の節日条に由来すると考えられるが、やや時代の下る『類聚国史』ではこれら節日を巻第七十から巻第七十五に歳時部としてまとめている。[8] つまり『内裏式』は節日を中心に朝賀や大儺といった儀式を加え歳時として構成し、臨時のものを別にまとめたのである。

こうした構成になったのは、礼の意義が十分に咀嚼されずにいたため、すでに受容されていた雑令の節日条をとりあえず土台にしたにすぎず、礼の理解と導入がさらに進めば性質による分類がなされ儀注の構成に近づくとも考えられるが、実際にはそうはならない。

『内裏式』ののちに編纂された『儀式（貞観儀式）』は全十巻で、巻第一に祈年祭儀、春日祭儀以下、朝廷の外にある神社への祭祀があり、巻第二から巻第四に践祚大嘗祭儀がある。巻第五で正月八日講最勝王経儀、鎮魂祭儀以下、朝廷での神事と続き、その最後に譲国儀、天皇即位儀、立皇后儀などが加えられている。ここまでは主に神祇祭祀にかかわるもので、重要性と文章量から践祚大嘗祭を独立したグループにし、ほかの儀式も中心となる場所によって朝廷内と朝廷外の二つに分類し、それぞれ日付順に並べられている。儀式の性質に従って分類しようとする編纂の姿勢が見られる。それから巻第六以降に『内裏式』を承けた歳時が並び、巻第十の後半から臨時の政務、遣唐使や将軍の派遣といった対外的なものが並べられる。全体としてはこうした配列になっているのだが細かく見ると、それぞれの巻末には『内裏式』を承けた儀式に続けて新しく成立した儀式が適宜追加されたと思われる構成になっていて、必ずしも整理されているとは言えず、さらなる整理と編集を予想させる。

『儀式』の最大の特徴は、『内裏式』が日付順の歳時として構成されるのに対し、これに神祇祭祀およびこれに準ずるもののグループをあらたに加えたことである。この神祇祭祀はおおむね儀注にある天地の祭祀に相当すると考えられるから、これを核に増補して、他の儀式も種類別に配列し直すならば、儀注に準じた五礼の構成になるだろう。しかし実際には、これに続いて編纂された『延喜儀式』でも、全体の構成は五礼やそれに準じる分類に向かわない。『延喜儀式』は散逸しているが逸文のほかに目次が残されているので全体の構成を知ることができる(9)。

『延喜儀式』は、『儀式（貞観儀式）』が整理されているとは言いがたかったのに対して、その完成形と言いうるものになっている。巻第一に神事がまとめられ、巻第二から巻第四まで践祚大嘗祭儀、巻第五は即位儀、譲国儀、立皇后儀、立皇太子儀、さらに任参議已上儀といった国家における地位の変化にかかわるものが置かれる。それから巻第六は元正朝賀儀からはじまる一月の儀式、巻第七は二月の春夏季禄目録儀から五月の観騎射儀まで、巻第八は七月の相撲儀から十二月の大儺儀と、恒例の歳時が並ぶ。そして最後に臨時の儀式がまとめられる。巻第九では朝堂儀、告朔儀、五位已上表儀、飛駅儀、固開関儀などの国内政務に関するものがあり、巻第十には賜将軍節刀儀、賜遣唐使節刀儀、渤海国使進王啓幷信物儀といった対外的行為と、挙哀儀、弔喪儀、贈品位儀の凶礼にかかわるものとなっている。

『儀式』では朝廷内神事と朝廷外神事の二つの神事グループがあったが、『延喜儀式』では合わせられ神事のグループは一つになる。『儀式』で朝廷内神事のグループにあった儀式は、『延喜儀式』では神事か朝廷歳時に移動されている。そして歳時のグループでは各儀式が日付順に整然と並べられ前後することがない。朝廷での地位にかかわるものも一つにまとめられ、まず天皇の践祚大嘗祭があり、つぎに譲位、そのあとに皇后・皇太子、さらに臣下と続き、尊卑の順に整然と並べられている。臨時の儀式も、国内政務にかかわる儀式、友好的および対立的の双方を含む対外的性格を持つ儀式、さらに凶礼にかかわる儀式と、性格により分類されている。全十巻であることは『儀式』と変わらないが、大きな分類、そのなかでの細かい配列ともに、儀式の性質・性格によってそれぞれまとめられていて、『儀式』と比較し整然とした配列になっている。

『延喜儀式』はこのように整然と構成されているが、五礼で構成される儀注とは依然として性質が異なっている。神事はあくまで屹立したグループで、五礼の一つとして相対化されることもない。山陵祭祀や大儺は実施時期が決まっているため歳時とされ、賜将軍節刀儀などは臨時のこととされ、これらの儀式を中国の儀注のように吉礼や軍礼として分類することはない。分類と配列に関して儀注を模範としてはいないことは明らかである。

『延喜儀式』は高い完成度を持っていたが成立しても用いられなかったようで[10]、ほどなく『新儀式』が成立する[11]。『新儀式』も全文は伝わらないが、現存部分と諸書に引かれる逸文からその構成は、巻一から巻三は恒例年中行事、巻四と巻五は臨時行事、巻六は臨時大儀と推定されている。つまり歳時と臨時の二つのみに分類している。『儀式』で新たに加えられ『延喜儀式』で一つに統合された神事のグループは解体され、そこに記されていた各祭祀は歳時のなかに他の儀式と同じように配列されるのである。

ようするに『内裏式』から『新儀式』にいたる官撰儀式書の構成はつぎのような経過をたどった。最初の『内裏式』は歳時として構成された。つぎの『儀式』であらたに神事が独立したグループとして加えられたものの、『延喜儀式』で縮小され、『新儀式』にいたって神事のグループそのものを解体し、儀式の性質にかかわらず全体を『内裏式』と同じように歳時として再構成した。神事を取り込むというきわめて重大な変化があるが、歳時として構成しようとする指向性は官撰儀式書に一貫していている。

そして諸儀式を歳時へと収斂させたこの構成は、これ以降に成立する私撰儀式書で踏襲される。『西宮記』『北山抄』『九条年中行事』『小野宮年中行事』などみな同様で、臨時のことはさまざまに分類・配列されるが、実施時期の決まっているものは歳時として行う正月から順に配列し、そのあとに臨時を置くことは変わらない。『内裏式』から『新儀式』にいたる官撰儀式書では全体の構成が変遷したが、これ以降全体の構成が大きく変化することはない。

五　唐での歳時と礼の関係

唐での分類によれば歳時と礼はまったく異なるものである。日本にも請来され『日本書紀』の編纂をはじめひろく利用された類書『芸文類聚』での分類を見れば、節日をはじめとする歳時と礼が、それぞれ異質なものと認識されていたことがわかる。

『芸文類聚』は以下のように構成される。まず最初に天地に関するものが置かれる。第一巻と第二巻は天部で天、日、月、雨、雷などがある。第三巻から第五巻が歳時部で、春夏秋冬、元正、寒食、三月三、五月五などが並ぶ。第六巻から第十巻は地部、州部、山部、水部などの項目が立てられている。つぎに人に関するものが置かれる。第十一巻から第十六巻までが帝王部および后妃部と儲宮部、第十七巻から第三十七巻が人部で、人の頭、耳などの人体を構成する各部分、聖賢忠孝などの徳目や性質に関するものなど、最後に隠逸と続く。そしてそのあと第三十八巻から第四十巻に礼部があり、その内容は儀注と基本的に一致する。さらに第四十一巻から第四十四巻にこれと関連の深い楽部が続く。第四十五巻から第五十巻に職官部が置かれるのだが、これは官制に関するものでおおむね『唐六典』に対応する内容である。第五十二巻から治政部、刑法部が続き、第五十九巻と第六十巻がそれぞれ武部と軍器部である。そして衣食住や生活文化を支える道具となる。第六十一巻から居処部、産業部、衣冠部、儀飾部以下多様なものがある。第九十巻からは鳥部・獣部・鱗介部など動物類があり、最後の第九十八巻から第百巻で、祥瑞部と災異部の特異現象が置かれる。こうした構成は『初学記』でもほぼ同様である。

歳時部が天部と地部のあいだに配置されていることが端的に示すように、歳時や節日は自然環境の循環的変化である四季の移り変わりのことに分類され、またこの変化に対応する人の行為として位置づけられる。一方、礼は自然環境と対置されるところの人に分類され、しかも人を単独でとらえるのでなく関係においてとらえるグループの最初に置かれ、職官とも区別される。礼は自然環境や自然現象とは直接は関係のない、人の構成する関係についての事柄である。歳時や節日と礼は配置される位置からもまったく性質が異なるものと考えられていたことが明らかである。ちなみに『開元礼』は歳時の中核をなす節日を含まない。

先行研究では、唐の律令を模倣してまず日本の律令が編纂され、それから唐の文化や制度の理解の深まりののち、儀注に倣い官撰儀式書が編纂されたとされてきたが、全体の構成に関するかぎり日本の官撰儀式書は中国の儀注を模倣していない。歳時と礼は性質が異なることを知りながら、礼ではなく歳時として構成したものが日本の官撰儀式書なのである。だとすればその意義も当然唐における礼とは異なったものになる。

六　日本での儀式の実行主体

日本の儀式書には、構成要素の有無に関しても二つの特徴がある。ひとつは唐の儀注と異なり、日本の儀式書には政務的内容の儀式があること、もう一つは臣下がそれぞれ主体となって行う儀式がないことである。なぜこうした特徴があるかということは、儀式の主体は誰なのかという視点から明らかにされる。

『開元礼』では皇帝から六品以下に至るまでみな独立した礼の実行主体であり、廟祭・喪葬などの方法や規模がそれぞれ身分に応じて規定されるのに対して、日本の儀式書には、臣下がそれぞれ独立した主体として実行する儀式がない。婚姻や加冠元服は誰もが行うことなのに、立后や皇太子元服などがあるだけで、これらに相当する臣下の行う儀式は記載されない(12)。

では儀式書に載せられる各儀式の実行主体は誰なのか。それは『内裏式』という書名が端的に表している。「内裏」は国家権力の頂点ないし中心にある天皇の居住空間であり、同時に天皇自身のこと、さらにはその権限・権力を意味している。『内裏式』の成立した頃、内裏は天皇の私的で閉鎖的な空間からより開放的な政治的空間へと変化して、その意味するところは天皇個人というよりもむしろ天皇を中心とする中央集権の核心ないし権力中枢となっている。

このことは、『延喜式』にある儀式書への言及からもうかがわれる。『延喜式』では儀式に関する規定も盛り込まれているが、儀式書を念頭に「事は儀式に見ゆ」と注を付け詳細は記していない(13)。こうした条文の多寡は、そのままその官職の儀式書に記載された儀式への関与の程度をあらわしている。この注記が最も多いのは権力中枢である太政官である。『西宮記』『北山抄』『九条年中行事』『小野宮年中行事』『新撰年中行事』『師元年中行事』など私撰儀式書のほとんどが大臣や大納言・外記といった太政官の構成員の手になることからも、その関与の程度の高さが理解される。そして太政官に続くのは、権力の意思を決定し示す詔勅立案にかかわる中務省である。中務省の「中」の文字は禁中の意とされ、『内裏式』の名称とのつながりも感じさせる。儀式はこうした権力中枢にいる人々が一体となって行う。

日本の政治的権力集団は、それぞれ独自に力をもつ畿内の氏族の連合体に由来するが、律令制を導入して天皇を頂点とする中央集権的国家を目指し、氏族の単なる集合体であることを越えようとした。その権力や権威は、天皇を頂点にして各氏族が自ら官人として仕え支えるという一種の協働作業によって、はじめて有力氏族の単なる集合を越えるものとして実現する。儀式の主体はこうした権力集団であり、儀式は自分たちの相互関係を再構築し集団全体の権威を向上させるための協働である。

儀式書に政務的内容が含まれるという中国の儀注には見られない特徴も、この延長線上において理解される。日本の儀式書は権力中枢が主体となる行為の規定であり、その意味で政治と重なる。奏詔書儀や少納言尋常奏儀、固関などの政務的行為はやはり天皇に代表される権力中枢に特有のものだから儀式書に記載されるのはむしろ当然である。『新儀式』とほぼ同時期に成立した最初期の私撰儀式書『本朝月令』が、『令集解』や『政事要略』など律令や政治にかかわる文書を編纂した明法家の家系の者によって編纂されていることからも、儀式と政治の連続性もしくは密接性がうかがわれる。

このように日本の儀式書は権力中枢に特有のことを規定するものであるため、儀注とは当然性質が異なる。儀注は朝廷の構成者を独立した主体として捉え、それぞれが行うべき礼を規定し、身分のヒエラルキーを構築する。これが天子や王の命令が礼から分化して律令となったあとになお残る礼なのである。これに対して日本の儀式書に載せられる儀式は権力中枢に特有の協働的行為である。儀式は各人が独立した主体として行うものはなく、天皇や大臣等によって構成される権力集団が協働し実行される。したがって儀式は官人同士や天皇と官人の身分や地位の差別化を必ずしももたらさない。『開元礼』などの儀注の影響により日本で儀式書が編纂されたものの、唐にあるような礼に基づく身分秩序の表現は、日本では成り立っていない。

七　儀式書と『礼記』月令

ここで再び儀式書の名称に注目したい。官撰儀式書は最初の『内裏式』がすでに歳時として構成されていたが、神事を含めて歳時として再構成し後世に継承される形式となったのは『新儀式』である。ただ歳時への一本化はこれよりさかのぼる私撰儀式書『本朝月令』にはじまる。この名前は『礼記』月令に由来すると考えられる[15]。『礼記』月令は、孟春から季冬までの十二ヵ月を季節の順に並べる。そしてそれぞれの月の典型的出来事や特徴的出来事、太陽をはじめとする天文のこと、気温や風などの天候のこと、植物や動物の活動のことなど自然環境の様子が描写される。そのうえで、天子または王がそうしたなかでどのような行為をするべきなのか、どのように命令を発するべきなのかを述べる。それぞれの季節に適合したことを命じるべきとされ、もしも季節に合わない命令を出してしまうと天候不順や疫病や反乱や植物の成育不良などの問題が生じると述べている。

こうした内容から二つのことが言える。一つは季節順の歳時として構成されること[16]、もう一つはその命令者もしくは実行者が天子であることとである。

全体の構成の基調にあるのは自然環境の循環的変化すなわち四季の移り変わりである。そしてこれを受けとめたうえで、どのように対応しまた活用するかを述べている。礼はその内容もさることながら、『礼記』礼器に「礼は時を大なりと為す」とあるように、どのような行動であれまず実行する時期が重要である。農事に関する行動がもっとも理解しやすいが、そればかりでなく政治や祭祀なども、行うのに適切な季節があるとされている。人の行為に対して自然環境も反応し、もしくは自然環境に人が影響を与え、その結果が人に返ってくる。災害を防ぎ収穫を得るためには、季節を見極めその時々に必要な行為を適宜実行することが求められる。取るべき行為は自然の状況によって制約されるというべきもので、天子・王といえども自然と無関係な恣意的行為ができるわけではない。時令思想に基づいているので、命令や行為の性質によって分類するのではなく、すべてが季節順に配列される。

こうした自然の変化に適切に応じて王は命令を出すという考えが前提にあると、その命令は天候の調和とか農作物の実りをもたらすものとして格別の意味を持つ。命令や行為の内容を恣意的に決定できるわけではないが、季節に応じて命令することが王を王たらしめる。『礼記』月令は命じる王に特有のこととして構成され、卿大夫は王に従う者であって独立した主体にはならない。こうした点は、『荊楚歳時記』など個々の儀式の整備の際に参考にされたと思われる他の歳時書にはない特徴である。

これを日本の儀式書と比較すれば全体の構成に関して類似性が高いことは明らかである。儀式書には、『礼記』月令で各季節の最初に置かれる自然環境の典型的な様子の記述こそないが、全体を歳時として構成すること、そのなかに政務や政治的命令が含まれることは、最初の『内裏式』ですでに見られる。また月令には、のちに儀注に載せられる儀礼、たとえば皇天上帝・名山大川四方神・宗廟社稷の祭祀儀礼が古い形態で、季夏や季冬になすべきこととして記される。これに対し『内裏式』では類似の祭祀儀礼は含まれないが、『儀式（貞観儀式）』では上帝や宗廟社稷の祭祀になぞらえられる日本在来の神祇祭祀が独立したグループとしてではあるが加えられる。そして『本朝月令』になるとそのグループを解体し、日付によってそれぞれを歳時の一つとして配列し直し、『新儀式』でもこれを踏襲していると推定される。『礼記』月令と相当程度の類似性がある構成になっている。

日本の儀式書が内裏に代表される権力中枢の規定ばかりで、天皇と官人あるいは官人同士を差別化する作用が乏しいものになったのも、『礼記』月令と同様である。『開元礼』などの儀注は各身分の儀礼を差別化して規定することで身分のヒエラルキーを構築し再生産するものであり、日本の儀式書がこうした儀注に倣って成立したと考えるのは難しい。しかし儀式書は、各儀式に関しては儀注を参考にしながらも、全体の構成は『礼記』月令に倣ったと考えれば整合性は高い。

日本の儀式書が『礼記』月令に倣ったとする直接的証拠はないが、状況からはそのように推測される。『内裏式』の成立後、『儀式』が成立する以前、淳和天皇の時代には時令思想が明確に見える。天長元年八月二十日の太政官符、いわゆる公卿意見六箇条の三条目には時令に言及している。

一、時令に順ふ事

右前に同じく奏に偁はく、一人主号を発し令を施すは、必ず天時を奉へり。十二月其の時を得れば、則ち陰陽和して終始成る也。伏して望らく、政化施す所、時令に逆ざれば、則ち風雨候に応《かな》ひ、災害生ぜず。」と。奏に依れ(17)。

天皇は命令を発し施行するときは、必ず「天時」を受ける。十二ヵ月が時を得れば循環する陰陽が調和し、始まりから終わりまで十全に形成される。政治の実行が「時令」に逆らわなければ風雨は季節にふさわしいものとなり災害は生じない。時に順ずという表現は抽象的ではあるが「十二月其の時を得れば」の部分はやや具体性がある。これによれば時とは、たとえば豊作の年には税金を取り凶作の年は税金を免除するとか、何十年もの努力により国力が充実した頃合いをみて首都を遷したり戦争をしたりといった、数年や数十年を単位とする時間のなかで適切な機会を意味するのではない。意味するところは一年の中でどの月に何をするかであり、毎年繰り返す日程のことである。これを具体的に文書化すれば『礼記』月令となりまた年中行事となる。

さらに文徳天皇の仁寿三年四月廿六条の詔勅にも時令思想が見える。まず「皇王は極を建て政を布き、其の時に順ふを貴び、聖哲は規を凝し風を宣べ、其の節に応ぜむと欲す。故に能く庶物を裁成し(18)」と季節に従い万物をよい状態にする理想的な君主の描写にはじまる。そして具体的な対応策として命じるのに「月令は、春夏は寛大之令を下し、徳化之政を頒ち、以て天帝に順ひ、以て災変を救ふ。有司は職任を務修し、欽みて時訓を奉じて(19)」と言う。「月令」をふまえ、また「其の時に順ふを貴ぶ」や「欽みて時訓を奉じて」という語句から時令思想に基づいていることがうかがえる。

つまり『弘仁式』と『貞観式』、『内裏式』や『儀式』などが編纂される平安時代前期には、時令思想がたしかに浸透していた。『内裏式』は儀式が一月から十二月へと実施の順番に並べられる。『儀式』は律令的儀礼に神祇祭祀を取り込み、両者の性質の違いを意識して区別し、『延喜儀式』もこれを踏襲した。しかし基調となる時令思想は依然として根強く、律令的儀礼と神祇祭祀を区別しようとする意識を上回っていたため、『延喜儀式』は施行されずすぐに両者を区別せずに実施順に一元化した『本朝月令』や『新儀式』が成立し、この形式が主流になったと考えられる。

文献的条件も整っていた。すでに請来されて久しい『礼記』にはもちろん月令が含まれていた。漢代以降『礼記』月令は単独でも流通し、唐でも尊重され、玄宗は『刪定礼記月令』を作っている。こうした文献は『開元礼』などの儀注とならんで日本にもたらされたのであろう。官撰儀式書の成立より後の時代のものだが、『日本国見在書目録』にも蔡邕『明堂月令論』、唐玄宗『刪定礼記月令』など単行のものが記載されている。そして先述のように私撰儀式書のなかで最初期のものの名前が『本朝月令』なのである。『本朝月令』であらわれ、『新儀式』および後続の私撰儀式書で踏襲される全体の構成が『礼記』月令に基づいて作られた可能性は高い。

八　神祇祭祀の位置づけの変化

『内裏式』から『新儀式』への発展は、『礼記』月令の構成に向かう過程と捉えられるが、その一方で日本在来の神祇祭祀が政治との関係を変化させる過程としての意義もある。

『日本書紀』崇神紀などによれば、そもそも神祇祭祀は一方的に祟りなす神が要求した行為で、これを行うことで祟りを鎮めて人が生活可能な空間が確保される。国土の政治的支配や統治の前提条件として必要不可欠ではあるが、神祇祭祀の実行は政治の内容に直接には影響を与えないし制約ともならず、また政治的支配の正統性に必ずしも結びつかない。神事は政事に先立つもので、両者はそれぞれ分けるものと考えられていたので、律令官制においても神事を扱う神祇官と政治を扱う太政官が別々に設置される。

律令体制の確立した後、朝廷が主導して唐の文化や制度などのさらなる理解と導入が継続的に進められる。具体的には、すでに行われていた朝賀が唐に倣い整備され、釈奠も比較的早い時期に行われてはいたが吉備真備により新たに請来された儀注に倣い整備され、また山陵祭祀の別貢幣は桓武天皇により中国の天子七廟制になぞらえて整備されるなど、様々な儀式が政治の一環として唐を模倣することで整備されまた導入される。これらを集積し歳時として配列したのが最初の儀式書の『内裏式』である。このとき神事が含まれていないのは、神事と政治とは区別すべきものという考えが根底にあったからであろう。

こうした儀式のさらなる導入の一つとして郊祀も試みられた。郊祀は天を祭る皇帝に特有の儀礼で、『開元礼』では一番最初に皇帝冬至祀円丘として規定される。これは天命思想と密接に関連するもので天子を正統化するため宗廟祭祀と並び最も重要とされる。桓武天皇はこれを日本へ導入しようと試みる。ただ天帝の観念が実質をもって浸透していなかったためか郊祀自体の受け入れは難しく定着しない。しかし儀式というものがその実行主体を権威づけその地位や身分をたしかなものにするという観念は郊祀から取り入れられ、類似性が比較的高い日本在来の神事によって郊祀を代替させた。だからこそ『内裏式』にはなかった神事が『儀式』で新たに加えられ、政治的儀式の中にたしかな位置づけがなされた。そして『儀式』の成立後に郊祀が試みられなくなるのである[20]。

在来の神事を郊祀になぞらえ儀式書に記載することで、神事についての理解は大きく変わる。それまでは神事は政事に先立つ必要条件で、両者は異質なもので区別されるという観念があったが、神事を儀式書へ記載することは神事も政治的儀式の一つとして新たに位置づけ直すことにほかならない。神事は独立したグループを形成し、そのかぎりで他の政治的儀式と区別されてはいるが、政治の範疇で捉えるべきものへと転化した。

ひとたび同列に並べられると、政治的儀式と神事の区別は判然としなくなってゆく。『内裏式』『儀式』『延喜儀式』の間で、分類が揺らぐものもある。『儀式（貞観儀式）』で朝廷内神事に分類されたものが『延喜儀式』では歳時に分類し直されることが多いものの、反対に、『内裏式』からあり最初は歳時であったのに、その後神事に分類され直すものもある。在来の神を対象とするものであっても神事に分類されるとは限らない。分類の傾向は必ずしも一つの方向に収束するわけではない。

たとえば、新嘗祭は歳時のみの『内裏式』からあるが、『儀式』では朝廷内神事に、『延喜儀式』では歳時に分類される。御体御卜は、『儀式』で朝廷内神事だったのが、『延喜儀式』では神事になる。大祓と伊勢奉幣は、『儀式』ではじめてあらわれ朝廷内神事とされるが、『延喜儀式』で歳時に分類される。賀茂祭は歳時のみの『内裏式』ですでにあり、『儀式』では朝廷外神事となり、『延喜儀式』では神事に分類される。最勝王経会（御修法）は、『儀式』で朝廷内神事とされ、『延喜儀式』では歳時とされる。釈奠は、『儀式』では歳時だが、『延喜儀式』では釈奠講論としてではあるが神事の中に置かれる。山陵祭祀は廟祭に準ずる物として整備されたが一貫して歳時に分類される。大儺は大祓との類似性があるものの一貫して歳時とされる。

中国の儀礼は『開元礼』の冒頭にある序例が端的に示すように、方法が基本的に共通するものになっていて[21]、種類の異なる儀礼であっても方法には高い類似性がある。律令制下の神祇祭祀は、律令制以前から行われていたものを継承しているとはいえ、律令編纂時に中国の律令およびこれと密接に関係する儀注に倣って整備された。そしてその後朝廷によってあらたに導入されまた整備されたさまざまな儀式もまた儀注を参考にしている。だから同様のものを手本とした、律令の編纂時に整備された神事と、そののち新たに導入された儀式は、方法においておのずと類似性が高くなる[22]。

だからこそ峻別されるべきという意識がなくなれば、二つの区別はほどなくあいまいになる。郊祀の導入の試みを契機にひとたび神事が朝廷の歳時と同列に並べられると、相互に比較されることで両者の類似性が意識されるようになり、それまでの政事と神事はそもそも性質が異なるという観念を凌駕する。神事と政事を隔てる認識の壁は溶解し、神事の政事に対する独立性は薄れてゆく。

在来の神祇祭祀と儀式書の構成で手本としたであろう『礼記』月令との親和性の高さも、これを後押しする。『礼記』月令によると、ほかの行為や命令とともに、祭祀儀礼もいつも通り決められたようにすれば自然環境は調和して穏やかになり、反対にそうしないと自然の運行は混乱して災害などの問題が発生する。祭祀儀礼の実行を含む時令は、人間社会の中で完結するものではなく、自然の状態とかかわる対自然的行為として意味付けられている。これは日本在来の神祇観念、すなわち神の要求通りに祭祀をしないと祟りにより災害が生じ、祭祀をすれば祟りは収まり疫病も天災もない穏やかな状態になるという認識と似ている。結果にいたる機序は同じではないが、祭祀を実行したらどういう結果になるか、反対に実行しなかったらどういう結果になるかという部分においては同じである。

日本の官撰儀式書が『礼記』月令に倣って編纂されるなか、このようにかつての神事と政事を峻別する意識の弱まりと、在来の神事と月令の祭祀儀礼との類似性という条件が調うことで、神事は政事的命令や農事的行事とともに歳時の一つとされ、これらが区別なく季節順に並ぶように儀式書は再構成された。かつては神事が生存や生活の前提条件をまず確保し、その上で政治的統治があるという二層構造として認識されていたが、『本朝月令』や『新儀式』では神事が政治の中にとりこまれ単層化した状態で把握された。官撰儀式書での模索の過程で、神事は、政事から峻別され、これに対して先立つものから、政事の一つとなりその中で優先されるものに変質し、ながく踏襲されることになる着地点を得たのである。

九　小結

本節は、日本の官撰儀式書について、全体の構成は中国の儀注に倣ったものではなく、むしろ『礼記』月令に倣ったものであること、郊祀の試みをきっかけにそれまで独立性の高かった在来の神祇祭祀を取り込んだことを論じた。

唐の儀注は皇帝から官人の各人が主体となる礼を規定し、それによってこれらの身分を差別化してヒエラルキーを構築し、また礼を行う各人の地位を相互に承認するという人と人の関係を規定するものであった。これに対して日本の儀式書は、儀注ではなく『礼記』月令を手本に、節日を一つの核とする歳時として構成し、一年周期で運行する自然への人の対応として各儀式を規定している。歳時は人間の相互関係を構成する礼とはまったく別の範疇であり、各儀式は独立した個人が主体になるのではなく天皇と臣下の協働により実行され、中央集権的権力の屹立とその権威の向上が実体的に表現されるのであって、相互の身分の差別化や序列化は本質ではない。

また在来の神祇祭祀は本来政治とは区別されこれに先立つものと位置づけられていたため当初は儀式書にも掲載されなかったが、郊祀の試行をきっかけとしてその中に取り込まれた。そして性質により儀式を分類しようとする指向性と、歳時として儀式の性質に関係なく実施順に配列しようとする指向性のせめぎ合いを経て、最終的に各儀式の性質に関係なく歳時として実施順に配列する様式に収束し、神祇祭祀も他の儀式と同じように政治的儀式の一つとして位置づけなおされ、後世ながく踏襲される年中行事の構成が成立したのである。

註

(1) 河鰭実英『有職故実――日本文学の背景』(塙書房、一九七一年)、石村貞吉『有職故実』上(講談社、一九八七年)。儀式書については所功『平安朝儀式書成立史の研究』(国書刊行会、一九八五年)、同『宮廷儀式書成立史の再検討』(国書刊行会、二〇〇一年)、西本昌弘『日本古代の年中行事書と新史料』(吉川弘文館、二〇一二年)、山中裕『平安朝の年中行事』(塙書房、一九七二年)、遠藤元男・山中裕『年中行事の歴史学』(弘文堂、一九八一年)、倉林正次『饗宴の研究』(桜楓社、一九八七年)、大日方克己『古代国家と年中行事』(吉川弘文館、一九九三年)、三宅和朗『古代国家の神祇と祭祀』(吉川弘文館、一九九五年)、彌永貞三『日本古代の政治と史料』(高科書店、一九八八年)、虎尾俊哉編『律令国家の政務と儀礼』(吉川弘文館、一九九五年)、和田萃『日本古代の儀礼と祭祀・信仰』上(塙書房、一九九五年)、稲田奈津子『日本古代の喪葬儀礼と律令制』(吉川弘文館、二〇一五年)、池田温編『中国礼法と日本律令制』(東方書店、一九九二年)、大津透『古代の天皇制』(岩波書店、一九九九年)、大津透・関和彦他『日本の歴史8 古代天皇制を考える』(講談社、二〇〇一年)など。

(2) 儀礼の全体や体系にも目を向ける近年の研究には、西本

昌弘『日本古代儀礼成立史の研究』（塙書房、一九九七年）、古瀬奈津子『日本古代王権と儀式』（吉川弘文館、一九九八年）、大隅清陽『律令官制と礼秩序の研究』（吉川弘文館、二〇一一年）など。

（3）　本書では考察対象とする官撰儀式書について以下の立場をとる。最初の官撰儀式書は『内裏式』であり、内容は『内裏儀式』を継承している。『内裏式』こそがいわゆる「弘仁儀式」であり、これ以外に「弘仁儀式」を想定しない。現存『内裏式』はおそらく抄略本で必ずしも原形そのままではない。現存『儀式』は『貞観儀式』である。『延喜儀式』はたしかに存在したが最終的な完成・施行はなかった。その目次は『本朝法家文書目録』所収の目録の通りであったと見なす。なお全体の構成に言及したものに坂本太郎『律令制度』（坂本太郎著作集第七巻、吉川弘文館、一九八九年）と所功『平安朝儀式書成立史の研究』があるものの、これを中心的課題とする研究は管見では見あたらない。『延喜儀式』は散逸し逸文が残るのみだが、目次については『続々群書類従第十六』（続群書類従完成会、一九七〇年）所収の『本朝法家文書目録』を用いた。ほかに『内裏式』『儀式』は神道大系、『新儀式』『本朝月令』は新校群書類従、『類聚国史』『類聚三代格』は新訂増補国史大系、『本朝文粋』は新日本古典文学大系、『日本文徳実録』は佐伯有義校訂標注『増補六国史』（朝日新聞社）、『礼記』は新釈漢文大系、小長谷恵吉『日本国見在書目録解説稿 附・同書目録・同書索引』（小宮山出版、一九七六年）、欧陽詢（撰）・汪紹楹（校）『藝文類聚』（上海古籍出版社、一九九九年）、楊家駱編『初学記』（鼎文書局、一九七六年）古典研究会『大唐開元礼』（汲古書院、一九七二年）を用いた。

（4）　註（1）（2）にあげたものに加え、石村貞吉『有職故実』上・下（講談社学術文庫、一九八七年）、山中裕『平安時代の古記録と貴族文化』（思文閣出版、一九八八年年）、同『平安朝の年中行事』、大日方克己『古代国家と年中行事』、三宅和朗『古代国家の神祇と祭祀』、彌永貞三『日本古代の政治と史料』、和田萃『日本古代の儀礼と祭祀・信仰』上、稲田奈津子『日本古代の喪葬儀礼と律令制』、滝川政次郎『律令の研究』（刀江書院、一九三一年）、坂本太郎『律令制度』、大津透編『律令制研究入門』（名著刊行会、二〇一一年）、大津透『古代の天皇制』、所功『平安朝儀式書成立史の研究』、同『宮廷儀式書成立史の再検討』、西本昌弘『日本古代儀礼成立史の研究』、同『日本古代の年中行事書と新史料』、池田温編『中国礼法と日本律令制』、古瀬奈津子『日本古代王権と儀式』、大隅清陽『律令官制と礼秩序の研究』など多数。

（5）　西本昌弘『日本古代儀礼成立史の研究』。西本は儀式書は『内裏式』や『内裏儀式』以前にすでに儀式個別のものを含め編纂されていた可能性を指摘するが、本書では複数の儀式を集成した官撰儀式書は内裏式からはじまるとの立場から論じる。

（6）　彌永貞三『日本古代の政治と史料』参照。

（7）　現存『内裏式』はおそらく抄略本だが、個別の儀式の出入りがあるにしろ全体の構成に関しては基本的に影響していないとして、これを考察する。『内裏式』および『内裏儀式』

については所功『平安朝儀式書成立史の研究』などを参照。

（8）『類聚国史』には散逸した巻があり完全にはわからないが、巻第七十一の歳時部二の最初の元日朝賀から巻第七十四の歳時部五の最後の大儺まで、日付順で節日などが並べられる。そして巻第七十五の歳時部六では、告朔、二孟、曲宴がある。続く巻第七十六は欠け、歳時部か否かを含め不明。

（9）森田悌『日本古代律令法史の研究』（文献出版、一九八六年）では、『延喜儀式』の目録について言及し後世の偽作であるとしているが、本書では偽作とは考えない所功等の立場にしたがう。

（10）詳しくは所功『平安朝儀式書成立史の研究』参照。

（11）「年中行事御障子」もこうした指向性のなかで、仁和元年に清涼殿に立てられる。完成度の高い『延喜儀式』が用いられなかった理由の一つとして、「年中行事御障子」の行事を日付順に記す形式がすでに成立し受け入れられたことがあるかもしれない。

（12）身分により等級を設ける儀礼的行為は儀式書ではなくむしろ律令で規定している。典型的なのは、儀制令の太陽虧条と喪葬令の服紀条。

（13）式文中の「儀式」が具体的にどの文献かなどは、所功『平安朝儀式書成立史の研究』参照。

（14）神事を含む全ての儀式を歳時として一本化することは仁和元年の成立の「年中行事御障子」で実現しているが、儀式書でこの体裁をとったのは『本朝月令』が最初であろう。

（15）季節順に行事を並べるものには『四民月令』や『荊楚歳時記』といったものもあるが、「月令」という語句と、「本朝」の語句が用いられていることを考え合わせれば、これらよりも『礼記』月令の影響と考えるのが妥当である。

（16）『芸文類聚』や『初学記』でも、歳時に『礼記』月令が多く引用されている。

（17）『類聚三代格』巻七、公卿意見事、天長元年八月二十日太政官符。および『本朝文粋』巻二、意見封事、公卿意見六箇条（原漢文）。

（18）『文徳実録』巻第五、仁寿三年四月廿六日条（原漢文）。

（19）同前。

（20）正史によれば、桓武天皇が延暦四年と同六年に、しばらくして文徳天皇が斉衡三年に実施したのみ。祭文は『開元礼』の郊祀をほぼ踏襲する内容になっている。『儀式』が貞観十四～十九年に成立して以降、郊祀の記事はまったく見られない。『儀式』以下の儀式書でも郊祀は規定されていない。

（21）この序例所載の条文の多くが唐令にあったと推定される。仁井田陞（池田温他編）『唐令拾遺補――附唐日両令対照一覧』（東京大学出版会、一九九七年）参照。

（22）もっともわかりやすいのは神祇令の斎戒規定と『延喜式』の釈奠の斎戒規定で、両者は食肉の禁忌の有無以外同じである。

第三節　由来を異にする儀式間の交渉と年中行事
――喪葬儀礼の変容と穢れ観念の成熟の影響

一　はじめに

前節では年中行事という形で定着する朝廷の儀式は、はじめから単一のカテゴリーとして存在していたわけではなく、まず律令的儀礼を歳時としてまとめる儀式書が編纂され、そこに神祇祭祀が取り込まれ、本来持っていた格別の位置づけを解体して他の儀式と同じように歳時の一つとして配列しなおされたことで、統合的な一つのカテゴリーとして年中行事ができあがったことを示した。このとき基礎となる枠組みを提供したのは『礼記』月令である可能性が高いことも指摘した。

本節ではもう一歩踏み込んで、年中行事という一つの枠組みの中に統合されることになる複数の儀礼について、主に六国史や律令格式さらに儀式書を用いて(1)、まず各儀礼がどのような由来と性質を持っていると観念されていたのか示し、それぞれの違いを明らかにする。それからそれらの儀礼がたがいにどのようにして関係付けられ最終的に一つに統合されのか考察する。とくに喪葬儀礼の変化とそれに伴う他の儀礼との関係の変化に注目し、さらに年中行事という一つの枠組みと穢れとのかかわりについても留意して諸儀式の関係とその変化をたどる。

二　儀礼の重層的成立

1　神祇祭祀

神祇祭祀は歴史のなかで最も古い時代に成立したと考えられていた。律令国家の成立時には、神は世界のはじまりとともに存在し、その働きにより日本の島々が成立したとされ、また神を祭ることで人間が生存可能な空間がそこに確保されたと観念されていた。すなわち神代に、イザナキ・イザナミの国生み、大己貴の国譲り、天孫降臨があり、その後、崇神天皇が天神地祇のすべてを祭ることで人間が無事に暮らせる空間を確保して、そのうえに政治的統治を実現したとされる(2)。神祇祭祀の仕組みは律令の導入のはるか以前にすでに確立し、政治に先立って行うべきことと観念されていた。

ちなみに祭祀の具体的方法はそれぞれ異なっていた。神はただ一方的に祟りをなして人々の生存を脅かす。これをおさめるためには、祟る神の名前をそれぞれ明らかにして、さらにそれぞれの要求を聞き出し、その通りに祭らねばならない。祭祀は神のそれぞれの要求に基づいて行われ、その成功により従うべき先例として規範となるため、すべての祭祀の方法が必ず一律になるわけではない(3)。

こうした「先づ以て神祇を祭ひ鎮めて、然して後に政事を議るべし(4)」という理念は律令の構成に反映されている。律令制での政治の最高機関は太政官だが、神祇祭祀を職掌とする神祇官は太政官から独立した官として、律令の一番最初で規定される。先進国から新たに導入する律令を日本独自に作り替え、律令以前に成立していた神祇祭祀の仕組みや理念を組み入れて、神祇祭祀の政治に対する独立性が保たれている。

2　仏教儀礼

仏教が伝来したのは律令制の導入が本格化するより前の欽明朝のこととされる。その記事は『金光明経』の一節を元にしたもので、『日本書紀』編纂時の仏教に対する認識が投影されている。[5]これによると伝来した仏教の実態は仏像と経典であり、その内容は理解できないほど深遠で、礼拝すれば願うことが何でも叶うという雑密的効果を謳っている。まず蘇我氏が祭り、また支援して出家者の誕生とともに寺院も成立した。のち蘇我氏宗家は乙巳の変で除かれるが、その仏教政策は継承されて国家的に拡大され、律令制へと引き継がれる。国家的位置づけを得たあとも、やはり災害を除き祓うことや個人の病気平癒などの効果が期待された。その儀礼は専門家（出家者）が依頼を受けて実施するという形態である。

仏教には神祇祭祀と似た効果が期待されているが、両者には本質的な違いがあることが読み取れる。神祇祭祀はそれなしでは人が生存可能な場所が確保できないから、いかに暮らすかを論じるより前に行わねばならない。これに対して仏教は、すでに人が生きる環境を実現した後に伝来したもので、暮らしのなかの行為の一つである。いかなる生活手段にも先立つのか、それとも生活行為の一つなのかで、両者の意義は異なっている。

また仏教儀礼の方法は、効験を担保するために「如法」であることが要求され、[6]そのため依拠すべき経典や伝法のために幾度も唐に渡り学びまた請来した。神祇祭祀と異なり儀礼の正しい方法は日本の外に求められる。さらに律令制下では神祇官とはまったく別の、太政官のもとにある治部省傘下の玄番寮の管理するところで、僧侶の代表として僧綱を置いて、彼らを通して寺院や僧侶を統制した。

3　律令的儀礼

律令制の導入とは、「法式備定之珍国」[7]である唐を模倣し、中央集権化を進めて「天皇」が統治する「日本」を作り上げることであった。大陸の知識を学び消化吸収し、大化改新の詔から飛鳥浄御原令と進められ、大宝律令にいたって令と律が揃い、体系としてひとまずの完成をみた。大宝律令を修正した養老律令が以後ながく行われることになる。

手本とする中国の律令は儀礼と補完的関係にあった。漢代以降、儒学が国の学問となり政治機構はやがてこれと不可分になったが、そこでは礼治が理念とされた。すなわち儀礼により、皇帝を含む支配者層の身分関係の秩序化とその維持再生産をする。地位や身分とその秩序を相互に認めあうことで、皇帝が皇帝として認められ、その体系的命令である律令も効果を発揮する。唐代には、郊祀、宗廟祭祀、喪葬儀礼、婚姻や加冠元服をはじめ多くの儀礼を性質により吉凶嘉軍賓の五礼に分類し、そのうえで一つの体系として礼典（儀注）を編纂し、律令を補完するものとした。

日本は律令制と一体となった儀礼を受容するが、文化的歴史的背景を異にするため、一度に全面的な受容はせずに限定的でしかも変容を伴った導入となった。諸儀礼を五礼からなる体系とする認識も乏しく、[8]律令と同時に単独の礼典（儀注）を編纂することもなかった。こうして受容された律令的儀礼にはいくつかの種類がある。

元旦の朝賀はもっとも重要な儀礼の一つである。国の頂点にある天皇のもとにその臣下が集まり祝いの言葉を述べる儀礼で、「朝拝」などとも表記され、ミカドオガミと訓じられる。中央集権的君臣関係および臣下同士の上下関係を端的に実体化する儀礼で、大化年間から行われている。[9]その具体的次第は即位儀礼と類似する。

朝賀の延長線上に節日の儀礼が導入される。元日の朝賀に続けて、三月三日、五月五日、七月七日、九月九日に行う儀礼で、条文としては中国の雑令を継受して、日本でもやはり雑令で規定される。節日は中国では律令の集権的体制を象徴し実体化する儒学的儀礼ではないが、[10]日本では中央集権的権力を実体化するものと位置づけられ整備された。このことは中国とは異なり日本では節日が仕事とされ給料が出されていることからも理解される。[11]個々の節日は、在来の習俗とのかかわりがあったり、六朝時代に受容されたものを組み入れるなど、それぞれに特徴があり、[12]多くは天武・持統朝で整備される。これらの朝廷儀礼は式部省が管轄する。

山陵祭祀は早い時期の実態が必ずしも明らかではないが、これも律令的儀礼である。律令に依るかぎり、遺体が埋葬されている陵墓への儀礼は一般には行われず、政治的に格別の地位にあった天皇の山陵およびこれに準じるものに限定されている。政治権力を実体化する性格が濃厚である。治部省傘下の諸陵司のち諸陵寮の職掌とされた。山陵祭祀はさらに中国で最重要儀礼とされていた遺体とは別に祖先の魂魄を祭る宗廟祭祀に準えられもした。日本では宗廟祭祀を受容しなかったが、平安時代のはじめに桓武天皇が自己の正統性をアピールする手段の一つとして中国の天子七廟制を模倣し、山陵を宗廟に準えて自身の直系祖先を対象にする別貢幣を整備した[13]。儒教に由来する儀礼の一つで、天皇の地位の継承性を象徴する。

孔子等を祭る釈奠も日本においては律令的儀礼の一つである。日本にはまだ口頭言語しかない時代に、中国に由来する書記言語である漢字とその活用能力が、漢籍や人とともにもたらされた。当初、漢字を用いて文章を作成することは渡来系氏族を中心とする一部の人の専門的技能であったが、律令による中央集権化を進めるには行政での文書利用が不可欠であり、官人の教養として文書の読み書きの能力がひろく求められ、教育機関として大学寮の整備が進められる。大学寮では儒学の経書を中心として教育を行うので、漢籍やその学問の始祖として孔子が位置づけられ、これを祭ることで学問の営みを象徴しまた再認識する。これを取り仕切るのは大学寮である。釈奠は節日の儀礼とは性質が異なるもののやはり律令的儀礼の一つである。漢字や漢籍、さらに孔子にはじまるとされるその学問は中国に発生したもので、釈奠も当然中国に由来することが明確に認識されていたため中国的儀礼として受容につとめている。大宝年間にはじめられたが[14]当初の整備は不十分で、吉備真備が唐礼を請来してこれに依拠することで奈良時代末期に整備された[15]。

このように律令制下の日本には、性質や由来が異なる複数の種類の儀礼があった。神祇祭祀は生存可能な空間を確保し政治に先立つものであり、仏教は律令制以前から災害を防ぐものとして受け入れられていた。これらは社会や国の外部環境を調えるもので、社会や国のあり方には直接はかかわりがない。一方、律令的儀礼は政治権力の存在と密接な関係にあり、国のあり方や政治的身分関係を象徴しまた規定する。ただ律令的儀礼であっても各儀礼は異なる官司がそれぞれ行うのであって、一元的な把握はされていない。由来や成立時期によって神祇祭祀と仏教儀礼と律令的儀礼に大きく別けられるが、それらが各々一律の方法で行われるわけでもなく、一つの儀礼カテゴリーを明確に構成するにはいたっていない。

三　喪葬儀礼の反転

1　実行による喪葬儀礼

喪葬儀礼は儒学に由来する儀礼の一つであり、そのなかでも重要とされる。とくに天皇の喪葬儀礼は君臣の関係を実体化しまたその継承者を明らかにするもので、律令的儀礼の一つとして取り入れられた。安定した方法がすぐには確立されずしばらく変化を続けるのだが、その変化のなかで生じる他の儀礼とのかかわりは、儀礼同士の関係や範疇を明確に構成する契機となる。

天武天皇の喪葬儀礼はつぎのような内容であった。朱鳥元年九月九日に天武天皇が崩じ、十一日に「哭」すなわち挙哀が行われる。そして殯宮が建てられ遺体が安置され、臣下および僧侶がそこで「哭」をし、臣下等が誄をする。ただそこに神職を代表する人がいないことは示唆的である。二十九日、三十日に百済・隼人などの蕃賓客が到着するとそれぞれ誄をする。年が明けて元旦を迎えるとまた殯宮に対する「哭」が行われるが、これは死んだ天武天皇に対する朝賀というべきものである。そして足掛け三年になると埋葬の準備をし、最後の誄をしたのち埋葬される。それから二カ月しないで年が明けるのだが、元日に天皇は朝賀を受け、以後政治を平常通りに行う。埋葬後には死者のための儀礼的行為は見られない。殯の期間の挙哀と誄と埋葬こそが喪葬儀礼であり、埋葬後の服喪はない(16)。

この時期は律令制の諸制度が整備される時期である。儒教に由来する服喪三年を、埋葬までの殯の期間に置き換えて受容し、埋葬後も続く服喪期間としては導入しなかった。またその儀礼は死者を対象とする断続的な哭や誄という具体的な行為として導入している。ただこのまま定着することはない。つぎに行われたのは持統天皇の喪葬儀礼だが、それまでに大宝律令が成立している。

持統天皇は譲位したのち、大宝二年十二月二十二日に崩御した。遺詔により喪服と挙哀が停止される。殯宮が建てられ、そこに安置された状態で年が明ける。元旦の朝賀は中止し、代わりに親王・百官が殯宮を拝む。天武天皇の時と同様で死者への朝賀である。さらに殯の状態で七七日の仏事が行われ、また一方では喪であることにかかわりなく神祇祭祀が行われている。そして死後満一年となるとき、官人が誄をして諡を贈り荼毘に付し、すでに天武天皇が埋葬されている山陵へ合葬する。[17] 天武天皇のときは中国の服喪三年に依拠して埋葬まで三年とし、このときは大宝令の規定に従って埋葬まで満一年としたと考えられる。それから数日後に年が明けるのだが、元旦にはすぐに天皇が朝賀を受けている。埋葬後に服喪の期間がないことはやはり天武天皇の喪葬儀礼と同じである。

文武天皇は慶雲四年六月十五日に没した。喪葬儀礼について遺詔があり、挙哀三日、喪服を一ヵ月とする。釈服の記事はないが遺詔の通りなら釈服後も殯宮に遺体は安置されたままである。釈服から二ヵ月以上すぎてから埋葬の準備をして、さらに一ヵ月以上経過して、最後に誄をして荼毘に付し、その数日後に山陵に埋葬される。結局死から六ヵ月間殯をしているが、その期間の根拠は不明である。埋葬後の最初の元旦には朝賀の記事がないが、それ以後平常の政治が行われていて、死者のために服喪していることをうかがわせるものはない。[18] 喪服は殯の期間に着用する服装とされていたようである。

これらの平城京遷都以前の、律令が整備される時期の喪葬儀礼は、つぎのようにまとめることができる。すなわち喪葬儀礼の期間とは、埋葬するまでの殯の期間であった。埋葬後には服喪の期間は設定されず、すぐに平常の政治が行われた。そして儀礼の実態は、埋葬前の死者を対象とした挙哀や誄という具体的動作であって、この動作・行為以外には喪葬儀礼はなかった。埋葬後にも服喪が続く中国の喪葬儀礼とは異なる。この具体的動作をしている最中でないのならば、殯の期間であっても他の儀礼的行為をすることに問題はなかった。実際この期間中に神祇祭祀が行われている。こうした喪葬儀礼は、平城京遷都後になると天皇譲位後の死が続いたこともあって変質する。

2 停止による喪葬儀礼

平城京遷都後、元明上皇は養老五年十二月七日に没した。喪葬儀礼は、遺詔によりまず天皇の仕事は国全体にかかわることだから廃朝することなく平常通りに仕事を続けるようにと、国家的喪葬儀礼をしないことが命じられる。喪服に関して何も言及がないがこれも停止したのであろう。殯宮は建てられず、十三日、死後一週間ですぐに埋葬された。これまでに行われたような喪葬儀礼はしなかったと言える。そして埋葬後は、以前とは性質が異なる喪葬儀礼となる。埋葬の翌月に元旦をむかえるのだが朝賀は停止される。これ以前の喪で朝賀が停止されたのは殯の死者に対して朝賀するためであったが、ここでは埋葬もすでに終わっていて死者への朝賀というべき行為がないにもかかわらず朝賀が停止されている。加えて「朝廷礼儀」[19]がすべて停止とされた。詔によると、停止の理由は悲しみのためである[20]。天皇の病気による廃朝に近い性質である。

これは喪葬儀礼の大きな転換である。これ以前は死者を対象とする具体的動作こそが喪葬儀礼の内容であった。それがここでは「朝廷礼儀」という喪葬儀礼とは別の具体的動作の停止が、死者に対する悲しみの態度として実行される。喪葬儀礼は死とは直接関係のない別の儀礼を停止することへと変わったのである。具体的動作を要素とする喪葬儀礼の停止が、結果としてそれまでと異質なあらたな喪葬儀礼を成立させた。こうした喪葬儀礼は、必ずしも令文と合致しないにもかかわらず定着する。

元正上皇の喪葬儀礼も簡素である。天平二十年四月二十一日に崩じ、二十八日に全国に喪服を着用させ、また火葬している。五月八日に全国に中陰の仏事を命じ、六月五日には官人および諸国に釈服させる。それから半年ほど経過するのだが、翌年の元日を迎えると廃朝し、さらに四十九日間、全国に悔過と『金光明経』の読経を命じている。死者への朝賀というべきことをすることもなくただ朝賀が停止される。ただし他の儀礼に関しては不明である。[21]

聖武上皇の喪葬儀礼は仏教の影響がより強い。天平勝宝八年五月二日に崩御、六日に官人が喪服を着て挙哀する。十九日の埋葬は仏教儀礼のようであった。そして六月八日には「居喪之礼」として、子と臣下の孝を実践すべく一年間の殺生の禁断を命じる。令の定める一年の喪に依拠したのであろう。そしてこの期間は諒闇と呼ばれ、十一月の新嘗祭は実施するものの天皇は参加せず、翌年の元日の朝賀も中止される。そのあと一周忌の仏事が行われ平常に戻る。[22]

称徳天皇は重祚し在位のまま、宝亀元年八月四日に崩じる。六日には全国に挙哀をさせ、服喪期間を令の通り一年とする。八月八日には全国で喪服を着ていることを理由に釈奠を停止とする。八月十七日に埋葬される。九月二十二日に七七日の仏事を全国で行い、それから大祓を全国でする。そして翌日には先に命じた一年間の服喪を停止させて、全国を吉に従わせる。すなわち喪を終わらせ平常へ復帰させている。翌年の元旦は喪の影響を残すことなく、朝賀を受けている。[23]

このように平城京遷都後には、朝賀や釈奠などの本来喪葬儀礼とは直接には関係のない他の儀礼の停止が、諒闇や服喪の実体化行為となり、喪葬儀礼としての意味を帯びるようになった。

3　諒闇での儀礼停止の定着

こうした他の儀礼の一年間の停止による喪葬儀礼の実現が、平安時代には定着する。それまでの正史では基本的に記載されていなかった恒例祭祀などが記されるようになり、その実施および中止の状況が多く記録されるため、どのような儀礼が停止されたのか、より詳しくたどることができる。

淳和上皇は承和七年五月八日に死没する。全国に対して翌九日から三日のあいだ毎日三回の挙哀を命じた。九日に天皇は喪服を着用する。十三日には遺詔の通り山陵を作らず散骨される。十九日には喪服着用の期間は「日を以て月に易ふ」とし、本来一年の服喪期間は十三ヵ月だがこれを十三日間に変更する。政治的な空白を作らないためにも埋葬が終われば釈服するとした。二十三日には天皇は釈服して政治をする。ただその後も諒闇を理由に律令的儀礼が停止される。七月十日には諸国に対して釈奠の停止を命じ(24)、九月九日には重陽の節の停止、翌年の元旦の朝賀の停止と続く。一年後の五月二十七日に、「後太上天皇之服」を除くために朱雀門で大祓をし平常に戻り、八月十日には釈奠が行われる。ここでは釈服後の諒闇のことも「服」と表記していて、服喪が喪服着用および釈服後の諒闇へと二層化されている。喪服着用は大幅に縮小されている。

こうして諒闇の期間に、朝賀や節日と釈奠といった律令的儀礼がいずれも停止されるのだが、一方で同じ期間でも神祇祭祀や仏教儀礼と、山陵祭祀は無関係に実施されている。六月五日には柏原山陵の祟りとされる物怪が内裏にあらわれたため臨時の山陵祭祀が行われる。七日には内外の妖祥を祓うため宮中で『仁王経』を講じ、九日には降雨を願って貴布禰・丹生川上の神社に奉幣し、二十九日には暴風雨の予防のため全国の名神に奉幣する。七月五日には秋の実りを願って伊勢神宮に奉幣し、九月十一日には恒例の伊勢神宮への奉幣使を派遣している。翌年正月八日には大極殿で最勝会をしている(25)。

嵯峨上皇の喪葬でも同様である。承和九年七月十五日に没し、喪葬儀礼については遺詔に従う。遺詔では、院人だけが喪服を着ることとし、官人も諸国も喪服は着ず、ただ天皇は七日間喪服を着ることとした。喪服は基本的に停止されたが諒闇はあり、その期間中は朝賀・馬射節といった律令的儀礼が停止される。一周忌を迎え大祓をして吉礼につくと、翌日の釈奠が実施される。一方諒闇中でも九月十一日には恒例の伊勢神宮への奉幣使が派遣され、二十日に伊勢神宮と天下名神を祭って、すでに占いで指摘されていた疫気の災いを未然に防ごうとしている。翌年の正月八日には諒闇のため音楽を停止するものの大極殿で最勝会が行われる。四月四日には広瀬竜田の二神を例年通り祭り、七月一日には穀物の実りを願って天下名神に奉幣している。[26]

清和上皇は元慶四年十二月五日に没し、遺詔により、素服と挙哀が停止されるが心喪することとされ、宴飲・作楽・着美服は禁止される。翌年の元旦は諒闇のため朝賀は停止となる。正月十七日と十八日の射礼《しゃらい》と賭射《のりゆみ》、二月九日の釈奠、四月一日の孟夏之宴、五月五日の端午之節、八月十一日の釈奠、九月九日の重陽之節が、いずれも諒闇を理由として停止されている。周忌の御斎会が行われ諒闇の期間が終わると、翌年元旦は朝賀を中止しているが「烈風大雨雪」が理由であり、七日の白馬節、十六日の踏歌之節と通常通りに実施している。

神祇祭祀と仏事はともに諒闇の期間中でも、十一月二十二日には鎮魂祭、二十三日には新嘗祭が「常の如く」行われ[27]、四月八日に灌仏会が清涼殿でやはり「常の如く」行われている。諒闇の期間が終わったあとに、元慶五年十二月十一日に月次神今食祭が神祇官で「常の如く」行われ、元慶六年正月八日に最勝会が大極殿で「常の如く」行われることと、諒闇中の神事と仏事の実行に違いはない。[28]

ここまでたどってきた奈良時代の直前から平安時代初期にかけての喪葬儀礼の変化はつぎのようにまとめられる。

大宝律令の成立する頃は、殯宮での挙哀や誄といった死者を固有の対象とする具体的行為が喪葬儀礼であった。これは神や仏像を対象として祭りあるいは拝むことと同じ様式であった。奈良時代になり、殯宮儀礼を停止や縮小したことで、朝賀の代わりとなる死んだ天皇への拝礼も行われなくなる。結果として朝賀が中止されるのみで、そのこと自体が喪葬儀礼としての性質を帯びることになった。喪葬儀礼の内容は固有の具体的行為の実践から他の律令的儀礼の停止へと反転した。

固有の対象に向けた具体的行為であれば、それを実践することで儀礼は実現される。時間的および空間的な競合が生じた場合には実施する儀礼を選ぶが、それ以外に他の儀礼との関係を意識することはない。しかし他の儀礼を中止することが喪葬儀礼の実現となると、中止すべき儀礼との関係が意識にのぼる。そして、その中止により喪葬儀礼が実現されるという一点においてそれらの儀礼は一つの範疇を構成する。

喪葬儀礼を実現するための他の儀礼の停止とは朝廷での朝賀や節日の儀礼さらに釈奠といった律令的儀礼の停止であり、喪葬儀礼は律令的儀礼間の内的関係として実現される。式部省や大学寮など実施する官司は異なるが、これらを一つの範疇とする意識が形成される。神祇祭祀や仏事は律令制に先立って成立したという由来の違いからこの範疇の中に位置づけられることはまだない。諒闇期間に天皇の関与部分は中止されるが、それ以外の神祇祭祀は超然と行われる。

四　神祇祭祀の律令儀礼化

1　郊祀導入と神祇祭祀の政治への取り込み

神祇祭祀は政治に先立つもので政治からの独立性があり、律令的儀礼とも性質が異なるものであったが、平安時代前期にその位置づけは変化する。神祇祭祀は政治に先立つものから政治のなかの一要素になる。

桓武天皇は出自や即位に至る経緯などから、天皇としての正統性や権威を示す必要を感じていた。そのため唐で皇帝の地位と密接にかかわる三つの儀礼すなわち宗廟祭祀と喪葬儀礼と郊祀の導入もしくは改革を試みた。まず宗廟制の導入だが、先述の通り既存の山陵祭祀を拡充することで天子七廟制を模した別貢幣の仕組みを整備して定着させた。喪葬儀礼については後述する。そして郊祀とは、中国で超常的存在とされる天を祭る儀礼で、天下の統治を天から命じられた天子にのみ許され、その実行は天子としての正統性を実体的に表現する。律令と相互補完的関係にある儀礼のなかで最も重要とされるものである。桓武天皇はこれを導入しようと試みたが、中国の天の観念が十分に浸透していなかったからか、そのまま定着することはなかった。(29)

しかし郊祀の導入と同時に在来の神祇祭祀を郊祀と同じように天子の地位にあることを実体的に表現する政治的儀礼へと転化させることも試み、文徳天皇の時代には、それまで政治から独立性のあるとされていた神祇祭祀を政治の一部へと取り込んだ。具体的には神祇祭祀を政治に取り込むべく、神社の神官を律令官人へと転化し、神にも官人と同じように位階を与えて序列化する。

神官に政治的官人であることを意味する把笏の許可が、桓武天皇の即位直後から行われる。天応元年四月二十日から仁寿三年八月二十二日の間に、賀茂神二社の禰宜祝等、住吉社の神主、常陸国の鹿嶋神社の祝・禰宜、能登国の気多大神宮の禰宜祝、松尾大神社の禰宜祝等、建御名方富命神前八坂刀売命神の祝に、それぞれ把笏を許可して律令官人としての性格付けを強める。そして斉衡三年四月二日には諸国の三位以上の名神の神主および禰宜・祝等に把笏を許して、神官の律令官人への転化を全国化している。[30]さらに、個別の事情によって神に律令官人と同じく位階を与えることはすでに行われていたが、嘉祥三年十二月二十八日と仁寿元年正月二十七日には、詔して天下の諸神をすべて正六位上に叙し、さらに貞観元年正月二十七日にも京畿七道の諸神の神階を進めまたあらたに叙している。[31]これらの神階の同時奉授によって特定の神ばかりでなく神一般が朝廷により政治的に把握されるところとなった。

こうして郊祀導入の試みをきっかけに神祇祭祀は政治に先立ち独立性のあるものから、政治のなかにある儀礼へと転化された。この時期以降、神祇官の祭祀への関与は減少し、太政官が祭祀執行をつかさどるようになったと指摘される。[32]文徳天皇が再び郊祀を行うもののそれが最後となるのは、在来の神祇祭祀により郊祀に期待した機能を代替することとなったからである。

2　諒闇での神祇祭祀の停止

神祇祭祀が政治のなかに取り込まれるということは、朝賀や節日などの律令的儀礼の延長線上にこれが加わることを意味する。それゆえ律令儀礼に特有であった諒闇を理由とする停止が、限定的ではあるが神祇祭祀でも同様に生じる。まず文徳天皇の喪に際して変化が見られる。

文徳天皇は天安二年八月二十七日に死没する。九月四日には東宮以下官人と諸国が喪服を着て、一日三度の挙哀を三日間することと、喪服は「以日易月」により十三日間とすることとなる。七日には釈服の後も一周忌まで心喪することとして、飲宴・作楽・美服を禁じる。十六日には天皇および官人が釈服し、朱雀門の前で大祓をする。これ以降は諒闇である。十一月三日には平野春日等祭が停められ、十日には大原野祭が停止、二十日には園韓神祭が停止となり、さらに以後の鎮魂・新嘗等の諸祭がみな停止とされる。

年が明けた貞観元年の元日は諒闇を理由に朝賀が中止される。その後も十六日には踏歌之節の停止、十七日には六衛府の射礼の停止、二月一日に釈奠の停止と、いずれも諒闇を理由として停止される。ただこの日には伊勢神宮と全国の神社に班幣して即位を報告している。そしてこれ以降神祇祭祀はいつもと変わらず実行される。二月四日には祈年祭が神祇官で行われ、十日の春日祭、四月四日の広瀬竜田祭、八日の内殿の灌仏会、六月十一日に月次・神今食祭が神祇官で、七月四に広瀬竜田祭が、いずれも「常の如く」行われている。しかしいまだ諒闇なので律令的儀礼の五月五日の端午之節は停止される。八月二十七日には周忌御斎会を終え、二十九日に朱雀門前で大祓をして心喪の礼を終わりにして常儀に従う(33)。

諒闇の期間に律令的儀礼がいずれも停止されるのに対して、神祇祭祀は天皇が崩じた年の終わりまでではあるが停止される。限定的ではあるものの、これまでとは違って神祇祭祀も諒闇で停止すべき儀礼となる。

こうした傾向はしだいに定着する。清和天皇の喪では依然として諒闇期間でも神祇祭祀が超然と行われるが、仁明天皇女御で清和天皇の祖母である藤原順子と、淳和皇后であった正子内親王の事例では諒闇での神祇祭祀は停止されている。

藤原順子は貞観十三年九月二十八日に没する。遺令により全国での挙哀と喪服の着用が停止される。十月五日に清和天皇と近臣は喪服を着て太皇大后を埋葬した。服喪に関する議論のすえ、心喪は五ヵ月間、喪服の着用を三日間とし、同月七日には天皇と近臣が釈服する。十一月十七日には園韓神祭が停止、十八日には鎮魂祭を停止、十九日には新嘗会を停止とする。さらに太皇大后の崩御を理由に平野・春日・梅宮・大原野等祭をすべて停止とした。釈服後の心喪諒闇の状態でも死との関係から神祇祭祀が停止されている(34)。

淳和太皇太后は元慶三年三月二十三日に没し、二十五日に埋葬され、遺令により凶礼を停止し喪服は着用せず挙哀もしないこととされる。四月一日には、平野・松尾等祭と宴が、太皇太后の崩御を理由に停止とされる。さらに二日の梅宮祭、四日の広瀬竜田祭がともに停止される。十四日には賀茂祭が停止とされ、さらにそれまでの諸神祭祀の停止が太皇太后の崩御によるものだと説明している。その終わりは明確ではないが、五月二十一日には賀茂御祖・別雷・松尾・稲荷・貴布禰・乙訓等神社に雨を祈って奉幣し、これ以降節日の中止もない(35)。

このように政治に先立ち独立性のあった神祇祭祀を政治の中へと位置づけ直したことで、限定的ではあるが、神祇祭祀は律令的儀礼と同じように諒闇を理由として停止される儀礼へと変化し、その意味で律令的儀礼と神祇祭祀は同じグループのものと認識されるようになったのである。諒闇での儀礼の停止を媒介にして、律令的儀礼と神祇祭祀はつながる。

五　穢れと儀礼

１　喪葬と祭祀の衝突と穢れ規定の成立

神祇祭祀と喪葬儀礼の接触は他の形でも意図せず生じ、問題となることがあった。これも桓武天皇の行動が発端になる。

桓武天皇は先述のように自身の権威や正統性を高める必要性から唐で行われていた儀礼の導入や改革をしたが、

その最初に行ったのが父である光仁天皇の喪葬儀礼であった。自身を孝子としてひろくアピールすべく、この儀礼を瑕疵もなく簡素化もせず十全に実行しようとした。

光仁天皇は譲位したのち天応元年十二月二十三日に没した。桓武天皇は中国の制度に倣い諒闇三年を全うしようとするが、臣下たちは元正天皇の例に倣って政治的空白が生じないようにと願う。そこで一度は喪服の着用を六カ月間とするが、数日後に令文の通りの一年間に改めている。その結果全国的な問題が生じる。翌年の延暦元年七月二十九日、神祇官と陰陽寮が卜占し奏上する。国家の恒例祭祀が喪服を着た状態で行われており、吉凶が混在している。そのため伊勢神宮をはじめとする全国の神社が祟りをなしている。喪服を脱いで神祇祭祀するのがよい。これをうけて、八月一日に百官が釈服する[36]。ここでは諒闇の期間は喪服の着用期間のことである[37]。

吉礼とされる神祇祭祀と凶礼とされる喪葬儀礼の競合は以前ならば生じえなかった。喪葬儀礼が死者を対象とする固有の行為であったならば、これと神祇祭祀を同時に実行することは物理的に不可能であり、つねにどちらか一方のみが選択され実行されるにすぎず競合の問題は生じない。しかし奈良時代に変化が生じて、通常なら行うはずの別の儀礼を停止することが喪葬儀礼として意味付けられ、さらに喪服を着用することによって、何もしていない状態でも喪葬儀礼の実行中となる。桓武天皇が諒闇の期間をすべて喪服を着用して過ごそうとしたからこそ、神祇祭祀と喪葬儀礼を同時に実行するという事態が発生したのである。

この出来事での問題は神祇祭祀の失敗だったので、神祇祭祀の実施方法を改訂することで問題発生の回避がはかられ、その内容はのちに『弘仁式』へ収められる。喪服が問題とされるが本質は儀礼の競合なので、喪服の有無にかかわらず、そうならないようにいわゆる神祇式の穢れ規定の「人死は三十日」や「散斎之日は、僧尼及び重服の情を奪ひて公に従ふ輩、内裏に参入するを得ず。軽服人と雖も、致斎幷に散斎之日は、参入するを得ず」の部分が作られた[38]。このときは神祇祭祀が政治に先立ち独立性があるという観念が依然として保たれていて、あくまで祭祀内部の問題として解決を図り、神祇式のなかだけで規定した。ほかの儀礼の実施方法に変更が加えられることはなく、また儀礼と儀礼の競合関係を調整する仕組みも作られなかった。

２　穢れの成熟と神社からの影響

『弘仁式』の成立時には、接触した場合に祭祀への参加を忌むべきとされた事物が複数あり「穢悪」の語はそれらを総称したにすぎなかったが、貞観年間になると、その内容に変化を伴いながら固有の観念として成熟し、「穢」の一文字で表記されるようになる。(39) 穢れは神祇式で明文化されたが、その規定に従えば画一的に判断し処理できるというわけではなかった。穢れとなるか否か、穢れの場合に何日間忌むべきかなどの判断は、神祇官の勘文を参考にして時宜により最終的には天皇が下すもので、似たような状況であっても判断は必ずしも一定していない。五体不具穢や失火穢などは当初規定になかったが、そうした判断の結果が積み重ねられ穢れとされるにいたった。式文が常に判断の根拠とされるが、その成立後も穢れの内容は変化するものであった。『西宮記』所載の勘物には貞観年間の先例があり、そのころから個別に判断していたようである。

こうした時期は、神祇祭祀の政治への取り込みを進め朝廷が神社とのつながりを強める時期と重なる。穢れ観念は神社で問題とされたものも取り込んで成熟する。(40)

そもそも神社には清浄が求められていたが、奈良時代の詔勅によればそれはゴミやヨゴレがない状態のことであって掃除によって実現される。この清浄は神社と寺院ともに求められる内容であり、さらには朝廷でも同様で、神社特有というわけではない。また祭祀者がゴミやヨゴレを掃除し触れることが祭祀を損なうことはなく、幣帛を供えて祭る人に掃除も命じている。(41)

その後、承和年間に春日社や賀茂神社の「清潔」が狩猟者のために損なわれていることに対して、これを禁止する太政官符が出されている。(42) 賀茂神社では、狩猟者が獲物を解体し血を洗うなどして川上を汚すので流れにのって神社にこれらがいたり、そのことに神が祟りをなした。祟りの原因は、奈良時代から続く掃除や洗浄で解決するヨゴレであり、これが神事を損なうと認識されている。

こうした問題は神社の領域内だけでなく、朝廷と伊勢神社を結ぶ途上でも問題となったことが、貞観年間の太政官符からわかる。朝廷から出た伊勢神宮の祭使を、途中の国々は国境で迎えて護送すべきなのに、近頃そうしていない。またゴミやヨゴレの掃除をしないので道には多くの人馬の骨があり、これらの「穢悪」を目にすることになり「清慎」が維持できない。そこで国司が責任をもって護送と「穢悪」を掃除することがあらためて命じられる。[43] 掃除により問題の解決が図られるのは奈良時代以来の神社でのゴミやヨゴレと同じだが、具体的には人や馬の骨であり、『弘仁式』の規定にある人死や六畜死に該当するし、これらを「穢悪」と表記していること、さらに祭使の斎戒を損なうとしていることも、『弘仁式』の条文と合致する。

こうした神社の清浄を損なうゴミやヨゴレであると同時に『弘仁式』のいわゆる穢れ規定にも該当すもののは、最終的に穢れと判断される。天徳三年六月十一日に月次祭と神今食が中止されるのだが、その理由とは伊勢神宮へ祭使が帰ってくる道中で「穢」に触れたからである。[44]『弘仁式』で規定が作られたときには必ずしも想定していなかったかもしれないが、これに該当するためヨゴレ・ゴミがいわゆる穢れであると判断された。そもそも神社および道中のヨゴレは掃除により問題が解決するのに対して、『弘仁式』の穢れは接触した場合一定の時間が経過しないと解決しないとされ、性質が明らかに異なっており本来区別されるべきものだが、両者は結びつけられたのである。

3 宮城でのゴミやヨゴレと穢れ

その後神社でのゴミやヨゴレの掃除を含む神域の保守が神官から検非違使に移管され、さらに占いにより祟りの原因が神社にある不浄とされ、朝廷から検非違使が派遣され処理するようになると、[45] おのずと両者の融合は進む。

そもそもゴミやヨゴレは好ましいものではないが日常的に発生するもので、だからこそ常に掃除して処理される。儀礼をする場合でもあらかじめ掃除するが[46]、掃除は儀礼に不可欠な構成要素ではないし、ゴミやヨゴレの存在が儀式の成立を根本的に脅かすこともない[47]。掃除はあくまで日常の延長の行為であった。宮城内の「汚穢」「穢物」は非違とともに弾正台が処理し、また京職や衛府がその掃除を担っていたが[48]、やがて検非違使がその機能を引き継いだ。

神社でも同じように掃除が求められたが、ゴミやヨゴレを原因として祟りが生じるために、それらの排除が神祇祭祀での必要不可欠な要素であると認識されていた。こうしたゴミやヨゴレは穢れと内容的に重なるため、これらの処理を神職者から引き継いだ検非違使は、これらを日常のゴミとは異質で祭祀を損なう穢れであると認識する。

ひとたび認識が変化すると、以前から処理していた宮城内のゴミやヨゴレも少なくともその一部は穢れであると判断される。すなわち祭祀と直接は何も関係がないとされていたものが、祭祀の成否に直結し場合によっては祟りの原因となるものへと性質を反転させる。かつて行っていたゴミやヨゴレの掃除は特定の儀礼に限定されることはなく常に同じように行っていたので、これを穢れと捉え直したあとでも、特定の儀礼や祭祀に限らずどの儀礼であっても同じように排除すべきものと考えられた。

さらに一方で、この時期には神祇祭祀が政治のなかへ取り込まれ律令的儀礼に近い性質のものとなっていたので、その実施方法が神祇祭祀に限定され他の儀礼には関係ないと考えられることはなく、むしろ他の儀礼も同様にするべきだとする考えが広がっている。そうした結果、朝廷で行われるさまざまな儀礼は、由来が異なりそれぞれ性質に違いがあるとしても、一様に穢れが排除された状態でこそ行われるべきだと考えられるようになる。

ただ同時に穢れは神祇式に規定されており、あくまで神祇祭祀に限り排除が必要なのであって、他の律令的儀礼では排除する必要はないとする解釈も可能であったため、完全に一律化されるまでにはいたらない。それぞれの儀礼で穢れを忌むべきのか、それとも忌まなくても問題ないのかが、常に関心の対象とされながら揺れることになる。

4　諸儀礼と穢れの関係

ある儀礼は神祇祭祀と同じように穢れを忌み、穢れによって停止されるようなり、また別の儀礼は穢れを忌むようにはならなかったものの、いずれにしても穢れを意識せずにはいられなくなる。このことは歴史書や、『延喜式』以降に成立した私撰儀式書とそこに引かれる先例などでたどることができる。

まず節日儀礼の事例を挙げよう。貞観年間よりも前の斉衡二年に五月五日の「騎射走馬之観」を停止しているのだが、馬が多く斃れたことが理由であろうとする。これが「穢」であると断定はできないが、六畜死の穢れに該当する。(49)その後には停止の理由が穢と明記される。長元元年正月に節会が停止されるときは「入道前太政大臣薨後穢中」のためと、穢れが理由であることを明示している。(50)また『年中行事秘抄』では内裏が穢でも実施された事例を応和三年・延久二年・承保二年と意識的に列記している。(51)ほかにも正暦四年正月十七日には死穢を理由に射礼が停止される。(52)『年中行事秘抄』では、五月の騎射事について「若し本府幷びに縁所に穢有るの時、後日、之を行へ」と、穢れがある場合延期とする。(53)七月の乞巧奠は穢れでも行うのが通例となったが、『年中行事秘抄』の触穢時乞巧奠事では、寛治八年七月六日に穢れで行うことの可否が問われたとき『西宮記』を参照して穢れでもなお祭りをした延長や応和二年の例が示されたと記している。(54)つまり一般に穢れの状態で節日の儀礼を実施することには疑いがあり、先例などを確認したうえで実施することとしている。

仏教儀礼は中陰の仏事が喪葬儀礼に準じて行われることもあり、人の死の直後であっても中止されることはない。神祇式の穢れ規定でも、重服・軽服の人や僧侶は祭祀での散斎では内裏に参入してはいけないとあり、むしろ僧侶や仏事は穢れに近いものとして祭祀から排除される側であって、仏事が穢れを問題とすることはなかった。

時代が下っても穢れを理由に中止されるようにはならないが、穢れについて意識はしており、臨時仁王会について「内裏に穢有る時、仁王会を修せらる例」として「延長七年三月二十四日、仁王会修せらる。同八年、承平六年、天慶元年、天暦八年云々」や「穢中、延長七・三・二十五、承平六・五・十三」とわざわざ実施した事例をあげている。[55] 灌仏会についても「内裏穢る間も、灌仏停止せず」、さらに最勝会でも「穢中に憚有るや否やの事」と、いずれにしても穢れについて留意している。[56]

山陵祭祀も仏事と似た状況である。『延喜式』神祇式の穢れ規定の中で「山作所に到り（中略）身穢れずと雖も、而も当日は内裏に参入るべからず」と言及されていて、山陵祭祀をしても穢れにはならないが、穢れに近い状態にあるとして、その日は内裏から排除される。それが延喜七年には反対に内裏に穢れがあったにもかかわらず、先例に従い別貢幣に参加するべく行幸があったと記録されている。[57] 先例により問題ないとされたのだが、穢れの状態ならば儀礼をすべきではないという一般的認識がこの背後にある。また天暦四年七月二十五日には、事情があり中納言源朝臣を山陵使に任じようとしたところ、本人から穢れであるが山陵祭祀は忌む必要がないかと確認されたので、これに対して山陵は穢を忌まずと答え、そのまま任じた。[58] 結論は同じだが、候補に挙げられた中納言源朝臣には、穢れならば山陵祭祀でも忌むべきなのではないかという疑いがあったのはたしかである。『年中行事秘抄』では「神事に似ると雖も、頗る不浄に渉る」とあり、[59] 山陵祭祀の神祇祭祀との類似性を認めつつ、相違点として穢れにかかわることを挙げている。

釈奠は穢れとの関係でもっとも特徴のある変化をした儀礼である。穢れとは無関係に実施する儀礼から穢れによって停止すべき儀礼へと変化するのだが、それだけには収まらない独特の関係を釈奠は構成する。これはやや詳しくたどることができる。

釈奠は供物として三牲を用いることで儀礼が構成される。三牲とは大鹿と小鹿と豕であり、参加者が儀礼の最後に食べるので神祇式で定める「穢悪」の中の「食宍」に該当する。鹿と豕は衛府が事前に狩猟により準備するとあるので[60]おそらく野生であり、穢れ規定の六畜死には厳密に言えば該当しないが、これに準じると考えられる。[61]

したがって神祇祭祀を穢れのない状態に確保するには、釈奠から分離しなければならない。このことは『弘仁式』で規定され、実際に神祇祭祀を優先して釈奠が停止される。[62]さらに『貞観式』までに「凡そ享日、園韓神弁びに春日・大原野等の祭之前に在り、祭日と相ひ当るに及ぶは、三牲及び莵を用ふを停め、之を代ふるに魚を以てせよ」と定められる。園韓神・春日・大原野などの神祇祭祀より前に釈奠が行われると、三牲に起因する穢れがしばらく続き祭祀に影響がでるので、供物を穢れとならない魚によって代えるのである。

釈奠は本来的に神祇祭祀で忌避される穢れを内包する儀礼である。大学式の釈奠の条文には、神祇令の斎戒規定に類似する規定があるが「食肉」の禁忌はない。また神祇式の穢れ規定と同様の規定は作られない。釈奠自体が神祇祭祀でいう穢れに該当し、釈奠が神祇祭祀のように穢れを忌むということはない。

このことは貞観十六年二月六日の春日祭とそれに続く釈奠および園韓神祭の実施状況でも明らかである。二月六日は恒例の春日神祭が行われるはずであったが、内裏に犬産があり、ほかにも内蔵寮で乱闘による出血があり、さらに左馬寮で牛が斃れ、右馬寮では馬が死んだ。だから春日祭の祭使の派遣を中止した。つまり複数の穢れに該当することが生じたので祭祀を中止した。六畜死は五日忌むので影響は十一日まで及ぶ。十一日は園韓神祭が行われるはずだったが、穢れのために停止される。しかしながら穢れが生じた翌日の七日には釈奠が中止されることなく行われている。釈奠は神祇祭祀と違い穢れの有無にかかわらず実施される。

しかしこうした事態は大きく変化する。貞観十八年二月九日に釈奠が停止され、代わりに十九日に実施される。その理由として、九日に皇太后宮司が穢れに染まり、これが内裏にまで及んだので延期したとある。以前は釈奠自体が穢れとされ神祇祭祀から遠ざけられたが、このときは釈奠が穢れを忌避している。二年前の釈奠とほぼ同じ状況だが、ここでは穢れを理由に停止するという正反対の対応をしている。釈奠は穢れとして忌まれるものから穢れを忌むものへと反転したのである。そしてこの反転した位置づけはそのまま定着してゆく。[63]ただし、依然として三牲を用いており、穢れに該当するものを釈奠からすべて排除し祭祀と同質になったわけではない。穢れに該当する三牲を供物としながら、他方では穢れを忌避するという、ねじれた状況に落ち着いたのである。

ようするに神祇祭祀が政治のなかに取り込まれ、さらにゴミやヨゴレの一部が穢れとされるようになったのち、穢れにより儀礼は損なわれるのではないかという漠然とした意識が確実にひろがりを見せた。この漠然とした意識のひろがりこそが原動力となって、喪葬儀礼で停止するものというカテゴリーの形成をさらに進め、個々の性質の違いを越えた「年中行事」という一つの包括的範疇が成立した。依然として各儀礼それぞれの性質は保たれているが、この意識によりいずれも等しく年中行事の構成要素とされたのである。

六　儀礼の範疇の変化と儀式書の変遷

ここまで述べてきたさまざまな儀礼の関係についての認識とその変化は、それぞれの時期に編纂された律令格式および儀式書の構成や内容の変遷と一致している[64]。それぞれの様子をたどることができる。

まず律令では神祇祭祀、仏教儀礼、釈奠、節日儀礼、喪葬儀礼、山陵祭祀などがそれぞれ別の官司の職掌とされている。神祇祭祀と仏教儀礼と律令的儀礼に大別できるものの、明確な範疇を形成するにはいたっていない。これらをまとめる儀式書も編纂されることはない。

平安時代のはじめには、律令政治がさらに拡充され、その一環として朝廷の儀礼について定める『内裏式』が編纂され、律令的儀礼という範疇が一つの明確なかたちで成立した。そこに収められたのは主に節日儀礼であり、任官などの政治的行為も含まれる。これらは諒闇期間に停止することで、死んだ天皇への喪葬儀礼としての意味を生じるという共通性を持っていた。このとき神祇祭祀は依然として政治に先立つ独立性のあるものと観念されていたので当然そこには含まれないし、神祇祭祀での問題が持ち込まれることもなかった。両者は異質であり、一つの範疇にまとめられることはない。

それから郊祀という律令的儀礼の導入のあたらな試みを契機として、神祇祭祀がこれに準えられ律令的儀礼へと位置づけ直される。結局郊祀は定着しないが、神祇祭祀は本来の政治に先立ち独立性を持つ儀礼から政治のなかの律令的儀礼へと、そのまま位置づけを変えた。そして神祇祭祀が律令的儀礼と同様に諒闇を理由に停止される事例があらわれる。

こうした変化ののち編纂された『儀式（貞観儀式）』では、律令的儀礼に加え神祇祭祀が載せられている。本来の性質の違いを反映したからなのか、令や式の構成と同様に神祇祭祀ははじめの方に集められ、他の律令的儀礼と別けられている。加えて現存の『内裏式』には載せられていない釈奠や山陵祭祀や挙哀などの、節日とは区別される律令的儀礼もあらたに載せられている。朝廷儀礼の範疇は神祇祭祀などを取り込むことで拡張されている。『貞観儀式』が必ずしも十分には整理されていないこともあり、その後『延喜儀式』が編纂される。『儀式』の方向性での完成と言うべき構成で、儀礼を由来や性質の違いで分類しようとする意図が明確である。釈奠は『儀式』で神祇祭祀とは区別された節日儀礼の中に配置されていたが、『延喜儀式』では神祇祭祀の中に置かれる。釈奠はそもそも三牲のために穢れとされたが、経緯により神祇祭祀と同じように穢れを忌避するようになったことが反映されている。ただ『延喜儀式』は成立時、変化を続ける現状とはすでに齟齬する部分が生じていたためか施行されず、ほどなく『新儀式』が編纂された[65]。『新儀式』では儀礼を性質により分類するという構成をやめ、藤原基経が献上し内裏に立てられていた年中行事御障子文や『本朝月令』で採られた配列様式を用いた。すなわち儀礼の性質にかかわらず正月から十二月まで実施日の順序で恒例の儀礼を配列し、ほかに臨時の儀礼をまとめるという様式にし、年中行事という一つの範疇にまとめられた。この様式は定着しながく踏襲される。

この『新儀式』では穢れの位置づけが大きく変わっている。穢れは神祇式で規定されていることから明らかなように、そもそも神祇祭祀に限って問題とされていた。穢れ観念の肥大化により、釈奠をはじめとするいくつかの儀礼で穢れを忌避するようになるが、そうした実態は『延喜式』でも盛り込まれなかった。『新儀式』でも各儀礼の個別的規程の中に穢れの忌避を記載することはなかったが、かわりに当時の実態をふまえて、穢れ規定を神祇祭祀から分離させ、儀礼全体に係る項目として独立させた。儀礼は穢れのない状態で実施べきなのではないかという漠然とした意識がここに形を得たのである。そして『新儀式』以降の儀式書の多くは、臨時儀礼を記すところに全体にかかわる規定として「触穢」もしくは「雑穢」の項目を立てている。例えば『小野宮年中行事』では、十二月晦日の「追儺事」のあとに、特定の日にちに限定されないものとして、「神事」「御服事」「皇后御服事」「皇太子御服事」「御画事」「免者事」「廃朝事」「雑穢事」の項目がつづく。穢れは本来神事でこそ問題となるのに、「雑穢事」を「神事」から独立させ別に項目とし、穢れの問題がもはや神事に収まるものではないことが文書の形式にも反映されている。『師遠年中行事』などでも同様である。

そののち平安時代末期から鎌倉時代には、穢れが法律の問題として位置づけなおされる。穢れの判断は、かつては神祇官の勘文を参照して行われていたが、明法博士の勘文を参考するようになり、また検非違使が穢れを処理するようになったことが反映されている。『法曹至要抄』は上巻で罪科条の一つに神事時触穢事が定められ、神事でのことだがこれを法律問題として処理する。下巻には、服に関する条文、喪での休暇の条文に続けて穢れに関する条文がある。その多くで最初に神祇式を引用したうえで「之を案ずるに」として考察を加えている。最終的には神祇祭祀での問題であることは引用する文書から理解していたはずだが、実際に判断し処理するのは明法家や検非違使なのであった。

七　小結

本節では由来の異なるいくつかの儀礼の変遷とそこから生じる儀礼同士の関係、とくに喪葬儀礼と他の儀礼が作る関係の変化をたどり、年中行事という一つの範疇の成立について以下のように考察した。

諸々の儀礼が整備されたのは、律令制の仕組みの整備や『日本書紀』の編纂と同じ時期であった。『書紀』に記された観念によれば、神祇祭祀は政治に先立ち独立性があるため固有の範疇をなし、仏教儀礼もそれについで別の範疇をなす。律令と律令的儀礼はそのあとに導入されたもので、複数の種類がそれぞれ別々にあってたがいの関係はいまだ確立しておらず、律令的儀礼という一つの範疇はいまだ成立していない。

それが平城京遷都後に喪葬儀礼に生じた反転、すなわち死者へ向けた具体的行為をする儀礼から他の儀礼を停止することで実現される儀礼へと反転したことを契機に、諒闇で停止される儀礼として一つの範疇が明確に形成された。さらに平安時代のはじめ、郊祀の試行をきっかけに神祇祭祀が政治のなかに位置づけ直され律令的儀礼へと変化し、諒闇で中止される範疇に加わった。

また喪服での神祇祭祀が祟りを生じたことから神祇祭祀で排除すべきものとして穢れが規定され、そののち同様に祟りの原因となる神社でのゴミやヨゴレを取り込み穢れ観念は肥大化する。するとこれまで朝廷で日常生活の延長として儀礼とは無関係に掃除されていたゴミやヨゴレに対する認識が改められ、それらは神祇祭祀を損なう穢れとなる。なおかつ常に掃除が求められる事実は穢れを排除する必要性のゆえと再解釈され、そこから掃除された状態で実施される諸儀礼も穢れを排除すべきなのではないかと認識されるにいたる。そしてこの意識こそが諸儀礼を年中行事という一つの範疇にまとめあげた。

こうした諸儀礼の関係や範疇の変遷は、平安時代の『内裏式』にはじまる官撰儀式書とこれを承ける私撰儀式書が掲載する儀礼やその配列方法の変遷としっかりと対応している。『新儀式』などにはじまり後世長く規範とされる様式では、儀礼全体に対するものとして穢れに関する規定を配置し直している。

註

（1）『日本書紀』『懐風藻』は日本古典文学大系、『続日本紀』は新日本古典文学大系、『続日本後紀』『日本文徳実録』『日本三代実録』は佐伯有義校訂標注『増補六国史』（朝日新聞社）、『日本後紀』『延喜式』は訳注日本史料、『律令』は日本思想大系、『日本紀略』『令集解』『類聚三代格』は新訂増補国史大系、『内裏式』『儀式』『北山抄』は神道大系、『西宮記』は神道大系および故実叢書、『新儀式』『小野宮年中行事』『年中行事秘抄』『師遠年中行事』『法曹至要抄』は新校群書類従、『江次第抄』は続々群書類従、『権記』は増補史料大成、仁井田陞（池田温他編）『唐令拾遺補 附唐日両令対照一覧』（東京大学出版会、一九九七年）を用いた。

（2）『日本書紀』神代上・下、崇神紀（原漢文。書き下しは日本古典文学大系によった。以下同）。

（3）『日本書紀』巻第五・崇神天皇、巻第八・仲哀天皇、巻第九・神宮皇后。

（4）『日本書紀』巻第二十五・孝徳天皇、大化元年七月十四日条。

（5）『日本書紀』巻第十九・欽明天皇、十三年十月。

（6）『続日本紀』巻第十五・聖武天皇、天平十六年十月二日条の律師道慈卒伝（原漢文。書き下しは新日本古典文学大系によった。以下同）。

（7）『日本書紀』巻第二十二・推古天皇、三十一年七月条。

（8）『懐風藻』の序文には「五礼を定む」とあるが漢籍に依拠した潤色の表現であろう。実際に五礼の体系があったことを裏付けるものはない。

（9）『日本書紀』巻第二十五・孝徳天皇、大化二年正月一日条。

（10）節日の儀礼は『開元礼』にも規定されていない。

（11）古瀬奈津子『日本古代王権と儀式』（吉川弘文館、一九九八年）。

（12）大日方克己『古代国家と年中行事』（吉川弘文館、一九九三年）。

（13）『続日本紀』巻第四十・桓武天皇、延暦十年三月二十三日条。

（14）『続日本紀』巻第二・文武天皇、大宝元年二月十四日条。

（15）彌永貞三『日本古代の政治と史料』（高科書店、一九八八年）。

（16）『日本書紀』巻第二十九・天武天皇下、朱鳥元年九月九日条～持統二年十一月十一日条。

（17）『続日本紀』巻第二・文武天皇、大宝二年十二月二十二日条～巻第三・文武天皇、大宝三年十二月二十六日条。

（18）『続日本紀』巻第三・文武天皇、慶雲四年六月十五日条～巻第四・元明天皇、和銅元年正月。

（19）『令集解』巻第三、職員令第二ノ二、式部省にしたがえば式部省の管理する儀礼のことで、雑令に定める節日の儀礼を指している。

（20）『続日本紀』巻第八・元正天皇、養老五年十月十三日条～巻第九・元正天皇、養老六年十一月十九日条。

(21)『続日本紀』巻第十七・聖武天皇、天平二十年四月二十一日条～天平勝宝元年正月一日条。
(22)『続日本紀』巻第十九・孝謙天皇、天平勝宝八歳五月二日条～巻第二十・孝謙天皇、天平宝字元年五月二日条。
(23)『続日本紀』巻第三十・称徳天皇、宝亀元年八月四日条～巻第三十一・光仁天皇、宝亀二年正月一日条。
(24) ここに見られる釈服後でも諒闇中には釈奠を停止することは、貞観大学式で定められ、『延喜式』巻第二十、大学寮、七条として継承される。虎尾俊哉編『弘仁式貞観式逸文集成』（国書刊行会、一九九二年）参照。
(25)『続日本後紀』巻第九・仁明天皇、承和七年五月八日条～巻第十・仁明天皇、承和八年八月十日条（原漢文。以下同）。
(26)『続日本後紀』巻第十二・仁明天皇、承和九年七月十五日条～巻第十三・仁明天皇、承和十年八月一日条。
(27) ただし翌日の豊楽之宴も天皇は不参加。
(28)『三代実録』巻第三十八・陽成天皇、元慶四年十二月五日条～巻第四十一・陽成天皇、元慶六年正月十七日条（原漢文。以下同）。
(29) 詳しくは本書第一章第四節を参照。
(30)『続日本紀』巻第三十六・桓武天皇、天応元年四月二十日、『日本後紀』巻第九・桓武天皇、延暦二十年二月四日、巻第二十八・嵯峨天皇、弘仁十一年八月二十四日、『続日本後紀』巻第三・仁明天皇、承和元年九月二十六日、巻第十九・仁明天皇、嘉祥二年二月七日、『文徳実録』巻第五・文徳天皇、仁寿三年八月二十二日、巻第八・文徳天皇、斉衡三年四月二日。
(31)『類聚三代格』巻一、神叙位幷託宣事、嘉祥四年正月二七日太政官符「応仁国内諸神有位無位を論ぜず正六位上に叙すべき事」所引の嘉祥三年十二月二十八日官符（原漢文。以下同）。および『文徳実録』巻第三・文徳天皇、仁寿元年正月二十七日（ちなみに嘉祥四年四月二十八日に仁寿へ改元された）。『三代実録』巻第二・清和天皇、貞観元年正月二十七日条。
(32) 岡田荘司『日本神道史』（吉川弘文館、二〇一〇年）。
(33)『三代実録』巻第一・清和天皇、天安二年八月二十七日条～巻第三・清和天皇、貞観一年八月二十九日条。
(34)『三代実録』巻第二十・清和天皇、貞観十三年九月二十八日条～貞観十三年十一月十九日条。
(35)『三代実録』巻第三十五・陽成天皇、元慶三年三月二十三日条～巻第三十六・陽成天皇、元慶三年六月十四日条。
(36)『続日本紀』巻第三十六・桓武天皇、天応元年十二月二十三日条～巻第三十七・桓武天皇、延暦元年八月一日条。
(37) 詳しくは本書第二章第二節を参照。
(38) 天皇の喪では官人はみな喪服を着るが、官人が血縁者の喪に服しているとき朝廷に参入する場合は喪服を着ないので、喪服だけを対象に規定を作っても、儀礼の競合は防ぎきれない。
(39) もっとも早い事例は、『文徳実録』巻第六・文徳天皇、斉衡元年四月十九日条「穢の事有るを以て、賀茂祭を停む。但し山城国司斎供するは常の如し」。

(40)　例えば『西宮記』の記すところによると失火穢の処理は伊勢神宮での事件をふまえて決定されている。以下の考察については本書第三章第二節を参照。
(41)　『続日本紀』巻第九・聖武天皇、神亀二年七月十七日条の詔。また『続日本紀』巻第七・元正天皇、霊亀二年五月十五日条では仏教寺院のみに清掃し清浄を保つべきことを命じている。
(42)　『類聚三代格』巻一、神社事、承和八年三月一日太政官符「応に春日神山之内に狩猟伐木するを禁制する事」、承和十一年十一月四日太政官符「応に鴨上下大神宮辺河を汚穢するを禁制する事」。
(43)　『類聚三代格』巻一、祭幷幣事、貞観四年十二月五日太政官符「応に路次の雑穢を掃清し幷に目以上祗承せしむ事」。
(44)　『日本紀略』後編四、村上天皇、天徳三年六月十一日条（原漢文。以下同）。
(45)　『類聚三代格』巻一、神郡雑務事、寛平九年十二月二十二日太政官符「応に伊勢大神宮の神郡に検非違使を置く事」。『日本紀略』後編三、村上天皇、天暦三年四月十日条。『小右記』長元四年八月二十七日条など。
(46)　『律令』巻第二、職員令、掃部司（原漢文。書き下しは日本思想大系によった）。
(47)　掃部司は弘仁十一年に内掃部司に吸収され掃部寮となるが、内掃部司の職掌に「洒掃」はなく、掃部寮にも規定されていない。
(48)　『延喜式』巻第四十一・弾正台式、巻第四十二・左右京職、巻第四十六・左右衛門府、巻第四十七・左右兵衛府（原漢文。書き下しは訳注日本史料によった）。
(49)　『文徳実録』巻第七、斉衡二年五月五日条（原漢文）。
(50)　『日本紀略』後編十四、後一条天皇、長元元年正月。
(51)　『年中行事秘抄』正月、元日四方拝事（原漢文。以下同）。
(52)　『権記』正暦四年正月十七日条（原漢文）。
(53)　『年中行事秘抄』五月、騎射事。
(54)　同前、七月、乞巧奠事・触穢時乞巧奠事。
(55)　『西宮記』臨時一（甲）、臨時仁王会、裏書（原漢文。以下同）。『年中行事秘抄』二月、臨時仁王会事。
(56)　『年中行事秘抄』四月、八日灌仏事。五月、最勝講事。
(57)　『北山抄』巻第二、年中要抄下、十二月、荷前事（原漢文）。
(58)　『西宮記』巻六裏書、荷前事、天暦四年七月二十五日。故実叢書による。
(59)　『年中行事秘抄』十二月、荷前事。
(60)　『延喜式』巻第二十・大学寮、巻第四十五・左右近衛府、巻第四十六・左右衛門府、巻第四十七・左右兵衛府。
(61)　『西宮記』では野生の狐の死も六畜死に準ずると判断された事例を載せる。
(62)　『類聚三代格』巻第十・釈奠事、貞観二年十二月八日太政官符「釈奠式一巻を頒下する事」。『日本後紀』巻第二十八、弘仁十一年二月四日条。
(63)　『三代実録』巻第三十二・陽成天皇、元慶元年八月十九日条。元慶三年八月十日条。巻第五十・光孝天皇、仁和三年八月六日条。『日本紀略』後編四、村上天皇、天徳四年八月十日条など。

(64) 儀式書の構成の変遷と漢籍からの影響などについては本書第一章第二節を参照。

(65) 一条兼良『江次第抄』開題によれば、『延喜儀式』を編纂したがその当時から見れば内容はすでに「古礼」なので『新儀式』を編纂した。実際『新儀式』「触穢事」には、甲乙丙展転に関して「神祇官式」をまず引用したうえで、さらに「今之所行」を記していて、儀礼内容が以前と変化していることがわかる。

第四節　日本の神祇祭祀と唐の祭祀との差異
――祭祀とは神と人のどのような形態の関係か

一　はじめに

神祇祭祀は律令の導入以前にすでに成立していた日本に固有のものとされ、当初は律令的儀礼とは区別され、そのなかに位置づけられることがなかった。平安時代のはじめに唐で最重要視されていた郊祀の導入を何度か試み結果的にそのままでは定着しなかったが、このことを契機の一つとして神祇祭祀が郊祀に準えられる形で律令的儀礼のカテゴリーに取り込まれた。穢れは本来神祇祭祀の斎戒でこそ忌避すべき対象とされ他の儀礼では問題とされなかったが、神祇祭祀と他の儀礼が年中行事という同一のカテゴリーの構成要素として並列されることで、はじめて神祇祭祀での忌避が他の儀礼にも波及する可能性をひらいた。前節までで以上のことを示した。

もしも導入を試みられた郊祀がそのまま日本に定着し、神祇祭祀も律令的儀礼から独立したままであったならば、穢れの問題は神祇祭祀のなかにとどまり他の儀礼に波及することはなかったであろう。郊祀の代わりに在来の神祇祭祀が律令的儀礼のなかに取り込まれたことは、摂関期を典型とする穢れ観念の成立の条件であった。そこで本節では郊祀と神祇祭祀の差異について、穢れと直接の関係はないが補足として考察する。

日本の神祇祭祀は外来文化の移入以前からすでにあったものとされている一方で、律令制下では唐の制度の模倣・継承によって整備されている。したがって、律令制下の神祇祭祀は日本の在来性と唐からの外来性の両方によって構成されている。日本の律令的祭祀に両方の性質があることを念頭に、日本と唐の制度を比較することを通して、祭祀に込められた神と人のあるべき関係についての理念の特徴を明らかにする。あくまで律令制の祭祀に組み込まれたかぎりでの国家的祭祀の性質に注目し、在来の祭祀の律令以前の本来的な姿についてここでは論じない。(1)具体的には、まず唐で尊重される古典とそれを継承再編した礼典(儀注)から唐の祭祀理念を示し、(2)つぎに『日本書紀』や律令格式から日本の律令祭祀の理念と実態を明らかにし、その特徴を論じる。(3)

二 中国の祭祀儀礼

1 古典の理念

唐は、三国時代から南北朝にいたる分裂状態を統一した隋のあとを受け、統一国家の仕組みや儀礼制度の再構築をすすめ、社会の安定を目指した。時代に即した制度とするべく、古典を基礎にしつつ新たに律令と礼典(儀注)を編纂した。祭祀制度の修正に関する議論でも、しばしば『周礼』や『礼記』が根拠として引用されていることから、それらの古典が理念として尊重されていたことに疑問の余地はない。その理念はどのようなものだったのか。まず『礼記』を見てみよう。

山林川谷丘陵の能く雲を出し風雨を為し怪物を見はすを皆、神と曰ふ。天下を有つ者は百神を祭る。諸侯は其の地に在れば則ち之を祭り、其の地を亡へば則ち祭らず。(4)

自然界にあって不思議な働きをする山林川谷丘陵などを神と呼ぶ。雨が降るなどの自然の働きは、人の行為の有無にかかわりなく生じる。神は超然と働いていて、人はその存在や働きを前提として暮らしている。常にその恵みを受けるとともに、災いにもさらされている。このような超然と働いている神が祭祀の対象とされる。祭祀を行うのはその場所の統治者である。王もしくは天子は百神を祭る。諸侯は自分で土地を支配している時には、そこにある山林川谷丘陵を祭祀する。もしもその土地の支配を失えば祭祀をしない。土地支配と祭祀には密接な関係がある。このことは祭祀で捧げるものの記述からも明らかである。

昔者、天子千畝を藉するを為し、冕して朱紘し、躬ら耒を秉る。諸侯百畝を藉するを為し、冕して青紘し躬ら耒を秉る。以て天地山川社稷先古に事へ、以て醴酪斉盛を為るに、是に於てか之を取る。敬の至り也。(5)

自分の支配する土地を自分自身で耕してその収穫物を供えることで、天地や社稷などの神に対する最大の敬意があらわされ、祭祀が成立する。政治的支配によって得られた収穫物こそが神への幣帛にふさわしい。もしも統治者でなければ幣帛すべきものを得られず、祭祀はできない。政治的に土地を支配している者こそ祭祀を行う資格を持つのである。祭祀をする資格と土地の支配とは一体である。

統治者は祭祀を行う資格を持つと同時にその責任を負う。祭祀を行う資格を持つ統治者は恣意的に祭祀を行うのではない。

山川の神祇挙げざる有る者は不敬と為し、不敬なる者は君削るに地を以てす。宗廟順はざる有る者は不孝と為し、不孝なる者は君絀《しりぞ》くるに爵を以てす。礼を変じ楽を易ふる者は不従と為し、不従なる者は君流す。(6)

山川の神祇を祭ることは、宗廟祭祀や礼楽と同様に、社会秩序を構成し維持する制度である。もしも行わないならば領地の削減という処罰の対象となる。土地を統治しない者の祭祀がありえないのと同様に、祭祀をしない統治者もありえない。祭祀は土地の統治者の責務であり、諸侯などの世俗社会での地位と一体である。祭祀は力を誇示する独善的なアピールではないし、個人の利益を目的とする呪術でもない。

祭祀の対象は、天子や諸侯等の地位や統治の範囲に相応のものに限定されている。

天子は七廟、三昭・三穆と大祖の廟と七なり。諸侯は五廟、二昭・二穆と大祖の廟と五なり。大夫は三廟、一昭・一穆と大祖の廟と三なり。士は一廟、庶人は寝に祭る。（中略）天子は天地を祭り、諸侯は社稷を祭り、大夫は五祀を祭る。天子は天下の名山・大川を祭る。五嶽は三公に視《なぞ》らへ、四瀆は諸侯に視らへ、諸侯は名山・大川の其の地に在る者を祭る。(7)

天子・諸侯・大夫・士という身分によって廟祭の対象と規模が定められているのと同様に、天子は天地を祭り、諸侯は社稷を祭る。神の祭祀も国家における地位に応じて行うものとされ、そのことによって礼秩序が形成される。定められた対象を祭らないことも、また定められたものを超えて過剰に祭ることも、ともに礼秩序を乱すことになる。いずれの身分であっても相応の祭祀を行わねばならない。

2　唐代の儀礼

唐代でも、祭祀の理念は基本的には古典より受け継がれている。詔には「凡そ祭享する所は、必ず躬親に在り。朕《ミヅ》親から祭らざれば、礼将に闕有らむとす(8)」とあり、土地を支配し祭る資格を有するものが自分自身で祭ることこそ、敬意をあらわすことだと認識され、礼の構成要件だと考えられている。祭祀のなかでもっとも重要な郊祀の祝文にも端的にあらわれている。

維れ某年歳次る月朔日、子嗣天子臣某、敢へて昭に昊天上帝に告す。大明南に至りて、長晷初めて昇る。万物権輿、六気資始、謹みて彝典に遵ひ、慎みて礼物を修む。敬みて玉帛・犠斉・粢盛・庶品を以て、茲の禋燎に備へ、祇しみ潔誠を薦む。高祖神堯皇帝〔李淵〕配神作主、尚はくは饗けたまへ。(9)（〔 〕内は引用者。以下同）

皇帝はこの祝文を太祝に続いて読み、神座に向かって再拝する。冬至の郊祀の根幹は、「子嗣天子臣某」すなわち皇帝が、「昊天上帝」すなわち天帝に幣帛を供えて「告す」ことにある。つまり郊祀は皇帝の天に向けた働きかけである。他の祭祀と同様に郊祀も太常寺の管轄で、実施において太常卿・太祝・賛者などが多くの役割を担うもののいずれも祭祀の補助にとどまる。祭祀の核心部分はあくまでも皇帝がみずから行うのである。ところで冬至の昊天上帝の祭祀は、多くの場合、皇帝自身が行わないで摂事が代わりに行う。(10)ただ、その場合は祭祀に先立つ祝版の準備の場面でつぎのようなことが行われている。

凡そ有司摂事、祝版に応に御署すべき者は進め、御署し訖らば、皇帝北面し再拝す。侍臣版を奉りて郊社令に授く。受けて遂に奉りて以て出づ。(11)

皇帝は祝版に署名したあとで北面し再拝する。この行為は、皇帝の親祭で神座の南に位置し北面して祝文を読みその後で再拝するのとよく似た行為である。祭祀主体が皇帝自身であることを端的にあらわす所作を署名のときに行い、その祝版をもって行くことで、太尉が皇帝に代わり、正当性をもって祭壇に供え物をして祭祀を行うことができる。その祝文は「維れ某年歳次る月朔日、子嗣天子臣某、謹みて太尉封某臣名を遣わし、敢えて昭に昊天上帝に告す」(12)とされ、祭祀の主体はあくまで皇帝であって臣下は伝達役にすぎないことが明示される。摂事祭祀は皇帝の御署があってこそ成り立つものである。

国土の土地神と穀物神である社稷の祭祀は、『礼記』では土地に根付いた諸侯の責務とされていたが、唐では刺史が行う。『開元礼』ではつぎのように祝文を定めている。

維れ某年歳次る月朔日、子具位姓名、敢へて昭に社神に告す。惟神徳は兼て博厚、道は著しく直方、載して品物を生じ、含みて庶類を養ふ。謹みて仲春に因りて、祗みて常礼に率ひ、敬みて制幣・犠斉・粢盛・庶品を以て、茲の明薦に備へ、用て報本を申す。后土勾龍氏を以て、配神作主、尚はくは饗けたまへ。(13)

祭祀の主体である「子具位姓名」とは国家において官位を持ち中央から派遣される刺史である。代々その土地を統治していた諸侯と、皇帝によってその都度任命される官僚の刺史では性質が異なるものの、諸侯に準えて刺史がその土地の神をみずから祭るのである。諸州の社稷は、皇帝の代理としてではなく、その土地を統治する者として刺史が自身で祭る。皇帝であっても無限定に何でも祭るということは「尊卑の序を失ふ(14)」こと、すなわち身分秩序を乱すことになるので行われない。唐でも自分の地位に相応する対象のみを祭る。

3　日本への限定的影響

古代日本は唐から律令制を導入し国家としての体裁を整え、その後も継続的に唐の文化や制度の導入に努めていた。桓武天皇は渡来系の母をもつこともあって、より積極的に唐の文化を導入しようとした。日本には独自の神祇祭祀がすでにあったが、平安京に遷都したのち、さらに郊祀の導入を試みた。その祭文はつぎのようなものであった。

維れ延暦六年歳丁夘に次る十一月庚戌の朔の甲寅、嗣天子臣、謹みて従二位行大納言兼民部卿造東大寺司長官藤原朝臣継縄を遣して、敢へて昭に昊天上帝に告さしむ。（中略）方に今、大明南に至りて、長晷初めて昇る。敬ひて燔祀の義を采り、祗みて報徳の典を修む。謹みて玉帛・犠斉・粢盛・庶品を以て、茲の禋燎にに備へ、祗みて潔誠を薦む。高紹天皇の配神作主、尚はくは饗けたまへ。[15]

一見して明らかなように、『開元礼』の冬至に行われる郊祀の祝文と酷似している。ただ皇帝親祭の祝文より摂事の祝文により近い。日本には郊祀に相当する祭祀儀礼がなかったために、唐の儀礼をほぼそのまま導入しようと試みたのである。

しかし郊祀はこののちさらに数回行われるものの定着しなかった。皇帝がみずから天を祭るという唐の祭祀形態の郊祀は、直輸入を試みたが結局拒まれ導入は失敗した。そもそも導入の意図がなかったり導入の機会がなかったわけではなく意図的に幾度も試みられたにもかかわらず受け入れられなかったということは、何か受容を拒否する理由が存在したことが推測される。それは郊祀は日本で考えられる祭祀の体裁や理念から逸脱していたことである。

三　日本の神祇祭祀

1　起源説話にあらわれる祭祀者の二重性

祭祀が重要視されていたことは、古代日本と唐のあいだに大きな差違はない。ただ祭祀の方法や対象など具体的内容にはかなりの隔たりがあった。律令制度が整備される時代に編纂された『日本書紀』では、律令国家の祭祀制度につながる祭祀の起源を、国の成り立ちと密接に関連させ、崇神天皇の業績として象徴的に描いている。それはつぎのようなあらすじである。[16]

崇神天皇が位を継いだところ、疫病が国内に蔓延し人々は死に、人口の半分を失うという大きな問題が生じた。さらに土地から離れてゆく者や背く者があって、事態の収拾ができずにいた。これを受けて占ってみると、神懸かりによって神の言葉を得た。その内容とは、神懸かったのは大物主という名の神で、自分を祭れというものであった。崇神天皇は神に教えられたとおりに祭るものの効果はあらわれない。再び神に問うと、大物主の子である大田田根子に祭らせれば治まるという大物主の言葉を夢のなかで得た。他にも三人が同様に夢を見て、大田田根子に大物主を祭らせるのと同時に長尾市に倭大国魂神を祭らせよと教えられた。そこで大田田根子を探させた。そして大物主を大田田根子に、倭大国魂神を長尾市にそれぞれ祭らせ、さらにその後に卜占の結果を受けて他の神々を祭り、それぞれに神社と神戸などを設置した。すると疫病などの災害は止んで国は治まり、人々は盛んになり豊かになった。これが祭祀の起源説話のあらすじである。

祭祀が成立するこの過程で、祭祀者の二重性が明確にされている。

実際に祭祀を成功裏に行ったのは崇神天皇自身ではなく、大田田根子等である。天皇が自分自身で無事に祭祀を成功させ一度神との関係を確立したうえで、かわりに臣下に祭らせるのではない。皇帝の御署を受けて臣下が行う唐の祭祀とは異なる。

祭祀の成立要件は神に礼を尽くすことで、具体的には神の教えのままに祭ることである。天皇が自分自身で祭ることは神の意思ではなかったので、天皇みずから大物主を祭っても効果はなかった。天皇は神の意思をさらに明らかにして祭祀をするように命令するが、そもそもみずから祭ることができなかったのである。そして神の意思に適うのは大田田根子や長尾市であったので、二人を「祭主」とすることで礼は尽くされて祭祀は成功した。天皇とは異なり神の意思に適い神と直接向きあい祭ることのできる「祭主」が不可欠である。

また言い換えるなら、祭祀を行うにふさわしい者が自発的に祭るわけでもない。大田田根子が祭祀を行うべきだと気付いて、大物主神を祭って祟りを収めたのではないし、長尾市もまた同様である。祟りの主体と祭祀の必要性を明らかにしたのは天皇である。天皇によって命じられることではじめて大田田根子や長尾市は祭祀を行う。神を実際に直接祭る者だけでも祭祀は成立しない。祟りの主体を明らかにして祭らせる者も、「祭主」と同様に祭祀には不可欠なのである。

つまり、天皇による祭祀の命令と祭主による実際の祭祀行為の二重構造が、日本の祭祀の基本的形式とされていた。日本の祭祀は唐の祭祀とは異なり、祭ろうとする者が自分自身で対象に直接働き掛けることが必ずしも礼を尽くすことを意味しない。神によって相応しい人と指名された者に祭らせることで礼は尽くされ祭祀が成立する。天皇がみずから祭るのではなく、しかるべき人に祭らせることが「神祇を礼ひ[17]」「敦く神祇を礼ふ[18]」の内実である。日本の祭祀は、祭祀対象と、これを直接祭るに相応しい者と、さらに祭祀を行わせる者の三者の関係によって構成される。核心部分は、唐のような祭祀対象と祭祀主体の二者の直接的関係ではない。

このような祭祀によって国は治まった。

是を以て、天神地祇共に和享《にこ》みて、風雨時に順ひ、百穀用て成りぬ。家給《いへいへつ》ぎ人《ひとびと》足りて、天下大きに平なり。故、称《ほめもう》して御肇国天皇《はつくにしらすすめらみこと》と謂す[19]。

崇神天皇が祭祀を成功させた結果、天候は順調になり穀物が実り人々は豊かになり天下大平となった。そういうわけで崇神天皇は、はじめて国を治めた天皇と称されたのである。しかるべき人に命じて祭祀をさせることで災害を収め国の統治は実現されたのである[20]。

2　起源説話での祭祀対象の無限定性

つぎに祭祀対象に注目する。どのような特徴の神が祭る対象とされたのだろうか。崇神天皇が祭ったのは「八十万の群神」である。神の具体的名称はあげずに、数だけをあげている。言うまでもなく「八十万」は実際の総数ではなく、大きな数の象徴的な表記である。とても多くの神が祭る対象である。

これは単純に多いというだけではなく、もう一つの重要な意味が込められていることが、神功皇后の伝説的エピソードからわかる。(21)崇神天皇から数代のち、神功皇后の夫である仲哀天皇が熊襲の討伐を計画すると、神が皇后に憑依して自分を祭れと要求する。仲哀天皇はこれを神の言葉だと信じないのだが、その理由を述べている。

我が皇祖諸天皇《みおやすめらみことたち》、尽《ことごとく》に神祇を祭りたまふ。豈、遺れる神有《あ》さむや。(22)

歴代の天皇は昔からすべての神を祭ってきたのだという観念は、神の存在を疑う根拠になるほど強固なものであった。

さらに話は続く。皇后に憑依した神を疑って無視した仲哀天皇は祟りによって没した。これによって祭られずに残っている神がいることが明らかになり、神功皇后は「先の日に天皇に教へたまひしは誰の神ぞ。願はくは其の名をば知らむ」と、その神の名を明かそうとする。名前が一つ明らかになっても、「是の神を除きて復神有《いま》すや」「亦有すや」とさらに他の神の存在を探る。そして「有ること無きこと知らず」とあっても「今答へたまはずして更後に言ふこと有しますや」と執拗に聞き出す。そして最後に「遂に且神有すとも言はず。時に神の語を得て、教の随に祭る」と、それ以外には誰もいないと確認してから、存在が明らかになった神をその要求のままに皆祭る。天皇はすべての神を残すことなく祭るものだという観念、すべての神を祭らねばならないとする観念が、強固なものであったからこそ、神功皇后はこのように対応したのである。

国土の平穏と密接な関係にある天皇の祭祀は、すべての神を残さず祭っていることに最大の特徴がある。重要な特定の神を独占的に祭るという性格のものではない。たとえ神々のあいだに尊卑の序列があるにしても、それによって祭るべき対象を限定したり、取るに足らないからといって祭祀対象から外したりすることはない。とにかく神はすべて祭る対象なのである。そしてもしも祭り残しが判明したらその神もまた祭る。祭祀対象が「八十万の群神」というのは、ただ多いという意味でなくすべての神の意味であり、そこから漏れて残された神がないという意味が込められているのである。神であるならば無限定にすべて祭るものと観念されていた。

3　律令祭祀での対象の無限定性と祭祀者の二重性

天皇がすべての神を無限定に残さず祭祀対象とすることは、起源説話のなかだけではなく律令祭祀の制度にも組み込まれている。天皇の祖先神とされる天照大神を祭る伊勢神宮などは特別な地位にあるが、祭祀対象がこの神に限定されることはない。神祇令では「凡そ天皇即位したはむとき、惣べて天神地祇を祭れ」と明示している。また四時祭のなかでもっとも重視される祭祀の一つに数えられる祈年祭でも「神祇官に於いて、惣べて天神地祇を祭れ[23]」とある。いずれも祭るべきは「惣べて」の神である。

この観念は祝詞でより端的に述べられている。竜田神社の風神祭で読まれる祝詞の冒頭では竜田神社の由来を説いている[24]。このなかで神が祟る理由を明らかにしようと、天皇がうけいをする場面での言葉である。

> 皇御孫の命の詔りたまはく『神等をば天つ社・国つ社と忘るる事なく、遺つる事なく、称辞竟へまつると思ほし行はすを、誰の神ぞ、天の下の公民の作り作る物を、成したはず傷へる神等は、わが御心ぞと悟しまつれ』と誓ひたまひき[25]。

神々をすべて神社に祭り、祭り残した神はいないはずなのに、祟りをなして不作にするのはどの神なのか。天皇はこのように言ってうけいをした。律令制の祭祀でも、天皇はすべての神を残さずそれぞれの神社に祭っているのだという認識、もしも祭られずに残る神がいたならばそれも祭るべきだという認識は、祝詞を通して毎年確認されていたのである。

さらにこの祝詞の最後にある幣帛にかかわる部分では、祭らせる者と実際に祭る者の二重構造が見て取れる。

称辞竟へ奉る皇御孫の命の宇豆の幣帛を、神主・祝部ら被賜《うけ》りて、惰る事なく奉れと宣ふ命を、諸聞き食《たま》へよと宣ふ。

幣帛は、五位以上の王および臣下と神祇官の官人等で構成される祭使により神社に届けられるが、これを神にささげて祭るのは祭使の役割ではない。祭使の役割は天皇の代理としてしかるべき人に祭らせることである。直接に神を祭るのは、天皇や官人とは異なる職能を持つ神主や祝部である。祈年祭をはじめとする「国家之大事」(26)である四度祭の祝詞でも、ほぼ同じである。

辞別きて、忌部の弱肩に太だすき取り挂けて、持ちゆまはり仕へ奉れる幣帛を、神主・祝部ら受け賜りて、事過たず捧げ持ちて奉れと宣ふ。(27)

祈年祭では全国の神社から神祇官に集まってきた祝部等に幣帛を分配して、それぞれの神社に持ち帰らせ祭らせる。祝詞の最後でその確実な遂行を命じている。太政官符に「凡そ神を祭るの礼、神主・禰宜・祝部を以て、其の斎主と為す(28)」とあるように、神と向きあって直接に祭祀行為を担うのは神主等である。神祇官等はみずから祭るのではなく、能力のある適切な者すなわち神主や祝部に祭らせるのである。

このように律令制下の祭祀も、神祇官の班幣などがあり、これを受けて神主や祝部が神社で祭るという二重構造によって祭祀は成立する。幣帛を授ける状況には、竜田神社の風神祭のように朝廷より祭使を神社に遣わしてそこで幣帛を祝部等に授ける場合と、祈年祭のように朝廷に祝部等を集めてそこで幣帛を分配する場合があり、祭祀の種類によって差違がある。ただいずれの律令祭祀でも崇神紀の祭祀と同様に、祭らせる者と実際に祭る者の二重構造がたしかに見られる(29)。

4　律令期の祭祀者の世俗権力からの相対的独立

禰宜や祝といった神を直接祭る者は社会的にどのような地位に置かれたのだろうか。

神が祭られるということは、居住場所として神社がつくられ、そこに安置され祭られることである。祈年祭などの祝詞でも祭祀対象となるすべての神のことを「天つ社国つ社」と表現しており、少なくとも観念的には神とその社は一体のものと捉えられている。日本の神は、祭祀のときだけ呼び寄せられ普段はどこかに浮遊しているような存在ではなく、特定の神社にずっと安置されている。また崇神紀に「天社・国社、及び神地・神戸を定む」とあるように、すべての神が祭られた最初から神社は神戸と土地とともにあるとされている。神社は神地・神戸と一体であることで特徴的なあり方をしている。神祇令にはつぎの条文がある。

凡そ神戸の調庸及び田租は、並に神宮造り、及び神に供せむ調度に充てよ。其れ税は一つ義倉に準へよ。皆国司検校して、所司に申し送れ(30)。

神戸は神のものとされた人々である。神戸も一般の戸と同じように租・調・庸の税が課されるものの、それらは神社の保全や神への供え物などに使途が限定されていた。日常的祭祀に必要なものは、財源も労働力も世俗権力からの供給に依存することなく神の領域の中で賄われている(31)。

祝は、祈年祭などで朝廷に出向いて分配される幣帛を受け取って神社に持ち帰り、神に捧げることを職務の一つとする。この祝について「其れ祝は、国司神戸の中より簡定し、即ち太政官に申せ。若し戸人无くんば通じて庶人を取れ[32]」と注釈される。祭祀において「斎主」となる祝は、もっぱら神のために用いられる神戸から選ばれる。財源や労働力と同じように人材も神の領域内で確保される。神の領域の外からの供給は基本的に必要としていない。

大和国の事例では、事情により神主や祝が世俗的官職を兼任することがあったが、神社の職務を十分には果たせないので、両者を分離するように国司は要請した。

有官之輩若し神主を兼任せば、全く本職に直たり神社に労せず。神社の職を傾覆せらるは此の由なり。望み請ふらくは、無官なるものより択抽し、一たび神主に任ぜば、専ら祈禱を事とし、神社を修理せしめむ[33]。

官職を持つ者が神主を兼務すると、官職の仕事ばかりして神社の仕事をしないので、神社は保全できない。そこで世俗的官職を持たない者から神職を選んで神事に専従させてほしい。この解文に応じてまず大和国に、のちに全国に太政官符が下された。祭祀者はみな神戸から選ばれ神事だけに従事し、朝廷の官職にはつかない。神事と政治は峻別され両者は択一関係に置かれる[34]。

神を安置する社の維持は、建造物としての神社や調度品などの修理や製造に必要な財源と労働力、祭祀の実行者、その土地の管理にいたるまで、神社を中心とする祭祀集団とその領域だけで基本的には賄っている。神社は世俗権力が財源や人員を投入することによって維持されているのではなく、世俗権力から半独立状態で自己完結的に維持されている。

このような祭祀の位置づけは崇神紀でも象徴的に描かれている。天皇は自身の祖先神であるにもかかわらず、天照大神を「其の神の勢を畏りて、共に住みたまふに安からず[35]」といって、天皇の住居からわざわざ別の場所へ持ち出して祭らせたとある。祭祀を構成する祭祀対象の神とその住居である神社、さらに祭祀者、神戸・神郡といったものは、政治権力から相対的に独立して存在している。

5　政事と神事の関係

神を祝等に祭らせ、それぞれの神社に安置し、皇祖神でさえ天皇の住まいから遠ざける。朝廷は班幣などにより祭祀に関与するものの日常的には関与しない。神社はこれを保全し維持するのに必要な土地と人を保有しており、世俗権力から半独立状態に維持されている。世俗権力は祭祀と距離を置こうとしている。

それにもかかわらず朝廷では祭祀が重視される。律令制度によって国の仕組みを整備しつつある時期には、蘇我石川麻呂大臣が「先ず以て神祇を祭り鎮めて、然して後に政事を議るべし[36]」と発言している。さらに律令でも職員令の最初にあげられるのは神祇官で、それに続く具体的内容も神祇令よりはじまる。『延喜式』でも最初に置かれるのは四時祭・臨時祭・斎宮斎院・践祚大嘗祭・祝詞・神名帳といった神祇祭祀の規定である。『類聚国史』や『類聚三代格』も神祇祭祀にかかわるものを先頭に置いている。

このように祭祀が尊重され重視されるのは、世俗社会の地位には直接には結びつかないとしても、独自の意義が存在するからである。これもまず祟神紀の国家的祭祀の起源説話に求められる。

神の祟りとは「疾疫」「疫病」また「陰陽謬り錯ひて、寒さ暑さ序を失へり[37]」とも表現される。疫病や天候不順に代表される災害全般と捉えるべきであろう。この災害は人に重大な影響を及ぼす。「民《おほみたから》死《ま》亡《か》れる者有りて、且大半《なかばにす》ぎなむとす[38]」とあるように、人の過半数が死亡するほどの深刻な影響を与え、もはや人が暮らすことはできなくなる。そして神の言葉を得て祭祀を行うと、「風雨時に順ひ[39]」や「災害皆耗きぬ[40]」と、まずは災害が収まり、さらに「五穀既に成《みの》りて、百姓饒《にぎは》ひぬ[41]」「百穀用て成りぬ。家給ぎ人足りて[42]」という状態に至る。災害が止むことで人々が死なずにすむばかりでなく、穀物が無事に実って満ち足りて生活が安定し、国が賑わったのである。
祟りという神の働きを祭祀によって沈静化させることで、社会の基礎的条件が満たされる。祭祀をしなければ、人は生きることが困難になり社会が崩壊してゆくのに対し、祭祀を行うことで穀物が実り人は豊かになり社会の発展の可能性が開かれる。祭祀はなによりもまず人が生きて暮らすことのできる生活空間として世界を確保する。祭祀は国家の秩序を構築するのではなく、国家秩序を形作ることのできる前提となる空間を創出したのである。国家や具体的な身分秩序は、この空間の上に、これから形作られてゆくことになる。[43] もしも祭祀をしなければ災害ばかりでは人は暮らせず、国家もその政治も存在する余地がない。だからこそ何をするよりも先に祭るべきだと言われるのである。

この理念は律令が本格的に運用されるようになってからも受け継がれる。

勅したまはく、「夫れ、農は天下の本なり。吏は民の父母なり。農桑を勧め課《おほ》すること、常の制有らしめよ。比来、諸国頻年《としなみ》登《みの》らず。唯り天道の宜しきに乖けるのみに匪ず、抑亦人事怠慢すればなり。天下をして農桑を勧め事へしむべし。（中略）先ず粛敬を以て境内の験有る神祇を禱《の》み祀り、次に存心を以て部下の百姓の産業を勧め課せよ。若しその祈る所に応《こたへ》有り、催す所に益を見ば、専当の人は別に襃賞を加へむ」とのたまふ。[44]

「農桑」は国の礎であって、「勧め課すること」は国司の日常的職務でもある。[45] この勅の要点は「天下をして農桑を勧め事へしむべし」の部分なのだが、ただ農業を怠ることなく努めて行うようにと指導するのではない。そのまえに直接には関係がないとも思われる祭祀を行わせている。

問題は「諸国頻年登らず」というの作物の不作にあり、その原因として「天道の宜しきに乖ける」と「人事怠慢」が考えられている。それぞれの対処法として神の祭祀と人への勧課が行われるのだが、両者は単純に並立するのでない。祭祀と勧課は順序付けられている。もしも先に人に努力させても災害があれば成果は無に帰し、そのあと祭祀をしても災害が収まるだけで、一度かき消された努力の成果が回復されることはない。まず祭祀により疫病や天候不順などの問題を除去して農業を行いうる条件を整えて、それから人間が努力することで、はじめて農作物の実りが得られる。人の努力の内容にはかかわらず、それよりもまえに祭祀が必要なのである。

ちなみに祈年祭は毎年行われるが、機能はこの勅と同じである。これから農作業をはじめようとする季節にまずすべての神を祭り、人の労働が災害により無に帰することなく無事に結実するように祈り、それから作業をはじめるのである。

神を祭ることはただ一回しかない歴史的な出来事ではない。崇神天皇による最初の祭祀は、それまで不明であった祟りへの対処方法を確立したことに意義がある。一度祭ればそれからあとは祟りに悩まされることが完全になくなるのではなく、祟りが生じる可能性は依然として残る。だからこそ祭祀は恒例・臨時ともに繰り返して祟りをその都度抑えて、人が制御し構築できる世界の成立条件をあらためて確保するのである。たとえ祟りが具体的にあらわれていなくても、祟りの影響を未然に抑えるべく祭祀は繰り返される。

日本では、先ず祭祀をすることで農作が可能な土地や人の暮らしが確保され、そのあとではじめて政治などが可能となると観念されていたので、人為的な努力をしようとするとき、常にそれに先立って神を祭るのである。

四　小結

本節では律令制における日本の国家的祭祀の特徴を唐の祭祀との比較を通して示し、郊祀の導入が試行されながらそのままの形では受容されなかった背景について考察した。

中国では、土地支配を実現した支配者が、その土地の生産物を供えて自分自身でその土地神を祭る。すなわち祭祀は政治的支配が実現されたあとに行われる。そして土地の支配者とそこにいる祭祀対象の神の二者による直接の関係で祭祀は構成される。また祭祀対象は地位や身分に対応する特定のものに限定される。

日本では神はしばしば祟りをなして、人の暮らしを不可能にする。だからまず祭祀によって神の祟りを沈静化させて、土地を生存可能な状態に確保する。そのあとではじめて政治的支配が論じられる。祭祀は政治的支配のあとに行われるのではなく、政治的支配に先立ってすべての神を残さず祭らねばならないのである。そして祭祀者は、祭祀の必要性を感知して命じる者と、神の意思にかない実際に祭祀を行う者の二重構造になっている。天皇が祭るという表現の実態は、天皇がみずから祭ることではなく、世俗権力から一定の距離をとり祭祀能力を持つ人に命じて祭らせることである。祭祀を構成するは、神の存在と要求を明らかにして祭祀を命じる者と、実際に直接祭る者と神の三者の関係である。

古代日本の律令的祭祀には、祭祀優先性・祭祀対象の一括性・非親祭という性格があり、政治優先性・祭祀対象の限定性・親祭を特徴とする唐の祭祀とは大きく異なっている。平安時代初期に郊祀をより忠実に唐から導入しようと試みたものの定着しなかった理由の一つは、このような祭祀の性格の差違である。

註

(1) 神武紀には「郊祀」があるが、律令祭祀との関係が希薄なので本書では扱わない。

(2) 唐では日本以上に文献に記される理念と実態の差が大きいとされるが、本節ではもっぱら理念を論じ、実態については論じない。

(3) 『日本書紀』は日本古典文学大系、『続日本紀』は新日本古典文学大系、『律令』は日本思想大系、『令集解』『類聚三代格』は新訂増補国史大系、『延喜式』は訳注日本史料、『礼記』は新釈漢文大系、王溥撰『唐会要』(上海古籍出版社、一九九一年)、『大唐開元礼』(汲古書院、一九七二年)を用いた。

(4) 『礼記』祭法第二十三(原漢文。書き下しは新釈漢文大系によった。以下同)。

(5) 『礼記』祭義第二十四。

(6) 『礼記』王制第五。

（7）同前。
（8）『唐会要』巻九下、雑郊議下、天寶元年二月丙戌詔（原漢文。以下同）。
（9）『大唐開元礼』巻第四吉礼、皇帝冬至祀圜丘、進熟（原漢文。以下同）。
（10）中国の皇帝祭祀については、金子修一『古代中国と皇帝祭祀』（汲古書院、二〇〇一年）が詳細に論じている。
（11）『大唐開元礼』巻五吉礼、冬至祀圜丘有司摂事、進熟。
（12）同前。
（13）『大唐開元礼』巻第六十八吉礼、諸州祭社稷、進熟。
（14）『唐会要』巻二十二、嶽瀆。
（15）『続日本紀』巻第三十九・桓武天皇、延暦六年十一月五日条（原漢文。書き下しは新日本古典文学大系によった。以下同）。
（16）『日本書紀』巻第五・崇神天皇五年条～同七年十一月十三日条（原漢文。書き下しは日本古典文学大系によった。以下同）。
（17）『日本書紀』巻第五・崇神天皇十年七月廿四日条。
（18）『日本書紀』巻第五・崇神天皇十二年三月十一日条。
（19）『日本書紀』巻第五・崇神天皇十二年九月十六日条。
（20）祭祀と国の統治は一体であるということの理念は広く浸透していた。『日本書紀』巻第十九・欽明天皇十三年十月条には、いわゆる廃仏崇仏論争で、廃仏を主張する物部尾輿と中臣鎌子の「我が国家の、天下に王とましますは、恆に天地社稷の百八十神を以て、春夏秋冬、祭拝りたまふことを事とす」という発言がある。
（21）『日本書紀』巻第八・仲哀天皇八年九月～巻第九・神功皇后摂政前紀。この話は史実を反映したものというよりむしろ観念を色濃く反映したものと考えられる。
（22）『日本書紀』巻第八・仲哀天皇八年九月条。
（23）『令集解』巻第七、神祇令第六、仲春条、令釈（原漢文。以下同）。
（24）崇神天皇が崇る神を明らかにして「天つ社・国つ社」を定めた経緯との関連をうかがわせる。
（25）『延喜式』巻第八、神祇八、祝詞、六条、立田風神祭（原漢文。書き下しは訳注日本史料によった。以下同）。
（26）『類聚三代格』巻一、祭幷幣事、寛平五年三月二日太政官符「応に殊に検察を加へ四箇祭を敬祀すべき事」（原漢文。以下同）。
（27）『延喜式』巻第八、神祇八、祝詞、三条、祈年祭。
（28）『類聚三代格』巻一、祭幷幣事、寛平五年三月二日太政官符「応に殊に検察を加へ四箇祭を敬祀すべき事」。
（29）「神饌親供」「神人共食」が祭祀の核心だとする解釈もあるが、国の統治と密接に関連する国家的祭祀に限れば祭祀の核心とは言えない。
（30）『律令』巻第三、神祇令、第六、二十条（原漢文。書き下しは日本思想大系によった。以下同）。
（31）『延喜式』巻第四、神祇四、伊勢大神宮式、三十六条、三十七条には「凡そ祭祀に供ずる鋪設の雑器、松・薪・炭等の類は、皆神戸の雑徭をして修備せしめ、闕乏するを得ず」「凡そ神宮の諸院、及び斎内親王の神宮に参る時の館舎は、太神宮司みな神戸の雑徭をして破るるに随ひて修理せしめよ。以て損壊を致すを得ず」とある。

(32)『令集解』巻第二、職員令第二、神祇官。義解・令釈・古記いずれもほぼ同様の注釈をしている。

(33)『類聚三代格』巻一、神宮司神主禰宜事、「応に官人の諸社神主に任ずるを停むべき事」。弘仁十二年正月四日に大和国に下され、貞観十年六月二十八日に四畿内及び七道諸国にも下された太政官符。

(34)『延喜式』巻第四、神祇四、伊勢大神宮式、三十九条には、「凡そ三神郡及び神戸の百姓は、出身の例に預かるを得ず。(中略)輙く内外の官に任ずべからず」や「若し朝使来たらば、先ず神郡の堺の外に留め、卜食みて後に入れよ」とある。伊勢神宮の人材や領域は世俗権力と区別されている。ただし平安時代前半を通して神祇祭祀(神社および神職)が政治に取り込まれてゆくことは、本書第一章第二節・第三節で論じた通りである。

(35)『日本書紀』巻第五・崇神天皇六年条。

(36)『日本書紀』巻第二十五・孝徳天皇、大化元年七月十三日条。

(37)『日本書紀』巻第五・崇神天皇十二年三月十一日条。

(38)『日本書紀』巻第五・崇神天皇五年条。

(39)『日本書紀』巻第五・崇神天皇十二年九月十六日条。

(40)『日本書紀』巻第五・崇神天皇十年七月二十四日条。

(41)『日本書紀』巻第五・崇神天皇七年十一月十三日条。

(42)『日本書紀』巻第五・崇神天皇十二年九月十六日条。

(43)祭祀が成功して災害が治まった後に、はじめて農業のための人間的努力がなされることは崇神紀にも描かれている。

(44)『続日本紀』巻第二十八・称徳天皇、神護景雲元年四月二十四日条。

(45)『律令』巻第二、職員令第二、六十九条、七十条。太宰府の帥や大国の守の職務として「農桑を勧め課すること」があげられている。

第二章　喪葬儀礼と死の穢れ

第一節　穢れ規定成立時の「人死」の内容とその由来
――平安時代初頭における穢れと喪葬儀礼の関係

一　はじめに

人の死は穢れのなかでもっとも重大なものとされる。これが明文化され定義されたのは『弘仁式』であるが、かつて穢れは記紀神話から一貫した日本独自の観念であるという理解を前提にして、比較的史料の豊富な摂関・院政期の穢れにまつわる実態をそのまま神話の時代に直結させて理解されていた。[1] この立場からは穢れ観念の内容の変遷をたどるという視点がそもそも成り立たず、[2] ただ死は一貫してキタナイもので忌避の対象であるとされる。

しかし養老律令では穢れについて定義せず、『弘仁式』の段階ではじめて定義される。律令期の『弘仁式』およびこれを承ける『延喜式』では、神祇祭祀において接触を忌避すべきものとして穢れは定義され、その後の摂関期の『小野宮年中行事』などでは、神祇祭祀に限定されることなくひろく朝廷儀礼で忌避すべき事物へと変化している。第一章で論じた通りである。つまり穢れは実際には神話の時代から不変で一貫しているということはなく、むしろ時代が下るのとともに変化している。その具体的内容についても、『弘仁式』の成立時から摂関・院政期まで一貫していて変わらないと無条件に考えるわけにはいかない。

本節では穢れのなかでもっとも重大な「人死」を焦点に、『弘仁式』の規定成立時にその内容が具体的にどのようなものであり、またどのような由来があるのか考察する。穢れ観念には歴史的変遷があったとする立場をとるので、時代の降る平安時代後半の資料は用いず、『弘仁式』からこれを継承する『延喜式』の編纂された平安時代前半の資料を中心に考察する。(3)

二　「人死」はどのような事態か

いったい何が穢れであり、またそれと接触したときに人はどのように対処するべきか、その最大の根拠とされるのは、『延喜式』の臨時祭に載せられる朝廷祭祀に関する条文である。『延喜式』は『弘仁式』と『貞観式』をまとめ一部修正を加えたものなので、穢れにかかわる条文も実質は『弘仁式』および『貞観式』のいずれかで成立した。(4)そしてこれが穢れの定義について文献的に確認されるなかでもっとも早いものとされる。穢れを定義する条文は複数あるが、そのうちつぎにあげる最初の条文が死を穢れであると定義している。

凡そ穢悪の事に触れて忌むべきは、人の死は卅日を限り（葬る日より始めて計へよ）産は七日、六畜の死は五日、産は三日（鶏は忌む限りに非ず）、その宍を喫《はめ》るは三日（この官は尋常にこれを忌め。ただし祭の時に当たらば、余の司も皆忌め）(5)

接触した場合に祭祀への参加を忌まねばならない「穢悪」として、人の死と出産さらに六畜の死と出産を、接触した場合に忌み籠もるべき日数とあわせて列記し、問題となる具体的内容とその対処について定めている。これが神祇令に定められる斎戒と違うのは、接触した場合の行動制約として忌むべき期間が、内容に応じて斎戒の期間とは別に各々に設定されていることにあり、これが穢れの重要な特徴の一つとなっている。

この規定の「人死」について見てみると、接触した場合三十日間忌むと定めているものの、具体的にどのような事態を指すのかを本文から知ることは難しい。割注の「葬る日より始めて計えよ」の言葉から埋葬との関連がうかがえるのみである。この「葬る日より始めて計えよ」について、『西宮記』定穢事では『弘仁式』とともに貞観格を引用し、より詳しく記している。

或る記に云く、弘仁式云く、「穢悪の事に触れてまさに忌むべきは、人の死は卅日を限り、産は七日、六畜の死は五日、産は三日、その宍を喫むおよび喪を弔ひ病を問ふは三日」と。貞観六年、云く、「喪家当日に必ずしもこれを葬らず」と。或る経に云く「旬に及ぶに、而して死日より計へて限りを満たし、ただちに以て従事するは、すでに三十日を忌むの意に違ふ」と。今須く葬日を取りて始めてこれを忌むべし。改葬・傷胎、なほ三十日を忌む。況むやいまだ葬らざるにおいておや。(6)

まずもっとも基本となる『弘仁式』の規定をあげ、そのあとで忌むべき期間に言及する貞観六年の格が示される。(7)この格ではつぎのように言う。「喪家」は埋葬を必ずしも死んだ当日には行わない。一説によると死んだ日から数えはじめて三十日たったらすぐに職務を行うというが、これは三十日間忌むことの意味を取り違えている。改葬や傷胎でさえ三十日間忌むのだから埋葬を終えていない状態ならなおさらである。だからこれからは必ず埋葬した日から三十日を数えはじめよ。このように記されている。すなわち貞観格により、『弘仁式』の「穢悪の事に触れてまさに忌むべきは、人の死は卅日を限り」とある三十日は、死んだ日から数えるべきではなく、埋葬したときから数えはじめるべきだとあらためて明確にしたのである。『延喜式』にある「葬る日より始めて計えよ」という割注は、これを受けて成立したものであり、『弘仁式』の成立当初はいつから数えはじめるか共通の理解は成立していなかったと推定できる。

この貞観六年格から、当時「人死」として想定していたのがどのようなものであったのかわかる。

文中に引用される「或る経」の解釈は貞観六年格で否定されることになるが、それまでは可能な解釈の一つであった。これによれば忌むべき日数は死んだ日から数えはじめるのだから、死の瞬間こそが問題だと考えているということになる。つまり日数の起点は生から死への移行の瞬間にあり、すでに絶命したあとの遺体との接触ではない。死体は死の瞬間へ接触する媒介となっているのみで、死体そのものが接触したら忌まねばならなくなる「人死」の穢悪とは考えられていない。

貞観格により「葬日を取りて始めてこれを忌むべし」と埋葬の日から数えはじめることに修正されるが、ここでも死体と接触したときから三十日間忌むとなるのではない。埋葬のしばらく前に死者に接しながら埋葬には参加しなかった場合では、この決定に従うならば接触した時が忌むべき三十日の起点にはならず、直接は関与しなかった埋葬日がその起点になる。死体への接触はやはり忌むべき状態におかれる媒介にすぎず、これが忌むべき期間の直接の基準にはなっていない。貞観格でも必ずしも死体への即物的接触が問題とされたわけではない。

そして忌むべき期間の数えはじめが「死日」や「葬日」であることから、「人死」として想定されるのはこれらが把握される死、すなわちおそらく身内の喪であり、触穢として想定されるのはその喪葬への関与である。ここでは「死日」や「葬日」が把握されないことが多いであろう遺棄されまた放置された死体などは念頭にしていない。

問題とされるのが喪葬すなわち凶礼であることは、『弘仁式』『貞観式』とおおむね同時期に成立した他の文献と照らし合わせることからも首肯される。まず『儀式』に記される、大嘗祭という唯一の大祀における斎戒規定である。

応に大嘗会の斎を為すべき事

散斎一月（十一月）　致斎三日（同月の丑・寅・卯）

忌むべき事の六条

喪を弔ひ、病を問ひ、刑殺を判り、罪人を決罰し、音楽を作す事　神に供ふの楽を調習するは、この限に在らず

言語の事　死は奈保留と称ひ、病は夜須美と称ひ、哭は垂監と称ひ、血は赤汗と称ひ、宍人姓は菌人と称へ

喪・産に預かり、ならびに雑畜の死・産に触るる事　喪は卅日を忌み、宍を食むは月を限りとし、産ならびに畜死は七日、産は三日、限りを満して后、祓へ清めて乃ち参れ、ただし祭事に預かるを得ず

穢悪に預かる事　祓詞の云ふ所の天つ罪国つ罪の類、皆神の穢とする所、悪む所なり

仏法を行ふ事

挙哀ならびに改葬の事(8)

斎戒にかかわる規定ではあるが「喪を弔ひ、病を問ひ」など神祇令の斎戒規定に見えるものにとどまらず、いわゆる延暦儀式帳にみられる忌み詞と、神祇式の穢れ規定があわせられた構成になっている。「畜死」の忌むべき日数が『弘仁式』で五日間とするのと異なり、ここでは七日間とされている。また「穢悪」の意味も、ここでは神話と深いつながりがある天つ罪・国つ罪という具体的なもので、諸々の具体的内容を包括する語句として用いる式文での意味と異なるなど、制度として整備される過程であることがうかがえる。このなかの「喪・産に預かり、ならびに雑畜の死・産に触るる事」では割注に「喪は卅日を忌む」や「産ならびに畜死」などとあり、忌むべき日数に一部異同があるものの、式の「穢悪の事に触れて忌むべきは、人の死は卅日を限り、産は七日、六畜の死は五日、産は三日」と一致する。このことから考えるならば、「人死」に触れるとは「喪に預かる」の言い換えであり葬送にかかわることを想定しているのである。

つぎに神祇令の斎戒規定についての『令集解』に載せる注釈に目を向ける。これは『弘仁式』の穢れ規定が成立した頃のものであり参考にすべきである。ここでもやはり祭祀から分離されるのは、喪葬のなかでも「親喪」の場合とされている。『令集解』ではつぎのように注釈している。

謂は、重親喪病有るは、祭に預かるの限りに在らざるなり。釈云く、「以下禁ずる所の諸事は、ただ百官官人のためのみ。ただし親喪病に於いては式処分に随ふのみ」と。穴云く、「諸司は官人を謂ふなり。ただし宮内人は喪を弔ふ以下の事、行事を見ざれ。ただし思ふに、仮寧令に依りて仮を給ふ以上の色は皆退くのみ。それ官人の親喪に遭ふは、まさに別式有るを長と為すべし。仮寧令は事なき時のために文を立つ故なり。官人に非ずと雖も、而して祭事に預かるべきは亦之に同じ。即ち親病ありて若し仮退すべきは、臨時に状を量るのみ。自余喪等、皆まさに仮退すべからず」と。跡云く、「諸司事を理むこと旧の如しとは、ただし大幣を造るの所司なり。喪を弔ふ以下の事、まさに親事すべきは、まさに式処分を待つべし[9]」。

最初に載せられている義解の公式見解では、近親者の病気や喪がある者は祭祀へ参加しないと説明される。ほかの注釈でも基本的には同じである。令釈では斎戒規定が適応される範囲は官人であるとし、近親の病気と喪の対応は「式処分」に従うとする。「穴云」では仮寧令では規定されない宮内人が喪を弔う以下の事にかかわらないとし、仮寧令で規定される官人はみな休暇を与えられ祭祀には参加しないという見解も提示する。そして官人が祭祀のときに親喪がある場合は「別式」に従うとする。また官人以外も祭祀に参加すべき人が親喪にあった場合は状況にあわせて対応する。さらに続けてそれ以外の不参加は許されないとする。つまり自身の近親以外の人、すなわち他人の死に接触したとしてもそれを理由にした祭祀への不参加は許されない。「跡云」も規定の及ぶ範囲に触れ、「弔喪」以下の部分はその当事者は「式処分」に従うものとする。

これらは令本文中の他人の病気の見舞いと喪の弔いに参加してはならないことを意味する「喪を弔ひ病を問ふを得ず」の部分に対する注釈である。令の本文とかみ合っていないにもかかわらず、諸注釈はみずからが葬送し服喪すべき親喪を中心に説明しているのである。『儀式』に載せる大嘗祭での斎戒規定で、ともに死に関連するが「喪を弔ひ」と「喪・産に預かる（中略）事喪は卅日を忌む」は別々の項目とされていて、両者は区別されるべき内容であることが明らかなのだが、ここでは齟齬を生じるにもかかわらず両者を結びつけて注釈している。またこの部分には奈良時代成立の「古記」がとくに付されていないこと、「式」「別式」が『弘仁式』もしくはその資料と思われることなどから、ここで述べられている近親者の喪こそ『弘仁式』に定める「人死」の内容であったと考えられる。『弘仁式』では明示されていないものの、「人死」とはみずから凶礼を行うべき親喪を想定していたのは明らかである。

　正史に見える朝廷での穢れに関する事例では、「人死」に該当する場合でも単に「穢」や「死穢」などと記され、どのような事態か必ずしも明確ではないことが多いが、つぎの貞観年間の事例は「人死」について重要な示唆を含んでいる。

> 先是、十月廿七日木工寮の史生出雲嶋成死す。喪家人寮に入り、寮官人内裏に参入す。是に由りて、平野・梅宮・春日・大原野・園韓神・鎮魂等の諸祭、皆停廃に従ふ。建礼門の前に於いて大祓す。(10)

　木工寮の史生である出雲嶋成が死亡し、その喪家人が木工寮に入り、さらにこの木工寮の官人が内裏に参入した。そのため平野祭以下の複数の祭祀が停止され、建礼門前で大祓が行われた。簡潔な記述である。

　複数の祭祀の停止とそれを受けて大祓を行うという、穢れが朝廷で広がったときの典型的な対応をしていることから、「穢」の文字は見えないものの穢れの問題であることに疑いの余地はない。喪家人が木工寮に入ったために木工寮およびそこに居る官人が穢れとなり、この木工寮の官人が内裏に参入したので内裏も穢れとなる。(11)宮城内の木工寮と内裏の二カ所が穢れとなったために、穢れが消滅するまでの期間、朝廷での祭祀が停止されることになったのである。ここでは穢れの本体であり伝染のもととなる死んだ人との最初の接触の有無などについては何も言及せずにただ「喪家人」とあるだけである。もしも穢れが死体との物理的接触で伝染し、喪に服すべき関係ないし状況が穢れと直接には関係がないならば、これだけの記述では意味をなさない。つまり「喪家人」であることがただちに穢れを意味しているのであり、これは自明のことであった。

さらにいわゆる甲乙丙展転の条文も喪葬を祭祀から分離することを意図したものと考えられる。

凡そ甲処に穢有り。乙其の処に入らば著座を謂ふ。下もまた同じ。乙および同処の人は皆穢となせ。丙、乙処に入らば、ただ丙の一身のみ穢とし、同処の人は穢となさず。乙、丙処に入らば、同処の人皆穢となせ。丁、丙処に入るとも穢となさず。その死葬に触れたらむの人は、神事の月に非ずと雖も、諸司ならびに諸衛の陣および侍従の所などに参著するを得ず。[12]

この条文は典型的葬送にあてはめればつぎのように理解できる。甲処は死者のいる場所すなわち死体がある場所で、自然死や病死ならば多くの場合自宅であろう。葬送を行うべき人は成人しているなら継嗣で、すでに妻の家で暮らしていて死んだ親とは同居はしていないであろう。この継嗣は葬送のために甲処におとずれ乙人となる。葬送の当事者であるから乙人は当然祭祀には参加できない。そして乙処となるのは乙人の自宅である。ここは葬送をしている家であるから乙以外の住人も祭祀からは遠ざけられる。さらにその葬送やその準備をしている家に別の人丙が訪れれば、葬送にかかわったことになる。丙の同居人は葬送に関与していないので祭祀から遠ざける必要はない。穢れはそこまでは伝染しない。また乙が寺院などの丙処で中陰の法事をすれば、その参加者はみな祭祀から遠ざけられる。つまり穢れは葬送にかかわった者に伝染すると定めている。

死亡する場所は自宅とは限らず外出先の可能性もあるし、喪主も継嗣とは限らない。参加するのも継嗣以外の子や兄弟などのほか、血縁がない者も考えられる。[13]これらも網羅し、なおかつ葬送に準じてそれ以外の穢れも含め、忌むべき人の範囲を一般的な形式にして定めたものが甲乙丙展転の条文なのである。

穢れは葬送や服喪とは区別される別のものと説明されることも多いが、[14] 根拠とされる式の条文が成立した時期の様子を記す文書からは、むしろ喪葬や服喪との関係が密接であることが理解される。

ここではまた、接触した場合に忌まねばならない事物と、それに触れたため祭祀に参加できない状態になった人は、性質にそもそも違いがあり区別できるにもかかわらず、穢れの及ぶ範囲を定めるにあたって、ともに「穢」とした。すなわちこの死亡した人とその葬送をする人および参加者を、ともに「穢」として表記上区別しなかった。両者を同様に表記したことが条件付けの一つとなり、時代が下ると穢れ本体とそれに接触した人、さらに人死や産や六畜の死や産にも共通する何者かを想定する立場から「穢気」などの語がしばしば発せられるなど、穢れ観念をより実体的に捉えるあらたな方向へと発展することとなる。

三　「人死」は伊勢神宮由来か

つぎにこの「人死」の排除はどのような由来や理由によったものなのかを明らかにしたい。「人死」をはじめとする穢れが排除される状況についてだが、古代末期から中世にかけて穢れは顕在的か潜在的かを問わず神の存在や意思を背景としているとされる。[15] 神祇令の斎戒規定をもとにして神祇式において穢れは規定されることからも、穢れが祭祀という限られた状況で問題とされ、またそこから取り除くべき対象とされたことが理解できる。中世以降には穢れを日常的・一般的に忌避しているかのような様相を呈しているが、当初は祭祀からこれを排除することが規定されているのである。

『延喜式』の穢れ規定の実質が定められた時期に、朝廷は伊勢神宮とのかかわりを深めていた。奈良時代末期から伊勢神宮の宮司や神主の掌握を進める一方で、延暦年間には『弘仁式』の資料とするために伊勢神宮の宮司から『皇太神宮儀式帳』と『止由気宮儀式帳』のいわゆる延暦儀式帳が朝廷に提出された。これらを参照しつつ朝廷が関与する部分を中心に編纂したものが最終的に『延喜式』神祇式伊勢大神宮となる。「人死」を最初にあげる穢れも祭祀における問題であり、伊勢神宮からの影響によりその条文が成立した可能性があるので、これについてまず検討を加える。

『延喜式』神祇式伊勢大神宮に目を向けると、朝廷祭祀の規定ととは別に、伊勢神宮の祭祀者が近親者の喪に遭ったとき祭祀から隔離すべきことを、つぎの条文で定めている。

> 凡そ禰宜・大内人・雑色・物忌の父・小内人、親の喪に遭ふも、敢へて触穢しおよび素服を著けず。四十九日の後、祓へ清めて復任せよ。その服闋の間は、外院に侍候して、祭物を供ふるに預からず、また内院に参入せざれ。傍親の服中もまた同じくせよ。ただし物忌の父死なば、その子は解任し、子死なば父もまた解任せよ。みな復任の限りに非ず。[16]

式文の穢れ規定のうち「人死」に特化した、伊勢神宮の神職に関する規定とみることができる。禰宜以下の者は祭祀に専従するべく、近親の喪があっても「触穢」をせずまた素服も着ない、すなわち凶礼をあえてしないのだが、それでも四十九日間は外院に控えるものとされ、内院に入れず祭物を供することもできない。服喪すべき場合は傍親でも同様とされる。そしてこの期間がすぎたら「祓清」が行われ祭祀へと復帰する。さらに神のもっとも近くに仕える物忌は父が死んだら子が、子が死んだら父が解任され、四十九日が経過し服喪期間が過ぎても復任することはない。祭祀者または祭祀参加予定者は、朝廷であれ神社であれ近親者の喪に遭った場合には祭祀から遠ざけられたのである。

ここから死体との即物的接触が重要な意味を持つわけではなく、また礼の具体的行為こそが問題なのでもなく、むしろ喪に服すべき関係ないし状況こそが重要視されていることが理解される。神官に限った規定だが、「親喪」すなわち血縁関係があり服喪すべき関係にある者は、たとえ埋葬に関与せず喪に服すことがなかったとしても、「服閡の間」[17]は死者との関係に置かれていると考えられていたのである。この規定は「親喪」の場合のもので、式文にある穢れ規定の「穢悪に触る事」の「人死」と同様のことを指している。ちなみに「不敢」とあることから逆説的に、これら祭祀にかかわる人以外の場合は「親喪」では「触穢」し「素服」を着て、その場合は当然祭祀から排除されたと考えられる。

こうした規定は伊勢神宮以外でも同様で、『延喜式』神祇式臨時祭で、身分的に禰宜等の上に位置づけられる神宮司をはじめ神主等について定められている。

凡そ諸の神宮司および神主ら、六年に満たざるに、喪に遭ひて解任せば、補し替ふるを得ず。仍りて祝部をして事を行はしめよ。服閡の日、復任して限を満たしめよ。その禰宜・祝部は、一たび補するの後、輒く替ふべからず。[18]

神宮司や神主が、任期の六年の間に喪にあった場合には解任するのだが、すぐに代わりを任命するのではなく、服喪の間は祝部がその役目を代行し、服喪期間がすぎたら復任するとしている。これは各神社に対する朝廷の支配が平安初期より強化されるなかで、その人事に関して規定したものである。

これらの規定では、穢れとされるもののなかで「人死」のみが問題とされ、その対応が定められている。禰宜について、「親喪に遭う」ときの触穢と素服さらに「服閡」に言及し、神宮司と神主についても「喪に遭ひ」のときの「服閡」の期間について規定している。斎戒中に死を忌避することではなく、物理的か観念的かを問わず死にかかわった場合には斎戒を含む祭祀への参加の制限が定められるのである。

これら『延喜式』では、祭祀関係者の死とのかかわりの忌避が厳しくより明確に定められているが、時代をさかのぼってみると伊勢神宮でながく続けられてきたというわけではないことがわかる。死の位置づけには他の穢れとされるものと差があることをふまえつつ、『延喜式』神祇式伊勢大神宮の規定の前身であると考えられる『皇太神宮儀式帳』にある神宮を統括する禰宜および大物忌の規定に目を向ける。

禰宜、大初位上神主公成。

　右の人、禰宜に卜食め定め補任の日《よそざるる》、従七位上に叙す。後家《しりえ》の雑《くさぐさ》の罪、祓へ清め、忌火飯食《くひ》て、見目《めにみ》・聞《みみ》耳《にきき》・言辞《ものいふこと》斎《いまは》り敬《つつし》む。宮内の雑の行事、管職《すべ》掌《つかさど》り、諸の内人・物忌等を率て明衣冠着て木綿多須岐懸て(19)

（以下略）

　禰宜は神宮の現場責任者というべき役職で、『皇太神宮儀式帳』で職掌が規定される神職者のなかで最初にあげられる。禰宜は卜占により選ばれ、任命されると朝廷より位階を受ける。従七位上なので高位でないが、朝廷から一定の独立性を持つ神社内の役職だが、律令官人としての性格付けもなされる(20)。そして後家すなわち補任されるまでの自宅での暮らしで犯したさまざまな罪を祓え清める。忌火で調理したものを食べるようにする。さらに目で見ること耳で聞くことと口で言葉を言うことを忌み慎む。これらが任命後の常態となる。それから神宮内のさまざまな仕事を行い、また内人・物忌を率いて服装を調えて、田や贄などの管理をするのである。

　占いにより選ばれ、まず罪を祓い清めることは、『皇太神宮儀式帳』で職掌が定められるすべての神職に共通で、神にもっとも近く仕える大物忌でも同様である。

大物忌、無位神主小清女。父、無位神主黒成。

右二人卜食め定め補任の日、後家の雑罪を祓へ清め、斎り慎み供奉る《つかえまつ》。職掌《つかさどること》は、天照太神の朝の御饌・夕の御饌を供奉る。此れ初めて太神を頂き斎き奉るは倭姫内親王なり。（中略）今も、斎内親王に従り、大物忌は太神に近く傅《かしづ》き奉り、昼夜を避らず。今の世迄尤も重し。仍て大物忌の元発《おこれ》る由、件の如し。亦父も子も共に忌り慎しみ供へ奉る。(21)

禰宜と同様に、任命されたら様々な罪を祓い清めて職務に就くことが定められている。そして斎宮の起源から今にいたる経緯とともに、大物忌は斎宮にしたがいもっとも神近くで昼夜なくつかえるものとその職掌を示し、父子ともに忌み慎むべきとする。この大物忌が従う斎宮の起源は、『皇太神宮儀式帳』の冒頭に天照大神が伊勢に鎮座することになった経緯の中で禰宜の起源とともに述べられているのだが、その直前には忌み詞と祓えの法および天つ罪・国つ罪が定められたことが記されている。

亦種々の事忌定め給き。人打を奈津と云、鳴を塩垂と云、血を阿世と云、宍を多気と云、仏を中子と云、経を志目加彌と云、塔を阿良良々支と云、法師を髪長と云、優婆塞を角波須と云、寺を瓦葺と云、斎食を片食と云、死を奈保利物と云、墓を土村と云、病を慰と云。如是一切物名忌之道定給き。天都罪と所始し罪は、敷蒔・畔放・溝埋・樋放・串刺・生剝・逆剝・屎戸・許々太久の罪を、天都罪と告分て、国都罪と所始し罪は、生秦断・死秦断・己母犯罪・己子犯罪・畜犯罪・白人・古久弥・河入・火焼罪を、国都罪と定給て、犯過人に種々令祓物出て、祓清と定給き。(22)

伊勢神宮では、人を打つこと・泣くこと・血・宍、また仏教にかかわる仏・経・塔・法師・優婆塞・寺・斎食、さらに死・墓・病などの言葉を忌み、それぞれナズ、シホタレ、アセ、タケ、ナカゴ、シメカミ、アララギ、カミナガなどと異なる言葉に言い換えることを定める。これが忌み言葉である。そして続けて天つ罪と国つ罪についてそれぞれ重蒔きおよび生け肌断ち以下の事柄を具体的に列記して内容を確定し、違反者には各種の祓物の支払いを命じて祓い清めると定める。

禰宜や大物忌などの就任時に行われる祓え清めの方法とは鎮座の時に定められたもので、その対象の雑罪もそのとき定められた天つ罪と国つ罪である。求められる「忌り慎しむ」とはその維持と、このとき定められた忌み言葉を守ることである。また禰宜に求められる「見目・聞耳・言辞斎り敬む」も同様に、まず聞くこと言うことを慎むとされるのは当然忌み言葉のことと考えるべきであり、見ることについてもこの二者と並べられるのだから慎むべきはやはり忌み言葉の内容と考えるべきであろう。『皇太神宮儀式帳』によるかぎり、神職者に求められるのは天つ罪と国つ罪のない状態と忌み言葉の遵守なのである。

つまり「死」という言葉を避けて使わないとするものの、しかしながら、死との接触を制限したり排除することはことさら述べられていない。意識を向けられる対象はまず古来の罪や忌み言葉であって、喪葬には格別の注意が払われていない。このことは注目すべきである。

『延喜式』での「諸の神宮司および神主ら」や「禰宜・大内人・雑色物忌父・小内人」といった神職者の規定では、死と接触した者や死の影響下に置かれる者を祭祀から排除すべきとするのだが、『皇太神宮儀式帳』ではこれらにまったく言及せず、ただ「見目・聞耳・言辞斎り敬む」「忌り慎しみ」とだけある。神社の忌みの内容は鎮座の時に定められたとされるが、そこでも死とのかかわりが特別視されることはない。神職者の規定としては『延喜式』の臨時祭や伊勢大神宮を含む神祇式と『皇太神宮儀式帳』に連続性があることは間違いないのだが、その内容とくに死にかかわることの排除に関しては連続性は認められない。『皇太神宮儀式帳』では定められていなかったことが『延喜式』神祇式では定められているのである。

このことは『皇太神宮儀式帳』や『延喜式』などの規範となる文書のほかに、実際の出来事の記録でも確認できる。『延喜式』神祇式臨時祭の「凡そ諸の神宮司および神主ら（中略）喪に遭ひて解任せば」に該当する親喪により解任となった事例を『太神宮諸雑事記』でたどると、最も早いのはつぎのものである。(23)

貞観二年、四月二日、瀧原宮の物忌の子、彼の宮より退出の間、字は御瀬川に流死了んぬ。仍りて父石部の高益、同五月二十八日を以て解任す。(24)

貞観二年に物忌の子が川で溺死したため、その父が解任されたのである。ただこの事例も国つ罪の「河入」に該当するとも解釈できるため即断はできない。(25) いずれにしても死亡による解任と解釈しうる事例は、これより古い時代に見ることはできない。つまり『延喜式』に継承される穢れ規定の中で、死とかかわったら忌むと定めた最初の条文は『弘仁式』で作られたのだか、それよりも遅れて伊勢神宮での親喪に遭った者を祭祀から排除する最初の事例があらわれている。『弘仁式』などの成立を受けてこうした事例が生じたと考えることができる。

すなわち奈良時代にすでに行われていたことを平安初期に文書化した『皇太神宮儀式帳』と『延喜式』との間には死の意味付けに断絶がある。朝廷祭祀に関するいくつもの事柄が伊勢神宮に倣い導入されているが、死とかかわった者の排除は祭祀の状況でこそ求められるにもかかわらず、式文成立以前に伊勢神宮で行われていた形跡はない。『延喜式』に載せられる死とかかわる者を排除する穢れ規定の成立は、伊勢神宮で古来行われてきたことが朝廷祭祀に影響をより深く及ぼした結果とは考えられず、これと異なる別の契機を考えなければならない。

四　仮寧令と「人死」

そこで他に類似の規定がないのか見渡してみると、『延喜式』式部式につぎの条文がある。

凡そ郡司の父母の喪に遭ふは、服闋の後、官に申して復任せよ。もし三年以上復任を申さざれば、すなはちその替りを補せ。権任の輩もまた復任するを得。[26]

郡司が父母の喪にあったときについて規定する条文で、「服闋の後、官に申して復任せよ」など『延喜式』神祇式臨時祭の諸神宮司及神主等の条文と酷似する表現になっている。穢れの排除は祭祀に特有のこととされるが、そのうち死とかかわる者の排除に限定するならば必ずしも祭祀に特有なのではない。職員令によると郡司の職掌は「所部を撫養せむこと、郡の事検へ察むこと」であり、祭祀や神社のことは職掌にない。国司や太宰府の帥の職掌の最初には「祠社のこと」とあげられ、祭祀をも職掌とするのと異なっている。つまり郡司は祭祀を職掌としないが、神職者や祭祀に関わる者と同様に喪のときには職務から離れることと定められている。官人の喪における対処について、『延喜式』などでも前提とされるのは仮寧令のつぎの条文である。

凡そ職事官、父母の喪に遭はば並に解官せよ。自余は皆仮給へ。夫および祖父母・養父母・外祖父母には三十日。三月の服には二十日。一月の服には十日。七日の服には三日。[27]

父母の喪の時は解官し、祖父母・養父母・外祖父母および他の親類の喪のときは、それぞれの服喪期間に応じて休暇があたえられるという点から、この制度は儒教的な礼制度もしくは服喪制度と一体のものだということが了解されるだろう。これは喪葬令にある服紀規定などと関連が深く、律令と密接に関連する礼秩序を唐より導入して成立した規定である。これは唐礼（唐令でもほぼ同じ）のつぎの条文に倣ったものである。

凡そ斉衰周は仮三十日を給へ。葬は五日、除服は三日。斉衰三月五月大功九月はならびに仮二十日を給へ。葬は三日、除服は二日。小功五月は仮十五日を給へ。葬は二日、除服は一日。緦麻三月は仮七日を給へ。出降は三日、葬および除服は各一日。(28)

日本の令文は唐礼・唐令を受けつつ簡略化したものとなっている。喪の斉衰の杖周・斉衰でも三月五月の場合・大功・小功・緦麻といった血縁の遠近による五等の服の区別、もちろんこの区別は服喪での儀礼行為の差に結びつくのだが、日本ではこの区別はそのままでは受け入れず、これに倣いつつも父や祖父という続柄に置き換え区別を残しつつも喪という語によって一括りにしている。また唐礼・唐令では埋葬や除服などの語が見え、休暇が喪葬儀礼の実行のためのものであることをうかがわせるが、日本ではそれらの儀礼的行為の実行に関する言葉は見えない。何かをするための休暇が、単なる職務からの分離へと変質しているとも言える特徴的な変化である。

このような官人一般の喪の規定が郡司や禰宜などの根底にもある。喪のとき一定期間の職務からの分離は祭祀固有の事情ではなく、唐の制度に由来する律令官人の規定であると考えられる。神祇令の斎戒規定に付される『令集解』所載「穴云」が、祭祀より排除される「親喪」について、官人か否かを含め仮寧令との関係を中心にして注釈していることからも、祭祀からの喪の分離は律令制以前よりある神祇祭祀に由来する規定ではなく、むしろ唐より導入された仮寧令などの律令の条文の影響によって成立したであろうことがうかがえる。つまり「人死＝親喪」の穢れの排除とは、吉事とされる官人の日常的職務からの凶礼の分離という唐の制度に由来するのであり、これが神祇祭祀での斎戒と結びつき融合したものと考えられる。

五　唐の祠令と穢れ規定

人死とかかわる者を分離することが解官や休暇の規定にあるものの、それだけにとどまらず斎戒の延長線上にも規定されることに留意するとき、つぎの唐令の条文は重要な意味を持ってくる。穢れに関する規定のいくつかは、この条文を受容する過程で日本の実情にあわせて変更したことにより成立したと推測できる。

凡そ散斎に大功以上喪有り、致斎に周以上喪有るは、並びに赴くを聴せ。即し緦麻以上喪に居る者は、宗廟之事に預かるを得ず。其れ斎坊に在りて病める者は還るを聴せ。若し斎所に死なば、同房は事を行ふを得ず。[29]

祭祀儀礼をするにあたって、散斎のときには服喪期間が九ヵ月の大功以上の喪、より詳しくいえば三年の斬衰と斉衰の杖周と大功の喪にある人、致斎のときには周以上の喪、すなわち斬衰と斉衰の杖周の喪にある人は、それぞれ参加を免除する。服喪期間三ヵ月の緦麻以上の喪、すなわち服喪すべきすべての場合で、宗廟祭祀には参加できない。斎戒している坊で病気となった者は帰宅を許す。もしも斎戒している場所で人が死んだら、同じ坊にいた人は祭祀に参加できない。このように服喪制度の存在を前提に、どのような場合に祭祀儀礼への参加が免除されあるいは禁止されるのか祭祀の問題として定めている。

そもそも唐と日本では実状が異なっている部分がいくつもある。唐でひろく浸透している父子の血縁を根幹とする家族制は、日本にはいまだ定着せず氏族制的性格が依然濃厚である。また唐の喪葬儀礼の制度は中国固有の長い伝統を継承する緻密で大掛かりなもので、日本はすでにその受容を試みていたが、喪葬令にも見られるようにかなり簡素化した形でしかなく、喪葬に関してひろく実際に確実に行われたのは一連の葬送儀礼の域を出ない。[30]さらに唐においては国家的意義を持つ重要な儀礼として郊祀とならび宗廟祭祀が行われていたが、日本では宗廟祭祀は受容せず、祖先祭祀も天皇を除けば恒例儀礼としては定着していない。かわりに氏族の祖先とも観念される神祇を対象とする祭祀がひろく行われていた。

したがって唐の制度の受容を試みる場合、かつての律令編纂時と同様にここでも受容可能となるように独自の修正が加えられる。すなわち前半部分を実状にあわせ、直系と傍系を峻別し血縁上の親疎に基づき斬衰・大功・緦麻など差別化する五服の名称は用いずただ喪と一括し、また宗廟祭祀を在来の神祇祭祀によって置き換えた。そうして得られる文言は、まさに神祇令の斎戒規定に付された義解の「重親喪病有るは、祭に預かるの限りに在らざるなり」にほかならない。

さらに最後の「若し斎所に死すれば、同房は事を行ふを得ず」の部分は、斎戒場所で死者が出た場合にそこに居合わせた人の宗廟祭祀への不参加を定めるもので、血縁の有無とは関係がなく明らかに服喪とは性質が異なるものの服喪に関する規定に加えて祭祀および斎戒への参加の制限を定めている。日本では服喪を血縁の親疎を原理とする儀礼であるという認識が必ずしも強くないためこれを喪と峻別せず、その結果として喪やこれに準ずる場合の祭祀への参加制限と合わせて受け止める。葬送は親喪なら必ず行うし、親喪でなくても葬送に関与する場合もある。さらに外出時の頓死や急病に居合わせれば無視はできず結果的に巻き込まれるであろう。これらを区別せずにまとめれば、「凡そ穢悪の事に触れて忌むべきは、人の死は卅日を限る」という式文の穢れ規定になるのである。ちなみに「畜死」もこの延長線上に理解しうる[31]。

中国でも祭祀のための斎戒から居喪などの人が除かれていたが、その理由は祭祀への集中の問題である。斎戒は唐の制度ではつぎのように規定される。

凡そ、（中略）散斎の日は、斎官、昼は事を理めむこと故の如くし、夜は家の正寝に宿す。惟だ喪を弔ひ病を問ふを得ず。刑殺の文書に判署せず、罪人を決罰せず、楽を作さず、穢悪の事に預らず。致斎は惟だ祀事のみ行ふことを得。其の余は悉く断て[32]。（以下略）

祭祀の中核に近い致斎の説明から斎戒の意図は明らかである。すなわち祭祀への集中こそが求められていて、そのために一つ前の段階の散斎では弔問したり病気を見舞うことが禁じられ、処刑の決定もしくは執行の判断や罪人の刑罰の決定という通常の職務が停止され、加えて音楽の演奏や穢悪にかかわることも禁じられる。神経を使い意識を働かせ、また意識に変化を生じさせるような事柄を禁止することで、その分の意識の働きを祭祀へ投入し集中をさらに高める。集中の程度は計りがたいが、他の行動の強い抑制によって集中が高まると考えていたのである。

こうした散斎から喪が除かれるのは中国での喪葬儀礼の性質と深くかかわる。中国での喪葬儀礼は最長で足掛け三年間におよぶ。葬送すなわち埋葬は、喪葬儀礼の重要な要素ではあるがあくまで一部分であって全体ではなく、服喪期間のほとんどは埋葬後の時間である。服喪の仕方はそもそも自然な感情に発するもので、悲しみあまり何も手が付かず、食事もろくに喉を通らず心身ともに衰弱して杖をつき、服装にも気がまわらず生地を染めたり端を繕うこともない白く切りっぱなしの衣服を着て、悲しみがおさまるとともにそれらが平時に戻る。父の喪に遭うと解官となり仕事をしないのは、こうした特別な感情の変化があり、またこの一連の行為を死者を対象とする儀礼として行うためである。より血縁の薄い人の喪であっても、その最中に祭祀へ参加して要求される高度な集中を実現することは難しいし、むしろそうした集中ができないことが十全な服喪の実現とされる。だからこそ祭祀から居喪の人は除かれる。

日本の朝廷祭祀における斎戒規定は、唐の斎戒規定を一部を除いてほぼそのまま取り入れていて、致斎は「唯だ祭祀の事のみ行ふを得。自余は悉く断て」(33)と定め、祭祀に参加する者のすべてを祭祀へ振り向けることが、やはり求められている。喪のときはそれが実現できないのは唐でも日本でも同じである。ただ中国での唐にいたるまでの長い伝統は日本にはなく、複雑で長期にわたる喪葬儀礼や血縁関係の遠近によるその差別化は浸透しているとは言いがたかった。天皇の喪葬儀礼に限っても、天武・持統の両天皇は長期にわたるがあくまで殯の期間であり、埋葬を終えたあとの服喪は行われた形跡がない。それ以降も奈良時代には葬送すなわち埋葬と仏教の中陰の法事が喪葬儀礼の実態であった[34]。したがって祭祀から除かれるのもその期間に限られ、『弘仁式』で成立した穢れ規定では忌むべき期間が三十日とされ、さらに貞観格で埋葬日から数えて三十日とより詳しく定められた。唐と日本で同じように祭祀への集中を実現できない人をその場から除くことを定めているが、その集中の妨げとなる喪葬儀礼の実態が歴史的背景の違いから両者で異なっていたため、日本に適合するように条文を作り替えることで唐とは異なる『弘仁式』の穢れ規定が独自のものとして成立したのである。

その後に日常的に祭祀を続ける神社でも同様に死にかかわる部分は取り上げるべきと朝廷は考え、伊勢神宮にそれまで存在していなかった規定を定め[35]、それらが『延喜式』神祇式伊勢大神宮などの規定へと継承された。忌み言葉のように伊勢神宮から朝廷の祭祀へ影響を与える一方で[36]、神社の祭祀者を律令官人として位置づけることの延長線上に、葬送にかかわる人を祭祀から除く規定が朝廷から伊勢神宮へともたらされたのである。穢れ規定が成立する平安時代初頭は王朝再編をはかり唐の制度の受容をさらに深めた時期であり、その一環として神祇祭祀の朝廷における位置づけが変えられまた神職者が律令官人に準じるものと位置づけられ、そこでも喪にかかわる者を排除するべきだとされたのである。

六　小結

本節では、『延喜式』で最大の穢れとされる「人死」の内容とその由来、さらに祭祀から分離される理由について、『延喜式』の条文成立と近い時代の資料を用いて考察した。

『延喜式』に受け継がれる諸規定が『弘仁式』や『貞観式』で成立したとき、「人死」の穢れとして具体的に想定していたのは、死体との即物的な接触などではなく、近親者の葬送への関与であり、これが神祇祭祀での斎戒から分離すべきものとされた。すでに神祇令で定められていた斎戒規定を拡張するものとして弘仁年間から貞観年間に行われるようになっていたことが確認できる。葬送にかかわる者を祭祀から分離することは『延喜式』の神職者に関する規定でも見られるが、延暦儀式帳などの式文の穢れ規定の成立よりも早い時期の規定には罪の除去についての記述はひろく見られるが葬送への関与を制限する規定は見られず、在来の神祇祭祀には起源を求めることができない。

由来はむしろ律令的官人制度および律令と密接に関連する礼秩序に求められる。律令と密接に関連する儒教的礼制度を前提にして近親者の喪にあった場合の職務からの分離を仮寧令では定めており、これが平安時代初頭、唐の文化や制度の受容を深め王朝再編しようとする機運のもと、相対的独立性を持っていた神社や神職者を朝廷の管理下に組み入れるときに波及したのである。そして唐の祠令などを参考にしつつも、中国では前提とされるが当時の日本の社会や習慣の実態にそぐわない部分をあらため、集中が必要とされる神祇祭祀に関する規定としてあらたに作られたのが、『弘仁式』や『貞観式』の穢れ規定であり、その中の「人死」や穢れの伝染の範囲を定める甲乙丙展転の条文なのである。

註

（1）　本居宣長が『玉勝間』で「死を穢とすることは、神代より然り」としているのを受け、民俗学では古代から近代以降に到るまで一貫して穢れの観念が存在したとすることが多い。藤井正雄編『仏教民俗学大系四　祖先祭祀と葬墓』（名著出版、一九八八年）の総論でも、藤井正雄は大化の薄葬令にみえる庶民の遺体遺棄や平安貴族に墓参りの習慣がなかったことの背景に死穢観念があるとしている。

（2）　ちなみにこの立場では、死を排除する規定が律令編纂の機会になぜ制度として定められず、『弘仁式』でこれが定められたのか十分な説明ができない。

（3）　『律令』『玉勝間』は日本思想大系、『令集解』『類聚三代格』は新訂増補国史大系、『延喜式』『日本後紀』は訳注日本史料、『続日本紀』は新日本古典文学大系、『日本三代実録』は佐伯有義校訂標注『増補六国史』（朝日新聞社）、『西宮記』

『北山抄』『儀式』『皇太神宮儀式帳』『太神宮諸雑事記』は神道大系、『大神宮儀式解』は増補大神宮叢書、『拾芥抄』は故実叢書、仁井田陞（池田温他編）『唐令拾遺補 附唐日両令対照一覧』（東京大学出版会、一九九七年）、『大唐開元礼』（汲古書院、一九七二年）を用いた。
（4） 三橋正「弘仁・貞観式逸文について――『延喜式』穢規定成立考」（『国書逸文研究』二二、一九八九年）、三橋正「『延喜式』穢規定と穢意識」（『延喜式研究』二、一九八九年）。
（5） 『延喜式』巻第三、神祇三、臨時祭、四十九条（原漢文。書き下しは訳注日本史料によった。以下同）。
（6） 『西宮記』臨時一（甲）、定穢事（原漢文。以下同）。
（7） この格は『類聚三代格』に見えないが、『拾芥抄』には引用される。ちなみに貞観六年は「造式」が行われている。
（8） 『儀式』巻第四、践祚大嘗祭儀下（原漢文。以下同）。
（9） 『令集解』巻第七、神祇令、散斎条（原漢文。以下同）。
（10） 『三代実録』巻第二十六・清和天皇、貞観十六年十一月十六日条（原漢文。以下同）。
（11） 穢れの伝染範囲については解釈の余地がある。『延喜式』の甲乙丙展転の規定に従えば、喪家人が乙人で木工寮が丙処、木工寮の官人は同じく丙となり、この丙人が内裏に参入しても穢れは伝染しないはずである。ただ規定には明記されていないが穢れのある甲処の人が甲人となるとすれば、喪家人が甲となり、内裏まで伝染して丙となることになる。なお穢れの伝染については『新儀式』や『北山抄』などでも『延喜式』とは必ずしも一致しない見解が示されている。
（12） 『延喜式』巻第三、神祇三、臨時祭、五十五条。
（13） 喪葬令の服紀を定める条文では、帳内・資人は仕える所の本主の喪に服すとある。
（14） 大山喬平『日本中世農村史の研究』（岩波書店、一九九一年）でも、本居宣長、賀茂真淵、会沢安など近世の学者がこれを区別されるものと説いていることに言及している。いかし一方でた岡田重精『古代の斎忌――日本人の基層信仰』（国書刊行会、一九八二年）や勝田至『日本中世の墓と葬送』（吉川弘文館、二〇〇六年）などでは、死者を中心としてその親族などによって構成される喪葬集団が忌避の対象であり、穢れ観念とも関連があるとする。
（15） 本書第一章第一節参照。
（16） 『延喜式』巻第四、神祇四、伊勢大神宮、六十五条。
（17） 『延喜式』（訳注日本史料）の頭注には「服闋は服喪期間の終わることを意味するが、ここでは喪にこもる期間を意味する服紀の意で誤用もしくは誤写したものか」とある。
（18） 『延喜式』巻第三、神祇三、臨時祭、四十七条。
（19） 『皇太神宮儀式帳』一禰宜内人物忌等職掌行事事（原漢文。以下同）。
（20） 引用の冒頭に「禰宜、大初位上神主公成」とあり規定内の従七位上より低く矛盾するが、これについては『大神宮儀式解』の該当部分で詳しく論じられている。
（21） 『皇太神宮儀式帳』一禰宜内人物忌等職掌行事事。
（22） 同前、一天照坐皇太神宮儀式并神宮院行事、天照坐皇大神。

(23)『太神宮諸雑事記』第一、高野女天皇に「天平勝宝元年、八月十一日、豊受宮の物忌の父神主世真が神館一宇焼亡す。仍て宮司小松の朝臣本官に申上す。随て亦た上奏す。世真中祓に科す。祓清め供奉するの間、彼の子等死去す。之に因て又世真解任已に了ぬ」とあり、奈良時代に近親の喪により解任された事例があるかのように思われるが、清和天皇に「同（貞観）十三年三月八日、瀧原、並の宮焼亡し了ぬ。仍て彼の宮の内人神主是次、同五月十六日を以て、宣旨に依り大祓に科し、解任し又了ぬ」とあることを考慮すれば、このときの解任の理由は火事を出して宮を焼いたことと考えられる。『太神宮諸雑事記』に載せる、解任の理由が近親の喪と考えられる事例は、貞観年間のものが最も早い。

(24)『太神宮諸雑事記』第一、清和天皇（原漢文。以下同）。

(25)天照大神が伊勢に鎮座した由来を説くなかで国つ罪の一つとして「河入」が定められている。これを河での溺死とする解釈があるが、この時代でどのような意味と解釈されていたのかは不明。もし河での溺死の意味であったならば、国つ罪を犯したことによる解任と理解できる。

(26)『延喜式』巻第十八、式部省上、百十六条。

(27)『律令』巻第九、仮寧令、第二十五、三条（原漢文。書き下しは日本思想大系によった。以下同）。

(28)『大唐開元礼』巻第三序例下、雑制（原漢文。以下同）。『唐令拾遺補』仮寧令、第二十九、六乙。

(29)『大唐開元礼』巻第三序例下、斎戒。『唐令拾遺補』祠令第八、第三十九。

(30)天皇の場合だと、天武天皇の場合一年を越える殯が行われるが、むしろ例外で、ほとんどは一ヵ月から四十九日程度で打ち切られる。

(31)『続日本紀』巻第十四・聖武天皇、天平十三年二月七日条の詔に「馬牛は人に代はり、勤労して人を養ふ。茲に因り、先に明制有りて、屠殺を許さず」とあるように、家畜は第一義的には労働力を提供する役畜とされている。人と同じように国に管理されており死んだときの処理も定められている。職員令では兵馬司および国司の職掌として「公私馬牛」のことが挙げられ、厩牧令で「凡そ官の馬牛死なば、各おの皮・脳・角・膽を取《と》れ。若し牛黄を得ば、別に進れ」「凡そ公事に因りて、官私の馬牛に乗りて、理を以て死を致さらむ、證見分明ならば、並に徴ること免せ。其れ皮宍は、所在の官司出し売れ。価を送りて本司に納れよ。若し非理に死失せば、徴り陪てしめよ」と死亡時の処理を定めている。『西宮記』所引の延喜九年六月十日の記事によれば、狐など家畜ではない動物は穢れとならない。正史を見ても「狐死穢」はたった一ヵ所『三代実録』巻第七・清和天皇、貞観五年十一月十四日条にあるにすぎない。

(32)『大唐開元礼』巻第三序例下、斎戒。『唐令拾遺補』祠令第八、三八甲。

(33)『律令』巻第三、神祇令、第六、十一条。

(34)本書第一章第三節参照。

(35)『日本後紀』巻第九・桓武天皇、延暦十九年十二月廿二日条。『類従三代格』巻一、神宮司神主禰宜事、大同二年八月

十一日官符「神主は喪に遭はば解任し、服闋せば復任する事」により詳しく引用される。

(36) これらは朝廷でもっとも重要とされる大嘗祭にも受け継がれている。『儀式』の践祚大嘗祭の斎戒規定にに受け容られて「忌むべき事の六条」の中の「言語の事死は奈保留と称ひ、病は夜須美と称ひ、哭は垂監と称ひ、血は赤汗と称ひ、宍人姓は菌人と称へ」などとなる。また『延喜式』巻第七、神祇七、践祚大嘗祭、七条でも「その言語は、死を直《なおる》と称ひ、病を息《やすむ》と称ひ、哭を塩垂《しおたれ》とと称ひ、打を撫《なず》と称ひ、血を汗《あせ》と称ひ、宍を菌《くさびら》と称ひ、墓を壌《つちくれ》と称へ」とある。

第二節　吉礼と凶礼の択一関係と穢れ規定
――律令期において喪葬が位置づけられる対立の構図

一　はじめに

前節では、穢れのなかでもっとも重大とされる「人死」について式文の穢れ規定により定められた当初は、具体的内容として想定されていたのは近親者の喪葬儀礼とくに葬送（埋葬）の実行、さらにそれへの参加や関与であったことを示した。喪葬儀礼について在来の神祇祭祀ではとくに忌避すべきと規定されておらず、むしろ唐の儒教と一体化した律令制度にその由来が求められる。平安時代はじめに朝廷の再構築がはかられるなかで、それまで独立性が高かった神祇祭祀が律令的儀礼の一つとして改めて位置づけられ、祭祀者も律令官人としてあらためて規定されたことが契機の一つとなり、祭祀から喪葬儀礼に関わる者を分離する『弘仁式』の穢れ規定が成立したのであった。

では喪葬儀礼は神祇祭祀から分離されるだけなのか。それとも死者と接触する葬送は不浄であり忌避すべきものと見なされ(1)、私的に行うべきものとして朝廷という公の場からも分離されるのか。葬送やこれに参加することは朝廷の秩序を構築するのかそれとも乱すのか。本節では葬送とその後の服喪により構成される喪葬儀礼が国家秩序ないし朝廷においてどのように位置づけられ、どのように機能していたのかを明らかにし、またこれがどのような対立の構図のなかに置かれ、対立が何を原理としていたのか、式文として穢れ規定が成立した律令期を中心に考察する。そこから死者と接触する喪葬がどのようなものと評価されていたのかを論じる。[2] これまでも喪葬儀礼について論じられてきたが、[3] ここでは喪葬儀礼そのものではなくこれが構成する関係に注目する。

二　国家の秩序における喪葬の位置づけ

喪葬が律令国家においてどのようなものとして把握されていたかは、律令の一編として喪葬令があることに端的にあらわれている。律令で規定されているということは、国家のあり方の一つとして国家が喪葬を管理したことを意味する。その性格付けや意義については喪葬令およびその注釈からうかがい知ることができる。『令集解』に載せられる注釈の一つで、平安時代初期に成立したとされる令釈では「喪は家に在りて哀を起すを謂うなり。葬はこれを送葬するを謂ふなり。喪葬の礼は凶礼を謂ふなり[4]」とする。喪と葬の文字の意味するところを家で悲しみをあげることと埋葬することとそれぞれ説明し、とくに根拠を示すことなく、「喪葬之礼」と言い換えたうえで、これを凶礼のことであるとしている。喪葬が礼であることは説明を必要としない自明のこととする認識がうかがえる。この礼を誰がどのような場合にすべきなのかも喪葬令で定めている。

凡そ服紀は、君、父母及び夫、本主の為に、一年。祖父母、養父母に、五月。曾祖父母、外祖父母、伯叔父姑、妻、兄弟姉妹、夫の父母、嫡子に、三月。高祖父母、舅、姨、嫡母、継母、継父の同居、異父兄弟姉妹、衆子、嫡孫に、一月。衆孫、従父兄弟姉妹、兄弟子に、七日。[5]

埋葬までの一連の行為とは別に喪に服す期間を、儀礼を実行すべき人との関係により定めている。君すなわち天皇およびもっとも血縁関係の濃い父母と夫、さらに帳内や資人ならば本主に対して、最長の一年間喪に服す。

以下血縁関係が薄くなるにしたがって漸次服喪期間は短くなり最短七日となる。これは唐の制度に倣いつつも期間を短縮したものである。こうした喪葬儀礼はそもそも政治権力とは別個に成立した父に対する子の行為を中核とする血縁を原理とした儒教儀礼として整備され、唐の制度では律令と不可分に統合されていたので、日本ではこれを律令制の一部として導入したのである。

この死者の血縁者が行うべき喪葬儀礼は、国家秩序という大きな枠組みのなかに組み込まれている。国家の関与について、治部省および諸陵司の職掌として職員令で規定されている。(6)

治部省　寮二・司二を管ぶ

卿一人。掌らむこと、本姓、継嗣、婚姻、祥瑞、喪葬、贈賻、国忌、諱、および諸蕃の朝聘の事。（中略）

諸陵司。正一人。掌らむこと陵の霊祭らむこと、喪葬凶礼、諸の陵および陵戸の名籍の事。佑一人。令史一人。土部十人。掌らむこと、凶礼を賛け相かむこと。員の外は臨時に取りて充てよ。(7)

治部省は本姓や嫡庶の区別および婚姻など個人の地位や身分と密接にかかわることの一つとして喪葬をつかさどる。その配下にある諸陵司も、(8)山陵祭祀とならび喪葬についてもつかさどる。ここでも「喪葬凶礼」や「凶礼」という表記があり、喪葬は礼の一つとして行われていたことが確認される。そして喪葬儀礼を担当する官職の存在自体から、喪葬は原則として血縁者が行うものではあるが、国家と無関係に私的に処理されるべきことではなく、国家秩序を構成する一要素として位置づけられることがわかる。

1　官人の喪葬

官人の喪葬へ治部省が関与することは、喪葬令で具体的に定められている。

凡そ百官職に在りて薨卒せば、当司分番して喪に会せよ。親王および太政大臣・散一位は、治部大輔喪の事を監護せよ。左右大臣および散二位は、治部少輔監護せよ。三位は、治部丞監護せよ。三位以上および皇親は、皆土部礼制を示せ。

凡そ喪葬に、礼備ふる能はずは、貴きは賤しきに同することを得。賤しきは貴きに同すること得じ。(9)

官人が在職中に死んだ場合には喪葬に国家が関与し担当の官司すなわち治部省が分番する。親王・太政大臣・左右大臣・三位以上といった身分がとくに高い人の場合、それぞれに相応の地位の者が「喪事」を「監護」する。(10)さらに親王をはじめとする皇親および三位以上の者の「喪事」では「礼制」が土師部により示される。身分相応の「礼」を示すことができない場合、より身分の低い者と同じようにできるが、身分の低い者が身分の高いものと同じにすることは許されないとされる。ただここからは礼の具体的内容の詳細はわからない。

在職中に死んだ場合は、その埋葬が完了するまでは生前と変わらず官人として扱われ、その生前の地位によって喪葬の規模などが定められている。これは喪に際して支給される賻物と用いられる葬送具の規定により端的に示される。

凡そ職事官薨卒せば、賻物は、正従一位に、絁三十疋、布一百二十端、鉄十連。正従二位に、絁二十五疋、布一百端、鉄八連。正従三位に、絁二十二疋、布八十八端、鉄六連。正四位に、絁十六疋、布六十四端、鉄三連。従四位に、絁十四疋、布五十六端、鉄三連。正五位に、絁十一疋、布四十四端、鉄二連。従五位に、絁十疋、布四十端、鉄二連。六位に、絁四疋、布十六端。七位に、絁三疋、布十二端。八位に、絁二疋、布八端。初位に、絁一疋、布四端。皆本位に依りて給へ。それ散位三位以上には、三分にして二を給へ。五位以上のは半給へ。太政大臣に、絁五十疋、布二百端、鉄十五連。親王および左右大臣は、一位に准へよ。大納言は二位准へよ。もし身王事に死なば、皆職事の例に依れ。それ別勅に賜へらむ物は、此の令に拘《かかわ》れず。それ無位の皇親は、従五位に准へて、三分にして二給へ。女もまた此に准へよ。減する数不等ならば、多きに従へて給へ(11)。

位階が高ければ高いほどより多くの絁・布・鉄といった賻物が与えられ、左右大臣や大納言などの官職もこれらに準える。葬送具でも同様で、まず親王について一品から四品までの官位に応じて方相の有無や、鼓・大角・小角・幡・金鉦・鐃鼓・楯の数を定め、つぎにこれになぞらえるかたちで一位および左右大臣以下の臣下の場合を定め、また太政大臣についても定める(12)。これらの規模の差異によって国家の身分秩序が実体化されている。

こうした国家の身分秩序と喪葬を結びつけることは律令体制を確立する大宝律令よりさかのぼる。いわゆる大化薄葬令でも、すでに国家の身分秩序と密接に関係付けられていたことがうかがえる。

詔して曰く、「（中略）爰に其の制を陳べて尊さ卑さ別あらしむ。夫れ王より以上の墓は、其の内の長さ九尺、闊さ五尺。其の外の域は方九尋、高さ五尋。役一千人、七日に訖しめよ。其の葬らむ時の帷帳の等には、白布を用いよ。轜車有れ。上臣の墓は、其の内の長さ闊さおよび高さは、皆上に准へ。其の外の域は方七尋、高さ三尋。役五百人、五日に訖しめよ。其の葬らむ時の帷帳の等には白布を用ゐよ。擔ひて行け。蓋し此は肩を以て輿を擔ひて送るか。下臣の墓は、其の内の長さ闊さおよび高さとは、皆上に准へ。其の外の域は方五尋、高さ二尋半。役二百五十人、三日に訖しめよ。其の葬らむ時の帷帳の等は白布を用ゐること、亦上に准へ。大仁・小仁の墓は、其そ内の長さ九尺。高さ闊さ各四尺。封かずして平ならしめよ。役一百人、一日に訖しめよ。大礼より以下、小智より以上の墓は、皆大仁に准へ。役五十人、一日に訖しめよ。凡そ王より以下、小智より以上の墓は、小さき石を用ゐよ。其の帷帳の等は白布を用ゐよ。庶民亡なむ時には、地に収め埋めよ。其の帷帳の等には、麁布を用ゐるべし。一日も停むること莫かれ。凡そ王より以下、庶民に至るまで殯営ること得ざれ[13]。

「爰に其の制を陳べて尊さ卑さ別あらしむ」とあり、この制度が身分の上下の区別をはっきりさせることを目的としていることが理解される。上臣・下臣・大仁・小仁・大礼・小智など位階は大宝律令以降と異なっているが、身分に応じて墓の広さや高さ、造営に投入される人数や期間、葬送具を規定している。死によって身分や地位を即座に失うことはなく、死後も生前と変わらずその官位に応じて喪葬が行われる。すくなくとも喪葬が終わるまでは、死んではいるもののあくまで官人として扱われる[14]。これらが実態をどこまで反映しているか疑問があるものの[15]、ともかく喪葬儀礼は中央集権化の動きと呼応して、国家における身分秩序を実体化する礼の一つとして規定されている。

この身分秩序はいわば律令国家の原理であり、喪葬にかぎらずあらゆることに及んでいる[16]。礼において重要な意味を持つ衣服についても衣服令で、

諸臣の礼服
一位の礼服の冠。深き紫の衣。牙の笏。白き袴。絛の帯。深き縹の紗の褶。錦の襪。烏皮の舃。三位以上は、浅き紫の衣。四位は、深き緋の衣。五位は、浅き緋の衣。以外は並に一位の服に同じ。大祀・大嘗・元日に、服せよ。
朝服
一品以下、五位以上は、並に皀の羅の頭巾。衣の色は礼服に同じ。牙の笏。白き袴。金銀をもて装れる腰帯。白き襪。烏皮の履。六位は、深き緑の衣。七位は、浅き緑の衣。八位は、深き縹の衣。初位は、浅き縹の衣。並に皀の縵の頭巾。木の笏。職事を謂ふ。烏油の腰帯。白き袴。白き襪。烏皮の履。袋は服色に従へ。親王は、緑・

緋の緒。一品は四つの結。二品は三つの結。三品は二つの結。四品は一つの結。諸王の三位以上は、諸臣に同じ。正四位は深き緋。従四位は深き緑。正五位は浅き緋。従五位は深き縹。結は諸臣に同じ。諸臣の正位は紫の緒。従位は緑の緒。上階は二つの結。下階は一つの結。唯し一位は三つの結。二位は二つの結。三位は一つの結。緒を以て正従を別きて、結を以て上下を明らかにす。朝庭公事に、即ち服せよ。(17)

などと定められる。礼服は非常に重要な儀礼で着用し、それ以外の朝廷への日常的な出仕では朝服を着用する。朝廷においては衣服などを媒介にして身分が実体的に明確に示され、君臣や官人同士の身分の上下が相互に確認されることで秩序が再生産され維持される。

喪葬儀礼でもこれと同様に身分に応じて規模を定めることで国家の身分秩序が実体的に表現され、官人はたがいにこれを確認しあうのである。(18) 一般の官人の喪葬は、朝廷がその実施主体となることはなく、つねにその血縁者がそれぞれに行う。ただ朝廷が規模を決定し身分に応じて序列化しこれを管理することで、そこに国家の身分秩序が実体化される。

このことは同時に喪葬が国家の秩序から完全には排除されないことを意味する。死者と接触する喪葬は礼であり、それ自体が価値あることとされている。礼は国家秩序を維持し再生産する手段であるから、原理的にいって喪家（遺族）も国家も喪葬を全面的には排除しない。喪葬とは秩序を維持するために公的場面から締め出すべきものではなく、逆に秩序維持のために公的な位置づけで行われるべきものである。喪葬が問題とされ排除されるとしても限定的なものにとどまり、国家秩序からの全面的な排除というものは行われないはずである。

2　天皇の喪葬

天皇の喪葬もやはりもっとも血縁関係の強いその子もしくは後継者が行うのだが、この父子関係に君臣関係が準えられて、すべての官人も喪に服すことが喪葬令では定められている。天皇が死んだ場合、朝廷全体が埋葬にいたる一連の儀礼をし、国全体が喪に服すこととされる。すでに示したように「凡そ服紀は、君、父母及び夫、本主の為に、一年」と喪に服す期間の規定ではもっとも長い一年間の喪に服すべき対象として父母とともに「君」があげられている。

天皇の喪葬については、律令の導入期よりもさらに早く大和政権の時代に、政治的な結合を進めて政治権力が形作られるのと歩調を合わせるように、大陸の凶礼を受容して整備されたと論じられている。具体的には安閑・宣化朝に殯宮がつくられ、そこで誄と謚が行われるという殯宮儀礼が成立し、礼秩序の体系に先立ちまず個別の儀礼が受容されたとされる(19)。喪葬令にみられる土部や遊部はこの時代から喪葬儀礼にかかわっていたとされる。殯宮儀礼の具体的な内容ではなく、その性格に注目すれば死者は尊重の対象であり、礼の対象であることが改めて確認できる。

そしてこうした天皇（大王）の喪葬儀礼は律令制へと継承され、あらたにもたらされる知識や書物によりさらに整備がすすめられる。ただ律令では天皇の死を予定することになり憚られ規定はないので、この時代の天皇の喪葬の様子は正史によってたどることになる。

まず天武天皇の殯宮儀礼である。律令体制が確立されようとするこの時期には、天皇に限り殯が長期間行われていた。天武天皇は埋葬されず殯の状態で正月を迎えるのだが、このとき「皇太子、公卿・百寮人等を率て殯宮に適《まう》でて慟哭《みねたてまつ》る。納言布勢朝臣御主人 誄《しのびごとたてまつ》る。礼なり(20)」とあり、さらにこの年の三月にも「是の日に、丹比真人麻呂誄る。礼なり(21)」とある。死者を対象とする殯宮儀礼の誄が礼に適うものであったと明記されている。

持統上皇の事例でも同様に死者が礼の対象とされている。「春正月癸亥の朔。朝を廃む。親王巳下百官人等太上天皇の殯の宮を拝す(22)」とある。持統上皇も殯が行われている状態で翌年の元旦をむかえた。本来元旦には天皇に対する朝賀が行われるのだが、この時は持統上皇の死をうけて廃朝し、かわりに殯の状態にある持統上皇に対して朝賀が行われたと言うことができる。朝賀は「拝朝廷」とも表記され、「みかどおがみ」と訓じられる。「朝賀」の文字こそ見えないが、この訓そのままの行動を殯の状態にある持統上皇に向けて行っている。すなわち死んだ状態の「みかど」を「おが」んでいる。持統上皇は死後も引き続き生前と同様に朝賀を受ける地位にある。国家の中央集権的秩序を構築し維持するために、生前の天皇と同じように死後の天皇は位置づけられ儀礼が行われている。(25)

殯宮での儀礼は、正史で確認されるかぎり文武天皇の喪葬儀礼が最後となり、喪葬の具体的な様相は変化してゆくのだが、喪葬の対象者の国家的位置づけはこのあとも変わらない。依然として天皇は死後も生前と変わることなく天皇として扱われる。元明・元正両天皇以降は死から埋葬までの日数が大幅に短縮され、それまでの殯宮を建てての儀礼は行われなくなり、かわって唐の文化の受容を深め挙哀などがより大きな意味を持って行われるようになる。(26)この天皇の喪葬儀礼の変化について埋葬の前後に着目した先行研究ではつぎのように指摘される。すなわち『日本書紀』には持統上皇・文武天皇までは先帝の埋葬後の服喪についていっさい載せていないことから、埋葬によって喪葬儀礼が終わると考えられる。それが元明の喪では殯が短縮されたこともあり、それまで殯期間におさまっていた朝賀の停止が埋葬後に行われることとなる。そしてこれ以降は喪葬儀礼が埋葬後にも継続されるようになるとしていると指摘している。(27)

そして唐の制度や文化のさらなる導入により王朝の再構成を試み、平安初期の方向づけをした桓武天皇へといたる。この桓武天皇が行った光仁上皇の喪葬儀礼はつぎのようなものであった。

　太上天皇崩りましぬ。春秋七十有三。天皇哀号きたまひて、咽ひて自ら止むること能はず。百寮の中外、慟哭して日を累ぬ。詔して曰はく、「朕が精誠感すこと無く、奄ち凶閔に及べり。痛酷の情、懐に纏ひ、終身の憂永く結べり。方に諒闇三年にして以て罔極を申べむと欲れども、群公卿士咸く倶に執奏すらく、「宗廟軽からず、万機是れ重し。一日として官を曠しくすべからず。伏して乞はくは、後奈保山朝庭に准へて、惣て万機を断ること一ら平日に同じくせむ」とまうせり。朕以みるに、霜露未だ変らず、荼毒尚深し。一旦にして吉に従はむこと、甚だ臣子に非ず。天下、服を着ること、六月にして乃ち釈くべし。仍て今月廿五日より始めて、諸国郡司は庁の前に挙哀すること三日。若し遠道の処は、符の到る日を始として施行せよ。礼は日に三度。初の日は再拝両段なり。但し神郡はこの限りに在ず」とのたまふ。(28)

光仁上皇の喪葬儀礼は子である桓武天皇が主体となり、父を失った悲しみが深くすぐには癒えないから服喪期間に関して儒教の規範通りの三年間にしようとするも、同じく喪に服す臣下は政治的空白を作らないために可能なかぎり短縮するようにと奏上し、結局ここでは六カ月と決めた。さらに諸国でも素服を着ることと、挙哀の行い方について、礼は一日に三度行い、初日は立と座でそれぞれ二度の礼拝を行うと具体的に命じている。挙哀は埋葬には参加することのない諸国にとって、それに代わる儀礼として行われるのであろう。ただし神郡は除外されている。この喪葬は、服喪すべき人を「臣子」と表記しており君臣関係を父子関係を重ね合わせることで、天皇の個人的儀礼ではなく国家的儀礼として行われている。そして葬送儀礼すなわち埋葬の儀礼では、血縁関係がない官人がさまざまな役割を果たすことになる。

是の日、正三位藤原朝臣小黒麻呂、従三位藤原朝臣家依（中略）を御装束司とす。六位已下八人。従三位大伴宿禰家持・高倉朝臣福信（中略）を山作司とす。六位已下九人。従五位下県犬養宿禰堅魚麻呂、外従五位下栄井宿禰道形を養役夫司とす。六位已下六人。従四位下石川朝臣垣守、従五位下文室真人八嶋を作方相司とす。六位已下二人。従五位下文室真人忍坂麻呂、従五位下多治比真人乙安を作路司とす。六位已下三人。(29)

御装束司・山作司・養役夫司・作方相司・作路司が朝廷により任命され、喪葬は国家全体にかかわる儀礼として行われる。さらに初七日から七七日の仏事も行われ、[30] 翌年の正月六日には「正三位藤原朝臣小黒麻呂、誄人を率て誄を奉り、尊謚を上りて天宗高紹天皇と曰す」と誄が奉じられ謚が贈られる。

議論があった服喪期間は、一度は桓武天皇の妥協により六カ月の服喪とすることに決定したが、数日の内に再び考え直してより長期に及ぶものに改める。

勅して曰はく、「昨に群卿来り奏して、天下服を着ること六月を以て限としき。但し朕が孝誠効無くして、慈蔭長く違へり。結びて霜葉を慕へども、復顔を承くる日無し。緬に風枝を懐へども、終に侍謁の期を虧く。終身の痛毎に深くして、罔極の懐弥切なり。前の服期を改めて一年を以て限とすべし。自余の行事は一に前の勅に依れ」とのたまふ。[31]

結局、服喪期間を一年間にした。この一年とは喪葬令に定めるところである。日本の喪葬令は編纂の際に唐礼も参考にしているのだが、[32] 唐礼では父母および本主の服喪期間の三年を日本では一年に減殺し、そのほかもこれに準じそれぞれ減殺している。[33] これに依拠することにしたのであろう。

ここでの桓武天皇と公卿とのやりとりからは「宗廟」と「諒闇」のせめぎあいが見て取れる。公卿が「後奈保山朝庭に准へ」と言及しているのは、元正天皇が行った元明天皇の喪葬儀礼のことで、そのときは「葬を厚くし業を破り、服を重ね生を傷ふこと、朕甚だ取らず。（中略）皇帝、万機を摂り断ること一ら平日と同じくせよ。王侯・卿相及び文武百官と、輙く職掌を離れて喪車を追ひ従ふこと得ざれ。各本司を守りて、事を視ること恒の如くせよ」[34] という元明天皇の遺詔に従っている。つまり国全体での服喪を停止する理由は、喪葬儀礼を大規模に行うことで生きている人々の損失になることを嫌うからである。そうならないように朝廷を構成する官司がそれぞれ通常業務を行うとする。

「宗廟」として表現される日常的業務を優先して、埋葬したあとの服喪をできるだけ短縮するか、それとも崩じた光仁上皇に「臣子」として「孝」の行為を優先し、長期間におよぶ服喪を行うかの狭間で、三年間という提案が六ヵ月と改められ、再びこれが翻され一年間と揺らいだ。問題となったのは服喪の期間の長さであって、喪葬儀礼それ自体を国家で行うことの是非は議論の対象とすらなっていない。

このように官人であれ天皇であれ律令国家における喪葬とは、一貫して死者を対象とする礼であり、国家の礼秩序の中に位置づけられ行われる。いずれの死者も生前からの関係や地位をそのまま延長したものであり、死によって生前とは断絶した特有の地位や関係を構成するようになるわけではない。中央集権的国家とは、具体的には父子関係や君臣関係さらに臣下同士の上下関係を序列化して一つのヒエラルキーにまとめあげたものであり、喪葬儀礼はこの関係を体系化した構造をそのまま再生産する。天皇の喪葬儀礼は臣下も参加するため単独で国家の身分秩序を実体的に表現し、官人の喪葬儀礼は個別に行われるがその総体として国家の身分秩序を実体的に表現する。国家ないし朝廷にとって喪葬儀礼は、衣服などのほかの秩序維持の手段と同様に自らの秩序を再生産し維持するための要素の一つとして位置づけられる。喪葬儀礼は国家の身分秩序を再生産し保守する要素であって、この秩序を乱したり壊したりする要素ではない。

喪葬は「凶」礼とされる。これは当然ながら礼そのものが凶すなわち禍々しく不幸を招くわけではないし、否定的なものでもない。人が死ぬという凶なる出来事が生じ、これに対処して行われる礼なのである。喪葬自体が凶なる礼なのではなく、凶が生じたときに行う礼であり、秩序を構成するために国家が引き受け関与し統制するべきものである。凶礼たる喪葬儀礼は国家秩序の中に位置づけられ、凶礼こそが国家秩序を実体化する。

三　吉礼と凶礼の衝突

律令が整備される頃から平安時代に至るまで、喪葬が問題となったと明示される記録はほとんどない。正史を見てみると天皇の服喪に関する議論はたびたびあるが、問題とされるのはその期間の長短であり、喪葬それ自体は問題なく国家的儀礼として行われる。そのようなか例外的に凶礼が大きな問題となったのは、先ほど挙げた桓武天皇が行った光仁上皇の喪葬儀礼である。一年と定められた喪に服している間に祟りの問題が生じ、その原因に関して公卿が奏上した。

右大臣已下、参議已上、共に奏して称さく、「頃者災異荐に臻りて、妖徴並に見れたり。仍て亀筮に命せてその由を占ひ求めしむ。神祇官・陰陽寮並に言さく、「国家恒祀は例に依りて幣を奠ると雖も、天下の縞素、吉凶混雑ず。茲に因りて、伊勢大神と諸の神社と、悉く皆祟らむとす」とまうす。如し凶を除き吉に就かずは、恐るらくは、聖体不予することを致さむか。而して陛下因心至性にして、尚孝期を終へむとす。今乃ち医薬御するに在りて旬日を延引す。神道誣ひ難き、抑由有り。伏して乞はくは、曽閔の小孝を忍びて社稷を重任とし、仍て凶服を除きて神祇に充てむことを」とまうす。詔し報へて曰はく、「朕以みるに、霜露変らず、荼毒昨の如し。方に諒闇を遂げて罔極を申さむとす。而るに群卿、再三執奏して、宗廟社稷を喩とす。事已むことを獲ずして、一ら来奏に依る。その諸国の服を釈く者は、祓の使到るを待ち、国内を祓へ潔め、然して後に乃ち釈け。酒を飲み楽を作し、幷せて雑彩を着ること得ず」とのたまふ。八月辛亥の朔、百官服を釈く。(35)

問題とは神の祟りである。近頃しきりに災異や怪奇現象がおこっているので占ってみると、神の祟りであるという。その主体は「伊勢大神と諸の神社」であってすべての神に等しく、これらの神々が悉く祟るのである。それぞれに個別の事情があり個別に対処すべき問題ではなく、国家全体にかかわる規模であり、国家的危機とも言うべき大問題である。もしもこのまま放置すれば天皇の病気を引き起こすであろうという。そして祟りの原因は「吉凶混雑」だという。吉凶の吉は吉礼すなわち祭祀儀礼で、凶は当然凶礼で喪葬儀礼のことである。つまり吉礼と凶礼が同時に行われることで祟りがおこったというのだ。この事態を収拾すべく公卿の奏上の結果取った行動は、吉礼を優先して問題の原因とされる凶服を脱いで神祇祭祀にあたることで、そのために諸国には祓使を遣わし「祓へ潔め」て釈服するというものだった(36)。

ここで公卿が早期の釈服を求めた理由は、光仁上皇が亡くなってすぐに桓武天皇が服喪期間を三年としたのに対して短縮を求めた理由とは異なる。服喪期間を三年から六カ月にしたときは、元明天皇の喪葬を引き合いにして朝廷の通常業務をおろそかにしないためであった。しかし、ここでは諸司の業務がおろそかになることが理由ではなく、吉凶混淆という神祇祭祀の不備さらにはこれに起因する神の祟りが理由である。神祇祭祀の十全な実行と祟りのない状態の実現こそが国家の運営のあるべき姿とされている。

吉凶混雑を問題とみなしたのは、ほかならぬ吉礼の対象である伊勢をはじめとする全国の神であり、凶礼の対象たる死者が祟ったわけではない。また「混雑」が問題ではあるが、一方の凶礼には不備や死者の祟りなどの問題は何も生じず、もう一方の当事者である神だけが祭祀儀礼のあり方を問題として祟ったのである。日照りや大雨や病気など祟りの影響はとても大きくかつ人の力では直接制御することはできないので、優先的に対処し、十全な祭祀の安定的な実行を確保せねばならないと考えられた。祟りはあくまでも祭祀における問題なので、吉凶混雑の回避は、祟りをなした神を対象とする祭祀すなわち吉礼を十全にすることではかられる。

そこで神が要求したのは吉礼から凶礼の要素を排除することである。祭祀とは、神祇令に「致斎には、唯し祀の事の為に行ふこと得む　自余は悉く断めよ」などとあるとおり、集中が要求される。だから祭祀すなわち神への礼と同時に死者に対して礼を行うという二重の礼が、祭祀儀礼の妨げとなり祟りの原因となったのである。凶礼が問題ではあるものの凶礼そのものが単独で問題を生じたのではなく、問題はあくまでも吉礼である神祇祭祀への凶礼の混入ないし凶礼と兼ね行うことによる吉礼の不徹底にある。

これは神祇祭祀という限定された状況のみにおける喪服の問題である。服喪を含む喪葬は、対象とする死者を尊重する礼であり、国家の礼秩序を構成する要素の一つとして依然として位置づけられている。桓武天皇が主導した唐の制度のさらなる受容による王朝再編でも、喪葬は礼の一つであり国家秩序を構成し維持するものである。制度としてみると喪葬そのものは国家秩序を脅かすものではなく、むしろそれ自体は国家秩序を構築する欠くべからざるものであった。朝廷は吉礼凶礼ともにみずから扱い管理するべきものとして位置づけ、両者により秩序を構成し維持していた。だから凶礼である喪葬が朝廷から全面的に排除されることは原理的におこりえない。

つまり喪葬はつぎのような対立の構図のなかに位置づけられている。吉礼も凶礼もともに国家を構成するものとして位置づけられている。吉礼を行うことで国家はその秩序をより安定したものとして構築し、凶礼も同様に君臣や父子などの関係を構築し秩序を安定させる。神の祟りによって凶礼の排除が求められるものの、それは国家からの全面的な排除ではない。求められるのは国家のなかに位置づけられる吉礼の場面から、同じく国家の一部分を構成する凶礼を排除することである。国家を構成する二つの礼の競合があり、これらを分離することが要求されたのである。国家秩序と、その外側にあるべきものの分離が要求されたのではない。喪葬が構成する対立は、あくまで国家を構成する不可欠なもの同士の関係なのである。これの排除や分離は吉礼である神祇祭祀が一方的に求めているにすぎず、範囲もそこに限定されていた。

こうした重大な問題が生じたのははじめのことであった。光仁上皇の凶礼では、「国家恒祀は例に依りて幣を奠ると雖も（中略）悉く皆祟らむとす」と、恒例祭祀をそれまでに積み重ねられた先例の通りに行ったのだが、それにもかかわらず問題が生じた。服喪期間を三年から六カ月に短縮したときに「但し神郡はこの限りに在ず[37]」と、神郡は素服と挙哀を行わないとしているのは、聖武天皇の服喪期間の新嘗祭での「新嘗会を廃む。諒闇を以ての故なり。神祇官記を検ふるに、是の年神祇官の曹司に於て新嘗会の事を行ふといふ。[38]」に倣ってのことだろう。天皇は服喪して新嘗祭を行わなかったのだが、注によれば神祇官記には、祭祀を職掌とする神祇官は服喪による停止をしないで祭祀を遂行したという事例がすでにあったのである。[39]ちなみにこの聖武天皇の服喪期間の新嘗祭では祟りが発生したという記録はない。すなわち祭祀を行うものが服喪をせず集中して祭祀を行うことで、たとえほとんどの官人が服喪中であっても、それまではとくに問題は生じていなかった。そのような経緯もあって光仁上皇の喪でも同様に祭祀があっても多くの官人は喪服を着た状態であったのだが、長期間に及んだこともあって、これ以前とは異なり問題が生じたのである。すでに問題となる可能性が認識されていたならばそうした事態をあらかじめ回避するための対応がなされているはずで、この事態が回避されることなく生じたこと自体がそれまで喪服での祭祀が大きな問題となると認識されていなかったことをはからずも明らかにしている。このような事態は過去に例のない、はじめて生じた問題であった。

四　光仁上皇の喪と穢れ規定との関係

凶礼の期間を令の規定する一年から短縮して切り上げることは、制度化されるにいたっていないが、すでに奈良時代から行われてきた。まず注目されるのは光仁上皇の死の翌年一月三十日に「大祓す。百官素服を釈かず[40]」と、この時期に釈服しなかったことをわざわざ記録していることである。本来ならば釈服してしかるべき時期という認識があったことの裏返しであろう。これは光仁上皇の死から三十七日後、埋葬から二十三日のことである。一代前の称徳天皇のときも一年の服喪を短縮し、埋葬から三十六日後に行われた七七日の仏事の翌日に釈服している。その前の元正天皇の喪は、死から四十四日で、埋葬から三十七日で釈服である。

このように奈良時代には死者となった天皇を対象とする儀礼が、令の一年とは異なり一ヵ月ほど行われるのだが、これは薄葬思想により長期にわたる殯が行われなくなった結果とされ[42]、また仮寧令の規定も関連し[43]、さらに同時に仏教も影響を与えていると考えられる。すなわち殯が縮小されるのと同じころ、新田部親王の喪葬儀礼が先例とされてから初七日から七七日の法事がひろく行われるようになる。称徳天皇や桓武天皇の釈服が七七日と重なることや、『延喜式』神祇式伊勢大神宮にある禰宜以下の喪の規定では、仏教とは直接関係ない神職者の規定であるにもかかわらず祭祀から分離される期間が四十九日とされることをみると[44]、間接的であるにしても仏教からの影響を否定することは難しい。儒教や仏教などの複合的要因により、一ヵ月から四十九日ほどは、死者を対象とする儀礼を行うべき期間であるとされていた。ちなみに釈服したあとにはさらに心喪する期間がある。

これが平安時代にも引き継がれる。桓武天皇の母である高野新笠の喪葬では「百官及び畿内は、卅日を以て服期と為せ」と祭祀にも関与する官人の服喪について三十日とし、この期間がすぎると「百官服を釈き吉に従ふ」と釈服して吉礼が行える状態にしている。さらに桓武天皇の喪は初七日から七七日までの仏事を区切りとして、このすぐあとに釈服される。埋葬は死んだ当日ではなく二十日ほどしてから行われているので、それから三十日を数えると四十九日とほぼ重なる。つまり、高野新笠では死日から数えて三十日、また桓武天皇の場合は埋葬から三十日で釈服大祓をして祭祀可能な状態が回復される。奈良時代から行われていた一定期間の服喪は、光仁上皇の喪ののち、ともかく「三十日」に収束している。平安時代の服喪は奈良時代からの連続性に加えて、光仁上皇の喪のときに生じた神々が祟るという国家的問題が一つの契機となって、釈服大祓までの期間が三十日に収束してゆく。

これはとりもなおさず三十日という期間が喪葬儀礼の短縮の限界として認識されていたことを意味する。この期間はたとえ喪服を着ていなくとも喪葬儀礼をすべき状況にあると認識される。すなわち埋葬までの期間は遺体を安置していても、これから埋葬しなければならないとされる状態であって、死者との関係に拘束された状態と観念される。さらに中陰の仏事も多く埋葬と合わせて行われていたため、埋葬を終えても七七日が終わる頃までは死者との関係に強く拘束されていると考えられていたのである。

その期間の長さについては喪を理由とする祟りが生じたときに、祭祀との兼ね合いから改めて検討された。光仁上皇の喪を契機として、奈良時代から行われていたものの拘束力のある規範とまではなっていなかったものを、なすべき規範として再措定した。すなわち一ヵ月で釈服して従吉することが、祭祀を不備なく行うために倣うべき先例とされ規範としての性格を帯びるにいたった。規範的性格のない単なる通例が、神の祟りを契機として遵守すべき規範となったと考えられる。

この時期は式が編纂される期間にあたり、祭祀と喪葬の分離について祭祀の規定として盛り込まれた[45]。『弘仁式』として完成し、『延喜式』へと引き継がれるのだが、『西宮記』では神祇式の穢れ規定についてつぎのように引用する。

弘仁式云く、「穢悪の事に触れてまさに忌むべきは、人の死は卅日を限り、産は七日、六畜の死は五日、産は三日、その宍を喫《はめ》むおよび喪を弔ひ病を問ふは三日」と[46]。

また同様の内容について『儀式』では「応為大嘗会事」の「可忌事六条」の一つとしてつぎのように記している。

喪・産に預かり、ならびに雑畜の死・産に触るる事 喪は卅日を忌み、宍を食むは月を限りとし、産ならびに畜死は七日、産は三日、限りを満して后、祓へ清めて乃ち参れ、ただし祭事に預かるを得ず。[47]

数えはじめに二通りの可能性が考えられるが、人の死にかかわった場合、祭祀にあたって忌むべき日数はともかく「卅日」である。『弘仁式』の成立当初は死日と葬日のいずれから三十日を数えはじめるのかについて十分な共通理解がなく、そのため貞観格で議論の対象になっている。[48]

中世の事例でみられるように「人死」が死体との即物的接触を意味するならば、光仁上皇の喪での出来事は穢れと直接関係ないものと理解されるだろう。しかし神祇式の穢れ規定が成立した当初は、遺体の一部との即物的接触は「人死」の穢と判断されていない。[49]また「人死」が「預喪」とも言い換えられている。『儀式』大嘗祭の「喪は卅日を忌み（中略）限りを満して后、祓へ清めて乃ち参れ」という注記は、光仁上皇の喪で決定された「その諸国の服を釈く者は、祓の使到るを待ち、国内を祓ひ潔め、然して後に乃ち釈け」と類似性が高い。また祭祀の場から死を排除する典型とおもわれる『延喜式』神祇式伊勢大神宮の規定では「親喪」を問題の中心として「穢」と「素服」を深い関連があるものとして説明している。[50]これらをふまえるならば『弘仁式』の「人死」が即物的な死体やこれとの接触ではなく、むしろ喪葬を想定していることが理解される。前節で考察した通りである。

光仁上皇の喪における全国の神の祟りと、これを受けて行われた吉礼からの凶礼の分離ないし排除が、『弘仁式』に載せられる「人死」に触れたら三十日忌むという規定へ影響を与えた可能性は大きい。「国家恒祀は例に依りて幣を奠ると雖も」と、保守性の高い祭祀において恒例の通りに行ったにもかかわらず「災異荐に臻りて、妖徴並に見れたり」という事態があり、卜占により「伊勢大神と諸の神社と、悉く皆祟らむとす」と明かされ、国家的な一大事となりながら、王朝再編の一つでありこの時期に編纂がはじめられる『弘仁式』が無関係だと考えることは難しい。先行研究では弘仁・貞観年間に制度と密接に関係する穢れ概念が成立し、祟りをなす神の観念との関連があると指摘されているが、[51]この点は光仁上皇の喪での出来事と重なる。『弘仁式』の穢れ規定の成立の経緯について直接示す資料はないが、光仁上皇の喪葬での出来事がその成立のもっとも重要な契機の一つであったと推定できる。

律令の編纂時には、唐に見られる吉礼や凶礼を含む五礼による礼秩序の体系的枠組みが日本には存在せず、斎戒など祭祀に関するものや誄や諡など喪葬に関するものがまずそれぞれ個別に受容および整備され、相互に関係を確立することもなく、したがってたがいの関係が択一的であるとする認識もなかった。桓武天皇が唐の制度をさらに深く導入し王朝再編を行おうとしたことで、本来律令政治から相対的に独立していた神祇祭祀を吉礼として再認識し、凶礼ともに礼秩序という体系の構成要素として位置づけられるものであり、両者が競合関係にあることがより明確に意識されるにいたった。そして通例化した短期の服喪と異なり長期の服喪を行おうとしたことが契機となり全国の神々の祟りが生じたので、凶礼とかかわる者は祭祀から排除するべきと認識されるにいたったのである。

ようするに『弘仁式』の穢れ規定は、平安初期の王朝再編を意識した唐の制度のさらなる受容のなかで、より明確に認識されることになった吉凶の礼の対立観念を背景に、神々が悉く祟りをなすという国家的な危機を契機にして、吉礼である神祇祭祀から凶礼である喪葬を分離することを意図して定められた。吉凶の競合の問題をそのまま吉凶の峻別として制度化するのではなく、これを突きつけ提示した神を対象とする祭祀の問題として捉え、事態を解決すべく祭祀制度を改定し制度として明文化したものこそ『弘仁式』の穢れ規定なのである。

五　小結

本節では喪葬儀礼そのものに注目するのではなく、これがどのような機能を持ち、どのような事物から分離もしくは排除されるのか、さらにその理由は何かを考察し、そこから式文の穢れ規定の成立について論じた。

律令制下の喪葬は、官人の場合であれ天皇の場合であれ、ともに国家が関与する儀礼の一つとして位置づけられる。喪葬儀礼には身分秩序を実体化しこれを相互に確認する機能があり、国家の秩序を構築し再生産し維持する働きを持っている。喪葬が国家秩序維持のために排除されることはない。

光仁上皇の喪葬儀礼では全国の神が祟りをなすという問題が生じた。祟りの原因は吉礼と凶礼の混淆であり、喪葬儀礼を短期間で終わらせることで事態は収拾された。そしてこれをあくまでも神祇祭祀の問題であると捉え、祭祀を十全なものとするべく、祭祀者の喪葬儀礼への関与を制限することが制度として定められ『弘仁式』の穢れ規定となった。吉凶の混淆こそが問題であり、礼と礼とのあいだに競合関係もしくは択一関係があるため両者の峻別が求められ、吉礼すなわち神祇祭祀という限定された状況から喪葬儀礼が分離されたにすぎない。凶は悪い兆しや不浄を意味しているのではなく、国家秩序を構築する働きのある凶礼を意味しているのであり、これ自体が国家秩序の全体から排除されることはない。凶礼はそれ自体としては国家にとってはむしろ必要なものであった。

摂関期以降、中世さらに近世にいたる死穢観念とは、死を不浄でキタナイとし、可能なかぎり接触を避けようとする観念である。そこでも『弘仁式』で成立した穢れ規定が根拠としてしばしば引用されるが、両者は直結するものではない。穢れ規定は少なくとも成立当初は、死を不浄と見なし常に忌避することを規定しているのではなく、吉礼と凶礼の混淆を防ぐべく両者を分離させたにすぎない。

註

（１）高取正男『神道の成立』（平凡社、一九九三年）では、喪葬は浄・不浄という対立構造の中で不浄と位置づけられ、穢れとして忌避の対象と見なされるようになったとしている。そもそも喪葬は必ずしも祭祀と性質の異なるものとは認識されていなかったが、奈良時代末期になって吉凶の対立が明確に意識されるようになり、喪葬は祭祀と異質なものと明確に認識されるようになった。すなわち喪葬は祭祀に似たところがあるものの、結局性質の異なるものとして峻別されるようになったと、土師の改姓などを証拠として論じている。そしてこの吉凶がそのまま浄・不浄と結びついて穢れ観念が成立したとしている。
（２）『律令』は日本思想大系、『令集解』は新訂増補国史大系、

『延喜式』は訳注日本史料、『儀式』『西宮記』は神道大系、『日本書紀』は日本古典文学大系、『続日本紀』は新日本古典文学大系、『日本三代実録』は佐伯有義校訂標注『増補六国史』（朝日新聞社）を用いた。

（3）この時期の国家は律令制であり、喪葬について、唐令をもとに日本で編集された律令のうち喪葬令で定めている。日本と唐それぞれの喪葬令の比較したものに、大隅清陽「唐の礼制と日本」（池田温編『古代を考える　唐と日本』吉川弘文館、一九九二年）、池田温「唐・日喪葬令の一考察——條文配列の相異を中心として」（『法制史研究』四五、一九九六年）、大津透「天皇制と律令・礼の継受——衣服令・喪葬令をめぐる覚書」（池田温・劉峻文編『日中文化交流史叢書二　法律制度』大修館書店、一九九七年）、大津透『古代の天皇制』（岩波書店、一九九九年）などがある。日本の喪葬令でも喪葬を礼の一つの凶礼とする唐の位置づけを受容しているとしたうえで、個々の条文の受容や儀礼の変化およびそこに見られる天皇ないし皇帝と官人との関係の差異などが論じられている。渡部真弓「古代喪葬儀礼の変遷——天皇喪葬儀礼における吉凶意識の成立」（『神道宗教』一四五、一九九一年）、稲田奈津子「日本古代喪葬儀礼の特質——喪葬令からみた天皇と氏」（『史学雑誌』一〇九—九、二〇〇〇年）では、日本の実態よりその特徴を論じている。ちなみに和田萃『日本古代の儀礼と祭祀・信仰』上（塙書房、一九九五年）、同「古代における礼と身分意識」（朝尾直弘・網野善彦他編『日本の社会史七　社会観と世界像』岩波書店、一九八七年）などによると、喪葬儀礼は律令体制の確立に先立ち大和政権の成立と関連し大陸の儀礼制度の影響を受けて整備された。具体的には六世紀前半の安閑・宣化朝に、日本固有の葬送には本来なかった誄や諡号が取り入れられ、殯儀礼として整備されたという。これが律令制でも受け継がれ、いわゆる大化の薄葬令や大宝・養老の喪葬令にみられるように、喪葬儀礼は礼秩序の一要素としてさらに受容が深められたとされる。

（4）『令集解』巻第四、職員令、治部省、諸陵司（原漢文。以下同）。

（5）『律令』巻第九、喪葬令第二十六、十七条（原漢文。書き下しは日本思想大系によった。以下同）。

（6）喪儀司も「凶事・儀式及び喪葬の具を掌る」と喪儀に関与するが、諸陵司の職掌と重複することもあり大同二年に兵部省鼓吹司に併合されている。

（7）『律令』巻第二、職員令第二、十六条。

（8）天平元年八月には大寮に改められ、『延喜式』では諸陵寮として規定される。

（9）『律令』巻第九、喪葬令第二十六、四条、十六条。

（10）虎尾達哉「上代監喪使考——唐令監喪規定の継受と実態」（『史林』六八—六、一九八五年十一月）によれば「監護喪事」は他の史料にみえる「装束司及山作司」などと同じであるという。

（11）『律令』巻第九、喪葬令第二十六、五条。

（12）『律令』巻第九、喪葬令第二十六、八条「凡の親王一品には、方相轜車各一具、鼓一百面、大角五十口、小角一百口、

幡四百竿、金鉦鐃鼓各二面、楯七枚、発喪三日。二品には、鼓八十面、大角四十口、小角八十口、幡三百五十竿。三品・四品には。鼓六十面、大角三十口、小角六十口、幡三百竿。其れ轜車、鐃鼓、楯、鉦、及び発喪の日は。並に一品に準へよ。諸臣一位及び左右大臣は、皆二品に準へよ。二位及び大納言は、三品に準へよ。唯し楯、車を除け。三位には、轜一具、鼓四十面、大角二十口、小角四十口、幡二百竿、金鉦鐃鼓各一面、発喪一日。太政大臣には、方相轜車各一具、鼓一百四十面、大角七十口、小角一百四十口、幡五百竿、金鉦鐃鼓各四面、楯九枚、発喪五日。以外の葬具及び遊部は、並に別式に従へよ。五位以上及び親王、並に轜具及び帷帳を借り、若しくは私に備へむと欲はば聴せ。女も亦此に準へよ」。

(13)『日本書紀』巻第二十五・孝徳天皇、大化二年三月廿二日条（原漢文。書き下しは日本古典文学大系によった。以下同）。

(14) 天皇の外祖父母など一部に限られるが、死後に贈位贈官されることがあることからも、死後も官人であり続け国家秩序を構成し続けていることが理解される。

(15) 林紀昭「大化喪葬令の再検討」（『法学論叢』八五―五、一九六九年）では、大化では薄葬の意識は希薄であったとしている。

(16) ほかに田令で位田や職分田などでも身分に応じてその広さが定められる、『律令』巻第四、田令第九、四条に「凡そ位田は、一品に八十町。二品に六十町。三品に五十町。四品に四十町。正一位に八十町。従一位に七十四町。正二位に六十町。従二位に五十四町。正三位に四十町。従三位に三十四町。正四位に二十四町。従四位に二十町。正五位に十二町。従五位に八町」、同五条に「凡職分田は、太政大臣に四十町。左右大臣に三十町。大納言に二十町」とある。禄令でも食封についてやはり同様に国家での地位を基準に定めている。

(17)『律令』巻第七、衣服令第十九、四条、五条。

(18) 大津透「天皇制と律令・礼の継受」では衣服令と喪葬令が礼との密接な関連があることが指摘される。

(19) 和田萃『日本古代の儀礼と祭祀・信仰』上、同「古代における礼と身分意識」。

(20)『日本書紀』巻第三十・持統天皇、元年正月朔日条。

(21)『日本書紀』巻第三十・持統天皇、元年三月廿日条。

(22)『続日本紀』巻第三・文武天皇、大宝三年正月一日条（原漢文。書き下しは新日本古典文学大系によった。以下同）。

(23) 和田萃『日本古代の儀礼と祭祀・信仰』上でも同様の立場がとられている。

(24)『日本書紀』巻第二十九・天武天皇、十四年正月一日条。

(25) この時代は天皇と太上天皇の地位は峻別されておらず、太上天皇も天皇と同列に扱ったとみなして問題ない。

(26) 日本と唐の喪葬儀礼における異同については、大津透「天皇制と律令・礼の継受」や稲田奈津子「日本古代喪葬儀礼の特質」で詳しく論じられている。

(27) 渡部真弓「古代喪葬儀礼の研究――奈良時代における天皇喪葬儀礼の変遷」（『神道史研究』四〇―二、一九九二年）。

(28)『続日本紀』巻第三十六・桓武天皇、天応元年十二月廿三日条。
(29) 同前。
(30) 『続日本紀』巻第三十六・桓武天皇、天応元年十二月廿九日条「太行天皇の初七に当る。七大に寺於て誦経せしむ。是より後、七日に値ふ毎に京師諸寺に於て誦経せしむ。また天下の諸国に勅して、七七の日に、国分二寺に見にある僧尼をして奉為に設斎し以て追福せしむ」。
(31) 『続日本紀』巻第三十六・桓武天皇、天応元年十二月廿七日条。
(32) 『三代実録』巻第二十・清和天皇、貞観十三年十月五日条の「太皇大后崩」での服喪についての議論にみられるように、すくなくと貞観年間には、喪葬令が唐令ではなく唐礼によったものと認識されていることは瀧川政次郎『律令諸制及び令外官の研究』(角川書店、一九六七年)で指摘される。
(33) 『律令』巻第九、喪葬令第二十六、十七条「凡そ服紀は、君、父母及び夫、本主の為に、一年。祖父母、養父母に、五月。曽祖父母、外祖父母、伯叔父姑、妻、兄弟姉妹、夫の父母、嫡子に、三月。高祖父母、舅、姨、嫡母、継母、継父の同居、異父兄弟姉妹、衆子、嫡孫に、一月。衆孫、従父兄弟姉妹、兄弟子に、七日」。
(34) 『続日本紀』巻第八・元正天皇、養老五年十月十三日条。
(35) 『続日本紀』延暦元年七月廿九日~八月一日条。
(36) この祓使などについて、三橋正「大祓の成立と展開」(『神道古典研究』会報一二、一九九〇年)のなかで「釈服大祓」として考察している。
(37) 『続日本紀』巻第三十七・桓武天皇、天応元年十二月廿三日条。
(38) 『続日本紀』巻第十九・桓武天皇、天平勝宝八歳十一月十七日条。
(39) 高取正男『神道の成立』で指摘されている。
(40) 『続日本紀』巻第三十七・桓武天皇、延暦元年正月三十日条。
(41) 『続日本紀』巻第三十・称徳天皇、宝亀元年九月廿二日条「七七なり。山階寺に設斎す。諸国者は、国毎に管内の僧尼を金光・法華二寺に屈請して、行道・転経せしむ。是の日、京師及び天下の諸国に大祓せしむ」。翌廿三日条「一年の服期を停めて、天下をして吉に従はしむ」。
(42) 和田萃『日本古代の儀礼と祭祀・信仰』上。
(43) 『令集解』巻七、神祇令、散斎条の「穴云」では仮寧令が官人の「事為き時の為」で、非官人を含め祭祀の場合は「別式」すなわち神祇式に従うものと、関連付けて説明している。ちなみに仮寧令では父母の喪では解官、祖父母養父母などの喪では三十日とある。
(44) 本章第一節参照。
(45) ちなみに『令集解』巻七、神祇令、散斎条での「親喪」を祭祀から分離するという注釈はみな平安以降のもので、古記では何も言及されていないことをあわせて考えるならば、この時期に法制度が変化したであろうことが推し量られる。
(46) 『西宮記』臨時一(甲)、定穢事(原漢文。以下同)。
(47) 『儀式』巻第四、践祚大嘗祭儀下(原漢文。以下同)。

（48）『西宮記』臨時一（甲）、定穢事、「貞観六年、云く、「喪家当日に必ずしもこれを葬らず」と。或る経に云く「旬に及ぶに、而して死日より計へて限りを満たし、ただちに以て従事するは、すでに三十日を忌むの意に違ふ」と。今須く葬日を取りて始めてこれを忌むべし。改葬傷胎、なほ三十日を忌む。況むやいまだ葬らざるにおいておや」と『貞観式』（『拾芥抄』では貞観格として引用）が引用される。これによれば、三十日の数えはじめについて『弘仁式』では明確ではなかったことが理解される。

（49）『西宮記』臨時一（甲）、定穢事、裏書の勘物に「延長五年六月四日、左大臣参入す。云々。内蔵寮申して云く、「寮中に犬有あり、小児の足二つと腰および皮の絶えて懸るを咋入れたり」と。穢となすや否の由を勘へしむに、「貞観十九年四月に此の如きの例あり。かの時穢となさず、諸祭事を行へり。自今以後、此の如き事あるは、さらに穢と為すべからず」てへり。」とあり、死体そのものは穢とならないことが制度となっている。

（50）『延喜式』巻第四、神祇四、伊勢大神宮、六十五条「凡そ禰宜・大内人・雑色・物忌の父・小内人、親の喪に遭ふも、敢へて触穢しおよび素服を著けず。四十九日の後、祓へ清めて復任せよ。その服関の間は、外院に侍候して、祭物を供ふるに預からず、また内院に参入らざれ。傍親の服中もまた同じくせよ。ただし物忌の父死なば、その子は解任し、子死なば父もまた解任せよ。みな復任の限りに非ず」。

（51）三橋正「『延喜式』穢規定と穢意識」（『延喜式研究』二、一九八九年）。

第三節　摂関期の天皇の喪葬とその対立軸の変化
——喪葬の仏教儀礼化・朝廷からの分離・死穢の変質

一　はじめに

前節までで、穢れ規定が成立した律令期において「人死」の穢れとして想定されていたのはつまるところ喪葬儀礼の実行および関与であり、この喪葬儀礼すなわち凶礼は国家秩序を構成するものであって、それ自体としては国家から排除すべき対象にはなりえず、問題となるのはあくまでも神祇祭祀すなわち吉礼に限られていたことを論じた。その背景には吉礼は極度の集中が要求されるため凶礼と同時には実行できず、両者は択一関係にあり競合するものとする観念があった。

このような死や喪葬に関する認識や観念は、律令制が大きく変質した摂関期に、どのように受け継がれまたどのように変質するのであろうか。律令体制は儒教に由来する礼制度と一体のものであり、摂関制はこれが変質することで成立するわけだから、礼制度と密接な関係にある吉凶の礼の観念やそれぞれの儀礼の持つ意味も変容する。また摂関期には中世へとつながる浄土教が貴族社会へ浸透し、律令期には律令と一体の儒教的喪葬儀礼を行っていた天皇や貴族なども、浄土教的喪葬儀礼を行うようになる(1)。喪葬儀礼の性格は大きく変化し礼の競合という観念は解体され、その結果「人死」を穢れとする認識にも変化が生じる。第一章第一節で論じたように、穢れの排除もしくは分離は律令期には祭祀に限定されていたが摂関期になると朝廷儀礼の全体に及ぶことも、その一のあらわれである。

本節では、摂関期の天皇およびこれに準じる者の喪葬儀礼の具体的様相を史書・古記録・儀式書などから考察し、(2) 律令期に行われていた儒教的喪葬儀礼がどのように受け継がれ、また浄土教の影響によりどのように変容したか明らかにし、朝廷や国家秩序における喪葬儀礼の位置づけおよびその意味の変化さらには穢れ観念の変容について論じる。

二　摂関期における喪葬儀礼の典型

摂関制は、律令政治が行き詰まり変質する延喜年間頃より本格化してゆく。この時期の天皇の喪葬について、その死を予定することになるので律令では規定せず、律令を補完し時代の変化にも対応するべく編纂された摂関期の現行法的性格を持つ『延喜式』でも同様に規定していない。(3) これを記しているものとしては『西宮記』があげられる。『西宮記』は私撰儀式書ではあるが、『延喜式』を最後に律令格式があらたに編纂されなくなることもあって、摂関期には規範性を持つことになる。

この『西宮記』は「凶事」の「天皇崩事」で、喪葬の次第について「詔書の事」「警固・固関」「山陵の事」「御鷹を放つ事」「葬司を任ずる事」「一鋤を踏む事、覆土の事」「挙哀の事」「宮門を閇する事」「内膳に御膳を供する事」「呪願」「行事を定め被る」「棺を造る事」「御入棺の事」「諸陣・次第司の供奉する事」「陵内の事」「一年沙彌十口を置き御念仏する事」「御法会の事」の項目を立てて、死の直後から埋葬さらに法会にいたるまでを順序にしたがって簡潔に記している。(4)

このなかの「山陵事」は国家の頂点に位置する天皇に限定されるもので、年末の荷前儀礼という国家的儀礼の対象に加えられる。「葬司を任ずる事」も、注釈によれば律令期にも見られた「山作司、作路司、養役夫司」を任命することであり、[5] 喪葬を国家が執り行うことを意味する。また埋葬について「行事を定め被る」の注に「行事は上宰相陣に着き行事所々人を定む」とあり、首班がその身分において役割分担を定めるとしている。このように天皇の喪葬が律令期と同様に、引き続き国家的儀礼として位置づけられている。「挙哀」についても当然律令期より引きついだものなので、誰が行うのか明示されてはいないが、官人と諸国が行ったと考えられる。また「御入棺の事」と「陵内の事」には、注釈に「孝子」の語が見られ、喪葬を依然として子の父に対する礼として認識していたこともわかる。[6] そして律令期とは異なる特徴は「呪願」「二年沙彌十口を置き御念仏する事」「御法会の事」などの仏教者の関与の大きさである。『西宮記』によると摂関期の天皇の喪葬儀礼は、おおむね律令期のそれを受け継ぎ国家的儀礼として位置づけられ、加えて仏教的色彩をより増したものとなっている。これを一つの規範としつつも現実の喪葬儀礼は変化してゆく。

三　醍醐天皇の喪葬にみるその性格の変化

この時期の実際の喪葬はどのようなものだったのか具体的事例をたどる。それらは基本的に『西宮記』の記述に沿っているが、そこに収まりきらない喪葬儀礼に対する認識とともにそれぞれの実態を見ることができる。まずは醍醐天皇をとりあげる。延長八年六月二十六日に清涼殿に落雷があり、そのために死者も出て醍醐天皇も病気となった。九月二十二日には譲位する。二十七日に朱雀院に移ろうとするも病気はひどくなり、右近衛府大将曹司にとどまっていた。そして九月二十九日に臨終をむかえる。醍醐天皇の子であり、臨終のときにもそばにいた重明親王の『吏部王記』の文がつぎのように『醍醐寺雑事記』に引かれている。[7]

吏部王記に云く、「延長八年九月廿九日、丑時、院の御病大いに漸《すす》む。（中略）巳時、上、英明朝臣をして六条院に参らせ、三帰戒を受け給ふの由を申し奏さしむ。（昨日余、左大臣に三帰戒を授け奉るが宜しかるべきの由を語れり。）左大臣、即ち仰せて尊意法師をして用意せしむ。其の間日晩、法皇臨御す。故に奏するを果さず。此の暁に左大臣、御頭髪を剃るが宜しかるべきの由を奏す。余即ち左大臣に昨日の意を奏す。故に此の事有り。英明朝臣未だ報命せざるの間、御病彌《いよいよ》困す。即ち弾正親王をして以て早く受戒す可き由を左大臣に仰さしむ。尊意法師即ち三帰戒及び三聚浄戒を進め授け奉る。上強て洗しこれを授受せむとするに、余これを持ちて授く。尊意また三たび御頭髪を剃り、法名を奏進するに宝金剛を曰ふ。乃ち余に詔してこれを書かしむ。有頃て法皇また臨訪す。即ち弾正親王をして御《はべ》らしむ。左大臣早く大内に還る。日中法皇御座より出でて、斎供を進む。左大臣御所に進みて遺詔を請ふ。及び還りて陣を啓らくを請ふに上許さず。陣に還らば乃ち命ずるに、謚号を上つる可からず、及び左大臣を以て太政大臣と為し、醍醐寺に供米を施入し、年分度者を充つるの由を以てせむ。又弾正親王及び余を召して同じくこれを承けしむ。又急ぎて左大臣を召して、左右を去りて密事を命ず。大臣宮へ還り、天下に大赦し、八虐以下悉くこれを原《ゆる》す。聖行を祈る。是れ例なり。四刻、上、首を西にむけ脇を右にし登霞す。春秋四十有六」と(8)。

九月二十九日の早朝に醍醐上皇の病気の具合がひどくなった。十時ごろに英明に命じて、六条院に行かせ三帰戒をうけて出家すると伝えさせた。ちなみに昨日私は左大臣に三帰戒を受けるのがよいだろうといった。そして左大臣は尊意法師にその用意をさせた。その間日夜、宇多法皇が政治を行っていたので、奏上できなかった。未明に左大臣が髪を剃り出家するのがよいと奏上した。私は昨日のことを左大臣に奏上したのでこのことがあった。英明が戻ってくる前に病状はいよいよひどくなったので、弾正親王に命じて、早く受戒して出家すべきことを左大臣に伝えさせた。尊意法師が三帰戒と三聚浄戒を進めて授けた。醍醐上皇は無理をおして授受するので、私が受け渡した。尊意法師はまた三度髪を剃り、宝金剛という法名を与えた。そこで私に命じてこれを記録させた。

しばらくして宇多法皇がまた訪れた。弾正親王に命じて伺候させた。左大臣ははやく内裏に帰った。日中宇多法皇はそこを離れ斎食を供えた。左大臣は醍醐上皇のもとにもどり遺詔を請い、還って陣をひらくことを願った。醍醐上皇は陣に還ることを許さず、諡号を贈るべきではないこと、左大臣を太政大臣とすることに、醍醐寺には供米を施入し年分度者を充てることを命じた。醍醐上皇は弾正親王と私を呼んでこのことを確認させた。また差し迫って左大臣を呼んで人払いをして密事を命じた。大臣は宮中に帰り、先例の通り大赦などをした。昼過ぎに醍醐上皇は顔を西に向け右脇を下にして没した。没年四十六。引用される『吏部王記』にはこのように記されている。

臨終出家が中心となるあわただしい最期である。自身が左遷した菅原道真の祟りとも言われる内裏への落雷により病となり、回復を祈る五壇修法や金剛般若経の読経などが譲位以前には行われているが(9)、回復することなく死にいたる。五壇修法や金剛般若経の読経などは醍醐上皇を対象とした仏教者による治療行為として行われるが、臨終においては本人が受戒し落飾して出家者となる。出家について三帰戒を授けるのがよいであろうと左大臣に提案したのは「余」すなわち重明親王ではあるが、醍醐上皇自身も出家を願っていたであろうことは、病状がいよいよ悪化したときに受戒を求めたことからもうかがえる。また仏教によって死が受け止められたことは、醍醐上皇の最期が釈迦の最期と同じく、顔を西に向け右脇を下にするという姿勢にして死を迎えたと記述されることからも明らかである。国家の頂点にある者が、これを補助する技術として仏教を用いるにとどまらず、死を目前にして自らを仏教に委ねるという大きな変化である。律令国家的世界認識を前提として、この枠組みのなかで技術として仏教を利用することにとどまらず、さらに進めて律令国家的枠組みから仏教的なそれへと自身を位置づける枠組みを代えている。すなわち律令の枠組みを離れて、これとは異なる仏教の世界認識という枠組みのなかに自身を投じようとしている。

ただ律令国家の頂点にあるという位置づけから完全に離れるわけではない。諡号や左大臣の昇進なども出家とともに命じている。醍醐上皇が死にあたって自身が位置づけられるべき枠組みとして仏教的なそれを選びつつも、いまだ律令国家の頂点にある者でもあるという両面性が見られる。

これに加えて醍醐上皇の死に際して穢れが考慮されていると断定できる記述がいまだないことも指摘できる。『日本紀略』によれば、内裏の常寧殿を出て朱雀院に向かおうとしたのは危篤状態になる前のことであり、その動機が穢れを避けるためであるとただちに言うことはできない。内裏を出る理由は穢れの問題と考えることもできるが、譲位したら内裏を出て後院に遷るという慣例に従ったにすぎないとも考えられ、いずれとも断定できない。ただ右近衛府大将曹司での臨終の場面に居合わせた重明親王の日記に穢れへの言及が見られないことは注目される。

そして葬送へと続く。同じく「吏部記」だがつぎの部分は『西宮記』に引用されている。

延長八年九月二十九日、吏部記に云く、「午四剋、上首を西にむけ脇を右にし登遐す。春秋四十有六。余云々。内裏より仰せ有りて、僧二十口をして、昼は法華経を読ましめ、夕は侍りて念仏せしむ。 即ち尊勝陀羅尼を念ずるは、此の夕唯だ四口有り、後に漸く数を満たす。 日ごとに御洗一度膳を供し、及び名ある香鑪を焼く、 戸内は名香を五処、戸外は沈香を焼くこと一処 云々」と。

延長八年十月十一日、吏部記に云く、「云々、御穴内の鋪・地の敷等の事は、先例を勘ふるに、侍臣の供奉する所なり。其の後の復土の事は、臣等の奉仕す可きなり。導師の呪願了らば、御輿長、御棺を舁ぎて陵中に安置す。是れに先だちて陵中に御硯・書 楽毅論、蘭亭集序、瀛等三巻 幷びに色紙一筥・召す所の和琴・笛等を安ず。内蔵助義方の倭琴は、允《まこと》に是れ箏を調するを昆《あつ》くす。楽にして良名を預かる所の調琴は、皆平調を調《えら》ぶ。倭琴はここに律調す。皆袋の上に安ず。 唯だ筥は袋に入る。 壙戸を闔《と》じ了りて、右衛門尉阿刀常基復土す。先例は納言以上を用ふ。而して山作所の行事の中納言兼輔・治部卿当幹、病に辞す。中宮大夫伊望・弾正大弼公頼奉仕し可し。而して故障を申さずして窃かに逃ぐ。故に常基奉仕せり。凡そ山陵の事多く礼を闕く。初め陵地を穿つ事、先例は四位を用ふ、而して大夫奉仕せず。役夫をして奉仕せしむ。御壙の闔《ふた》を開く事は木工頭を用ふ。而して病に辞す。故に助の常生これを奉仕す。初め未だ御陵の中に遷すの前、陵上に軽幄を設く。壙戸を闔《と》じ、了《つい》に黄幡を建つ。幡は初め御輿の小屋形の中に安ず。仰せて木工に幡竿を作らしむ。勢祐法師これを建つ。右中将英明朝臣、幡の端を持つ。先例、孝子これを執る。而して行事の告知せしめざる所なり。故にこれを失す。(中略)英明朝臣大臣に申して云く、「宇多院より仰せ有りて、醍醐勧修寺の僧数口を召して、山陵に候はしめ、暫く念仏を奉仕せしむ。云々」と。日入りて孝子等還る。余幄においてこれを拝みて呪す。還りて朱雀院の西廊の倚廬に往く。施きたる調布を焼き、幕内に鋪きたる葉はこれを畳む十二日、山作所、山陵に率都波三基を立つ。是の日、孝子等暫く商布衣を脱ぐ。七日ごとにこれを着る。其間鈍色布の直衣を着る。唯だ九親王・源氏は猲衣を服す。侍臣はこれを服す。而して孝子これを着るは失なり」と。(10)

延長八年九月二十九日に醍醐上皇は四十六歳で崩ずる。内裏からの求めで僧が呼ばれ、昼は法華経、夜は念仏があげられる。そして十月十一日に埋葬される。この喪葬は全般的に先例とは異なり礼を欠くことが多かった。先例によると「復土」は納言以上の者が行うのだが、該当するものが病気だと称して辞退したり、また理由も言わずに逃れたので、先例にかなわないにもかかわらず他の者がかわって担当した。ほかにも山陵を最初に穿つ役割は、先例では四位以上が用いられるにもかかわらず、大夫は奉仕しないで役夫が奉仕した。墓穴を開け閉めするのも本来担当すべき木工頭が病と称して辞退し、木工助が代わって行った。さらには墓を閉じた後に黄幡を立てるとき、先例では喪葬の中心となるべき孝子がその幡の端を持つのだが、進行役の不手際でそのようには行われなかった。埋葬が終わったあと、宇多院からの命令で数人の僧に山陵で念仏をさせた。そして翌日には山陵に卒都婆が建てられた。このような次第で喪葬は行われた。ちなみに醍醐上皇は生前に譲位しているのだが、行われた喪葬儀礼は『西宮記』に載せる「太上天皇・皇祖母崩」ではなく「天皇崩事」に相当する。喪葬儀礼は天皇として行われた。

この喪葬には二つの特徴がある。

まず一つ目にして最大の変化は、喪葬から国家の秩序を構成する礼としての性格が実態において失われていることである。孝子が担うべき役目すなわち黄幡の端を持つという役目を、被葬者との関係がまったく異なる他者に譲ることで、喪葬は父への子の行う礼という性格は失われている。また他の役割においても本来務めるべき者が辞退し、その代わりは同等の身分の者ではなく、その場にいた身分のより低い者が務めている。礼秩序の一つとして喪葬が位置づけられているならば、官人は自身の地位を確保し相互に確認するためにもこれに参加すべきなのだが、醍醐上皇の喪葬では死者への接触は避けられている。すなわち君臣関係・身分秩序を実体化した国家儀礼としての性格は失われているということができる。部分的に礼を欠いたのではなく、「凡そ山陵事多く礼を闕く」とあるように、全体を総括したところ礼としての構成が崩れているのである。それまで死者を対象とする行為は礼秩序の範疇で行われていたが、ここにいたってその位置づけは失われている。

もう一つの特徴は、臨終より引き続いて仏教が大きな役割を果たしていることである。国家儀礼としての体裁が崩れることに呼応するように、仏教の役割が大きくなっている。喪葬は、死の直後に念仏し、埋葬後に念仏を奉仕し、また卒都波を建てるなど、はじめからおわりまで仏教色が濃厚である。ようするに「ほとんど仏式[11]」なのである。

ところで喪葬での仏教儀礼は、国家儀礼を補完するものとしてこれ以前にすでに行われていた。かつては死者に対する儀礼である殯は一年以上という長期にわたっていたのだが[12]、奈良時代に短縮され元明天皇では一週間ほどになる[13]。服喪期間も一年と令では定めるが、実際はまちまちである。持統天皇のときは遺詔により停止したり[14]、文武天皇のときは服喪一カ月であり、殯の期間の五カ月のほうが長期におよんでいる[15]。聖武天皇では仏教との関係から一年間殺生を禁断としたり[16]、律令期でも必ずしも一定の喪葬の形式が行われていたのではない。喪葬は国家儀礼としての位置づけがあり、そのうえでの具体的な手段は比較的自由であった。礼秩序を原理とする儀礼の具体的様式が一定しない一方、これと並行して仏教による追善は安定したかたちで行われていた。初七日から七七日までの法事は奈良時代のはじめの新田部親王を先例として定着していた[17]。必ずしも遺体を埋葬する部分を担ったわけではないが、喪葬儀礼の具体的手法として仏教は形式の安定しない儒教的国家儀礼と並行してすでに行われ、儒教的国家儀礼よりも安定して行われていたのである。

しかし醍醐上皇の喪葬で仏教がはたした役割やその性格は、奈良時代から行われてきた仏教儀礼とは異なっている。それまではあくまでも喪葬には国家儀礼としての位置づけがあり、具体的手法の一つもしくは補助的手段として仏教儀礼も採用されたにすぎず、国家儀礼を否定するものでもないし、これにとって代わるものでもなかった。それが醍醐上皇の喪葬では、朝廷やその構成者は喪葬の管理や実行に消極的になり、一部には果たすべき役割でさえも忌避するものがあらわれる一方で、仏教はその役割を拡大している。すなわち国家儀礼としての位置づけや性格が失われて、代わりに仏教が主導的な役割を担っている。同じ仏式の喪葬でも以前とはこの点で質的に異なる。もはや国家儀礼の枠組みのなかに位置づけられる一つの技法・技術としてではなく、国家儀礼と併存するのでもない。喪葬は国家の管理する秩序からその外へと追いやられ、仏教が代わって全面的に引き受けようとしている。

ただ依然として国家儀礼の性格が保たれている部分もある。実態とは必ずしも一致していないものの、『西宮記』では喪葬儀礼は礼であるべきだと認識されており、また制度もそのようになっており、いまだ喪葬は礼だとする規範意識は維持されている。ほかにも具体的に「百官素服[18]」であったり、山陵が作られ荷前の対象とされることにその性格が依然としてうかがえるが、醍醐上皇が荷前の対象に加えられた最後の人であり、以後入れ替えは行われなくなり固定する[19]。国家儀礼的性格がまだ観念としては維持されているものの、実態はすでに崩れ失われはじめていて、まさに喪葬儀礼の性格の転換期にある。

四　宇多法皇とそれに続く譲位後の喪葬

喪葬への国家の関与が後退してゆくさまは、醍醐上皇の没した翌年、その父である宇多法皇の喪葬でも同様に見ることができる。

承平元年七月十九日、吏部記に云く、法皇仁和寺に崩ず。六十五
廿日、云々。亥時法皇を大内山魂殿に移す。式部卿親王・京極御息所・優童親王、喪服す。自余は遺詔に依りて悉く停止す。御棺は先年造搆する所なり。竹にて台を為し、鈍色絹にてこれを覆ひ、以て小屋形を為す。大輿の上は構搆を繞みて、絹帷を垂らしこれを蔽ふ。唯だ瓮を以て香を焼き、香輿を造らず。歩障・行障無し。御輿長は大夫十二人。殿上人六位四十六人を以て輿を賀すなり。大夫等燭を秉る云々。
廿一日、朝廷、固関使を遣す。馬寮・三関常の如し。云々。
廿五日、天子錫紵を服す。蓋し法皇の喪なり
廿八日、上服を除き、諸陣の固を停め、関に使を遣す云々。
八月五日、丑刻、法皇を火葬す。云々[20]

喪葬儀礼については、遺詔によりその晩年に法皇の最も身近に仕えた者が喪服を着るにとどめられ、それ以外はすべて停止される。喪葬は国家の頂点にあるものとして行われるのではない。すでに譲位して久しいということもあり、国家的儀礼としてではなく私的な喪葬儀礼となっている。天皇の臣下たる一般官人の喪がその家にと

どまり国家的儀礼とはならないことと近い。天皇の錫紵について「蓋し法皇の喪なり」とわざわざ注記されることからも、法皇のために喪に服すことが必ずしも自明ではないことがわかる。すなわち宇多法皇の喪葬では本来ならばその主体となるべき朱雀天皇が中心的役割を果たしてはいない[21]。

遺詔の内容については、『日本紀略』七月二十日条には「遺詔して云く、葬司を任じ喪料を行ひ国忌を置き荷前に列する事、並に自余庶事、惣て皆停止せよとのたまへり[22]」、さらに廿五日「法皇の遺制に依りて、諸司・諸国の挙哀・素服を止む。天皇は錫紵を服す[23]」とあり、『貞信公記』では「遺詔有りて、御葬司を任ずるを停む可し。料物・国忌・荷前・諸の崩ずる後の雑事も同じくすとのたまへり」「天皇錫紵を服す。殿上・侍臣は服を著けず。彼の院の諸人著けざるに依るなり」とある[24]。喪葬を国家が扱うことも、費用を出すこともなく、定期的に行われる国忌や荷前の対象にも加えない。さらに天皇は錫紵を着るものの、院の人々は喪服を着ず殿上人もこれに倣い喪服を着ない。諸国も挙哀や喪服を停止する。つまるところ国家儀礼として行われるべきことが、ことごとく遺詔により停止されているのである。とくに山陵祭祀の対象としないことと官人が喪服を着ないという点は、醍醐上皇の場合と決定的に異なる。

つぎの朱雀上皇も譲位しており同様である。その遺詔は宇多法皇の遺詔を踏襲したもので、喪葬は国家儀礼としての性格が大きく失われていく。

天暦六年八月十五日、上皇崩す。十七日、雑事を行ふことを定めらる。院の別当朝忠朝臣、陣外に参り、遺詔に依りて、喪司を任ぜず御喪料を行はず、山陵・国忌を置かず、荷前に列せず、自余の雑事は惣て停止に従ふ可きの由、伝へて外記に宣ぶ。上卿参りて聞く。即ち挙哀・素服・喪司等の雑事の停止の由先ず宣下す。また御葬日に至りては廃務し、御心喪は三月とす。（中略）諸卿の定に依りて申せらく、本服は三月の間、飲宴し楽を作し、臣下の美服を著るを停むる由、官符を下知す。（中略）神事を行はるの時、彼れ障り有るが若くして、これを為すは如何せむ。定めらるる所に仍て行ふや、但だ美服を著けざるの制に依り、巻纓して皆軽服の如し。然して神事の日は、猶美服を著け候ふ可し云々。(25)

朱雀上皇は十五日に没した。十七日に院別当の朝忠が陣外に来て、遺詔により喪司や喪料は停止し、また山陵の造営や荷前・国忌の対象とせず、その他喪葬についてはすべて停止とすると伝えてきた。上卿はこれを聞いてすぐに挙哀・素服、喪司など喪葬儀礼を停止するとまず宣下し、葬送の日は廃務、心喪三ヵ月とした。さらに心喪の三ヵ月は、飲食する宴や音楽を奏でること、臣下の美服を止めるものとして、太政官符を下知した。神事を行う場合さわりとなったらどうするかというのに対して、決められた通りに行うこととする。ただ美服を着ないとする場合は巻纓をつけるのだが、これではみな軽服のようなので、神事の日は美服を着ることとする。死に伴うことはこのように決められた。

喪司や喪料は停止し、また山陵の造営や荷前・国忌の対象とせず、その他喪葬についてはすべて停止とするという遺詔の根幹部分は、宇多法皇の遺詔の「御葬司を任ずるを停む可し。料物・国忌・荷前・諸の崩ずる後の雑事も同じくす」とほぼ同じである。譲位したあとに死を迎えた点は同じだが、醍醐上皇は太上天皇としてではなく天皇として喪葬儀礼が行われ、山陵を作り荷前の対象ともなっているのに対し、朱雀上皇は山陵を作らず荷前という恒常的な儀礼対象とはならず、心喪による服喪のみである。やはり譲位してしばらくして死んだため、天皇としてではなく上皇として喪葬が行われ、そこから国家秩序を構成する性格は失われている。

さらに神事の場合について言及し、心喪の服装は軽服のようなので神事ではこれではなく、美服を着ることとしている。これは光仁上皇の長期にわたる喪で神々の祟りという大きな問題が生じたとき、喪服を着て祭祀を行うという吉凶混淆が祟りの原因とされ、吉凶を峻別するべく喪服の期間を短縮して解決をはかったこととの関連をうかがわせるものとなっている。(26)

そして葬送について「李部王記」が伝えている。

李部王記に云く、「（中略）廿日、御葬送す。御前僧廿人、大僧都禅喜は呪願し、律師鎮朝は御導師たり。云々。取意抄也 郁芳門の路より東行し、東路を経て、七条路より鴨河の浮橋を渡る。亥時、陵所の諸寺は路を夾み幕を設け念仏す。院の殿上四五位人、招き迎へ、大《はじ》め外陣の辺りに候ふ。御輿は南門より入り、王卿退き幄に著く。其れ山作之□左中将藤原朝臣朝成 乃至 僧二口、荼毘の事に奉仕す。云々、其の上物幷びに御輿等は、内墻の北に於いてこれを焼く。云々。

廿一日の朝、御舎利を醍醐寺東に遷し奉る。左中将藤原朝臣朝忠持ち奉り、律師鎮朝・醍醐寺座主定助法師・陰陽助平野宿禰茂樹は相従ひ安じ奉る。云々」と。(27)

これによると、二十日に行われた葬送は、御前僧が二十人、大僧都禅喜が呪願し、律師鎮朝が導師となっている。大内裏の東南にある郁芳門から東へ向かい、鴨川をわたり午前十時頃に来定寺北野の陵所に到着した。ちなみに陵所の語を用いているが喪葬令にいうところの山陵とは意味が異なり、ここでは荼毘に付す場所を意味する。そして寺では道をはさんで幕を設置し念仏をした。四位五位の院殿上人が迎火を持って外の辺りへ出向き、御輿は南門を入った。王や公卿は退き幕に着いた。山作司の左中将藤原朝忠と僧二口によって荼毘に付された。御輿などの物は敷地内の北で焼いた。そして翌二十一日、遺骨を醍醐寺の東に移した。山作司の藤原朝忠が遺骨を持ち、律師鎮朝、醍醐寺座主の定助法師、陰陽助平野茂樹がこれに従い、安置したというのだ。

大内裏から陵所への移動は僧侶等により行われ、寺では念仏を行う。院にもっとも近く仕えた院殿上人が陵所に控えこれを迎え、山作司と僧によって荼毘に付される。遺骨の安置もこれらの山作司と僧たちによって行われる。喪葬は被葬者との個人的関係の深い者と仏教者とによって行われている。

このあとの冷泉天皇、円融天皇、花山天皇の三人が死を迎えるのは、いずれも譲位してしばらくしてからである。没した順にたどると『日本紀略』にはつぎのようにある。円融法皇は正暦二年二月十二日に没し、十九日に「太上法皇を円融寺の北原に葬る。御骨を村上山陵に置く。遺詔に依りて素服・挙哀・国忌・山陵を停む。但し天下諒闇す。天皇及侍臣侍女は素服を著す」とある。花山法皇は寛弘五年二月八日に没し、十一日には「遺詔に依りて素服・挙哀を停む。又今日より廃朝す」、十七日「華山法皇を紙屋川上法音寺の北に葬り奉る」となる。冷泉天皇は、一条天皇が没した数ヵ月後、三条朝となってすぐ、寛弘八年十月二十四日に没した。二十五日の詔書では「今日より来月十六日に至るまで、音奏を停め幷びに廃朝すべきの由、諸国に仰すべし。（中略）素服・挙哀・宴飲・作楽・美服等を停止す云々」と、いずれも宇多法皇・朱雀上皇等の遺詔と類似するものとなっている。

このように摂関期の宇多法皇以降の上皇の喪葬では、かつて行われていた死後の国家儀礼をいずれも停止し、仏教儀礼がこれに代わっている。ただ国家的位置づけの停止はいずれも遺詔によるものである。すなわち喪葬を国家儀礼としないことの根拠は、この国家の内在的要素であって外部の力の影響だけではない。上皇が詔を下す立場にあるから、自身の喪葬を国家的に位置づけることを停止できたのである。その意味では律令国家からの連続性が根底にはあるからこそ停止が可能となっているとも指摘できる。

五　村上天皇の喪葬

延喜以降の天皇の多くは譲位をしたのちに死を迎えており、在位中に死を迎える場合は少ない。村上天皇は在位のまま死を迎えた一人である。

○十四日壬寅。除目す。今日、天皇初めて御不予なり。○廿日戊申。五畿内幷びに伊賀・伊勢国等廿六箇国、率都婆六千基を立つ可きの由、宣旨を下さる。高さ七尺、径八寸。天皇の御悩に依る也。○廿五日癸丑。天皇不予に依り、詔して天下に大赦す。（中略）巳刻。天皇清涼殿に崩ず。春秋四十二、在位二十一年。皇太子天祚を凝花舎に受く。（中略）○廿七日乙卯。諸国に仰せて素服・挙哀を止む。但し心喪有る可しといへり。（中略）亥時。先皇〔村上〕御入棺す。○廿八日丙辰。先皇の御葬日に至るまで、諸司廃務す可しといへり。(28)

村上天皇は康保四年五月十四日に病気となり、二十日に病気平癒を願い畿内や伊勢などの国に卒塔婆六千基を立てさせ、二十五日には大赦を行うも午前中に清涼殿で死を迎えた。それから皇太子が践祚する。村上天皇は譲位はせず在位のまま没したので、本来なら天皇としての喪葬儀礼が行われるはずである。しかし二十七日には諸国に対して素服と挙哀を停止して心喪することを命じている。すなわち死んだ天皇に対する律令国家的儀礼は停止される。これは譲位して上皇となってから死を迎えた場合の対応をおおむね踏襲している。二十八日には埋葬までの間、廃務とした。

○六月二日己未。七寺諷誦を修す。初七日に依る也。素服・挙哀、宴飲・作楽・美服を停止す。○四日辛酉。今夕、先皇を山城国葛野郡田邑郷北中尾に於いて土葬し奉る。酉四剋、陰明・宜秋・殷富門より出御す。親王公卿已下供奉す。僧都観理、内膳司の南門に於いて御導師を勤む。権律師法蔵、呪願を為す。○十日丁卯。明日の月次・神今食停止す可きを奏す。先帝の御穢中に依る也。○十六日。三七日御誦経使、七寺。天皇錫紵を除く。臣下も同じく之を除く。（中略）○六月卅日丁亥。親王・院司等冷泉院に於いて先帝の五七日の御諷誦を修す。○七月七日甲午。先帝六七日の御善根を冷泉院に於いて修す。○十四日辛丑。清涼殿に於いて先帝の四十九日の御斎会を修す。嘉祥三年の例也。又旧臣等冷泉院に於いて之を修す。少僧都観理、講師為り。○十五日壬寅。政始む。寅剋より内竪に音奏の事有り。

○康保五年五月廿日壬寅。雲林院に於いて周忌の御斎会を修す。七僧の外、加へて二百僧を請ふ。○廿五日丁未。天台大日院に於いて先帝の周忌を修す。親王女御等諷誦を修す。(29)

六月二日に初七日の法事が行われ、素服・挙哀を停止することと、心喪すること具体的には宴飲・作楽・美服を停止することがあらためて命じられる。四日には村上天皇が山城国の葛野郡に土葬される。内裏を出て親王公卿らが従い、僧都観理と権律師法蔵が導師と呪願をつとめた。十日には村上天皇の穢れを理由として月次祭と神今食が停止される。十六日に三七日の法事をし、天皇および臣下が喪服を脱いだ。初七日の素服停止の命令と合わせれば、この喪服は国家全体ではなく親族や関係の深い一部の人に限られていたことが理解される。そして六月三十日、七月七日、同十四日に、冷泉院でそれぞれ五七日、六七日、七七日の法事が親王・院司・旧臣といった関係が深い人々によって行われる。七七日の法事は嘉祥三年の仁明天皇の例に倣い、観理を講師として清涼殿でも行われる。これら中陰の法事を終えた翌日、十五日には政治がはじめられ朝廷は正常化する。それから翌年五月二十日と二十五日には一周忌の法事が行われる。

国家的儀礼としての喪葬儀礼は停止するが、血縁者やかかわりの深かった旧臣ら朝廷の構成者でもある人々が中心となり、導師と呪願を伴う葬送と中陰および一周忌の法事という仏教的喪葬儀礼を私的に行っている。同じ人々が公的場面と私的場面を分離して、喪葬儀礼を朝廷の公的な儀礼としては行わないが、私的には儀礼をしている。上皇の場合は私的喪葬への朝廷の構成者の参加は顕著ではなかったが、在位中に没した村上天皇の場合は、私的儀礼の参加者と朝廷の中心をなす人がおおむね重なっていることは一つの特徴である。

加えて喪葬と穢れの関連をうかがわせる内容が簡潔であるが記されていることが注目される。六月十日の月次祭と神今食の停止は「先帝の御穢中」を理由としている。「人死」の穢れとは喪葬へ関与であり、村上天皇の場合、内裏で没したのでそこは当然穢れとなるし、少なからぬ官人がかかわり穢れとなる。埋葬からまだ六日しか経過していない祭祀は村上天皇の喪葬による穢れを理由として中止される。

六　一条天皇の服喪と喪葬

一条天皇の喪葬になると様相はさらに変化する。これについては古記録が残されているためより詳細にわかる。これ以前との違いが資料の性質の違いに由来するとも考えられるが、ともかく実態が読み取れる。一条天皇は寛弘八年五月二十二日に「天皇始て不予」[30]となり、六月十三日には譲位する。翌十四日には「太上皇の御悩甚だ重し」となり、十九日にはこの病状の悪化を受け「太上皇落髪し入道す」と出家するも、二十二日に一条院の中殿で没する。この臨終の場面は『権記』に記されている。

> 六月廿二日、甲子、卯剋、院に参る。近く床下に候ず。御悩の危急なるに依り、心中に窃かに弥陀仏を念じ奉り、極楽へ廻向し奉る。上皇時々また念仏す。権僧正ならびに僧都深覚・明救・隆円・院源・尋光・律師尋円等また近く候じ念仏す。僧正魔障を追はむが為に只だ加持を奉仕するなり。辰剋、臨終の御気有り。仍りて左大臣、右大臣以下に示し、皆殿を下らしむ。暫くありて、蘇生させ給ふ云々。即ち諸卿等参上す。午剋、上皇気色絶ゆ。左丞相の命に依り、下官初め穢とせず。倩《つらつら》思慮を廻らすに、穢あらずして出仕す可きの理無し。即ち触穢を案内し申す。[31]

『権記』の著者である藤原行成は、二十二日の午前六時頃、一条院に参上し上皇の近くに控え、心中で極楽往生できるように廻向していた。上皇も時々念仏をしていた。権僧正や僧都深覚・明救・隆円・院源・尋光、さらに律師尋円等がすぐそばで念仏し、僧正は魔障を排除するために加持をした。午前八時頃にまさに死にそうな気配となったので、左大臣の藤原道長は右大臣藤原顕光以下の者に建物から下がるように命じた。しばらくして蘇生したなどというので、すぐに公卿たちは参上した。昼ごろ上皇は息絶えた。左大臣の命令により、行成ははじめ穢れとはしなかった。しかしよく思い巡らし、穢れとならずに出仕すべき理はないと思い、触穢の案内を申した。引き続き仏教が重要な役割を果たしている。また死を迎えるかと思われるときに公卿を下がらせたこと、穢れの問題についてすぐに言及している点では、これ以前の場合と異なっている。

このあとの対応については議論があった。その経緯は『小右記』に詳しい。

七月六日、丁巳、申剋許りに院に参る。権僧正と相逢ひ清談するの間、左大臣出でらるに遇ふ。立ちながら良久しく、院の崩じ給ふ間、幷びに後々の雑事を談ぜらる。「御穢に籠り候ず可き事、諸人は難有るか。然り而して彼の間、心神不覚にして、後事を知らざるに、籠り候ずる所なり。籠り候ぜしむるは後に院の間を見る事、若し候ぜざれば、極めて不便なる可し。」云々。また「素服を給はる可し。而して彼れ是れ人々云く『来月十一日の行幸、参入せざるがごときは、便無かる可きか。彼の日は御四十九日の正日にて、御素服を釈く可からず。』と。また思ひ煩ひ一定すること能はず」といへり。余答へて云く、「御穢に籠り候じ給ふの事、理は然る可からず。其の故は、新帝の未だ万機に臨まざるの間、巨細の事を執行せしむるに、傍に其の人無し。而して籠り給ふ御忌穢は如何。」頗る甘心の気有り。素服を著せらるるは、案有る可きの事なり。素服を給はると称して行幸に扈従せざれば便無かる可きか。其の間多事なり。偏にまた道理なり。また云く、「彼の行幸の日、騎馬にて扈従す可からず、車に乗り別道を取りて参入す可し」といへり。また云く、「素服を給はらずと雖も、猶軽服を著るべし。神事有るの時は、吉服を著る可し。」云々と。（中略）下官相府に申して云く、「院司の外は吉服を著る可し。但し冠・表衣の外、平絹を著く可し。御四十九日間、垂纓して院に参りては、便無かる可きか。巻纓して参入は如何」と。相府答へて云く、「然る可き事なり。就中、蔵人頭を経るの人達、其の心有る可きか。また自余の人達は綾の下襲を著るは、また何の難有らむや」といへり[32]。

藤原実資がこの日一条院に行き、権僧正と出会い話をしていると、左大臣の道長が出てきた。立ったまましばらく話をした。院が亡くなった時のことや、その後のいろいろなことを話した。「穢れとなり忌み籠もらなければならず、皆は不都合があるかもしれない。そうではあるが、その間一条上皇は心身不覚でそのあとどうなるかわからなかったので籠もり控えていた。もし控えていなかったら極めて都合が悪かったのだ」などといった。また「素服を支給すべきなのだが、人々はあれこれ言うことに「来月の十一日の新帝の行幸にもし行かなかったら具合が悪いだろうか。その日は四十九日にあたり、素服を脱ぐべきでない」という。思い煩って決定できない」。このように左大臣は話した。

これに対して実資は答えた。「穢れによって忌み籠もることの理はそうではない。というのも、新しい天皇はまだ政治を行っておらず、大小様々なことを任せるべき人がいないのに、最後まで院に伺候して忌み穢れになるのはどうなのか」と。道長はとても納得している様子だった。素服を着るのかは案があるべきことだ。素服をもらったといって行幸に従わなかったら具合が悪いだろうか。その間は多忙である。まったく道理である。また言った。「その行幸の日は騎馬で従うべきではなく、車に乗って別の道を通って参るのがよい」と。また「素服を貰わなかったとしても軽服を着るのがよい。神事があるときは吉服を着るべきである」などといった。

さらに藤原実資は道長に言った。「院司のほかは吉服を着るのがよいだろう。ただし冠と衣のほかに平絹がよい。四十九日間は垂纓冠で院に参るのは不都合だろうか。巻纓で参るのはどうだろうか」。道長は答えた。「それがよい。とりわけ蔵人頭を経た人たちにはその心があるだろうか。ほかの人たちが綾の下襲衣を着るのは、何かはばかりがあるだろうか」。

『小右記』によればこのようなやりとりがなされた。一条天皇が没したこのとき首班であった道長は「思煩い

「一定する能わず」とあるように　喪葬に関してどのようにすべきかすぐには判断できず、故実に詳しい藤原実資に意見を求めたのである。ここでの話題の中心にありまたその後の行動でも中心的関心事となるのは、喪服と穢れの二つのことである。まず穢れに関する行動や議論はつぎのように進展する。

十八日、己丑（中略）昨夕、左相府参内す。直衣を著く院の御穢に籠り候ぜらるるの後、今初て参る云々。(33)

衣服について決定した十七日の夕刻に、道長は直衣を着て、院の死により生じた穢れのために忌み籠もったあとはじめて内裏に参上した。ここでは、これより以前の天皇や上皇の喪葬では問題視された形跡がほとんど確認されない穢れについて言及している。

穢れについては、さかのぼる六月二十二日に亡くなった直後、さらに七月六日の実資との会話で道長はすでに心配していた。(34)故実に詳しい実資は過敏にはならず、穢れにより忌み籠もることと、それにより生じる支障とを勘案して判断している。実資の言葉からは、本来はこのような状況では天皇を補佐する職務が優先され、穢れにより忌み籠もっているべきではないという認識がうかがえる。また穢れとなったら参内せずに忌み籠もるものだという道長の考えから、新しい天皇が喪葬の当事者となるとは考えられていないことがわかる。もし新しい天皇が喪葬を行うのであればともに穢れとなるのだから、穢れが参内せず忌み籠もる理由にはなりえないからである。穢れとなったら忌み籠もり、新しい天皇を中心とする国家行事から排除されることは『小右記』にある「左府御穢に候われるの間、右府承け行う云々(35)」とあることからも明らかであり、新しい天皇は喪葬と直接かかわることなく、政治や儀礼を行っている。

さらに葬送のときにも穢れに注意が払われている。七月八日に行われた葬送は『権記』に詳しい。それによると喪葬の次第は朱雀天皇の時と基本的に変わらない。敦康親王によって「先ず素服・挙哀幷に国忌・山陵等の事、一切止む可し」と示される。一条院での納棺では導師や僧による呪願があり、その後埋葬地へと向かい大臣以下の藤原行成を含む貴族と僧が見守るなかで荼毘に付される。九日に骨を拾い骨壺に収め、これを円成寺へと移し、そのあと院へと帰ってくる。七月二十日に円成寺で骨を納めるべく作られたのは三昧堂のような小堂であった。実際この小堂の中に骨壺を納めるわけだが、ここで穢れに意識が注がれている。

大蔵卿・朝任・成順・頼国等参上す。転りて舁ぎ御在所の南戸の外に置く。成順・頼国退下す。以上二人の穢、去る八日より三十日を計ふ可きなり。次に戸を開き、もと戸内に在りし厨子一基を舁ぎ出だす。寺僧等これを舁ぎ出だす。大蔵卿・朝任二人は小堂を舁ぎ、戸内に入る。相公堂戸を開き、桶を取り出だす。更に以て御骨壺を件の桶に入れ奉納し事了ぬ。大蔵卿・朝任の穢、今日より卅日を計ふ可し。件の穢の事院に帰参し定めらるるなり。(36)

骨壺へ接触した者は穢れとなる。大蔵・卿朝任は穢れではなくなるまでの三十日間の数えはじめがこの日となる。これに対して、小堂を運んだがそこで退出し骨壺の移動に直接はかかわらなかった成順と頼国について、両者が参加した葬送が行われた八日から三十日を数えるものとして、ここではあらためて穢れに伝染してはいないと判断している。『小右記』でもこの時のことを伝え聞いた内容として、

参議正光・左少将朝任、御骸骨に副ひて動かし奉る。仍て院の座に著かず。但し蔵人二人成順・頼国・御骸骨を動かし奉るに供せざるに依り、彼の所に候ずと雖も、穢と為さず云々。(37)

とある。骨壺を移動させた当事者は穢れとなっているので、院に参上したものの着座はしない。ただ葬送や骨を拾う現場に居合わせたとしても、成順と頼国のように骨やこれを収めた骨壺との接触がないならば穢れとはなら

ないと、理由とともに穢れの有無を述べている。「人死」の穢れは律令期と異なりもはや喪葬儀礼の実行や参加を意味しない。葬送への参加とは無関係にただ死体や遺骨を運んだり触れたりという即物的な関係の成立こそが「人死」の穢れとなるのである。

実際に穢れが問題視されたことに加えて、これを藤原行成や藤原実資がわざわざ書き留めていること自体に関心の高さが見られる。ちなみにここでは祭祀については言及されておらず、穢れは最終的には祭祀において問題となるにしても、当面は穢れそれ自体の問題として扱われていることも律令期と異なる特徴といえる[38]。穢れに関する記述でとられる視点は祭祀が十全に行われるか否かではなく、直接的には祭祀と無関係に穢れとなるか否かそれ自体にばかり意識は向けられている。喪葬に伴って生じた事態であるが、遺骨や骨壺といったより即物的接触を基準にこれを論じるばかりである。

つぎに喪服についてだが、これについての記述は数日遡ったところから見える。

十四日、乙酉、四条大納言告げ送りて云く、「昨、院に参り左丞相に謁す。雑事の次に云く、『諸卿侍従、御穢を忌まず悉く以て著座す。御四十九日間、鈍衣を著けず院に候ずるは、便宜無かる可し。今に至りて鈍色を著け参入す可きの由、定められ了んぬ』といへり。但し参内の時、心喪装束を著くる可し、云々」といへり。事両端に分かれ據る所無きに似たり。左右の間に只だ彼の定在り。此の定の後、未だ鈍色を著けざるは、院に参る可からず[39]。

大納言である藤原公任が、昨日院にいって道長に会って喪葬などについて話したと伝えてきた。公卿や侍従は穢れを忌まず、みんな着座していた。四十九日の間は鈍衣を着ないで院にいるのは具合がよくないので、いまから鈍衣を着て来ることにすると決定した。ただし内裏に行くときには心喪装束を着るものとするなどといった。

これら言っていることはバラバラで根拠がないようだ。あれこれいうことでそれらを決めただけなのだ。この決定のあと、鈍色の衣をまだ着ていない者は院に来てはならないとなった。このように藤原公任からの報告と、それを受けた藤原実資の道長が下した判断や決定に対しての所感が述べられている。ただこうした決定も翻されることになる。

十七日、戊子、資平、院より告げ送りて云く、「頭弁云く、『左府命じて云く、「御傍親ならびに院司および素服を給はるの人の外は、鈍色を著く可からず。初めの定の如く、心喪装束を著け、院および内裏に参る可し」』」といへり。件の定、日々変改す。宛も掌を反すが如し。近日心喪衣服を著けるは、斯の儀改む可からざるか。但し朝に定むるも夕に変ず。猶一定し難きがごとし。吉事に於いて改むこと無かる可し。況むや凶事においておや。晩景に資平来たりて云く、「旧臣の着服の事、初め申し送るが如し。但し或は云く、『御法事の日ばかり、皆、鈍色を着すべし云々』」と。此の事、拠る所無きに似る。亦々、案内を取るべし。[40]

十七日には院より資平が伝えてきた。左大臣道長がつぎのように命じたという。すなわち一条天皇の傍系の親族および院司と素服をもらった人以外は喪服を着てはならない。はじめに決めたように心喪装束を着て院や内裏に参上するのがよい。このように命じたという。この決定は日ごとに変えられ、あたかも手の平を返すようである。ここ数日心喪の衣服を着るとしたことは変えるべきではないのではないか。ただ朝に決定しても夜に変更し、まだ決定しがたいようだ。吉事でさえ変更しないのだから凶事ではなおさらだ。夕方に資平が来て言った。旧臣の衣服のことははじめに通達した通りである。ただし法事の日だけはみな鈍色の衣を着用するべきだとも言った。喪服に関するこうした決定は根拠がないようである。さらに先例などを取り寄せるのがよい。このようになかなか最終的な決定にはいたらない。

結局、「朱雀院の御時に殿上・侍臣の服を著る等の間の日記」を取り寄せ参照して、「御傍親幷に院司・素服人々の外、鈍色を著る可からず。猶心喪装束を著けるがごとくし、大内及び院に参る可し」と決定され決着した。喪服を着るのは近親や近臣のみであり、そのほかの官人や諸国は美服を避けるというもので、服喪は私的関係にある一部のものが行うにとどまり、国家全体が服喪するわけではない。

先例が規範としての性格を増す時代にもかかわらず、首班である道長でさえ倣うべき具体的な先例も、また抽象的な原理も心得ていない。喪服は埋葬後に行う死者を対象とする礼の実体で、喪服の着用こそが礼なのである。それにもかかわらず道長は判断しかねている。天皇の死に際した葬送やこれと不可分な儀礼に関する規範がもはや失われ、実質のある制度として機能しているとは言いがたい。喪服について判断するにあたり礼としていかにすべきかという視点はなく、ただ衣服のみの問題へと矮小化して議論している。一条天皇の喪葬は、しかし、これで終わらない。

院に参り春宮大夫・藤中納言等に相遇ひ清談するに次に云く、「故院御存生の日、中宮・左府に聞せられ、また近習の人々に仰されて云く、「土葬の礼を行はる可し。また御骨は円融院法皇の御陵の辺に埋め奉る可し」と。而して忘却し其の事を行はず。相府思ひ出してまた歎息す。仍て御骸骨暫く円成寺に安置し奉り、三箇年を過ぎて　大将軍西方に在り　円融院法皇の御陵の辺に移し奉る可し。また一周忌の間は、円成寺に於いて阿弥陀護摩を修せらる。伴侶六口　また円融院に移し奉るの前三箇年は、五箇口僧を以て念仏を奉仕す可し」といへり。[41]

七月十二日に実資が院に参上すると、春宮大夫、隆家らと会って話をするなかでつぎのような話を聞いた。一条天皇は生前に、土葬の礼を行い円融院法皇御陵のあたりに埋葬して欲しいと、中宮や道長さらに近習に言っていたのだが、このことを忘れていてそのようにしなかった。道長はこのことを思い出してため息をついた。そして遺骨は三年間円成寺に安置したあとに円融院法皇の御陵のほとりに移すことにした。また一周忌までの間は円成寺で阿弥陀護摩を行い、円融院法皇御陵へ移すまでの三年間は五人の僧によって念仏を行うこととした。ちなみに三年ののち円融院の近くへ移すことは前日の十一日に決められている。『小右記』はこのように伝えている。「土葬の礼」が忘れられ火葬ののち遺骨が寺に安置されるという事態は象徴的である。死者が律令国家的・儒教的礼秩序の範疇で捉えられることはなくなっている。[42]「土葬の礼」により国家儀礼の対象である山陵に準じる場所へ埋葬するかわりに、三年間安置される円成寺に造られたのは三昧堂のような小堂である。死者はもはや国家儀礼の対象ではなく、仏教的枠組みで捉えられ理解される者であり、仏教儀礼の対象としての遺体・遺骨でしかない。

さらに注目すべきことに、この国家的儀礼の対象ではない死者はあらたな私的行為の対象となっている。その端緒が『小右記』の「日来、下臈・上達部及殿上人、連日円成寺に参る云々。御骨を訪ね奉るか、其の心を得ず」[43]という部分に見られる。実資はこの事態に対して、意図や感情を理解できないとしているのだが、特殊例外ではなく、身分の低い者から高い者まで多くの貴族たちが連日安置されている遺骨を訪問している。

葬送に参加しその場に立ちあいながらも死者への即物的接触そのものを穢れとして極力避けようとしているのだが、一方で多くの者はみずから私的に死者への接触を図っている。すなわち死者への接触が朝廷という公的場面から排除され忌避されると同時に、これとは別のあらたな私的尊重が行われるようになっている。山陵祭祀は国家的に行われる制度であるのに対して私的尊重は制度化されずに行われるという違いがあるものの、遺体ないし遺骨のある場所へ訪れるという点では同じであり両者には連続性もある。山陵祭祀などの国家儀礼の対象となる死者の生成は停止されるわけだが、ただ消失するのではなく、仏教化し私的に行われる儀礼の対象という異なる形態となったと捉えられる。

七　後一条天皇の喪葬

後一条天皇は、『日本紀略』によれば長元九年四月十七日、落飾出家し、そのあと崩御とある。崩御以降の喪葬に関わる一連の事柄は『左経記』より凶事を抜き書きした『類聚雑例』に詳しく記されている。

四月十七日、主上去る三月の比より不例御す。（中略）漸く戌刻に及ぶの間、遂に清涼殿に崩ず。関白相府、諸卿に示し仰せられ云く「御譲位有る可きの由、詔を奉はり、次に東宮に参啓するの間、忽ち晏駕するを以て、今に於いては、其の儀行はる可からず。只だ今、御剣等を持ち、早く昭陽舎に参らる可き也」といへり。（中略）次相府、内府を招きて（夜大殿の内に候ぜらる也。）之を問はるるに「御帳の内に安じ奉る剣璽等、女房に知らしめず、取り奉りて来らる可し。」といへり。内府帰入し、之を取りて座に来たり。関白相府之を受け取り、昼御帳の内に安じ奉るの後、近衛司を召す。（左少将行経、同中将資房）御帳前に参り候ず。関白相府、御帳を褰げ給ひ、取り奉る可きの由を仰せらる。行経跪行し御剣を取り、次資房御璽を取りて殿上より出ず。関白幷びに内府等御殿上より出御す。（中略）御前に御し、面して関白詔を蒙るの後、昇殿・侍中の宣旨を下さるか。

後一条天皇は長元九年の三月頃から病気になり、四月十七日の戌刻に内裏の清涼殿で没した。関白藤原頼通は諸卿に示して「天皇から譲位をするべき由の詔を受けて、つぎに東宮に伝えようとする間に、忽然と天皇が崩御したため、今となってはその儀は実行できない。ただ今は剣璽を持って早く皇太子のいる昭陽舎に参るべきだ」といった。関白は夜大殿にいた内大臣教通を呼んで、このことを問うて「夜大殿の御帳内に置いてある剣璽を女房に知らせずに持ってくるのがよい」といった。内大臣は夜大殿に戻り剣璽を持って来た。関白は受け取って昼御帳の内に安置したあと、近衛司を呼び昼御帳の前に控えさせた。関白は御帳を挙げて剣璽を持ってゆくように命じた。行経と資房は剣璽をとって退出した。関白や内大臣等も退出した。関白は御前に来て面して関白の詔を受けたあと、昇殿や侍中の宣旨を下したのだろうか。後一条天皇の死に対してまずこうした対応がなされた。

体調の悪化から崩御までの時間が短かったのであろうか。三月の頃から病気であったがこの日まで出家もせず、臨終での自身および周囲からの念仏も行っていない。この日も住吉社および石清水・賀茂上下・北野の神社へ奉幣しているが、『類聚雑例』には出家のこともない。さらに譲位もせぬままに崩御している。一条天皇が臨終に譲位しさらに出家し本人も周囲も念仏に努めることと異なっている。在位中の死として延喜年間以降には村上天皇の例がありこれに倣うという選択もありえたが、ここでは異なる対応をしている。崩御後の一連の対応は、まずこれを女房に秘して譲位を実行に移すという特異な対応からはじまる。すなわち譲位は本来天皇が儀式で重要な役割を果たすが、天皇が参加しない形で譲位の儀式をした。このことを『日本紀略』では「如在之儀」と記している(44)。これ以前にはないことである。

そして二日後の十九日に関白のもとで公卿等と喪葬儀礼に関することが議論され決定される。

一、中宮出御す可き事（中略）

一、先帝他所に遷し奉る可きや否やの事

彼れ此れ申されて云く「禁中より発葬の礼を行はるは、頗る事憚り有る可し。他所に移し奉るの後、爾より葬礼を備へ、御葬送有る可きか。但し日次無きは此の限り非ず。」

一、遷し奉る可き所の事

人々申され云く「一条院宜しきか。但だ破損殊に甚しきを以て云々。然る若きは便無きか。」（以下略）

三つのことが議論された。一つ目は中宮は葬送より前の吉日に内裏を出ることである。二つ目は葬送を内裏から行うことには憚りがあるので、まず別の場所に移動させてそこから葬送を行うことである。そもそも天皇在位のまま死んだときには内裏で葬送を含む喪葬儀礼を行う。もし内裏で喪葬儀礼をはじめるのを回避するならば譲位して内裏を出ればいいのだが、後一条天皇は病気となっても譲位もせず出家もしなかった。それにもかかわらず内裏で喪葬儀礼をはじめることを「頗る事憚り有る可し」と、強く忌避しているのであり、特徴的な対応である。ちなみにここではすでに後一条天皇のことを「先帝」と表記していて、如在之儀で行われた譲位が手続きとして完了し認められたことがわかる。これ以降の一連の葬送は天皇としてではなく上皇として行われる。

三つ目は、これを受けてその移動先の場所をどこにするかである。葬送のまえに遷すべき場所として一条院と法成寺の二ヵ所の候補地が示されるなどしたが決定までには至らない。そして二日後にさらに議論される。

二十一日、(中略)又陰陽助時親を召し、先朝を他所に遷し奉ること幷びに御葬日等を問はる。
二十二日(中略)関白相府、内府(中略)三位中将等、清涼殿上に参会す。相府、式部大輔資業朝臣をして陰陽助時親に問はしむるに云く「先帝を他所に遷し奉ること、今日は如何。」申さしめて云く「今日は吉日也。今日の外、忽ちには宜しき日無きか」といへり。又仰せられて云く「遷座の所より吉方を以て、御葬所を点ず可きか。はた清涼殿より吉方を取る可きか。先例を尋ぬるに、共に其忌を避く可し云々、如何。」申さしめて云く「先例の如きは共に避く可き也」といへり。重ねて仰せられて云く「遷し奉る可き所、大略一条院、法成寺等の若きの間也。若し件の両所より御葬所を点ずるは、其れ如何。」申さしめて云く「御葬所は両所より申方を点ず可き也。然れば御在所一定の後、申を定む可きか。」又仰せられて云く「御葬送事、時親仕へ奉る可き也。其の勘文を進む可し」といへり。申さしめて云く「未だ伝習せざる事也。仍りて勘文を奉る。今夕は其れ憚有り」といへり。重ねて仰せられて云く「申す所当らず。早く勘申す可し」といへり。次、遷し奉る可きの所を定めらるに、旁がた其の憚り有り。未だ一定せられざる間、関白相府、女院御消息に依り、弘徽殿に参らしめ給ふ。頃之帰り出で給ふ。「上東門院に遷し奉る可きの由、院宣有り」といへり。即ち此の由を以て仰せらる。時親又右大弁幷びに丹波守行任朝臣を差し遣はし、彼の院の東対を装束せしむ(45)。

四月二十一日、中宮は翌二十二日に移動することを決定し、そのあとで陰陽助時親を呼んで先帝の移動先と葬送日を質問している。そして翌日二十二日に公卿等と話し合われる。時親によると、この日が吉日にあたり他にはすぐに吉日はない。つぎに葬送および移動場所について話し合われる。関白が、葬送場所は吉方とするが、それは死んだ清涼殿からかそれとも移動した先からなのか、また移動先として一条院か法成寺のあたりを考えているがそこからどの方角がよいのかと問う。時親は、先例に依拠して両方から吉方にあたる場所とするとし、清涼殿と移動先の両所から申の方角とすべきと答え(46)、移動先が決定してから葬送場所を決定するのがよいかと言うと、関白は、葬送に関することは時親が行うものとし、勘文を求めた。時親はまだ習っていないので後日勘文を出すと答えるものの、関白はすぐに勘申するように命じる。またつぎに移動先について、みな憚って決定できずにいる間に、関白は女院からの知らせを受けて弘徽殿に行き戻ってきて、上東門院（京極殿・土御門邸）に遷すとする院宣があったと伝え、そのように命じた。これを受けて時親は右大弁と丹波守を派遣して上東門院の東対のしつらえを整備させた。この日を逃すとしばらく吉日がないこともあり、上東門院のさまざまな準備はすぐさま行われ、後一条天皇は上東門院へと遷された。

関白が、後一条天皇を移動させる日取りや葬送場所や移動先の場所を決定する議論を主導しているが、いかにすべきかを必ずしも把握しておらず、もっぱら陰陽助時親に質問している。ただこの時親も葬送に関することは「未だ伝習せざる事也」と、十分には知らず後日勘文を進めたいと願うのだが、関白はこれを許さずすぐに勘申せよと命じている。こうしたなかで関白が陰陽師を頼ったことは興味深い。
移動が終わり二十六日には初七日の仏事をする。

四月二十六日甲戌、天陰小雨。（中略）次、七ヶ寺に於て初七日御誦経を行はる。須らく去二十三日行はるべき也。而して彼日は欠日并びに凶会日、同四日は復日、同五日は女院御衰日なり。仍りて今日行はる。是れ応和四年の例也。又今日より始めて御四十九日間、毎日麻布三段を以て、珍皇寺に於いて御誦経せむ。

内裏では喪を発せずに上東門院に遷し数日が経過していたが、初七日は二十三日に行うべきであったが応和四年の例に倣いこの日に延期されたとあり、法事は実際の死日を起点として日にちを数えている。以降四十九日まで同様に中陰の法事は行われる。仏教儀礼はこれまでと同じように安定して行われている。そして三七日ののち葬送について決められる。

五月十三日庚寅、天晴。（中略）此の日、内府并びに権大納言・新大納言・民部卿（中略）等、関白の御直廬に参会し、雑事を定めらる。
一、御葬所の事
彼れ此れ申されて云く「先、陰陽師并に然る可きの人人を遣はし、方角并びに便なる可きを巡検するの後、左右せらる可きか。」
一、御骨御葬所に蔵し奉る可きか、将に他所に遷し奉る可きかの事
同じく申されて云く「先例を見るに、多く寺辺に渡し奉る」といへり。（中略）人々申され云く「御葬所の近辺の寺々、宜しきか。」即ち式部大輔資業朝臣を召し仰せられて云く「陰陽師時親并びに検非違使一両

を召し具して罷り向かふ。御所より申方、御葬所幷びに御骨を遷し奉るの寺寺及行路の便宜を巡検す可し。（中略）」

一、御骨を蔵し奉るの寺に於いて一周忌の間護摩幷に御念仏を修す可き事

人々申されて云く「須らく御葬送より後の朝、件の事等行はるべき也。而して大略日次を見るに、連々宜しからず。頗る延引す。二十五日許り始めらるは如何。但し御念仏に於いては、御葬送の夜行はる可し。必ず吉日を求む可からず」といへり。又新帝御心喪幷びに八省豊楽院修造等之事を定めらる。晩景に及び、資業朝臣・時親等帰参し申して云く「神楽岡東辺を巡検するに、一条より以南、上東門の末より以北、御在所より申方に便所有り。其の地を以て山作所と為す可き也。（中略）又浄土寺内に故僧正明救旧室有り。御骨を遷し奉るに甚だ便宜有り。(47)」

五月十三日には火葬およびその後について決定した。まずすでに議論されてきた火葬場所であるが、陰陽師時親等を現地に派遣し方角がよく葬送に都合にもよい場所を探させ、その結果を待って決めることとした。

つぎに火葬後の遺骨をその場所に埋めるかまた別の場所に遷すのかについて話し合われた。先例では仏教寺院の近辺に安置されていて、火葬場所の近くの寺がよいだろうとされた。これも時親等を現地に向かわせ条件に合致する場所を探させることとなる。

さらに遺骨を安置した寺で一周忌まで護摩と念仏をすることに話は及ぶ。葬送の翌朝から行うべきだが日取りがよくないので連日延期とし、二十五日からはじめることが提案される。ただ念仏は吉日であるかにかかわらず葬送の夜から行うのがよいとされる。さらに新帝すなわち後朱雀天皇の心喪や大内裏の八省院と豊楽院の修理についても定められた。そして夕方になって時親等が帰り報告した。神楽岡の東側に一条よりも南で上東門より北で、後一条天皇の在所から申の方角に都合のよい場所があったので、そこを火葬場所とするのがよい。またその

近くにある浄土寺には故僧正明救がかつて使っていた部屋があり、遺骨を遷し安置するのに都合がよい。この報告を受けて葬送場所が決定された。

ここでは一周忌までの護摩や念仏について条件が提示されるにとどまり決定の具体的内容は見えないが、十七日に「又関白相府、今夜より始め一周忌を限りて、浄土寺に於いて、先帝の為に、阿弥陀護摩を修せられ奉る」とあり、さらに十八日に「又二十口僧を請ひ、今日より御在所の南座に於いて御念仏を始めらる。（僧正四口、僧都三口、律師一口、凡僧十二口。）」とあり、ほどなく実行に移されている。

新帝後朱雀天皇の心喪に関して、別記に詳しく記されている。

〔別記〕長元九年五月十三日、庚寅、天晴

一、新帝御心喪の間の御服色の事

人々申されて云く「勅定に依る可きか。」関白命じて云く「先儀有る可きの様、奉行するを欲する也。仍りて先例を尋ぬるに、延喜二十三年、主上、先坊の御事に依り、御心喪の間、御服は鈍色云々。又天暦六年、朱雀院の御事に依り、御心喪間、同じく鈍色云々。彼の時臣下皆奏すと雖も、然る可からざるの由、叡慮より起こり著し給ふ云々。抑そも彼の間皆さしたる事無し。但し当時に於いては、代初為るに依り、連々神事を行はる可し。鈍色を著し給ふは、尤も其の憚有る可きか如何」。彼れ此れ申して云く「然る可き事也。[48]」

新帝が心喪の間に着る衣服の色をどうすべきか議論されている。その場の人々が、天皇の勅により決定されるべきかと言った。関白がつぎのように言った。先儀であるべきとされるように行いたい。そこで先例を調べてみると延喜二十三年に当時皇太子であった保明親王が没したとき醍醐天皇の心喪の間の衣服は鈍色だったなどとある。天暦六年に朱雀上皇が没したとき村上天皇は心喪の間は同じように鈍色だったなどとある。その時は臣下が奏上したが、そうしないことを天皇が考えて鈍色を着たのだなどとある。そもそもこれらの先例では心喪中にしなければならないことがなかった。しかし現在は代初めであるため神事を連続して行わなければならない。だから鈍色を着ることは憚りがあるに違いないが、どうだろうか。この関白の発言を受けて公卿たちは、その通りであると答えた。

ここではすでに新帝が心喪することが前提となっている。喪葬令によると天皇の死であれば臣下が皆喪に服すとされ、また実父および養子となった場合はその父が死ねば喪に服すとされる。しかしそうしないことが前提とされているのは譲位したあとに死んだとされたからであろう。譲位後の死であれば、国家の財政を浪費せず政治的空白を作らないため、国家的喪葬儀礼は停止し通常業務を続け、天皇も喪葬令にあるような喪には服さないまたは期間の短縮という先例がすでに積み重ねられていて、これに従ったのである。

そして喪服を着ない心喪を前提に衣服の色が議論される。あくまで死者を悼む心であることが表現されねばならないので、参照された先例ではきらびやかな色を避け鈍色すなわち濃い灰色としている。天暦六年の例では着用する天皇自身が鈍色と決定している。しかしこの度は、天皇は即位してすぐなので一連の神事をせねばならず、その場合鈍色では都合が悪い。心喪と祭祀で相応しい衣服がたがいに矛盾するなかで、祭祀での都合が優先された。心喪する前に極めて短い時間ではあるが天皇は喪服を着ている。別記によると陰陽師の勘文により決められている。

〔別記〕五月十九日、（中略）先皇、御葬事有り。神楽岡東辺者。（中略）此れより前、陰陽寮に仰せて日時の勘文を献ぜしむ。

釈申　御錫紵日時

著御　今月十九日丙申　時戌四点　申方に向御す可し寅と卯との間。
除御　二十一日戊戌　時戌四点　同じ方に向御す可し。
長元九年五月十九日陰陽頭巨勢朝臣孝秀[49]

陰陽師の勘文に依拠して、後一条天皇の葬送をした五月十九日から二十一日までの間、新帝は錫紵を着た。この三日という期間は延喜七年の七条中宮（藤原温子）の例や、天暦六年の朱雀上皇の喪、応和四年の村上天皇中宮（藤原安子）の喪に倣うものである。[50] そして除服すると心喪の期間となる。葬送が夕方になってからはじめられ終わるのは翌日になることを考えれば実質的には葬送の間だけの喪服着用である。本来服喪期間の大半は葬送を終えたあとに喪服を着用している期間であるはずだが、そうした期間は極小化され事実上なくなっている。

また天皇が錫紵を着ることと密接に関連する国家的喪葬儀礼について悉く停止するという遺詔が、錫紵の着用の日に天皇に伝えられる。

十九日（中略）今日戌剋を以て御錫紵の事有る可し。（中略）其後、左中弁経輔朝臣、関白の仰せを奉り、左衛門之外に参り、大外記頼隆真人をして申さしめて云く「後一条院の遺詔に称はく、葬官を任じ、素服・挙哀・国忌・山陵等類、悉く停止せらる可し。」といへり。[51]

この国家的喪葬儀礼停止はすでに上皇が遺詔する先例が多くあり、それに倣ったものである。天皇の喪ではなく上皇の喪としては先例の通りである。ちなみに諡号についても停止することがさかのぼる五月一日に決定されている。[52]

この日は一方で葬送も行われる。関白・内大臣以下が控える殿上で念仏がはじめられる。山作所すなわち火葬場所と道や橋の整備は早朝にはじめられていて、夕方になると素服や当色が支給され服装を整えて葬送がはじめられる。一条院で作られた御輿が運ばれ、そこに棺が乗せられ上東門院を出発する。東に向かい神楽岡の東の火葬場所にいたり、御輿から棺を担ぎ下ろす。移動の節目では導師の呪願などが行われ、また御前僧も葬送行列に加わっていて、仏教者と一体に葬送は進められている。そして荼毘に付す間も、僧正や僧都等が近辺で念仏をしている。

十九日（中略）辰剋に及び、荼毘を挙げ奉る。事畢り先ず貴所の板敷壁等を破却し、酒を以て火を滅す。慶命・尋光・延尋（中略）済祇等、土沙を呪して御葬所の上に散ず。其の後、権大納言・新大納言（中略）権少僧都済祇等、御骨を経輔・兼房朝臣等に給ふ。折敷を採り祇候す。御骨一升許を以て茶垸壺に納め奉り、加へて呪砂を納む。真言書一巻梵本を以て壺上に結へ付く。左中弁経輔朝臣、之を懸け奉り浄土寺に渡し奉る。此の間上下道俗涙を拭はざる莫し。次、式部大輔資業朝臣・美作守定経朝臣等御葬所に向ひ、鋤を採り土を覆す。其の後人夫等此の役に従ふ。御墓上に石率都婆を立て、陀羅尼を蔵し其の廻に釘貫を立つ。又右衛門尉季任、人夫をして塘を掘らしむ。其の廻、樹を殖ゑしむ云々。（中略）事畢りて関白相府以下、路に帰る云々(53)。

遺体が焼き上がると、その火葬場所の壁などを壊し酒をかけ火を消す。そして僧侶が呪を施した土砂を遺骨の上に散らす土砂加持をして、そのあと遺骨を経輔・兼房等に与えた。一升ばかりの遺骨を骨壺に納め入れ、呪を施した土砂も加え、梵文の真言書を結びつけた。経輔等はこの骨壺を懸けて浄土寺に移動した。ちなみに後日浄土寺は荘厳を加えられる(54)。その間身分にかかわらず皆涙を流した。そしてつぎに、資業や定経が火葬場所に向かい鋤で土を覆り、人夫が続けた。その上に石卒塔婆を立て陀羅尼を納めてまわりに囲いを立て堀をつくり周囲に木を植えさせた。つまりこの場所は火葬の跡地でこのとき遺骨は安置されていないが墓というべき施設を造った。ちなみに六月十九日にここに三昧堂が立てられ、のちに伽藍を構え菩提樹院と称され、数年後の長久元年には浄土寺に安置されていた遺骨がここに遷される。

火葬したあとの遺骨に土砂加持が行われそのまま骨壺に収められ、また遺骨が寺に安置されるなど、葬送および死後の扱いの核心的部分が仏教により担われていることがあらためて確認されるが、一方で朝廷の儀礼としてはさらなる変化を生じている。山作所について総括して「件の山作所の体、頗る先例に違ふと雖も、寛弘八年の例に依り、行ふ所云々[55]」としており、より古い先例からは変質しているが一条天皇の例に倣い、これをあらたな規範としたことがわかる。これは醍醐天皇の葬送で「凡そ山陵の事多く礼を闕く」とあったことを思い起こさせる記述で、それまでの規範がもはや規範とされなくなるという変化を認識させられる。醍醐天皇のときに変化し、そのうえにまた変化し一条天皇の例が規範とされている。

ここまでは言及されていなかったが、やはり穢れについても話題となる。六月一日に過去の例を引いて穢れの数えはじめについて議論される。

六月一日戊申、天晴。（中略）大外記頼隆、関白相府に申さしめて云く「浄土寺に参著するの人、穢と為す可きか。其の故は、去る延喜二十一年六月十日記云く『故中納言源当時卿、去る五月四日に薨じ、六日に葬り、七日に骸骨を粉と為し一器入れ、東山の住僧蓮舟法師の私寺屋に安置す。而して故民部卿・道明卿、追福法事を、今月七日を以て道澄寺に於いて修せらる。而して彼の蓮舟法師、件の態に参会す。仍りて会集の上下穢る。彼の師内裏に参入し、是に依り穢れ、月次・神今食を停めらる云々。七月九日を以て行はる可きの由、定めらる』といへり。彼を以て之を推すに、去月二十日以後、浄土寺に参り著座飲食するの輩、其の日より更に又三十日を忌む可きか。」相府仰せて云く「去る寛弘八年以後、故一条院の御骨を円城寺の堂に安置せり。

其後、同寺内の故宇多法帝の御房に移し奉り在す。更に其の日より始めて三十日を計ふ可きの由、定め有り云々。已に彼の例有り、更に之を忌む可からず。[56]」

火葬後の遺骨が安置されている浄土寺に、安置されたあとにおもむき着座した人は穢れにより忌むべき日数をその着座から数えはじめるべきかが問題とされた。大外記頼隆が関白に言った。延喜二十一年の例ではつぎのようにある。すなわち五月七日に火葬後の遺骨を蓮舟法師の私寺屋に安置し、その蓮舟法師が六月七日に追福の法事に参加したため同座した人は穢れとなり、また参内もしたので内裏も穢れとなったので月次祭と神今食が延期され、七月九日に行うと決められた。この例から考えると、遺骨を安置した二十日よりもあとに浄土寺で着座した人はその日からあらためて数えはじめて三十日間忌むべきだろうか。すると関白は答える。寛弘八年以降一条天皇の遺骨は円城寺（円成寺）の堂に安置されていたが、その後同寺内の宇多法皇の部屋へ移動させ、穢れをその日から数えるという趣旨が決定された。その例があるのだから、一度安置して移動もさせていない場合、着座したとしてもその日からあらためて三十日を忌む必要はない。このように判断した。延喜年間の例に従うならば穢れとなるが、これを否定し一条天皇の例を従うべき規範として選んだ。おそらくこの時期に浄土寺に行くのは葬送にかかわった人であろうから、穢れは葬送の日から三十日数えるのであろう。この判断により後一条天皇の死による穢れの問題は一括して把握でき、個別に考える必要がなくなる。そして葬送から三十日後の穢れが消滅する六月二十日にはつぎのことが記される。

六月二十日丁卯、天晴。（中略）始めて外記政行ふ後、右大臣、左仗座に参著し、勅を奉はり、弁に仰せて陰陽寮を召し、御即位奉幣等の日を勘奏せらる。又右衛門督、仰せを奉はり、故院の素服を給はるの公卿、素服を除き神事に従ふ可きの由、外記致範を召し仰す云々。致範、内府に参り此の由を申す。兼て召使等をして諸卿に告げしむ。

人死の穢れは埋葬から三十日忌むと『延喜式』では規定されていて、この日はその三十日目にあたる。外記政をはじめて政治が正常化され、陰陽寮に即位奉幣などの日を勘奏させ、素服をもらい着ている公卿等に除服して神事に参加すべきことを通知した。葬送から三十日未満であれば公卿の多くを含むその参加者は穢れの状態であり、神祇祭祀をすることに差し障りがあり停止または延期せねばならないが、三十日を経過するので神事が行えるようになり、その準備と告知をした。喪服の着用と穢れは区別されるが、神祇祭祀をするとき素服ではならないと考えられていて、しかも服喪よりも神祇祭祀を優先させて釈服としている。穢れの消滅と釈服の時期が一致している。

朝廷としての儀礼的行為は釈服により終わるが、これとは別に仏教儀礼として死者へ向けた行為は浄土寺で続けられる。

十二日辛卯、天晴。浄土寺に参る。

二十五日、天晴。早旦、召きに依り参宮す。仰せて云く「旧臣等浄土寺に於いて、先帝の為に奉りて結縁経を供養す可きの由云々。」

二十六日、天晴。近曾先朝旧臣相ひ議して云く「階下に列し奉りて、日月漸く隔つ。徒らに肝を屠り魂を消すより、善を修し恩に服すに若かず。各おの法華有縁の品を採り、自ら金泥を以て紫の色紙に書き、浄土寺の殯殿に於いて供養し奉らむ。」権大納言・源大納言・権中納言・左右兵衛督・備中権守等、此の議を風聞し、同じく阿弥陀経を書き加へ奉る。又左中弁経輔、経巻の外、図絵の阿弥陀三尊を奉る。権大僧都教円を請ひ講師と為す。内大臣・藤大納言・民部卿・右衛門督・右大弁等、写経の列に漏ると雖も、何ぞ聴聞の席に預らざらんや。仍りて参会す。上東門院より、御誦経有り。絹五十疋 又中宮より褻服一具、絹五十疋を賜はる。此の外に施供等有り云々。

背景にはすでに遺骨が安置された浄土寺で着座しても穢れとならないと判断されたことがあるだろうが、旧臣等が、法華経を各自金泥で紫色紙に書いて、浄土寺の殯殿すなわち後一条天皇の遺骨の安置される部屋で供養しようと計画する。このことを聞きつけ権大納言等が加わり、阿弥陀経やその図像を納める。内大臣等はこの写経には参加できなかったが供養には参加する。上東門院と中宮から費用が提供される。結局参加者は葬送のときと多く重なるが、あくまでも仏教儀礼として遺骨を前に供養をしている。また一周忌までの護摩や念仏なども継続的に行われる。国家的喪葬儀礼をすべて停止するが、一方では仏教儀礼がその代わりとして行われている。一条天皇の喪で、火葬後に寺院に安置されている遺骨のところに人々が赴くことを実資は訝しがっていたが、ここではそうした疑問も持つ者はなく、葬送にかかわったほとんどの人が遺骨を前に行われる供養に参加している。

仏教儀礼は、数日延期されたものの初七日以降一貫して継続されていた。五月十三日に火葬場所とともに遺骨安置所が浄土寺と決められると、十七日には早くも浄土寺での阿弥陀護摩を一周忌までとしてはじめる。葬送の前日の十八日には御在所で念仏がはじめられ、当日荼毘に付している間にその近辺で念仏が行われ、そのあと遺骨を浄土寺に安置する。数日後にはその浄土寺を荘厳し、続いて法事をして、あらためて浄土寺で一周忌まで法華経と念仏をすることとされる。六月六日に七七日の法事を行う。釈服後もこうした仏教的儀礼の続きとして浄土寺での公卿等の供養が行われたのである。

こうした一連の仏事を行っているのは公卿や近習であり、つまるところ朝廷の中枢をなす人々である。朝廷では天皇の死を受け止め、対処する国家的儀礼としての凶礼を停止するが、同時に仏事に多くが参加している。朝廷として行うべきこととその外側で行うべきことを区別し、朝廷は吉の状態こそがあるべき秩序であり維持すべきとし、もしも天皇の死によってこれを損がなわれるならばたとえ天皇であっても朝廷からその外へと移し、朝廷の秩序の外部でこそ対応すべきと考えて、葬送や一年の服喪に相当することを仏教的儀礼によって行った。朝廷の中枢をなす人々は死や喪葬に関わることをすべてを拒絶し忌避したわけではなく、いかにしてかかわるかが重要な問題であって、一方では朝廷や国家としては影響を避けるべく関与を極小化し、他方では朝廷の外側にある仏教ではむしろ積極的にかかわっている。朝廷の構成者と朝廷外部の人に分かれるのではなく、人の活動が朝廷での公的活動と朝廷外での私的活動に重層化していて、死や葬送への関わりは後者において行われるということである。

現象だけをたどれば、朝廷による葬送儀礼の中止は、単にその形式を律令と一体化した儒教的様式から仏教的様式に変更したにすぎないように見えるが、根底ではそれにとどまらない重要な変化が生じている。すなわち朝廷のあるべき秩序に関する認識が大きく変質しているのである。

八　律令期から摂関期への移行と天皇の喪葬儀礼の変質

そもそも朝廷とは国家の統治者の住居にその臣下たちが集まることで構成される。統治者の意思を命令として臣下が受けて実行に移したり、政治的な判断や決定のために臣下に情報を集めさせ報告させたり、臣下等の意見や提案を聞いたりする場所であり、またそこで実現される国家の機能が朝廷であった。「日本」は中国の政治の仕組みを模倣し「天皇」を頂点とする律令国家として整備されてきたため、天皇の住居である内裏を中核として周囲に官衙が作られている。つまり朝廷とは物理的な意味でも、権力構造という機能的な意味でも天皇を中心として構成される。朝廷の秩序とは天皇を中心として天皇に奉仕するという方向性で形作られる。朝廷での職務や行事にはさまざまな内容があるが、いずれにしても天皇の状態や意思に従うことが朝廷の秩序である。もしもこの方向性と逆行すれば朝廷もしくは国家から排除される。名例律では最初に天皇への反逆をはじめとする八虐をあげ、死罪や流罪に処すとされる。

こうした朝廷の秩序を端的に実体化するものが儀礼である。儀礼を通して天皇を頂点とする身分秩序を実体化して表現して君臣および官人同士でたがいに確認し、恒例行事として繰り返し実行することで、これを強固なものとし維持する。つまるところ朝廷ないし国家は儀礼に象徴される。

律令期において死者との接触は、こうした秩序を構成する儀礼の一つとして位置づけられる。喪葬儀礼は衣服と同じように身分に応じて規模が定められるもので、その実行により国家秩序を再生産しこの秩序をより強固にする。これを阻害するならば国家の秩序は乱れる方向へと向かう。喪葬儀礼は国家秩序の維持や再生産のために必要とされるものであって、国家秩序を乱すものではなく、したがって一般的に朝廷から排除すべき対象となることはない。元日の朝賀や神祇祭祀が必要とされるのと同様に、凶礼も国家秩序を構成する一要素として必要とされる。

朝廷は天皇を中心として構成されるのだから、天皇が死んだら当然のこととして朝廷全体が天皇の喪に服す。朝廷の日常のあるべき秩序と異なるとしても、天皇の状態に応じて凶礼を行うことが朝廷のあるべき状態となる。官人が個人としては近親に不幸はなく凶礼すべき状態になかったとしても、天皇が死んだことに従って、新帝とともに朝廷全体が喪服を着て凶礼をする。そのことによって国家秩序が象徴的表現として再生産され国家や朝廷が堅固なものになる。

だから『弘仁式』の穢れ規定の成立により「人死」は排除の対象とされるものの、その状況は祭祀の場面に限定されている。穢れの排除が求められる吉礼も、そこから排除される凶礼も、ともに国家秩序を構成しまた再生産するものだから、朝廷から全面的に排除されることはない。ただ吉凶の区別が強調されることで、両者の競合関係がそれまでよりも強く意識され、両者の混淆が避けられる。国家秩序を構成する礼制度内での対立ないし競合関係により、礼の一つである神祇祭祀から、もう一つの礼である喪葬を分離することを、祭祀の立場から定めたのが神祇式の穢れ規定である。神祇式の穢れ規定が成立しても、死者と接触する喪葬は依然として国家秩序を構成する一要素であって、喪葬それ自体が国家の秩序を脅かすものとして全面的に排除の対象とされるのではない。

ところで臣下と朝廷で齟齬が生じる場合がある。毎月のように祭祀を行う朝廷は吉礼の状態が常態である。一方、臣下には近親者が死んで喪に服するときがある。朝廷が吉礼の状態で特定の臣下は凶礼中という状況が生じる。仮寧令で定めるところによれば、重服であれば解官され出仕をせず[58]、朝廷から切り離されるので朝廷の吉の秩序を乱すことはない。儀制令に見えるように、この場合でも権力者の力は強く、朝廷への出仕を求めることがあるものの、それにより出仕するときの服装は喪服ではなく当色を着用することとされる[59]。つまり、朝廷と臣下の状況に齟齬が生じた場合、あくまでも朝廷においては朝廷のあるべき秩序が優先され、朝廷のなかでは臣下の個人的事情はとどめられる。

譲位した上皇は、奈良時代までは天皇と変わらない権限を持っていたが、平安時代になると明確にその権限は縮小されて天皇とは明確に区別される地位となり、譲位とともに内裏を離れる。こうした上皇が死んだ場合、朝廷の秩序から言えば天皇が喪に服すならば朝廷全体がこれに従い喪に服すべきであるが、実際には多くの場合別の対応がとられた。すなわち譲位することですでに朝廷の頂点でも中心でもなくなっているので、上皇に朝廷全体が従う必要はないと考え、朝廷の吉なる秩序と齟齬するならば朝廷の秩序を優先し、上皇の喪を朝廷から分離するという対応である。上皇は譲位しても天皇の父もしくは父に準じる存在で依然として権威があり一般の官人と同列ではないが、その権威や権限に基づく遺詔によって国家的儀礼の停止という対応が実現された。遺詔の動機は、すでに譲りを受けた新しい天皇のもとで機能している朝廷が、喪葬儀礼のために国家の財産を浪費することもなく、上皇の死に影響されることなく秩序を維持し続けて欲しいというものである。こうした事例が積み重ねられると、天皇が死を間近にして朝廷の通常業務の継続を願う場合、譲位をして内裏を出てさらに遺詔により国家的儀礼の停止を命じるようになる。新たに即位した天皇が朝廷の中心となれば、上皇よりも天皇の状態に従い政治的な空白を作らずにすむ。実際しばしば臨終での譲位が行われた。

こうしたことの延長線上に、内裏の中で天皇の近親者が死んだにもかかわらず、まず内裏を退き離れてから葬送儀礼を行うことが生じる。後一条天皇の喪をいかに行うべきかの議論の中で、先例として村上天皇の時代に内裏にいたその母藤原穏子が死んだときの対応に言及している。

二十日戊辰、天晴。(中略)中宮大夫(中略)右大弁・備中権守等、関白相府の御直廬に参会す。相府命じて云く「人々云く『禁中に於いて発葬之礼を行はれずと為し、御車を以て他所に遷し奉る可きの儀有り云々』先例、凡下人は此の如きの時、車乍ら安置して発葬の日、同車を用ふ。而して遷し奉るの時は御車、発葬の日は御輿、頗る両端の憚り有る可きかといへるは如何」。彼れ此れ申されて云く、「申す所は然る可し。先例を尋ね左右せらるか。」左大弁申して云く「『天暦八年、母后昭陽舎に於いて崩ずるの後、御車を以て二条殿に遷し奉り、発葬日は御輿云々』已に彼の例有り。専ら両端の憚り有る可からざるか。」相府命じて云く「然る可き事也[60]」

ここでは、内裏を出る移動手段とその移動先から葬送儀礼をするときの移動手段が異なっていてもよいのか議論されているのだが、言及される天暦八年の藤原穏子の例では、内裏で死んだにもかかわらず大内裏の外にある二条殿に移動させ、そこから葬送儀礼をはじめている。もしも内裏にあって喪葬儀礼をするとなると天皇が喪に服しまた朝廷全体もこれに従わねばならず、日常における朝廷の秩序に影響を与えることになるから、そうならないようにしたのである。『西宮記』で勘物として載せられる「故大納言御私記」によれば、つぎのような遺令があった。

遺令して云く、天下素服・挙哀は之を停止す、また縁葬司を任ぜず、国忌を置かず、山陵を配せず、幷びに此間の神事・節会等、例に依り行はる可し。また葬礼は凡人に異らず、また火葬を用ふ可からずといへり云々。(61)

自身の喪葬を、天皇および朝廷としては服喪することのない「凡人」と同じにするよう命じ、また神祇祭祀や節会の儀礼など恒例行事を喪を理由として停止することなくいつもの通りに実行することも遺令している。すでに定型化していた上皇が国家的喪葬儀礼を停止するように命じる遺詔の趣旨を考えれば、上皇と同じく天皇の親である藤原穏子が同様の喪となったことは妥当である。ただ特徴的なのは、内裏の中にいるまま死んだがまず内裏の外へ遷したことである。神祇祭祀や節会の儀礼などを通常通り実行することを命じる部分が、上皇の遺詔には見られないにもかかわらずこの遺令にはあることを考え合わせれば、朝廷のあるべき秩序に影響をなるべく与えないための処置と考えることができる。官人が内裏にいる間に頓死した場合と同じように、天皇や朝廷は服喪せずにただ遺体を外へ運び出すという対処をさせ、その死に影響されることなく天皇の職務や朝廷の運営を通常通りに維持させることを願ったのである。内裏で暮らしていた母后であっても喪葬が朝廷のあるべき状態を損なうという認識がこの根底にはある。天皇の個人的な事情よりも朝廷の秩序の安定が優先されている。

こうした上皇等の凶礼の停止や縮小は、天皇に準じて従うべきとされる者と天皇とを区別し切り離す行為である。もしもこの削ぎ落としをすれば天皇の特異性はより際立ち、朝廷の秩序の頂点が先鋭化される。天皇に準じるとされる上皇や皇后などが死んでも朝廷はこれに従い喪葬儀礼をすることはなく、あくまで天皇に従い通常の業務を続ける。そうすることで死んだ場合にも朝廷が従い喪葬儀礼をする唯一の存在として天皇が改めて中心化され、朝廷が再生産される。

しかし実際にはそうした方向にそのまま進むことはない。上皇等の喪葬が停止されるのと足並みを揃えるように天皇の喪葬儀礼も変化している。

醍醐天皇の例では、喪葬は死者への礼であるという認識が依然としてあるものの、実際に行う者が役目を忌避するなどして礼としての体裁を整えられなくなり「凡そ山陵の事多く礼を闕く」と総括されるにいたる。朝廷は依然として天皇を頂点にして秩序が構成されるのだが、喪葬儀礼は天皇への従属や奉仕という朝廷を構成する関係を実体化する儀礼としての機能を失いはじめている。宇多法皇の喪を経て、上皇の国家的喪葬儀礼が遺詔により停止されることが定着しつつある時期に、村上天皇は在位のまま没したのだが、朝廷による国家的喪葬儀礼は行われない。遺詔により素服と挙哀を停止して心喪するにとどめている。天皇と上皇を明確に差別化して天皇のみ喪葬儀礼をするのではなく、むしろ天皇も上皇と同様に喪葬儀礼を事実上停止させている。そして一条天皇は在位中に死を目前にすると、譲位して上皇となってから没し先例に倣い喪葬儀礼を停止する。天皇の喪葬儀礼を行うべき状況の発生を避けているような対応である。後一条天皇の喪葬ではそれがより端的にあらわれる。後一条天皇は在位のまま没するがそのまま天皇の喪葬儀礼へと進めることはなく、すでに不可能となったはずの譲位を如在の儀によって実行して内裏から他所へ遷し、上皇として喪葬を行い先例の通りやはり国家的喪葬儀礼を停止する。天皇の死という朝廷が従うべき状況が発生したにもかかわらず、朝廷は喪葬儀礼を行うことによってみずからの秩序を再生産するのではなく、死んでいる天皇に譲位させ天皇ではなくし、国家的喪葬儀礼をすべき状況を回避したのである。官人さらには上皇の喪葬儀礼は天皇の状態さらには朝廷のあるべき状態との間に齟齬を生じるので、そこに影響を与えないようにと朝廷から分離されてきたが、ここにいたって同様のことが本来なら守られ維持されるべき天皇自身に対して行われている。

喪葬儀礼は国家秩序を維持し再生産するべく積極的に行われるということがなくなっている。ここには天皇に従い助けることで朝廷のあるべき秩序が構成されるという認識はみられない。むしろ反対に朝廷の秩序を維持するために天皇の死を排み、上皇の死へとすり代えた。そもそも朝廷の秩序は天皇に従うことで構成されたにもかかわらず、時間の経過や政治的な仕組みの変容を経て、それ自体ひとつの独立した秩序として認識されるにいたり、この秩序を維持するために死んだ天皇に従うことを避けたのである。喪葬儀礼は本来の朝廷を構築するものから、ここでは朝廷の秩序の妨げとなるものへと変質している。優先し維持すべきものが転倒して、通常の朝廷の状態こそが維持すべきものとして優先されるようになったのである。朝廷の本質にかかわる認識における転倒が生じている。

このことは喪葬が、国家的儀礼により再生産される朝廷と対立関係に置かれることを意味する。それまで神祇祭祀という限定された特定の状況において、喪葬や喪葬にかかわった者が排除もしくは分離の対象とされていたが、それにとどまらずや儀礼や朝廷の秩序の全体から喪葬は遠ざけられることになる。そしてそれまで国家が関与していた死者への対応は、もはや国家の関知するところではなくなり、結果として朝廷から相対的に独立している仏教寺院が全面的に引き受けるようになる。

醍醐天皇の場合、臨終にあわただしく出家し、埋葬されるまでの間には僧が呼ばれ法華経が読まれ尊勝陀羅尼が唱えられる。埋葬が終わったあとにも山陵の側に控えた僧が念仏し、翌日には卒都婆が立てられる。一条天皇の場合には、臨終に控えていた藤原行成が阿弥陀仏の極楽浄土への往生を願い念仏し廻向し、一条天皇自身も念仏している。そして山陵は作られずそのかわりに行われたのは、三昧堂のような形の小堂を作り、そこへ遺骨をおさめるという仏教的な行為である。この遺骨は円成寺に安置され、一年間は阿弥陀護摩が行われ、三年間は念仏が行われる。後一条天皇の場合も中陰の法事が行われ、葬送では導師や呪願があり、火葬後に安置されるのは浄土寺でありそこで一年間の阿弥陀護摩が行われる。本来国全体で一年間の喪に服すべきところを停止して代わりに同じ時間だけ朝廷とは別個に仏事を行うのである。さらに貴族による浄土寺に安置される遺骨への私的な供養が行われるようになる。

『西宮記』の「天皇崩事」や「太上天皇・皇祖母后崩」で定められている喪葬儀礼の次第のうち、「山陵事」「葬司を任ずる事」「挙哀の事」など儒教に由来する国家的儀礼の部分が遺詔により停止される一方で「七日ごと御誦経事」「呪願」「一年沙彌十口を置きて御念仏する事」「御法会の事」などの仏教儀礼は変わることなく安定して実行されている。その結果喪葬において仏教がより大きな比重を占めるにいたっている。死者をいかに理解しいかに扱うべきかについて、かつては儒教を取り込み一体化した律令制度の範疇で考えられまた朝廷により関連する儀礼が実行されてきたが、後一条天皇の喪では朝廷の扱うべき範疇の外に位置づけられ、仏教の思想や儀礼により受け止められまた扱われるようになったのである。

喪葬儀礼が朝廷による国家的儀礼としては行われなくなり、もっぱら仏教儀礼として行われるということは、朝廷やこれを構成する官人にも影響を与える。朝廷で喪葬儀礼をしなくなって仏教儀礼をするといっても、主体となるのは結局朝廷を構成する人々であり変わらない。儀礼の実行や参加を通してそこにあらわれている仏教における死者理解がしだいに浸透してゆき、すでに行われなくなった儒教的儀礼にあらわれていた死者理解を置き換え、もしくは上書きしてゆく。浄土教のひろがりとともに仏教的な死者観念や死後についての認識が官人貴族にひろく浸透してゆく。

朝廷の公的秩序から喪葬儀礼はなくなるのだが、それでも喪葬の痕跡は残る。分離すべきだが分離しきれない死者との関与が喪葬儀礼とは別の形であらためて位置づけなおされる。それが穢れである。かつては吉礼と凶礼の競合関係により吉礼すなわち神祇祭祀から喪葬儀礼にかかわった人を除くことを意味した穢れという語は、喪葬が儒教に基づく国家的儀礼から私的な仏教儀礼へと移行することで、儀礼などで再生産される朝廷の公的秩序の全体から排除すべき事物を意味するようになる。死者とのかかわりから、喪葬儀礼を念頭にして国家や朝廷の秩序を再生産しより強固にするという側面は消え去り、ただ朝廷の公的秩序を損なうという側面が極大化される。公的場面にはすでに死者を礼の対象とする儀礼はなく、持ち込まれうる死とのかかわりや存在し得る死の痕跡は、ただ穢れと称するほかなく、つねに排除の対象とされる。死を公的場面においてもっぱら排除の対象とするというあらたな中世的位置づけがここに成立する。そして「人死」の穢れの典型として遺体や遺骨さらに骨壺との即物的接触が関心の中心となり、死体や骨の具体的な状態や様子に注目した判断や議論が行われるようになる。

九　小結

本節では醍醐天皇から後一条天皇までの数代の天皇および宇多法皇以下の上皇や法皇の喪葬儀礼をそれぞれたどり、摂関期に天皇の喪葬儀礼がどのように変容したのか、またその性格がどのように変化したのか考察し、さらに穢れ観念の変容との関係について論じた。

喪葬儀礼は詳しくいえば臨終や葬送（埋葬や火葬）や服喪など複数の要素があるが、これらについてそれぞれたどった。天皇の喪葬儀礼は律令期のはじめから固定した画一的な具体的様式があったわけではなくそれなりに変遷したが、抽象的にいえば国家秩序を実体的に表現し再帰的に国家秩序を生産する国家的儀礼として整備されていた。醍醐天皇は律令期と摂関期の分かれ目にあり、死後に山陵が作られ荷前儀礼の対象に加えられており国家的儀礼として喪葬儀礼が行われたのだが、一方で死んだ天皇に対する臣子の礼としての性質が失われつつある。宇多法皇の場合は自身のために国家運営やその秩序に影響が生じることを避けるべく遺詔により国家的儀礼を停止しこれが定着する。これを受けその後は天皇でも同様に国家全体への影響を避けるために臨終で譲位し、上皇となり私的な葬送が行われる。そして後一条天皇は在位のまま没したにもかかわらず国家的儀礼として喪葬儀礼をすることを憚り、「如在の儀」により生前に譲位したことにして私的な葬送を行った。ここにいたって本来国家秩序を構築する働きのあった喪葬儀礼は、むしろ国家や朝廷のあるべき秩序の支障となるものとなってもっぱら私的に行うものへと性格が転倒している。またこの性格の変化と平行し、それまでの儒教に由来する律令的儀礼の様式はしだいに停止されて仏教、なかでも浄土教的儀礼によって置き換えられ、死者はこの儀礼によって尊重の対象とされる。つまり天皇の喪葬儀礼であっても最終的に朝廷から分離して私的に行うべき浄土教的喪葬儀礼となる。

こうして喪葬から儒教に由来し秩序を再生産する機能が消失しもはや礼ではなくなると、本来礼の競合関係により吉礼の場面から凶礼を分離し除くことを意味していた「人死」の穢れも不可避に本質的に変化する。喪葬儀礼への実行や参加が「人死」の穢れへの接触とされることはなくなり、もっぱら即物的な死体や遺骨への接触こそが忌避すべき「人死」の穢れと見なされる。喪葬が公的秩序の中に位置づけられるのか、それとも公的秩序の外側の私的領域に位置づけられるのかという社会的視点を持ち込むことにより、死穢の忌避が祭祀に限定されず一般化することと、同時に死者が尊重されるという一見矛盾することは整合性をもって理解される。

註

（1）圭室諦成『葬式仏教』（大法輪閣、二〇〇四年〈初版一九六三年〉）。水藤真『中世の葬送・墓制——石塔を造立すること』（吉川弘文館、一九九一年）、勝田至『死者たちの中世』（吉川弘文館、二〇〇三年）など。堀裕「死へのまなざし——死体・出家・ただ人」（『日本史研究』四三九、一九九九年）、同「天皇の死の歴史的位置——「如在之儀」を中心に」（『史林』八一―一、一九九八年）は、個々の儀礼を対象とするのではなく死者を焦点にして、律令的国家喪葬儀縮小と仏教化について論じている。

（2）『律令』は日本思想大系、『延喜式』『日本後紀』は訳注日本史料、『西宮記』『北山抄』は神道大系、『日本書紀』は日本古典文学大系、『続日本紀』は新日本古典文学大系、『日本紀略』『帝王編年記』は新訂増補国史大系、『醍醐寺雑事記』『類聚雑例』は新校群書類従、『貞信公記』『九暦』『小右記』『御堂関白記』は大日本古記録、『権記』は増補史料大成を用いた。

（3）律令では喪葬令には天皇の死についての直接的規定はなく、職員令に治部省と諸陵司の職掌としてかろうじてうかがえる。『延喜式』では治部省と諸陵司の職掌としても記されていない。

（4）『西宮記』臨時八、凶事、天皇崩御事（原漢文。以下同）。また譲位後については「太上天皇・皇祖母后崩」で「葬司を任する事」「御誄使 院司外記に就きて遺誄の旨を申す」「諸道に仰せて廃朝・着服を勘申せしむ事」「音奏を止むる事。素服・挙哀を停む」「固関使を遣わす事、警固の事」「大赦の事。獄囚を免ず」「天皇着服の事」「七日毎に御誦経する事」「公家の御斎会を修せらる」「諒闇」「天皇倚廬に御す事」「服を除く事」「御禊の事」「御法の事」などとある。天皇と比べ「山陵の事」に相当するものがないこと、「素服・挙哀を停む」と国家的凶礼であることを前提にこれを宣旨・官符により停止することが注目すべき相違点ではあるが、「葬司を任ずる事」は同じであり、国家儀礼としての位置づけはほぼ同様である。

（5）例えば『続日本紀』巻第三十六・桓武天皇、天応元年十二月二十三日条の光仁太上天皇の葬送や、『日本後紀』巻第十三・桓武天皇、大同元年三月十八日条の桓武天皇の葬送にみられる。

（6）「陵内事」では「黄幡御輿小屋形中に安じ、之を建つ」とあり、その注釈には「孝子幡の端を持つ可し」とあり、孝子に固有の役割が定められている。

（7）『吏部王記』は別名『李部王記』『吏部記』『李部記』『重明親王記』『重明記』『重記』とも。散逸。逸文を蒐集したものに、史料纂集『吏部王記』（続群書類従刊行会）がある。

（8）『醍醐寺雑事記』（『新校群書類従』雑部、名著普及会所収）。慶延の撰とされる。同名のものとして醍醐寺所蔵の慶延手稿本などを底本とした中島峻司編『醍醐雑事記』（醍醐寺、一九三一年〈一九七三年再刊〉）が知られるが、これとは別のもので、寛平から天承にかれての醍醐天皇など醍醐寺と関わりの深い天皇や上皇の喪葬や法事を中心的内容としている。なお巻頭に欠あり。

（9）『日本紀略』後篇一・醍醐天皇、延長八年七月二十一日、八月十九日、同月二十五日条（原漢文。以下同）。

（10）『西宮記』臨時八、凶事、天皇崩御事。

（11）水藤真『中世の葬送・墓制』三八頁。

（12）天武については『日本書紀』巻第三十・持統天皇、称制前紀、朱鳥元年九月九日条「天渟中原瀛真人天皇崩りましぬ」翌年、持統元年正月朔日条「皇太子公卿百寮人等を率て殯宮に適でて慟哭る。納言布勢朝臣御主人誄る。礼なり。誄畢へて衆庶発哀る。次に梵衆発哀る。是に奉　膳紀朝臣真人等、奠奉る。奠畢へて、膳部・采女等発哀る」、持統二年十一月十一日条「布勢朝臣御主人・大伴宿禰御行、遞に進みて誄る。直広肆当麻真人智徳、皇祖等の騰極の次第を誄奉る。礼なり。（中略）畢りて大内陵に葬りまつる」と、死から埋葬まで二年以上かかっている。同様に持統については、『続日本紀』巻第二・文武天皇、大宝二年十二月廿二日条「太上天皇崩りましぬ」、同廿九日条「西殿に殯す」、巻第三・文武天皇、大宝三年十二月十七日条「従四位上当麻真人智徳、諸王・諸臣を率ゐて、太上天皇に誄奉る。諡たてまつりて大倭根子天之広野日女尊と曰す。是の日、飛鳥の岡に火葬す」と、死んでから埋葬されるまで、殯の期間は約一年ある。

（13）『続日本紀』巻第八・元正天皇、養老五年十二月七日～十三日条（原漢文。書き下しは新日本古典文学大系によった。

以下同）。
(14) 『続日本紀』巻第二・文武天皇、大宝二年十二月廿二日条「太上天皇崩りましぬ。遺詔したまはく、素服・挙哀すること勿れ。内外の文武の官の釐務は常の如くせよ。喪葬の事は、務めて倹約に従へ」。
(15) 『続日本紀』巻第十九・孝謙天皇、巻第三・文武天皇、慶雲四年六月十五日条「天皇崩りましぬ。遺詔したまはく、挙哀三日、凶服一月とせよ」、同年十一月二十日条「檜隈安古山陵に葬り奉る」。
(16) 『続日本紀』天平勝宝八歳六月八日条「詔して曰く、喪に居る礼は臣子一つの猶し。天下の民、誰か孝を行はざらむ。天下の諸国に告げて、今日より始めて来年五月卅日に迄るまで、殺生を禁断せしむ」。
(17) 『続日本紀』巻第十二・聖武天皇、天平七年十月五日条「詔したまはく、親王薨すれば七日毎に供斎る。僧一百人を以て限りとせよ。七七日の齋訖らば停めよ。今より以後、例として行へ、とのたまふ」。
(18) 『日本紀略』後篇一・醍醐天皇、延長八年十月十一日条。
(19) 荷前儀礼の対象やその意義については、服藤早苗『家成立史の研究――祖先祭祀・女・子ども』（校倉書房、一九九一年）などが考察している。
(20) 『西宮記』臨時八、凶事、太上天皇皇祖母后崩。
(21) ちなみに、宇多法皇が埋葬された大内山は『帝王編年記』巻十四・宇多天皇、承平元年八月五日条の註で「仁和寺奥、地毛山」とあり、寺の付近らしいことがわかる。また出家し「法皇」となり仁和寺に居住していて、そこで没したこと、さらに「火葬」であることなど考え合わせれば、葬儀は醍醐のとき以上に仏教的に行われたと考えるのが妥当であろう。
(22) 『日本紀略』後篇二・朱雀天皇、承平元年七月廿日条。
(23) 『日本紀略』後篇二・朱雀天皇、承平元年七月廿五日条。
(24) 『貞信公記』承平元年七月廿日条、廿五日条（原漢文）。
(25) 『北山抄』巻第四、拾遺雑抄下、上皇皇后崩事（原漢文。以下同）。
(26) 『続日本紀』巻第三十六・桓武天皇、天応元年十二月廿三日条、巻第三十七・桓武天皇、延暦元年七月廿九日～八月一日条。
(27) 『醍醐寺雑事記』（原漢文。以下同）。
(28) 『日本紀略』後篇四・村上天皇、康保四年五月十四日条～二十八日条。
(29) 『日本紀略』後篇四・村上天皇、康保四年六月二日条～康保五年五月二十五日条、後篇五・冷泉天皇、康保四年六月二日条～七月十五日条。
(30) 『日本紀略』後篇十一・一条天皇、寛弘八年五月二十二日条。
(31) 『権記』寛弘八年六月廿二日条（原漢文。以下同）。
(32) 『小右記』寛弘八年七月六日条（原漢文。以下同）。
(33) 『小右記』寛弘八年七月十八日条。
(34) ただ『御堂関白記』では、一条院崩御にかかわる部分で「穢」の文字は見えず、道長個人としてはこれに過敏であっ

たれていたそうである。

(35)　『小右記』寛弘八年七月二日条。
(36)　『権記』寛弘八年七年二十日条。
(37)　『小右記』寛弘八年七月二十日条。
(38)　穢れは祭祀においてこそ忌避されることは、『弘仁式』やこれを集大成した『延喜式』でも穢れについて規定しているのは神祇式であることからも了解される。三橋正「『延喜式』穢規定と穢意識」（『延喜式研究』二、一九八九年）や山本幸司『穢と大祓』（平凡社、一九九二年）などでも指摘されている。
(39)　『小右記』寛弘八年七月十四日条。
(40)　『小右記』寛弘八年七月十七日条。
(41)　『小右記』寛弘八年七月十二日条。
(42)　これは後一条天皇の喪にはじまる「如在の儀」により一つの極限に達する。「如在の儀」とは現実には在位中に死んだとしても、いまだ生きているものとして譲位させ、そのあとに没したとするのである。公的な立場そのものである天皇は死ぬという事態が許されなくなり、譲位し公的な地位をおりてからようやく死が認められる。すなわち国家秩序の頂点にあり国家を体現しているともいえる天皇が死ぬという事態が避けられる。「如在の儀」ついては、堀裕「天皇の死の歴史的位置――「如在之儀」を中心に」（前掲）に詳しい。
(43)　『小右記』寛弘八年七月十四日条。
(44)　如在の語には『論語』八佾「祭如在、祭神如神在」での神がそこに存在しているかのように慎み畏まることや（たとえは『日本紀略』後編三・村上天皇、天暦二年正月十一日条「諸卿祈年祭事を定め申す。件の祭は年来懈怠すること甚だ多し。仍りて如在之礼を致す可き事也」）、また不十分でいい加減なさまの意味があるが、ここでの如在之儀とは、天皇が出御するべき儀礼などが、出御なしで行われることを意味する。たとえば『九暦』天慶二年十二月十八日条「辰時以前降雨す。此日に荷前の事有り。天皇（朱雀）御出せず。如在之礼を以て之を行はる」などと同様の意味である。喪葬儀礼ではなく、譲位および関白任命に関する儀式が如在之儀で行われた。
(45)　『類聚雑例』長元九年四月二十一日条〜二十二日条（原漢文。以下同）。
(46)　申の方角は西南西をいう。葬送された場所から清涼殿および上東門院を見るとこの方角にあたる。
(47)　『類聚雑例』長元九年五月十三日条。
(48)　『類聚雑例』長元九年五月十三日条（別記）。
(49)　『類聚雑例』長元九年五月十九日条（別記）。
(50)　『北山抄』巻第四、拾遺雑抄下、上皇皇后崩事。
(51)　『類聚雑例』長元九年五月十九日条。
(52)　『類聚雑例』長元九年五月一日条「又称号を奉る可きの儀有り。相府命じて云く『一条院の御時の例を尋ぬるに、宣旨無し。只だ一条院と称し奉る云々。仍りて彼の例に准へ、後一条院と称し奉るは如何。』彼れ此れ申され云く『甚だ佳き事也。』」。
(53)　『類聚雑例』長元九年五月十九日条。

(54)『類聚雑例』長元九年五月二十三日条「今日、源大納言相ひ共に浄土寺に参る。故僧正房を隔籠め、母屋中央間一間、其中に脚高白木床子一脚を立て、其上に障子帳を立て、御骨壺を置き奉る云々」。二十五日にも堂の荘厳が行われ、最後に「又請五口僧侶。今夜より始め、一周忌を限り、浄土寺に於いて法華を転読し念仏を修めしむ云々」と荘厳と連続して念仏が行われている。

(55)『類聚雑例』長元九年五月十九日条。

(56)『類聚雑例』長元九年六月一日条。

(57)『類聚雑例』長元九年六月二十日条。

(58)『律令』仮寧令「凡そ職事官、父母の喪に遭はば並に解官せよ。自余は皆仮給へ。夫及に祖父母・養父母・外祖父母には三十日。三月の服には二十日。一月の服には十日。七日の服には三日」(原漢文。以下同)。

(59)『律令』儀制令「凡そ重服に遭へらむ、情を奪ひて職に従ふること有らば、並に服終るまでに、弔せず賀せず宴に預らず」「凡そ凶服して公門に入らず。其れ喪に遭ひて起せられむは、朝参の処亦位色に依れ。家に在らば其の服制に依れ」。

(60)『類聚雑例』長元九年五月二十日条。

(61)『西宮記』臨時八、凶事、皇后崩事。

第三章　穢れのひろがりと収束

第一節　穢れの相対性——穢れと供物と儀礼対象の関係

一　はじめに

穢れの内容を定義し最初に明文化したのは『弘仁式』であり、『貞観式』での拡充をへて『延喜式』に継承される。『延喜式』の成立後、穢れの議論で言及・引用されるのは、ほとんどの場合この『延喜式』である。ところで穢れ観念は、『弘仁式』で「穢悪」の語句を用いる規定が成立した当初から、摂関期の古記録などでしばしば見られるような特有の観念であったわけではなく、「穢」の一文字での表記が広く見られるようになる貞観年間にようやく特有の観念として成熟したとされる。『弘仁式』の穢れ規定は、神祇祭祀での斎戒時に接触したら忌むべき事物を決定したのであり、「穢悪」の語句はそれらの複数の事物をまとめるために神祇令の斎戒規定にある語句を流用したにすぎない。成熟後の穢れはそれ以外と峻別されるべきものだが、それ以前の「穢悪」は類似する「穢悪」以外の表記と峻別されるにいまだいたっていない。

本節では、摂関・院政期を典型とする穢れ観念が成熟する以前の状態を明らかにすべく、穢れ規定が成立する弘仁から貞観年間に注目し、律令格式および史書などから考察する。[1] まず忌むべき事物が神祇祭祀と釈奠では異なっていたことを手がかりに、忌むべき事物は関係を結ぼうとする儀礼対象により決まることを明らかにし、つぎに「穢悪」とこれに類似する語句とを合わせ取り上げ、排除の対象とされる事物も、そもそもは供物およびこれに準ずるものだが、そのなかでの相対的選別で排除の対象とされることを論じる。穢れを事物自体の特性として考察するのではなく、他の事物との関係性として成り立つとする立場から論じる。

二　式文の穢れ規定の成立

穢れ観念が問題となり判断が迫られる時、つねに根拠とされてきたのは『延喜式』の規定である。院政期の『宇槐雑抄』は「穢の事は律令に載せず、式より出づ(2)」とし、穢れは式の条文の成立によりはじまったと認識している。そのもっとも根本にあるのはつぎの条文である。

凡そ穢悪の事に触れて忌むべきは、人の死は卅日を限り（葬る日より始めて計へよ）、産は七日、六畜の死は五日、産は三日（鶏は忌む限りに非ず）、その宍を喫るは三日（この官は尋常にこれを忌め。ただし祭の時に当たらば、余の司も皆忌め。）(3)

接触したら忌まねばならない事物として、人の死や産、家畜の死や産、さらに食肉を挙げ、それぞれ忌むべき日数を定めている。これがいわゆる穢れの定義とされる条文である。『延喜式』ではこの条文のあとさらにいくつかの条文が続く。それらの条文には「穢悪」の語はなく、「致斎」「散斎」「祭事」「神事」において「忌め」「内裏に参入ることを得ず」「祭の事に預かるを得ず」と、祭祀に関連する行動の制限を定めている(4)。そしていわゆる甲乙丙展転の条文すなわち影響を拡大させる穢れの伝染に関する条文が続き、さらに伝染を念頭にした祭祀停止の条件についての条文が続く。

平安時代後半には、ここで定義されている穢れが、国家の根幹をなす神祇祭祀に影響を及ぼすものとして検非違使等によって管理および処理され、その判断は最終的には朝廷が下す重要な問題とされ、その結果平安京を中心にして、これらとの接触がひろく過剰なまでに忌避されていた。

穢れに関する判断や対処の基準となる条文は弘仁年間に成立し、このことが穢れ観念成立の一つの画期となったことに間違いないが、成立当初から摂関・院政期と同様の意味内容を持っていたわけではない。式文の成立当初の意味するところは摂関・院政期のそれとの類似性はむしろ少なく、むしろ『宇槐雑抄』では穢れについて掲載していないとした律令との連続性の方がずっと強かった。そもそも『弘仁式』で成立した穢れ規定の最初の条文は、令の斎戒規定の再解釈により成立した。『弘仁式』が基づいたのはつぎの神祇令の斎戒規定である。

凡そ散斎の内には、諸司の事を理めむこと旧の如く、喪を弔ひ、病を問ひ、宍食むこと得じ。亦刑殺判らず、罪人を決罰せず、音楽作さず、穢悪の事に預らず。致斎には、唯し祀の事の為に行ふこと得む。自余は悉く断めよ。其れ致斎の前後をば、兼ねて散斎と為よ。(5)

この斎戒規定で列挙されているものの中から内容に具体性のない「穢悪」の語を包括概念とし、他をその具体的内容として再構成することで式の条文が成立したのである。

『弘仁式』より遅れて成立した『令集解』によると、令文の「不預穢悪之事」に対して、義解では「謂く、穢悪とは不浄の物なり。鬼神の悪む所なり。仮如、祓詞の所謂上烝下淫の類なり」とし、他には「釈云く、穢悪の事、謂く神の悪む所のみ」「穴云く、穢悪とは令釈の如き也。或は穢悪は謂く仏法等並に同じとは、世俗の議也。文の制する所に非ざる也」「跡云く、穢悪は謂く穢に依りて、悪心する所のみ」「古記云く、問ふ。穢悪とは何。答ふ。生産婦女見ざるの類なり」とそれぞれに異なる解釈をしている。「穢悪」は不浄の物で鬼神が嫌う物であるという抽象的な解釈が有力ではあるが、具体的内容となると、大祓の祝詞にある天つ罪国つ罪のことだとか、仏教のこととする説もあるが谷説にすぎないとか、出産のことであるとか、ばらばらで一致していない。また『弘仁式』

の穢れ規定に完全に一致する注釈はない。「穢悪」は具体的内容を指す語としても熟していないし、抽象的な意味をあらわす語としても定着しておらず、つまるところ明確な実質がまだない。『弘仁式』で成立した「凡そ穢悪の事に触れて忌むべきは」ではじまる条文は、「穢悪」の内容を定義しているというよりも、その後に続く「人の死は卅日を限り葬る日より始めて計へよ」以下の部分こそが根幹であった。すなわち当初は神祇令で規定される斎戒の範疇を出ないもので、祭祀において忌むべき事物とそれぞれの忌むべき期間を定めたのであった。これが穢れの最初期の内容ということになろう。

三　忌むべきものと供物と祭祀対象の関係

1　神祇祭祀と三牲

『弘仁式』の条文は成立とほぼ同時に行動に移され、朝廷社会への影響力を持つようになる。はやくも弘仁十一年二月四日に関連する事例が見られる。

釈奠を停めて仲丁に定む。祈年祭に当り三牲を忌む可きに縁ればなり。(6)

上丁にあたるこの日に予定されていた釈奠が中止され、中丁の日に改めて行うことになった。なぜならばこの日は祈年祭を行う日で、祈年祭では三牲は忌まねばならないからである。

この対応方法は『弘仁式』の「若し上丁国忌及び祈年祭に当らば、改めて中丁を用ひよ」という規定に合致する。(7)『弘仁式』はこのとき撰進の直前で施行もされてはいないが、内容はすでに成立しており前倒ししての適用であろう。ほかにも『弘仁式』と『貞観式』のいずれで成立したのか不明だが、『延喜式』には「凡そ享日、園韓神并びに春日・大原野等祭之前に在り、及び祭日と相ひ当らば、三牲及び兎を用ふるを停む。之を代ふるに魚を以てす」という類似する規定がある。すなわち三牲と兎が神祇祭祀のときに忌避されたのであり、この事例は後の時代に継承される規範が運用された、文献上で確認されるもっとも早い時期の例である。

では問題の三牲とは何か。三牲については大学式の釈奠の規定に記されている。

三牲 大鹿・小鹿・豕、各五臓を加へよ。 兎 醢の料。

右、六衛府別に大鹿・小鹿・豕各一頭、祭に先つこと一日にこれを進り。以て牲に充てよ。其れ兎一頭は祭に先だつこと三月に大膳職に致せ。乾かし曝して醢に造り祭日に弁え貢れ。(8)

三牲すなわち大鹿・小鹿・豕の三つは兎とともに釈奠に必要とされる供え物であり、最終的には参加者が食べる。三牲は前日に衛府が準備するとされ、そのことから狩猟により得られるもので家畜ではないことが、加えて「各五臓を加ふ」とあることから生きている状態ではなく死んだ状態であることが理解される。家畜として育てられたなかから選ばれ犠牲とされるのではないから、厳密に解釈するなら六畜には含まれない。ただし唐で用いられるのは廩犠署により養われた犠牲であり、(9)これに準じたものとするならば六畜に含まれることになろう。

したがって『弘仁式』で成立する穢れ規定の「穢悪の事に触れて忌むべき」とされるものに三牲はそのままの表記ではあげられていないが六畜死に該当し、また三牲は最終的には釈奠の参加者が食べるので喫宍にも該当する。だから祈年祭や園韓神・春日・大原野等の祭祀で三牲が問題とされ忌避される。三牲が祈年祭では忌むべきものとされるにもかかわらず釈奠では供物として必要不可欠であり、この年は祈年祭と釈奠が日程的にきわめて近くなるから、祈年祭の実施を優先し釈奠が延期されたのである。あくまで祭祀にあたって忌むべきことが論じられるにすぎず、摂関・院政期に見られるような穢れ観念はいまだ見ることはできない。

この事例は祭祀で忌むべき穢れに該当する三牲が、祭祀のために忌避されたもっとも早い事例であるとともに、もう一つ重要なことも明らかにしている。すなわち祈年祭では穢れとされ忌避ないし排除の対象とされる三牲が、釈奠では供物として必要とされるというねじれた位置づけがなされている。供物は対象をもてなすもので儀礼を構成する不可欠なものである。穢れは儀礼から遠ざけられるべきもので、持ち込まれるなら儀礼が中止される。両者は対極の性質の事物でありたがいに矛盾するのだから、このような事態は本来あり得ないはずである。しかし現実に起こったのである。

2　釈奠の由来および祭祀との関係

こうした事態を理解するために、まず神祇祭祀と釈奠の由来にさかのぼり、そこからそれぞれがどのような儀礼的行為なのか、また両者がどのような関係にあるのか明らかにする。

釈奠は孔子等を対象とする儀礼である。古くから中国で行われていて、ある時期に日本でもこれを導入した。神祇祭祀は律令体制の導入に伴いあらためて整備されるが、記紀神話などともかかわりが深く律令制以前からすでにあった日本に固有の行為や慣習に由来すると認識されていて、両者の由来は異なっている。日本での受容当初の釈奠の実態は、祭祀対象が孔子だけであったことのほかは不明な点が多く必ずしも詳細は解明されていないが、その時期は律令国家としての体裁が整う大宝年間と考えられている。[10]『続日本紀』大宝元年二月十四日条に「釈奠す」とあり、ここに「釈奠の礼、是に始めて見ゆ」と割注が付されていることからわかるように、[11]このときを釈奠のはじまりとして認識していた。

釈奠で祭られる孔子は儒学の祖、当時の認識としては学問の祖である。中国に由来する律令制では文書の作成や読解が行政において不可欠となるので、官人にはその能力が求められる。律令体制を支える官人を養成するためには儒学の経書をはじめとする教育をせねばならず、そのためにやはり唐の仕組みに倣って国家の教育機関として大学寮が作られた。学問の祖である孔子は大学寮での学問や教育の原点であり象徴であるため、大学寮で祭る。職員令では大学頭の職掌として「学生を簡び試みむこと、及び釈奠の事」[12]と定め、学令では「凡そ大学・国学は、年毎に春秋の二仲の月の上丁に、先聖孔宣父に釈奠せよ。其れ饌酒明衣に須ゐむ所は、並に官物を用ゐよ」[13]と定めている。釈奠は律令官僚制を支える大学寮で行われる祭祀儀礼としてはじめられた。

ただ大宝年間にはじめられたといっても、すぐには定着せず天平年間になってからようやく定着したようである。そして釈奠の儀式の内容や手順などについては、いまだ整備されたとは言いがたいものだったが、奈良時代末期に留学生として唐に渡り唐礼を持ち帰った吉備真備により、中国での行われ方により忠実にすることでようやく制度として整備された。『弘仁式』や『貞観式』さらに今に残る『延喜式』の規定は、吉備真備が整備したものを修正したと考えられている。奈良時代の実態は史料が乏しいため不明だが、薩摩国正税帳の記述から、天平頃までは牛や豚をはじめとする動物の犠牲は用いずに魚貝類で代替させていたと考えられている[14]。動物の犠牲が用いられたと確認できるのは吉備真備の整備以降である。

こうした釈奠の整備が奈良時代末期から平安時代初期にかけて行われたために、はっきりとした問題を生じさせた。一方ではそれまでと異なり三牲を供えることが厳しく要求され、また他方では穢れの条文が成立し、神祇令ですでに制限対象とされていた食肉に加え六畜の死が忌避の対象として明文化されたため、両者が正面から衝突することとなった。釈奠の儀式次第が唐の制度に倣い整備されたからこそ、この問題が新たに生じたのである。そしてあらためて神祇祭祀では釈奠の三牲を忌避すべきとして、実施期日が重なるときには釈奠の日程を後にずらすこととなった。

釈奠と神祇祭祀との関係は唐と日本では異なる。唐ではさまざまな祭祀を体系化し祭祀方法については一元化していた。

凡そ祭祀の名に四つ有り。一に曰く天神を祀る、二に曰く地祇を祭る、三に曰く人鬼を享る、四に曰く先聖先師に釈奠す。[15]

天神の祀、地祇の祭、人鬼の享、孔子の釈奠という四種類をそれぞれ個別に扱うのではなく、祭祀という一つの枠組みによって体系化し一元的に把握している。また『開元令』の祠令や『開元礼』で、天神地祇すなわち昊天上帝・五方上帝・日・月・星辰、皇地祇・神州・嶽鎮・海瀆などの祭祀とともに、宗廟祭祀や釈奠について合わせて規定している。釈奠の詳細について『開元礼』では皇太子や諸州など祭る主体ごとに定められている。[16]

一元的に把握されるこれらの祭祀は、その儀礼の次第について一律に規定している。対象や時期など詳細はそれぞれ異なるが、『開元礼』「序例」の総論に規定されるように、いずれの祭祀も手順や形式は基本的には同じなのである。祭祀として十全に実施するということは、体裁や形式をこの統一されたものに整えることである。天神地祇の祭祀も釈奠も、祭祀という同じ大きな括りのなかにあり、両者はともに正しいとされる共通の形式によって行われる。こうした一元化された祭祀形式があるならば、ある儀礼の供物は他の儀礼でも供物もしくはそれに準ずるものとされるので、その儀礼の妨げとなるという事態は生じない。

これに対し日本の祭祀の様式はそもそも一元的ではない。日本の律令制は唐の制度を模倣して作られたのだが、より古くからあったとされる祭祀に関しては唐とは明らかに異なる独自の性格と意義があり、そのために格別の位置づけがなされる。律令制の整備が本格化する大化年間には、大臣の地位にあった蘇我石川麻呂の「先ず以て神祇を祭り鎮めて、然して後に政事を議るべし」[17]という発言に見られるように、在来の神祇祭祀を律令政治に先立つものとして意義付けて、律令制度のなかに取り込んだ。日本の律令は天皇について直接言及することはほとんどないが、神祇令で「凡そ天皇即位したまはむとき、総べて天神地祇を祭れ」[18]として、天皇が即位したらまずすべての神を祭ることを定めている。また神祇祭祀を取り仕切る神祇官が、政治全般を管理する太政官に先立つものとして設置さている。日本は律令政治に先立つものとして神祇祭祀が位置づけられている。

律令制下ではさまざまな儀礼が唐から受容され整備が進められるが、これらは律令体制の構成要素である。神祇祭祀が律令に先立つものであるのに対して、これらは律令のなかの一部であり、儀礼としての類似性があるとしても両者の国家における位置づけは全く異なる。神祇令では特別な意義を持つ在来の神祇祭祀のみが規定され、それ以外の儀礼や祭祀は規定しない。唐から新たに受容された儀礼は、太政官の下に位置づけられるさまざまな律令官人の職掌とされ、神事とあわせて一つの体系とまとめられることはなく神祇令とは別の部分でそれぞれ規定され、別個のものとして行われた。

釈奠も唐の制度や文化の一つとして、律令制度の導入と時期を同じくして導入が試みられた儀礼である。律令国家では行政のために官人の文書能力が必要とされるので大学寮でその能力を養うのだが、儒教の経書を中心に学習する関係から孔子を祭る釈奠も大学寮で執り行う。釈奠は官僚養成の行事の一つであり、神祇官が取り仕切る神祇祭祀と明確に区別され儀礼は別個に行われる。神祇祭祀との体系化も儀礼の形式の一律化や一元化も指向されない。

ただ神祇祭祀との共通性も認識されていた。『延喜式』大学式で「釈奠の祭」[19]と、祈年祭など神祇官がする神祇祭祀と同様に「祭」を付けて表記している。また律令制下の朝廷祭祀の斎戒規定は唐の一元化された祭祀方法の規定に由来して作られたものなので、唐の釈奠の規定に倣い整備された日本の釈奠での斎戒規定と酷似している。

先にも示したが神祇令の斎戒規定は、

> 凡そ散斎の内には、諸司の事を理めむこと旧の如く、喪を弔ひ、病を問ひ、宍食むこと得じ。亦刑殺判らず、罪人を決罰せず、音楽作さず、穢悪の事に預らず。致斎には、唯し祀の事の為に行ふこと得む。自余は悉く断めよ。其れ致斎の前後をば、兼ねて散斎と為よ。[20]

というものであり、大学式にある釈奠の斎戒規定は、

散斎に事を理むるは旧の如くせよ。ただ弔喪問疾せず、楽を作さず、刑殺の文書に判署せず、刑罰を行はず。穢悪に預からざれ。致斎はただ亨事のみ行ふを得。その余は悉く断めよ。(21)

である。字句に多少の異同はあるが内容的にはほぼ同じである。禁じられる内容は、神祇令では「弔喪問病」「食宍」「判刑殺」「決罰罪人」「作音楽」「預穢悪之事」の六つで、これに対し大学式では「弔喪問疾」「作楽」「判署刑殺文書」「行刑罰」「預穢悪」の五つである。内容的に両者はほぼ一致するが、唯一異なるのは「食肉」の有無である。神祇祭祀と釈奠は、異なる時期になおかつそれぞれ別個に関連する条文が作られたが、斎戒規定については結果的に文面上一ヵ所だけ異なり他の部分は酷似したものになっている。

大学式が「食宍」を記さないのは必然である。唐の祭祀では犠牲を供えることが祭祀の中核をなし、そのあとこの犠牲は祭祀の参加者に配られ食べられる。肉を食べることは祭祀を構成する行為なので斎戒で禁じられることはありえない。これを導入した日本の大学式は唐の儀式様式を可能なかぎり忠実に受け継いで整備されているので、食肉は祭祀構成的行為として認識され、斎戒規定での禁忌に「食肉」がないのである。

3　祭祀方法と祭祀対象の関係性

神祇祭祀での供物や祭祀者や祭祀場所といった祭祀方法は、その祭祀対象の要求により決められたと観念されていた。『日本書紀』では冒頭の神代につづく伝説的天皇の出来事としていくつもの祭祀の起源を記している。

律令制下に受け継がれる神祇祭祀の仕組みの起源は、最初の国の統治者を意味する「御肇国《ハツクニシラス》(22)」とも諡された

崇神天皇の事跡へ投影されている。大物主神等の祭祀の実現についてつぎのように伝えられている。[23] 崇神天皇の治世でのこと、疫病があり多くの人が死に、また人々が離反したり流出することがあって、国をなかなか治められないでいた。そのときある姫が神がかって言った。国が治まらないのは私の意思であり、もし私を祭れば国は治まる。私の名前は大物主神である。このような神の言葉を得て祭ったが効果はなく、夢でさらに神の言葉を聞きたいと願うと大田田根子に祭らせればよいと言葉を得る。そこで大田田根子を探し出し大物主神を祭らせ、さらにこれに続けてすべての神を祭り神戸と神地を定めたところ、疫病がはじめて終息し国は落ち着き豊かになった。神は理由もなく一方的に祟りをなす。人はその神の名を明かしまた要求を聞き出し、ひたすらその要求に従うことで祭祀が成立する。ここでの要求とはまずその神を対象とする祭祀を行うことであり、続けて指名した人を直接の祭祀者とすることであり、加えて神に奉仕する土地と人々である。いずれにしろ祭祀の核心は「神の語《みこと》を得て、教の随《まにま》に祭祀る[24]」ことに集約される。

祭祀場所も祭られる神の要求により決定されることは、皇祖神とされる天照大神の伊勢鎮座の由来にも記されている。そもそも天照大神は天皇のいる御所に祭られていたが、崇神天皇はともに居ると落ち着かなかったので、豊耜入姫に付託し御所の外に祭らせた。[25] その後、倭姫命に付託し天照大神の鎮座すべき土地を探させた。

爰に倭姫命、大神を鎮め坐させむ処を求む。（中略）伊勢国に到る。時に天照大神、倭姫命に誨へて曰はく「是の神風の伊勢国は、常世の浪の重浪帰する国なり。傍国の可怜し国なり。是の国に居らむと欲ふ」とのたまふ。故、大神の教の随に、其の祠を伊勢国に立てたまふ。[26]

よい場所をさがして何カ所も巡るうちに、祭祀対象である天照大神がみずからの意思で鎮座すべき場所を決定したのである。この場所に神宮が建てられ、日常的祭祀が行われる。

さらに平安時代初期の『皇太神宮儀式帳』ではこの鎮座の由来に加えて、田に蛭がいてはならないこと、特定の事物の名称をそのまま言うことを避けて別の言葉で言い換える忌み詞の内容、禰宜以下の伊勢神宮の神職に就任したときに必ず祓え清められる天つ罪と国つ罪の内容が、祭られる対象の天照大神により定められて神宮の祭祀の仕組みが出来上がったとされている。(27) これが祭祀のあるべきあり方とされ維持されたであろうことは、『延喜式』の「凡そ祭に供うるの物、式条に載せざるは、旧に依りて供え用い、前例を改むることなかれ(28)」という記述からうかがえる。

神功皇后の三韓征伐の説のなかでは、供物とは神の要求に従うものであることが語られている。(29) 仲哀天皇が熊襲の討伐について臣下に議論させているとき、神功皇后は神がかって言った。私を祭るならば戦わずして対岸にある三韓も熊襲も服従するだろう。続けて祭祀方法について「其の祭りたまはむには、天皇の御船、及び穴門直践立の献れる水田、名けて大田といふ、是等の物を以て幣ひたまへ(30)」と要求した。神は神功皇后に神がかってみずからの存在を示して祭祀することを要求し、さらに幣帛について何を捧げるかまたどこで収穫されたものを捧げるかまで要求している。祭祀で用いる供物は神の意思によって決定される。仲哀天皇はこのとき神の要求を無視したため祟られて死ぬが、そのことを受けて神功皇后は改め、神の名をすべて明らかにしたうえで「時に神の語を得て、教の随に祭る(31)」と神の要求そのままに祭祀を行った。祭祀の具体的方法の一つである幣帛も祭祀対象の神の一方的要求に由来する。

このように祭祀をすることから祭祀者・祭祀場所・忌むべき事物・供物にいたるまで、いずれも祭祀対象の神の要求によって定められたと考えられていた。神は人が理解できるような理由を持たずにただ一方的に祟りをなすという性質に裏付けられ、祭祀は神の一方的な要求をそのまま忠実に受け入れ従うことで成り立つものであった。祭祀は人と神の合意に基づく双務的な契約とは性質が異なるし、人がみずからの価値観で最良と考えるものを供物にし最高の誠意や敬意をもった仕方で行うことで成り立つものでもない。祭祀の存在から形式や手段にいたるまで神の意思に従うのみで、祭る側の意思や価値観や都合はそもそも考慮されないし、祭る側の都合で変更することはできないと観念されていた。

そして祭祀対象の要求により祭祀の存在とその具体的方法が決定されるいうことは、それらがその祭祀に特有であることを意味する。ある神が祟りなどで存在を示し祭祀を要求するから祭祀は行われるが、そのとき他の神がいたとしても存在をあらわさないならばこれを対象とする祭祀は行われない。祭祀方法も対象となる神の要求に従って決まるので、ある祭祀方法はそれを要求した神を対象とする祭祀にだけ有効であって、他の神はまた独自の異なる要求をするため有効ではない。祭祀の具体的方法は祭祀対象ごとにそれぞれ異なる。祭祀方法がすべての祭祀に共通するものとして作られまたは整備されることはない。神祇令では恒例祭祀を列記したあと「前の件の諸の祭、神に供せむ調度及び礼儀、斎日は皆別式に依れ」として各祭祀の供物や方法の具体的内容は記さないが、この「別式」もしくはこれを発展させたものと考えられる『延喜式』の神祇式では、恒例および臨時の諸祭祀について祭料を中心とする祭祀方法をそれぞれ別々に記している。

ところで釈奠も、祭祀方法がこのように祭祀対象により決められ、祭祀ごとにそれぞれ異なっている日本の神祇祭祀の延長線上に理解することができる。ある祭祀と他の祭祀がそれぞれ独立して行われるように、他の神祇祭祀とは別個に、釈奠も孔子という独自の祭祀対象をもつ祭祀的儀礼として、独自の方法で行われる。既存の祭祀と異なり肉を供物としても、祭祀対象の要求と考えるならば神事の性質上何ら特異なことはない。唐での祭祀体系では共通する祭祀方法があるが、日本の祭祀の仕組みでは祭祀方法は祭祀対象ごとにそれぞれに特有であり、由来や性質が異なっていても釈奠は他の祭祀と同様にそのなかに位置づけることができる。だからこそ在来の神祇祭祀と性質が異なっていても受容された。

ただ在来の神祇祭祀は、朝廷により掌握され、共通の手順や手法により行われる唐の祭祀の仕組みを参考にして、朝廷で行われる部分は一つの最大公約数的な方法がより早くに定められた。一方、釈奠は異なる文化のなかで成立した儀礼をあらたに日本に持ち込んだものなので、遅れて唐に倣いより忠実な様式に整備を進め、結果として神祇祭祀との違いは大きくなった。

こうした違いは、両祭祀儀礼の実行または参加する者およびその場所（大内裏内）が重なるため、儀礼の日取りが重なるもしくは接近するとき、正面からの衝突を招いた。忌むべきものや供物は祭祀や儀礼によりそれぞれ異なるので、祈年祭においては三牲は忌むべきものであり供物とはなりえないが、釈奠においては同じ三牲が供物とされ忌むべき対象にはならない。三牲という物体を単独で理解しようとする場合にはこれが供物でありなおかつ忌むべきものであるという矛盾に陥るが、いかなる者を対象とする状況か、すなわちどの祭祀もしくは儀礼を行っているのかという関係のなかで三牲の役割を考えれば容易に理解できる。忌むべき穢れであるとか供物であるということは、それ自体の性質として定まっているのではなく、あくまで祭祀対象によって決定される相対的な評価として成り立っている。関係性のなかにおかれてはじめて穢れや忌むべきものは存在しまたそれと決定される。だからこそ「釈奠を停めて仲丁に定む。祈年祭に当り三牲を忌む可きに縁ればなり」という事態、すなわちある物が忌避されると同時に供物として捧げられるという一見したところ矛盾する事態が生じたのである。

四　祭祀で用いられる可能性と穢れ

１　御膳や幣帛での「穢悪」や「穢雑」

つぎに成立当初の穢れを理解するために、穢れをあらわすために用いられた表記についてどのような意味を持つ語句であったのかを考察する。より広範囲の事柄を考察し、これを起点として穢れの理解へと進める。

『弘仁式』で成立した穢れを定義する条文のうち最初のものは「穢悪の事に触れて忌むべきは」として、個別具体的な内容をこれに続けて列記していた。当初、「穢悪」の語句は、令文に付される注釈の内容が一致していないことからもうかがえるように、後世に定着するような特定の具体的な内容を意味しておらず、また抽象的な意味としても定着してない語句であった。『弘仁式』の神祇式を編纂するにあたって、神祇令の斎戒規定を拡張する方針をとり、「人死」や「産」など新しく追加する各内容を斎戒規定で制限された「喪を弔ひ疾を問ふ」と並べ、斎戒規定の中にあって具体的内容を持たない「穢悪」の語によってまとめて成立したのが穢れに関する最初の条文である。(32)

いわば具体的内容を持たなかったから包括する語句として用いられたわけだが、複数の具体的内容は「穢悪」の語句によって一つにまとめられたのである。穢れの具体的内容でなく抽象的な性質および意味や意義を理解するためには、この「穢悪」がどのような意味で使われたのかをたどることも有効であろう。「穢悪」は一般的な意味で用いられ、しばしば他の表記でも言い換えられているので、そうした類似の表記もあわせ考察する。

まず穢れのもっとも基本となる条文でも使われていた「穢悪」という言葉は、律令では神祇令の斎戒規定で用いられているが、それ以外につぎにあげる職制律の条文でも用いられている。

凡そ御膳を造るが、誤ちて食禁を犯せらば、典膳は徒三年。若し穢悪の物、食飲の中に在らば、杖一百。簡択精しくせずは、二等減せよ。品嘗せずは、杖六十。

凡そ外膳（謂ふこころは百官に供す。）食禁を犯せらば、膳部は笞五十。穢悪の物、食飲の中に在り、及び簡択不浄ならば、笞卅。誤てらば、各二等減せよ。(33)

天皇および官人に提供する食事の準備にかかわる条文で、内膳司と大膳職を念頭にしている。天皇の食膳に「穢悪」の物が混じっていたり、食事の選別が「不精」であってはならない。同じく百官の食事でも「穢悪」や食材の選別が「不浄」であってはならない。それぞれ違反した場合の刑罰を定めている。ここにある「穢悪」とは食事に混入してはならないものとされているが、このことから翻って考えるならば食事に混入しうるものである。そして食材は選別の「精」または「浄」が求められる。まず準備された食材がありそれから選び出すことに「精」「浄」と「不精」「不浄」があり、前者だけを用いて後者は供する食事から除く。両者はともに供すべく準備された材料であり、そのなかでの相対的な評価として分類される。そもそも供すべきではないものについては言及していない。供すべきものとして適切かという問題意識のなかで適したものが「精」や「浄」と判断される。「不精」「不浄」は供する目的で準備されながらその目的にはそぐわないとして取り除かれるものである。「穢悪」は「不精」「不浄」と同様の性質で、程度がより甚だしいものである。

神祇祭祀への幣帛などもこの延長線上にも位置づけられる。『延喜式』では内膳司と大膳職はともに春日祭や大原野祭、六月神今食など神祇祭祀を職掌としてまず挙げられていて、相手が天皇や官人かそれとも神かという点に違いがあるものの、特定の相手に供するべく準備するという意味で連続している。

また神祇令では幣帛に関してつぎのように定めている。

凡そ祭祀に供せむ幣帛、飲食、及び菓実の属は、所司の長官、親自ら検校せよ。必ず精しく細しからしめよ。穢雑せしむこと勿れ。(34)

祭祀で供する幣帛・飲食物・果実などは、長官が自分自身で点検や検査をして、「精細」であるようにして、「穢雑」にならないようにせよ。このように神祇祭祀における供物について条文は定めている。幣帛などの供物のありうる状態として「精細」と「穢雑」が想定され、前者であることが求められ、後者であることは許されない。そして違反したときの処分については職制律で規定されている。

凡そ大祀に預め期を申さず、及び所司に頒ち告げずは、笞五十。故を以て事廃れたらば、徒一年。幣帛の属、法の如くにせずは、杖六十。数闕けたらば、杖八十。全く闕けたらば、杖一百。中小の祀は、逓に二等減せよ。[35]

職制律では幣帛の状態について具体的に述べず「幣帛の属、法の如くにせず」を刑罰の対象としている。幣帛などが「穢雑」であることが「法の如くにせず」であり、反対に「精細」であることが「法の如き」状態である。幣帛などの「精細」と「穢雑」は、布や絹などの繊維製品であれ農作物であれ、そもそもは同様のものであり、その状態や程度によって相対的に区別されるにすぎない。幣帛とすることを目的としてわざわざ準備させたものだから、そのどれが供されてもおかしくはない。しかし、幣帛とするために準備されたものをさらに選別して、もっともふさわしい状態へと最適化する。この幣帛としての最適化の過程で除くべきとされるのが「穢雑」である。はじめから幣帛になる可能性のないゴミなどは、ここでいう「穢雑」には原理的になりえないのである。「穢雑」はあくまでも幣帛になる可能性はあるが、相対的選別により取り除かれるものを意味している。また「穢雑」が物体としての品質だけではなく、状態が定められたように精密に整えられてはいない雑然とした様などを含む可能性もある。その場合「穢雑」とは配置や配列という状態を意味することになる。

2　釈奠の犠牲と「穢」

こうしたことは神祇祭祀にかぎらず釈奠でもそのままあてはまる。釈奠で供物とされる三牲に関する仁和年間の議論より理解できる。

左右近衛・左右衛門・左右兵衛等の府の送る所の釈奠祭の牲を定む。其の一、応に鮮牲を送進すべき事。太政官の去る延暦十二年五月十一日格を検するに云く「祭礼の事は潔浄を本と為す」といへり。又牲を割く体は明らかに礼法に在り。然して頃年諸国の進牲するに、既に穢なるを割きて以て礼に供し、釈奠多く礼制に乖く。須らく並に全体を用て祭庭に進めしること一ら礼法に依り鮮なるを割きて升供すべし。（中略）而して潔清新鮮に至るは、是れ古今不易の法なり。而して今諸衛の牲、腐臭尤も甚しく、棄てて用ゐざれば常祀に匱ざるべし。忍びてこれを供せば恐るらくは礼制に乖かむ。祭祀の正道、鮮潔を先と為す。宜しく厳しく新制を下して礼法に合はしむべし[36]。

釈奠の供物で衛府が準備する三牲に関する規定を改正するときの議論である。当時の釈奠は定められた祭祀方法に適っていないことが常態化しており、これの改善を意図してのことである。従うべき祭祀方法は「礼制」「礼法」または「祭祀之正道」としてすでに確立されており「古今不易之法」である。神祇祭祀で「幣帛の属、法の如く」すべきとされているのに相当する。この変わることのない祭祀方法に合致させるための具体的手段は、新鮮な犠牲を用意することである。

礼法の根本は犠牲が「鮮」「新」「鮮潔」「潔清新鮮」すなわち清潔で新鮮なことにある。しかし犠牲の実態はこれの正反対の「穢」であり「腐臭尤も甚し」の状態である。すなわち腐敗し異臭が甚だしく汚い状態である。神祇令にある祭祀で供える幣帛の「精細」と「穢雑」の関係と同様のことが、釈奠で供える犠牲の新鮮と腐敗でも成り立っている。現状で可能な対応は、礼法に適わないので犠牲を捨てて祭祀に使用しないことだが、この場合恒例の祭祀が実行できなくなってしまう。もう一つ可能な対応は腐敗した犠牲を供物として祭祀を行うことだが、この場合は礼法に著しく反することになり、やはり祭祀として成り立たなくなる。この状況を改善するには犠牲を新鮮なものにするしかないので、そのように改められたのである。ちなみにこの決定は制度化され『延喜式』大学式の「凡そ諸衛進るところの牲、もし腐臭を致さば早やかに返却に従ひ、換へて進らしめよ[37]」という条文になる。

犠牲が取り寄せられるのも、反対に取り除かれるのも、ともに祭祀を十全に行うという目的のためである。腐敗し異臭がする犠牲が祭祀から排除すべきと判断されるのは、定まった礼制に背くからであり、最終的に排除されるにもかかわらずこれが準備されるのも、釈奠では供物となる鹿などを衛府が調達すると定められているからである。ということはやはり祭祀を指向しない状況ならば、犠牲が調達されることもなく、また礼法に適わないものとして排除されることもない。「穢」は儀礼を行うという状況下にあるときに「潔浄」や「鮮潔」との相対的関係として具体的にあらわれる。

3　祭祀場所と「汚穢」や「穢臭」と「穢」

こうしたことは幣帛などの供物に限定されない。神が鎮座し祭祀される場所についても同様のことが言える。祭祀の場所は、例えば伊勢神宮の鎮座の由来にも見られるように、少なくとも観念的にはそこに祭られる神の意思によって要求されたものであり、その意味で祭られる神社および神域は供物と性格を同じくする。神社でも「清浄」と「穢臭」の問題が奈良時代から見える。

七道の諸国に詔したまはく「冤を除き祥を祈ることは、必ず幽冥に憑り、神を敬ひ仏を尊ぶることは、清浄を先とす。今聞かく『諸国の神祇の社の内に、多く穢臭有り、及雑畜を放てり』と。敬神の礼、豈是の如くならむや。宜しく国司長官自ら幣帛を執り、慎みて清掃を致して、常に歳事と為すべし。（中略）」と。[38]

災異を除去するには神仏に頼る。神を敬い祭ることは清浄が根本であるが、現実には神社は家畜を放し飼いにしているため穢臭が多く、もはや祭祀の体裁をなしていない。国司は自分で幣帛を捧げ掃除をすることを常に行うようにという詔である。神社のあるべき清浄を実現する手段は掃除である。

また承和十一年十一月四日の太政官符「応に鴨上下大神宮辺河を汚穢すを禁制すべき事」に引かれる賀茂神社の禰宜賀茂広友等の解文でも祭祀場所の穢れが問題とされている。

鴨川之流は二神宮を経ぐ。但だ清潔たるを欲す。豈に敢へて汚穢せむ。而して遊猟の徒、屠割の事を就す。濫りに上流を穢し、神社に経触る。茲に因りて汚穢の祟屢ば御卜に出づ。禁制を加ふと雖も曾て忌避せず。仍りて申し送る[39]。

議論の中心になっているのは、狩猟したときの獲物の解体によって生じる血液などの物自体ではなく、それらによって「二神宮」が「汚穢」になることである。より具体的には、鴨川の上流で狩猟の獲物を解体するため、その「穢れ」が川の流れにのって下流にある上賀茂下賀茂の両神社に及ぶことで、神社は「清潔」であるべきなのに、これが毀損されているから問題なのである。こうした事態を受けて、これ以上「汚穢」が神社に流れ込まないように禁止することとなった。神社などの建物やその領域は容易には交換できないので、対応策として、「汚穢」を繰り返さないように禁止するしかない。

ここには、神祇祭祀の幣帛の「精細」と「穢雑」、釈奠の犠牲の「潔清新鮮」と「穢」「腐臭」と同様の構造が見られる。神社は神の鎮座する住居で、幣帛や犠牲といった神に捧げる供物と同様の性格を持っている。だから神の望んだほかならぬその場所でなければならないし、また「清潔」な状態を維持しなければならない。神の要求と異なりこれを「汚穢」してはならない。ここでいう「汚穢」が意味するのは、神の要求によって捧げるにもかかわらずその要求に反する状態に土地がおかれることである。神に捧げる供物の好ましくない状態として「汚穢」はあるのであって、供物とは別個に「汚穢」なる物が存在しているのではない。広い意味で祭祀儀礼の中に置かれ、潜在的であれ祭祀の構成要素となることではじめて汚穢が問題視される。

『弘仁式』などで定義される朝廷祭祀における穢れにも、やはりこれと同じことがあてはまる。朝廷祭祀では、神社および神域のように祭祀に特化した専用の場所があるわけではなく、通常は律令にしたがって職務を行っている官司がそのまま一時的に祭祀に用いられる。『延喜式』神祇式四時祭上では恒例祭祀を大祀・中祀・小祀に分類したうえで「風神祭已上は並びに諸司之を斎す。鎮花祭已下は祭官之を斎す[40]」という割注が付される。すなわち大祀と中祀と風神祭では大内裏のすべての官司が斎戒し、鎮花祭已下の小祀では神祇官だけが斎戒をするという規定である。そしてこの斎戒が実現できない場合は二通りの対応がなされる。一つは祭祀の停止である。

月次神今食祭を停む。是より先、今月六日に左近衛府の人死ぬ。神祇官其の穢に染汚す。

左近衛府に発生した人死の穢れが伝染して、月次祭および神今食の実施場所である神祇官にいたり斎戒が損なわれた。大内裏の複数の官司が穢れとなって斎戒が損なわれ、回復するには三十日の経過を待たなければならないので、祭祀を停止するという対応をした。

賀茂祭を修す。是より先、内蔵寮に人の死穢有り。仍りて勅使縫殿寮より進発す[41]。

この事例では祭祀を構成する要素を交換するという二つ目の対応をしている。賀茂祭は中祀なので諸司が斎戒するのだが内蔵寮で人死の穢れがあったものの、穢れが他の官司に伝染することはなかったらしく、臨時祭の穢れ規定の一番最後にある「凡そ宮城内の一司に穢有れども、祭事を停廃す可からず」という規定に従い祭祀は実施される。ただ祭祀の実施場所でもあった内蔵寮が穢れとなったので、かわりに縫殿寮を祭祀の実施場所として用いることにした。これは斎戒をすべき祭祀構成要素が穢れたため他の穢れていないものと取り換えたということであり、釈奠で古く腐敗した犠牲を新しいものに交換したのと論理的には同じことが行われたのである。

朝廷の諸司は祭祀に用いるべく「これを斎す」すなわち斎戒することが求められ、その状態を棄損するものとして穢れがある。神社では清浄が求められ、これを棄損するものおよび棄損された状態として「穢臭」「汚穢」がある。朝廷と神社では具体的様相を詳細に見れば異なる部分が多いが、祭祀の場における基本となる対立構造や指向性はおおむね共通している。

4　祭祀参加者と穢れ

さらに人においても同様に理解することができる。神祇官が穢れに汚染されるのと同様に人も穢れに汚染される。

祭祀は人が神を祭ることで成立する。祭られる神がなければ祭祀が成立しないように、祭る人がいなくても祭祀は成立しない。ただ神は日常において知覚不能であり、人と人が行うようにコミュニケーションをはかることはできないので、祭祀を実現するために祭祀者には日常とは異なる特殊化が求められる。求められるのは祭祀に特有な状態であり祭祀に特化した最適化であり、これは日常性の否定という側面を持つ。日常とは異なることをすることによって祭祀への専一化に代えるのである。具体的には斎戒である。穢れはこれを毀損する事物として定義される。もし斎戒を実現できずに祭祀を行うならば神とのコミュニケーションは成立しない。だから穢れとなって斎戒を棄損された人は祭祀から除かれることになる。

式文の穢れ規定は、それ自体単独で存在する穢れなる物体を定義しているわけではない。斎戒を実現するための具体的方法として、これを忌避することで斎戒が実現されるという事物を定めている。例えば「食肉」の制限は、すでに神祇令の斎戒規定に見え、また『弘仁式』では穢悪の一つとして挙げられている。『延喜式』では加えて「この官は尋常にこれを忌め。ただし祭の時に当たらば、余の司も皆忌め」と割注が付される。食肉は日常的に祭祀とかかわる神祇官は常に制限され、他の官人は祭祀のときだけ制限される。祭祀の状況下でこそ「食肉」が制限され、祭祀と無関係な状況での食肉はそもそも問題とされない。そして「食肉」はそれ自体が単独で存在する事物ではなく人の行為として存在するのであって、制限されるのは人の行動である。式文の穢れ規定は、そもそも祭祀に参加する者の行動の制限を定めている。祭祀参加者との接触がまったくないのならば穢れというべきものは存在しない。本来は「人死」などに触れたときに、その人こそが斎戒を棄損した状態となり祭祀から排除すべき対象となるのであって、関心の焦点はそれらの事物よりもむしろ接触した人にある。

そして「穢」の一文字での表記が浸透し、特有の観念として成熟する時期には、人がその「穢」ともなる。すなわち当初用いられた「穢悪」は一般的な意味しかなく、接触したら一定期間忌まねばならなくなる事物の単なる包括的語句で、人が祭祀に参加できない状態は関心の焦点でありながらこれを表現する語句はなかった。しかし「穢」の一文字で表記される特有の観念として成熟すると、「穢悪」として列挙された事物ばかりでなく、関心の焦点であった祭祀から遠ざけられる人も、伝染して同様の穢れとなるとされる。「人死」や出産と接触しても同化するわけではない。人死に触れたら死ぬわけでもなく、出産の現場に遭遇したからといって自身も出産することもないが、式文の穢れ規定の一つで、穢れの伝染を定義するなかで、「穢」を祭祀から遠ざけられる人を表現する語句ともしたことで、本来の関心の対象が一つの明確な表現を獲得したということができる。さらにこのことは人が他人の穢れの原因となることも意味し、摂関・院政期に典型がみられる穢れにかかわる現象はここからはじまるのである。

五　小結

本節では釈奠と神祇祭祀のはざまで生じた穢れが同時に供物でもあるという事態を起点にして、『延喜式』の穢れ規定の内容が成立した当初の「穢悪」および類似する語句について、いかなるものとどのような関係を構成するかに着目して考察した。

穢れが同時に供物でもあるという事態は、穢れと供物が決まる仕組みを把握することで理解できる。神祇祭祀では祭祀方法が祭祀対象の要求によって決められたと観念され、したがって祭祀方法は祭祀対象ごとに異なり一元化されることはない。釈奠もその延長線上にあって把握され中国由来の独自の祭祀方法があると認識される。祭祀方法が違うので、同じものでも釈奠では供物となり神祇祭祀では忌避すべきものとされる。供物もしくは穢れは祭祀対象によって決まるのであり、祭祀と無関係に事物が単体の状態で供物や穢れとなることはない。

また穢れは供物となるであろうもののうち、「穢雑」や「汚穢」な状態で好ましくないため最終的に取り除かれるものでもあり、「精細」「清潔」であり選別されたものが最終的な供物となる。この「穢雑」や「汚穢」とされるのは、腐って祭祀儀礼に使えない犠牲、汚され使えなくなった祭祀場所、斎戒がまっとうできず祭祀に参加できない人などである。供物・祭祀場所・祭祀者として準備されるものから相対的性質によって供物と穢れとに分けられる。特定の事物がそれ自体の性質のみにより穢れとされることも供物とされることもない。

穢れとは祭祀儀礼の実行という条件下、祭祀対象との関係や他の供物との関係が確立されることではじめて成立するのであり、事物が単独で穢れと見なされることはない。実施時期が重なるとき釈奠の供物が神祇祭祀では妨げとなったのは、動物の死に触れ肉を食べるという一つの行為が、祭祀儀礼の対象によって一方では人を穢雑にするとされ、他方では祭祀を構成するためである。

註

（1）『律令』は日本思想大系、『類聚三代格』は新訂増補国史大系、『延喜式』『日本後紀』は訳注日本史料、『日本書紀』は日本古典文学大系、『続日本紀』は新日本古典文学大系、『日本三代実録』は佐伯有義校訂標注『増補六国史』（朝日新聞社）、『皇太神宮儀式帳』『西宮記』は神道大系、『宇槐雑抄』は新校群書類従、『大唐開元礼』（汲古書院、一九七二年）、広池千九郎・内田智雄『大唐六典』（広池学園出版部、一九八九年）を用いた。

（2）『宇槐雑抄』仁平二年四月十六日転穢、古例事（原漢文）。

（3）『延喜式』巻第三、神祇三、臨時祭、四十九条（原漢文。書き下しは訳注日本史料によった。以下同）。

（4）続く条文は「凡そ喪を弔ひ、病を問ひ、および山作所に到り、三七日の法事に遭はば、身穢れずと雖も、而も当日は内裏に参入るべからず」「凡そ改葬および四月已上の傷胎は、みな三十日を忌め。その三月以下の傷胎は七日を忌め」「凡そ祈年・賀茂・月次・神嘗・新嘗等の祭の前後の散斎の日は、僧尼及び重服にして奪情従公の輩、内裏に参入ることを得ず。軽服人と雖も、致斎幷に散斎の日は、参入ることを得ず。自余の諸祭の斎日も、皆此の例に同じくせよ」「凡そ無服殤に縁りて暇を請ふ者、限の日未だ満たざるに、召されて参入らば、祭の事に預かるを得ず」「凡そ宮女懐妊せば、散斎の前に退出せよ。月の事有る者は、祭日の前に、宿盧に退き下がり、殿に上ることを得ず。其の三月・九月の潔斎には、あらかじめ宮外に退出せよ」「凡そ失火の所に触れたる者は、神事の時に当たらば七日を忌め」など。

（5）『律令』巻第三、神祇令第六、十一条（原漢文。書き下しは日本思想大系によった。以下同）。

（6）『日本後紀』巻第二十八・嵯峨天皇、弘仁十一年二月四日条（原漢文。書き下しは訳注日本史料によった。以下同）。

（7）『類聚三代格』巻十、一釈奠事、貞観二年十二月八日太政官符「釈奠式一巻を頒下す事」の中で、「式に若し上丁国忌及び祈年祭に当らば、改めて中丁を用ひよといへるは」と式文を引用しつつ、この内容が実際にはまだ実行されていないという言及がある。このときまだ『貞観式』は成立しておらず、したがって引用される式は『弘仁式』である。

（8）『延喜式』巻第二十、大学寮、二条。この条文の成立は『弘仁式』と『貞観式』のいずれであるか不明だが、釈奠の次第が吉備真備により整備されたことを考慮すれば、少なくとも根幹部分は『弘仁式』の段階で定まっていたと考えられる。

（9）『唐六典』巻十四、太常寺、廩犧署（原漢文。以下同）。

（10）釈奠の受容については、彌永貞三『日本古代の政治と史料』（高科書店、一九八八年）、戸川点「釈奠における三牲」（虎尾俊哉編『律令国家の政務と儀礼』吉川弘文館、一九九五年）などが明らかにしており、これらに拠った。

（11）『続日本紀』巻第二・文武天皇、大宝元年二月十四日条（原漢文。書き下しは新日本古典文学大系によった。以下同）。

（12）『律令』巻第二、職員令、十四条。

（13）『律令』巻第四、学令第十一、三条。

（14）彌永貞三『日本古代の政治と史料』。

（15）『唐六典』巻四、尚書礼部、祠部郎中員外郎条（原漢文。以下同）。

（16）『大唐開元礼』巻五三、吉礼、皇太子釈奠于孔宣父。巻五四、吉礼、国子釈奠于孔宣父。巻六九、吉礼、諸州釈奠于孔宣父。巻七二、吉礼、諸県釈奠于孔宣父（原漢文）。

(17)『日本書紀』巻第二十五、孝徳天皇、大化元年七月十三日条（原漢文。書き下しは日本古典文学大系によった。以下同）。
(18)『律令』巻第三、神祇令第六、一条。
(19)『延喜式』巻第二十、大学寮、二十条、二十一条。
(20)『律令』巻第三、神祇令、第六。
(21)『延喜式』巻第二十、大学寮、九条。
(22)『日本書紀』巻第五・崇神天皇十二年三月十一日条。
(23)『日本書紀』巻第五・崇神天皇六年～七年十一月十三日条。
(24)『日本書紀』巻第五・崇神天皇七年二月十五日条。
(25)『日本書紀』巻第五・崇神天皇六年条。
(26)『日本書紀』巻第六・垂仁天皇二十五年三月十日条。
(27)『皇太神宮儀式帳』天照坐大神宮儀式幷神宮院行事（原漢文）。
(28)『延喜式』巻第四、神祇四、伊勢大神宮、六十七条。
(29)『日本書紀』巻第八・仲哀天皇八年九月五日条。
(30)同前。
(31)『日本書紀』巻第八・仲哀天皇九年三月条、巻第九・神宮皇后、摂政前紀。
(32)『西宮記』臨時一（甲）、定穢事で、穢れの判断で依拠すべき条文として「或記」が引用され「弘仁式云く、穢悪の事に触れて応に忌むべきは、人死は三十日を限り、産は七日、六畜の死は五日、産は三日、其の宍を喫み、及び喪を弔ふ、疾を問ふは三日」とされ、『延喜式』では別の条文となり当日だけ忌むべきとされる「喪を弔ふ、疾を問ふ」が含まれている。
(33)『律令』律、職制律第三、十三条、十八条。
(34)『律令』巻第三、神祇令第六、十六条。
(35)『律令』律、職制律第三、八条。
(36)『三代実録』巻第四十八・光孝天皇仁和元年十一月十日条（原漢文。以下同）。
(37)『延喜式』巻第二十、大学寮、三条。
(38)『続日本紀』巻第九・聖武天皇、神亀二年七月十七日条。
(39)『類聚三代格』巻第一、神社事、承和十一年十一月四日太政官符「応に鴨上下大神宮辺河を汚穢すを禁制すべき事」。類似のものに承和八年三月一日太政官符「応に春日神山の内の狩猟伐木を禁制すべき事」がある。
(40)諸司が斎戒すべきことが『延喜式』巻第一、神祇一、四時祭上「凡そ践祚大嘗祭を大祀と為し、祈年（中略）等祭を中祀と為し、大忌・風神・鎮花（中略）等祭を小祀と為せ。風神の祭已上はみな諸司斎し、鎮花の祭已下は祭官斎せよ。但し小祀の祭官斎するは内裏斎せざれ。其の勅使を遣はす祭は斎せよ。」と規定されている。
(41)『三代実録』巻第五・清和天皇、貞観三年四月十七日条。

第二節　朝廷の穢れと神社の穢れ――律令期の穢れの非単一性

一　はじめに

『延喜式』の定める穢れは朝廷の儀礼にかかわるため、権力によって管理されまた制度化される。まず官人等の行動が制限され、つぎに官人とかかわる人々の行動が間接的に制限されることとなり、これが行動規範となって都市を中心とする社会へとひろがる。人々はその行動制限に従うことを通して、無自覚であっても穢れを観念としても受け入れる。その結果として穢れ観念は朝廷や官人にかぎらずひろく社会に浸透する。基軸となるのは『延喜式』の規定であるから、研究はまずこの規定やその内容から進めるべきとされた[1]。

しかし、穢れをいかに定義するかにもよるが、『延喜式』で定義されているものだけが穢れというわけではない。これとは異なる穢れの存在も考えられる。たとえば本居宣長は記紀神話に穢れのはじまりを見ているし[2]、近年の古代から中世にかけての研究では、穢れ観念は時代を一貫して不変なのではなく多様で歴史的変遷があることを明らかにしている[3]。のちに支配的になるため『延喜式』の定義する穢れがもっとも重要であることは間違いないが、これとは性質の異なる穢れ観念が存在した可能性を無視することはできない。『延喜式』の定義する穢れを典型として、これに合致しないものを未成熟な状態や特殊な変形として捉えるのではなく、別種の穢れが存在したという可能性を論じる必要がある。

ここでは穢れは単なるヨゴレと区別される事物であり、なおかつ穢れとはそれ自体の性質にはおさまらない別の何かをもたらすものと観念され、それゆえ忌避の対象とされる事物とひとまずひろく定義する。そして『延喜式』で定めれる穢れとは別の穢れが奈良時代から神社で問題とされていたこと、両者はともに広義の穢れに該当するが、具体的な性質は明らかに異なっていることを史書・法典・儀式書から示す(4)。これまで多くの場合、穢れ観念とは単一のものであると想定して議論されてきたが、性質の異なる個別具体的なものが複数同時に存在することを示すことで、穢れ観念のさらなる理解へとつなげたい。

二　『延喜式』の穢れ

1　穢れとされる内容

穢れについて定義し対処法を定め、また判断の際に最大の根拠とされるのは『延喜式』神祇式の臨時祭の部分である。これは文献的に穢れの定義が確認できるもっとも早い時期のものであり、その成立後には常に判断の根拠として参照されている。つまるところ穢れの定義とは『延喜式』の穢れ規定のことであった。『延喜式』は、これに先立つ『弘仁式』と『貞観式』をあわせ、多少の修正を加えて成立したものなので、穢れを定める条文も『弘仁式』と『貞観式』のいずれかの時点で成立したと考えられる。すなわち『延喜式』の穢れ規定は延喜年間ではなく、それよりも早い弘仁年間から貞観年間にかけて成立した。ただしどの条文がいずれで成立したのか必ずしも明らかではないことに加え(5)、『延喜式』の成立後はこれがもっぱら根拠として引かれるので、ここでは便宜的に『延喜式』の条文および規定と呼ぶことにする。

この『延喜式』神祇式臨時祭祀のなかにある穢れに関する規定はつぎものである。

凡そ穢悪の事に触れて忌むべきは、人の死は卅日を限り 葬る日より始めて計へよ。 産は七日、六畜の死は五日、産は三日 鶏は忌む限りに非ず 、その宍を喫るは三日 この官は尋常にこれを忌め。ただし祭の時に当たらば、余の司も皆忌め。

凡そ喪を弔ひ、病を問ひ、および山作所に到り、三七日の法事に遭はば、身穢れずと雖も、而も当日は内裏に参入るべからず。

凡そ改葬および四月已上の傷胎は、みな三十日を忌め。その三月以下の傷胎は七日を忌め。

凡そ祈年・賀茂・月次・神嘗・新嘗等の祭の前後の散斎の日は、僧尼および重服にして奪情従公の輩、内裏に参入ることを得ず。軽服の人と雖も、致斎ならびに散斎の日は、参入ることを得ず。自余の諸祭の斎日も、皆この例に同じくせよ。

凡そ無服の殤によりて暇を請ふ者、限の日未だ満たざるに、召されて参入らば、祭の事に預かるを得ず。

凡そ宮女懐妊せば、散斎の前に退出せよ。月の事ある者は、祭日の前に、宿廬に退き下がり、殿に上ることを得ず。その三月・九月の潔斎には、あらかじめ宮外に退出せよ。

凡そ失火の所に触れたる者は、神事の時に当たらば七日を忌め。[6]

最初の条文で「穢悪の事に触れて忌むべきもの」としてその具体的内容が「人死」以下「喫宍」まで列挙され、続く条文で「改葬」「傷胎」「失火」などが追加されている。「傷胎」については『三代実録』の事例で「胎傷穢」と「穢」の文字が付されており[7]、穢れと認識されていたことが確認できる。また「失火」についても『西宮記』ではここに加えられた経緯を「失火穢七箇日を忌む可き事」に記しており、同様に認識されていたことがわかる。[8]条文で「穢悪」や「胎傷」「失火」などとあるだけで「穢」と明示されていなくても、接触した場合に祭祀への参加を忌むとこれらの条文で定義されるものが、穢れとして捉えられるのである。[9]また古記録においては、「穢悪の事に触れて忌むべきもの」としてあげられるものと「傷胎」「失火」などを区別せずに、ほとんどの場合「穢」

と同じように表記される。最初の条文にあるような「穢悪」という表記はこれらの内容を意味する語句としては古記録ではほとんど見られない。

こうした穢れが問題となるのは朝廷祭祀という限定された場面である。このことは、これらの条文が神祇式にあることからも理解されるが、さらに個々の条文からもうかがうことができる。「人死」などを挙げる最初の条文や「傷胎」「失火」を挙げる条文でもそれらに接触した人が祭祀への参加を忌むべき期間を定めているし、ほかの条文でも「祭の事に預かるを得ず」と祭祀への参加の禁止し、さらに「殿に上ることを得ず」「内裏に参入することを得ず」と、多くの祭祀で斎戒が求められる内裏への、一定の条件下での参入禁止を定めている。接触した場合に祭祀に参加できなくなるものが穢れであり、また人が祭祀に参加できない状態にあることが穢れとされる。あくまでも祭祀との関係において穢れは定められるのである。特定の事物を、祭祀の有無にかかわらず穢れであると定義しているわけではない。これらの条文は神祇令の斎戒規定を再構築することで成立したものであり、祭祀に参加しようとする者の行動規範という性格を受け継いでいる。第一章一節で述べた通りである。

２　甲乙丙の伝染

『延喜式』の規定によれば、穢れには社会へ影響を及ぼす重要な性質がある。穢れに接触するとこれに伝染し、接触した者も穢れとなるという性質である。「人死」から「失火」までの内容を規定する条文に続けて、伝染についてつぎのように規定される。

凡そ甲の処に穢あり、乙その処に入らば（著座を謂ふ。下もまた同じ）、乙および同処の人は皆穢となせ。丙、乙の処に入らば、ただ丙の一身のみ穢となし、同処の人は穢となさず。乙、丙の処に入らば、同処の人皆穢となせ。丁、丙の処に入るとも穢となさず。その死葬に触れたらむの人は、神事の月に非ずと雖も。諸司ならびに諸衛の陣および侍従の所などに参著するを得ず。

凡そ宮城の内の一司に穢有りとも、祭事を停廃すべからず。[10]

これに従えば甲乙丙とひろがる穢れの伝染はつぎのようなものである。

穢れの本体がある場所が甲処であり、そこへ入って着座した人すなわち乙は穢れとなる。穢れの一次感染者である。同処人について条文では具体的には説明されないが、おそらく乙と同居する家族や家人なども乙と同様に穢れとなるということであろう。そしてこの一次感染者である乙のいる所に丙がやってくると、丙は穢れとなる。穢れの二次感染者である。ただこれ以上の感染は起きず、丙の同居する家族や家人などにも感染はしない。また一次感染者の乙が、さらに別の丙処に行き着座した場合、そこにいる人はみな穢れの二次感染者となる。この丙処に別人の丁がやってきても穢れは伝染しない。要するに穢れの伝染は二次感染までは広がるが、それ以上はひろがらない。感染力を持つのは「穢悪の事に触れて応に忌むべき者」として定義されている穢れの本体と一次感染者だけである。[11]

穢れの伝染において「処」は重要な働きをする。式文に拠るかぎり、「処」が媒介となることでしか穢れは伝染しない。[12]ここに記していることが穢れとの関係を網羅的に規定していると受け止めるならば、内容を定義する条文にあった「穢悪の事に触れる」ことは、ここでの穢れの本体から人への最初の伝染と等しく、同じ空間での着座を念頭にしていたと考えられる。「処」とは壁や門で区切られた空間のことである。『西宮記』に「御記云」として引かれる延喜八年の賀茂祭の事例では「仰するに穢の所在は幕外にして、川原に限り无し。何処を限りて穢と為さむ。おもへらく穢と為すべからず」[13]と、穢れが幕で仕切られた外側の開放空間にあることから、穢れは伝染しないと天皇自身が判断している。開放空間は穢れの伝染を媒介する「処」を構成しない。実際このとき賀茂祭は中止されることなく行われている。また『新儀式』では「牆を隔て門を別つ処、聞く処と雖も穢と為さず一と説明し、まわりが穢れとなっても垣や門で個別に区切られた閉鎖空間である「処」には伝染しないとする。たとえば内裏が穢れとなったとき、同じく大内裏の中にあっても個別の門や垣で隔てられる大蔵などほかの官司は穢れとならない。ようするに「処」とは門や垣などで隔てられた閉鎖空間であり、その中が穢れの状態ならば、そこにいる人に穢れを伝染させる媒介となる一方、その外からの穢れの伝染は遮断される。ただ『延喜式』の規定に依拠するかぎり、「処」はまず伝染の媒介となるのであって、「処」自体が穢れともなるのか、ただちには判断できない(14)。

3　対処法・原状回復

『延喜式』の穢れには、発生したときの対処法にも特徴がある。最初の条文に「人死は卅日を限りとす」とあるように、穢れは内容に応じて定められる一定期間の経過によって消滅し原状回復するとされる。これについては異なる解釈もあるが、それは妥当ではない。穢れはしばしば罪と結びつけられ、大祓で除去されると解釈されている(15)。この場合、根拠としてつぎのような事例があげられる。

建礼門の前に大祓す。宮内省に馬の死穢有るを以て也(16)。

宮内省に死んだ馬の穢れがあったから大祓が行われたというのである。たしかにこの部分だけを見れば、穢れに対して大祓が行われていると解釈できる。しかしほかの事例にあたってみると、穢れと大祓は関連するものの直結するのではなく、両者の間にはもう一つ重要な過程がある。

月次祭・神今食、穢に依りて延引す。仍りて建礼門に於いて大祓有り。件の穢、去月奉幣伊勢使、京に帰るの間、途中に於いて穢に触るるの故也。[17]

穢れがどのような理由で大祓へとつながるのか述べられている。穢れを理由としてまず祭祀が延引される。そして祭祀の延引をうけて大祓が行われたのである。大祓を行う直接の理由は、穢れがあることではない。穢れによる祭祀の停止という経緯こそが、大祓が行われる理由なのである。ほかにも「月次神今食祭を停む。建礼門前に於いて大祓す」[18]「大祓を修む。（中略）平野・松尾・賀茂等祭の停止の故なり」[19]などといった事例がある。あくまで大祓と関連付けられるのは祭祀の停止である。大祓を行う理由を、穢れを浄化し原状回復するためだと解釈することは妥当ではない。[20]

穢れの浄化は『延喜式』の規定の通りに時間の経過のみによって可能であったことは、つぎの事例からも明らかである。

平野・春日等祭を停む。去月三日大蔵省の人死にて今月三日の穢の限りを満すも、今日以前に供神の物を下す能はざるを以て也。[21]

平野祭と春日祭が行われる十一月の上申の日は、この年は四日であったのだが、穢れの影響によって停止となった。先月の三日に人死の穢れがあり、それから三十日経った今月の三日にはその穢れは消滅する。四日の祭祀には間に合いそうだが、その日に行うには祭祀で用いる供物を先立って送らなければならないので、準備は穢れの状態ですることになってしまう。そのようなことは避けねばならないのでこの日の祭祀は停止された。ちなみにつぎの申にあたる十六日に春日祭が、翌十七日に平野祭がそれぞれ行われた。

ここでは去月三日に人死の穢れがあり、今月三日に穢の限りを満たすとしている。もしも大祓のような具体的行為により穢れが消滅・浄化されるのならば、穢れが確認されてすぐにこれを実行し穢れの状況を終わらせて日程通りに祭祀をすることが可能なはずである。しかし実際には穢れを浄化するであろう具体的行為は何もせずに、ただ時間の経過を待つだけで、『延喜式』の定める「人死」の場合は三十日忌むという規定と完全に一致している。『延喜式』の「凡そ穢悪の事に触れて忌むべきは」ではじまる条文の通り、内容に応じてそれぞれに定められている日数の経過によって穢れは浄化されるのであって、ほかの浄化手段はない。

４　排除・忌避する動機

平安時代を通じて穢れは頻繁に問題となり、公卿等により行われる「定穢」で『延喜式』の規定を根拠として最終的な判断が下されていた。ただ穢れに接触した者が祭祀への参加を忌む理由については『延喜式』も明記していない。古記録や儀式書に記される律令期から摂関期にかけての個々の事例においても、なぜ穢れを祭祀から排除すべきなのか、その理由は明示されてはいない。

可能性としてまず考えられるのは、触穢の人が祭祀に参加すると祟りが生じるので、これを回避するためという理由であろう。これについてはつぎの事例がある。

是より先、少主鈴従八位上美和真人清江言はく「鼠内印の盤褥を囓みき」と。是に至りて、神祇官卜へて云く「触穢之人神事に供す。仍りて祟を成す」と。是に由りて建礼門前に於いて大祓し、以て妖祥を攘ふ。(22)

『延喜式』の定義する穢れが原因で祟りが生じたと断定できるのは、しかしながら、これがほぼ唯一のものである。穢れによって祟りが生じる事例は六国史にもしばしば見られるが、多くは後述の奈良時代にはじまる神社などを舞台にする不浄が原因であって、『延喜式』で規定される穢れが原因なのではない。またこの事例での祟りの内容は、印璽をのせる敷物が鼠に嚙まれるというもので、社会的影響は小さい。祟りは例外的にしか起こらず、さほど深刻でもないことから考えれば、『延喜式』にいうところの穢れが祟りと密接に関連付けられる可能性は低い。すなわち祭祀に穢れを持ち込むと祟りが生じるという観念に支えられて、『延喜式』に定められる穢れを祭祀から取り除く仕組みがあるとは考えにくい。

そこで目を向けたいのが、『延喜式』の規定が作られる時期に、『延喜式』の穢れ規定のもととなった神祇令の定める斎戒が徹底されるという事実である。

勅すらく、「令条に拠るに『凡そ祭祀には、所司預め官に申せ。官散斎の日の平旦、諸司に頒告せよ。夫れ散斎の内、喪を弔ひ疾を問ひ宍を食することを得ず。刑殺を判ぜず、罪人を決罰せず、音楽を作さず、穢悪の事に預らざれ』と。今散斎の日に至りて、乃ち諸司に頒告すれば、則ち諸司事を惰り、或は禁忌を犯す。宜しく令条を改めて、自今以後、散斎の前一日に、諸司に頒告すべし(23)。」

今までは令文に従い、祭祀に先立つ斎戒を行うべき日であることを、当日の明け方に関係する諸司に知らせていたが、それでは斎戒が行われず違反する者もいる。そういうわけで令文を改定し、これ以降は散斎の前日に諸司に通達することにする。このような勅が弘仁年間に出されたのである。

この勅によれば、斎戒が守られないことがしばしばあったらしい。しかし、斎戒が守られなかったことを理由に祟りが生じた事例は、正史を見るかぎりない。この時期に祟りが国家的な問題となったこととの関連が考えられるものの(24)、この勅ではそうした理由はあげられておらず、深刻な祟りを防ぐことを目的に斎戒が徹底されたのではない。外在的要因もあるとは思われるが、ここでの斎戒の徹底はむしろ内在的理由から行われたと考えるべきであろう。すなわち斎戒を祭祀の構成要件と捉え、斎戒を行うことで祭祀が祭祀として体裁を整え機能すると認識しており、みずからその徹底を図った。斎戒の徹底は、きっかけこそ祟りであったかもしれないが、常に神の祟りに迫られていたからではなく、ひとまず祟りとは切り離して祭祀の厳格化を図ったものと言うことができる。神祇令の斎戒規定を受けつぐ『延喜式』の穢れ規定も、運用されるときには常に祟りが意識されていたわけではない。

三　神社の汚穢

1　内容

『延喜式』の穢れ規定が成立する時期に、神社では汚穢は排除すべきものとされていた。定義が明文化されていたわけではないが、『延喜式』で規定される内容とは異なるものの、同じ「穢」の文字を用いて表記される、広義には穢れというべきものが、神社を舞台に問題とされていた。宣命体で記される賀茂神社に対する告文である。

天皇が詔旨と、掛畏き賀茂大神の広前に申賜へと申く、近来霖雨難晴て百姓の農業頗流損せり。因て皇大神御社に犯穢事ども在と令巡に、上宮四至之内に伐木幷穢損事在と勘申せり。仍乍驚懼、其畏り為令申に、神祇伯従四位下藤原朝臣広基を差使、礼代大幣を令捧持て奉出賜ふ。掛畏き皇大神、此状を聞食て、相共に助矜賜て、百姓の農業豊登らしめ、天皇朝廷を宝位無動く、常磐堅磐に夜守日守に護幸賜へと、恐み恐みて申賜はくと申。[25]

祟りと思われる霖雨の天候不順が続き農業に損害が出ている。そこで賀茂神社で「穢」を犯しているのではないかと、神社の領域を点検させると伐木と穢損があったという報告があった。驚いて謝罪のために神祇伯に命じて奉幣させ、人々の農業や天皇の統治が無事であるように祈った。

ここでの「穢」は個別具体的な内容を指し示す言葉ではなく、伐木や穢損などを包括する概念である。伐木や穢損は『延喜式』では規定されておらず、ここの「穢」と『延喜式』が規定する「穢」および「穢悪」とははっきりと区別できる。両者は「穢」という表記は同じではあるけれども、内容が異なる。

神社やその領域では、ほかにもしばしば問題が生じている。承和八年三月一日の太政官符では春日神山の問題に対処している。

応に春日神山の内に狩猟し伐木するを禁制すべき事

右中納言従三位兼行左兵衛督陸奥出羽按察使藤原朝臣良房の宣を被るに偁く、「春日神山の四至は灼然たり。而して今聞けらく『狩猟の輩、斎場に触穢し、採樵の人樹木を伐損する。神明の咎する攸なり。恐らくは国家に及ばむことを。宜しく当国に下知し厳しく禁制せしむべし』といへり。国宜しく承知し、当郡司幷に神宮預に仰告して、殊に禁制を加へよ。兼ねて復た社前及び四至の堺に牓示し、人をして知り易からしめよ。若し制旨に遵わざれば違犯有る者がごとく、状を量りて勘当せよ。容隠するを得ざれ」と。(26)

春日神山の領域内で、狩猟者が祭祀の場所を汚く穢し、樵がそこの樹木を伐採している。祟りが生じて国家に及ぶことを危惧する。このような言葉を受けて問題の行為を厳しく禁止するべく国司に命じる。該当する郡司や神宮預に伝えことさら厳しく禁止させ、また神社の前と領域の境界にはすぐにわかるように立て札をさせるように。違反者は処罰せよ。隠蔽を許してはならない。このように命じている。

『延喜式』の定義する穢れに接触したときに用いられることが多い「触穢」という表記がこの太政官符では使われている。ここでは「斎場」という場所が穢れと接触した対象である。「斎場に触穢し」については、同様の問題を扱う承和十一年十一月四日の太政官符に引かれる神宮禰宜賀茂広友の上申から、より具体的な状況が理解できる。

　応に鴨上下大神宮辺河を汚穢すを禁制すべき事

右彼神宮禰宜外従五位下賀茂県主広友等の解を得るに偁く「鴨川之流は二神宮を経ぐ。但だ清潔たるを欲す。豈に敢へて汚穢せむ。而して遊猟の徒、屠割の事を就す。濫りに上流を穢し、神社に経触る。茲に因りて汚穢の祟屢ば御卜に出づ。禁制を加ふと雖も曾て忌避せず。仍りて申し送る」といへり。大納言正三位兼行右近衛大将民部卿陸奥出羽按察使藤原朝臣良房宣す。勅を奉はるに「神明の祟る攸、慎まざるべからず。宜しく当国に仰せて之を禁断せしむべし。若し制に違ひて犯す者は其身を禁じて申し上げよ。容隠して申さざれば、国郡司幷に禰宜・祝等、必ず重科に処せ。曾て寛宥せざれ(27)」

賀茂神社は清潔を求めるのだから、汚穢があってよいはずがない。それなのに賀茂神社の北の山で狩猟者が獲物を解体して川で洗っている。その川の下流に賀茂神社は位置しているので、流れてきた汚穢に触れてしまう。だから汚穢に対する祟りがしばしば御卜に出ているのだ。禁止しても従う者はいない。そういうわけで朝廷に訴えた。これに対し朝廷は命じている。神の祟るところは慎まねばならない。該当する国に命じて神社に汚穢をもたらす行為を禁止させる。違反者があれば、身柄を拘束して報告する。もし違反を隠して報告しなかったら、国司等にとどまらず禰宜や祝といった神職も処罰する。絶対に許してはならない。このような断固たる態度を示した(28)。

　ここの「穢し、神社に経触ふ」は、先の「斎場に触穢し」とほぼ同様であるのは明らかである。「穢し、神社に経触ふ」が意味する具体的内容は、狩猟の後に獲物を解体したことに伴う汚穢が神社の領域に流れてくることである。「斎場に触穢し」でも同じく狩猟者が穢れをもたらしているのだから、やはり解体に伴う汚穢を神社の領域に放置していると考えられる。宣命で「犯穢」と表記されているのは、このような神社の汚穢である。

同じような事態は奈良時代からすでに問題となっていた。『延喜式』の成立以降にも尊重されているつぎの詔勅は奈良時代の比較的早い時期に出されている。(29)

七道の諸国に詔したまはく「冤を除き祥を祈りことは、必ず幽冥に憑り、神を敬ひ仏を尊ぶることは、清浄を先とす。今聞かく『諸国の神祇の社の内に、多く穢臭有り、及雑畜を放てり』と。敬神の礼、豈是の如くならむや。宜しく国司長官自ら幣帛を執り、慎みて清掃を致して、常に歳事と為すべし。又諸寺の院の限は、勤めて掃浄を加へ、仍て僧尼をして金光明経を読ましめよ。若し此の経無くは、便ち最勝王経を転じ、国家をして平安ならしめよ」と。(30)

全国に対して詔が下された。災いを除き福を招くには、目に見えないものを頼みにする。神仏を敬うには清浄が第一である。聞くところによると諸国の神社内は多く汚い臭いに満ち、また様々な動物を放し飼いにしている。神を敬う礼がどうしてこのようでいいのか。国司の長官はみずから幣帛を捧げ慎んで掃除することを、常のこととせよ。また寺院では掃除して、経典を転読し、国家を平安なものにさせよ。
同様の詔勅はその後も繰り返し発せられている。

勅すらく「神祇を祭祀るは、国之大典なり。若し誠敬はずは、何を以てか福を致さむ。如聞らく『諸社修めずして人畜損ひ穢し、春秋の祀も亦怠慢すること多し』と。茲に因りて嘉祥降らずして、災異荐に臻れり。言に斯を念ひ、情に深く慙惕す。宜しく諸国に仰せて、更に然らしむること莫かるべし」と。(31)

神祇祭祀は国のもっとも重要な儀礼である。もし誠実に敬わなかったらどうして福を招くことができようか。

聞くところによると、神社は保守されず、人や動物は損ない穢している。また恒例の祭祀は多く怠慢がある。これが原因となり福は生ぜず、災異ばかりが起きる。そしてこのような事態にならないようにと諸国に命じている。

これを受け、宝亀八年三月十日の太政官符では、祝等の神職が清掃など実際の作業を行うものとし国司の一人にその監督の責任を負わせることを制度化している。[32] さらに直接神職者を対象とする詔勅も出されている。[33] これらは朝廷での穢れ規定とはまったく別に、『延喜式』神祇式伊勢大神宮などの規定として結実し、平安時代の宮司等の任命方針を方向づける。ちなみに「汚穢」に対して祟るのは神社にかぎらず山陵でも同様である。[34]

奈良時代に遡るこのような経緯をもつ神社での「損穢」「侮黷」「汚穢」などが、あるときは「穢」と表記される。内容は異なるが表記は『延喜式』の穢れ規定の内容をさすときと同様である。

2　穢れと祭祀の関係

取り上げた奈良時代の詔勅はいずれも、個別の具体的事情によって特定の神社に対して出されたものではなく、全国の神社に向けたものである。また詔勅であるのだから命令を受けた各神社の観念よりも、命令主体である朝廷の観念が反映されている。これらから『延喜式』の穢れとは異なる神社を舞台とする穢れ観念が導き出せる。

神社の穢れとは掃除によって神社やその領域から排除される異物全般である。荒廃し汚れた状態、汚いものの臭いなどが具体的に挙げられているが、必ずしもこれらに限定されるわけではない。命令する語句は「慎みて清掃を致して」「社を掃いて神を敬ふ[35]」とあるだけで、その対象を必ずしも明記していないのだから、神社の清浄を損なうもの全般と考えてよいだろう。

そして神社やその領域での穢れの掃除は、日々の祭祀の一部を構成する。祭祀の核心は、神を「敬」「礼」することで災害を防ぎ福を招くことにある。この「敬」の具体的行為の一つは幣帛を捧げることであり、もう一つが神社を清浄に保つことである。勅では「社を掃いて神を敬う」と、清掃することと神を敬うことを一体に表現し、また「宜しく国司長官自ら幣帛を執り、慎みて清掃を致して」と、幣帛を捧げることと清掃が並列されている。さらにいずれの勅でも祭祀を職務とする国司や祝や神宮司等に清掃することを求めていることからも、穢れの清掃行為がそのまま神を敬う祭祀行為であることに疑問の余地はない。たとえ穢れと物理的に接触する掃除を人に命じていたとしても、観念的には国司等が「自ら」実行するのであり、穢れとの接触を伴う行為こそが祭祀を構成すると認識されていたのである。

したがって穢れと接触した人が祭祀から遠ざけられることは原理的にありえない。穢れと接触し処理することは祭祀の構成要素なのだから、その実行者は祭祀者という性格をより強めるのであって祭祀への参加資格を失うことはない。『延喜式』の穢れが、それに接触した人を祭祀から分離するのとは性格がまったく異なる。

また祟りが生じる理由も、神社の掃除が祭祀を構成することから理解される。穢れが祟りの原因となる理由は、その放置が神に対する不敬であり、祭祀の怠慢となり、祭祀を行わないに等しくなることにある。(36)穢れの状態とは祭祀の失敗であるために祟りを招くのである。

ただ見逃してはならないのは、こうした穢れが掃除されるのが神社およびその領域に限られていることである。穢れは祭祀の行われない場所や時期でもそれとして存在しているのではなく、祭祀のなかにあるからこそ穢れとなる。神社から離れていて、また一時的な祭祀場所ともなっていない大内裏やその周辺では日常的に掃除が行われているが、その対象は単なる汚穢すなわちヨゴレである。祭祀と直接には関係ない状況では、ヨゴレはあくまでヨゴレでしかなく、祟りを引き起こすなどのさらなる影響はない。たとえ掃除の対象が実体としては同じであっても神社や祭祀場所でなければ、穢れとは認識されない。

『延喜式』では、検非違使に権限を吸収される弾正台の職務として、平安京や大内裏の汚穢の掃除があげられている。

凡そ宮城内外の非違および汚穢は、日毎に忠已下糺察せよ。ただし禁中はすべからず。

凡そ宮中の諸司、各本司をしてその廻を掃除せしめよ。所々もまた同じくせよ。

凡そ八省院の廻は、左右の衛門相分ちて掃除せよ。豊楽院もまた同じくせよ。

凡そ神泉・大学の廻の地は、京職をして掃除せしめよ。穀倉院もまた同じくせよ。

凡そ台は京裏を巡行し、厳しく決罰を加へ、掃清せしめよ。宮外にある諸司ならびに諸家は当路を掃除せよ。

また樋を置きて水を通し、汚穢を露はすなかれ。また条令・坊長らは、例によりて旬毎に巡検して催掃せよ。(37)


弾正台は忠以下の者が、宮城の内外の非違と汚穢を糺察する。汚穢については監督し、内裏と諸司の周囲はその司に掃除させる。同様に八省院および豊楽院の周囲は衛門府に、宮城を出てすぐの所にある神泉苑と大学寮の周囲は京職に、宮城の外側では道に面している諸司や諸家に掃除をさせる。掃除される空間は官人等が使用する空間である。官人等が使う場所を担当の官人が掃除するのであり、つまりは自分たちのための掃除である。掃除する理由は、不特定の人々や一般の官人、さらに言うなら社会全体がそれを汚穢としヨゴレと評価するからである。汚穢は「非違」と同様に、ある空間の秩序として排除すべきものとされているにすぎない。

神社の穢れを国司の監督のもと禰宜や祝に掃除させるのと類似するが、これらの汚穢については「穢」と表記されていないし、これらの放置が原因となり祟りが生じることもない。神などの特定の存在者にとってどのような意味を持ち評価されるかという観点はなく、神の存在や意思は介在していない。あくまでそれ自体が好ましくないから掃除をするヨゴレにすぎず、放置すると祟りを招く穢れとは異なるものと認識されている。祭祀から明確に区別される場所では、汚穢やヨゴレは存在するが、それを越える意味を持つ穢れは存在しない。たとえ神社にあったならば穢れとされる物体であっても、あくまで汚穢すなわちヨゴレと見なされ、穢れとは見なされることはない。翻っていえば、神社で穢れとされる汚穢は、それ自体が単独で問題とされるのではない。神が祟りをなすときには、汚穢は神との関係において把握されるのであって、そのかぎりで単なるヨゴレを越える穢れとして認識されるのである。

四　抽象概念としての穢れ

穢れには、述べてきたように『延喜式』の「穢悪の事に触れて応に忌むべきは」として「人死」以下それぞれ忌むべき日数が定められるものと、神社で掃除の対象とされまた祟りの原因ともなる汚穢の二つがあった。『延喜式』の穢れの特徴としてつぎのことがあげられる。一つ目は、穢れとは触れたりかかわった人が祭祀から分離される事物と規定されており、焦点は人の祭祀参加の可否にある。これは祭祀における斎戒に由来している。二つ目は、その内容が明確に規定されていることで、史料において「人死穢」や「犬産穢」など種類を特定して記されることがある。三つ目は、一定の条件のもとで伝染することである。この特徴があることによって、官人や貴族にとって穢れは十分な注意を要する問題となり敏感にならざるをえなくなる。四つ目は、一定の日数の経過のみによって浄化され、大祓などの具体的行為によっては浄化されないことである。五つ目は、必ずしも祟りと直結するとはされていないことである。

神社の穢れにはつぎのような特徴がある。一つ目は、その内容が具体的に定められていないことで、表記はさまざまで必ずしも一定しないが汚穢すなわちヨゴレがひろく含まれる。二つ目は、焦点が神の住居である神社やその領域にしぼられていることである。この穢れは神社とその領域の問題であって、祭祀者が穢れに接触することは問題とならない。三つ目は、穢れの除去行為それ自体が祭祀的性格を持つことで、逆に言えば穢れを放置することは祭祀を行わないことに等しく祟りの原因となる。四つ目は、穢れの除去ないし清浄の回復は、掃除や清掃といった即物的で具体的な行為によって実現される。時間の経過だけでは問題は何も解消されない。

両者の間には異なる部分が多い。穢れとされる内容、伝染の有無、穢れの消滅と原状回復の方法、これらは一致しない。穢れとの接触により祭祀から排除されるのか、それとも穢れとの接触が祭祀を構成するのか、この点もまったく異なる。

しかし、この両者は「穢」と同じように表記され、この表記に注目すればつながりがある。無自覚で漠然としているにしろ、両者を包括する抽象的観念としての穢れを想定できる。両者の間で一致しない性質を除けば、抽象的にはなるがひとまず広義の穢れを定義できる。

広義の穢れとは、神に対する礼である祭祀の妨げとなる事物であり、だからこそ祭祀の場面でこそ問題となる。穢れは神と人をあわせた三者で関係を構成するときに存在が認識される。神は祭祀対象とされることで存在者となるので、まず前提としての人と神の二者関係があり、この関係を妨げることで穢れとしての存在が可能になる。事物と人との二者のみの関係ではその事物が穢れとなることはなく、そこに神との関係が加わることではじめて穢れとして意味付けられる。神との関係や接触の可能性が考えられないときは、それらは汚穢やヨゴレでしかなく、それ以上の意味を持つ穢れとはならない。

五　小結

本節では延喜年間以前の時期を念頭に、穢れには、『延喜式』の穢れ規定により定義される朝廷で問題となるものと、これとは別に神社で問題となるものの二種類があったことを示し、両者の異同を考察した。

『延喜式』の穢れは弘仁・貞観年間に、朝廷での祭祀の構成要件である斎戒規定を拡張することで成立した。そこでは祭祀するにあたって接触を忌避すべき事物が「人死」をはじめとして特定されている。接触した場合の原状回復はそれぞれに定められた期間の経過のみによって実現される。また接触により伝染するとされ、穢れとされる事物に触れた人もその事物と同じように忌避の対象となる。穢れは神が嫌うものとされ、これを排除もしくは分離できなければ祭祀は停止または延期とされる。必ずしもその存在が祟りと直結するわけではない。神社での穢れは表記に用いられる語句が必ずしも固定されていないが、その実態は奈良時代からすでに見られる。神社での穢れはヨゴレと性質が近いが、その存在が神の祟りと直結するという点でヨゴレとは区別されるべき穢れである。神の住居である神社やその領域の清浄を毀損する事物がひろく穢れとされ、即物的な掃除によって領域から除去され原状が回復される。『延喜式』の穢れと異なり、掃除し穢れとされる事物に接触してもその人が祭祀から排除されることはないし、接触によって伝染することもない。

平安時代前半には、『延喜式』で定められ朝廷が管理する穢れと、神社で問題となる穢れとの、二つの穢れ観念が併存していた。神社の穢れのほうがより早くから存在が確認できるが、遅れて『延喜式』の規定が成立してもこれに置き換えられることはなく、朝廷とは別に神社で独自に存在し続けていた。これをふまえて、二つの具体的穢れ観念を含む包括的観念としての穢れ観念、言い換えれば抽象化されヨゴレとは区別する広義の穢れ観念が、想定できることもあらためて示した。すなわち抽象化された穢れとは、そのものの性質により忌避や排除の対象とされるのではなく、特定の状況でそれ自体の性質を越えて何か問題を引き起こすと考えられ、それゆえ忌避や排除の対象とされる事物である。『延喜式』の定義する具体的な事物は重要であり注目すべきではあるが、これを相対化し、抽象化された広義の穢れ観念を想定することは、より広い視野から捉え直す端緒となる。

註

（1）三橋正「『延喜式』穢規定と穢意識」（『延喜式研究』二、一九八九年）、同「摂関期における定穢の変遷――『西宮記』「定穢」から三条朝まで―」（『大倉山論集』四四輯、一九九九年十二月）、同「摂関末・院政期における定穢について」（『駒澤史学』六一、二〇〇三年十一月）など。

（2）本居宣長は『古事記伝』において、イザナキの黄泉国訪間講に穢れの起源を求め、「世中に所有凶悪事は、みな黄泉の汚穢より起こるものなり」と説明している。

（３）　高取正男『神道の成立』（平凡社、一九九三年）、山本幸司『穢と大祓』（平凡社、一九九二年）、横井清『中世民衆の生活文化』（東京大学出版会、一九七五年）、大山喬平『日本中世農村史の研究』（岩波書店、一九七八年）、丹生谷哲一『検非違使――中世のけがれと権力』（平凡社、一九八六年）など。

（４）　『延喜式』『日本後紀』は訳注日本史料、『続日本紀』は新日本古典文学大系、『続日本後紀』『日本文徳実録』『日本三代実録』は佐伯有義校訂標注『増補六国史』（朝日新聞社）、『日本紀略』『類聚三代格』は新訂増補国史大系、『西宮記』『類聚神祇本源』は神道大系、『新儀式』は新校群書類従、『祝詞考』続群書類従完成会賀茂真淵全集、『古事記伝』『大祓詞後釈』は『本居宣長全集』（筑摩書房）を用いた。

（５）　三橋正「弘仁・貞観式逸文について――『延喜式』穢規定成立考」（『国書逸文研究』二二、一九八九年）で、それぞれの規定の成立が弘仁式なのかそれとも貞観式なのか、儀式書などを用いておおむね明らかにしているが、一部にはいずれとも断定できないものがあるとしている。

（６）　『延喜式』巻第三、神祇三、臨時祭、四十九条～五十四条、五十七条（原漢文。書き下しは訳注日本史料によった。以下同）。

（７）　『三代実録』巻第五十・光孝天皇、仁和三年六月十一日条「禁中に孕婦の胎傷穢有り。是に由りて月次・神今食祭を停む」（原漢文。以下同）。

（８）　『西宮記』臨時一（甲）、定穢事（原漢文。以下同）。

（９）　『西宮記』にのせる延喜九年六月十日の勘物によれば、狐の死体は同じ動物であっても条文にある六畜ではないので穢れと判定されない。

（10）　『延喜式』巻第三、神祇三、臨時祭、五十五条、五十六条。

（11）　『新儀式』巻第四、触穢事（原漢文。以下同）の「今之所行」では『延喜式』とは異なり、「穢」の本体である「死骸」のある間にその場所に入った一次感染者を「甲」とし、「丙」すなわち三次感染者まで「穢」が広がるとしている。伝染の範囲には変遷がある。

（12）　物のやり取りはのちに伝染の経路と考えられるようになるが、『延喜式』では伝染すると規定されない。

（13）　『西宮記』恒例第二、四月、賀茂祭事、勘物。

（14）　『新儀式』巻第四、触穢事でも場所自体が「穢」となるとは明示していないし、場所は伝染の媒介になるだけと解釈して矛盾はない。穢れのあった場所への出入りが回避される理由は、その場所からの伝染ではなく、そこの住人から伝染する可能性にあると考えられる。

（15）　賀茂真淵『祝詞考』や本居宣長『大祓詞後釈』の説を踏襲する解釈で、国学や民俗学などにひろく見られる。

（16）　『三代実録』巻第六・清和天皇、貞観四年六月十日条。

（17）　『日本紀略』後篇四・村上天皇、天徳三年六月十一日条（原漢文）。

（18）　『三代実録』巻第四十九・陽成天皇、元慶七年十二月十一日条。

(19)『三代実録』巻第四十一・陽成天皇、元慶六年四月二十二日条。

(20) 山本幸司『穢と大祓』では、具体例を複数あげ、より詳細に検証したうえで同様の指摘をしている。

(21)『三代実録』巻第四十二・陽成天皇、元慶六年十一月四日条。

(22)『三代実録』巻第六・清和天皇、貞観四年十一月二十日条。

(23)『日本後紀』巻第二十一・嵯峨天皇、弘仁二年二月六日条(原漢文。書き下しは訳注日本史料によった。以下同)。

(24) 本書第二章第二節参照。

(25)『三代実録』巻第十八・清和天皇、貞観十二年六月二十二日条(万葉仮名による送り仮名は平仮名に改めた)。

(26)『類聚三代格』巻一、神社事、承和八年三月一日太政官符「応に春日神山の内に狩猟し伐木するを禁制すべき事」(原漢文。以下同)。

(27)『類聚三代格』神社事、承和十一年十一月四日太政官符「応に鴨上下大神宮辺河を汚穢すを禁制すべき事」。

(28)『類聚三代格』巻一、神社事によれば、元慶八年七月二十九日にも同様の趣旨の「応に賀茂神山の狩猟を禁制すべき事」の太政官符が出されている。

(29) ちなみにこの詔は『類聚三代格』からの引用として『中右記』に裏書きされている。奈良時代の詔だが『延喜式』以降にも参考にされている。さらに時代の下る度会家行『類聚神祇本源』でも引用されていることは興味深い。

(30)『続日本紀』巻第九・聖武天皇、神亀二年七月十七日条(原漢文。書き下しは新日本古典文学大系によった。以下同)。

(31)『続日本紀』巻第三十四・光仁天皇、宝亀七年四月十二日条。

(32)『類聚三代格』巻一、神社事、宝亀八年三月十日太政官符「諸祝を督課して神社を掃修する事」には「右案内を検ずるに、太政官去年四月十二日に諸国に下す符に偁く「神社を掃修し、祭事を潔斎せよ。国司一人は専当し、其の掃修を撿校するの状を、毎年申し上げよ。若し違犯有らば、必ず違勅之罪を科せよ」てへり。今改めて例を建て、更に重ねて督責せよ。若し諸社祝等、掃修を勤めず神社損穢せば、宜しく其の位記を収め、差し替へ本に還し、即ち由状を録し便に附して申し上げしむべし。自今以後立てて恒例と為せ」とある。

(33)『続日本紀』巻第三十四・光仁天皇、宝亀七年八月一日条「使を遣して幣を天下の群神に奉らしむ。其の天下の諸社の祝、洒掃を勤めず、以て蕪穢を致す者は、其の位記を収りて与替しむ」、『日本後紀』巻第六・桓武天皇、延暦十七年正月二十四日条「勅すらく「社を掃ひて神を敬ふは、禍を銷して福を致すなり。今聞く『神宮司等、一び任ずれば身を終ふるまでとす、侮黷して敬はず、祟咎屢ば臻る。』宜しく天下の諸国の神宮司・神主・神長等、氏中の清慎なる者を択びて補し、六年に相替ふべし」と」など。

(34)『続日本後紀』巻第十・仁明天皇、昭和八年十月二十九日条では天皇が病気で苦しんでいるので占ってみると「御陵

〔柏原御陵〕の木伐并犯穢る祟有り」とあり、『文徳実録』天安二年三月十二日条でも、最近「怪異」がしきりにあらわれるので占ってみると「山稜〔深草山稜〕の御在所の近に汚穢事触行こと不止之所致と卜申せり」と、宣命の内容が記されている。

（35）『日本後紀』巻第六・桓武天皇、延暦十七年正月二十四日条の勅。

（36）祭祀について象徴的に描かれる祟神紀によると、そもそも神はこれといった理由がなくても祟りをなす性質を持っていて、祭ることで祟りを鎮めている。

（37）『延喜式』巻第四十一、弾正台、三十七条、四十三条、四十四条、百十一条、百五十八条。

第三節　二つの穢れの融合——穢れ観念の古代から中世への展開

一　はじめに

前節では、平安時代前期において、穢れには『延喜式』で定められる穢れと、これとは区別される奈良時代から神社で問題とされていた穢れの二種類があり、両者の具体的な内容や性質は明確に異なっていることを示した。神社での穢れの実体はヨゴレというべき事物だが、これが神社にあれば祟りが生じるのだから単なるヨゴレではなく穢れとされる。同様の事物でも朝廷にある場合は、祟りの原因になるとは考えられておらず、それ自体の性質により掃除の対象とされるのだから単なるヨゴレであり穢れとはされない。神社で問題とされる穢れも『延喜式』で規定される穢れと同様に、特定の関係の中でこそ穢れとされる。

本節ではこれを受け、具体的内容や性質の異なる二種類の穢れが、その後にたがいに交じり合い変容する過程をたどり、中世に受け継がれる穢れ観念がどのようにして成立したのか考察する。具体的には穢れのなかでも最大のものとされる人の死に着目して、朝廷と神社でどのような事物や状態が問題とされたのか、前節と一部重複するが、その異同をより詳しく考察したうえで、それらがどのように変化するのか過程をたどる。この時期の変化について、判断の基準となる『延喜式』が成立したにもかかわらず、その後「複雑かつ怪奇な様相をますます濃くし、明法博士の判断もたえず揺動くこと」になり、「判断のしようのないものに転化」したと指摘されているが、そのようになった経緯ないし背景を史書・法典・儀式書などから詳しく考察する。

二　峻別される神社の死と朝廷の死

1　神社の死と祭祀者の関与

六国史などに載せる朝廷の命令から、神社には『延喜式』で定めるのとは異なる穢れがあることが理解されるものの、その内容の詳細は必ずしも明らかではない。そこで、扱いに注意が必要ではあるが神社側で記された『太神宮諸雑事記』をとりあげる。(3)

神亀六年正月十日、御饌物、例に依りて豊受神宮に於いて調備して、彼れ従り太神宮に賣ち参るの間、字は浦田山の迫道に、死男《なほる》、鳥犬の為に喰はる。肉骨途中に分散す。然れども忽に遁去するの道無きに依りて、件の御饌物を賷徹て、合期し供進し已に畢んぬ。爰に同年二月十三日、天皇俄に御薬あり。仍りて卜食しむるに、神祇官・陰陽寮勘申して云く「巽方の太神、死穢不浄の咎に依りて、祟り給ふ所也」といへれば、即ち宣旨を国司・太神宮司に下し賜ひ、捜糺せらるる処、件の蒲田坂の死人の条、実に依りて注申す。(4)

『弘仁式』で穢れ規定が成立する前でも神社で死が問題視されることがあった。その内容は男の死体が犬や鳥に食い散らかされ道に散らばり供物を捧げるという祭祀の一場面に混入してこれを毀損したというものである。これは神社に特有のことである。『弘仁式』の穢れ規定にも「人死」があげられるが、第二章第一節で論じたように意味されていたのは喪葬であり、ここで問題とされる事物と一致しない。祭祀者が避けきれずに踏んで接触したのか、それとも死体が散乱するなかを接触せずに通過したのか不明だが、接触の有無について言及していないのだからそのことは問題の核心ではない。『貞観式』の成立後も神宮ではこれと同様のことが見える(5)。

こうした死体の性質について理解できる事例が聖武天皇の天平三年六月十六日条にある。それはつぎのような出来事である。祭りのときに郡司の石部嶋足が参宮したが、体調不良となり退出しているあいだに神宮の近くで倒れてそのまま死んでしまった。一方その頃、天皇の御所で物怪が頻りにあらわれていたので、神祇官と陰陽寮に勘申させたところ、巽の方角の伊勢神宮のもとに死穢のことがあるようで、これが祟りの原因だという。そこで勅使を下してそのことを問いただσせ、処罰として度会郡の大領と少領の両郡司には大祓を科し、内宮の禰宜野守と外宮の禰宜に中祓を科した。この判断に対して内宮の禰宜野守はつぎのように反論する。

> 而して太神宮禰宜野守陳状して云く「当宮禰宜等は祓を科す可からざる也。何となれば、禰宜職は是れ連日長番の上、全く六色の禁忌を守り、縦ひ件の死人御前の近辺に有りと雖も、宮中祭庭に非ざるの外、禰宜・内人等何ぞ輙く穢気の事を口入る可からむ。加之、嶋足死去の所は外宮の近辺、字は山里川原という云云。須らく郡司嶋足の由る所は、死屍を取棄てしめ、且つ祓へ清めしむべし。然るに郡司早く申し行はずといへり。彼宮の禰宜幷びに郡司等件の祓を勤仕す可き事也(6)。

反論は内宮禰宜である自分は処罰の対象にはならないことを主張している。禰宜は連日出仕し六色禁忌も守っているし、神宮の近辺に死体があったとしても神宮中の祭祀場所の外であるから、どうして禰宜や内人が穢気を神宮内に入れることになるのか。死体は外宮の近くにあった。死んだ嶋足の処理で従うべきなのは、死体を捨てて祓い清めさせることだが、郡司はそのようにしなかった。外宮の禰宜と郡司が死体を捨てて祓い清めることを実行すべきなのである。このように郡司と外宮の禰宜に責任があり、内宮の禰宜の自分には責任がないことを主張した。

反論の趣旨と直接関係はないが、ここでの死者の扱われ方には注目すべきである。神宮で祟りの原因になるのは死体であり、「死屍を取棄てしむ」があるべき対処法とされる。死体は儀礼の直接の対象とはならない。ここでの死者は尊重の対象ではなく捨てるべきものとして扱われている。死亡の状況が知られ、バラバラに散乱せずまだ生前の姿をそのまま残している状態で存在を把握されていたのだが、廃棄の対象とされるのである。犬や鳥などに食い散らかされる死体や、犬がどこからかくわえて持ってきた頭蓋骨はいうまでもなく廃棄の対象である。神社で問題となる死とは死体でありゴミに等しい(7)。その処理の責任は死体のあった場所の郡司とその近くの外宮の禰宜にある。そして死体が放置されれば祟りが生じると考えられていた。

式文の「人死」が意味するところは、第二章第一節で論じたようにつまるところ自分が葬送儀礼を行うかそれに参加することであり、「死」の一文字で表記されるほかに両者に重なるところはない。文徳天皇の時代のつぎの事例がより明確にしている。

仁寿元年八月三日、終日大風吹き洪水あり。即と国内の堂塔倒伏し人宅損亡す。牛馬共に斃れ畢んぬ。而るに件の大風の夜、豊受宮の禰宜神主土主の住宅に、豺狼入り来り、生年十三歳の童男一人喰れ畢んぬ。其の家中の男女敢へて知らせざる也。明くる朝に見れば、髑髏と左方足と、竈の前に残れり。家主の禰宜之を見て、急に住宅を退出せる後、三七日を経て宅に帰り入りて、即ち神事に供奉す。而る間、同年九月十四日を以て、件の禰宜土主の男子死亡す。又同月二十三日を以て、家女頓滅し了んぬ。

同二年六七月の間、頻りに天変の上、御薬度々御也。仍りて卜食ましめ給ふ処、神祇官・陰陽寮勘申して云く「巽の方の太神の、死穢の事に触るる若きもの、神事に供奉せるか。仍りて重ねて祟り給ふ所也。」又返問しめ給ふに「巽の方の内外太神御坐、何れの神宮ぞや」といへれば、勘申して云く「外宮の神民か」と。仍りて官使を下し遣はされ、本宮に尋糾せらる処、去年八月三日の夜、豺狼の稚童を喰ひ損ふの由、勘注上

奏し了んぬ。(8)

仁寿元年八月三日に暴風があり伊勢国の堂塔が倒壊し人々の住宅も損傷し、牛や馬も死んだ。その夜、外宮の禰宜の神主土主の家に山犬や狼が入り込んで、十三歳の稚児を食べた。家中の人はあえて知らせなかった。翌朝見ると頭と左足がかまどの前に残っていた。禰宜はこれを見て急いで家から離れ、三七日後に帰り神事に供奉した。翌月十四日に息子が死に、同月二十三日に家人の女が頓死した。そして翌年の仁寿二年六月から七月頃、天変がありたびたび天皇が病気になったので、神祇官・陰陽寮に卜占をさせたところ、巽の方角の伊勢神宮で死穢などに触れて神事に供奉したためか重ねて祟ったというので、内宮と外宮のどちらの神宮かと問い返したら、外宮の神民と答えた。そこで官使を遣わし尋問したところ、昨年の八月三日の稚児を山犬や狼が食ったことを上奏した。ちなみにこれ受けて処分の決定が進められる。

ここでは日食や月食などの天変および天皇の病気という祟りあり、卜占によりその原因を究明し、神宮で該当する事柄がないか尋問し、具体的な出来事が上奏された。原因は死穢に触れたこととされ、該当するとして申告されたのは稚児が狼などに喰われたことだが、より詳しくは稚児が喰われて頭と左足だけになった状態を見て、すぐに退出するも三七日後に帰ってきてそのまま神事に参加したことである。これに続く処分を決定する中で「去七月十日追勘」が「禰宜土主、去仁寿元年八月を以て、死人の穢に触れ、恣に御膳を調備し神事に供奉す」としていることから、禰宜の家に死体があったこと自体は問題ではなく、死体にかかわった状態で神事に参加して供物を準備して捧げたことが問題となっていることが確認される。

問題の死穢とは奈良時代からすでに問題とされた取り捨てる対象とされる死体である。はたして見ただけなのかそれとも帰ってきたあとに何かしたのか「触るる」の意味するところは必ずしも明瞭ではないが、喰われた稚児の死体が「死穢」に該当すると認識されたことは明らかであり、他に該当するものは申告していない。天変や病気を卜占するより前の記述には、稚児が狼などに喰われ禰宜はそれを見て神事に供奉した経緯だけでなく、それに加えて翌月に禰宜の息子が死に、さらに家人の女が頓死したことが記されている。天変や病気の発生は翌年の六月および七月だから、息子の死と家人の女の頓死は時期的に該当するにもかかわらず、「死穢」に該当するものとして申告されない。状況が稚児の場合と息子および家人の女では異なっていたのだろうが、神社で死穢としてまず第一にあげられるのは食い散らかされた死体とのかかわりであって、近親者や同居人の死ではなかった。式文の穢れ規定にある「人死」ならまずあげられるのは後者であり、ここから神社と朝廷では異なることがあらためて確かめられる。

こうしたことを朝廷の立場から命じまた記録したものがつぎの詔である。詔であり国家としてもっとも重要な命令である。

> 詔すらく、「災を攘ひ福を招くは、必ず幽冥に憑む。神を敬ひ仏を尊ぶは、清浄を先と為す。今聞かく『諸国の神祇社内、多く穢臭及び雑畜を放す有り。』と。神を敬ふの礼豈に是の如くならむや。宜しく国司長官自ら幣帛を執り、慎みて清掃を致し常に歳事と為すべし。」と。
>
> 神亀二年七月廿日(9)

災害を除き幸福を招くには必ず目に見えない神仏に頼る。神仏を敬うことは清浄からはじまる。しかし、諸国の神社内には穢臭があり動物を放置していることが多い。どうして祭祀がこのようでよいだろうか。国司はみずから幣帛を捧げ慎んで清掃することを一年中維持せよ。同様の詔勅は繰り返し出され制度化される(10)。平安時代になっても同様のことが続けられる(11)。こうした詔勅類から神社での祭祀と穢についての認識が読みとれる。

祭祀とは、幣帛を神に供えることと神社を掃除して清浄を維持しておくことの両方で構成される。神は一方的に祭祀を要求し、これに従わないと祟られるので幣帛が供えられる。また汚物は祭祀の妨げとなり祟りという重大な結果に結びつくと考えられていたので、掃除をして清浄な状態に維持する。幣帛を供え神社を清浄に保つことがあるべき祭祀の姿であり、これによって祟りの発生が抑えられる。神社にある汚物はそれ自体の性質によって嫌悪されることを越えて祟りの原因となる。すなわち神社の汚物は穢れである。

汚物とのかかわりにより実現される掃除は、神を尊重する行為であって忌避されることはない。掃除することは祭祀者に求められ、責任を負う。このことはつぎの記述からも明らかである。『太神宮諸雑事記』の記事でも聖武天皇の時代に「宣旨を国司・太神宮司に下し賜ひ、捜糺せらるる処」とか文徳天皇の時代も「伊勢国幷に太神宮司に太政官符す」「宣旨を伊勢国司幷びに太神宮司に下され」、宇多天皇の時代でも「宣旨を太神宮司に下し、件の死穢不浄を尋捜せらるるの処」など、祭祀をつかさどる宮司には国司とともに宣旨などが下され、穢れについて判断および処理することが求められている。また格にも「若し諸社の祝等掃修むるを勤めず、神社損穢せば(以下略)」「勅を奉るに、社を掃き神を敬ひ、禍を銷し福を致す。今聞かく、神宮司等一たび任ずれば終身とし、侮黷して敬はず。祟咎屢は臻る」などとあり、祝等が掃除し神社を保守することや、宮司に神を祭ることと並んで神社を掃除することが求められている。むろん祭祀の最中に穢れとかかわった状態であってはならないが、掃除により穢れとかかわることはむしろ祭祀を構成する重要な要素となる。

これらは朝廷が思い描く神社一般のあるべき姿である。詔勅や太政官符は特定の神社のみの特殊事例に対するものではない。太政官符は「諸国」の神社および国司を対象としている。またあくまで朝廷が神社に対して下す命令であり、各地の神社を舞台としつつもこれらには朝廷の考えが示されている。

2 朝廷やその周辺に放置される死体

古記録に見えるように摂関・院政期には、手足がないなどの損傷があったりまたは頭や手足などの一部分しかないような、いつ死んだのかまた誰なのかすらよくわからない死体、すなわち五体不具穢と称される死体が、犬により邸宅に持ち込まれたり宮城や道に放置されてしばしば問題となる。ただこの五体不具の死体について式文ではそもそも何も規定されていないし、同時期の他の史料でも規定がない。これに関しては『西宮記』定穢事に載せるつぎの勘物から、式文の成立した時期にはこれらの死体が穢れとは考えられていなかったことがわかる。

延長五年六月四日、左大臣参入す。云々。内蔵寮申して云く、「寮中に犬有り、小児の足二つと腰および皮の絶えて懸くるを咋入れたり」と。穢となすや否やの由を勘へしむるに、「貞観十九年四月に此の如きの例あり。かの時穢となさず、諸祭事を行へり」と。自今以後、此の如き事あるは、さらに穢と為すべからずといへり。(12)

内蔵寮に子供の両足と腰の部分を犬がくわえて持ち込むという出来事が発生し、これが穢れとなるのか問題とされた。過去の事例を調べさせたところ、貞観十九年に同様の事例があり、そのときは穢れとはされずに祭祀が実行された。この事例に倣って穢れにならないと判断しさらに以後の規範とすることとした。つまり偶発的な死体およびその一部分との接触は、式文にある「人死」に触れることには該当しないと判断され制度化された。神社で祟りの原因となる穢れとされたのと同じ汚物とされる死体であるにもかかわらず、朝廷では穢れとはならない。身体の破損がどのような意味を持つのか考えねばならないが、ともかく死者であることが確認されるにもかかわらず穢れではないとし、一日も忌まないことを制度化したことには大きな意義が認められる。

後世根拠とされる『延喜式』が編纂されているこの時期には、道端に放置される死体について定穢で取り上げられることがあるものの、結局穢れではないと判断される。損壊された死体はしばしば「五体不具穢」と表記されるが、のちに穢れの一つに加えられたのであって『延喜式』の条文では見ることはできない。弘仁から延喜の頃には、疫病の影響により平安京に多くの死体が放置されたり、病人を路頭に捨てそのまま死んでしまうことや、病気の子供が道路に捨てられ死に犬や鳥に喰われることが、かなり頻繁にあったようだが[13]、これらの汚物とみなされる死体は『延喜式』を根拠とする穢れには該当しない。

時代が下ると類似の死体が穢れとされる事例が出てくるが、穢れとするか否かの境界線上に位置づけられたにすぎず判断は一定しない[14]。汚物であると同時に穢れであるという事態はむしろ特殊な事例である。

宮城や都市の汚物は本来祭祀とは無関係に処理される。『延喜式』では弾正台の職掌として「凡そ宮城の内外の非違及び汚穢は、日毎に忠巳下糺察せよ。但し禁中は須からず」「凡宮中諸司は、各本司をして其の廻を掃除せしめよ」「凡そ八省院の廻は、左右衛門相ひ分ちて掃除せよ」「凡そ台は京裏に巡行し、厳しく決罰を加へ掃清せしめよ。宮外諸司幷びぬ諸家に在りては当路を掃除せしめ、又樋を置きて水を通し汚穢を露はすこと勿らしめよ」などを挙げ[15]、また左右衛門府でも「凡そ八省院の廻は、左右相ひ分ちて掃除せよ[16]」としている。「汚穢」は即物的であって掃除すれば問題は解決する。実際にはこれらの職掌を吸収した検非違使によって汚穢の管理と処理がなされるわけだが、あくまで日常的な都市の衛生や秩序の維持として管理される。汚物はそれ自体の性質のために掃除されるのであり、それ自体の性質を越えて引き起こされる祟りなどは考慮されていない。その意味で朝廷における汚物と穢れとは本来的には性質が異なる。

三　祭祀者から検非違使への穢れ処理の移管

このような状況に変化が生じる。神社ではそれまで穢れである汚物は祭祀のなかで問題とされ、接触して処理することで祭祀が構成されていた。それが穢れは祭祀とは区別される状況で処理されるものへと変化する。汚物を処理する人の変更を端緒としてこの変化は生じる。つぎの太政官符は伊勢神宮において穢れを管理する者の変更について命じている。

応に伊勢大神宮神郡に検非違使を置くべき事

右、神祇官奏状に依るに稱く、「大神宮司解に称く『検非違使は国内に在ると雖も卜食者に非ず、神郡に入ること無し。茲に因りて度会・多気・飯野の三箇神郡を管する諸人、或は禁忌を犯し或は濫悪を好み、訴訟の輩日月絶へず。司は神事を勤め巡察に遑無し。望み請ふらく、神民の事に幹《ツヨカラン》者を検非違使に充て、一向に犯罪人を糺さしむ。但し俸料は給せず、大内人に准へ把笏し従事せむ』といへり。官、解状を録して謹しみて天裁を請ふ」といへり。権大納言正三位兼行右近衛大将民部卿中宮大夫菅原朝臣道真宣するに、勅を奉はるに請に依れと。

寛平九年十二月二十二日(17)

神郡は神の領域なので卜占にかなった人でなければ入れない。伊勢国内にいる検非違使であっても同じである。世俗権力が介入できないのをよいことに、神郡の人は禁忌や濫悪を犯している。これらは取り締まらねばならないのだが、宮司は神事に忙しく十分に手がまわらない。このような実態を受け、神宮司が要望を出したのである。すなわち神郡に入ることができる住人の中から、任務を遂行できる者を選んで検非違使に任命し、犯罪人の取り締まりに専従させたいというのである。これが了承され太政官符が出された。

この官符により、祭祀者が行ってきた神域での穢れの処理は、検非違使が担うことになる。つまり世俗権力が全面的にこれを引き受ける。検非違使が専従する職務内容は「禁忌を犯し或は濫悪を好む」という神社の領域を荒らしたり汚す「犯罪人」の取り締まりである。神郡の住人から任命されるが祭祀者としての性格はない。神社や神域で穢れに接触して掃除することはもはや祭祀を構成しない。穢れの処理者の交代は、穢れの除去を祭祀の構成要素とする認識から、祭祀とは区別される世俗的事案とする認識へと導く。

神社の領域内の穢れが、検非違使によって処理されるようになることは、伊勢神宮のみにとどまらない。伊勢神宮で生じた出来事を特殊な事例にとどめることなく一般化し、他の神社でも同様に対応している。伊勢神宮ではその土地の人から検非違使を選んだが、平安京付近の他の神社には朝廷の検非違使が派遣される。天暦年間にはつぎの事例がある。

神祇官・陰陽寮を召して霖雨を占はしむ。坤・艮の方の神社に不浄の気有りて祟を成す。仍りて検非違使を遣はし、当方社々を実検せしむ(18)。

長雨について卜占したところ祟りであるという結果を受けて、朝廷から検非違使を派遣して直接「不浄気」について検分させている。疑いがかけられた場所は朝廷のなかではなく神社だが、かつてのようにそこを管理する祭祀者に実検を命令することはなく、検非違使に命じて処理させている。時代が下っても同様の事例がある。

今朝貞行宿禰云く「御占に依りて、検非違使を差して当方之神社に遣はし実検せしめむ。」時通、巽方の神社に罷向ふ。祇園四至中二个処に死人を置き、鴨河東の四至為る内に云々(19)。

ここでは祟りの発生する前に恒例行事の御体御占から事態が明らかにされ、検非違使が実検に派遣される。不浄の具体的内容として死体が放置されていたことが記されている。

穢れの検分と清掃は神社の領域こそ焦点にしているものの祭祀行為とは峻別され、世俗の担うこととして朝廷が政治的責任により検非違使にその検分や除去を実行させる。神社の領域は祭祀者が管理する場所なのだが、その処理は朝廷から派遣される検非違使によって行われ、禰宜や祝などの祭祀者に検分させることはなく立ち会いについて記されてはいない。かつて朝廷は神社での穢れの判断や処理を国司とともに宮司に命じていたし、宮司や祝が穢れの掃除をして清浄を維持する責任を負っていたが、それらのことが検非違使によって引き継がれている。『太神宮諸雑事記』をたどると、伊勢神宮の神郡に検非違使が設置された寛平年間以降、天皇の病気や災異の祟りを受けた卜占により神社の穢れや不浄が明らかになり、宮司や禰宜に対して管理の徹底を求めまた責任追及をする事例は見られなくなる。神職者が穢れを処理することはなくなり、また具体的な状況に関心を向けることもなくなったため記録もしなくなったのだろう。一方時代の下る『法曹至要抄』では「一、毀焼神社事」「一、闘入神社事」「一、神事違例事」「一、神事時触穢事」[20]と、かつては神職が処理すべきとされた神事にかかわる事柄が検非違使等が取り扱うべき法律問題として取り上げられている。ここからも穢れの管理や処理が神社の神職から検非違使へと移譲されたことが見て取れる。

　こうしたことを受けて神社での穢れは変化する。それまで禰宜や祝といった神職者は神社・神域を掃除して清浄に保つことを繰り返し強く求められ責任を負っていたが、この出来事によってそうした責任から解放され、祭祀者が穢れに接触しなくても祭祀が成り立つと理解されるようになる。さらに祭祀者が完全に穢れとの接触から離れ結果的に幣帛を供えることに集中することで、朝廷での『延喜式』に基づく穢れ観念が受け入れられる条件が整い、神社でも穢れとの接触が清慎の妨げとなるという観念がひろがる。祭祀の場に穢れが入り込むことばかりではなく、穢れと接触しかかわることが清浄や清慎を損なうと観念されるようになる。

四　穢れ観念の相互浸透

1　朝廷から神社へ

そして式文で定めるところの朝廷での穢れが、神社で古くから問題とされた穢れとは性質が異なるにもかかわらず神社で受け入れられ浸透していった。このことは『太神宮諸雑事記』の村上天皇の時代の記録にあらわれている。

応和二年六月、祭主元房参り下るの間、斎宮の下部一人、途中に参り会ひて申して云く「斎宮の南の門の御階の下に、髑髏を打ち入るる也。（中略）」祭主（中略）即ち太神宮司に示されて云く「五体不具は、忌七日也。」（中略）返事に云く「髑髏の事実正也。然れども彼の所は外門之事也。しかのみならず今朝を以て、之を取り棄てしむ」といへり。（中略）之に因りて斎内親王、離宮院に留り坐して、七日を過ぐる後、二十一日を以て祓へ清め、二宮に参らせ給ひ已に了んぬ。[21]

祭主の元房が下ってくる途中で斎宮の部下がやってきて言った。斎宮の南門の階下に人の頭部が入れられた。こうした事態をうけて祭主は宮司と話して、「五体不具は七日間の忌みである」というと、宮司は「人の頭部のことは実に正しい。ただ頭部があった場所は外門で、そればかりでなく今朝取り捨てさせた」などと言った。議論の結果、斎王は離宮院にとどまり七日間経過したあとの二十一日に祓い清めて参宮した。

ここに見える五体不具は『延喜式』が定める「人死」のバリエーションで、朝廷で当初は穢れとならないものだったが、のちに穢れとされるようになり忌むべき日数も定められるにいたったものである。ただ問題の髑髏は「取り棄て」るべきものであり内容的にはむしろ神社特有の穢れとの連続性が見られる。これ以前の神社では死体を取り捨てて祓え清めるという即物的な行為によって正常化されていて、正常化に時間の経過が必要とされた事例は見られなかった。しかしこのとき神社では「穢」の文字こそないものの正常化の方法として「忌七日」という時間の経過が示されていている。祓い清めているが、七日が経過し穢れが消滅したあとの行為であって、あくまで正常化したことを確認するための行為である。祓い清めることで穢れが消滅し原状が回復されたのではない一定の時間の経過によって穢れが消滅するという認識は、朝廷での穢れ観念の影響である。同様のことが円融天皇の時代の事例にも見られる。

天元四年九月、太神宮御遷宮なり。九月十四日、外院に馬の産の事有り。三日を過ぎ、十七日を以て遷宮事に奉仕す。(22)

伊勢神宮の遷宮にかかわる出来事である。ここでもやはり「穢」の文字はないが、外院に馬の産があったため三日が経過するのを待ち、そののちに遷宮が行われた。神社では以前より動物の産が汚穢とされることはあったが、その場合掃除により原状回復がなされるとしており、正常化が時間の経過により実現されることはなかった。しかしここでは三日間の経過を待ってから遷宮している。『延喜式』の定める穢れのうち六畜の産に該当するものとして式文に従い対処している。朝廷での穢れ規定を受け入れて従ったのである。

ほかにもさらに時代が降って成立した『文保記』や『諸社禁忌』が『延喜式』の条文を前提にしてそこへ各神社が独自の変更を加えていることからも、神社でも朝廷での穢れ観念を受け入れて朝廷と同じように穢れが触れてはならないものになったことは明らかである。

2　神社から朝廷へ

このことはもう一つ別の変化へとつながる。朝廷の検非違使が処理対象とする汚物の持つ意味の変化である。『延喜式』にあるように検非違使が朝廷で本来処理していたのは祭祀や祟りとは何も関係のない単なる汚物であった。しかし、神社で検分し処理するようになったものは汚物であると同時に祭祀の妨げとなり祟りを惹起する穢れでもある。神社での穢れの処理を通して、朝廷での汚物に対する認識にも変化が生じる。宮城や平安京にある汚物も実体としては神社での穢れとほぼ同じなので、神社の汚物と同様に神の祟りがその背後にも自然と意識される。それまで神事との関係を意識することなく汚物を掃除していたが、これを神事に持ち込んだり接触させてはいけないと意識されるようになる。

さらに別のところでも汚物を穢れとみなすという変化が生じている。貞観年間に伊勢への奉幣使が途次で汚物により斎戒を損ないかねないという問題に対して改善命令が発せられる。

応に路次の雑穢を掃き清めしめ幷に目以上祇承すべき事

右、神祇官解に称はく「案内を検ずるに、『伊勢大神宮に奉る九月十一日神嘗祭、幷びに二月四日祈年、六月十二月の月次祭、及び臨時幣帛使等、宮城を出るの日、左右京職主典以上、坊を率ひ兵士をして外門に相ひ迎へ京極に送らしめ、近江・伊賀・伊勢等国をして、彼の堺に至るごとに目以上一人、郡司・健児等を率ひて相ひ迎へ祇承せしむ。』と。而して今件等の国、頃年の間、祇承を労せず汚穢を掃かず、路頭に多く人馬の骸骨有り。既に穢悪を見て、豈に清慎と云はむや。望み請ふらく、件等の祭使を遣はすごとに、例に依りて国司一人をして祇承し幷びに穢悪を掃清せしめむ。若し怠を致すこと有らば、祭事を闕するに准へ上祓を科せ」といへり。右大臣宣するに請に依れと。[23]

神祇官が言う。「規範となる先例を見ると、「伊勢神宮への神嘗祭・祈年祭・月次祭と臨時の奉幣使は、宮城を出る日は左右京職の主典以上のものに兵士等を率いて門まで迎えて京極まで送りとどけさせ、近江・伊賀・伊勢などの国は国司の目以上のもの一人に国境まで郡司と健児を率いて迎え祇承させる」とあるが、これらの国は近ごろ祇承をせず、汚穢を掃除しないで路頭に人や馬の骸骨が多く放置されている。穢悪を目にしてどうして清慎といえるだろうか。そこでつぎのことを要望する。伊勢神宮への奉幣使を派遣するたびに、例によって国司一人に祗承させまた穢悪の掃除をさせる。もし怠ることがあれば祭祀をしなかった場合に準じて上祓えを科す」と。右大臣はこの要望の通りにするよう命じた。このように伊勢神宮への奉幣使と近江・伊賀・伊勢などの国に限られているが、祭祀に向かう者を護送しその道を掃除することが命じられた。

ここでの汚物の問題は、穢れの過渡的な様相を呈している。問題とされる「人馬骸骨」は掃除すべき「汚穢」であり、これまでも神社で問題とされてきた穢れと同様だが、ここでは神社・神域との接触ではなく祭祀者との接触が問題とされる。供物を運び神の鎮座する場所へと運ぶ道で人や馬などの死体に遭遇して問題となることは、すでにあげた『太神宮諸雑事記』聖武天皇の神亀六年正月十日の事例にかなり近く、また死体を見たことが祭祀者の清慎を妨げるという認識も伊勢神宮にあったもので、『皇太神宮儀式帳』にある禰宜が目に見て耳に聞き言葉として言うことを慎むという規定に合致する。(24) 一方『延喜式』を根拠とする穢れには該当しない。式文などによれば穢れは開放空間である道ではそもそも伝染せず、ここでの状況は問題となることはない。朝廷から神社にいたる途中でのことだが、基本的に神社における穢れ観念の範疇での問題として認識されている。

そうではあるが式文で用いられているのと同じ「穢悪」の語句が用いられ、また「人馬骸骨」は文面上では「人死」や「畜死」へと容易に結びつくこともあって、ほどなく朝廷における穢れとして認識されるようになる。

月次祭・神今食、穢に依りて延引す。仍りて建礼門に於いて大祓有り。件の穢、去月奉幣伊勢使の京に帰るの間、途中に於いて触穢するの故也。(25)

伊勢使はこうした道に散乱する掃除の対象である汚穢に接触して穢れとなった。伊勢使が意図的に接触する必要性はまったくないことから、接触は偶発的であったと考えられる。これを式文にある穢れに該当すると判断されたのである。だから朝廷で行われる月次祭と神今食が延期された。内容および接触についての認識や理解は、

『延喜式』の条文が作られた時点から漸次だが確実に変化している。

こららの変化に加え朝廷における喪葬儀礼が変質したこともあって、朝廷における「人死」の穢れの中心的内容は、葬送儀礼から汚物である死体へと移り変わってゆく。この変化は『延喜式』に載せられるいわゆる甲乙丙展転規定に対して付される儀式書の注釈の変化としてたどることができる。まず『延喜式』の成立から少しおくれて成立した『新儀式』では穢れの展転についてつぎのように説明している。

今の行ふ所は、死骸有る間、其の処に入る者は甲と為す。骸を収めし後に到りて触るる者は乙と為す。甲人乙処に到り、甲と座を同じくする者は乙と為す。甲人の去りし後に座に着く者は丙人と為す。又葬る夜に僧を請ひ数ば随身し座して従事する者は、皆卅日忌め。(26)

式の条文と当時行われていた実態が一致していないので、現実に行われている穢れの伝染について記した部分である。死骸があるあいだにその場所に入ってきた人は甲となる。死骸を収めた後にそこへやってきた人も、死骸と物理的に接触することはないが、穢れに触れたと判断され乙となる。式文では甲は穢れの本体すなわち死骸およびこれがある場所を指すのだが、ここでは死骸そのものではなく死骸が収められる前にその場所に入ってきた人を指す。またここでは死骸を収める前かそれとも収めた後なのかによって穢れの伝染で甲となるか乙となるかの違いが生じる。『延喜式』から『新儀式』のあいだに解釈と適用の仕方が変化している。ただそれでも穢れとして想定しているのは棺桶などに収められるべき死骸であり、伝染は同座により生じる。穢れへの接触として想定されるのも依然として凶礼であって、必ずしも物理的接触を第一には想定してはいない。

それが時代がさらに下る『北山抄』では、穢れの扱われ方が変わっている。

式云、乙、甲処に入るは、未だ其の尸を取棄てざると雖も、猶乙と為す可し。甲、乙処に入り、乙、丙処に入るは、彼と座を同じくせざると雖も、同処の人は同じと為す可し。是れ偏に式文に依る可き也云々。之を案ずるに、未だ其の尸を取棄てざるの前に、其の所に入る者は、他所人と雖も皆甲と為す可し。また乙、丙所に入るは、同所人と雖も、若し後に来りて座を同じくせざるは、穢と為す可からず。他所人と雖も、乙の未だ去らざるの間に其の所に入る者は、穢と為す可し。是れ古今の通例也。式文に至りては、子細を注さざるのみ。(27)

はじめの部分は「式云」としているのだが式文の忠実な引用ではない。式文では「穢」とあるのを「尸」と言い換え、また式文では言及していなかったその除去について「取棄」として言及している。すなわち穢れとは捨てるべき汚物と認識される死体である。棺桶に納める凶礼の対象とされる死体から、捨てるべき対象とされる死体へと、想定する内容が大きく変化している。それにもかかわらず自身の見解こそ「古今通例」とし、式文では子細を書いていないのだと主張する。このように内容がすり替えられて、朝廷でも神社と同様に汚物を穢れと考えるようになったのである。

汚物は式文の成立当初には大内裏などにあるときは単なる汚物でしかなく、それ以上の意味を持たず、穢れとされることはなかった。しかし神社の穢れとの交錯を経て、汚物がそれ自体の性質を越えてさらなる問題を惹起するものとみなされ強く意識されるようになり、これこそが穢れの核心であると考えられるにいたったのである。

五　朝廷での穢れの中世的再構築

こうした変化をうけて朝廷での穢れの位置づけや扱う者も変化する。穢れの検分や処理を検非違使が担うようになり職掌として広く認められる。穢れに関する条文は、『延喜式』までは神祇式で定められていたが、これを根拠として引用する様々な儀式書を経て、『法曹至要抄』において整理される。このこと自体、穢れが本来の祭祀の問題から分離され法律的事案とする位置づけが定着したこと、具体的には定穢で重要な役割を果たすものが神祇官の勘文から明法家のそれへと移り変わったことを反映している。

それまでの儀式書の多くが『延喜式』をほぼそのまま引用し穢れを列挙していたのと異なり、『法曹至要抄』の「雑穢条」で、忌むべき日数を基準として改めて整理分類している。「一、卅日穢事」では神祇式を引用した後に「説者云く『死人は五体不具為りと雖も、胎以下腹以上の相連者は忌むこと卅日。』たま云く『全く一身を焼く灰、尚ほ卅日の穢為る可し』」と規範を提示したうえで、さらに「之を案ずるに、死人の灰、法条に因准すれば見る所無しと雖も、先例を尋勘すれば最も穢を用ゐる有り」と考察を加える。「一、七日穢事」でも規範として神祇式の穢れ規定と『新儀式』を引用し、さらに続けて「説者云く『死人頭、手足の切れたる若きは、之を五体不具と謂ふ。』又云く『死人の灰少々は五体不具穢に准へて、七日を忌む可し』」となどと考察を加えている。同じような体裁で「一、五日穢事」「一、三日穢事」「一、当日穢事」、さらに穢れの伝染に関する「一、穢甲乙次第事」と続く。

さらに「死人六畜の白骨、穢と為さざる事」では「説者云く『五体不具骨、年序を経て血気無きは穢と為さざる也」と規範を示し、やはり「之を案ずるに、式典載せずと雖も、死人を謂ひ六畜を謂ふに、五体不具の白骨并びに頭等、宍と血気無き時、先例穢と為さず。先儒の説く所もまた斯の如きを以てす。今に穢と為さざる者也」と考察を加える。(28) ここでは式文がないため先例を挙げて依拠すべき基準としている。

穢れについて忌むべき日数で分類するとともに、関心は穢れとされる汚物自体の状態やその特徴に集中している。死体はどこが欠損しているのか、頭部はあるのか、また灰の場合でも全身の灰かそれとも体の一部の灰なのか、さらに死人や六畜が白骨化している場合には肉や血の気があるのかなど、それまでは関心の対象にさえならなかったことも加えて穢れとされる物体の状態ばかりに注目して、その違いによって忌むべき期間を三十日・七日・五日・三日などに分類している。

ここには式文が成立した当時に想定されていた事物や認識はほとんど見られなくなっている。『法曹至要抄』では「雑穢条」とは別に立てられた「服仮条」でも、穢れと服喪との関係は論じられない。穢れに関する規定は実質的には再構築されているのである。再構築に関することが「触穢の事、時議に依る可き事」で説明されている。

之を案ずるに、触穢の旨、事に随ひ多端なり。明文有るに於いては、此の限りに在らず。会尺を成し難きの類、縦ひ先例有りと雖も、啻だ時議に依る可し。是れ則ち王法は神道を崇め、神道は王法に従ふ。時に随ひて宜を制す。君よりして作る。故に必定の例無し。須らく勅定を仰ぐべきなり。抑そも是れ法曹の庭訓のみ。(29)

穢れの判断は考慮すべき関連事柄が多くあるので、式文などの規定があってもそれに従いさえすればよいというわけではない。難しい判断をせまられる場合は先例があったとしても定穢によって判断するべきである。王法は神道を崇めまた神道は王法に従うもので、時に随っていかにすべきか君主が決定するので、確固として常に従うべき先例や規範はない。このように断じている。

先例や故実が尊重される時代であるにもかかわらず、それまでの先例に従うのではなく、時宜によって独自に判断すべきであるとしている。子供の死体に関して貞観年間の先例を受けて延長年間の定穢で「自今以後、此の如き事有るは、更に穢と為す可からず」と判断の基準となる制度として定めたことなども、「必定例」ではないとして規範性を剥奪してしまう。定穢は『延喜式』を基準として行うものの、その成立当時にはまったく見られなかった穢れとは汚物であるという認識に基づき適宜判断を下し、これらの判断を集積することによって中世での穢れの観念とこれを処理する仕組みをあらためて形作っている。つねに根拠として『延喜式』や先例を持ち出すものの、本来の意図や目的などに従って判断しようとする姿勢はなく、むしろその時々の事情に鑑みた恣意的とさえ言いうる判断を正当化するための手続きでしかない[30]。このようにして判断される中世的穢れの実態は古代との連続性を前提にすればかえって理解に混乱をきたす。『延喜式』の穢れ規定が根拠とされ続けるという形式的連続性はあるものの、内容の実質はむしろ古代と中世では断絶しているという認識を持つことによってはじめて理解が深められるのである。

六　小結

本節では古代から中世に至る穢れ観念の変遷を、『延喜式』で定められる朝廷の穢れと、これとは異質な神社の穢れという二種類の穢れ観念が、交錯し融合する過程として考察した。

『延喜式』の規定が成立した当初、穢れの忌避は斎戒の延長線上に位置づけらるもので、朝廷祭祀への集中を実現するための祭祀者および祭祀参加者の行動制限であった。「人死」の穢れとは喪葬儀礼の実行や参加を意味していて、汚物と見なされる路上に放置されたバラバラの死体を意味することはなかった。一方、神社では汚物が神社や神域へ接触すると祟りが生じるため奈良時代から穢れとして問題とされ、祭祀の一環として祭祀者が接触し掃除する。神社での人の死に関する穢れとは、捨てられるべき汚物としての死体であり、『延喜式』の規定するそれとは明確に区別される。

神社での穢れの処理が、延喜・天暦の頃、祭祀者から検非違使に移管されたことを契機にして、穢れは祭祀者が関与せず世俗権力こそが管理すべきものへと変化し、穢れに接触し処理することが祭祀の構成要素ではなくなる。また朝廷から神社に派遣される祭使が直面する状況から二種類の穢れが混淆してゆく様子がうかがえた。さらに検非違使によって神社での穢れ観念が朝廷に持ち込まれ、すでに検非違使が管理していた朝廷の汚物は穢れへと転化し、「人死」の内容は当初の喪葬儀礼の対象から汚物として捨てるべき死体へと、中身が実質的に神社の穢れに置き換えられた。また反対に原状回復に一定の時間の経過が必要とされるなどの朝廷での穢れ観念も神社へと浸透していって、のちの『諸社禁忌』などに結実する。朝廷での穢れと神社での穢れは相互に浸透して融合した。

朝廷での穢れの認識やこれに基づく判断の変化は集積され、もはや神祇祭祀の問題ではなく法律上の問題であるとして『法曹至要抄』において関連する諸規定が、死体などの即物的特徴や状態に基づき忌むべき日数によって分類しなおされ再構築される。そこでは『延喜式』などを根拠として用いて正当化しながらも、穢れの判断には固定化した規範はないとして先例の規範性を否定し、時宜によって独自の判断をするものという立場があらに取られる。すなわち古代の穢れ観念を換骨奪胎してそれとは異質な中世の穢れ観念が形成された。

註

（１）　大山喬平『日本中世農村史の研究』（岩波書店、一九七八年）四〇二頁。

（２）　『皇太神宮儀式帳』『太神宮諸雑事記』『西宮記』『北山抄』は神道大系、『延喜式』は訳注日本史料、『類聚三代格』『政事要略』『日本紀略』は新訂増補国史大系、『続日本紀』は新日本古典文学大系、『続日本後紀』は佐伯有義校訂標注『増補六国史』（朝日新聞社）、『法曹至要抄』『宇槐雑抄』は新校群書類従、『小右記』は大日本古記録を用いた。

（３）　『太神宮諸雑事記』の奥書きを信用するならば巻二はおおむね同時代記録として信頼できるが、一巻は性質が異なり同時代記録とは考えられない。詳細は別記にあるといった本文中の文言からも、古い時代から記録した文書があり、それらから規範の成立に関わるなど重要な部分を抜き書きしたものと考えられる。またそれらも必ずしも一字一句忠実に書き出したとは限らず、具体的表現に変更が加えられた取意文である可能性は否定できない。本文中にも天平神護二年や宝亀年間に火事があり文書も焼失したとあり、あるいはその後記憶を頼りに再び文書化したものが含まれるかもしれない。引用される勅や宣旨などに正史など他の文書により確認できるものもあり、後世の完全な創作とは考えられない。とくに一巻の最後の方は引用される勅や宣旨の様式からも信頼性は高いと考えられる。

（4）『太神宮諸雑事記』第一、聖武天皇、神亀六年（原漢文。以下同）。

（5）例えば、『太神宮諸雑事記』第一、清和天皇、「同年〔貞観十五年〕九月十六日朝、外宮の一の鳥居の許に、新しき髑髏を、犬咋ひ持ち来り。然れども祭使参宮し、斎宮例の如く供奉す。其後同年十月十七日より、天皇御薬御坐《おはしまし》す。本宮陰陽寮勘へ申して云く「巽の方の太神、汚穢の事に依りて、祟られ給ふ」といへれば、宣旨に依りて、捜糾するの処、件の穢の事明白也。仍りて同年十二月二十四日、禰宜・宿直内人等中祓に科し、且つ其の由を祈り申せらる。勅使参宮し了んぬ」など。ちなみにここでは犬がくわえてきた頭部のことを「穢」とも「汚穢」とも表記し、両者をとくに区別していない。

（6）『太神宮諸雑事記』第一、聖武天皇、天平三年六月十六日。

（7）死体を取り捨てる対象とすることは他にも『太神宮諸雑事記』第一、醍醐天皇、延長六年、四月十三日条に「『爰に彼の御塩浜之内に不意之死人有り。誰人か知らず。若し神戸之内の住人に有らば、彼の所由を以て、且つ其の屍骸を取棄てしめ、且つ御塩浜を祓へ清めしむ可し』といへり。（中略）掃棄しむに擬するの間に、件の死人、犬鳥の為に喰散さる云々」など。

（8）『太神宮諸雑事記』第一、文徳天皇、仁寿元年〜二年。

（9）『類聚三代格』巻第一、神社事、神亀二年七月廿日詔（原漢文。以下同）。

（10）『続日本紀』巻第三十四・光仁天皇、宝亀七年四月十二日条「勅すらく、神祇を祭祀するは国之大典なり。若し誠敬せざれば、何を以てか福を致さむ。如く聞けり『諸社修めず、人畜損穢す。春秋之祀、亦た多く怠慢す。茲に因りて嘉祥降らず災異荐に臻る。』念を斯に言ひ、情は深く慙惕す。宜しく諸国に仰せて更に然らしむこと莫かるべし」。『類聚三代格』巻第一、神社事、宝亀八年三月十日太政官符「諸祝を督課し神社を掃修する事」に「右、案内を検ずるに、太政官去年四月十二日、諸国に符を下して偁く、『神社を掃修し、祭事を潔斎せよ。国司一人、其の掃修を検校するを専当するの状、毎年申上せよ。若し違犯有らば、必ず違勅之罪を科せ』といへり。今改めて例を建て、更に督責を重くす。若し諸社の祝等、掃修を勤めず神社損穢せば、宜しく其の位記を収め、差し替へ本に還し、即ち由状を録し附して便ち申上せしめよ。自今以後、立てて恒例と為せ」。

（11）『類聚三代格』巻第一、神宮司神主禰宜事、延暦十七年正月廿四日太政官符「応に諸国神宮司神主を任ずべき事」に「右大納言従三位神王宣す。勅を奉はるに、社を掃ひ神を敬ふは、禍を銷し福を致す。今聞かく『神宮司等一たび任ぜば終身とす。侮黷し敬はず、祟咎屢しば臻る。』宜しく自今以後、彼氏之中の潔清・廉貞にして神主に堪へる者を簡択し補任すべし。限るに六年を以てし相ひ替へよ」。

（12）『西宮記』臨時一（甲）、定穢事、裏書（原漢文。以下同）。

（13）『続日本後紀』巻第十二・仁明天皇、承和九年十月十四日条「左右京職・東西悲田に勅す。並びに料物を給ふ。嶋田及び鴨河原等の髑髏を焼き斂めしむ。惣て五千五百余頭あり」。『続日本後紀』巻第十二・仁明天皇、承和九年十月廿三日条「太政官、義倉物を悲田に充つ。鴨河の髑髏を聚め葬らしむ」。さらに『類聚三代格』巻第十九、禁制事、弘仁四年六月一日太政官符「応に京畿の百姓の病人を出し棄つるを禁断すべき事」。『政事要略』巻七十、糺弾事十「病人及び小児を出し棄つる事」。

(14)『西宮記』臨時一（甲）、定穢事、裏書「承平五年四月一日、神祇祐助実・史茂行過状、外記真実に給ひ続け収めしむ。是れ参議伊衡朝臣宅に小児の頭以下腹以上相ひ連なり四支無きもの有り。而して助実勘文を送りて云く『五体不具也。七日を忌む可し』といへり。彼の朝臣此の勘文に依り、七日を過ぎ内裏に参入す。先例を検しむるに、延木十六年、内蔵寮誤失す。過状を責むる所也」。さらに『北山抄』巻第四、拾遺雑抄下、雑穢事「五体不具の穢、其の日数定まらず。或は卅日を忌み、（中略）或は七日を忌み、（中略）或は穢と為さず」。

(15)『延喜式』巻第四十一、弾正台、三十七条、四十三条、四十四条、百五十八条（原漢文。書き下しは訳注日本史料によった。以下同）。

(16)『延喜式』巻第四十六、左右衛門府、三十六条。

(17)『類聚三代格』巻第一、祭幷幣事、寛平九年十二月二十二日太政官符「応に伊勢大神宮の神郡に検非違使を置くべき事」。

(18)『日本紀略』後篇三・村上天皇、天暦三年四月十日条（原漢文。以下同）。

(19)『小右記』長元四年八月廿七日条（原漢文）。

(20)『法曹至要抄』上、罪科条（原漢文。以下同）。

(21)『太神宮諸雑事記』第一、村上天皇。

(22) 同前、円融院。

(23)『類聚三代格』巻第一、祭幷幣事、貞観四年十二月五日太政官符「応に路次の雑穢を掃清し幷に目以上祗承せしむべき事」。同様の官符は元慶六年にも重ねて出される。

(24)『皇太神宮儀式帳』の「一禰宜内人物忌等職掌行事事」にある禰宜の職掌を説明する「見目《メニ》聞耳《ミミニキ、》言辞《モノイフコト》斎《イマハリツ、》敬《シミ》、宮内雑行事管職掌《ミヤノチノクサグサノギョウジスベツカサドリ》」。

(25)『日本紀略』後篇四・村上天皇、天徳三年六月十一日条。

(26)『新儀式』巻第五、触穢事（原漢文）。

(27)『北山抄』巻第四、拾遺雑抄下、雑穢事（原漢文）。

(28)『法曹至要抄』下、雑穢条。

(29) 同前、雑穢条、触穢の事時議に依る可き事。

(30)『宇槐雑抄』仁平二年四月十六日転穢古例事では、穢れの判断では一貫する規範性が失われ迷走している事態に対して、「穢の事律令に載せず、式より出ず。明法博士の申状、更に信用す可からず」と述べている。

第四章　埋葬後の儀礼からみる律令期の死者観念

——死者の形態と場所——

第一節　埋葬後の天皇を対象とする儀礼にみる死者観念

——皇帝と天皇の存在形態の差異

一　はじめに

死者観念について、第二章で喪葬儀礼を主な対象として他の儀礼との関係を軸にして、天皇とこれに準ずる人の場合を考察した。考察はあくまで喪葬儀礼とほかの儀礼との関係に注目したものであり、死者がいかなる存在であったかについては十分には論じていない。また論じられた死者とは、死によって不可逆的に主体的活動を完全に停止しそれまでの社会的役割を果たせなくなった人、すなわち生を終えたばかりでまだ日常の生活圏内にいる人であった。これは生から死へ移行する途中と言いうる状況で、生きている人の特殊形態もしくは極限的状態と見なすこともできる。すでに過ぎ去った昔に死んでしまった死者とは必ずしも同じではない。

本章では死者観念を埋葬後の儀礼を通して考察する。日常の生活圏から死者特有の場所への移動すなわち葬送儀礼が完了したのちに、生前とは異なる新たな儀礼的関係の対象として地位を得た死者を取り上げる。儀礼は実体的であるためその具体的な道具や行為や手順が目を引くが、それらの根底にある死者理解とくにその存在の形態についての認識を考察する。死者は身体から分離した霊魂なのかそれとも身体そのものなのか、霊魂だとするならばそれは我々の暮らすこの世のなかにあるのか、それともこの世とは断絶したあの世にいるのか。またいずれとも異なる特有の形態になるのかについて論じる。

本節では儀式書・礼典・史書などを用いてまず律令期の日本の天皇の儀礼について、手本とされる唐の皇帝の儀礼との比較を通して考察する。(1)日本においては天皇と官人の儀礼のあいだには質的に明らかな差があるので、(2)ここでは官人については除外し天皇のみを考察対象とする。そして律令制下の日本での死者を対象とする儀礼の制度や文化は、他の制度や文化と同様に唐のそれを受容し整備しようと指向しつつも独自性があり、そこからは唐とは異なる独自の死者観念が読みとれることを示す。

二　廟祭と喪葬における死者

日本は国家としての体裁を唐の律令制という統治方法を導入することで整え、そのあとも寛平の頃まではたえず唐の制度と文化を模倣し受容しつづける。手本にされた唐は魏晉以来の分裂を再統一した隋を承け、国家秩序を再構築すべく武徳・貞観・永徽・開元の律令などを中心に、経書の『周礼』『礼記』『儀礼』を承ける『唐六典』『開元礼』を編纂するなどして官職・礼制度を整えた。上古から唐までの歴代王朝での諸制度の変遷を記した唐の杜佑『通典』も、唐の制度を周以来の制度につらなるものとする認識によって編纂されている。

死者を対象とする礼には、凶礼に分類される喪葬と、吉礼に分類される廟祭があり、ともに重要視されている。喪葬について『礼記』に、

天子は七日にして殯し、七月にして葬る。諸侯は五日にして殯し、五月にして葬る。大夫・士・庶人は三日にして殯し、三月にして葬る。三年の喪、天子より達す。(3)

とあり、また廟についても、

天子は七廟、三昭・三穆と、太祖の廟と七なり。諸侯は五廟、二昭・二穆と、太祖の廟と五なり。大夫は三廟、一昭と一穆と、太祖の廟と三。士は一廟。庶人は寝に祭る(4)。

とある。天子、諸侯、大夫、士、庶人はそれぞれ身分によって、凶礼における殯と埋葬までの期間および吉礼における廟の数が定められている。身分により差異が設けられるものの量的な差にすぎず、死者としての扱いは天子から庶人まで質的には同じである。唐にいたるまでには時代や国の仕組みの変化もあり変更される部分もあるが、『開元礼』でも同様に身分に応じてそれぞれの喪葬儀礼や廟祭についてより詳細に定めている。

では、これらの儀礼や祭祀において、その対象とされる死者はどのような形態のものと考えられていたのだろう。喪葬から廟祭までをたどる。

まず凶礼に分類される喪葬について目を向けると、『通典』では、礼第四十三から第四十七の「喪制」に、その要素を項目として立て、それぞれの沿革を記している(5)。すなわち、「初喪」「復」「天子諸侯大夫士弔哭議」「三不弔議」「沐浴」「含」「襲」「設冰」「設銘」「懸重」「始死服変」「始死襚」「小斂」「既小斂斂髪服変」「小斂奠」「棺槨制」「大斂」「国君視大夫士喪之大斂」「大斂奠」「殯」「将葬筮宅」「啓殯朝廟」「薦車馬明器及飾棺」「祖奠」「賵賻」「遣奠」「器行序」「挽歌」「葬儀」「虞祭」「既虞餞尸及卒哭祭」「祔祭」「小祥変」「大祥変」「禫変」「五服成服及変除附」「五服縗裳制度」「五服制度変」以上の項目をたて、それぞれの沿革を述べている。唐も周以来のこれらを踏襲しており、『開元礼』でもおおむね同じである(6)。

こうした喪葬は大きく分類すると、死の確認（初喪、初終、復）、安置に必要な遺体の処理（沐浴、含、襲など）、殯、埋葬（入墓、祭后土など）、虞祭・附廟の五つの過程に分けられる。そして小祥祭、大祥祭、禫祭をへて五服の制として定められる服喪期間がすぎると、廟に付された死者は他の祖先とともに吉礼である廟祭の対象として祭られる。死者の形態とその変化に留意しつつ順を追ってみよう。

危篤から死んだ状態になるとまず復という儀礼が行われる。これは最後の蘇生の試みでありまた死亡の確認ともなる。この復の儀礼について後漢の鄭玄は『礼記』の関係個所に「復とは魂を招き魄を復するなり」(7)と註を付けている。これによれば死んだと思われる時点で復という儀礼行為をして魂と魄をともに呼び戻して蘇生を試みるのであり、その前提として死とは魂魄が体から抜け出すこと、もしくは魂魄が体から抜け出すことで人は死ぬという観念があったことがうかがえる。

魂は精神や意識を司るもので、これが身体から抜け出せば人の意識は失われる。魄は肉体をつかさどるとされ、これが抜け出すとやがて肉体は形を失い土に帰る。魂と魄は人の意識がなくなり肉体が動かなくなったときに体から抜け出すのである。ただ魂と魄は陰陽をなす一対のもので実質的には魂魄という語により一括りにして把握されている。儀礼における行為に注目しても、魂魄を峻別しそれぞれに応じた行為を独立して別々にしているわけでもない。先行研究でも魂と魄の性質の違いを明確に示す用例はまれであると指摘されている。(8)また性質の両側面を論じていない場合には、魂魄はしばしば「神」「神霊」「霊」「霊魂」など一つの存在として表記される。魂と魄の区別は陰陽の二元論的発想により振り分けられる機能性の二つの側面であって観念的なものにすぎず、死者の理解の実際においては必ずしも本質的ではない。

さて復の儀礼をして魂魄を呼び戻すも蘇生せずと死んだことが確認・了解されると、喪葬儀礼がいよいよ本格的に進められる。

この喪葬儀礼のなかで最初の区切りとなるのは、死者をあらたに位置づけなおす卒哭の儀礼である。『礼記』に「人の死するは鬼と曰ふ」(9)とあるように人は死ぬと鬼と称されるのだが、復のあとすぐに鬼として扱われるのではない。「卒哭して諱むは、生事畢りて鬼事始まるのみ」(10)とあり、卒哭までは生きている者の延長線上の扱いを受け、卒哭を経ることで死者として扱われるようになる。

卒哭は、遺体の埋葬とこれに続く虞祭と、その後の附廟とを連結する行為である。小斂・大斂・殯が適宜間をおくのとは異なり、卒哭は、埋葬、虞祭から間を置かず一続きに行われる。『開元礼』は、虞祭についてはじめに「虞祭は、柩既に壙に入らば、国官若僚佐之長と祝と、先に帰り虞を修する事なり[11]」と説明し、埋葬が完全におわる前に虞祭の準備をはじめ、両者は連続して行うものとしている。さらに「間日再虞す。後日三虞す。礼は皆初虞と同じ。又間日に卒哭祭を為す[12]」とあり、三度の虞祭と卒哭も連続して行われる。埋葬にはじまるこの一連の行為を経ることで、生前とは区別される死者の地位を得て鬼と称されるようになる。『開元礼』では所作の次第を記すのみで意味や所作が行われる理由は示されないが、鄭玄は『儀礼』で三虞についてつぎのように注釈を加えている。

虞は喪祭の名、虞り安ずるなり。骨肉は土に帰し、精気はゆかざる所無し。孝子は其の彷徨の為に、三たび祭りて以てこれを安ず。朝に葬らば日中にして虞す。一日の離も忍ばず[13]。

虞とは喪祭の名で、死者を慮り安んずることである。埋葬すると身体は土に帰り、霊魂はあちらこちらにさまよう。孝子はこの霊魂がさまよわないように、三度祭ってこれを確保し安置する。朝に埋葬したならば日中には虞祭を行う。一日でも離れることは忍びないからである。このように虞祭について説明する。ここで確保された「精気」すなわち霊魂こそが生前との同一性を保持する鬼＝死者である。

死んだと思われる最初に、復の儀礼で呼び戻すものの身体の中には再び戻ることのなかった魂魄が、遺体を埋葬すると寄り付くべきものを失うので、どこか遠くに飛び去ってしまいかねない。死者として認識されているのはこの魂魄であり、遺体を埋葬したらすぐに帰って依り代となる虞主（位牌）を立てて祭ることで飛び去ることのないようにその場所に留める。ややもすればまたどこかへ行くかもしれないので、一度ならず二度三度と繰り返し祭ることで確保する。そして卒哭が行われ、魂魄すなわち霊魂は改めて死者の地位を得る。卒哭までの過程は、人の肉体と霊魂が分離し、霊魂が位牌に確保されあらためて死者の地位を得る過程ということができる。

それから周代の制度ではこの位牌を廟に加える祔廟が行われ、そのあと喪に服して小祥・大祥と段階的に平常状態に戻り、禫祭を区切りとして喪服を脱ぎ、一連の喪葬儀礼が終わる。『開元礼』では卒哭のあとそのまま喪に服し、小祥・大祥・禫祭と行い、それから祔廟する。祔廟の時期は周と唐では異なっているが、ともに服喪期間の終了により凶礼は終わる。

凶礼である喪葬儀礼での祭祀対象は、その儀礼の終了後も引き続き祭祀対象とされるが、今度は吉礼として他の祖先と合わせ、廟祭という祭祀儀礼が行われる。喪葬儀礼と廟祭はそれぞれ凶礼と吉礼に分類され、儀礼の性質は対極に位置づけられるが、その対象は同じである。死によって身体から分離し位牌を依り代にして離散しないように確保された霊魂が廟祭の対象となる。

廟祭は儀礼の中でもっとも重要とされるものの一つである。とくに皇帝の廟祭は郊祀とならび国家の最重要儀礼とされ、宗廟の語はしばしば朝廷や国家を意味する。廟祭は皇帝に限らずすべての家で行う祖先祭祀であり、祭祀方法は祭る者の身分や実行の時期などに応じてそれぞれ詳しく定められている。『通典』では廟祭について「天子宗廟」「后妃廟」「皇太子及び皇子宗廟」「諸侯・大夫・士宗廟」「天子皇后及び諸侯の神主」「卿・大夫・士の神主及び題板」「廟主を移す」「祫禘を享す上・下」などの項目が設けられ、それぞれの変遷が記され、基本的な枠組みは周より唐まで継承されていることがわかる。『開元礼』では「皇帝時に太廟を享す」「時に太廟を享するに有司摂事す」「皇帝太廟に祫享す」「太廟に祫享するに有司摂事す」「皇帝太廟に禘享す」「太廟に禘享するに有司摂事す」「三品以上其の廟を時享す」「三品以上其の廟を祫享す」「三品以上其の廟を禘享す」「四品五品時に其の廟を享す」「六品以下時に祀る」など、皇帝から六品以下にいたる官人まで、儀礼の手順を具体的に規定する。

廟祭での祭祀対象は、直接には祔廟により遷された位牌で、本質的にはそこに寄り付いている魂魄であり、これは喪葬儀礼のように儀礼が進むにつれ形態が変化することもなく、また時間がながく経過しても変化することはない。凶礼が終了して最初に廟祭で祭られるときも、それから数十年後に祭られるときも対象の形態は同じである。

ようするに、儀礼の対象とすべき死者とは、好むと好まざるとにかかわりなく死の瞬間に肉体から分離し、肉体の埋葬によって拠り所を失い遠くに飛び去りかねない霊魂である。これがどこかへ行かないように位牌を依り代として確保するため、直接にはこれが祭祀の対象となる。儀礼の性質は凶礼と吉礼で異なるが、喪葬儀礼から廟祭へと儀礼の対象はそのまま引き継がれる。

三　遺体と霊魂の関係

霊魂と遺体、廟と墓が異なる性格を持っていることは、おもに戦乱などの特別な事情を受けて行われた招魂葬に関する議論などでたびたび述べられている。晋の傅純は招魂葬の議論で「聖人の礼を制するは事を以て情に縁る、冢椁を設くは以て形を蔵して之に事へ以て凶とす。廟祧を立つるは以て神を安じて之に奉じ以て吉とす。形を送りて往き、精を迎へて還る。此れ墓廟の大分、形神の異制なり(14)」などと述べている。そしてこのような招魂葬の議論を受けて「夫れ塚は以て形を蔵し、廟は以て神を安ず。今世、魂を招きて葬するは、是れ神を埋むるなり。其れこれを禁ず(15)」という詔が出されている。遺体から分離し廟でこそ祭られるべき霊魂を、埋葬にあたって招いて埋めたという事例もいくつかあるが、多くは禁じられている。その理由については『通典』に引かれる晋の孔衍と李瑋の議論に詳しく示されている(16)。永嘉の乱により西晋が滅び、亡命して東晋を建てたという事情を受けての議論である。

孔衍の招魂葬を禁ずるの議に云く、「時に寇賊在るに歿する有り。屍喪を失亡し、皆魂を招きて葬す。吾以為へらく鄙陋の心より出ず。委巷の礼にして聖人の制に非ず。而して愚浅の安ずる所にして遂に時に行ふ。王者の宜しく禁ずべき所なり。何となれば則ち、聖人の殯葬を制するの意は、もとより以て形を蔵するのみ。以て魂を安じて事と為さず。故に既に葬するの日、神を迎へて返り、一日も離るるを忍ばざるなり。況むや乃ち其の魂を招きてこれを葬せむや。人情に反して其の礼を失ふ。虚しく斯の事を造り以て聖典を乱す。宜しく禁ずべきなり」と[17]。

異民族に侵攻され混乱のなかで死没した人があり、逃れた先ではその遺体がないまま埋葬することがあり、その場合みな招魂をする。思うに、卑しい身分の心から生じた習慣である。聖人の定めた礼ではなく、浅はかな人の落ち着くところはあるが、禁止すべきである。なぜならば聖人の定めた埋葬制度の意図は遺体を収め隠すことにあり、霊魂を安置することにはない。埋葬したその日のうちに霊魂を迎えて帰るのは、一日でも離れていることが忍びないからである。まして霊魂を招いて埋葬してしまうなどということは人情に反するし、礼を失する。根拠もなくこのようなことをつくり礼を混乱させるのだから、禁止すべきである。孔衍はこのように述べた。

そしてこれに李瑋は反論し、さらに孔衍が答える。

李瑋の宜しく招魂葬をすべきの論、孔衍を難ず。「礼を引くに、祖祭は是れ神を送るなり。既に葬して三日、また墓中に祭るに、霊座に几筵・飲燕の物有り。唯だ形を蔵するに非ざるなり。（中略）且つ宗廟は是れ烝嘗の常の宇にして、先霊のために常に此の廟に止まるに非ざるなり。猶円丘は是れ郊祀の常の処にして、天神のために常に此の丘に居るに非ざるがごとし。（中略）」と。孔衍答へて曰く、「祭は必ず壇を立つ。神必ず墓中にあると謂ふべからざるなり。若し神必ず墓中にあらば、則ち成周・雒邑の廟、皆虚しく設くなり。（中

略）聖人の旧に合するに非ざるなり」と。(18)

李瑋は孔衍を批判する。祖先に対する凶礼というものは霊魂を送ることである。埋葬して三日ののち、墓で祭るとき、そこには霊魂の座席があり飲食するものがあるのだから、墓はただ遺体を納めるためだけのものではない。また宗廟は常に秋の祭りが行われる場所ではあるが、霊魂がこの廟に常に留まっているわけではない。ちょうど郊祀は常に円丘で行われるが、だからといって郊祀の対象である天神がいつもこの円丘に居着いているわけではないのと同じようなものだ。

これに孔衍は答えて言う。祭祀を行うときは祭壇を立てるものなのだから、墓の中に祭祀対象となる霊魂が常にあるとは言えない。もし墓の中に霊魂が常にあるというのなら、都に造られた廟はいずれも空っぽで中になにもないということになる。こうしたことは聖人の制定した礼にかなわない。このように主張する。

この議論は、霊魂は墓に埋葬されるのかそれとも廟に祀られ墓にはないのかを論点にしている。現実には招魂をして霊魂を埋葬する行為が一部で行われていたのだが、もっとも重要とされる廟祭の意味を考えるとき、霊魂は遺体の埋葬によってそこから分離し、廟祭の対象となるので、霊魂は断じて埋葬されてはならないとして結局禁じられる。もしも埋葬後に霊魂は墓の中にあると考えられるならば、廟には祭祀対象となるものは何もないということになり、廟祭自体が否定されかねない。廟祭が昔から行われ広く浸透しゆるぎなく正当とされる慣習なのだから、この解釈は現実を十分に説明できてはいない。儀礼の具体的行為を説明できる解釈は、遺体の埋葬によって霊魂がそこから分離し、これが確保され廟に祭られるというものである。

ちなみに唐でも招魂葬が行われることがあった。『旧唐書』后妃伝によれば、中宗和思皇后趙氏や睿宗昭成順聖皇后竇氏は、埋葬場所が不明であったため、崩じた皇帝と合葬するために招魂葬を行い、また同時に廟も立てている。『礼記』檀弓下に「魂気の若きは則ち之かざること無きなり」と、魂はどこかに留まることなく遊離していると述べられることとあわせ考えれば、墓に埋葬された霊魂が祭祀のときに廟に呼び寄せられるという解釈も可能である。そう考えるなら招魂葬が廟祭と必ずしも矛盾するわけではない。

このような議論は別の角度からみれば、死者とは遺体なのではなく霊魂のことであるとゆるぎなく考えられていたことを意味する。招魂葬では、遺体がなくても霊魂を招くことで埋葬を行う。その是非が論じられるものの、祭祀対象はあくまでも霊魂であり、遺体を祭祀対象とする可能性はそもそも考えられていない[19]。どちらの立場であっても死者とは遺体と峻別されるかぎりでの霊魂であり、遺体から分離したものであるという認識は前提とされているのである。

四　唐の陵墓での祭祀の対象

死者とは霊魂であると考えられているが、一方で埋葬されて霊魂と分離したあとの遺体にも意義が認められる。はたしてこのことが限定的であるにしろ遺体も死者と捉えていたことを意味するのだろうか。

遺体が埋葬されている陵墓の祭祀の起源について『通典』には「三代以前は墓祭無く、秦に至りて始めて墓側に寝殿を起つ[20]」とあり、『晉書』でも「古は墓祭の礼無し。漢は秦を承け皆園寝有り[21]」と同様のとらえ方をしている。遺体の埋葬されている陵墓の祭祀は、周以前にはなく秦・漢で儀礼として成立したと考えられていた。そして漢代には盛んに行われ、宗廟祭祀を淩ぐほどになる[22]。

陵の最大の特徴はそこに遺体が埋葬されていることにある。この陵墓での祭祀が盛んに行われた時代の、儒教とは異なる立場からこれに言及したものがある。すなわち後漢の王充は『論衡』で「墓とは鬼神の在る所、祭祀の処[23]」と述べ、祭祀が遺体の埋葬されている場所で行われた理由を、墓地が死者の霊魂の住むところだからとしている。また後代、清の徐乾学は「漢はこれまでのやりかたとちがって、諸帝の廟を京師にたてずにそれらを陵のそばに立てた。だから陵において朔望や四季おりおりの各種の祭祀があったとしても、実は廟で祭ったのであって、陵で祭ったのではない」としている。[24] 埋葬後の遺体にも重要な意味があるが、遺体こそが死者と考えられているのではなく、やはりここでも霊魂こそが死者と考えられている。あくまで霊魂を廟で祭るのだが、廟を立てる場所として遺体が埋葬されている付近がふさわしいとされたにすぎない。墓祭という言葉が用いられるが、墓やそこに埋葬された遺体が祭祀の対象とされたのではない。

漢で盛んに行われるようになった墓祭すなわち上陵の礼は唐でも行われる。[25] 髙祖（李淵）が没したとき太宗（李世民）が「詔して山陵制度を定むるに、漢の長陵の故事に依らしむ」[26] としている。すなわち唐は漢を承ける方針である。『開元礼』で「皇帝拝五陵」「皇后拝五陵」「太常卿行諸陵」などが規定され、陵における祭祀が制度化されている。

唐の時代でも、陵で祭るべき対象である死者はやはり遺体ではなく霊魂であると考えられていたことが、太宗が埋葬されるときの山陵の桟道についての議論に示されている。

太宗の山陵畢るに及びて、宮人故事に依りて桟道を留めむことを欲す。惟れ旧山陵使閻立徳奏して曰く「玄宮の桟道は本は今日有るに擬して留む。今既に始終永く畢り、前と事同じからず。謹しみて故事を按ずるに、惟れ寝宮に安養供奉の法有り。而して陵上に侍衛の儀無し。望むらくは桟道を除き、因りて山岳と同じくせむ。[27]

昭陵は太宗のために造られたのだが、太宗が死ぬより前に皇后が埋葬された。山陵には遺体が納められる玄宮に続く桟道があり、これを通って供養が行われていた。そして太宗が没し、その埋葬が終わった時の議論である。これによると、それまでのままに桟道を残したいという宮人の意見があるのをふまえ、旧山陵使の閻立徳はこれに反対する意見を奏上した。桟道は太宗を埋葬するためにあり、いま本来の目的が達成され事情は変わった。故事によれば寝宮で死者を安養し供奉する法はあるが、陵上で侍衛する儀礼はない。だから桟道を除いて普通の山と同じようにするべきだ。このように述べた。

それまで皇后の身体がある玄宮で供養していたが、ここであらためて死者の存在する場所が確認され、遺体のある玄宮ではなく寝宮こそが死者と接触できる祭祀の場所だとされている。このあと火災をきっかけにして、それまで山上にあった寝宮は山の下の瑶台寺の側へと、遺体からより離れた場所に移される[28]。遺体と霊魂がわけて考えられていることは明らかである。遺体の埋葬されている陵が重要視されるのはたしかだが、祭祀がどれほど遺体の近くで行われたとしても、その対象となる死者とは遺体ではなくあくまで霊魂なのである。

遺体の埋葬される陵墓に重要性があることは、皇帝に限ったものではない。上陵の礼と同様のものが臣下の場合にもあり、上墓の礼という。これについては詔勅が出されている。

開元二十年四月制して曰く、「寒食上墓の礼は経に文無し。近代相伝へ、浸して以て俗を成す。士庶の合さに廟享すべからざる有り。何を以てか用て孝思を展べむ。宜しく上墓を許し拝掃と同じくすべし。塋の南門の外において礼せよ。奠祭餕訖らば、泣辞す。食して余る饌は他処に任ず。楽を作すを得ず。仍て五礼に編入し永く恒式と為せ[29]。

上墓の礼というものは経書には記述がないが、開元二十年頃にはひろく浸透していて、またその意義が理解されるので、制度化し五礼に組み入れ恒久法としたのである。ここで注目すべきは上墓の礼が認められた理由である。士や庶といった身分のものは廟がないので[30]、廟祭のかわりとして上墓の礼が許される。霊魂のみを祭る廟とは異なる独自の意義が墓での祭祀に認められるから上墓の礼が許されるということではない。孝行の気持ちは廟での祭祀で表現できるのだが、廟がない場合にこれに代わる手段として上墓が行われる。つまり祭られるのは廟と峻別される墓なのではなく、廟の役割を兼ねる墓なのである。

上陵の礼は、遺体の近くで行われるにもかかわらず、遺体は祭祀の対象でないこと、また上墓の礼があくまで廟祭に代わるものであることを考え合わせれば、おのずと埋葬された遺体の意味が推し量られる。すなわち霊魂は直接その存在を知覚できないうえに一ヵ所に固着せずに浮遊する性質があるため、存在する場所を確信することが困難だが、遺体が存在するとこれによってより強く霊魂の存在が意識される。遺体は霊魂の存在を強く確信させる媒介として機能するのであって、死者そのものではない。

唐の死者を対象とする儀礼と死者理解はまとめればつぎのようになる。唐の制度では、誰であっても死ぬと凶礼を行い、その過程で遺体から分離した霊魂を廟に安置する。埋葬から卒哭・附廟の過程で、体から取り出すことを通して霊魂の存在が確認され、そして確保され死者という地位を得る。この霊魂こそが廟祭の対象となる死者である。死とは身体と霊魂の不可逆な分離であり、死者とはそのうちの霊魂のことである。また埋葬後遺体も尊重されるが、その理由は遺体も死者と考えられているからではない。霊魂が抜け出した残骸である遺体は、そのなかに霊魂がないことを示すことで媒介となり、逆説的に直接知覚できないもののそこから抜け出した霊魂が存在するはずだと強く意識させる。だから埋葬された遺体すなわち陵墓が一定の意義を持ち尊重される。このように唐の死および死者の理解はまとめられる。

五　日本の山陵と霊魂

唐では死者の扱いの具体的手順が儀礼として『開元礼』に詳しく規定され、それまでの変遷は『通典』に記されていた。これに対し律令導入期の日本ではこれらに対応する礼典（儀注）を編纂せず、そのかわりに受容した儀礼に関する規定を律令のなかに盛り込んだ。平安時代になると唐礼の受容も深まり独自の儀式書がつくられるが、歳時の行事を本質とするこれらでは死者を対象とする儀礼はほとんど規定されない。官撰儀式書の中でもっとも早い時期に成立したとされる『内裏式』の現存本には死者を対象とする儀礼は記載されていない。貞観年間に成立したとされる『儀式』では「山陵に幣を奉るの儀」と「弔喪の儀」があるが、「弔喪の儀」は喪家への弔いであって死者を直接の対象とする儀礼ではないし、「山陵に幣を奉るの儀」では朝廷で山陵使に幣帛を分ける次第のみで、それらを捧げる山陵での儀式の次第は記されていない。さらに『延喜式』諸陵寮でも陵墓を列挙したあとに、朝廷での幣帛の分配を規定するのみである。このような事情があるので、日本の死および死者についての観念は、律令と六国史の具体的な事例を用いて考察することになる。

唐との比較で日本の令のもっとも大きな特徴の一つは、何よりも宗廟に関する規定がないことである。唐では祠令によって、廟祭は孔子等を祭る釈奠とともに「人鬼」すなわち死者を対象とする「享」と分類され、天神の「祭」と地祇の「祀」に並ぶ祭祀として規定される。これに対し日本の神祇令では神祇の祭祀を定めるだけで、廟祭というものはまったく規定にない。釈奠も、神祇官の管理する祭祀としてではなく、大学寮の行事とされる。また『日本書紀』には「宗廟」の語句はしばしばみえるが、ほとんどが朝廷を意味するのであり、死者を祭る施設としての廟と思われるものは例外的にしかない(32)。唐でもっとも重要とされる廟祭はそのままのかたちでは日本に受容されていない。

令において死者を対象としているのは、職員令の諸陵司で規定される喪礼と、山陵祭祀のみである。喪葬令では喪葬について具体的な次第は記さず、六国史でも山陵司や御装束司の任命や服喪の期間に言及するにとどまるので、具体的な次第の詳細は不明である。葬送を経たあとの山陵祭祀では礼の対象は遺体またはその延長としての陵墓である。山陵祭祀は諸陵司の職掌である。

諸陵司。正一人。掌らむこと陵の霊祭らむこと、喪葬凶礼、諸の陵および陵戸の名籍の事。(33)

職掌の最初にあげられる「陵の霊祭らむ」がその儀礼であり、義解によれば「荷前《のさき》」のことであるという。すなわち毎年末に歴代の天皇陵へ供え物をして祭る山陵祭祀である。日本ではこれが唐の宗廟にもっとも近いものとして位置づけられていた。のちに桓武天皇がこの山陵祭祀を天子七廟制に準えて改革したことからも理解される。(34)

山陵祭祀は宗廟に準えられるが、祭る場所と埋葬場所との関係には重大な違いがある。(35)唐では、祭祀の場所は廟であり、祭祀の対象は霊魂である。霊魂が体から抜け出すことが死であるという理解が根底にあるので、位牌などの依り代を直接の対象とし霊魂が廟で祭られる。上陵の礼でも祭られるのは霊魂であり、祭祀を行う場所は遺体の埋葬場所のすぐ側にある廟である。これに対し日本の山陵祭祀では祭祀の場所ないし施設と、遺体の埋葬場所が同じである。そして祭祀の対象は「陵霊」である。

ところで「陵霊」は祭祀においては対象だが、同時に祟る主体ともなる。霊魂と山陵の関係を理解するには祟りをなしたときの記事の方が助けとなる。つぎにあげるのは奈良時代末期の出来事である。

皇太子久しく病む。之を卜ふに崇道天皇祟を為す。諸陵頭調使王等を淡路国に遣はして、其の霊に謝し奉らしむ。(36)

早良親王は、同母兄の桓武天皇即位に伴い皇太子になったが、謀反にかかわったとの嫌疑をかけられ淡路へ配流され、その道中無実を訴えて食を断って亡くなった。死後怨霊となり、早良親王を廃してかわりに皇太子となった桓武天皇の子、後の平城天皇に祟りをなした。このような経緯があり、その祟りをおさめるべく諸陵頭等を陵墓へ派遣し崇道天皇の霊魂に謝罪したという記事である。崇道天皇とは早良親王の追号である。謝罪の場所は陵墓であるが謝罪の対象は霊魂である。

ここでは祟る主体である崇道天皇の「霊」を対象としてコミュニケーションをとり、祟りそのものをおさめようとしている。対処療法的に被害を回避するのではなく、祟りを原因から根本的に取り去ろうとしている。(37)祟りへの対処の核心は怨霊との直接の対話である。そしてこのコミュニケーションの場所すなわち霊魂に接触できる場所として陵墓が考えられている。霊魂が発した祟りの影響は陵墓から離れていても届き皇太子は病気になるのだが、霊魂とのコミュニケーションは被害を受けた場所からではなく、遺体が埋葬されている陵墓で試みられている。祟りの主体の霊魂と陵墓の関係は密接である。このことはこのすぐあとにある別の記事からもうかがえる。

詔して曰く、「朕思ふ所有り。宜しく故皇太子早良親王を、崇道天皇と追称し、故廃皇后井上内親王を、追復して皇后と称し、其の墓並びに山陵と称すべし」と。従五位上守近衛少将兼春宮亮丹波守大伴宿禰是成をして、陰陽師・衆僧を率ひて、淡路国に在る崇道天皇の山陵に鎮謝せしむ。(38)

桓武天皇によって名誉が回復され、早良親王は崇道天皇と追号されまた墓は山陵とされる。国家における位置づけを変えるという重大な対応である。そしてこの重大な決定を受けて、大伴是成は陰陽師と僧を伴い淡路国にある崇道天皇山陵へおもむき謝罪している。さきほどの「諸陵頭調使王等を淡路国に遣はして、其の霊に謝し奉らしむ」と内容的にほぼ同じであるが、ここでは謝罪の対象は「霊」ではなく「崇道天皇の山陵」となっているのである。山陵は霊魂との接触を可能にするが、霊魂とは区別される独自に存在する施設というより、いわば霊魂の身体であり霊魂と不可分である。独立して存在する霊魂が山陵に依り憑いていると考えるより、山陵と霊魂は一体のものと認識されていたと考えられる。この解釈は死後の桓武天皇によって肯定される。

物怪内裏に見《あら》わる。柏原山陵祟を為すなり。(39)

早良親王の怨霊に悩まされ続けた桓武天皇は、死後柏原山陵に埋葬される。そして今度は自身が祟りをなしたのだが、ここでは祟る主体として桓武天皇の「霊」とか「先皇霊」などとは表記されず「柏原山陵」と表記される。早良親王の場合は祟りの主体は「崇道天皇」「某親王」であり、謝罪の相手は「霊」と記されるので、ここからは霊魂こそが死者であり、これが山陵に祭られていると考えることもできる。しかし、早良親王の祟りでも鎮謝の対象が「崇道天皇山陵」とされ、さらにここでは祟る主体は「柏原山陵」である。つまり霊魂は山陵と同体または一体であると考えられていた。少なくとも両者が峻別されている様子はない。令にある「陵霊」とは、山陵に憑いている霊魂という意味にとらえるよりも、山陵と一体の霊魂であるという意味にとらえるのが妥当である。

六　陵墓と霊魂の峻別の否定

このような霊魂と山陵についての理解には、対立する立場が示されることもあったのだが、朝廷により最終的に山陵と霊魂は一体のものとする解釈が支持されるという経緯があった。すなわち淳和・嵯峨両上皇の遺詔とこれを受けた出来事である。

みずからの死期が近いと察した淳和上皇が、皇太子で自身の子である恒貞親王に遺詔して、喪葬は質素にして服喪期間を極力短くして、国忌と荷前も行わないことを命じ、さらに続けた。

重ねて命じて曰く、「予聞く。人没すれば精魂は天へ帰る。而して空しく冢墓存り。鬼物憑き終に乃ち祟を為す。長く後累を貽《のこ》す。今宜しく骨を砕き粉と為し、これを山中に散ずべし。」と[40]。

淳和上皇はいう。人は死ねば魂は天にかえるので陵墓は空っぽである。ここに「鬼物」が取りついて、しまいには祟りをなし、始末の悪い禍根を残すことになる。だからそうならないように、自分が死んだ後は山陵を造らずに骨を砕いて山の中に散骨せよと命じた。

この淳和上皇の見解では、被葬者の霊魂は天に還り、山陵に「鬼物」が憑いて祟りをなすのであって、祟る主体は被葬者の霊魂ではない。この「鬼物」は、直前の「人没すれば精魂は天へ帰る。而して空しく冢墓存り」とあわせ考えれば、被葬者を意味する鬼ではないことは明白である。すなわちこの遺詔では山陵と被葬者の霊魂が一体ではないという立場をとっている。

嵯峨上皇も薄葬を命じた遺詔で似かよったことを述べている。

凡そ人の愛する所は生なり。傷む所は死なり。愛すると雖も延期するを得ず。傷むと雖も誰か能く遂に免れむ。人の死せるや、精は亡し形は銷《つ》く。魂は之かざる無し。故に気は天に属し、体は地に帰す[41]。

人は誰でも生きていたいと思い死にたくはないと思うが、死は先延ばしにすることも避けることもできない。人が死ぬということは精神がなくなり肉体が崩れることであり、霊魂は一ヵ所に留まり続けることなく去りゆく。霊魂は天へ、肉体は地へと帰るのだ。すなわち埋葬後に肉体がそのまま維持されることはなく、「精」「魂」「気」などと表記される霊魂が山陵にそのまま留まり続けることもないと述べている。

そしてこの遺詔には、霊魂は天に帰るので死後に祟りをなすことはないという趣旨もあったことが、しばらくのちの文章博士等の奏上で明らかに述べられている。

> 文章博士従五位上春澄宿禰善縄・大内記従五位下菅原朝臣是善等、大納言正三位藤原朝臣良房の宣を被るに称く「先帝遺誡して曰く『世間の事、物怪有るごとに祟を先霊に寄せり。是れ甚だ謂無きなり』といへり。今物怪有るに随ひ、遠司をして卜筮せしむるに、先霊の祟卦兆に明らかなり。臣等信ずるに擬へれば、則ち遺誥の旨に忤ひ、用ひざれば則ち当代の咎を忍ぶ。進退惟れ谷まる。未だ何れに従ふか知らず。遺誡のごときは後に改むべきありや」と。臣子これを改るや否やを商量す。（中略）必ずこれを考ふるに義を以てし、此に由りて言ふ。卜筮の告ぐる所は信ぜざるべからず。君父の命は宜しきを量りて取捨す。然らば則ち改むべきはこれを改む。復た何ぞ疑はむや。朝議これに従ふ。(42)

嵯峨上皇の遺詔の内容は、世間では怪異現象があるごとに先帝の霊が祟りをなしたのだとしているが、これには根拠がなくそのようなことはないというものであった。しかし、いま怪奇現象が発生したので占わせてみると先帝の霊の祟りだという結果がはっきりと出た。この結果を信じようとすれば遺詔に逆らうことになり、結果を採用しなかったら現在の咎めを受けなければならず、進退きわまっている。どちらに従ったらよいのかわからない。遺詔をあとから改めるなどということがあるのだろうか。このように事態を報告し指示を仰いでいる。これを受け古典の言葉などを参考にして、卜筮は信じないわけにはゆかないもので、これと矛盾する遺詔は改めるという結論にいたり、結局、これが朝廷の総意となった。

要するに嵯峨上皇の遺詔も、さらに祟りの主体は被葬者ではないとする淳和上皇の遺詔も、ともに朝廷により事後的に否定されたのである。霊魂は山陵には存在せず、したがって被葬者である先皇が祟ることはないとする淳和・嵯峨両上皇の認識が朝廷に影響を与え継承されることはなかった。これを自覚的に否定し卜筮の明らかにするところにしたがい、先霊は祟りをなしうるものとする見解があらためて認められたのである。

祟る主体とされる先霊はしばしば山陵とも言い換えられ、山陵と一体のものと認識されていた。卜筮に従った謝罪は一貫して行われており、そこでの詔が宣命体で残されている。早良親王の場合と同様の山陵を対象とする謝罪は、淳和上皇の遺詔のあとに、

詔して曰く「天皇が詔旨と、掛畏き柏原の御陵に申賜へと申く、頃者御病発て悩苦ひ大坐、依此て卜求れは、掛畏き御陵の木伐幷犯穢る祟有り。」(43)

とあり、またさらに嵯峨上皇の遺詔とその後のやり取りのあったあとにも、同様に、

卜食み申すに、柏原山陵祟を告ぐ。仍て使を遣し宣命を奉りて曰く、「天皇が大命と掛畏き柏原の御陵に申賜へと申く、頃間物怪在に依て、卜求れは、掛畏き御陵爲祟賜へりと申り。」(44)

とある。ここでは卜筮に従い「御陵」すなわち「柏原の御陵」「柏原山陵」が祟りの主体とされ、同時にこれが謝罪の直接の対象となっている。先霊の祟りはそのまま山陵の祟りであり、これ対する謝罪は山陵を対象に行われる。山陵祭祀が霊魂を対象とするにしても、それは遺体と峻別される霊魂ではなく、遺体およびこれが埋葬されている山陵と一体化している霊魂である。このような考えが両上皇の遺詔を覆すだけの強さをもって朝廷に共有されていたことが、山陵の祟りと謝罪から読みとれる。日本での死者とは、つまるところ個体性を維持する身体ないしその延長としての山陵なのであり、これが霊魂と不可分なものとされていた。このような理解が死にかかわる儀礼の根底にあったのである。

山陵祭祀は上陵の礼との類似性があるが、この部分では決定的に異なる。上陵の礼は遺体が埋葬されているところで行われるが、死者として扱われているのは遺体とは峻別される霊魂である。陵のそばに立てられる廟や寝宮で祭祀は行われ、遺体や陵墓がその対象となることはない。唐では、人は死後に浮遊する霊魂ないし魂魄となるという前提がまずあり、そのうえで殯や埋葬などの凶礼や廟祭が制度として具体的に定められる。遺体や墓の意義も霊魂こそが死者であることを前提に理解されている。

唐と日本のあいだには、死者の存在形態について、遺体から分離した霊魂であるのか、それとも霊魂と一体の遺体なのかという違いがあり、両者は大きく異なる。律令期の日本は、喪葬儀礼についても唐から制度を導入するが、そこには独自の変容もあり、儀礼を裏付ける死者理解は日本にそのまま受容されたということはできない。

七　小結

本節では唐と律令期の日本で行われていた埋葬後の死者を対象とする儀礼とくに皇帝と天皇を対象とする儀礼から、それぞれの基底にある死者観念がいかなるものか考察した。

唐では、死とは身体と霊魂が分離することであり、身体性を排除した霊魂こそが死者であると認識されている。霊魂は一ヵ所にとどまることなく浮遊する性質があるのでそうならないように遺体を埋葬するとすぐに祭り位牌を依り代に確保する。そしてこれを対象として廟祭が行われる。遺体が意義を持つ場合があるものの霊魂とは峻別されたうえで知覚できない霊魂の存在を意識させる媒介となるからであって、遺体そのものが死者として儀礼の対象となることはない。一方、律令期の日本では霊魂のみを祭る廟がそもそもなく、また埋葬後の死者を対象とする儀礼で制度化されているのは天皇の山陵祭祀に限定されていた。山陵祭祀が廟祭に相当するものとされてはいるが、根底にある死および死者の理解は唐のそれと大きく異なる。日本では身体と霊魂の関係を、死によって分離してそれぞれが独立して存在するものとは考えず、霊魂は死後も身体およびその拡張である陵墓と一体であると考えている。そのため儀礼は死体が埋葬されている陵墓を対象にして行われ、死体なしの儀礼は行われることがない。律令期の日本は霊魂こそが死者であるという認識に基づく唐の制度を導入しようとしていたにもかかわらず、天皇に限定されるが死者とは霊魂と死体が一体であると考え、遺体から分離した霊魂こそが死者であるという唐の観念はむしろ排除している。

註

（1）『礼記』『論衡』は新釈漢文大系、『礼記注疏』『儀礼注疏』は阮元編『十三経注疏（附校勘記）』（中華書局、二〇〇三年）、『大唐開元礼』（汲古書院、一九七二年）、『通典』（中華書局、標点本、一九八八年）、『唐会要』（上海古籍出版社、一九九一年）、『晋書』（中華書局、標点本、一九九三年）、『太平御覧』（中華書局、一九六〇年）、『律令』は日本思想大系、『日本書紀』は日本古典文学大系、『続日本紀』は新日本古典文学大系、『日本後紀』は訳注日本史料、『続日本後紀』は佐伯有義校訂標注『増補六国史』（朝日新聞社）所収のものを用いた。

（2）たとえば喪葬令によると、陵墓について天皇と官人のごく一部のみが作られ、一般の官人は令の定めるところの墓は造営を許されていない。

（3）『礼記』王制第五（原漢文。書き下しは新釈漢文大系によった。以下同）。

（4）同前。

（5）『通典』巻第八十三、礼四十三、沿革四十三、凶礼五～九。

（6）皇帝の死は臣子があらかじめ考えることではないとして規定されない。『開元礼』では三品以上、四品五品と六品以下がそれぞれに規定されるが、枠組みはいずれでも共通している。

（7）『礼記注疏』巻四十四、喪大記（原漢文。以下同）。

（8）栗田直躬『中国上代思想の研究』（岩波書店、一九四九年）。

（9）『礼記』祭法第二十三。

（10）『礼記』檀弓下第四。

（11）『大唐開元礼』巻百三十九、凶礼、三品以上喪之二、虞祭。四品以下も同じ（原漢文。以下同）。

（12）同前。

（13）『儀礼注疏』巻十三、既夕礼第十三（原漢文）。これと関連の深い記述として『礼記』郊特牲第十一に「魂気は天に帰し、形魄は地に帰す。故に祭は諸を陰陽に求むるの義なり。（中略）室に詔祝し、尸を堂に坐し、牲を庭に用ひ、首を室に升ぐ。直祭は主に祝し、索祭は祊に祝す。神の在る所を知らず。彼に於てなるか、此に於てなるか、或は諸れ人に遠ざかるか。祊に祭るに、尚ひて曰く、諸を遠きところに求むるか、と」とある。

(14)『晉書』巻五十九、列伝第二十九、東海王越伝（原漢文。以下同）。

(15)『太平御覧』礼儀部三十四、葬送三所引の『晉中興書』。

(16)この議論は『晉書』などには見えない。徐乾学『読礼通考』でもこのやり取りは『通典』より引用されている。

(17)『通典』巻第百三、礼六十三、沿革六十三、凶礼二五、招魂葬議（原漢文。以下同）。

(18)同前。

(19)埋葬すべき遺体がない場合、その対象は遺体ではなくて招魂した霊魂となる理由は必ずしも明らかではない。ただ遺体がない時は招魂のみで霊魂が直接確保されるのだが、それだけでは霊魂の確保と密接に関連するするはずの埋葬行為との関連が絶たれてしまう。そこで霊魂の確保と埋葬を遺体なしに関連付けた結果、埋葬によって遺体から分離して確保されるべき霊魂が、逆に埋葬の対象になるという逆転を起こし「招魂葬」となったと考えることもできるのではないだろうか。

(20)『通典』巻第五十二、礼十二、沿革十二、吉礼十一、上陵。

(21)『晉書』巻二十、志第十、礼中。

(22)楊寛『中国皇帝陵の起源と変遷』（西嶋定生監訳、尾形勇[illegible]訳、学生社、一九八一年）によると、「今日では、春秋から戦国時代にかけて、民間では明らかに墓祭が行われていたとみるのが普通」であるという。

(23)『論衡』第二十三巻、四諱第六十八（原漢文。書き下しは新釈漢文大系によった）。

(24)訳は楊寛『中国皇帝陵の起源と変遷』による。

(25)礼典に根拠がないこともあり、このあと魏晉では停止される。周以来唐にいたるまで一貫して行われていたのではない。

(26)『唐会要』巻二十、陵議（原漢文。以下同）。

(27)同前。

(28)同前。

(29)『通典』巻第五十二、礼十二、沿革十二、吉礼十一、上陵。

(30)『礼記』王制第五では「士は一廟。庶人は寝に祭る」とあるが、『大唐開元礼』巻第三、序例下では、「凡文武官、二品已上は四廟を祠り、五品已上は三廟を祠る。牲は皆少牢を用ゆ。六品已下庶人に逹するまで祖禰を正寝に祭る。特牲を用ゆ」とあり、ここでいう士庶は具体的には六品以下庶人までと考えられ、これらの人には廟は造られない。

(31)瀧川政次郎『律令の研究』（刀江書院、一九三一年）第二編「日唐律令の比較研究」で、喪葬令の五服の礼の条文や、儀政令は唐礼によった部分が多いことが指摘されている。

(32)『日本書紀』巻第二十四、皇極天皇元年十二月条「蘇我大臣蝦夷己の祖廟を葛城高宮に立つ」のみ。

(33)『律令』巻第二、職員令第二、十九条（原漢文。書き下しは日本思想大系によった）。

(34)『続日本紀』巻第四十・桓武天皇、延暦十年三月廿三日条（原漢文。書き下しは新日本古典文学大系によった）。

(35) ほかに祭祀対象との関係にも違いがあるが、社会の構成が家族によるのかそれとも氏族によるのかという違いが反映されているにすぎない。死および死者の理解は、祭る主体とその客体の関係とは分離可能なので、この関係の違いはひとまず除外する。

(36)『日本後紀』巻第一・桓武天皇、延暦十一年六月十日条（原漢文。書き下しは訳注日本史料によった。以下同）。

(37) 律令体制が変質した平安時代後半には陰陽道が盛んになり、病となった人を対象に祟りの影響から逃れる呪術的対処が行われるのだが、ここでは異なる方法がとられる。

(38)『日本後紀』巻第九・桓武天皇、延暦十九年七月廿三日条。

(39)『続日本後紀』巻第九・仁明天皇、承和七年六月五日条（原漢文。以下同）。

(40)『続日本後紀』巻第九・仁明天皇、承和七年五月六日条。

(41)『続日本後紀』巻第十二・仁明天皇、承和九年七月十五日条。

(42)『続日本後紀』巻第十四・仁明天皇、承和十一年八月五日条。

(43)『続日本後紀』巻第十・仁明天皇、承和八年十月廿九日条。

(44)『続日本後紀』巻第二十・仁明天皇、嘉祥三年三月十四日条。

第二節　埋葬後の官人への儀礼からみる死者の形態と場所
――墓を造られない官人の死後はどうなるのか

一　はじめに

前節では律令期における埋葬後の天皇を対象とする儀礼から、当時の朝廷で死者がどのようなものと観念されていたか中国の皇帝と比較し論じた。本節ではこれに続けて一般官人の場合を考察する。律令制の朝廷では一般的な死者はどのような形態で存在するもしくは存在しないものと認識されていたのか、一般的な死者について遺体と霊魂の関係についてどのように理解されていたのか、これについて埋葬後の扱いを通して考察する。

律令期には制度として埋葬後の天皇およびこれに準ずる者を対象とする儀礼が整備されたが、これらを除くと制度としては埋葬を終えたあとの死者が儀礼の対象とされることはなかった。したがって一般的な死者を対象とする儀礼は資料も乏しく、これまであまり正面からは考察されてこなかった[1]。そこで本節では、法典や史書などに見られる、朝廷が死者への接触を迫られる特殊例外的な状況でとった対応を足がかりとして、そこから一般的な死者をどのようなものと考えていたのか、さらに制度として一般的な死者を対象とする儀礼が構築されない理由についても論じる[2]。

二　陵墓とその祭祀についての制度

律令制において陵墓とその祭祀はどのように規定されるのだろうか。日本は律令によって国家としての体裁を整えたのだが、その編纂は唐のそれに倣いつつも日本の実態をふまえて独自に行っている。喪葬や陵墓についても当然唐令を下敷きにしているのだが、遺体とは別に霊魂だけを祭るもっとも重要とされる廟や廟祭について、日本では受け入れられなかった。日本は唐の制度や文化を導入するなかで、死者を祭る施設を埋葬場所とは別に作る廟祭の仕組みを受容しなかったことは、大きな特徴である。このような事情により、日本で埋葬後の死者を対象とする祭祀としてはっきりと定められているのは前節で考察した山陵の祭祀だけである。ただこの儀礼は天皇という特殊な身分に限定されるものなので、死者一般の観念を反映しているとただちにいうことはできない。

律令制で官人の墓は祭祀の対象でなかったことは、唐令と日本の令との休暇に関する規定の差異からもうかがえる。日本では霊魂を祭る廟というものが受容されないので、死者が祭られるとすれば天皇の場合と同様の墓での祭祀儀礼が考えられる。これに言及している部分を見てみよう。まずは唐令の仮寧令である[3]。

諸れ文武官・若流外已上の者、父母三千里の外に在らば、三年に一たび定省の仮三十日を給へ。五百里には五年に一たび拝墓の仮十五日を給へ。ならびに程を除け。もし已に家に還ること経たらば、還りて後を計へて給へ。それ五品已上は、所司事に於いて勘当し、闕くごとに奏せ。輒く自ら奏して請ふを得ず[4]。

唐では官人等は、父母が三千里以上遠くにいる場合に三年に一度定省のための休みが三十日、五百里以上遠くにいる場合に五年に一度、墓を拝むための休みが十五日間与えられている。墓を拝む慣習を前提として休暇の制度が定められている。日本の仮寧令ではこれに倣ってつぎの条文になる。

凡そ文武官の長上の者、父母幾外に在らば、三年に一たび定省の仮三十日を給へ。程除け。もし已に家に還ること経たらば、還りて後の年を計へて給へ。(5)

一見して明らかなように条文そのものは唐令から受け継がれているが、「拝墓の仮」の文字はなく、墓を拝むための休暇の部分は削られている。休暇への規定を見るかぎり、日本では官人が墓を拝むことは念頭にない。その根本的な理由が墓そのものにある。日本では墓について喪葬令ではつぎのように定めている。

凡そ三位以上、および別祖・氏宗は、並に墓を営することを得。以外はすべからず。墓を営するを得と雖も、もし大蔵せしむと欲はば聴せ。
凡そ墓には、皆碑立てよ。具官姓名の墓と記せ。(6)

死者の体が埋葬されている場所であることを示す官位と姓名を記した碑を立てた建造物としての墓は、令によるとだれもが造営できるわけではない。(7)一族の始祖およびその資格をもつ三位以上の人のみが墓の造営を許されるのであり、それ以外の人は埋葬してもその存在を顕示する碑をもつ墓をつくることは許されない。当然、墓がなければ墓を拝むことも一般的にはありえない。一般官人について死から埋葬までの凶礼については規定するものの、埋葬の終わったあとの墓での祭祀については何も規定していない。実態は田中久夫が論じたとおりであり、(8)令にいう墓の造営が許される条件に多く該当する摂関家の場合ですら、埋葬地は閑散としており恒例行事としての墓参りは行われていなかった。制度としてもまた実態も墓での祭祀は一般には行われていなかったことが理解される。

日本では墓を造ることが令に規定されていない理由だが、唐の制度の受容が不徹底であったという単純なものではない。大宝令や養老令と、これをさかのぼるいわゆる大化薄葬令の内容を比較すると、これは意図的であると考えられる。まずいわゆる大化薄葬令をあげる。

詔して曰く、「朕聞く、西土の君、その民を戒めて曰く、『古の葬は、高きに因りて墓とす。封かず樹えず。棺槨は以て骨を朽すに足るばかり、衣衿は以て宍を朽すに足るばかり。（中略）又曰く、『夫れ葬は蔵すなり。人の見ること得ざらむことを欲す』といへり。迺者、我が民の貧しく絶しきこと、専墓を営るに由れり。爰に其の制を陳べて尊さ卑さ別あらしむ。夫れ王より以上の墓は、其の内の長さ九尺、濶さ五尺。其の外の域は方九尋、高さ五尋。役一千人、七日に訖しめよ。其の葬らむ時の帷帳の等には、白布を用いよ。轜車有れ。上臣の墓は、其の内の長さ濶さおよび高さは、皆上に准へ。其の外の域は方七尋、高さ三尋。役五百人、五日に訖しめよ。其の葬らむ時の帷帳の等には白布を用ゐよ。擔ひて行け。蓋し此は肩を以て輿を擔ひて送るか。下臣の墓は、其の内の長さ濶さおよび高さとは、皆上に准へ。其の外の域は方五尋、高さ二尋半。役二百五十人、三日に訖しめよ。其の葬らむ時の帷帳の等は白布を用ゐること、亦上に准へ。大仁・小仁の墓は、其そ内の長さ九尺。高さ濶さ各四尺。封かずして平ならしめよ。役一百人、一日に訖しめよ。大礼より以下、小智より以上の墓は、皆大仁に准へ。役五十人、一日に訖しめよ。凡そ王より以下、小智より以上の墓は、小さき石を用ゐよ。其の帷帳の等には白布を用ゐよ。庶民亡なむ時には、地に収め埋めよ。其の帷帳の等には、麁布を用ゐるべし。一日も停むること莫かれ。凡そ王より以下、庶民に至るまで殯営ること得ざれ。[9]

前半部分では、西土の君すなわち中国の皇帝が人々を戒めた言葉を示す。死者のためにさまざまに財を費やす厚葬を習慣としているが、これらは愚かな習慣である。埋葬は盗掘にあわず人に見られないようにするものだ。このように示したうえで続けて日本のことを言う。近ごろわが民は貧しく疲弊しているが、その理由はこのように財を費やし墓を造営するからだ。そういうわけで尊卑を区別して制度化し、王・上臣・下臣・大仁小仁・大礼以下小智・庶民など、身分に応じて墓の大きさ、用いる役夫の人数と期間、喪葬儀礼で用いる帷帳等について定めている。ここでは薄葬を意図しているが、官人は墓を造営しないとはせず、規模を縮小しながらも造営するものとしている。

後半部分の官人の墓の造営を定めている部分は、『開元礼』序例にあるつぎの規定に近い。

凡そ百官の葬墓田、一品は方九十歩、墳高一丈八尺。二品は方八十歩、墳高一丈六尺。三品は方七十歩、墳高一丈四尺。四品は方六十歩、墳高一丈二尺。五品は方五十歩、墳高一丈。六品已下は方二十歩、墳は八尺を過ぐを得ざれ。其の域および四隅には、四品以上は闕を築き、五品以上は土堠を立て、余は皆塋を封ずるのみ。(10)

ここでは墓の面積と高さ、さらに墓域の囲みや門について、官人の位階に応じて定めている。大化薄葬令が参考にしたのは『開元礼』ではないが類似するものを参考にしたのならば、唐の制度で規定される墓の広さに加えて、埋葬するときに使う帷帳について、さらに墓を築造するのに費やす役夫の数と日数すなわち投入できる労働力を規定したことになる。墓は身分にかかわらずすべての官人が作り、序列は広さと高さという墓の規模により実体化するという点では唐と同じである。

このように唐の制度により忠実に官人はみな墓を造ると大化薄葬令で一度は定めているのだが、唐の制度の受容をより深め体系的に編纂された養老令（大宝令もほぼ同じと思われる）では、一族の祖やこれに準ずるもののみ個人の墓の造営が許されると変更している。受容が不徹底だから一部のもののみが墓を造ると定めたのではなく、一度は唐の制度により忠実に制度化しながら、制度の整備をより深める過程で唐とは異なるものに改定しているのである。

大化薄葬令から大宝・養老の喪葬令へと、どのような理由により改定されたのか不明である。埋葬後は基本的に顧みられることがないという日本の実態があり（『魏志倭人伝』）、これにあわせるべく埋葬後もその存在を顕示する墓を造営しないように変更したのか、それとも制度として墓を造らないと変更した結果、死後の官人が顧みられなくなったのかについてもどちらとも判断できない。しかし、ともあれ一部の例外を除き墓は造らないことする変更が意図的かつ自覚的に行われたのである。

このような状態は摂関期まで続く。『九暦』には、藤原忠平が太政大臣になったとき木幡にある父の基経の墓に報告に行ったものの、その詳しい場所もさらに付近にあるはずの兄の時平の墓もどこかわからなかったと、のちに息子の師輔に語ったという記述がある。[11]ここに埋葬されている父祖は三位以上で、令の定めるところの碑を具えた墓をみな造営することができるのだが、墓の位置すら十分に把握されていない。摂関期になっても埋葬された死者を対象とする儀礼が慣習として定期的にはまだ行われていなかったのである。木幡の様子はさらにのちの藤原道長の頃でも依然として寂しいものであった。すなわち木幡の様子は、

古塚は累々、幽邃として寂々。仏儀は見えず、只だ春秋の月を見る。法音を聞かず、只だ渓鳥嶺猿を聞く。
爾時覚えずして涙は下り、窃かに斯念を作す。[12]

というものだった。木幡には遺体が埋葬された塚がいくつもあるが、ひとけもなく寂れ法要も行われず、ただ鳥や獣の声が響くだけという状態であって、墓参りなどの儀礼は行われていなかった。そこで道長は、

只だ此山に先考・先妣を座し、始めて昭宣公を奉るに及ぶは、諸亡霊の無上菩提の為なり。今より後、来来、一門人人を極楽に引導する為なり。(13)

という意図のもと浄妙寺を建てた。すなわち埋葬されている父母や基経などの亡霊が成仏でき、またこれよりあとに来る一門の人を極楽に導くようにと意図して浄妙寺を建てた。つまり定期的に墓参りをするようになるのは摂関期のそれもかなりおそくなってからであり、さらに律令と一体化した儒教的儀礼ではなく仏教的儀礼として行われるようになのである。少なくとも律令制が維持されていた延喜年間までは、父母などの先祖が埋葬されている場所に臨時で個人的に赴くことがあるにしても、そうした儀礼が恒例行事としては行われてはいなかったのである。

三　官人への死後の儀礼と朝廷

1　御霊会と朝廷の関係

さてこのように律令期の官人は一般に埋葬を終えたのち祭られることはないのだが、例外的に死者が祭られることがある。それは祟りをなした場合である。祟りがあるとき、その被害をどうにかしようと、祟りをおさめるべく死者との接触がはかられる。具体的には御霊会などである。朝廷が行った御霊会のはじめは貞観五年五月の神泉苑におけるものとされる。

神泉苑に於いて御霊会を修む。勅して左近衛中将従四位下藤原朝臣基経・右近衛権中将従四位下兼行内蔵頭

> 藤原朝臣常行等を遣し、会の事を監ぜしむ。王公卿士赴き集ひ共に観る。霊座六つの前には几筵を設施し、盛んに花果を陳ぶ。恭敬し薫修す。律師慧達を延き講師と為し、金光明経一部・般若心経六巻を演説せしむ。雅楽寮の伶人に命じて楽を作す。帝に近侍する児童および良家の稚子を以て舞人と為し、大唐・高麗更に出でて舞ふ。雑伎散楽は競ひて其の能を尽くす。此の日宣旨し、苑の四門を開き、都邑の人の出入し縦観するを聴す。所謂御霊とは、崇道天皇・伊予親王・藤原夫人、及び観察使・橘逸勢・文室宮田麻呂等是れなり。並びに事に坐して誅せらる。冤魂厲を成す。近代以来、疫病繁発り、死亡するもの甚だ衆し。天下以為く、此災は御霊の生ずる所なり、と。始めは京畿よりして、爰に外国に及ぶ。夏天秋節に至るごとに、御霊会を修む。往々断ぜず。或は仏を礼し経を説き、或は歌ひ且つ舞ふ。童貫の子をして靚粧し馳射させ、膂力の士をして袒裼し相撲せしむ。騎射は芸を呈し、走馬は勝を争ひ、倡優は嫚戯す。遞に相誇りて競ふ。聚りて観るものに填咽せざるなし。遐邇因循し、漸く風俗を成す。今茲春の初め、咳逆として疫を成し、百姓多く斃る。朝廷祈を為し、是に至りて乃ち此会を修む。賽を以て宿禱するなり。[14]

御霊会はすでに指摘されるように、純粋な律令制の展開や内的問題から生じたのではなく、朝廷の外で生じた民衆宗教運動や密教との関係が深い。朝廷のみで閉鎖的に行うのではなく、神泉苑の四門を開いて、都市の住人が出入し自由に見ることを許している。またこの頃に頻発した疫病を「天下」では御霊の仕業と見なし、京畿から畿外へいたるまで夏や秋に御霊会を行い絶えることがなかった。内容は仏教によるものだったり、歌舞であったり、馳射・相撲などさまざまで、御霊会は民衆の習俗となっていた。そんななか今年は疫病が流行り多くの人が死んだので朝廷は民衆の御霊会をそのまま取り入れて祈り祭った。つまり朝廷は民衆よりおこった御霊の祭祀をその行い方も含めて取り入れたということであり、霊座を設けることも朝廷が主体的に決定したというよりは仏教的な儀礼を踏襲したと考えられる。これは祟りの主体としての死者すなわち「御霊」の存在を認めたと言うことではあるが、その祭り方は民衆の御霊会に倣ったものでしかない。ここでは朝廷が死者をどのように認識していたのかを論じることを目的とするので、民間に由来する御霊会についてはここでは論じない。御霊会で祭られた者をはじめ、朝廷が主体的に行った死者への対応から、あくまで朝廷が死者をどのように理解していたのか考えてみたい。

2　早良親王と伊予親王の霊魂と遺体

祟りをなした死者の筆頭にあげられるのは崇道天皇である。崇道天皇は早良親王が祟りをなし追号された名称で、天皇となったことでその墓も山陵と称されることになったという経緯がある。この対応は天皇に準じるがゆえのものか、それとも天皇以外の一般的死者としての理解に基づくのかにわかには判断できない。前節と一部重複するがあらためて確認する。

早良親王は謀反の疑いをかけられ淡路国に流されることになる。これに対して絶食し無実を訴えるも、結局その途中で死んでしまう。遺体はそのまま淡路国に埋葬されたのだが、やがて祟りがしきりに起こるようになる。延暦十一年六月十日に、早良親王を廃したあとに皇太子となったのちの平城天皇が病気になったので卜占すると、早良親王の祟りが明らかになり、その埋葬地である淡路国に諸陵司を派遣し謝罪した。これ以降、祟りをなす早良親王への謝罪が幾度も行われる。そして延暦十九年七月廿三日には、祟りをなす早良親王に対しこれを収めるべく無実を事実上認める詔が発せられ、崇道天皇の称号を贈り埋葬された墓は山陵とし、さらにそこに陰陽師や僧を派遣し謝罪し鎮めた。それでも事態が収拾されず謝罪は続き、延暦二十四年四月五日には、天皇と追号したことをうけて国忌や荷前儀礼の対象とされ、その財源も確保し怨霊に謝罪する(15)。そして数日後には改葬の臨時の官司が任じられ、流刑された淡路国から畿内へと帰葬される(16)。ちなみに天安二年に定められた荷前の別貢幣の対象の十陵四墓には「崇道天皇八嶋山陵、大和国添上郡に在り」と、改葬された大和国添上郡の八嶋山陵がその一ことして定められている。これら一連の動きは、祟る早良親王への謝罪を意図した行為であることに疑問の余地はない。

一連の謝罪で見逃してはならないのは、その直接の対象である。謝罪の対象は遺体の埋葬されている墓である。また非を認めたときには、流された土地から遺体を帰還させ改葬し、遺体があらたに埋葬された八嶋山陵が荷前の対象となる。遺体に格別の意義が見いだされているのである。死者の霊魂が謝罪の対象だとしても遺体から完全に分離して単独で存在するのではなく、遺体と不可分であると考えられていたことがわかる。謝罪の対象となるのは霊魂と一体のものとされる遺体ないし遺体の埋葬されている陵墓であり、遺体と峻別される単独で存在する霊魂ではない。

つぎに伊予親王である。早良親王と同じく御霊会で怨霊して祭られるが、それ以前に祟りをなしたとする記事はなく、天皇と追号されることもない。伊予親王は大同二年十月に謀反の疑いをかけられ捕らえられ幽閉された川原寺で薬をあおいで死んだのだが、実際は無実であったとする記事が安倍兄雄の卒伝中に見える[18]。そして大同五年には「度すること一百人、崇道天皇の為に一百人、伊予親王の為に十人、夫人藤原氏廿人を奉る[19]」と、崇道天皇すなわち早良親王とともに伊予親王およびその母のために臨時得度が行われ、弘仁十年には「詔すらく、朕思う所有り。宜しく故皇子伊予・夫人藤原吉子等の本位・号を復せしむべしと[20]」と復位復号される。さらに承和六年には追贈される。

中使、故贈二品伊予親王の墓に就きて詔して曰く、「早く柘館を捐て、長く泉台を掩ふ。福禄の融かざるを悼み、倚伏の測り難きを悲しむ。既に前詔に追栄すと雖も、逾《ますます》当年に飾を増すを欲す。宜しく栄班を贈り、以て幽窀を賁るべし。贈一品とすべし」と。又詔して曰く、「親王母故无位藤原朝臣吉子、属《たまたま》轗軻に遇ひて爵位を墜失す。時移りて事質る。営魂を追悼し、宜しく本班を贈り窀穸を照らすべし。贈従三位とすべし[21]。

伊予親王とその母があわせ追贈されている。詔によるとこれ以前にも追贈しその時に二品が贈られたと思われるが、さらに重ねてこの年に行ったということである。具体的には伊予親王のために財源を確保し贈り、それによって墓を飾りさらに一品が贈られる。親王の母にも本班が贈られ、これにより墓の祭祀が行われ、加えて従三位が贈られる。

この追贈の詔は墓に届けられた。「追営」とは財源を割いて「幽宅」すなわち墓を飾ることである。伊予親王については「霊」や「魂」といった語はない。遺体の眠る墓への行為がそのまま死者を対象とした行為となっている。藤原吉子には「本班」という縁坐の前に与えられていた財源があらためて贈られ、これによって「窀穸」すなわち墓を「照」すというもので、これが「営魂」への「追悼」である。死者の霊魂への接触を意図する詔は墓に届けられ、死者の霊魂を追悼し慰めるべくなされる具体的行為は墓を飾り祭ることである。これらは霊魂を祭る側の一方的な働きかけという限定された状況ではあるが、霊魂への接触は墓でこそ可能であり、墓を祭ることがそのまま死者の霊魂の慰めになると朝廷は考えていたということができる。霊魂を尊重するべく朝廷が直接できる行動は、遺体の眠る墓を尊重することであると、早良親王の場合と同様にここでも確認される。

3　橘逸勢の帰葬

橘逸勢は承和の変で謀反にかかわったとして流刑とされ、移送の途中で没しその地に埋葬された。事件は嵯峨上皇の死を契機とし、謀反のくわだてが明らかとなったとして伴健岑と橘逸勢の二人は捕らえられた[22]。謀反は皇太子も巻き込むものであったため、国家的な問題として事件は公表された。宣命により謀反の事実と、これに伴い関与の疑われる皇太子の廃位、藤原愛発・藤原吉野・文室秋津の左降が発表された[23]。翌日には皇太子の廃位に伴う剣の返納と嵯峨山陵へ廃位の報告が行われ[24]、さらに数日後には首謀者とされる二人について降格人事ではなく犯罪者として処分が下される。

罪人橘逸勢は本姓を除き、非人の姓を賜る。伊豆国へ流す。伴健岑は隠岐国へ流す。(25)

橘逸勢は犯罪人として本姓を除かれ非人として伊豆へ流刑とされ、生前に罪が許されることや名誉が回復されることはなかった(26)。そしてしばらくして追贈と帰葬がなされる。

流人橘朝臣逸勢に正五位下を追贈す。詔して遠江国へ下し、本郷へ帰葬せしむ。逸勢は、右中弁従四位下入居の子なり。為性《ひととなり》は放誕にして、細節に拘らず。尤も隷書に妙なり。宮門の榜題に手迹見在す。延暦の季に、聘唐使に随ひ入唐す。唐中の文人、呼びて橘秀才と為す。帰来の日には、数官を歴事す。年老・羸病なるを以て静居し仕へず。承和九年伴健岑謀反の事に連染す。拷掠に服さず、死を減じて伊豆国へ配流す。初め逸勢の配所に赴くや、一女有り。悲しみ泣きて歩き従ふ。官兵の監送する者これを叱りて去らしむに、女昼止り夜行く。遂に相従ふを得。逸勢行きて遠江国板築駅へ到り、逆旅に終わる。女攀号し哀みを尽す。便ち駅下に葬る。喪の前に廬し、屍を守りて去らず。乃ち落髪し尼と為す。自ら妙沖と名づく。父の為に誓念す。暁夜苦しみ至る。行旅して過ぐる者これの為に流涕す。帰葬の詔に及びて、女尼屍を負ひ京へ還る。時人これを異とす。称して孝女と為す(27)。

承和の変であらたに皇太子となった文徳天皇が無事に即位したという事情もあって、橘逸勢は追贈され配流が許され帰葬され名誉が回復され、ここに卒伝が載せられる。ちなみに正史を見るかぎり橘逸勢が怨霊となり祟りをなしたという記録はこれ以前にはない。

逸勢は入居の子であり、性格は大ぶろしきで豪放で、書をよくし宮門の文字を書き、また入唐した。帰朝してからは官職を歴任した。そして承和の変で配流となった。注目すべきはこの後の部分である。逸勢が伊豆へと移送されるところに娘が追ってきた。はじめは追い払われるが執拗に追い、やがて許されそのまま同行した。逸勢は移送途中の遠江国で亡くなり、この娘はすがりついて悲しみ、死んだ場所の付近に遺体を埋葬し、その前に小屋を建て、そこでずっと遺体を守っていた。それから髪を落とし尼となり妙沖と名乗り、死んだ父のために祈り念じていた。そしてこの追贈と帰葬の詔が出されると、この尼は逸勢の遺体を背負って京に帰り、人々はこれをきわだった孝行娘だとした。

すでに死んでいる橘逸勢への朝廷の対応だが「霊」や「魂」に直接には言及されず、霊魂への陳謝や追悼もしていない。名誉回復は剝奪された官位の回復と流刑の取り消しを意味する帰葬によってなされている[28]。すなわち生前からの連続性をもって死者への対応が行われているのであり、死者は生前とは断絶する異質なものと見なして、御霊会のような死者に特有の対応方法によって謝罪などの接触がはかられるのではない。死者は生前と同じくその延長線上に捉えられている。

また逸勢の娘は、埋葬後もその場所に留まり遺体を守り、罪を許されると遺体を背負って入京するという一連の行動をとっている。この行動が孝として肯定されていることからも、孝の対象となるべき死後の親とはつまるところその遺体と考えられていたと言えるだろう。少なくとも身体性を完全に排除した霊魂こそが死者であると理解されていたわけではないことはたしかである。身体性を排除した霊魂こそが死者であると考えられていたならば、遺体に強い執着を示した娘の行動に否定的な言及をするはずで、孝であると称賛することはありえない。

4　菅原道真への追贈

菅原道真は神泉苑での御霊会より後の時代の人で、当然そこで祭られる怨霊には含まれないが、後の時代の

『政事要略』では御霊会と道真を祭る北野天神会をあわせて記している。道真は神泉苑の御霊会で祭られた崇道天皇や伊予親王、橘逸勢に連なる者として認識されている。

道真はその学才により大臣にまで登りつめた。しかし経緯があって昌泰四年（延喜元年）の正月に大宰権帥へと左遷される。『日本紀略』では、

延喜元年正月二五日、諸陣警固す。帝南殿に御す。右大臣従二位菅原朝臣を以て大宰権帥に任じ、源朝臣光を以て右大臣を任ず。又権帥の子息等、各以て左す。(29)

左遷された道真は翌々年の延喜三年に太宰府で死を迎える。時代が下るものだが『帝王編年記』にはつぎのようにある。

同三年癸亥二月二十五日、太宰府に於いて薨ず。御春秋五十九、三笠郡の四堂の辺に葬り奉るを欲するも、御車途中に留りて動かず。仍て其の処に葬り奉る。安楽寺是れなり。(30)

道真は死後そのまま任地の太宰府近辺に埋葬される。埋葬予定地へ向かう途中で牛が座り込んで動かなくなってしまったのでその場所に埋葬し、そこが安楽寺となったという。この埋葬地についての話は『北野縁起』などでも採られる。そしてこの後しばらくすると、祟りをなしたとする記述があらわれる。『日本紀略』の延長元年三月二十一日条である。

是の日なるや、皇太子の臥病するに依りて天下に大赦するも、子の刻、皇太子保明親王薨ず。天下庶人悲し

み泣ざるなし。其の声雷の如し。世を挙げて云く、「菅帥霊魂忿を宿し為す所なり」と。[31]

誰の発言か特定されない風説だが、保明親王の死を道真の霊魂の怒りによるものだとする話が皇太子の死と関連付けられて記録されている。一カ月後にはこれと関係があるとは必ずしも断定できないが、詔が出され、本官の右大臣に復し正二位を贈ると同時に、昌泰四年正月二十五日の左遷の詔書が破棄される。[32]『政事要略』にこのときの詔がある。

延喜四年二月廿五日、任所に薨ず。年六十一 其の後天満天神と号す。庶人皆これに帰す。廿三年四月廿日詔して曰く、「追ひてこれを賞するは、往聖の遺訓なり。過ぎてこれを宥むるは、先王の格言なり。故太宰権帥従二位菅原朝臣朕の童蒙に在りては、其の侍読に労し、震宮の日より、宸位の朝に至るまで、久しく近臣たりて、勤苦无きに非ず。而して身は謫官に従ひ、命殞とし遐に鎮む、多歳を積むと雖も、何ぞ相忘るること有らむ。故に本職を贈り、兼て一階を増し、爰に旧意を示し、以て幽霊を慰めむ。宜しく重ねて昌泰四年正月廿五日の宣命を棄去り、これを焼却せよ」と。[33]

道真は任地で没し、その後天満天神と号して庶人が信奉しているという実態を承け詔される。道真は醍醐天皇が幼少の頃から皇太子となり天皇に即位するまで長く近くで仕えてよく働いた。その後左遷され、遠い任地で没した。死後長い時間が経過したが忘れることがあろうか。左遷のとき解かれた本職を贈り官位を一階増し、ねんごろな気持ちを示し、霊魂を慰める。あわせて昌泰四年正月廿五日の左遷を命じた宣命を焼却せよ。このように詔が出された。

左遷が不当であったのか否かには直接は触れずに死後に左遷を取り消している。幼少から近くに仕えていようとも、もし左遷が正当ならば本職を贈り官位を贈る必要性はないし、また左遷が不当なものだとしても明確な謝罪はしていない。なんとも歯切れが悪い。こうした対応をしたがまだ事態は収拾されない。『扶桑略記』に延長五年十月の重明親王記が引用されている。

　是の月訛言甚だ多し。或は云く「故太宰菅帥の霊、夜旧宅に到り、息の大和守兼茂に雑事を語りて云く『朝廷応に大事有るべし。其の事応に大和国より起こるべし。汝須く好く慎みて其の事を行ふべし。自余の事甚だ多し云々。』但し他人これを聞くを得ず。彼の朝臣秘して他語せず」已上式部卿重明親王記に出づ(34)

　この月は根拠のない風説がはなはだ多かった。道真の霊魂がかつての邸宅にやってきて子の兼茂に語って、朝廷に大事が起こるなどと話したという。つまり重明親王記によると、朝廷が公式に認めたわけではないが、道真の霊魂があらわれたとまことしやかにささやかれていたようだ。そして朝廷はこのあとも道真に重ねて追贈している。正暦四年には朝廷により左大臣正一位が贈られる。『政事要略』に詔がある。

　　左大臣正一位を贈るの詔

詔すらく、「賢を裒《あつ》むるの義、始終に渝《かわ》ること无し。徳を尚ぶの規、已に存没を貫く。故右大臣贈正二位菅原朝臣、才は冊府に高く、効は廟堂に著し。九流を挹《く》みて以て儒津を渉る、三強に登り以て帝道を助く。戯れには、象岳の蹤、清塵を隔てて而雖《こ》れ廻る。牛山の涙、往事を想ひて猶新なり。朕宝暦を嗣膺し、祇《まさ》に璇図を奉り、旧を録するの仁を施し、以て追遠の典を原《かさ》ぬるを欲す。正一位左大臣を賜ふ可し。庶くは恩渙を北闕の震波より分たむ。将に寵光にて遐鎮の幽墓を照さむとす」と。遐邇に布告し、朕の意を知らしめよ。主者は施行せよ。

正暦四年五月廿日(35)

賢や徳を尊重するという原則は生前でも死後でも変わることのないものである。菅原道真は、書籍をひろく学んで朝廷で才能を発揮し、大臣となり政治をたすけた。朕は皇位と国土を継いだ。ねんごろに処遇するべく先例に基づいて正一位左大臣を贈り、内裏から遠くにある墓をいつくしみの光で照らそうと思う。詔の趣旨はこのようなものである。さらに半年ほどのちには最高の官職である太政大臣が追贈される。その詔は『政事要略』と『本朝文粋』にある。

詔すらく、「寵章は徳を表はし、錦篇載して長く伝ふ。縟礼は賢を旌し、素簡編みて朽ちず。故贈正一位左大臣菅原朝臣は、鍾石勲を銘し、旂常績を記し、塩梅を台鉉に和し、風雲を才峰に韜む。朕前に追栄を加え、徽烈を百代の後に照らす。今駿命を申して、霊魂を九泉の中に崇ぶ。呼嗟、馬鬣年探く、蒼煙の松老ゆと雖も、竜光暖を露し、紫泥の草再び新たなり。贈るに太政大臣を以てす。蓋し褒賁を増すの故なり。宜しく人臣の職を極め、式て泉壌の蹤を照すべし」と。天下に布告し、此の意を知らしめよ。主者は施行せよ。

正暦四年閏十月廿日(36)

官位官職や儀礼はその賢や徳をあらわし朽ちることはない。菅原道真は鐘や旗に功績がしるされ、大臣として政治をたすけ善くし、優れた才能を高位の内に包んでいた。朕は以前に官位官職を追贈して功績を百代の後にも照らしたが、今また重ねて命じ霊魂を墓地の中にあがめる。時の経過とともに古びるものもあるが、天皇の徳はあたたかさをあらわし、再びあらたになり太政大臣を贈る。人臣の職をきわめて墓所を照らすことにする。このような趣旨である。これも先ほどと同様に道真の才能の高さを称賛し追贈することを述べる。

これらの詔はなかば定型化された文章表現がなされているが、「徳を尚ぶの規、已に存没を貫く」という部分には、死者の受け止め方があらわれている。徳のあるものを尊ぶことは生前から死後まで貫くものだとして、生前との連続性のうえに死後が理解されている。すなわち追贈は生前の学識の高さや長年にわたって近くに仕えた功績を理由に行われる。祟りの原因が生前の官人としての処遇にあることも影響していると思われるが、「菅帥霊魂」「幽霊」を慰め祭るのに際して朝廷によりなされる死後の位置づけは、太政大臣などといった官人としての位置づけである。

道真を天神として祭る北野天満宮は多治比文子に託宣が下ったことにはじまり、また『道賢上人冥途記』など密教僧によるものが大きな役割を果たしたのであり、当初から朝廷が天神として祭ることを主導したわけではない(37)。これらの御霊信仰という民衆の宗教運動に影響されながらも、朝廷は死者を天神としてではなく、あくまで生前との連続性のうえでとらえている。保明親王の死が世間では「菅帥の霊魂、宿忿の為す所なり」とされ、朝廷でも少なからず影響を受けたと思われるが、追贈の理由として挙げられるのは祟りではなく生前の功績である。死後に怨霊や天満天神という生前とは異質なものとなり、それらに特有の事情が朝廷が行った追贈の理由なのではない。要するに死者は生前の功績と一体のものとして把握されており、生前と死後とは断絶しているという立場はとっていない(38)。この点は、同時代の臨時の山陵祭祀が死後に発生した祟りに対するものであることが宣命で明確にされているのと、対照的である(39)。

これに伴いもう一つ注目されるのは「旧意を示し以て幽霊を慰む」「追遠」「追栄を加う」「霊魂を崇む」といった死者への慰めの具体的内容である。それは「寵光にて遐鎮の幽墓を照さむ」「魂を九泉の中に崇ぶ」「泉壌の蹤を照す」である。「寵光にて遐鎮の幽墓を照さむ」とは、天皇の慈しみの光で遠く左遷された地の墓所を照らすということで、行為の直接の対象は埋葬された墓である。「泉壌の蹤を照す」もほぼ同様で、光で照らされるのはやはり墓である。「霊魂を九泉の中に崇ぶ」では「霊魂」が対象とされるのだがその場所は墓の中である。生前との連続性で死者を位置づけるとともに、直接の対象も生前との連続性を持つ遺体ないしその埋葬地となっている。遺体の埋葬される墓こそが死者の居場所であるとしている。

これが詔の文章表現にとどまるものではないことは、追贈の勅使により確認される。左大臣正一位を贈ったとき『帝王編年記』には、

正暦四年五月廿日、勅使菅原幹正朝臣を太宰府安楽寺に奉ぜらる。左大臣正一位を贈る。[40]

とある。道真の血縁者が勅使となり道真の埋葬されている太宰府の安楽寺へ赴いている。続く太政大臣の追贈にあたっても『江見左織氏所蔵文書』に、

正暦四年十二月、朝家使に菅原朝臣為理を差して、安楽寺に奉らせしむ。是れ霊廟に太政大臣を贈るなり。[41]

とあり、同じように安楽寺に勅使が送られている。この勅使が送られる安楽寺は「霊廟」とあるが、これは墓とは別に霊魂のみを祭っている場所ではなく、すでに示したように遺体が埋葬される場所である。

つまり朝廷が主体となり意図的に死者の霊へ接触をはかる場合、文章表現においてもまた実際の祭祀の具体的行為においても、一貫して遺体の埋葬されている墓を直接の対象としている。重明親王記にみられる風説のように、死者のほうからあらわれる時は霊魂だけかもしれないが、朝廷から働きかける場合は霊魂に直接働きかけるのではなく遺体のある墓でこそ働きかけられている。霊魂こそが死者の本質であると考えていたとしても、その場所はつねに遺体の埋葬される墓とされている。

5　外祖父母への追贈

祟りにより対応を迫られるのとはまた別に、死者を対象とする儀礼的行為が行われる場合として、天皇の父母や祖父母への追贈がある。光仁天皇が、天皇になることがなかった父に春日宮御宇天皇と追号するなどの例もあるが、ここでは臣下への追贈の例として仁明天皇の外祖父母への追贈をとりあげる。仁明天皇の母は橘嘉智子であり、その父は橘奈良麻呂の子の清友である。この橘清友への追贈の詔である。

詔して曰く、「盛徳沫むこと無く、必ず加等の栄を資る。徽烈惟れ照らかにして、聿に崇号の制を修む。故に宗を敬ひ祖を尊ぶは、義は曩篇に煥かにし、遠くを追ひ終りを飾りて、異代を隔てざらしむ。朕の外祖父従三位橘朝臣は、基は顕族より疏れ、首を高衢に驤ぐ。外祖母従三位田口氏は、彩を芝田に毓て、芳を蕙圃に騰ぐ。但し運謝に属び、已に閲川に従ふ。朕以みるに、菲薄にして洪業を丕承す。緬に既往を尋ぬるは、清渾の眇を想うなり。乃ち旧章を詢るに、縟礼を宣して貴有り。宜しく外祖父および外祖母並びに正一位を追贈すべし」と。橘朝臣の位記状に曰く、「地は貴戚に居り、爵は既に隆くして栄を加う。徳余芬を蘊ふるは、人謝すと雖も而して遠を追う。宜しく朝典を申ねて、式て泉扃を賁るべし」と。田口氏の位記状に曰く、「嘗て潜行を慶び、茲に婉嫟を誕にす。汾川行閲すれども、蘭郁は猶流る。旧章に欽若するに、睦親斯に在り。宜しく寵贈を崇くし、允に追栄を迪くべし」と。勅すらく、「山城国相楽郡弄山墓・河内国交野郡小山墓は、並びに宜しく守冢一烟を置くべし」と。[42]

多くの表現が典拠を持つもので、伊予親王や菅原道真への追贈の詔と似たものである。天皇の徳は盛大で尽きることがなく立派なものには光で照らす。祖先を敬い死後にも祭りが絶えないようにする。私の外祖父の橘清友は天皇から分かれた血筋で立派であった。ただめぐりあわせにより没し、すでに墓の中にある。私は拙いままに帝王の業を受け継いだが、過去を眺めると清濁の奥深さを思う。そこで古典や先例に従い厳かな礼をして尊ぶべく、外祖父および外祖母に正一位を追贈する。そして橘清友の位記状はつぎのようにする。天皇から分かれた血筋で、官位官職は高く徳に溢れていた。没した後もその美徳を追い思う。だから朝典にのっとり墓を飾る。外祖母の田口氏位記状はつぎのようにする。かつて善事はひそやかで、慎みぶかく、没した後もその余香はただよう。貴び慈しみ追栄する。内容はこのようなものである。ここでは外祖父母の業績を褒めたたえ追贈することが古典の言葉で飾り述べられるのだが、突出した具体的業績があるわけでもなく、祟りの言葉もない。天皇の外祖父母となったことが理由となり追贈されるにすぎない。

追贈は「遠くを追ひ終りを飾り」「縟礼を宣して貴有り」「泉扃を賁る」「追栄を迪く」など古典に倣った表現がなされる。遠くを追い終わりを飾るとか、厳かな礼を行うとか、栄えを追うなどは抽象的で、具体性にどのような行為なのかこれだけでは明確でない。そこで注目されるのはこのときに出された勅で、これによって具体的内容が知られる。勅では外祖父母の墓にそれぞれ「守冢一烟」を設置するとある。すなわち実際に行われたのは遺体の埋葬されている墓を保全することである。そしてこれらの墓は『延喜式』諸陵式に「加勢山墓　贈太政大臣正一位橘朝臣清友。仁明天皇の外祖父。山城国の相楽郡に在り。兆域は東西に四町、南北に六町。守戸は一烟」「小山墓　贈正一位田口氏。同天皇外祖母。河内国の交野郡に在り。兆域は東西に三町、南北に五町。守戸は二烟」とあり遠墓とされている。天皇に準じる扱いとなっていて一般的な死者とは言えないが、ここでも死者への接触はやはり墓に対して行われていることが確認される。

四　死者の扱いから導かれる死者観念

朝廷が主体となり例外的に行う死者を対象とする祭祀や追贈などについて考察してきた。これをふまえて、一般の官人の場合には死後に墓は作られず、ひとたび埋葬を終えると顧みられない理由についてあらためて考えてみる。

一般官人の場合は埋葬後に顧みられない理由について、これまでにおもに二つの見解が示されてきた。一つは埋葬された死体がつまるところ単なる物質であって、死者ではないからというもので、もう一つは一般の官人の場合は死者に霊威が感じられないからというものである。一つ目については、佐藤弘夫はつぎのように述べている。

残された肉体や骨は魂の抜け殻であり、魂の依り代とはみなされなかった（中略）古代において、埋葬地に運ばれた遺体が放置されたままふたたび顧みられることがなかった背景には、遺体をモノとみるこうした観念があったと推測される。(43)

死者とは端的に霊魂であり、遺体はその抜け殻であって祭るべき死者ではないという見解で、喪葬儀礼や廟祭から理解される唐での死者観念と基本的に同じである。一見したところ、一般に遺体が顧みられず埋葬地での祭祀も行われないことの説明となりうる見解のようである。

しかし、本節ではいくつかの事例から官人について、朝廷は遺体から完全に分離した霊魂を単独で祭ることはなく、死者を祭るときはその遺体を直接の対象としているという事実を明らかにした。すなわち早良親王が皇太弟であって天皇に準じる地位にあり、死後に当時の皇太子に祟りをなしたことで天皇号を追号され機内へ改葬され、ついに山陵祭祀の対象となったこと、祟りをなしたわけではないが天皇に準ずるであろう伊予親王等へ追贈が行われ、その墓が保守されたこと、死後に流刑を許された橘逸勢は帰葬することとされ、その娘に遺体を背負われて帰郷したこと、落雷の祟りをなし天神と見なされるにいたる菅原道真への追贈は、その遺体が埋葬されている安楽寺へ勅使により伝えられることなどから、遺体もしくはその延長である墓が働きかける行為の直接の対象として格別の意義を持っていたことが理解される。民衆の宗教的活動になかば押し切られて行われた神泉苑の御霊会では、死者の埋葬地ではない神泉苑という場所に一緒に座を設けて祟りをなす六人の霊魂を対象に祭祀が行われたが、朝廷が主体となって行う祭祀や贈位贈官はこれと異なり、常に遺体や遺体が埋葬されている墓が直接の対象とされる。

もし霊魂の有無が祭祀の有無に直結するならば、死後墓が祭られない期間がしばらくあった後ににわかに祭祀対象になる場合、死後霊魂が遺体からひとたび抜け出して飛び去りしばらくしてふたたび遺体に戻ったと考えるべきだが、そうした霊魂についての認識の変化は記されていないし、認識の変化を生じさせるであろう出来事もなく、さらに魂を呼び戻すような儀礼もしくは呪術的行為ももちろん確認できない。墓が祭られていないときと祭られるときのあいだに霊魂の有無の違いを見いだすことはできない。しばらく祭られていなかった墓をあらためて祭るとき、詔勅ではしばしばその行為を霊魂に向けたものと述べていることを考え合わせるなら、祭られていないあいだも墓には霊魂があると認識されていたとするべきである。死者の存在形態は、つまるところ常に遺体や墓であり霊魂と一体である。埋葬された遺体や墓を対象とする祭祀が一般に行われないのは、そこに霊魂がないことが理由なのではない。霊魂もそこにあると考えられているが祭らないのである。死体は霊魂の抜け出したあとに残される単なる物体にすぎないから埋葬後には顧みられないとする見解は、律令期の朝廷の認識としては成り立たない。

では一般官人が埋葬後に祭られない理由の二つ目としてあげられる、死者に霊威がないからという見解は妥当なのだろうか。田中久夫は、山陵祭祀が行われるが一般人が祭られないことを考察してつぎのように述べている。

陵墓祭祀が御霊思想と密接な関係があることを知ることができる。つまり、「威力ある霊」でない限り「墓」

を祭祀する風習がなかったということをここでは推定できる。

山陵祭祀が行われるのは被葬者の天皇に霊威があるからであり、一般人が埋葬後に祭られないのは霊威がないからという解釈である。

これに従えば、埋葬後に祭られないならばその死者には霊威がないとされたことを意味する。そうするとこの死者が祭られない期間をしばらく経てから祭られるようになるという事態は基本的にはあり得ず、もしあるとすれば霊威を増したことが了解されるような事態が生じた場合である。

しかし、これも本節でいくつかの事例によって示したように、祭られない期間をしばらく経てから具体的な霊威をあらわすこともなく祭られるようになる事例が複数ある。伊予親王と橘逸勢はのちに御霊会で怨霊として祭られることになるものの、追贈以前には祟りをなしたとする記述がなく(45)、祟りが追贈の理由とされてもいない。道真の例では、世間では祟りをなしたとしきりに囁かれるのだが、朝廷が祭祀するときは祟る者としてではなくあくまで臣下として捉えており、追贈の理由も生前の功績である。橘清友は死んですぐには祭られず、また祟りをなすこともないが、新たに即位した天皇の外祖父であることを理由に、埋葬から時間が経過した後に追贈され荷前儀礼の対象となる。それぞれに事情はあるが、いずれもしばらく祭られずにいて、あらためて霊威をあらわすことがないにもかかわらず祭られるようになる。

あらためて祭祀を行うにあたって祟りが不可欠な要素ならば、霊威が強いものが祭られるという解釈が可能だが、実際には祭られるようになる前に祟りをなして霊威を示した例はむしろ少数である。霊威があれば必ず祭り、霊威が祭祀の十分条件であったとしても、霊威が祭祀の不可欠な要因すなわち必要条件なのではない。霊威がなくても祭られる者があり、また祭られない者もいる。霊威がないことが一般に死者が祭られないことの根拠にはならない。

つまり、祭られない理由についてのこれまでの見解は、いずれも十分に事態を説明できていない。死体は単なる物体としては扱われず霊魂と一体のものと見なされているのだから、むしろ祭るならばこれこそが対象とされるべきである。また霊威があらわれることなしにそれまで祭られていなかった者が祭られており、霊威の有無は祭祀の有無と直接は関係がない。祭られないでいる一般の官人も、祭られたとしてもおかしくない条件を満たしていながら祭られないのである。

もう一つあわせて考えねばならないことがある。それは死者の祭祀や儀礼は生前との連続性において行われていることである。橘逸勢の帰葬も官人としての処遇の問題であり、生前に流刑を許されたことと同様の意味を持っている。菅原道真にもあえて生前との連続性によって追贈していて、死後にはじめて生じる祟りを追贈の直接の理由とはしていない。橘清友の追贈の理由は外祖父になったことで、これも存命であっても起こりうることである。例外的に死者が祭られる事例では、いずれも死者を生前の延長として捉えられているのであって、生前とは明確に性質が変化した死者として儀礼の対象とするのではない。死者は生前との連続性において把握されている。中国では肉体のある生前と異質な魂魄だけの状態こそ死者であるとしてこれを特有の儀礼の対象としたが、日本ではこれと大きく異なっていて、多くの場合生前との連続性によって儀礼の対象としている。

言い換えれば、生前の延長としての死者ではなく生前との断絶を経た者としての死者は、儀礼に代表される朝廷や貴族の社会関係において存在していない。唐に倣い文化や制度の整備を進める時代にあるこうした状態を、これまでは不十分な状態とか欠落として捉えたうえで理解しようとすることが多かったが、むしろ意図的に作られた仕組みの完成された状態であったと捉えるべきなのである。

こうした状況は死者と生者および社会との関係についての観念により根底が支えられていたと考えられる。それは死者とは社会関係を構成しない者とする観念である。人が死ぬとは社会の構成者ではなくなることであり、生者の構築する社会連関から分離されることである。死者とは生きている人々がかかわりあいを断つべき存在である。死者自体の社会的性質としてそもそも関係を否定するものであった。死者は過去に生きて社会を構成していた存在として認識され、社会を現在構成している存在とは認識されていない。死者とはこのような存在と認識されていたと考えられる。だからこそ埋葬までは官人としてその身分に応じて儀礼を行うと定められていながら、埋葬が完了するとその後は顧みられない。一般的官人の場合、喪葬令で定めるところの墓がつくられることもなく当然祭られることもない(46)。天皇は特殊な存在で唐の制度をより直接的に導入したため、こうした一般の死者とは異なり儀礼の対象となったのであり、これこそがむしろ例外的な扱いであった。

最後にこうした死者の社会からの分離は、死とは穢れであるとする観念に由来するのではないことは明確にしておく。第二章第一節で論じたように『延喜式』で規定される穢れの筆頭とされる「人死」が、その内容として第一に想定されるのは喪葬儀礼である。のちに道に捨て置かれたり犬がくわえて家に持ち込んだりする遺体やその一部分もこれに該当するものとされるようになるが、いずれの場合でも埋葬を終えてしまえばそれらは穢れとはされないし、またそこから穢れが伝染することもない。したがって埋葬された死者との儀礼などによる接触により、穢れの問題が発生することはありえない。死者が社会連関から除かれ外に追いやられることが、穢れを理由とすることはありえない。

五　小結

本節では律令期の朝廷で一般的な死者がどのように理解されていたのかを明らかにするべく、朝廷が主体となって行われた死者を対象とする儀礼およびそれに類するものを考察した。

律令期には一般的な官人の場合、死後も碑文を備えた墓は造営されず、埋葬後もこれを対象とする恒例の儀礼は行われない。儀礼的行為が行われるのは特殊な場合だけである。

朝廷が死者へ接触をはかるときは常に墓（喪葬令の定める所に該当しないものを含む）を直接の対象としていて、遺体の埋葬される墓とは別に霊魂のみを直接の対象にすることはない。民衆の宗教的活動に主導され朝廷が取り込んで行った御霊会では座を設け霊魂を直接の対象としているが、民衆の宗教的活動とは別に行われる場合には常に遺体やこれが埋葬されている墓で死者への接触がはかられる。皇位に関する政変にかかわったとして流罪となるも死後に許される場合、祟りをなしたためにこれを収めるべく謝罪が行われる場合、子孫が皇位についたために追贈される場合など、死者を対象とする行為がなされる事情はさまざまであるが、直接の対象は常に墓であり、場合によっては遠くで一度埋葬された死体を帰葬させ、あらためてこれを儀礼の対象とする。墓とは異なる場所で接触をはかることはない。霊魂こそが死者の本質と想定されるとしても、霊魂は単独で存在しているのではなく常に死体と一体であると観念されていた。

　喪葬令からも理解されるように、日本では制度としては一般に死体や墓は儀礼の対象とされないのだが、このとき死体こそが死者の本体でありコミュニケーションの対象と観念され、霊魂こそが死者であって死体はその抜け殻の単なる物体という認識はなかった。ここから導き出されるのは、社会とは生きている人の関係で成り立つものであり、死者はその外部にこそあるべきものとする観念である。子孫が帝位に着くなどして地位が変化するとすぐにその墓を対象に儀礼が行われるようになるのだから、一般官人は埋葬後に非存在になるわけでもなく、また儀礼対象にできないわけでもない。死者は社会連関の途切れた外側に存在するものとされ、しかしながら消滅することなく潜在的な祭祀対象としてたしかに存在し続けていると観念されていたのである。

註

（1）記紀神話の研究の一部で言及されたり、民俗学において起原として記紀神話や大化薄葬令に言及しているものがあるが、律令制における死者観念として論じたものは少ない。

（2）なお密接に関連するものに御霊信仰や御霊会があるが、

れば朝廷の主導によるものというよりはむしろ民衆に主導されるものなので本書では中心的には扱わない。これが朝廷で扱われるかぎりで言及するにとどめる。御霊信仰については、柴田実『御霊信仰』（雄山閣、二〇〇三年〈初刊一九八四年〉）、真壁俊信『天神縁起の基礎的研究』（続群書類従完成会、一九九九年）、村山修一『天神御霊信仰』（塙書房、一九九六年）、河音能平『天神信仰の成立――日本における古代から中世への移行』（塙書房、二〇〇三年）などに詳しい。

『律令』は日本思想大系、『日本書紀』は日本古典文学大系、『日本後紀』『延喜式』は訳注日本史料、『日本三代実録』『続日本後紀』『日本文徳実録』は佐伯有義校訂標注『増補六国史』（朝日新聞社）、『日本紀略』『帝王編年記』『扶桑略記』『政事要略』は新訂増補国史大系、『本朝文粋』は新日本古典文学大系、『九暦』『御堂関白記』は大日本古記録、仁井田陞（池田温他編）『唐令拾遺補 附唐日両令対照一覧』（東京大学出版会、一九九七年）、『大唐開元礼』（汲古書院、一九七二年）、『唐会要』（上海古籍出版社、一九九一年）を用いた。

（3）墓での祭祀は『礼記』などの古典にはないものの唐では制度化される。『唐会要』巻二十三、武成王廟、寒食拝掃「開元二十年四月制して曰く、「寒食上墓の礼は経に文無し。近代相伝へ、浸して以て俗を成す。士庶の合さに廟享すべからざる有り。何を以てか用ひて孝思を展べむ。宜しく上墓を許し拝掃と同じくすべし。塋の南門の外において礼せよ。奠祭饌訖らば、泣辞す。食して余る饌は他処に任ず。楽を作すを得ず。仍て五礼に編入し永く恒式と為せ」」。

（4）『唐令拾遺補』仮寧令第二十九、二条（原漢文。以下同）。『大開元礼』巻第三、序例下、雑制にも同文あり。

（5）『律令』巻第九、仮寧令第二十五、二条（原漢文。書き下しは日本思想大系によった。以下同）。

（6）『律令』巻第九、喪葬令第二十六、十条および十二条。

（7）令の定めるところの「墓」は、埋葬場所を意味する墓と同一のものではないことには注意が必要である。ただ身分より天皇は「陵」、官人は「墓」と区別されるが、「墓」の造営が許されない者の埋葬場所の呼称が示されていないことにも注意したい。すなわち「墓」を許されない者の埋葬地は呼称が必要とは考えられないものであったとも推測できる。

（8）田中久夫「平安貴族の葬制――特に十一世紀を中心として」（上井久義編『葬送墓制研究集成五 墓の歴史』名著出版、一九七九年。初出は『近畿民俗』四三、一九六七年八月）。

（9）『日本書紀』巻第二十五・孝徳天皇、大化二年三月廿二日条（原漢文。書き下しは日本古典文学大系によった。以下同）。

（10）『唐令拾遺補』喪葬令第三十三、十八条。『大開元礼』巻第三、序例下、雑制にもほぼ同文あり。

（11）『九暦』承平六年九月二十一日条（原漢文）。

（12）『本朝文粋』巻十二、願文上、江匡衡「左大臣の為に浄妙寺を供養する願文」（原漢文）。

（13）『御堂関白記』寛弘二年十月九日条（原漢文）。

（14）『三代実録』巻第七・清和天皇、貞観五年五月廿日条（原漢文。以下同）。

（15）『日本後紀』巻第十二・桓武天皇、延暦廿四年四月五日条「諸国をして、崇道天皇の為に小倉を建て、正税□束を納め奉らしむ。幷に国忌及に奉幣の例に預かり、怨霊に謝するなり」（原漢文。書き下しは訳注日本史料によった。以下同）。
（16）『日本後紀』巻第十二・桓武天皇、延暦廿四年四月十一日条。
（17）『三代実録』巻第一・清和天皇、天安二年十二月九日条。その陵域については『日本後紀』巻第十六・平城天皇、大同二年八月十四日条に「大和・山城二国、八嶋（崇道）・河上（平城后藤原氏）・柏原（桓武）等の山陵の兆域を定む。陵の四至、各其の限有り。其の百姓の田幷に地、八嶋・河上の二陵の界内に在らば、乗田を以て之を賜う。但し地は、估に准じて直を賜ふ」と見える。八嶋山陵は『延喜式』巻第二十一、諸陵式、七条にも遠陵として記載されている。
（18）『日本後紀』巻第十七・平城天皇、大同三年十月十九日条には「伊予親王罪無くして廃せらる。上の盛怒に当りて、群臣敢へて諫むる者莫し。兄雄辞を抗《きわ》めて固く争ふ。得ること能はずと雖も、論ずる者之を義とす」と、伊予親王は無罪で廃位されたのだが、平城天皇が激昂していたため群臣は諫めず、ただ兄雄はあえて意見したとしている。
（19）『日本後紀』巻第十九・嵯峨天皇、弘仁元年七月廿七日条。
（20）『日本後紀』巻第二十七・嵯峨天皇、弘仁十年三月廿一日条。これを受け淳和天皇が即位した時には、『日本後紀』巻第三十一・淳和天皇、弘仁十四年七月十五日条「故三品中務卿伊予親王・故従三位夫人藤原朝臣吉子を、位号に復せしむ。帳内・資人もまた法に依りて行ふ」と、帳内資人も法に従ってもとの通りとなる。
（21）『続日本後紀』巻第八・仁明天皇、承和六年九月五日条（原漢文。以下同）。
（22）『続日本後紀』巻第十二・仁明天皇、承和九年七月十七日条「是の日、春宮坊帯刀伴健岑・但馬権守従五位下橘朝臣逸勢等の謀反の事発覚す。六衛府をして宮門幷内裏を固く守らしむ。右近衛少将従五位上藤原朝臣富士麻呂・右馬助従五位下佐伯宿禰宮成を遣し、勇敢なる近衛等を率ひて、各健岑・逸勢の私廬を囲み其身を捕獲せしむ」。
（23）『続日本後紀』巻第十二・仁明天皇、承和九年七月廿三日条。
（24）『続日本後紀』巻第十二・仁明天皇、承和九年七月廿四日条「皇太子を廃し剣四口袋に納め、勅使右近衛少将藤原朝臣富士麻呂に付して蔵人所に進む。（二口は珠縄袋に納め、二口は帛袋に納む。）勅して参議正四位下勲六等朝野宿禰鹿取等を嵯峨山陵に遣す。皇太子を廃するの状を告げて曰く「天皇が御命に坐、挂畏山陵に申賜へと奏く。比者、東宮帯刀舎人伴健岑と橘朝臣逸勢と、挟懐悪心て、謀傾国家けり。挂畏山陵の厚顧に依て其事発覚れぬ。捜求事迹、事縁皇太子。因茲食国法随に、皇太子位停退る状を、恐み恐も申賜くと申。」といへり」。
（25）『続日本後紀』巻第十二・仁明天皇、承和九年七月廿八日条。
（26）橘逸勢についての伝記および埋葬地などについては、夏日陸文化構造の研究」上・中・下（『綜合郷土研究所紀要』一一～一三輯、一九六五～六七年）に詳しい。

(27)『文徳実録』巻第一・文徳天皇、嘉祥三年五月十五日条（原漢文。以下同）。

(28) のちに『文徳実録』巻第五・文徳天皇、仁寿三年五月廿五日条に「加へて正五位下橘朝臣逸勢に従四位下を贈る」とあり、さらに追贈されるが、ここでも「霊」や「魂」といった語は見られない。

(29)『日本紀略』後篇一・醍醐天皇、延喜元年正月二五日条（原漢文。以下同）。

(30)『帝王編年記』巻第十五・醍醐天皇、延喜三年二月二十五日条（原漢文。以下同）。

(31)『日本紀略』後篇一・醍醐天皇、延長元年三月二十一日条。

(32)『日本紀略』後篇一・醍醐天皇、延長元年年四月二十日条。

(33)『政事要略』巻二十二、年中行事二十二、八月上、四日北野天神会事（原漢文。以下同）。ここでは没年を延喜四年としているが三年誤りと思われる。同様の本位回復の例は『続日本紀』延暦二年七月三十日条に「詔して曰く「庸に疇ひ功を叙することは旧典に彰れ、過を赦し罪を宥すことは前経より著る。故大宰帥正二位藤原朝臣魚名は、乃祖乃父より世に茂功を著す。或は忠義を尽して君に事へ、或は風猷を宣べて時に伏す。言に此を念ひて懐に忘るること無し。今故に贈るに本官を以てし、其の先功に酬ゆ。宜しく去りぬ延暦元年六月十四日に下せる所の詔勅官符等の類は悉皆焼却すべし」とのたまふ」とある。

(34)『扶桑略記』第二十四・醍醐天皇下、延長五年十月（原漢文）。

(35)『政事要略』巻二十二、年中行事二十二、八月上、四日北野天神会事。

(36) 同前、『本朝文粋』巻二、詔、巨為時「故菅左大臣に太政大臣を贈る記」。

(37) 天神信仰の成立や展開については、真壁俊信『天神縁起の基礎的研究』、村山修一『天神御霊信仰』、河音能平『天神信仰の成立』など。

(38)『続日本後紀』巻第九・仁明天皇、承和七年五月六日条の淳和上皇の遺詔では、生前と死後は断絶し、豪華な儀礼は生前には意味があっても死後には有益ではないとしている。

(39)『続日本後紀』巻第十・仁明天皇、承和八年十月廿九日条、『続日本後紀』巻第十四・仁明天皇、嘉祥三年三月十四日条、『文徳実録』巻第十二・文徳天皇、天安二年三月十二日条などの宣命では「卜求れは、掛畏き御陵為祟賜へりと申り」など、山陵の祟りに対して祭祀が行われることが明示される。本章第一節を参照。

(40)『帝王編年記』巻第十七・一条天皇、正暦四年五月廿日条。

(41)『大日本史料』所引『江見左織氏所蔵文書』正暦四年十二月。

(42)『続日本後紀』巻第一・仁明天皇、天長十年三月廿八日条。

(43) 佐藤弘夫『死者のゆくえ』(岩田書院、二〇〇八年)二〇七頁。

(44) 田中久夫『祖先祭祀の研究』(弘文堂、一九七八年)三三頁。

(45) 西山良平「御霊信仰論」(『岩波講座日本通史五 古代四』岩波書店、一九九五年)で、仁寿三年二月以降の疱瘡の流行が同年五月の橘逸勢への従四位下の追贈の有力な原因とし、これを疫病流行の祟りのはじめとしている。

(46) ちなみに死者は朝廷の社会連関の外にあるべきとする認識は、天皇や一族の始祖が例外的に祭られることを整合性をもって説明する。官人の朝廷での地位を規定する原型とも言えるのは、記紀神話などで述べられている氏族の始祖である。その時々の官人の地位を規定するものとして一族の始祖は朝廷を間接的に構成している。つまり始祖は常にその時々の朝廷を構成しているから墓がつくられると考えることができる。これに対し、この時代には父子関係の連鎖としての家はいまだ成立していないこともあり、一般の官人はその後裔の地位を規定せず間接的にであっても朝廷を構成しない。死を迎え官人の役目を果たさなくなると朝廷の構成者ではなくなる。だから律令の定めるところの墓も造らず祭祀も行わない。

第五章　仏教説話にみる律令期のもう一つの死の理解

第一節　輪廻観念の解体と因果の及ぶ限界――『日本霊異記』の化牛説話を中心にして

一　はじめに

前章で、律令期の朝廷での死者観念について考察した。埋葬後の天皇を対象とする恒例儀礼として山陵祭祀が行われており、埋葬後の一般官人を対象とするは儀礼は制度としてはなかったが、祟りなどの事情により儀礼が行われることがあった。これらの儀礼的行為の根底にあるのは、死者とは霊魂と一体の死体であるとする認識であった。儀礼を整備するにあたって手本とされた唐の儀礼の根底にある、死とは身体と霊魂が分離することであり死者とはそのうち霊魂であるとする認識は、そのままでは受容されていなかった。

ところでこの時代には、仏教に由来する別の死者理解も一定のひろがりを見せていた。それは仏教の専門家ではなく仏教の理論や思想もいまだ学んでいない人々を念頭にした仏教説話に描かれている。朝廷が儒教に由来する儀礼を公式に行っている一方で、朝廷を構成する人々は仏教説話を目にしその死者理解にも馴染んでいった。この時代には独立して単独で行える仏教固有の喪葬儀礼がいまだ整備されていないこともあって、朝廷や官人等にそうした死者の理解が全面的に取り入れられるにはいたっていないが、摂関期になるとそれらの仏教的死者理解の延長線上に浄土教がひろまり、それまでの儒教的葬送儀礼にかわって浄土教の儀礼がひろく行われるようになる。

本章では、死後や死者などにかかわる仏教説話を取り上げ、いまだ朝廷で支配的ではないが浸透しつつあり、来るべき貴族的浄土教の基礎となる、仏教に由来する死にかかわる認識について考察する。仏教説話は仏教をひろめることを目的として人々に身近で理解しやすいと思われる具体的事例をとりあげるため、経典にある思想や観念がそのまま描かれるのではなく、さまざまな点で変容している。そうした変容を伴い描かれた死後についての認識を考察する。

まず本節では日本に現存する説話集の中でもっとも古いものとされる『日本霊異記』を取り上げる。この説話集は六道輪廻観を前提とする『冥報記』などの唐の先行文献を受けて成立したとされるのだが、その受容において六道輪廻観が実質的に解体されて「現在世の説話へと変容した」(1)ことを、化牛説話という六道輪廻観を前提としてこそ構成されるはずの説話の考察を通して示す(2)。

二　『霊異記』の化牛説話の特徴

化牛説話は説話の代表的類型の一つであり、因果応報もしくは業報思想を基底として、現世で悪業を働いた結果として来世で牛に生まれ変わってしまうことを中心にした説話である。多くの場合、牛に転生したのち、経緯により悪業や罪が許され牛として使役される一生が終わり、畜生道よりも苦が少なく楽の多い人道や天道に生まれ変わることまで描かれる。六道輪廻を前提とすることで成り立つ説話である。説かれる因果は三世にわたり、死は転生の契機として働き、死後にはあらたな生が続く。これらの説話では、現世の終わりの死は受報の契機である。

『諸経要集』および『法苑珠林』に引用され、『霊異記』への影響も指摘される『出曜経』の説話にはつぎのものがある(3)。

昔罽賓国中に兄弟二人有り。其の兄は出家し阿羅漢を得。弟は家中に在りて治め修めて業に居す。時に兄数しば来りて教誨す。弟に布施・持戒し、善を修し福を作らむことを勧む。(中略)兄の教を用ず。後に病して命終す。生るること牛中に在りて人の駆する所と為る。(中略)是の時、牛主即ち牛に語りて曰く「吾今汝を放ち復び役使せず。」牛聞きて感激し至心に念仏す。自ら深き澗に投じ即便ち命終す。天上に生るるを得て極快の楽を受く。是の因縁を以てなり。(4)

罽賓国のある兄弟の話である。兄は出家し阿羅漢となり、弟は家にいて生業をしていた。兄はしばしば弟に仏法を説き、布施をし戒律を守り、善を行い福をなすように勧めたが、弟はこれに従わず、後に病死して、牛に生まれ変わり人に使役された。その後、牛が何者であるのか明らかになると、飼い主はこの牛に対して解放しても う使役しないと語った。牛となった弟は感激して念仏を唱えみずから深い谷に身を投げ死んだ。そして天上に生まれ変わり快楽を享受したという話である。

前半部分では仏法を軽んじさらに負債を返済しないで死ぬと牛に生まれ変わり使役される苦を味わい、これに対応して後半部分では牛の身から解放され天上に生まれて楽を受ける。生前の悪業により死後に牛となり、また善業をするならば天に生まれるといったように、それまでの行いによって死後の転生先が決まる。死そのものに救済や苦からの解放の意味はなく、死後に天上に転生することで苦から解放されたことが示される。もしも牛の生涯のつぎに地獄に転生すればさらなる苦しみを受けることになるのだから、天や人に転生したことを描かなければ救済されたことは示せない。ここでは死それ自体は悪いことでもよいことでもなく、転生の契機でしかない。

もう一つ、『譬喩経』を引用した『経律異相』の話でも同様である。

昔大迦羅越、銭を出だすを業と為すに、二人の銭一万を挙ぐる有り。時に至り之を還す。後日二人復び相ひ謂ひて言く、『我が曹、更に各おの十万を挙げ、後ち之を還さざらむ。』牛の繋ぎて籬裏に在る有り。二人に語りて言く、『我、先世の時に主人の一千銭を負ひて債を還さざるに坐し、三反にも牛と作るも猶故は了らず。況むや君の十万を取らむと欲する罪、畢る時無し。』二人驚き怪しむ。天の已に暁くるに会ひ、主人出ず。二人牛の語を説く。主人即便ち放ちて群中に著し復び取りて用ゐず。呪願すらく『此の牛、自今已後、復び此の畜生身を受くること莫かれ。若し余銭有らば一に以て布施せむ。』牛、後命過ぎ、人中に生るるを得たり。(5)

大迦羅越で二人のものが銭一万を借金し期日に返済した。後日二人は各々銭十万を借りて踏み倒そうと語りあっていると、近くにいた牛がこれを聞いて語った。自分は前世に主人が銭千を借りて返済しなかった罪により、三度牛となって働いてもまだ返し終わらない。まして十万も借りたまま返さない罪の償いは永遠に終わらないだろう。このように語ったのを聞いて驚き、その主人に知らせた。主人はこの牛を解放し、二度と使役せず、畜生に二度と転生しないように祈った。するとこの牛は死後人間に生まれ変わることができた。このような話である。

ここでも『出曜経』の説話と同じく、はじめ悪業により牛の身となり、その後債務を許され解放されて死後に人に生まれ変わったとされる。三度も牛に生まれ償いをするのだから、牛の一生が終わって死を迎えることが必ずしもそのまま牛の身からの解放を意味するのではないことが、より明確に示されている。牛の身の苦しみから解放されたことは、因果の力が三世にわたりたしかに働いていることを説く場合、天上や人に転生することでこそ示される。死後にはつぎの生すなわち来世があるという前提があり、因果がたしかにあることを説くために、来世がどのようになったのか関心をもって語られる。(6)

一方『霊異記』ではこれらと異なり、語られるのはあくまで現世であって死後というものは語られない。例えば、上巻第十「子の物を偸み用ゐ、牛と作りて役はれ、異しき表を示す縁」である。

大和の国添の上の郡山村の中の里に、昔椋の家長の公と云ふもの有り。十二月に当りて、方広経に依りて先の罪を懺いむと欲ふ。(中略)其の使、願に随ひて、路行く一の僧を請け得て家に帰りつ。家主、信心し供養す。(中略)唯一つの牛有り、家の倉の下に立てり。僧、牛の辺に進むに、語りて言はく「吾は此の家長の父なり。吾先の世に人に与へむと欲ふが為に子に告げずして稲十束を取れり。所以に今牛の身を受けて先の債を償ふなり。(中略)其の事の虚実を知らむと欲はば、我が為に人の座を設けよ。我当に上り居るべし。其の父と知るべし」といふ。(中略)然して後に親族を召し集めて、具に先の事を陳ぶ。檀越即ち悲の心を起して、牛の辺に就きて、藁を敷きて、白して言はく「実に吾が父ならば、此の座に就け」といふ。牛、膝を屈めて座上に臥す。諸親声を出して大きに啼泣きて言はく「実に父なり」といふ。便ち起ち礼拝して、牛に白して言はく「先時に用ゐし所は、今咸く免し奉らむ」といふ。牛聞きて、涙を流して大息す。即日の申の時に命終わる。然して後に、覆ひし被と財物とを以て其の師に施し、更に其の父の為に、広く功徳を修む。因果の理、豈信《う》けざらむや。

話の前半部分は因果の法則によって牛へと姿を変えられたというもので、先に示した『諸経要集』に引用される『出曜経』の話などと同様である。家で使役されている牛が実はその家の主人の父であり、かつて稲を無断で取ったために牛となってしまったという顚末を、仏事を行うために呼ばれてきた僧に告白し明らかにする。違いがあるのは、この生まれ変わった牛が死ぬ部分である。牛が父の生まれ変わりであることが明らかになり、その生前の債務について主人はすべて許す。すると父の生まれ変わりである牛は涙を流し嘆息し、その日のうちに命を終えたのである。ここでも負債はたしかに免除されている。牛に生まれ変わる因である負債がなくなったことは、子である主人の「今咸く免し奉らむ」という発言から明らかである。因果応報の原理によれば、因業がなくなったのだから果報である使役される苦に満ちた牛からも解放されるはずである。先行文献ではこのことが天上や人に生まれ変わることで示されるのだが、ここでは死後どこに転生したのかについては言及されない。この死とは、その後が語られない死であり、転生の契機としては機能していない。果報があらわれるのは死後の転生先ではなく「即日」であり、しいていえば死そのものが果報ということになるだろう。先行文献の死とは意味が異なる。(7)

中巻第一五「法華経を写し奉り、供養することに因りて、母の女牛と作る因を顕す縁」でも同様である。

高橋連東人は、伊賀の国山田の郡咲代の里の人なり。大きに富み財に饒なり。母の奉為に法華経を写して、盟ひて曰はく「我が願に有縁の師を請けて済度せられむことを欲ふ」といふ。（中略）其の使願に随ひて門を出で、試みに同じ郡の御谷の里に往き至り、見れば乞者有り。（中略）使見て起し礼し、勧請して家に帰る。願主見て、信心敬礼し、一日一夜、家の内に隠し居き、頓に法服を作りて、施し奉る。（中略）彼の夜請けし師、夢に見る。赤き牸来り至り、告げて言はく「我は、此の家長の公の母なり、是の家の牛の中に赤き牝牛有り、其の児は吾なり。我、昔先の世に、子の物を偸み用ゐ、所以に今牛の身を受けて、其の債を償ふ。明日我が為に大乗を説かむとする師なるが故に、貴びて慇に告げ知らすなり。虚実を知らむと欲はば、説法の堂の裏に、我が為に座を敷け。我当に上り居るべし」といふ。請けし師、夢より驚き醒めて、（中略）具に夢の状を陳ぶ。檀主聞き起ち、座を敷きて牝を喚べば、牝、座に伏す。是に檀主大きに哭きて言はく「実に我が母なり。我曽て知らず。今我、免し奉らむ」といふ。牛聞きて大息す。法事訖はりて後、其の牛即と死ぬ。法会の衆、悉く皆号び哭き、堂庭に響く。往古より已後、斯の奇しきに過ぎたるは莫し。更に其の母の為に、重ねて功徳を修しき。諒に知る、願主母の恩を顧みて、至深に信けしと、乞者の神呪を誦して、功を積みし験なることを。

あらすじはこうである。伊賀国山田郡に高橋東人という裕福な人がいた。母の供養のために法華経を写経し、僧の格好をして酒に酔って横になっている乞食を有縁の師として家に招いた。この乞食は夢を見た。赤い雌牛がやって来て「私はこの家の主の母で、前世に子の物を盗んだから今は家の赤い雌牛となっている。お堂の中に席を敷いてくれたらそこに上がりましょう」という夢である。そこでこのことを主人に話し、席を設け雌牛を連れてくるとそこへ座った。主人は泣き、自分の母だと認め前世で物をとったことを許すと、この牛はため息をつき、すぐに死んだ。

これも先ほどの説話とほとんど同じである。前世の罪により牛の身となり使役されていたところ、そこに居合わせた人にことの次第を夢で告げ、牛がたしかに主人の親であることが判明し、前世の罪が許される。注目すべきはまず「今我、免し奉らむ」と、物をとられた主人が明確に前世の罪を許したことである。このことにより牛の身からの解放が予測され、実際「法事訖はりて後、其の牛即と死ぬ」となる。やはりここでも牛の身のさらに来世についてはなにも語られない。死後に人や天に生まれ変わることもなく、牛の身で幸福を得るような報いもない。となれば罪を許されて死ぬことこそが、牛という使役される苦の状態からの解放を表現していると考えるべきであろう(8)。

このように『霊異記』は六道輪廻を前提にしている化牛説話を先行文献より受容しているのだが、そこには明確な特徴がある。悪業により牛へと転生することは描かれるが、この牛から解放され天や人へ転生することはない。死をまたぐ因果応報すなわち生報は、一度は人から牛への転生として描かれるにもかかわらず、この牛から解放され天や人へと転生する部分は描かれない。つまり生報が一回目だけ描かれ、二度目は描かれないという特徴が『霊異記』にはある。六道での輪廻転生を前提に、人から牛への転生と牛から天もしくは人への転生という二つの生報によって、因果が三世にわたり例外なくあることを示す先行の説話とは異なる。

三　『霊異記』編纂の意図

ここで『霊異記』がどのような意図の元に編纂されたのか、とくに先行文献とどのような差違があるのかを理解しておく必要があるだろう。先行文献の一つの『冥報記』の序文はつぎのように説く。

釈氏の説教は因果に非ざる無し。因あれば即ち是れ果を作る。即ち是れ報なり。一つとして法にして因に非ざる無し。一つとして因ありて報あらざる無し。然して其の報を説くに亦た三種有り。一は現報なり。此身の中に於て善悪の業を作り、即ち此身に於て報を受く者なり。皆現報と名づく。二は生報なり。此の身、業を作る。即ちには之を受けず、業の善悪に随ひ、諸道に生まるを謂ふ。皆生報と名づく。三は後報なり。過去身、善悪の業を作り、能く果報を得るに応に多身に受くを謂ふ。是を以て現在業を作り、未だ便ち報を受けず、或は次後・後生に受け、或は五生・十生して方に始めて之を受く。是れ皆後報と名づく。此の三報に於て、一切法を摂り、尽さざる所無し(9)。

因果応報という原理はあまねく働いていて、因のない果も、果のない因もない。悪事を働けばあるいは現世で報いを受け、また生まれ変わった後生が地獄や畜生になるなどの報いがあらわれ、もしくは後生をまたいでさらにあとの生で報いを受ける。いつ報いがおとずれるかによって現報、生報、後報に分類されるが、いずれにしても報いは必ず受けるのであり、因果応報の原理から逃れることはできない。『霊異記』が準えた『冥報記』で説かれているのはこのような過去・現在・未来の三世にわたる因果応報である。

六道輪廻を前提にして因果応報が普遍的であることを述べるならば、もしも果を現世で受けないならば、死後が説明されるはずである。『冥報記』は、人が悪業により牛に生まれ変わり、贖罪の行いにより牛であることから解放され人や天に生まれ変わった話に代表されるように、多くの話の終わりは生まれ変わったつぎのあらたな生に言及して結ばれる。現報がないときには、死後どこに転生したのかを述べなければ、因果応報が普遍的であることを説くことにならない。因果応報の原理が普遍的で例外はないと説くならば、死後は明確に述べられるはずである。[10]

『霊異記』は『冥報記』などを受け継ぎ、因果は例外なくどこにでも働いていることを説くことを目的としているが、そのまま全面的に受け継いでいるわけではない。序の部分がこのことを示している。

> 善悪の報は影の形に随ふが如く、苦薬の響ハ谷の音に応ふるが如し。（中略）善悪の状を呈すに匪ずは、何を以てか、曲執を直して是非を定めむ。因果の報を示すに匪ずは、何に由りてか、悪心を改めて善道を修めむ。（中略）故に、聊か側ニ聞くこと注し、号けて日本国現報善悪霊異記と曰ひ、上中下の三巻を作して季の葉に流ふ。[11]

『霊異記』は、因果応報という原理がどこにでも必ずあるのだということを理解させ、仏教の価値観で悪とされる心を改めさせ、善い行いに努めさせることを意図し、日本での事例を集めたのである。

『冥報記』と異なる特徴は、『日本国現報善悪霊異記』の名称が端的に表している。すなわち『霊異記』では生報や後報ではなくもっぱら現報が示され、死をまたぐ因果応報は述べていない。説話の多くは「嗚呼、現報甚だ近し」「現報甚だ近し。因果信く応し」「現報遠くあら不、豈信け不らむや」などと結ばれ、[12]現世での行いに対する報いは、同じ現世のなかですぐに受けるのだと、因果応報を説くにあたって強調している。『冥報記』が三世にわたる因果を説くのに対して『霊異記』は現世をもっぱらに説くので、[13]輪廻観念は前面にあらわれることはない。

これが『霊異記』と『冥報記』の最大の違いである。六道輪廻観を継承しながらも、関心は現世に収束し、現世こそ因果応報の繰りひろげられる場として位置づけなおしているのだ。

このことがもっとも端的にあらわれているのは中巻第十「常に鳥の卵を食いて、現に悪死の報を得る縁」である。

> 和泉の国和泉の郡下痛脚の村に、一の中男有り、姓名未だ詳ならず。天年邪見にして、因果を信けず、常に鳥の卵を求めて、煮て食ふを業とす。天平勝宝六年甲午の春三月、知らぬ兵士来り、中男に告げて言はく「国の司召す」といふ。（中略）即ち副ひて共に往き、纔郡内の山直の里に至りて、麦畠に押し入る。畠一町余、麦生ひたること二尺許。眼に熢火を見、足を践むに間无し。畠の内を走り廻りて、叫び哭きて曰はく「熱きかな、熱きかな」といふ。（中略）山人聞きて、袴を褰ケテ膊ヲ見れば、膊の肉爛れ銷け、其の骨璅のみ在り。唯径ること一日にして死にき。（中略）誠に知る、地獄の現に在ることを。因果を信くべし。鳥の己が児を慈びて他の児を食むが如くなる可からず。慈悲無き者は、人と雖も鳥の如し。（中略）善悪因果経に云はく「今身に鶏の子を焼き煮る者は、死して灰河地獄に堕つ」といふは、其れ斯れを謂ふなり。

和泉国のある男が、因果応報を信じず日常的に鳥の卵を煮て食べていた。ある時兵士がやってきて連行し、ある麦畑に押し込んだ。この男の目に映ったのは一面の炎で、足の踏み場もなく、この中を「熱い、熱い」と叫び走り回った。山に薪を採りに来ていた人がこの様子を見てどうしたのか聞くと、男はその経緯を話した。そこで足を見ると、肉は焼けただれ骨だけになっていた。そして一日して死んだ。これでわかるように地獄は実際にあり、因果は信じるものだ。『善悪因果経』にあるように、現世で卵を食べると死後地獄に生まれ変わるのだ。このようなあらすじの話である。

ここでの地獄の位置づけは特徴的である。説話の最後にある説示部分によれば、この話は『善悪因果経』の「今身に鶏の子を焼き煮る者は、死して灰河地獄に堕つ」の具体例である。すなわち、この話は現世での卵の常食という因業が、この世で死んだあとに地獄へ転生し来世でその苦しみを味わうという果報となる具体例なのである。日本での具体的事例の素体と、これを総括する説示部分で引用される経典類の対応関係を見てみると、卵の常食は一致するが、報いを受ける部分では一致していない。地獄の観念はたしかに受容されているのだが、素体でこの地獄に対応するのは、燃え盛る畠の中に押し込まれるというこの世での地獄の苦である。この出来事から一日して死んだと記されているのだから、炎の中を苦しみ走り回ったのは間違いなく現世でのことである。説示で引用されているのは、死後転生する際に報いを受けるという六道輪廻を前提にする生報なのに、これを現世の中の報いすなわち現報と読み替え、来世を現世の上に重ねあわせている。現世の後に来世があるのではなく、現世の中に来世が押し込められている。表現に用いられる一部の言葉だけを見れば、死をまたぎ現世から来世へとわたる因果が説かれているように思われるが、実際には現世のみで因果が説かれている。ちなみに天への転生についても同様に現世の中に押し込められている。(14)

四　牛は来世か現世か

こうした生報をも現報へ重ねて押し込めるという『霊異記』の特徴をふまえるならば、牛の死後が語られないことはむしろ当然である。現世の中での因業と現世の中での果報こそが説かれるべきものであって、死後はそもそも論じる対象となっていない。『霊異記』の立場を理解すれば、牛の死後に人や天に転生することが述べられないのは当然であり、考察すべきはむしろ一回目の人から牛への転生なのである。人から牛への変化すなわち生報が、現世での出来事として読みかえられ、転生という観念なしに理解されていた可能性はあるだろうか。

牛への転生について興味深いものがある。下巻第二十六「非理を強ヒて債ヲ徴り、多の倍を取りて、現に悪死の報を得る縁」である。

田中真人広虫女は、讃岐の国美貴の郡の大領、外従六位上小屋県主宮手が妻なり。八の子を産み生し、富貴にして宝多し。馬牛・奴婢・稲銭・田畠等有り。天年道心無く、慳貪にして給与すること無し。（中略）息利を強ひて徴ること、太甚だし。非理に或るは十倍に徴り、或るは百倍に徴る。債を人より沽ハシ取りて、甘心を為さず。（中略）広虫女、宝亀七年六月一日を以て、病の床に臥して、数の日を歴るが故に、七月二十日に至り、其の夫並びに八の男子を呼び集めて、夢に見し状を語り（中略）、即日死に亡す。七日を径るまで、焼かずして置き、禅師・優婆塞三十二人を請け集め、九日の頃、願を発して福を修す。其の七日の夕、更に甦き還りて、棺の蓋自ら開く。是に棺を望きて見れば、甚だ臭きこと比無し。腰より上の方は、既に牛と成り、額に角を生ふること、長さ四寸許なり。二つの手は牛の足と作り、爪皴ケテ牛の足の甲に似たり。腰より下の方は、人の形を成す。飯を嫌ひて草を啖ひ、食ひ已れば齝飼ム。裸衣にして著ず、糞土に臥す。東西の人、怱々ぎ走り集ひ、怪しび視、隙の頃も息むこと莫し。大領及び男女、愧恥ぢ戚へ慟みて、五体を地に投げ、願を発すること無量なり。罪報を贖はむが為に、三木寺に家内の雑種の財物を進り入れ、東大寺に牛七十頭、馬三十疋、治田二十町、稲四千束を進り入れ、他人に負せたる物は、皆既に免しぬ。国の司、郡の司見て、官に送解せむとする比頃、五日を経て死ぬ。国郡を挙りて見聞く人、悁然き慄然へき。因果を晩みず、非理無義なり。是を以て定めて知る、非理の現報、無義の悪報なることを。現報すら猶し然り、況むや亦後報をや。経に説くが如し。「物を債りて償はずは、馬牛と作りて償ふ云々」といふ。負へる人は奴の如く、物の主は君の如し。負える人は雉の如く、物の主は鷹の如し。唯物を負ふと雖も、非分に徴れば、返りて馬牛と作りて、更に償ふ人に役はるるが故に、過ぎて徴り迫ること莫かれ。

田中真人広虫女という資産家がいた。貪慾で酒を薄めて売ったり、貸すにあたって不正行為をして不当に高い利息を付け、容赦なく取りたてていた。あるとき病気になりしばらくして死んだ。七日間は火葬しないで供養すると、七日目の夕方に生き返って棺桶の蓋が開いた。棺桶をのぞくと腰から上が牛で腰から下が人間という姿で、その暮らしぶりは衣食住いずれも人のものではなく動物のものであった。家族はこれを恥ずかしく思い、このうえなく発願し寺に財産を寄進し、人に貸していた負債を免除した。すると五日して死んだ。この例からはっきりわかるように、理や義に反する悪業には必ず悪い報いがある。現報ですらこのようであるから後報も推し量れる。経文に「物を借りて返さないと、馬や牛となって償うことになる」などいう。債権者と債務者の関係は主人と召し使いのようなもので債権者の方が強い立場なのだが、理不尽に取りたてるとかえって馬や牛となって債務者に使われることになるので、過剰に迫り取りたててはならない。このような話である。

説示部分に注目すると、興味深いことに内容に差異もしくは幅というべきものがあることに気付く。説示のはじめでは「是を以て定めて知る、非理の現報、無義の悪報なることを。現報すら猶し然り」と、素体を現報と解釈している一方で、最後では「非分に徴れば、返りて馬牛と作りて、更に償ふ人に役はるるが故に、過ぎて徴り迫ること莫かれ」ともいう。この「馬牛と作りて」は、債務を返済せずにいると死後に償いのために牛となって生まれ変わり使役されるという生報を意味している。引用する経も「物を債りて償はずは、馬牛と作りて償ふ云々」とあり、六道のうち畜生道に生まれる生報を説いている。つまり説示のある部分で景戒自身の言葉で素体の半牛半人を現報であるとするにもかかわらず、他の部分では生報を説く経典を引用し、そのうえ景戒自身も生報を意味する表現を用いる。区別されるはずである現報と生報を区別することなく、そのまつなげて両者を同質であるかのように記している。報いにより半牛半人という畜生の姿となったのだが、それは変容した自身の身体である。転生というよりも姿形を変えての蘇生であり現報なのだが、これが死後に牛に転生する生報と結びつけられている。

多くの説話で「現報甚だ近し」と繰り返され、また来世であるはずの地獄が現世の中で体験されることを考え合わせれば、この現報と生報の同一視は景戒の意図するところと考えるべきであろう。景戒は転生して牛となることと現世での立場や境遇の変化を同様のものと考え、必ずしも整合性のない経典類の文言を説示で用いたのである。説示での解釈の不統一は事実や仏典といった素材に引きずられた結果ではなく、著者がこれらを同一視しようとする立場にあったのだと、より積極的な意味が見いだされる。つまり化牛説話を、現世において報いを受けその姿が変化するものとして捉えなおして受け止めたということができる。仏教的悪に対する報いとして現世で姿が醜く変わってしまうことを説く話のうち、[15]最も程度のはなはだしいものとして化牛説話は位置づけられているると解釈できる。[16]

では、あきらかに人から牛へ転生している説話はどのように理解するべきだろうか。説示から景戒は意図的に現報と生報を同一視していることが理解されるが、どのようにして人から牛への転生を現報と解釈したのだろうか。

五　化牛説話の背景としての冥界訪問説話

このこと考えるとき冥界訪問説話が理解の助けとなる。すなわち化牛説話で直接には語られていない部分を補完するものとして冥界訪問説話を位置づけることで、化牛説話における人から牛への転生が、現世での出来事として整合性をもって解釈できるのである。

冥界訪問説話の多くは冥界へ一度訪れるものの最後に元の身体をもって蘇生するのであるが、異なる身体で蘇生する場合がある。中巻第二十五「閻羅王の使の鬼、召さるる人の饗を受けて、恩を報ずる縁」である。

讃岐の国山田の郡に、布敷臣衣女有り。聖武天皇のみ代に、衣女忽に病を得たり。時に偉シク百味を備けて、門の左右に祭り、疫神に賂ひて饗す。閻羅王の使の鬼、来りて衣女を召す。其の鬼、走り疲レテ、祭の食を見て、靦り就きテ、受く。（中略）鬼、衣女を率テ、鵜垂の郡の衣女の家に往きて対面し、即ち緋の嚢より一尺の鑿を出して、額に打ち立て、即ち召し将て去る。（中略）時に閻羅王、待ち校へて言はく「此は召せる衣女に非ず。誤チテ召せるなり。然れば暫く此に留まれ。捷カニ往きて山田の郡の衣女を召せ」といふ。鬼慇すこと得ず、荐ニ山田の郡の衣女を召して、将て来たる。（中略）往にし彼の鵜垂の郡の衣女は、家に帰るに、三日の頃を経て、鵜垂の郡の衣女の身を焼き失へり。更に還りて閻羅王に愁へ白さく「体を失ひて依りどころ无し」とまをす。時に王問ひて言はく「山田の郡の衣女が体有りや」といふ。答へて言はく「有り」といふ。王言はく「其を得て汝が身とせよ」といふ。因りて鵜垂の郡の衣女の身と為りて、甦りたり。即ち言はく「此は我が家に非ず。我が家は鵜垂の郡に有り」といふ。父母の言はく「汝は我が子なり。何の故にか然言ふ」といふ。衣女猶聴かずして、鵜垂の郡の衣女が家に往きて言はく「当に此は我が家なり」といふ。其の父母言はく「汝は我が子に非ず。我が子は焼き滅せり」といふ。此に衣女、具に閻羅王の詔の状を陳ぶ。時に彼の二つの郡の父母聞きて、諾ナリと信けて、二つの家の財を許可し、付嘱ケしが故に、現在の衣女、四の父母を得、二つの家の宝を得たり。饗を備け、鬼に賂す、此は功虚しきに非ず。凡そ物有らば、猶賂し饗す可し。是れも亦奇異しき事なり。

閻魔王の命令により山田郡の衣女を冥界に連行するはずであったが、使いの鬼が衣女の饗を受けてしまい、その恩に報いるために代わりに同名の鵜垂郡の衣女を冥界に連れていった。閻魔王はこれは別人だといって結局生き返らせるのだが、もとの身体は火葬されていたため、あらためて命じて冥界に連れてこさせた山田郡の衣女の身体で蘇生したという話である。

典型的冥界訪問説話では、一度死んで冥界に連れてゆかれ、最後には元の身体で蘇生し、現世を幸福に継続するというものである。現世における奇事として冥界と往復する。それがこの話では、鵜垂郡の衣女の身体が火葬されてしまったという事情により、別人の身体で蘇生する。これはほかの身体によって現世が継続されるのであって、別人に転生したのではない。現世のある時点で冥界に連れてゆかれるものの死ぬべきではないとして蘇生するのだから、たとえ別人の身体となっていても現世の生涯が続くのであって、来世のあらたなはじまりではない。一時的に冥界に行くが、結局死なずに現世での生活をまっとうする話のバリエーションとして考えられる。

これこそが人から牛への転生の背後にある事態として考えることができる。化牛説話は別人の身体で蘇生した説話と構造的に見事に一致する。すなわちこの冥界訪問説話の蘇生時の別人の身体を、牛に置き換えたものとして、化牛説話は解釈することができる。この説話でも化牛説話でも同様に、一見すると生前と蘇生後は別の存在だが、実は同一者である。違いは冥界での出来事が知られないだけと解釈できる。

はじめ問題の牛がじつはこの牛を使役する主人の親であるとは認識されていないのだが、これは鵜垂郡の衣女の両親が「我が子に非ず」とするのと同様である。そして僧によって牛がじつは親であることが明らかにされることは、「閻羅王の詔の状」を当事者が説明するのと対応する。牛であるためみずから事情を説明できず、僧を媒介にしているという点が異なるだけである。さらに別人または牛として蘇生したさらにあとの死について言及していないこともまったく同じである。輪廻転生という観念を前提にしてはじめて理解可能と思われる化牛説話も、現世における身体の入れ替えとして捉えなおされていると考えられるのである。

また閻魔王は六道の一つである地獄の単なる主催者ではなく、因果応報という普遍的な原理の実効性を担保する者、説話の主人公等とはまったく異質な超越的存在者として機能していることが、冥界訪問説話の多くで描かれている。[17] ほとんどの場合、閻魔王が主人公のそれまでの悪業に対する報いとして贖罪をさせ、結局死ぬことなく現世での生をまっとうするのであり、冥界は人としての生を終えて赴く六道の一つなのではない。冥界訪問説話と呼ばれるが、生存し活動する場所は生前の世界だけである。

つまり『霊異記』において六道輪廻観はつぎのように変形されている。先行文献では六道輪廻観念を前提にして、地獄から天までの六道空間で輪廻転生し永遠に続くというすべてを内に含む時空間が想定され、これを因果応報の繰りひろげられるいわば舞台としている。それに対し『霊異記』では現世のみが因果応報の繰りひろげられる舞台として想定されている。まずはじまりと終わりがある人生が念頭にあり、この限られた中で人として生き、何かの契機で、因果応報の原理もしくはその執行者により、別人の身体になったり、牛の姿にされたりする。人生が終わった後に牛となるのではなく、人生の中で牛の姿になるのである。化牛説話にみられる牛への転生は結局現世の中に還元されるのである。「現報甚だ近し。因果信く応し」などの表現が端的に示すように、六道輪廻の観念はすべて現世の中に押し込め現世の間に限定するという変形を伴って、すなわち輪廻観念を除いて『霊異記』へ取り入れられた。輪廻転生の観念を否定する方向に捉えなおしている。

またこのことは同時に死の意味を異なったものにする。死は現世の終わりであるから、『霊異記』においては繰り返されることのない一回性の出来事である。死んでしまえば因果の力が働く前提が失われることを意味する。だから死後すなわち本来の意味での来世は語られないのである。現世での変身である牛が死ぬところまでは描かれるものの、その死後は描かれえないのである。『霊異記』は因果応報を語るが、そのことには死を説明し意味付ける力はない。因果を現報によって語るという景戒の意図の必然的帰結である。

六　小結

本節では、『霊異記』の化牛説話について先行文献との比較などを通して、説話でも本来前提とされていた六道輪廻観とくにその輪廻転生観が、『霊異記』では実質的に解体されていることを示した。

『冥報記』など先行文献では、生は繰り返されるものであり、生き物は死後に必ず六道のどこかに転生し新たな生をおくるという前提のもと、悪業の報いとして牛への転生があり、そこからの解放として天や人への転生がある。因果の繰りひろげられる場は、死をまたぐ過去・現在・未来の三世であり、死はつぎの生すなわち来世への移行の契機であってそれ自体に肯定的価値も否定的評価もない。

これに対し『霊異記』では、序に明らかなように現報がもっぱら焦点となっている。因業も果報もすべてを現世で行われまた受けることとして位置づけなおしていて、本来転生後すなわち来世の出来事とされたものもすべて現世に押し込め、六道は現世で生きている間に体験されるものとして位置づけなおされている。そしてこのことと対応するように、牛への変化および牛での暮らしが現世に押し込められ、その死までは描かれるが、死後は正面から語られていない。死ぬことが牛として使役されることからの解放を意味し、その後どこに転生したかは述べられない。本来牛は死後に転生した姿の一つであったが、これを現世での変化と解釈しなおしたことで、牛は死後のあり方ではなくなり、その結果描写される内容から死後は押し出されたのである。

註

（1）出雲路修「日本霊異記」（『岩波講座日本文学と仏教二　因果』一九九四年）。

（2）『日本霊異記』は日本古典文学大系、『諸経要集』『法苑珠林』『経律異相』『冥報記』は大正大蔵経所収のものを用いた。

（3）澤田瑞穂『仏教と中国文学』（国書刊行会、一九七五年）では、牛のみでなく猪などふくめ畜類償債譚として、変遷も詳しく考察している。

（4）『諸経要集』巻第九、択交部第十六、債負縁（原漢文）、『法苑珠林』巻第五十七、債負篇第六十五、引證部第二（原漢文。以下同）。藤本誠「『日本霊異記』の史料的特質と可能性——『日本霊異記』の化牛説話を中心として」（『歴史評論』二〇〇五年十二月号）で説話集としてではなく説話を個別に考察するとき『霊異記』へ大きな影響を与えたことが指摘される。

（5）『経律異相』巻第四十七（雑獣畜生部上）、牛第四、「迦羅越牛自説前身負一千銭三反作牛不了四」（原漢文）。

(6) ほかにも『法苑珠林』巻第五十七、債負篇第六十五、引證部第二、感応縁、「隋の冀州臨黄県の東に、耿伏生なる者有り。其の家薄に資産有り。隋大業十一年、伏生の母張氏父を避け、将に絹両匹を女に乞《あた》へむとす。数歳之後、母遂に終亡す。変じて母猪と作り、其家に在りて生る。(中略)。伏生即ち屠を召して児を出だし売る。未だ取らざる之間に一の客僧有り。生に従ひ乞食す。即ち生の家に於いて少しく停む。将に一童子猪圏の中に入りて游戯す。猪之を語りて言く、『我是れ伏生の母なり。往日に於いて生の父の眼を避け絹両匹を取りて女に乞へし為に、我此罪に坐して変じて母猪と作る。』(中略) 童子具さに陳ぶるに師に向ふ。(中略) 僧即ち具さに童子の所説を陳ぶ。伏生之を聞き悲泣きて自ら已む能はず。更に別して心を加へ猪母を供養す。凡そ数日を経て猪忽ち自死す。其の女の夢に託して云く、債を還すこと既に畢り善処に生るるを得。兼て其の女にに更功徳を修むを勧む」。この話でも猪となった母は救済され「得生善処」と死後に転生した場所が説かれる。藤本誠「『日本霊異記』の史料的特質と可能性」では、中国古代の畜類償債譚のながれを追い、善報と悪報の区別が明確になってゆく様を示し、前者では死後天に生まれるか現世で救済されるとする。

(7) 藤本誠「『日本霊異記』の史料的特質と可能性」では、これを指摘した上で悪を行いながら最終的に善処に生まれ変わったのでは、悪を条件付き限定的ではあるが肯定してしまうので天に生まれ変わったとはいえないという解釈をとるが、この解釈では贖罪にもかかわらずもとの人に戻らないことを説明できない。

(8) 先述の『日本霊異記』下巻第二十六「非理を強ヒて債ヲ徴り、多の倍を取りて、現に悪死の報を得る縁」でも、贖罪のための寄進と債権放棄をしたあとに半半牛人の暮らしが死によって終わることまでは語られるが、そのあとに天や人に生まれ変わったなどと言及されることはない。この部分について永藤靖『古代仏教説話の方法――霊異記から験記へ』(三弥井書店、二〇〇三年) 六九頁でも「この話では広い虫女が死んでどうなったか、死に際して完全な牛になった、あるいは人の姿にもどったとかは記されていない。説話はいわばこの説明を放棄しているのである」と指摘する。他に牛の身からの解放は、中巻第三二「寺の息利の酒を貸り用ゐて、償は不して死にて、牛となりて役はれ、債を償ふ縁」があり、「吾是れより先、寺の薬分の酒二斗を貸り用ゐて、未だ償はずして死ぬ。所以に今牛の身を受けて、酒の債を償ふが故に、役使はるるのみ。役はる応き年、八年に限る。(中略) 八年を遂げ已はりて、去る所を知らず。亦更に見えざりき」とある。ここでは使役される苦から解放されたものの死なないが、やはり人や天に転生することはない。茂木秀淳「「転生説話」の一考察――「日本霊異記」と「今昔物語集」の比較を中心にして」(『信州大学教育学部紀要』八二、一九九四年) によれば蛇への転生でも同様で「蛇の状態は消滅し、問題は解決する。蛇のあとの存在は問題にされない」。

(9) 『冥報記』序 (原漢文)。

(10) 仏教思想では、成仏して六道輪廻から解脱することが目指されるが、ここでは成仏は語られない。また『冥報記』でも現報は説かれるが、あくまでも三世にわたる因果を前提にして、そのあらわれ方の一つとして説かれている。

(11)『日本霊異記』序文（原漢文。書き下しは日本古典文学大系によった。以下同）。

(12) それぞれ『日本霊異記』上巻第一六、「慈の心无く、生ける兎の皮を剥リテ、現に悪報を得る縁」、上巻第二一、「慈の心无くして、馬に重き駄を負ほせて、現に悪報を得る縁」、上巻第二三、「凶しき人、嬭房の母に孝養せ不して、現に悪死の報を得る縁」。『霊異記』で因果応報の迅速性と即応性が強調されることは入部正純『日本霊異記の思想』（法蔵館、一九八八年）でも論じている。

(13) 出雲路修「日本霊異記」でも「生報」を「現報」と対等なものとして把握しようとする姿勢は認められない」と指摘している。

(14) 善報でも同様である。上巻第一三「女人、風声の行を好み、仙草を食ひて、現身に天に飛ぶ縁」、上巻第二八「孔雀王の呪法を修持し、異しき験力を得て、現に仙と作りて天に飛ぶ縁」で、天は死後や来世ではなく現世で実現されている。

(15) たとえば『日本霊異記』上巻一九「法花経を品を読む人を呰リて、現に口喎斜ミテ悪報を得る縁」。

(16) 茂木秀淳「「転生説話」の一考察」でも蛇への転生説話を例にあげたうえで「大蛇や牛への転生説話（中略）で理解されている転生説は、実質的に変身であると考えられる」と指摘している。

(17) 澤田瑞穂『修訂 地獄変――中国の冥界説』（平河出版社、一九九一年）で、説話に描かれる地獄像が仏教本来の地獄に中国の冥界があわさって成立したとしている。

第二節　滅罪の一時的滞在地としての地獄——『霊異記』の地獄（冥界）の仕組みと機能

一　はじめに

前節では化牛説話をとりあげ、本来前提とされていたはずの輪廻転生の観念が『霊異記』で実質的に解体される方向に独自の変容が加えられていることを示した。本節ではこれに続けて、やはり輪廻転生観念と密接に関係し、死後に転生して来世を過ごすところの一つとされる地獄、これは中国での変容を経て冥界というべきものになっているのだが、これについて考察する。引き続き、先行文献をほぼそのまま受容している部分ではなく独自の変化が見られる部分に注目し、変容した独自の冥界観念を明らかにし、そこからうかがえる死後や死者に対する認識を論じる。

具体的にはまず『霊異記』に強く影響を与えた『冥報記』の世界認識と地獄観念を考察し、つぎに『霊異記』の独自の変容が見られる部分から、その世界認識と地獄（冥界）観念を論じる。とくに地獄・冥界がいかなる機能や意義があるのかを考察し、そこから死後理解を導き出す。そして両者を比較することによって『霊異記』の独自性を明らかにする。なお、複数の説話によって描き出される全体像に注目し、説話集をまとまりを持つ一つの全体として扱う。説話を個別に扱うことはしない。(1)

二　『冥報記』の六道輪廻という世界認識

１　世界と有情と因果応報

インドで発生した仏教はさまざまな経緯をへて中国にもたらされ受容されたので、中国に定着した仏教は本来の姿から変容している。インドでは発生の後にこれを基礎として数百年後に大きな発展が生じたのだが、中国にはこの歴史的発展の順序の通りに伝来したわけではなく、また単発的に一部の経典が伝えられ、体系をなす経典が一度にすべてもたらされたわけでもない。伝わった文献がどのような順序で成立し、またどのような順序で発展したのか必ずしも明らかではなかったし、経典に疑義があることもしばしばあった。さらにインドでの概念や観念は中国でのそれと異質であり正確な翻訳や理解が容易ではなかったため、仏教を老荘思想に類似するものとみなして、中国にすでに存在していたそれらの言葉を用いて翻訳し理解する格義仏教がまず行われた。その後、唐代には玄奘等が経典類をあらためてインドや西域より請来し漢訳し、教理研究が進められた。こうして中国に伝わり浸透した仏教には独自の変化も生じていた。

『霊異記』が手本とした『冥報記』は唐代に成立している。その基調となる立場についで序でつぎのように述べられている。前節でも示したが、改めて確認する。

釈氏の説教は、因果に非ざるなし。因是れ有れば果を作す。即ち是れ報なり。（中略）一は現報。此の身中に於て善悪の業を作す。此の身に於いて報を受くる者あらば、皆現報と名づく。二は生報。謂ふこころは、この身に業を作すも即ちにはこれを受けず。業の善悪に随ひて、諸の道に生ずるもの皆生報と名づく。三は後報。（中略）現在業を作すに未だ便ち報を受けず、或は次後の後生に受け、或は五生・十生にして方に始めて

これを受く。これ皆後報と名づく。(2)

まず仏教の根幹は因果応報であると明確に述べている。そして現報・生報・後報という果報があらわれる時期の三つの類型を示す。現報とは、因となる行動をした人生の中で、その果報を受ける場合をいう。生報は、因となる行動をした人生が終わって転生するときに、つぎに生まれる場所として報いを受ける場合をいう。具体的には、人としての生涯を終える時、生前の行動の善悪によって、天に生まれ変わったり、地獄に生まれ変わる場合である。後報は、因となる行動をした人生から報いを受けるまでに五回も十回も転生を繰り返す場合をいう。直接の言及はないけれども、果報の三類型の説明から、人は死後に再び生まれ変わり、その死後もまた再び生まれ変わるということが、際限なく繰り返されるという輪廻転生の観念と、さらに世界は六道の階層構造であるという観念が前提とされていることもわかる。

『冥報記』では世界をつぎのように認識している。世界は六道とも呼ばれ、天・人・阿修羅・畜生・餓鬼・地獄に区切られた六層構造をなしている。有情すなわち生き物はこの六道の中のどこかで暮らし、死が訪れても再びこの六道世界のどこかに生まれ変わるということを際限なく繰り返す。そしてこのような世界では因果応報という法則が普遍的に働いている。六道世界のどこであっても例外なく、過去世・現在世・未来世の三世を貫き死をまたいで働いている。行動の善悪に応じて楽や苦の報いを、あるいは生きているうちに受け、あるいは死後に転生する場所として受ける。世界認識の根幹は、人間世界を相対化する六道観念と、自分自身の行動とその身に降りかかる出来事には対応関係があるとする因果応報の観念もしくは業報思想と、この法則が空間的にも時間的にも制限されないという普遍性である。

『冥報記』の目的は、このことが虚偽ではなく真実であることを、ひろく人々に理解させ納得させることである。文中にある「問ひて云ふ。『仏法の説に三世の因果有り。此れ虚実と為すか。』と。答へて曰く『実なり』と(3)」とか―今乃ち定めて有ること虚ならず。（中略）但、君に報じて定めて有るを知らしむるのみ」[4]などの部分では、三世にわたる因果応報が実際にあることを端的に主張している。直接的な主張がない場合でも各説話は、このような世界から一部分を切り出して個別具体的な事例を示すことを通して、因果応報という普遍的法則の存在を納得させようとしている。

生報については「人は死して各々本の業に従ひて報を受く」[5]と原理を説き、善因楽果の事例として「吾姉、経を誦するの福を以て寿百歳、好処に生ぜむ」[6]などと記している。地獄はその対極に位置する悪因苦果の事例として語られる。

此れは是れ大獄なり。獄中に多くの分隔あり。罪罰各々此を異にす。諸人は各々本業に随ひて獄に起ちて罪を受くるのみ。（中略）我等罪の報にて此の钁湯に入る。[7]

生前の行動によって地獄に転生することが決定されるのだが、地獄の中のどこに生まれるかも、同様に生前の行動によってさらに細分化され決まる。生報の場合には、生前の行動の善悪が転生する場所へと転換されるのである。ちなみに生前の行動と、転生した場所で過ごすべき期間との関係は言及されていない。

2　地獄の苦と仏教の実践

地獄は六道の中でもっとも苦に満ちたところである。悪因苦果の生報を示す事例として、生前に罪を犯すなどの悪業をした人が、その報いとして地獄に転生するという話がある。ただ悪業をしたために報いとして死後に地獄に堕ちたと語るだけの説話はほとんどなく、多くは話の後半部分で地獄の苦からの解放についても語られている。苦からの解放には複数の類型があるが、いずれも仏教の実践行為と関連している。

李山龍は（中略）暴かに病み亡す。（中略）官曹に至る。（中略）庭内に囚数千人有り。（中略）山龍誦して曰く「妙法蓮華経序品第一」と。（中略）庭内を顧みれば向の囚已に尽々く一人の在る者無し。山龍に謂ひて曰く「君の誦経の福は唯に自ら利するのみに非ず。乃ち庭内の衆囚をして皆経を聞かしめ免るるを獲さしむるが如し。」（中略）賢者の南無仏と称ふるを蒙りし故に、獄中の罪人皆一日の休息を得、疲れ睡るのみ。[8]

仮死状態になった主人公の李山龍が地獄に行き、仏教の実践行為の一つである読経をすると、そこで聞いていた囚人が残らず地獄から解放される。また仏への帰依の表白の言葉によって、地獄にいる罪人が一日間は苦を受けずに休息が得られる。仏教の実践行為が地獄に堕ちた人をそこから脱出させたり、地獄の苦を軽減させたりする。

ちなみに仏教の実践行為は、苦しみを受けている地獄で行う必要はない。離れた場所での仏教の実践でも同様の効果が期待できる。たとえば「此の人死して三日、家人為に僧を請ひて斎を設く。（中略）汝等の追福に頼りて、大苦を免るるを得たり[9]」などと、地獄から隔絶している生前に暮していた場所で行う追福が地獄に届いて苦から救う。因果応報が普遍的で六道のどこであってもまた三世のどこにでも及んでいることと対応するように、仏教の実践の効力には普遍性ないし超越性がある。現実に行われるであろう仏教の実践は、生前に暮していたこの世を舞台とした別人（主に家族）によるものである。

ここで注目しておきたいのは、地獄で裁判をして苦を受けさせると決定した閻魔王は、苦からの解放に関与していないことである。罪なくして連れて来られた場合には、「吾無罪なれば官放つ[10]」などとあるように、閻魔王が判断して解放するのだが、仏教の実践による地獄からの解放や地獄での苦の軽減では、閻羅王がそのような決定を下すことはない。地獄から解放されるとしても、罪が消えて無罪になったというわけではない[11]。閻魔王の判断や命令とは無関係に、地獄から解放されたり、地獄の苦が軽減されたりする。

より明瞭なのは「経を聞く毎に咀声あり。鉄梁輒ち折る」[12]というかたちで仏教の実践により苦から逃れた場合である。閻魔王の判決によって脂を絞り取られるという苦を受けるのだが、仏教の実践によって苦を与える道具が壊れたため、苦から逃れられた。はじめに下された判決が撤回されることはなく、犯した罪により報いを受けるであろう状況に変化はない。仏教の実践によって苦を受けないですむが、罪を犯し苦を受けるべき者という地獄での立場はそのままで変わらない。閻魔王の関知しないところで、仏教の実践は独自に効果を発揮する。

したがって、地獄から解放されたりそこでの苦が軽減されたりする仕組みは、因を取り除くことで地獄に堕ちるという果が解消されるということではないのは明らかである。すでに現実のものとなった因果応報を翻して取り消すではなく、新たに別の因を作りそれにふさわしい果が得られたと考えねばならない。生前に罪を犯した報いとして地獄に堕ちたことを現実として受け止め、そのうえで善とされることをあらたに行い（受動的行為も含む）、その結果として地獄から解放されたという理屈なのである。苦は甘受すべき果報ではあっても因業にはならない。地獄で苦をいくら受けようとも、そのことが状況を変化させることはない。だからこそ仏教の実践の効果が際立ってくる。仏教の実践が善因となるからこそ地獄からの脱出は可能となる。

要するに地獄が登場する説話の後半で描かれたのは、地獄を起点とした現報および生報である。人として暮らす現世での行動により現報を受け、あるいは死後に地獄に堕ちるという生報を受けるのと同様のことが、転生して地獄にいる状態を起点として語られている。

地獄を起点とする現報は「賢者の南無仏と称ふるを蒙りし故に、獄中の罪人皆一日の休息を得、疲れ睡るのみ」[13]や「経を聞く毎に咀声あり。鉄梁輒ち折る。（中略）大苦を免るるを得たり。然れども猶未だ脱せざるがごとし」[14]などである。地獄に堕ちてからの追福などによって、地獄の中で生きているうちに苦しみを一時的に回避した。因もその果報もともに地獄で生きている間のことでありその意味でこれらは現報に分類される。

生報の事例には、読経によって「衆因をして皆経を聞かしめ免るるを獲さしむる」[15]がある。また地獄に堕ちた同学を、法華経の写経という仏教の実践によって救った話では「彼すでに脱免し、今久しく出生し、在らざるなり」[16]と地獄から脱出しあらたな生を受けたことが語られる。地獄で苦しむ間に誦経や写経を受けるという行動によって、地獄から脱出し転生したのだから、これらは地獄を起点にする生報である。
因果応報の存在を示すための事例には、現報と生報のいずれにも、人として暮らす現世を起点にするものと、人から転生したのちの地獄を起点とするものがある。因果応報の連鎖が折り重なって際限なく繰り返されることが、地獄を舞台にする話でも、たしかにふまえられている。

三 『霊異記』の地獄観念と死後理解

1 『霊異記』における現報への集約

『日本霊異記』は『冥報記』や『般若験記』などに倣って作られたことが序に記されている。『冥報記』と同じく根幹とするのは因果応報である。これも前節で示したが、あらためて確認しておこう。

善悪の報は影の形に随ふが如く、苦薬の響ハ谷の音に応ふるが如し。（中略）善悪の状を呈すに匪ずは、何を以てか、曲執を直して是非を定めむ。因果の報を示すに叵ずは、何に由りてか、悪心を改めて善道を修めむ。昔漢地に冥報記を造り、大唐国に般若験記を作りき。何ぞ、唯他国の伝録に慎しみて、自土の奇事を信け恐り弗らむや。[17]

因果応報という法則がたしかにあるという認識のもと、善を行えば楽の報いを受け、悪を行うと苦の報いがあることを具体的に示すことで　悪を改めさせて善を修めさせるのが編纂の動機であり目的である。取り上げる具体的事例を「他国の伝録」から「自土の奇事」すなわち日本での事例に差し替えることで『霊異記』は構成された。

しかし、両者には重大な差異がある。『冥報記』では報いの種類を三つあげているが、『霊異記』では分類に言及せずに、もっぱら現報を取り上げている。正式書名が『日本国現報善悪霊異記』であることからも、現報が関心の中心であったことがうかがえる。現報の意味を、目に見えるようにあらわれ出た報いと解釈することも可能だが、この場合でも事情はかわらない。目で見えるようにあらわれ出るということは、とりもなおさず我々の生きるこの世で報いがあらわれることであり、『冥報記』の分類の現報に相当する。

このことは各説話で、素体を、どのような経典の文と説示で関係付けるかという点にはっきりと表れている。例えば上巻第二十七「邪見なる仮名の沙弥、塔の木を斫《さ》キて、悪報を得る縁」では、僧形ではあるが悪い心を持ち人をだまし仏法を毀損していた「石川の沙弥」という人が、あるとき突然病気になって「熱い熱い」と声をあげて、地面から跳び上がり、さらに「地獄の火来りて我が身を焼き、苦を受くること此くの如し[18]」と言って、その日のうちに死んだ。素体はこのような話である。これについて説示は『涅槃経』の「若し見に人有りて善を修行せむには、名、天人に見れ、悪を修行せむには、名、地獄に見れむ[19]」の実例だと結んで、天や地獄という生まれ変わって体験することを、生前の苦しみの体験と無媒介に直結させている。

さらに上巻第二十三「凶《あ》しき人、孏房《ちぶさ》の母に孝養せ不して、現に悪死の報を得る縁」でも、素体は、瞻保という人が親不孝をした報いとして、正気を失いさらに火事に遭い死にいたったという現世だけで完結する話なのだが、説示では「現報遠くあらず、豈信けざらむや[20]」と現報と述べつつも、その直後では「不孝の衆生は、必ず地獄に堕ち、父母に孝養すれば、浄土に往生す[21]」という経典で述べられる生報の実例だと結んでいる。

このように、生報をも現報の中に押し込めるというのは、『霊異記』全体にみられる独自の変容である。「現報甚だ近し。因果信く応し[22]」の言葉が端的にあらわすように、因果応報を全部現報に押し込めねじ込んだのが、『霊異記』の基本的立場である。『冥報記』では因果応報は三世にわたる普遍的法則であったが、『霊異記』では現世のみを舞台とする法則として、因果応報を読み替えている。すぐに確かめることができない過去世や未来世へ話が及ぶのを抑制し、すぐに知ることができる我々が実際に暮らす現世へと話を集約するのが『霊異記』の特徴である。前節で述べた通りである。

2　地獄の機能と代替としての仏教の実践行為

経典で説かれる生報が、『霊異記』では生きているあいだに体験される現報として読み替えられるのだから、地獄が現世の外側にある異界として登場するときも、先行文献の地獄とは異なる性質を持ったものとして描かれる。

『霊異記』の地獄観念がよくあらわれているのは、主人公が一度地獄へ行ってまた帰ってくる話である。中巻第七「智者、変化の聖人を誹り妬みて、現に閻羅の闕に至り、地獄の苦を受くる縁」は、つぎのようなあらすじの説話である。

智光は河内の人で生まれつき賢く、経典に注釈をつけたり後進の指導をしていた。同じ時代の行基は人々に仏教を伝え、広く尊敬を集めていた。この行基が天平年間に大僧正に任命されたとき、智光は嫉妬して誹謗した。自分は深い学識があるのに対し、行基の学識は浅薄で正式な受戒もしていないのに、なぜ行基が評価されるのかと。そうするうちに智光は突然病気になり一月ほどして死んだ。すると閻羅王の使いが二人やってきて、智光を連れて西へ向かい金の楼閣の門の前にやってきた。門の前に武装した神人が二人いて、智光に間違いないか本人確認をして北へ行くように命じた。そこでは熱い鉄柱に抱きつかされ、肉は爛れ落ち骨ばかりになった。三日して使いが「活きよ、活きよ」と箒で柱をなでると、体は元どおりになった。そこからさらに北に行き同様のことをして、またさらに北へ行き繰り返した。こうして苦を受けたのち金の楼閣の門前に戻ると、智光が地獄に連れてこられた理由を神人が述べた。智光が葦原国で行基を誹謗したので、その罪を消滅させるために連れてきたのだ。黄泉国の物を食べてはならない。今すぐに帰れ。このように神人は言った。智光は蘇生すると、弟子に地獄での出来事を語った。それから難波で橋を架けるなどの公共事業を指揮していた行基のもとに行き、誹謗の罪に起因する地獄での出来事を語り、余罪の影響が生じるのをおそれ懺悔した。行基はこれを聞いて、喜ばしく貴いことだと言った。このような説話である。

この説話の前半部分の、罪を犯したために地獄へ連れて行かれるというストーリーは『冥報記』の説話と変わらず、『冥報記』からの影響そのままに構成されたと考えられる。しかし、後半部分からは地獄観念の独自性がうかがえる。

もっとも重要なことは、地獄が何のために存在するのか、どのような存在なのかということである。地獄で鉄銅柱を抱く苦しみを受けて、金の楼閣の門前に戻ったときの神人の「師を召す因縁は、葦原の国に有りて行基菩薩を誹謗る。其の罪を滅さむが為の故に、請け召すのみ[23]」という発言は、地獄の機能を端的に言いあらわしている。地獄は現世で罪を犯した者を呼び出し連れてきて、その罪を消滅させるための場所としてある[24]。罪を滅し償う方法は、蘇生したあとに智光が行基に語った「口業の罪に由りて、閻羅王、我を召して鉄銅の柱を抱か令む。経ること九日、誹謗の罪を償ふ[25]」という言葉が明確にしている。すなわち罪を償う方法は、鉄銅の柱を九日間抱くという苦を受けることである。そのあとで、苦を受けさせることを決定した神人自身が地獄からの解放を決定する。その様子が罪もないのに連れて来られた人が帰される場合と同じであることからも、地獄に堕ちる因業である生前に犯した罪が、苦しむことで消滅したのだと解釈できる。罪は地獄の苦を一定期間受けることで消滅するのである。

地獄に堕ちて一定期間苦しむことで罪が消滅することは、もう一つの重要な特徴につながる。現世で罪を犯すと地獄に堕ち、地獄に堕ちると苦しみ、苦しめば罪が次第に消滅へと向かい、罪が消滅すれば地獄から解放される。この連鎖により、地獄に堕ちると必然的に地獄からの解放へと向かう。苦しむ具体的期間は罪の種類や程度などによってまちまちではあるが、『霊異記』の地獄は本来的性質として期間が限定されているのである。地獄での苦しみが期間的に限定されているのは『冥報記』にはない『霊異記』の特徴である。そして罪が消滅したら地獄から離れることができる。地獄から脱出してどこに行くかといえば、生前の場所である。神人は事情を説明して「今は忽に還れ」と命じ、智光は蘇生し、生前の暮らしを続ける。地獄からの解放は現世への帰還であり、あらたな別の生涯が天道や人道ではじまるわけではない。一度展開した因果応報を巻き戻すとでも言うべき帰還こそが、地獄からの解放なのである。

智光の説話では、地獄での苦しみによって罪が消滅しそこから解放された。地獄に直接かかわる場面では仏教の実践行為は登場しない。仏教の実践行為は地獄からの脱出に不可欠ではない。ただ仏教の実践行為の効果や地獄の苦しみとの関係は下巻第三十五「官の勢を仮りて、非理に政を為し、悪報を得る縁」からうかがえる。つぎのようなあらすじである。

筑紫の肥前国の火君が、あるとき突然死んで閻魔の国に行きついた。手違いであったことがわかり帰されることになったのだが、帰るとき地獄の釜で苦しむ物部古丸という者と会った。彼は、生前に朝廷の権威を笠に着て人々から不当に財物を徴収した罪によって、いま苦を受けている。法華経の写経をするなら罪を許されるだろう。このように火君に語った。蘇生した火君はこのことを朝廷に伝えたが、信じてもらえず放置されていた。二十年後に再び奏上がなされた。これを受け、地獄の苦を二十年受ければ許されるかと、桓武天皇が僧に問うと、地獄の一日は人間の百年と同じなので、まだ苦の受けはじめで許されていないと僧は答えた。天皇は法華経の写経をさせ、法会を開催して経を講読し追福して、古丸を苦から救った。このような話である。

保留とされ放置されていた案件があらためて奏上された時の、「世間の衆生、地獄に至りて苦を受くること、二十余年を経て、免されむや不や」[26]という天皇の質問は、一定期間地獄で苦しみを受けると罪が消滅して閻魔王によって放免されるという観念が前提にあるからこそ発せられたのである。もしもそのような観念がないのならば、経過した年数にかかわらず、ただ仏教の実践行為である追福を命じるであろう。

そしてここでは、地獄での苦しみが仏教の実践によって代替可能であることを明らかにしている。「其の罪報に由りて、今此の苦を受く。願はくは我が為に、法花経を写し奉らば、我が罪を脱《ゆる》されむ(27)」という物部古丸の言葉にあるように、地獄での苦しみと同様に、現世での写経という仏教の実践は罪を消す力を持っている。だから二十年では足りないと知ったあと「天皇、（中略）大法会を備け、件の経を講読することを為し、福を贈りて彼の霊の苦を救ひたまひき(28)」と続く。仏教の実践がなくても苦を受けることでいずれ必ず罪は消滅するし、仏教の実践があれば苦しむことなく罪を消滅させることができる。仏教の実践にはほかに代わりがない特有の効果があるのではなく、地獄での苦しみの代替であると、『霊異記』では考えられている。

もう一つ下巻第九「閻羅王、奇しき表を示し、人に勧めて善を修せ令むる縁」の事例をあげる。藤原広足があるとき病気になって死んだが、三日後に蘇生し、その間のことを親族に語った。閻魔王の使いが急にやってきて楼閣へ連行され、その中に入ると、妊娠して出産できずに死んだ妻がいた。妻は地獄で六年の苦を受けねばならず、そのうち半分はすでに受けたが、残りを腹の中の子の父親とともに受けたいと訴えたので、閻魔王が藤原広足を地獄に連れてきたということであった。広足は妻のために法華経を写し講読し供養して苦から救いたいと願うと、妻も同意し、閻魔王は帰ってそのようにするように命じた。蘇生した広足は地獄でのことを語り、法華経を写し講読し供養して妻の苦を取り除いた。このようなあらすじの話である。

この話でも、妻が地獄で苦しむ期間は六年と、あらかじめ決められている。半分はすでに苦を受け、残りはもちろん苦を受けることもあり得るし、仏教の実践によって代えることもできる。それは「斯の女の受く可き苦、六年の中、三年を受け、未だ受けざるは三年なり(29)」や「我、此の女の為に、法華経を写し、講読し供養し、受くる所の苦を救はむ(30)」と言う部分で述べられている。仏教の実践の効果が、もしも一時的に苦を受けずにいられるだけならば、地獄から解放されるためには結局先送りされた苦をいずれ受けねばならない。これでは苦から救ったことにはならない。仏教の実践で苦から救われるのは、苦を受けることで実現される罪の消去を、仏教の実践が肩代わりするからである。

3　地獄からの解放後の居場所と姿形

地獄から解放されたあと、その人はどこに向かうのか。智光の話では、身体が焼かれず生前のまま維持されていたので、地獄から解放されたあと現世に戻って蘇生したのだが、身体がなくなっていた場合については、下巻第三十六「塔の階を減じ、寺の幢を仆して、悪報を得る縁」で述べられている。

藤原永手の子の家依はながらく病気になっていたので、禅師や優婆塞を呼んで香を焚き陀羅尼を唱えるなど祈禱させた。するとすでに亡くなっている父の永手が病気の家依に憑依して語った。私は生前に寺の幡を倒したり仏塔を低くさせるなどの罪を犯したので、閻魔王の宮殿に連れて行かれ、火の柱に抱きつかされ手に釘を打たれた。いま家依の病気のために焚かれた香の煙が宮殿に充満したので、閻魔王は私を許して追い返した。しかし、私の肉体はもう滅んでしまっていて依り憑くものがないので漂っている。このように語った、という説話である。

ここでは、永手のためではなく家依の病気平癒のために行われた仏教の実践が、意図とは違うけれど地獄に届いて、結果的に永手が閻魔王によって放免される。罪を滅するために必要であった残りの苦しみが、仏教の実践によって代替されたのである。注目すべきはこの永手が放免されたあとの動向である。目には見えない霊魂となって、地獄へ行く前に暮らしていた場所に戻ってくる。生前に暮らしていたこの世に戻ってくるのは智光の場合と同じだが、身体がすでに火葬されてしまっているので生前の姿では蘇生することができない。また転生して新たな別の生涯をはじめるわけでもない。

この説話と直接つながるわけではないが、この世における生前とは異なる死後の姿について考えるとき、下巻第二十七「髑髏の目の穴の笋を掲キ脱チテ、祈ひて霊しき表を示す縁」[31]の内容は注目される。

品知牧人という人が、正月の用意のために買い物に出かけ、途中で日が暮れたので野宿すると「目が痛い」という声が聞こえた。夜が明けてから辺りを見回すと、目のところを竹の子に貫かれている髑髏があったので、竹を取り払って供え物をした。買い物を無事に終えて、帰りもまた同じところで野宿したところ、その髑髏が生前の姿をあらわして言った。目を貫いていた竹を取ってくれたので苦痛がなくなった。恩返しをしたいので大晦日に私の家に来て欲しい。このように聞いたので大晦日に行くと霊が牧人を家に招き入れ、そこにある供え物でもてなした。しばらくすると霊は忽然と姿を消した。関係する部分を中心に要約すればこのような話である。

『霊異記』の意図は、恩を与えれば必ず報いがあることを納得させることにあり、死後のことを説くのは目的ではない。しかし、いま注目したいのは、恩を与え報いを受けた側ではなく、恩を受けそれに報いた側である。恩返しをしたのは髑髏である。じつは身内に殺されたという経緯を告白していることから[32]、この髑髏は間違いなく死者である。死者は髑髏という状態になって、竹の子に貫かれ苦しみ、助けられた恩に報いる主体として、この世のなかに存在しているのである。ちなみに類話の上巻第十二「人畜に履まるる髑髏救ひ収められ、霊しき表を示して現に報ずる縁」では恩に報いた主体を「死霊白骨」としている。大晦日という特殊な条件下で実体化してかつての姿をあらわす死者は、この世に霊魂としてまたは遺体として存在している。死後に存在する場所はこの世のほかにはない。

『霊異記』を編纂した景戒自身が登場する下巻第三十八「災と善との表相先づ現はれて、後に其の災と善との答を被る縁」でも、死後について言及されている。その部分はつぎのような話である。景戒はある時、自分が死んで火葬されている場面の夢を見た。景戒の霊魂はその側に立って見ていると、うまく焼けないので、自分で枝を取って手本を示して「このように焼け」といった。体が焼けて腕や脚や頭がはずれてばらばらになった。そのとき景戒の霊魂は声を出して遺言を叫んだけれど、側にいた人は何も答えなかった。景戒は死んだ人の霊魂は声がないから叫んでも聞こえないのだと思った。

この景戒自身の夢にも、人の死後についての理解があらわれている。死んだ景戒は焼かれる死体と、それを側で見ている霊魂に分裂している。霊魂は死体と同じように、生前に暮らしていた世界を離れることなく、そのまま留まっている。枝を取って自分自身の死体を焼くとか、そばにいる生きている人に話しかけるなど、生前と同じようにこの世界に存在するものに働きかける。必ずしも生前と同じように関係を持つことはできないものの、生前とは異なる別の世界に行くのではなく、いまだ生前の世界の中に存在している。夢はここで終わっているので、本当に死んだらどうなると考えているのか、死んだ直後の中有でなくさらにその後にどうなるのか不明だが、ここまでで夢が終わること自体が景戒の認識を反映していると考えることもできる。記されている範囲で考えるならば、やはり死後の存在形態とは、相互の関係を維持している死体と霊魂であり、存在する場所は生前に暮らしていたこの世にほかならない。地獄で罪を滅した後に死者が行くべき場所も、このような生前に暮らしていたこの世であろう。

『霊異記』では地獄に堕ちるという六道輪廻観念を背景にしていると思われる話があるが、表面的な継承にとらわれずに変容している部分に注目して、世界をどのように認識しているのか注意深く探ってゆけば、先行文献と違うことは明白である。人は死ぬとこの世を離れて六道のどこかに転生してそこで新たな生涯を送り、やがて死を迎えると再び転生するいうことをかぎりなく繰り返すという観念は、ここにはない。説話の要素として、『冥報記』にある多くの仏教的観念が受容されていることが確認できるものの、六道での輪廻転生という根幹となる世界全体の認識はたくみに解体されている。

四 『冥報記』と『霊異記』の地獄観念と死後理解

『冥報記』の地獄、死後世界、それを包摂する世界認識はつぎのようなものであった。

地獄は、生前の自分自身の犯した罪の報いとして死後に生まれる場所である。地獄での苦しみはただ甘受するしかない。苦しみを受けたからといって何か事態が変化することはない。地獄でどれほど苦を受けようとも、そのことが地獄からの脱出へと結びつくことはない。地獄は単純な苦しみの世界でしかない。

事態を変化させうるのは廻向を主とする仏教の実践であった。仏教の実践行為には、地獄で苦しむこととはまったく異なる固有の機能があるから、地獄からの脱出が実現できる。仏教を実践して苦を軽減しさらにはそこから脱出させるか、さもなければ地獄のいつ終わるのかわからない苦しみを受け続けるかという選択を迫り、仏教の実践を勧める。

仏教の実践は、地獄へ堕ちる因となった罪業を消滅させはしない。無罪なのに地獄に連れてこられた場合は閻魔王の判断によって帰されるのだから、もし仏教の実践によって罪が消滅するなら閻魔王の判断によって地獄から解放されるはずである。しかし仏教の実践によって地獄から抜け出る場合には、閻魔王は許すことなく依然として苦を受けさせるつもりでいる。生前の罪は既成事実であり、あとから変えることはできない。

仏教の実践によって地獄から脱出できるのは、それが新たな因業となりその果報として解放が生じるからである。犯した罪業に対する果報として地獄に堕ちるのと同様に、仏教の実践という善業に対する果報として善処へ転生する。現世から来世、来世からさらにそのつぎの来来世が、同じように因果応報によって律せられている。さまざまな行動が因業となりそれぞれに果報をまねくという因果応報は普遍的法則であり、過去現在未来を貫いて幾重にも折り重なっているという認識が見てとれる。

これを違う角度から見れば死後理解となる。死とは、ある生者が生涯を終えてつぎの生者へと転生する結節点で生報の生じる契機である。いま人として暮らすのと同じように、死を契機に転生して地獄で暮らしたり、天で暮らしたり、再び人として暮らしたりする。死後の存在はあらたな生者であり、それ以外はない。死者というものは存在しない。現世で死んだあとに行く世界はあるが、それはとりもなおさず今もある六道のどこかであって、それとは別に死者の世界などという空間があるわけではない。存在するのは六道世界とそこで暮らす生者だけで、死は、ある生からつぎの生への結節点としてあるにすぎない。

このような世界認識と死後理解をもつ『冥報記』に対して、『霊異記』のそれはつぎのようなものであった。『霊異記』の地獄はもちろん苦に満ちているが、特定の目的のために存在している場所である。罪を犯した者を連れて行き、苦しみを受けさせることで、その罪を消滅させる場所として地獄はある。やがて完全に罪が消えると地獄から解放される。『霊異記』では地獄の苦しみはただ受けるしかないという受動的性格の体験ではなく、そのことによって状況が変化し地獄からの解放へと向かうという能動的性格を持っている。

地獄とは、いずれ解放されることがはじめから決まっている苦しみの場所ということができる。罪の報いとして地獄に堕ちる。地獄では苦しみを受け、それによって罪が消滅させられる。罪が消滅すれば地獄から解放される。地獄に関してこのような連鎖が成立する。罪はそもそも自己破壊的性質もしくは自己浄化的性質を持っている。つまるところ罪の存在が罪の消滅の原動力なのである。地獄の苦しみはその手段であるからやはり自己破壊的性質がある。地獄の苦が多くなればなるほど苦からの解放が近づく。地獄に堕ちる瞬間から原理的に脱出が約束されている。

したがって地獄とは一定期間だけすごすべき場所でもある。人が現世で暮らすようにその一生を終えるまで暮らすべき場所ではない。地獄は、罪に相応して決まる期間だけ居られる仮住まいのような場所である。死後に永続的に落ち着く場所ではない。

また仏教の実践には地獄での苦を救うという効果があるのだが、仏教の実践が苦しみの代替となることでそのような効果が生じる。同じ機能を肩代わりするからこそ、苦の体験を軽減し救うことができる。仏教の実践の有無にかかわらず、いずれにしても地獄から解放されるので、必ずしも仏教の実践は決定的な意味を持つわけではない。

地獄からの解放は閻魔王によって判断され命じられる。この対処の仕方が、無罪なのに手違いで地獄に連れてこられた人と同じなのは、あらかじめ定められた期間の苦しみを終えたとき、生前に犯した罪が消えているからである。罪を犯したことが因業となり地獄に堕ちるという果報が生じたのだが、その因業が消滅したので果報も取り消される。だから智光が地獄で苦しみを受けたのち解放されると、別の生涯を新たにはじめるのではなく、地獄に堕ちる前の状態を回復するのである。地獄からの脱出は、因果応報を新たに展開するのではなく、さかのぼって取り消されるようにして実現する。

死後に落ち着く先は、生前に暮らしていたこの世である。一度地獄を経ても結局この世に戻り、身体がなければ霊魂となって漂っている。また、死後霊魂となってそのままこの世にある死体のそばにいる場合がある。霊魂ばかりが死者ではない。死ぬことで霊魂と分離した髑髏は生前と同様の反応を示すわけではないが、生前と変わらず人によって働きかけられるべき対象であり、霊魂は髑髏とつながっていてこの世に姿をあらわし恩に報いる。人は死後、霊魂および髑髏という独自の形態をもつ死者となって、依然としてこの世に存在する。

一時的に過ごす異界もあるが、期限を決められずにいるべき世界とはこの世しかない。我々がいま生きているこの世と切り分けられた天とか地獄とかは、期限を区切られずに居るべき場所としては存在しない。死者でも生者でも期限なしに居続けるのはこの世だけである。死者のための世界というのもこの世のほかに存在しない。

五　小結

本節では『霊異記』の地獄（冥界）が来世に生まれ変わるべき空間なのか、またどのような仕組みや機能があるのかを中心に、『冥報記』と比較し、その独自の変容が見られる部分に注目して考察した。

『冥報記』の世界認識は六道輪廻思想と三世両重の因果応報思想に支えられている。地獄は前世での悪業の報いとして転生する場所で、極限的な苦しみの日々を送るところであり、寿命が自然と尽きるまでの無限とも思える時間をすごす。地獄での苦しみ自体に積極的な意味はない。地獄でも誦経を聞くなどの受動的なものを含む仏教の実践をあらたな因業として作れば、その報いとして速やかに天や人などに転生できる。地獄に堕ちるのも、そこから脱出するのも、ともに因果応報の法則の働きである。死はある生者からほかの生者への転生の契機であり、死後の存在は別の生者であり、死者という存在はない。

『霊異記』の地獄はやはり苦しみを受ける場所だが、苦しみは受動的ではあるが滅罪の行為であり、生前に犯した罪に応じて苦しむ期間はあらかじめ定められている。罪が因業となり地獄に連れてゆかれ、地獄では苦しめられるがそのことにより罪は消されるので、罪に応じた一定期間をすごせば地獄から解放される。追善などの仏教の実践によって地獄から逃れられるが、地獄で苦しむことでも同様の効果が期待できる。いずれにしても地獄での苦は期限付きであり、その後が描かれる場合、生前に暮らしたこの世に戻る。あるいはこの世に霊魂として戻ってきたり、あるいは蘇生して残りの人生を無事送ったりする。地獄は特定の出来事を体験する一過性の舞台でしかなく、安定した存在の空間は我々の暮らすこの世しかない。またこの世で死後の存在が、特殊な条件下でのみ実体化する霊魂と結びつている遺骨として描かれてもいる。『霊異記』では六道輪廻の観念やこれを前提とする事柄が受容されているように見えるが実質的には解体されていて、根底には独自の世界認識や死者理解を見ることができる。

註

（1）個別の説話については前出の先行研究などで詳しく論じられている。日本古典文学大系『日本霊異記』、伊野弘子訳注『冥報記全釈』（汲古書院、二〇一二年）を用いた。『冥報記』は原本は早くに散逸しており、これは日本に伝えられた写本や逸文より編纂された涵芬楼本を底本にしている。景戒が用いたものとは異同があると思われるが、基本的思想や観念を論ずる場合には問題はないと判断して用いた。

（2）『冥報記』序（原漢文。書き下しは『冥報記全釈』によった。以下同）。

（3）『冥報記』中巻、第八話、眭人蒨伝。

（4）同前、第十六話、元大宝伝。

（5）同前、第五話、孫宝伝。

（6）同前、第十八話、太夫人伝。

（7）同前、第十九話、李山龍伝。

（8）同前、第十九話、李山龍伝。

（9）『冥報記』下巻、第五話、北斉の梁伝。

（10）同前、第二十一話、曹陵の宋行質伝。

（11）ただし生前ならば罪を滅することが可能と考えられていたことは、下巻第二十三話の「俗人罪累多く、死して皆悪道に入るも誠心懺悔すれば之を滅すべし。（中略）張義は是れ貧道の弟子、其の罪は並びに懺悔し、滅す」によって知られる。死後地獄に堕ちたあとに行う追福と、生前の懺悔は機能が違う。

（12）『冥報記』下巻、第五話、北斉の梁伝。

（13）『冥報記』中巻、第十九話、李山龍伝。

（14）『冥報記』下巻、第五話、北斉の梁伝。

（15）『冥報記』中巻、第十九話、李山龍伝。

（16）同前、第二話、太山廟之神与或僧伝。

（17）『日本霊異記』上巻序（原漢文。書き下しは日本古典文学大系によった。以下同）。

（18）『日本霊異記』上巻第二十七「邪見なる仮名の沙弥、塔の木を斫キて、悪報を得る縁」。

（19）同前。

（20）『日本霊異記』上巻第二十三「凶しき人、嬭房の母に孝養せ不して、現に悪死の報を得る縁」。

（21）同前。

（22）『日本霊異記』上巻第二十一「慈の心无くして、馬の重き駄を負ほせて、現に悪報を得る縁」。

（23）『日本霊異記』中巻第七「智者、変化の聖人を誹り妬みて、現に閻羅の関に至り、地獄の苦を受くる縁」。

（24）罪には二つの意味が考えられる。一つは因となる行為としての罪で、罪業などとも称される。もう一つは行為の結果受ける罰で、罪禍とも言われる。ここで消滅させられる罪は行基に対する「誹謗の罪」「口業の罪」であるから罪業であり、果として生じる罪禍のことではない。

（25）『日本霊異記』中巻第七「智者、変化の聖人を誹り妬みて、現に閻羅の関に至り、地獄の苦を受くる縁」。

（26）『日本霊異記』下巻第三十五「官の勢を仮りて、非理に政を為し、悪報を得る縁」。

（27）同前。

（28）同前。

（29）『日本霊異記』下巻第九「閻羅王、奇しき表を示し、人に勧めて善を修せ令むる縁」。

（30）同前。

(31)　この説話にきわめて強い影響を与えたと思われるものは『冥報記』には見られない。しかし、原田敦子「日本霊異記にみる骨肉の倫理――枯骨報恩譚の伝播と形成」(日本霊異記研究会編『日本霊異記の世界』三弥井書店、一九八二年)は、敦煌出土の『捜神記』にはこれに酷似した説話があり、『霊異記』はこういった原型をもとに作られたと指摘している。ただ、当時の日本の一般人は「葬法は遺棄するが如きもの」で「墓地に詣る風習が存在していなかった」(田中久夫『祖先祭祀の研究』弘文堂、一九七八年、三七～三九頁)ことを考え合わせれば、この説話は中国における意味とは異なる独自の意味合いを持ったと推測される。

(32)　「吾は葦田の郡屋穴国の郷の穴君の弟公なり。賊伯父秋丸に殺さるるもの、是なり」と名前とともに死んだ経緯をまず語っている。

第三節　冥界の空間構造と死者の身体性――『霊異記』の冥界訪問説話を中心に

一　はじめに

前節では『日本霊異記』の地獄（冥界）がいつ訪れるべき場所なのか、どのような機能を発揮する場所なのかを考察し、さらに死者の落ち着くべきと想定される場所についても言及した。

本節では引き続き『霊異記』の冥界を中心にしてつぎのことを考察する。冥界はどのような構造をしているのか。冥界と生前に暮らしている世界はどのようにつながっているのか。ちなみにこれは生前の人から死後の存在への移行ないし変化、もしくはこの世の存在から異界の存在への移行がどのようになされるのかということにもつながる。さらに冥界へ赴いた死者は、閻魔王などが苦しみを与えるときどのような存在として把握されるのか、身体および身体性に注目して考察する。これらを通して人は死後もしくはこの世を離れている間、いかなる存在形態になると認識されていたのかも論じる。

インドに由来する仏教的観念の多くを受容しつつも、それとは異なる独自の観念が、話の整合性が破綻する各所などであらわれているので、そうした部分から律令期の日本における受容と変容の結果成立した仏教的死者観念や死後理解を論じる。なお、ここでは冥界説話をたまたま集められただけのたがいに無関係な説話とはとらえず、たがいに関連する意図や観念を共有するまとまりのある説話群として考察する。

ちなみに古代日本の死後世界観として最初に取り上げられるのは記紀神話に見られるイザナキの黄泉国訪問譚であり、死者の国すなわち黄泉国はただ汚いところとされ、全体の構造や詳しい様子を描くにいたっていない。一方平安時代後半に貴族へ浄土教が浸透すると、経典に記されるような極楽浄土や地獄などが死後世界の観念としてひろく浸透する。本節で取りあげる『霊異記』はこの両者の中間に位置する。とくに後者の前段階にあたることをふまえて考察する。(1)

二　冥界訪問説話の構成

冥界が出てくる話には、上巻第五「三宝を信敬し、現報を得る縁」、上巻第三十「非理に他の物を奪ひ、悪行を為し、悪報を受けて、奇事を示す縁」、中巻第五「漢神の祟ニ依り牛を殺して祭り、又放生の善を修して、現に善悪の報を得る縁」、中巻第七「智者、変化の聖人を誹り妬みて、現に閻羅の関に至り、地獄の苦を受くる縁」、中巻第十「常に鳥の卵を食いて、現に悪死の報を得る縁」、中巻第十六「布施せ不ると放生するとに依りて、現に善悪の報いを得る縁」、中巻第十九「心経を憶持する女、現に閻羅王の闕に至り、奇しき表を示す縁」、中巻第二十四「閻羅王の使の鬼、召さるる人の賂を得て免す縁」、中巻第二十五「閻羅王の使の鬼、召さるる人の饗を受けて、恩を報ずる縁」など、あわせて十五話があり、『霊異記』の中心的題材の一つとなっている。冥界は、仏教のいわゆる六道世界のうちの一つに数えられる地獄を基調としているが、地獄そのものではなく特有の変化をしている。

冥界説話の基本的な構成を示すべく、まず奈良時代において民衆へ仏教を布教した象徴的人物とされる行基と、日本における浄土図のなかでもっとも早い時代のものの一つとされる智光曼荼羅を後世へ残した智光との二人が登場する中巻第七「智者、変化の聖人を誹り妬みて、現に閻羅の関に至り、地獄の苦を受くる縁」を前節より引き続き取りあげる。それはつぎのような話である。

智光は河内国鋤田寺の人であり、人柄は聡明で知恵に優れ、経典に注釈を付け、仏教を学ぶものにひろめた。行基は越史の生まれで、出家して仏教をひろめ、その人柄は聡明で生まれながらに理解力があり、菩薩と称された。聖武天皇は高い徳に感銘を受け、天平十六年の冬には行基を大僧正に任命した。このことに智光は嫉妬した。自分が知者であるにもかかわらず、自分は評価されず、行基ばかり評価されることに不満だと譏って、鋤田寺へひきこもった。すると智光は病気になり、弟子達に遺言した。私が死んでも九日間は火葬してはいけない。また絶対に人に知らせてはいけない。このように遺言した。弟子達はこのとおりにだれにも知らせずひそかに泣いて、遺体を安置し寺をまもり、ただその日をまった。

話は冥界へと進む。閻羅王の使いがやってきて、智光は西のほうに連れて行かれ、金色の楼閣にいたる。そこは行基が生まれ変わる予定の場所であるという。この宮門の前にいる二人の神人によって北へ行けといわれる。そこで北に行くと地獄の熱気をもつ鉄柱があり、これに抱きつかされる。熱で爛れ焼け骨だけになる。三日して「活きろ」と箒でなでると、身体は元のようになる。そしてまた北に行くとさらに熱い金属の柱があり、同様のことが繰り返される。さらに北に行くと阿鼻地獄があり、やはり同様のことが繰り返される。このように苦しみを繰り返し受けたあと、はじめの金色の楼閣にもどる。そして焼き煎られた理由は、その楼閣に生まれ変わることになっている行基菩薩を譏った罪を滅ぼすためだと明かされ、まだ死ぬべきときではないので今は帰れと神人は言う。

閻羅王の使いに伴われて、もときた東へと帰ると蘇り、九日ほど時間がすぎていた。弟子達に冥界での出来事を詳しく述べた。智光は行基にことの次第を話し、誹謗を悔い許しを乞い、さらに行基が生まれ変わるべき金色の宮殿を見たことを伝えた。行基はこれを聞いて喜んだ。

最後の説示では「誠に知る、口は身を傷ふ災の門、舌は善を剪る銛き鉞なることを」といい、さらに経典を引用して誹謗中傷は悪であり慎むべきことだと説く。そして行基と智光のその後について、行基は死後に冥界の金色の宮殿に生まれ変わったといい、智光は仏教をさらにすすめて「智囊日本の地を蛻け、奇神知ら不る堺に遷りき」と、未知の世界に生まれ変わったと結んでいる。智光も冥界で誹謗中傷の罪を滅し反省した者として肯定されている。

おおまかには、まず智光が行基を嫉み死を迎え、つぎに智光が冥界に連れてゆかれ黄金宮を通り苦しみを受け、そして蘇生し行基のもとへ懺悔しにゆく。最後に説示というあわせて四つの部分から構成される。これが冥界訪問説話の基本的構成である。すなわちまず現世での死にいたる経緯と冥界への移動がある。つぎに冥界での出来事、具体的にはすでに死んでしまった人との対面や、閻魔王や獄卒により贖罪の苦しみを受けることなどに加え、冥界に連行された理由や経緯がしばしば説明される。そして現世への帰還およびその後があり、最後にこれら素体を締めくくる説示がある。ほとんどの冥界訪問説話は、これを基本構造としてその上にさまざまな肉付けをしてかたち作られている。

三　冥界の構造

冥界空間には一定の構造がありまた固有の主催者がいる。智光の説話では冥界をつぎのように描いている。

時に閻羅王の使二人、来て光師を召す。西に向かひて往き、見れば前路に金の楼閣有り。問ふ「是は何の宮ぞ」といふ。答へて曰はく「葦原の国に名に聞えたる智者、何の故にか知らざる。当に知るべし、行基菩薩来り生まれ将とする宮なりと」といふ。其の門の左右に、二の神人立ち、身に鉀鎧を著、額に緋の蘰を著けたり。(中略)即ち北の方を指して曰はく「此の道より将往け」といふ。使に副ひて歩む前に、火を見ず、日の光に非ずして、甚だ熱き気、身に当り面を炙る。極めて熱く悩むと雖も、心に近就かむと欲ふ。問ふ、「何ぞ是く熟き」といふ。答ふ、「汝を掛らむが為の地獄の熱気なり」といふ。往く前に極めて熟き鉄の柱立てり。（中略）又北を指して将往くに、先に倍勝りて熱き銅の柱立てり。（中略）又使の曰はく「柱を抱け」といふ。（中略）又北を指して往く。甚だ熱き火の気、雲霞の如くして、空より飛ぶ鳥、熱き気に当りて落ち煎る。問ふ「是は何の処ぞ」といふ。答ふ「師を煎熬むが為の阿鼻地獄なり」といふ。（中略）更に将て還り来り、金の宮の門に至り、先の如く白して言はく「将て還り来つ」といふ。（中略）彼の菩薩は葦原の国を化し已はりて、此の宮に生まれ将とす。今来ら垂とする時の故に、待ち候ふなり。慎、黄竈火物を莫食ひそ。今は忽に還れ」といふ。(2)

冥界の中心的位置には金色の宮殿がある。智光は閻魔王の使いによって現世からここへ連れられて来て、そこで処分が決められる。この金色の宮殿から水平方向に空間はひろがっていて、その北に地獄があり、進むほどに苦しみも倍増し「阿鼻地獄」にまでいたる。また金色の宮殿は、菩薩とされる行基が生まれ変わるべき場所でもある。これが典型的な冥界の様子である。

ほかの説話でも、多少の違いはあるものの、基本的には同じである。

上巻第三十「非理に他の物を奪ひ、悪行を為し、悪報を受けて、奇事を示す縁」では「度南国」の首都として黄金の宮殿があり、ここから南では同様に熱い銅の柱を抱かされ、杖で打たれる。下巻第二十二「重き斤に人の物を取り、又法花経を写して、現に善悪の報を得る縁」でも智光の体験したのと同様の熱い柱が登場するが、その場所は東西南北の方角で示すのではなく、金色の宮殿からひろく平らな道、草の少し生えた道、藪でふさがれた道の三つがあると示し、このうち草の少し生えた道からその熱い柱へとつながるとされる。下巻第二十三「寺の物を用ゐ、復大般若を写さ将とし、願を建てて、現に善悪の報を得る縁」では熱い柱はでてこないが同様の三つの道が描かれる。冥界の様子は一つに固定したものではなく、根幹部分は共通ではあるが細かな部分はさまざまで、一定していない。

金色の宮殿へいたるまでの道のりも、この説話では死んでから西へ進んでたどりつくとある。ほかに、下巻第九「閻羅王、奇しき表を示し、人に勧めて善を修せ令むる縁」では道の途中に深い川があり使いの後について渡り宮殿にたどり着く。上巻第三十「非理に他の物を奪ひ、悪行を為し、悪報を受けて、奇事を示す縁」では、道の途中に大河があり、そこに架かる黄金の橋を渡ってゆく。死後しばらく行くと金色の宮殿へたどり着くのものの、そこまでの様子は一通りではない。

『倶舎論』をはじめとする経や『往生要集』に見られる六道観では、世界は垂直方向に重なる構造であるとしているが、『霊異記』での冥界は黄金宮殿を中心として水平方向にひろがる空間となっていることは特徴的である。またこれとかかわるもうひとつの特徴として、冥界にある金色の宮殿が、仏教的に善い行いをした場合に生まれ変わるべき場所としても位置づけられていることがある。具体的にはすでに示した中巻第七の行基と、中巻第十六「布施せ不る放生するとに依りて、現に善悪の報を得る縁」の主人公の妻が金色の宮殿に生まれ変わるものとされている。つまり金色の宮殿は天や浄土にも準えられているのだが、冥界という同一空間のなかで地獄と水平方向につながっているものとされる。仏教的六道観では地獄は地下深くにあるとされ、天は人間界よりもさらに上にあるものと対極に位置づけられていることと異なり、『霊異記』の冥界の特徴の一つとなっている。

黄金宮はまた裁きが行われる場所でもある。冥界の中心的存在である黄金宮には、閻羅王がいて主人公等の罪を裁く。上巻第三十「非理に他の物を奪ひ、悪行を為し、悪報を受けて、奇事を示す縁」、下巻第二十三「寺の物を用ゐ、復大般若を写さ将とし、願を建てて、現に善悪の報を得る縁」ではただ「王」とあり具体的に名前は示されない。下巻第九「閻羅王、奇しき表を示し、人に勧めて善を修せ令むる縁」でも同様に金色の宮殿にいる「王」により裁かれるが、そこを離れる際に彼の名は閻羅王であり、地蔵菩薩と同体だと明かされる。中巻第五では「吾自ら知る、閻羅王なることを」と、宮殿に入りそこにいた「王」がこれといった根拠がなくても閻羅王であることが自然と主人公に理解されている。閻羅王が黄金宮にいて裁判をしていると認識されている。閻羅王はまた配下に役人を持つ。閻羅王が裁かない場合、宮門の前にいる者が代わりとなる。智光の説話では「神人」によって裁かれる。

其の門の左右に、二の神人立ち、身に鉀鎧を著、額に緋の蘰を著けたり。使長跪きて白して曰はく「召しつ」といふ。問ひて曰はく「是は豊葦原の水穂の国に有る。所謂智光法師か」といふ。智光答へて白さく「唯然り」といふ。即ち北の方を指して曰はく「此の道より将往け」といふ。(3)

智光は「閻羅王の使二人」によって連れてこられ、黄金宮の門前にいる鎧を付け赤いかずらをつけた「神人」によって阿鼻地獄に通じる北の道へゆくことが決められる。

中巻第十六「布施せ不る放生するとに依りて、現に善悪の報を得る縁」では、門の前にいる額に角のある「人」が主人公の首を斬ろうとしている。同様の死者を冥界へと連れてゆく閻羅王の使いは、上巻第三十「非理に他の物を奪ひ、悪行を為し、悪報を受けて、奇事を示す縁」では髪を挙げ束ねた大人と子供の姿をしている。中巻第二十四「閻羅王の使の鬼、召さるる人の賂を得て免す縁」では「高佐麻呂・中知麻呂・槌麻呂」という名をもつ三人の鬼とされる。下巻第九「閻羅王、奇しき表を示し、人に勧めて善を修せ令むる縁」では、頬の髭が上向きにはえ、赤い服のうえに鎧をつけ太刀や鉾を持った「人」である。興味深いことに修善の人が生まれ変わるべき場所として黄金宮を描く説話では、そこに主人公が入り閻羅王に裁かれるのではなく、代わりにその門の前で部下が裁きを行うという特徴がある。

示してきた冥界についてはおおむねつぎのようにまとめられる。冥界は黄金宮を中心に水平方向に広がっていて、はっきりとした境界がある閉じた空間ではなく、冥界の終わる果ては明確には描かれていない。主人公が見たり教えられ知りえた範囲のみが記され、全体像が描写されることはない。そしてこの冥界は黄金宮にいる閻羅王が管理し、死者への裁きをくだす。さらに部下を使って死者を冥界に連れてこさせたり、死者に苦しみをあたえたりする。部下の姿は人間とかなり似通っている。だいたいにおいて冥界は地獄に重ね合わされるが、興味深いことに黄金宮は善を修めた人が生まれ変わる場所でもあり、天や浄土に準えられてもいる。各説話の説く冥界の様子は、厳密に統一されたものではなく多様で異同も多いが、おおむね以上のようなものである。

四　この世と冥界との往来と身体

死の瞬間に冥界へと連れて行かれる場面と、蘇生し冥界から現世に帰る場面には、死者の形態についての認識があらわれている。まずは現世から冥界への移動である。

死の当事者である智光が冥界へいたるまでの特徴は、臨終から冥界へいたるまで連続性があり、明確な断絶はないことである。臨終に見守る弟子達に対して死体を焼くななどと遺言しているが「時に閻羅王の使二人、来て光師を召す。西に向かひて往き、見れば前路に金の楼閣有り」と、閻羅王の使者に連れられ生前の行動と同じように冥界へと移動する。ここでは閻羅王の使いによって身体から霊魂が抜き出されるなどしてその存在形態の変化が自覚的に体験されることはないし、冥界への移動を可能にする特殊な手段といったものはまったく描かれない。死の当事者の体験としては、生前と死後のあいだに質的な変化はなく連続している。生前の移動とまったく同様に西へと連れて行かれ、いつのまにか冥界へと踏み入れる。

このことは閻羅王の使いについてより詳しく描く中巻第二十四「閻羅王の使の鬼、召さるる人の賂を得て免す縁」でより顕著に見られる。

楢磐嶋は、諸楽の左京の六条五坊の人なり。大安寺の西の里に居住す。聖武天皇のみ世に、其の大安寺の修多羅分の銭三十貫を借りて、越前の都魯鹿の津に往きて、交易して運び超し、船に載せ家に将ち来たる時に、忽然に病を得、船を留め、単独家に来むと思ひ、馬を借りて乗り来たる。近江の高嶋の郡の磯鹿の辛前に至りて、睠みれば、三人迫ひ来る。後るる程一町許なり。山代の宇治橋に至る時に、近く迫ひ附き、共に副ひ往く。磐嶋問ふ「何に往く人か」といふ。答へ言ひて曰はく「閻羅王の闕の、楢磐嶋を召しに往く使なり」といふ。磐嶋聞きて問ふ「召さるるは我なり。何の故にか召す」といふ。(4)

聖武天皇の治世に、磐嶋という人が大安寺のお金を借りて越前の港へゆき、買い物をしてもって帰ろうとする時に、急病となった。馬を借りて一人で帰ろうとする途中で、後ろから三人がやってきて、さらに行くうちに追いついてきた。磐嶋は三人に「どこに行く人か」ときくと、「閻羅王の宮殿の使者で、磐嶋を連れにゆく」とこたえ、さらに磐嶋は「呼ばれているのは私だ。どういう理由か」と聞いた。話はこのようにしてはじまる。このあと磐嶋は腹の減っていた鬼に食べ物を与えもてなしたことで、結局閻羅王の冥界へ連れて行かれることなく長寿を保ったとしている。

この説話では、磐嶋が急病になり家に帰る途中で、冥界へと連れに来た三人の「鬼」と遭遇して会話をしている。磐嶋は冥界には結局行かないのであって、この閻羅王の使いの鬼と出会ったのはこの世の中でのことである。鬼との接触のさまは、この世で生きているあいだに普通の人と接触するのと何も変わらない。閻羅王の使いが連れにやってきてこれと出会うという状況は、さきほどの智光の場合とまったく同じである。一方は生前で他方は死後ないし仮死状態だが、当事者の体験としてはまったく同じである。日常生活の中に冥界の使者は自然に違和感なく入り込み、その往来の先に冥界が切れ目や継目なくつながっている。

ちなみに冥界訪問説話ではないが中巻第十「常に鳥の卵を食いて、現に悪死の報を得る縁」では、主人公は使いに連れられ燃える畠に押し入れられる。これはその様子を見た人などの描写から現実世界でのことと考えられるものの、そこに地獄の炎が重ね合わされている。だれの使いなのかは明らかにされていないが、おそらく閻羅王の使いであろう。つまり死後の体験と生前の体験が渾然と重なり合う場面が描かれている。死の当事者の体験では、冥界までの移動は生前の移動などとまったく変わらず連続性を持っていて、生前と死後はいずれとも分かちがたく渾然一体となっている。

つぎに冥界に行った死者が現世に還ってくる場面である。現世に残された智光の弟子たちの視点からはつぎのようなものとなる。

> 倏に痢病を得、一月許を経て、命終はる時に臨みて、弟子に誡めて曰はく「我死なば、焼くこと莫かれ。九日置きで待て。学生我を問はば、答へ曰ふべし。東西に縁有りといひ、留めて供養せよ。慎、他に知らすること勿かれ」といふ。弟子教を受け、師の室の戸を閉ぢて、他に知ら令めずして、窃に涕泣き、昼夜闕を護りて、唯期りし日を待つ。学生問ひ求むれば、遺言の如く答へて、留めて供養す。(中略)東に向かひて還り来り、即ち見れば、頃唯九日を径たり。蘇めて弟子を喚ぶ。弟子音を聞き、集ひ会ひ、哭き喜ぶ。(5)

智光は病気になり、臨終のときに弟子に九日間は遺体を焼かずにいることと、死んだことを秘密にしておくことを言い遺した。弟子はその通りにした。智光が蘇生したときは冥界へ行ってから九日を経ていた。弟子達は泣いて喜んだ。すなわち智光が冥界にいるあいだに、この世には火葬をしないで遺体が安置され保全されていた。弟子たちにとっての蘇生とは、この遺体が蘇生しふたたび動き出すことである。

蘇生のためにはこの遺体の保存が必要条件とされていたことは、ほかの説話でも見られる。上巻第五「三宝を信敬し、現報を得る縁」では「連の公難破に居住みて忽に卒りぬ。屍異香有りて馚馥レリ。天皇勅して七日留め使め、彼の忠を詠ハシム。径ること三日即ち蘇メ甦キタリ」と勅命により遺体が安置され、三日後に蘇生して冥界でのことを語りはじめる。中巻第十六「布施せ不る放生するとに依りて、現に善悪の報を得る縁」では釣られた鯛を買い取って放生した人が薪を拾いにゆき、足を滑らせ死んで冥界へゆくのだが、「卜者に託ひて曰く『我が身を焼くこと莫かれ、七日置け』といふ。卜者の語に随ひ、山より荷ひ出して、外に置き、唯期りし日を待つ。七日にして乃ち蘇め、妻子に語りて言はく」と続く。死者が卜者を通して言い残したあと、この世に残された妻子は遺体をそこから運びだして安置し待っていると、七日後に蘇生して冥界での出来事が語られる。これら類似の説話でも保全されている遺体が蘇生し、冥界での出来事を話す。遺された者からすれば蘇生は死者が夢から覚めるようなもので、遺体の保全が蘇生の必要条件となっている。

遺体の保全という必要条件が満たされない例外的な説話がある。中巻第二十五「閻羅王の使の鬼、召さるる人の饗を受けて、恩を報ずる縁」は、主人公が死んで冥界に一度行き、そこから生前の世界に還ってくる。閻羅王は使いの鬼に「山田の郡の衣女」を連れて来るようにいうが、鬼は饗を受けてしまいこれに報いるために同姓同名の別人である「鵜垂の郡の衣女」を冥界に連れてゆく。

> 時に閻羅王、待ち校へて言はく「此は召せる衣女に非ず。誤チテ召せるなり。然れば暫く此に留まれ。捷カニ往きて山田の郡の衣女を召せ」といふ。鬼慫すこと得ず、荐ニ山田の郡の衣女を召して、将て来たる。閻羅王、待ち見て言はく「当に是れ召せる衣女なり」といふ。往にし彼の鵜垂の郡の衣女は、家に帰るに、三日の頃を経て、鵜垂の郡の衣女の身を焼き失へり。更に還りて閻羅王に愁へ白さく「体を失ひて依りどころ无し」とまをす。時に王問ひて言はく「山田の郡の衣女が体有りや」といふ。答へて言はく「有り」といふ。王言はく「其を得て汝が身とせよ」といふ。因りて鵜垂の郡の衣女の身と為りて、甦りたり。[6]

閻魔王は鬼が連れて来た「鵜垂の郡の衣女」は別人であると気付き、あらためて「山田の郡の衣女」を連れて来るように命じる。そして「鵜垂の郡の衣女」を再び元の世界へ還そうとするのだが、ここで問題が生じた。その遺体がすでに焼かれてしまっていて、寄り付くべきものがないと閻羅王に訴えてきた。閻羅王は本来冥界に連れて来られるべきであった「山田の郡の衣女」がまだ焼かれていないことを確認し、これを「鵜垂の郡の衣女」の身体とさせて生き返らせたというのである。

この話では、冥界では霊魂のみで存在可能で、反対に現実世界では霊魂だけで存在することは出来ず、霊魂と峻別される物体としての身体が不可欠であることが明確に示されている。冥界にやってきた死者はその身体を生前の世界へと残してきていて、生き返ることは元の遺体に霊魂が再び憑くことと考えられているが、もしも自身の遺体が保全されていないなら、代わりとなる身体が得られればそれが別人のものであってもかまわない。霊魂が冥界から帰りさえすれば、自然と実体化して身体を形成して生前と同様の暮らしができるのではない。もしも霊魂だけが現世に帰ったとしても、生前と同じようには存在できないであろうことが理解される。

身体が保存されなかった場合についてはさらに下巻第三十六「塔の階を減じ、寺の幢を仆して、悪報を得る縁」の、藤原永手に関する説話でも描かれている。

時に、病者託ヒテ言はく「我は永手なり。我、法花寺の幢を仆さ令め、後に西大寺の八角の塔を四角に成し、七層を五層に減じき。此の罪に由りて、我を閻羅王の闕に召し、火の柱を抱か令めて、挫釘を我が手の於に打ち立てて、問ひ打ち拍つ。(中略)即ち閻羅王、我を免し擯ひ返し貺ふ。然れども我が体滅びて、寄宿る所無きが故に、道中に漂ふ」といふ。(7)

藤原永手の息子家依が悪い予兆と思われる夢を見て永手に忠告するも、永手はこれに応じず死んだのを受けてのことである。ある時、病者の口を借りて永手が話をした。それによると寺の幡を倒し、塔を低くするなどの罪により冥界で苦を受けている。それがあるきっかけにより許され還してもらえることになったのだが、自身の身体は滅んで寄り付くものがないので、宙を漂っているというのである。冥界は霊魂のみの状態で存在できる一方で、寄り付くべき身体がないとこの世には存在できない。場合によっては「病者」の口を借りて話すこともあるが、冥界から還ったとしても身体がないと「道中に漂ふ」しかないとされる。

以上の冥界から現世への移動の場面からは、死者の存在の形態とは、端的に死者の主体となる霊魂と身体に分離している状態と理解される。死の当事者の主観的体験では、生前から死後の冥界にいたるまで連続していて大きな断絶がなく、これは重要な特徴の一つではあるが、反対に冥界から生前暮らしていた世界に戻る場面では身体の有無により大きな違いが生じる。自身の身体があれば、もしくは自身の身体がなくても代わりとなる身体があれば無事に蘇生でき、自身およびその代わりとなる身体がない場合には蘇生できず冥界から還ったとしても浮遊するしかない。冥界からの現世への帰還の場面で、おもに生前の世界で蘇生を待つ第三者の視点が取り込まれているとき、冥界へ行ったのは霊魂だけであることが浮き彫りにされている。

要するに死者の存在形態は、第三者の視点からは身体と霊魂とに分離したものとして把握され、霊魂は冥界へ行き、身体は目の前に残されている。一方、死の当事者は身体から霊魂が抜け出すような特別な体験もなく、生前と変わることのない体験がそのまま続き、冥界では霊魂のみの存在であるにもかかわらず身体性により存在が把握されまた身体性により苦を体験し、身体がないことを本人は自覚しないし、また人にこれを意識させない。これに対してこの世は身体があってはじめて十全に存在できる空間ということができる。

五　冥界での身体と身体性

冥界においては物質としての身体を有していないことを確認したうえで、智光の説話の冥界での出来事に話を戻す。

使に副ひて歩む前に、火を見ず、日の光に非ずして、甚だ熱き気、身に当り面を炙る。極めて熱く悩むと雖も、心に近就かむと欲ふ。問ふ「何ぞ是く熱き」といふ。答ふ「汝を掛らむが為の地獄の熱気なり」といふ。往く前に極めて熱き鉄の柱立てり。使の曰はく「柱を抱け」といふ。光、就きて柱を抱けば、肉皆銷け爛れ、唯骨璅のみ存れり。歴ること三日、使、弊れたる箒を以て、其の柱を撫でて「活きよ活きよ」と言へば、故の如く身生く。又北を指して将往くに、先に倍勝りて熱き銅の柱立てり。極めて熱き柱にして、悪に引かれ、猶就きて抱かむと欲ふ。言はく「抱け」といふ。即ち就きて抱けば、身皆爛れ銷く。径ること三日、先の如く柱を撫でて「活きよ活きよ」と言へば、故の如く更に生く。又北を指して往く。甚だ熱き火の気、雲霞の如くして、空より飛ぶ鳥、熱き気に当りて落ち煎る。問ふ「是は何の処ぞ」といふ。答ふ「師を煎熬むが為の阿鼻地獄なり」といふ。即ち至れば、師を執へて焼き入れ焼き煎る。唯鍾を打つ音を聞く時は、冷めて乃ち憩ふ。径ること三日、地獄の辺を叩きて「活きよ活きよ」と言へば、本の如く復生く(8)。

滅罪のために智光が受けた苦しみは、地獄の熱気に満ちたところに立っていた熱い鉄柱に抱きつかされ、肉が焼けただれ崩れてゆき、骨だけになるというものである。さらに北に進み程度が倍増した同様の苦痛、すなわち「身皆爛れ銷く」という苦痛を味わい、またさらに北に進み「阿鼻地獄」で焼き煎られるというものである。受ける苦しみは、地獄の熱気により身体が焼け崩れ骨だけになるという、熱により身体が破壊される苦しみであり、その合間には、箒でなで「活きろ」と言葉をかけると元に戻り、回復した体が再び焼け崩れるという苦しみを味わう。繰り返される苦しみは身体が焼き爛れ崩れるという過程であって、苦しみとは肉体的なものである。

これと同様に地獄の苦しみの一つとして熱い柱に抱きつかされることは、上巻第三十「非理に他の物を奪ひ、悪行を為し、悪報を受けて、奇事を示す縁」にも「甚だ熱き銅の柱を抱カシテ立つ。鉄の釘三十七を其の身に打ち立て、鉄の杖を以て打たる」と見られる。ここでは主人公ではなく、その父親がこの苦しみを受けているのだが、熱い柱に抱きつかされることにさらに加えて、鉄の釘を打たれ鉄の杖で打たれることが、朝昼晩と繰り返されている。また主人公が冥界に連れて来られる発端となった過去に死んですでに冥界にいた妻は、「鉄の釘を以て頂に打ちて尻に通し、額に打ちて項に通し、鉄の縄を以て四枝を縛し」という様子であった。鉄の釘を打ち込まれるのも、杖で打たれるのも、釘を貫通されるのも、いずれも身体を対象としてのことである。ほかに中巻第二十四「閻羅王の使の鬼、召さるる人の賂を得て免す縁」では、最終的には回避されるものの、閻羅王が使いの鬼に下すであろう罰も杖で打たれることと予測されている。つまり冥界での苦しみとは多くの場合、生々しくも身体を対象とするものである。苦しみは身体を通して受けるものであり、身体なしにはこうした苦しみは成り立ちえない。

これらで描かれる冥界での身体的苦痛は、「地獄の熱気」「阿鼻地獄」などの部分に明らかなように、仏教でしばしば描かれる六道の最底辺に位置する地獄に重ね合わされている。経典類を引用し要約した『往生要集』での地獄の描写と比べれば明らかである。

或は獄卒、手に鉄杖・鉄棒を執り、頭より足に至るまで、遍く皆打ち築くに、身体破れ砕くること、猶し沙摶の如し。或は極めて利き刀を以て分々に肉を割くこと、厨者の魚肉を屠るが如し。涼風来り吹くに、尋いで活へること故の如し。欻然としてまた起きて、前の如く苦を受く。或は云く、空中に声ありて云く、「このもろもろの有情、また等しく活へるべし」と。或は云く、獄卒、鉄叉を以て地を打ち、唱へて「活々」と云ふと。かくの如き等の苦、具に述ぶべからず。已上は、智度論・瑜伽論・諸経要集に依りて、これを撰ぶ(9)

また、ほかにも、

獄卒、罪人を捉へて熱鉄の地の上に臥せ、或は仰むけ、或は覆せ、頭より足に至るまで、大いなる熱鉄の棒を以て、或は打ち、或は築いて、肉摶の如くならしむ。或は極熱の大いなる鉄鏊の上に置き、猛き炎にてこれを炙り、左右にこれを転がし、表裏より焼き薄む。或は大いなる鉄の串を以て下よりこれを貫き、頭を徹して出し、反覆してこれを炙り、かの有情の諸根・毛孔、及以び口の中に悉く皆炎を起さしむ。或は熱き鑊に入れ、或は鉄の楼に置くに、鉄火猛く盛んにして骨髄に徹る。喩伽論・大論(10)

などと経論に依った同様の描写がある。『往生要集』では地獄にもっとも多くの量を割いて、詳しく具体的に多くの苦しみを、類似するものも省かず繰り返し描いているのだが、そのなかには『霊異記』に描かれている様子、すなわち獄卒が鉄の杖で身体を打つとか、砕かれた身体が空中からの声や獄卒の「生き返れ」という声によって元に戻ること、熱によって炙られること、鉄の串で頭から貫かれることなども描かれている。熱い柱を抱かせる部分については、『往生要集』には見られないが、『霊異記』との関係も考えられる『法苑珠林』では「死して地獄に入る。之を鉄床に臥さしめ、或は銅柱を抱かしむ。獄鬼火を然し、以て其の身を焼く」(11)と、熱い柱に抱きつかされ身体を焼かれるという苦しみが地獄の描写としてあり、また阿鼻地獄に属する十八の小地獄のそれぞれが持つ地獄の一つとして多くの銅柱がある「五百億銅柱地獄」がある。(12)ほかにも『法華経』に「殺生・偸盗・邪婬・妄言・両舌・悪口・謗語・貪欲・瞋恚・愚癡の者」すなわち十悪を行った者が堕ちる地獄として「第十一銅柱地獄」があり、[13]偽経とされる『善悪因果経』でも釈迦が阿難に語った言葉として「今身に邪行多き者、死して銅柱・鉄床地獄に堕つ」とある。[14]『霊異記』の冥界での身体的苦痛は、ひろく見られる地獄の苦痛の表現と重なるものである。

しかし『霊異記』で描かれる冥界と経典にある地獄とは、重要な部分で質的に異なっている。身体に注目することでこれは明らかになる。

地獄とは、五趣ないし六道という迷える有情が存在する世界構造の一つとしてある。人は死ぬとつぎの生までの中有、生まれる瞬間の生有、生まれてから死ぬまでの本有、死ぬ瞬間の死有、そしてまた中有と繰り返す。この生の輪廻の舞台として六道世界はあり、人がそうであるように、繰り返される生とは身体を持つ状態である。人も畜生でも同じで、さらに地獄でも同様である。生まれてから死ぬまでのあいだの本有では身体を持っている。身体をもたないのは四有のうち中有の期間だけである。つまり地獄における存在とは人間や畜生と同じように身体を持った生である。[15]

これに対し『霊異記』では、代表的類型の一つである化牛説話が、同様に身体をもっていてほぼそのまま重なるのだが、しかしもう一つの代表的類型である冥界訪問説話では異質である。すでに示してきたように『霊異記』の冥界訪問説話では本人には自覚されないことが多いが、冥界に赴くのは身体から抜け出した霊魂であり、依然として現世に残された生前の身体との密接な関係は保たれ、冥界であらたな身体を得ることはない。冥界は、身体を持つつぎの生ではなく、生前とは異なり身体を持たない死後世界もしくは異界である。冥界は生前とは断絶し質的に異なる死者および仮死状態の者が一時的に苦を味わう空間であって、現世と同様の迷いの生をおくる空間ではない。この点に関しては両者は決定的に異なっている。

このことは『霊異記』の特色を浮き彫りにする。すなわち『霊異記』に描かれる冥界にいる死者には、『往生要集』などの地獄とは違い、苦を受ける直接の対象である身体がないにもかかわらず、身体的苦痛を受けるという矛盾ともいえる特殊な事態を描いているのである。

本来地獄は生者の空間の一つとしてあるが、『霊異記』の冥界は身体のない状態で赴くべき生前とは異質な場所すなわち死者の空間もしくは異界として位置づけられている。それにもかかわらず地獄での死者を、物体としての性質を取り除いた非物体的な霊魂としては想像していない。必ず身体をもって存在している現実世界での存在や行動を、死後にも延長することでしか死後を描けていない。身体を持っていないにもかかわらず身体によって死者を把握する。つまり、冥界において死者は身体を持たないのだが身体性という性格が強く持たされているのが『霊異記』の特徴として導き出せる。[16] 物体としての身体そのものは持たないが、身体の持つ性質である身体性は霊魂であっても保有している。そしてこの身体性によって『霊異記』の冥界訪問説話の多くは成り立っている。主体としてまた客体として把握されるかぎりで、霊魂であってもその存在は身体性によって実現されている。[17]

六　この世に残る死体と霊魂との関係性

身体のない霊魂でさえ冥界での苦しみが身体性によって表現されるということは、身体性には単なる身体の性質以上の意味がある。ならば身体性の極致とも言いうるこの世に残る身体にも単なる物体以上の意味があるのではないだろうか。身体を持たない霊魂でさえも身体性を持つことから発想を逆転させるなら、身体への対処が単なる物理的処理以上の意味を持つ可能性を指摘できる。

冥界訪問説話では遺体を安置し保全することが多く、その場合遺体を対象とする積極的な働きかけは行われていない。その間にこそ霊魂が冥界での体験をしている。身体が失われ無事に現世に蘇生できなかった説話でも遺体に対して積極的な働きかけはしていない。注目すべきは、一般的な遺体処理とは少しばかり異なる遺体の扱いをしたつきの説話である。前節でも取り上げたが、ここで再び取り上げる。

高麗の学生道登は、元興寺の沙門なり。山背の恵満が家より出づ。往にして大化二年丙午、宇治椅を営り往来する時に、髑髏奈良山の渓ニ在りて、人畜の為に履マル。法師悲しびて、従者万侶をして木の上に置か令む。同じ年の十二月の晦の夕に迄りて、人、寺門に来たりて白さく「道登大徳の従者万侶といふ者に遇はむと欲ふ」とまをす。万侶出でて遇ふに、其の人語りて曰はく「大徳の慈を蒙り、頃平安の慶を得たり。然して、今夜に非ずは恩を報いむに由无し」といふ。輒ち万侶を将て其の家に至り、閉ぢたる屋よりして屋の裏に入るに、多く飲食を設く。其の中己が分の饌を以て万侶と共に食ふ。（中略）夫れ死霊白骨すら尚猶し此くの如し。何に況むや、生ける人、豈恩を忘れむや。[18]

智光とゆかりの深い元興寺で学ぶ僧の従者が主人公である。ここで注目したいのは行動は因となり、これに対して必ず報いがあるという部分ではない。人や動物に踏まれていたが主人公により木の上に置かれた骨がはたす働きである。

「髑髏」「白骨」は「人畜の為に履マル」とあることからも、これは埋葬しないで保全も安置もされず、おそらくは遺棄された遺体であることは明らかである。この世に残る身体はたとえ霊魂が冥界から還ってきても再び取りついて生き返ることが出来る状態にはない。このような骨を木の上に置いたことで、年末に人の姿となって返礼しにくることがここでは重要な意味をもって語られる。この骨は依然として霊魂と結びついていて、骨の平安がそのまま霊魂の平安になっている。遺体は霊魂と分離して崩壊し、生き返ることができない状態になってはいるものの、霊魂との関係が失われた単なる物体としては把握されてはない。もはや霊魂がとどまることができない白骨でも、その背後につながるものとして霊魂が想起されている。

身体は、その状態が霊魂を容れて保持することができないまで崩壊していても、霊魂と完全に分離した独自に存在する物体、すなわち石や土と同様の非生物の単なる物体として認識されるのではなく、依然として霊魂との関係が背後にあるものとして認識されている。物体としての身体を持たない霊魂が、冥界にあって受ける苦痛が身体的なものであることとあわせ考えるなら、存在者とは結局直接に知覚可能で関与や強制の可能な対象である身体ないし身体性によって認識され把握されているということができる。人をはじめとする生き物は、それぞれ別個の独立した身体と霊魂という二つの存在が一体となって構成されていると認識されていない。霊魂と身体を分けて考えてはいるものの、結局完全に分離した単独の霊魂すなわち身体性を捨象した霊魂、または霊魂と完全に分離した単なる物体と化した遺体や遺骨というものは描かれない。霊魂に焦点があっても身体性がついてまわり、遺骨を焦点にしても霊魂があらわれる。霊魂と身体は区別され、空間的には分離するものの、常にそこには相即性があり、つながりが断絶することはない。

冥界は空間として位置づけられていて死の当事者はそこへたどり着くとし、身体を持たない霊魂はそこで身体性によって描写される。死の当事者は冥界での苦の体験を身体性によって実現する。霊魂が本質とされる場合も、知覚認識においては身体ないし身体性が死者の第一義であり、この身体性を通して霊魂の存在は了解されている。一方この世に残される者にとって、死者とは第一に目の前の身体すなわち遺体である。遺体から働きが失われていることを了解するべく、これと表裏をなす空間として、目の前の身体から失われた意識すなわち霊魂が行くべき空間として、冥界という観念は機能している。いずれにおいてもそれぞれの立場で認識できる身体ないし身体性が格別の重要性を持っている。死者とはその身体ないし身体性によって存在が把握されるものである。

七　小結

本節では『霊異記』における冥界の様子やこの世との往来、そこでの体験などを考察し、冥界の空間構造と死者の身体および身体性について論じた。

『霊異記』で描かれる冥界とは、黄金の宮殿を中心に水平方向に広がる空間で、閻羅王が主催し「神人」や「鬼」を使い、現世から人を連れてきて罪を裁く場所であり六道の中の地獄であると同時に、中心にある黄金の宮殿はまた善業をした人が生まれ変わるべき場所ともされ天や浄土に準えられる。いわゆる六道観念に収まりきらない特有の空間となっている。

冥界との往来から死者の身体についての認識が読みとれる。この世から冥界へ向かうときは死者の視点から描写され、死者は自分が死んだという決定的出来事を自覚せずに、生前と同じように使者に冥界まで継目なく連れて行かれる。しかし冥界からこの世へ戻るときはこの世に遺された人の視点から蘇生が描かれ、生前の世界に残した死体が一定期間安置されたのちに息を吹き返す。または火葬により身体が失われている場合は代わりとなる別人の体で蘇生する。つまり冥界へ赴いていたのは身体から抜け出した霊魂のみであり、冥界では身体のない霊魂のみの状態でさまざまな体験をしたはずなのだが、死者自身の主観では身体からの離脱も身体への帰入も自覚されず、冥界でも主観的には身体があった生前と同じように体験している。

また冥界での体験により死者の身体についての認識がさらに詳しく理解できる。冥界での出来事は六道世界の一つである地獄に重ね合わされているが、身体の有無という点で決定的に異なっている。地獄での存在は人が身体を持っているのと同様に身体を持っているが、『霊異記』の冥界にやってきた死者は霊魂だけの存在で身体を持たない。しかしながら冥界では高温に熱せされた金属の柱に抱きつかせられ体が焼かれるとか、鉄の棒で打たれ体が粉々になるなど、身体がないにもかかわらず生々しく肉体的苦痛があたえられる。つまり物体としての身体はないがその性質である身体性がたしかにあり、この身体性によって死者の冥界での体験が実現される。

またこのことと表裏をなし、この世にある遺体はその霊魂とのつながりを背後にもっている。もう蘇生する可能性もなくなった白骨であっても、これに対する扱いは単なる物体への行為として捉えられるのではなく、霊魂に対してのものとして認識され、特殊な条件下で実体化した霊魂は返礼をする。つまり死者は身体や身体性こそが存在の認識においてもっとも根底的な役割をはたし、霊魂の存在やこれに対する知覚は身体や身体性を通して可能となる。

註

(1)『日本霊異記』は日本古典文学大系、『往生要集』は日本思想大系(『源信』)所収のもの、『法苑珠林』『経律異相』『妙法蓮華経』『善悪因果経』は大正大蔵経所収のものを用いた。

(2)『日本霊異記』中巻第七「智者、変化の聖人を誹り妬みて、現に閻羅の関に至り、地獄の苦を受くる縁」(原漢文。書き下しは日本古典文学大系によった。以下同)。

(3) 同前。

(4)『日本霊異記』中巻第二十四「閻羅王の使の鬼、召さるる人の賂を得て免す縁」。

(5)『日本霊異記』中巻第七「智者、変化の聖人を誹り妬みて、現に閻羅の関に至り、地獄の苦を受くる縁」。

(6)『日本霊異記』中巻第二十五「閻羅王の使の鬼、召さるる人の饗を受けて、恩を報ずる縁」。

(7)『日本霊異記』下巻第三十六「塔の階を減じ、寺の幢を仆して、悪報を得る縁」。

(8)『日本霊異記』中巻第七「智者、変化の聖人を誹り妬みて、現に閻羅の関に至り、地獄の苦を受くる縁」。

(9)『往生要集』巻上、大文第一、厭離穢土、地獄、等活地獄(原漢文。書き下しは日本思想大系によった。以下同)。

(10) 同前、焦熱地獄。

(11)『法苑珠林』巻第七十、受報篇第七十九、悪報部第十一。

(12)『法苑珠林』巻第七、六道篇第四之三、地獄部、受報部。また『経律異相』にも同文がある。澤田瑞穂『修訂 地獄変——中国の冥界説』(平河出版社、一九九一年)では、経論ではないが『弁正論』にも引かれる『幽明録』の康阿得の話に諸獄の一つとして「抱赤銅柱」がみえることを指摘している。

(13) 鳩摩羅什訳『妙法蓮華経』馬明菩薩品第三十。

(14)『善悪因果経』(原漢文)。

(15) ただし物質を離れたとされる天の無色界や、天台のいう四聖はこのかぎりではない可能性があるが、ここではこれらは問題とされていない。

(16)『日本霊異記』下巻第三十八「災と善との表相先づ現はれて、後に其の災と善との答を被る縁」では「又僧景戒が夢に見る事、延暦七年戊辰の春三月十七日乙丑の夜夢に見る。

景戒が身死ぬる時に、薪を積みて死せる身を焼く。爰に景戒が魂神、身を焼く辺に立ちて見れば、意の如く焼けざるなり。即ち自ら楉を取り、焼かるる己が身を策棠キ、挽に串キ、返し焼く。先に焼く他人に云ひ教へて言はく「我が如く能く焼け」といふ。己が身の脚膝節の骨、臂、頭、皆焼かれて断れ落つ。爰に景戒が神識、声を出して叫ぶ。側に有る人の耳に、口を当てて叫び、遺言を教へ語るに、彼の語り言ふ音、空しくして聞かれ不れば、彼の人答へず。爰に景戒惟ひ忖らく、死にし人の神は音無きが故に、我が叫ぶ語の音聞えざるなり」とあり、すでに指摘したことがみられる。地獄での苦が身体を棒で叩くなど身体的であったのと同様に、ここでも身体から分離した霊魂が身体性を備えている。火葬の対象である物体の死体を焼くべく、この死体の側にいて木の枝でこの死体をつついている。霊魂は身体から分離したものだから身体を持たないのだが、死体などの物体に接触可能である。さらに四肢の分離と霊魂とが密接に関連している。つまり霊魂は身体は持たないが身体性を持っていることが理解される。また生前とかわらない身体性があるのと同時に、生前とは完全に同じではないことも描かれる。すなわち死者の霊魂は声が出ない。声が出ないことにより、自身の意思は生きている人には伝達できず、意思疎通もできない。これは死者の霊魂との関係が物体を媒介にして、言い換えるなら身体性によって成り立ちうる可能性を示すとともに、霊魂の直接の意思疎通は一般的には成立しないことも示している。

(17)　死後の主体は身体そのものを持たないが性質としての身体性を持つと考えたから、身体をもつ地獄と重ね合わせたのか、もしくは身体を持つ生の世界構造としての六道を受け容れたから、死後の霊魂にも身体性をもたせたのか、本節では明らかにできない。どのような経緯で、身体そのものを持たないがその性質である身体性を持つ霊魂や、これの存在する冥界の観念が成立したのかについて、中国での冥界観と六道観の習合とあわせ別の機会に論じたい。

(18)　『日本霊異記』上巻第十二「人畜に履まるる髑髏救ひ収められ、霊しき表を示して現に報ずる縁」。また類似の説話として下巻第二十七がある。これらについて先行文献との関係などについて原田敦子「日本霊異記にみる骨肉の倫理――枯骨報恩譚の伝播と形成」（日本霊異記研究会編『日本霊異記の世界』三弥井書店、一九八三年）、小林保治『説話集の方法』（笠間書院、一九九二年）、李恵燕「声を発する髑髏――『日本霊異記』と『法華験記』に現れる骨について」（永藤靖編『法華験記の世界』三弥井書店、二〇〇五年）で考察されている。

第四節　「異相往生」は浄土にたどりつけたか
――『往生極楽記』と『往生要集』『霊異記』との比較から

一　はじめに

浄土教は『往生要集』により代表され、現世を穢土とみなしこれから離れて極楽浄土へ往生することを願うもので、それ以前の現世利益を願う呪術的仏教とは本質的に異なっており、両者は対置されるものと理解されてきた。[1] しかし勧学会の実際の活動の動向のより詳しい考察からは、浄土教は奈良朝以来の密教的地盤の上に発生したと論じられるようになっている。[2]『霊異記』は密教の本格的導入に先立って成立したが、これが記すところの因果という一般法則に支えられ、仏教的行為が因となり苦を除き楽をもたらすという果を生じる事例は、一種の呪術としても理解されうるものである。貴族の浄土教の理解および受容はこの『霊異記』の仏教理解の延長線上になされたという見方も可能である。

平安時代にもっとも早くに浄土教を受け入れた文人貴族の一人である慶滋保胤の浄土信仰は、先行研究によると、すくなくとも当初は文人貴族的性格が強く、現世否定や深刻な罪業観は見られないとされるが、[3] これは来世的信仰の未成熟さを意味するのでなく、むしろ貴族の浄土教が『霊異記』のようなものを含む呪術的仏教の延長線上に展開されたことに起因すると理解できる。慶滋保胤によって編纂された『往生極楽記』は往生者の伝記を簡潔に述べるだけということもあり、先行研究では往生した人は特定の身分に限定されず高い者も低い者もいること、往生を可能にする手段は念仏に限定されないこと、また関心は臨終に集中していることなどが指摘されるにとどまり、序で述べられている「異相往生」という核心部分については、なかば自明のこととされあまり論じられていない。[4] 核心部分であるからには貴族の浄土思想の本質的な部分が集約されていると考えられるので、本節ではこの『往生極楽記』の「異相往生」に注目し、来世的信仰の理論を説く『往生要集』および呪術的仏教の範疇にある『霊異記』との比較を通して、その内実がいかなるものか考察する。[5]

二　往生者の伝記の基本的構成

『往生極楽記』のはじめの方にはもっとも構成が単純なものが載せられている。

伝燈大法師位善謝は、俗姓不破勝、美濃国不破郡の人なり。初め法相を学び道業日に進めり。乃ち三学に超え詣りて、六宗を通く達りぬ。桓武天皇擢きて律師となしたまへり。栄分は好みにあらず。およその行業は菩提を期せり。梵福山の中にして閑に余年を送りぬ。行年八十一にして遷化して極楽に往生せり。同法の夢に入りぬ。[6]

まず善謝の氏姓や国名・郡名といった出自が述べられ、つぎに仏教の修行の行程が述べられる。法相からはじめ、戒律・禅定・智恵という基本となる学問に秀で、六宗のすべてに通じた。そして桓武天皇に抜擢され律師となったが社会的な栄華は好まず、それからはさとりのための修行をして梵福山中で静かに暮らした。このように修行の過程が描かれ、そして八十一歳で没し極楽に往生したと死の場面が述べられる。

ここには『往生極楽記』のほとんどの伝記に共通する三つの要素が端的に示されている。一つ目は出自や幼少の話からはじめられることである。生まれた国や出身氏族もしくは人となりが述べられる。二つ目には仏道修行について述べられる。法相からはじめ六宗に通じるようになったとか、菩提のために山の中で静かに修行したとか、具体的内容はさまざまであるが、ともかく仏道修行について述べられる。そして三つ目には死と往生の場面である。両者は分離することなく一つの出来事として描かれる。極楽浄土への往生は現世での死を契機としてそこへ転生することで実現されるからである。死ぬことが往生実現の必要条件でもあり、往生と死が別個の問題として切り離されることはない。往生者に特徴的なのはこの三つ目であり、多くの場合より詳しく描いている。

宮内卿従四位下高階真人良臣は、少くして進士の挙に応じて、才名をもて自ら抽でたり。多く諸司を歴て、累ねて六郡を宰めたり。歯知命に迨びて、深く仏法に帰し、日に法花経を読み、弥陀仏を念じたり。天元三年正月、初めて病を得たり。素より修するところの念仏読経は、敢へて一も廃めざりき。死に先だつこと三日、その病忽ちに平きぬ。この間首を剃りて、五戒を受け、七月五日に卒せり。この時に当りてや、家に香気あり、空に音楽あり。暑月に遇ひて数日を歴たりといへども、身は爛壊せず、存生の時のごとし。(7)

この話でも、まず高階良臣の若い頃からはじめられる。若くして官人となり才能を発揮し、五十歳になると仏教に帰依し法華経を読み念仏をした。病となってもこれを止めることはなかった。死の三日前に病が治り受戒・出家し、そして死をむかえた。その時には香りが家に生じ、空には音楽が鳴っていた。暑い季節であったが、数日を経ても遺体は腐敗することもなく生前と同じようであった。

さきに示した三つの要素により構成されている。ここでは出身氏族や官人としての経歴があり、つぎに晩年の仏道修行について述べられる。そして三つ目の死の瞬間から往生したと述べるところでは、死の瞬間に「家に香気あり、空に音楽あり」、その死後は「身は爛壊せず、存生の時のごとし」という「異相」すなわち奇跡的な現象がある。これはめでたいことであるため奇瑞とも称される。正史などに見られる卒伝との最大の違いがこの部分にある。この部分こそが浄土信仰においては最大の関心の対象である。

また奇瑞が臨終の場面ではあらわれず、しばらくしてゆかりがある夢にあらわれることもある。

延暦寺の阿闍梨伝燈大法師位千観は、俗姓橘氏、その母、子なかりき。窃に観音に祈りて、夢に蓮華一茎を得たり。後に終に娠みて、闍梨を誕めり。（中略）闍梨夢みらく、人あり語りて曰く、信心これ深し。あに極楽上品の蓮を隔てむや。善根無量なり。定めて弥勒下生の暁を期せむといへり。闍梨八事をもて徒衆を誡め、十願を発して群生を導けり。遷化の時、手に願文を掘り、口に仏号を唱へたり。権中納言敦忠卿の第一の女子、久しくもて師となせり。相語りて曰く、大師命終はりての後、夢の中に必ず生れむ処を示したまへといふ。入滅していまだ幾ならざるに夢みらく、闍梨蓮花の船に上りて、昔作りしところの弥陀の讃を唱へて西に行くとみたり。(8)

千観は母が観音に祈ることで生まれた人で、信心深く善根が限りなく、人々をよく教え導いた。臨終には弟子に語って、生前に死んだ後にどこに生まれ変わったのか夢で知らせると約束した。死後ほどなくして、この弟子の夢の中に千観があらわれ、蓮華の船に乗って生前にみずから作った阿弥陀仏の讃を唱えて西に行くのが見えた。やはり三つの要素により構成されている。最後の三つ目について、ここでは臨終の瞬間に音楽が鳴り響いたり、香りが漂うということはない。その場にいた者が知覚できるような奇瑞はこれといって描かれていないが、そのかわりにある弟子の夢の中に、死後ほどなく姿をあらわしている。「往生」という言葉こそ見えないものの「蓮花の船」や自身の作った「弥陀の讃を唱えて西に行く」といったことにより、西方にある阿弥陀浄土へ往生したことを明らかにしている。「生れむ処を示したまへといふ」という言葉のとおり、死後無事に阿弥陀浄土へ往生できたことが夢で示される。奇瑞が死の瞬間にではなく、死後、誰かの夢の中に持ちこまれたのである。

このように『往生極楽記』の伝記は、一つ目に出自ないし若年について描き、二つ目に念仏をはじめひろく仏法を尊重し修行することが描かれる。そして三つ目に最大の関心をもって臨終と往生を示す奇瑞が描かれる。善謝の場合はとくに奇瑞はあらわれていないが「遷化して極楽に往生せり」と死と往生があわせ記されている。死の場面で典型的なのは、空から音楽が聞こえ香気が漂うという極楽の様子があらわれることや、ほかにも臨終において苦しみがないこと、死後の遺体が生前と同様のままで腐敗しないことである。[9] さらにもう一つは夢の中に往生のしるしがあらわれるものである。普通ではありえない奇跡的な現象が生じ、これが往生の成功の証となる。

三　『往生極楽記』の極楽浄土

いかなる出自であるか、どのように仏道修行をしたか、どのような死を迎え往生したのか、これら三つの部分を含む伝記により『往生極楽記』は構成されるのだが、『往生極楽記』が浄土信仰を勧め納得させるという意図をもって書かれたことを考えると、このこと自体が一つの特徴だということができる。すなわち、浄土教においては極楽浄土が関心の核心にあるにもかかわらず、ほとんどの伝記でこの浄土を描写していない。往生を可能にする手段は示し、往生した証拠というべき奇瑞が描かれ、極楽浄土への往生は本当に実現可能であることを実例によって示しているのだが、肝心な往生すべき行き先の極楽浄土がどのような場所なのか、そこに往生することで何が得られるのかについては、描かれていないのである。浄土信仰の前提であり、その核心ともなる極楽浄土は、浄土往生を願う動機とも密接にかかわっているはずなので、このことを見逃してはならない。

ほとんどの話では浄土が描かれないこととあわせ、数少ない極楽浄土の描写と『往生要集』の極楽浄土の描写を比較することから、『往生極楽記』での浄土往生の内実がどのようなものか明らかになるはずである。数少ない極楽浄土の描写にはつぎのものがある。

陸奥国新田郡小松寺の住僧玄海は、初め妻子を具して、暮年に離れ去りぬ。日に法花経一部を読み、夜は大仏頂真言七遍を誦して、もて恒の事となせり。夢みらく、左右の腋に忽ちに羽翼を生じ、西に向ひて飛び去る。千万の国を過ぎて、七宝の池に到りぬ。自らその身を見るに、大仏頂真言をもて左の翼となし、法花経の第八巻をもて右の翼となせり。この界に廻り望むに、宝樹楼閣、光彩隠映たり。一の聖僧あり、語りて曰く、汝が今来る処は極楽界の辺地なり。却りて後三日、汝を迎ふべきのみといへり。玄海この語を頂受して、飛び帰ること初めのごとしとみたり。門弟子等、初め已に死せりと謂ひて、皆尽くに悲び泣きぬ。玄海蘇ることを得て、弥真言経典を読誦す。後三年にして遷化せり。予め死期を知れり。[10]

玄海は晩年に妻子と別れ、それから常に昼は法華経、夜は大仏頂真言を唱えていて、ある時夢を見た。身体に翼が生えて西に飛んで行き、多くの国を過ぎて池にたどり着いた。自分の身体を見ると翼は法華経と大仏頂真言であり、まわりを見まわすと美しいさまであった。そこにいた一人の僧が言うには、やってきところは極楽浄土の辺境であり、帰ってから三日後に迎えに行くという。玄海は来たときと同じように飛んで帰った。弟子達は玄海が死んでしまったと思い悲しみ泣いていた。玄海は蘇り経文を読み、三年の後死んだ。あらかじめ死期を知っていた。

ここでは極楽浄土の様子が具体的に描かれている。玄海は夢の中で西に行くと極楽浄土があり、豪華で美しい荘厳なさまであることが描かれる。たどりついたのは極楽浄土の辺境であり、ほどなく帰ってしまうこともあって、極楽浄土の中心部にどのような者がいて何をしているのか、たとえば阿弥陀仏や諸々の菩薩や衆生がどのようなことをしているか、さらに往生した後に仏道修行が進み悟りにいたるとか、永遠の楽を享受できることなどは描かれない。空間の一端を描写するものの、往生した後の極楽浄土で起きることなどは、ここでも触れられることはない。

もう一つ、極楽浄土の様子がどのような意味をもっていたのか示す例がある。

元興寺の智光頼光両の僧は少年の時より同室修学せり。（中略）数年の後頼光入滅せり。（中略）智光夢に頼光の所に到りぬ。これを見るに浄土に似たり。問ひて曰く、これ何処かといふ。答へて曰く、これは極楽なり。（中略）何にしてか決定して往生を得べきやといふ。頼光曰く、仏に問ふべしといふ。即ち智光を引きて共に仏の前に詣りぬ。智光頭面礼拝して、仏に白して言く、何の善を修してか、この土に生ることを得むかといふ。仏、智光に告げて曰く、仏の相好、浄土の荘厳を観ずべしとのたまふ。智光言く、この土の荘厳、微妙広博にして心眼及ばず。凡夫の短慮何ぞこれを観ずることを得むといふ。仏即ち右の手を挙げて、掌の中に小浄土を現じたまへり。智光夢覚めて、忽ちに画工に命じて、夢に見しところの浄土の相を図せしめたり。一生これを観じて終に往生を得たり。(11)

智光が夢の中で極楽浄土に行き、そこへの往生に成功した友人の頼光と会い、この頼光と同様に往生するにはどうしたらよいのか仏に教わり、以後その教えの通りに修行し無事に往生したという話である。ここでは「浄土の相」のもつ意味を明らかにしている。すなわち極楽浄土の様子は、これを観相することによってそこへの往生を可能にするものとして捉えられている。現世での修行内容である観想念仏の延長線上に浄土観相があり、その対象として浄土は位置づけられている。極楽浄土の様子はあくまで極楽往生を可能にする手段であって、往生したあとどのようなことが起きるのかという観点はここにはない。夢に浄土へ行った智光はそこが浄土らしいと認識するにとどまり、これ以上にあたりを見回すこともなく、その様子が詳しく描写されることもない。ありのままの浄土の様子は「心眼及ばず」とされていることも関連するだろう。

このように『往生極楽記』で描かれる極楽浄土というものは、願われるものだが、そこがいかなる場所か正面からは描かれていない。極楽浄土への往生は願うべきこととされるもの、その理由も、極楽浄土が現世とどのように違い、そこで何が得られるかについても明確には示されていないのである。

四　『往生要集』の極楽浄土との異同

つぎに浄土にかかわる描写について『往生要集』と比較することから、『往生極楽記』で何が願われたのかを明らかにする。『往生要集』大文第二「欣求浄土」の十個の楽のうち、『往生極楽記』に対応する描写があるものから見てゆく。まず「聖衆来迎の楽」である。

第一に、聖衆来迎の楽とは、およそ悪業の人の命尽くる時は、風・火まづ去るが故に動熱にして苦多し。善行の人の命尽くる時は、地・水まづ去るが故に緩慢にして苦なし。いかにいはんや念仏の功積り、運心年深き者は、命終の時に臨みて大いなる喜自ら生ず。しかる所以は、弥陀如来、本願を以ての故に、もろもろの菩薩、百千の比丘衆とともに、大光明を放ち、皓然として目前に在します。時に大悲観世音、百福荘厳の手を申べ、宝蓮の台を擎げて行者の前に至りたまひ、大勢至菩薩は無量の聖衆とともに、同時に讃嘆して手を授け、引接したまふ。この時、行者、目のあたり自らこれを見て心中に歓喜し、身心安楽なること禅定に入るが如し。[12]

要点は、悪行の人の臨終は苦しいが、善行の人は苦しくないし、自然と喜びが生じる。阿弥陀仏等が光を放ちながら来迎し、心身がとても楽である。これは浄土にたどり着く前のことである。『往生極楽記』でこれに重なるものとして、まず苦しみのない死は「臨終に身苦痛なく、心迷乱せず[13]」「今正に往生の時なりといふ。言訖りて即世せり。身に苦痛なし[14]」などがあり、阿弥陀仏や菩薩の来迎は「我夢みらく、大きなる光の中に、数十の禅僧、宝輿をもて音楽を唱へ、西方より来りて虚空の中に住す。自ら謂へらく、これ極楽の迎なりといへり[15]」「多くの仏菩薩、来迎引接したまふ[16]」などがある。来迎する阿弥陀仏等の様子に光明や讃嘆とともに音楽がある可能性は否定しきれないが、直接には音楽に言及していない。この楽は浄土ではなく、阿弥陀仏や菩薩がこの世に来迎した現世での様子である。

つぎに浄土の荘厳された様子について述べられる。

第二に、蓮華初開の楽とは、行者かの国に生れ已りて、蓮華初めて開く時、所有の歓楽、前に倍すること百千なり。猶し盲者の、始めて明かなる眼を得たるが如く、また辺鄙の、忽ち王宮に入れるが如し。自らその身を見れば、身既に紫磨金色の体となり（中略）仏の光明を見て清浄の眼を得、前の宿習に因りてもろもろの法音を聞く。色に触れ声に触れて、奇妙ならざるものなし。（中略）処々にまた、河を捗り流れに濯ぎ、楽を奏し花を散じ、楼殿に往来して、如来を礼讃する者あり。（中略）

第四に、五妙境界の楽とは、四十八願もて浄土を荘厳したまへば、一切の万物、美を窮め妙を極めたり。見る所、悉くこれ浄妙の色にして、聞く所、解脱の声ならざることなし。香・味・触の境も亦またかくの如し。（中略）衆宝の国土の、一々の界の上には、五百億の七宝より成るところの宮殿・楼閣あり。[17]

音楽についてはここで直接触れられている。『往生極楽記』の臨終の様子である「七月五日に卒せり。この時に当りてや、家に香気あり、空に音楽あり[18]」「音楽遙に聞ゆ。これ往生の瑞かといふ[19]」などに相当する。『往生要集』

では往生後の浄土の様子として描いているが、『往生極楽記』では往生の瞬間に現世にあらわれたものとして描くという違いがあるものの、おおむね一致する。

しかし、『往生極楽記』と『往生要集』が重なる部分はここまでである。『往生極楽記』には、これ以降の「楽」に対応するものがない。一方、『往生要集』ではこれ以降にも「楽」が描かれる。それらは大きく分けて二つある。一つは浄土で実現される仏教的体験である。

第七に、聖衆倶会の楽とは、（中略）かのもろもろの菩薩聖衆の徳行は思ひ議るべからず。（中略）かの国土の衆生は常に一処に会し、互に言語を交へ、問訊し恭敬し、親近し承習す。また楽しからずや。

第八に、見仏聞法の楽とは、今この娑婆世界は、仏を見たてまつりて法を聞くこと、甚だ難し。（中略）しかるに、かの国の衆生は常に弥陀仏を見たてまつり、恒に深妙の法を聞く。（中略）衆生の本の宿命により、求道の時、心に憙み願ひし所に随ひ、大小、意の随に、為に経法を説き、そをして疾く開解し得道せしむ。かくの如く種々の機に随ひて、種々の法を説きたまふ。

第九に、随心供仏の楽とは、（中略）もしたまたま極楽国に生るることを得ば、（中略）遍く十方一切の仏の刹に至りて、面り諸仏に奉へたてまつり、もろもろの大士に値遇して、恒に正法を開き、大菩提の記を受く。乃至、普く一切の塵刹に入りて、もろもろの仏事を作し、普賢の行を修す。また楽しからずや。[20]

浄土では菩薩や仏と直に接し、仏法について学ぶことができ、そして仏を供養できる。理想的な縁に恵まれ仏教の修行ができ、功徳を積むことができるという。末法を迎える現世ではもはや不可能な仏や菩薩との接触というきわめて意義深いことが、浄土では実現される。

そしてもう一つが、もっとも重要と思われる「快楽無退の楽」とこれと密接に関連しつつ全体をまとめる「増進仏道の楽」である。

第五に、快楽無退の楽とは、今この娑婆世界は耽り玩ぶべきものなし。輪王の位も七宝久しからず。天上の楽も五衰早く来り、乃至、有頂も輪廻に期なし。いはむや余の世の人をや。（中略）処はこれ不退なれば、永く三途・八難の畏を免れ、寿もまた無量なれば終に生老病死の苦なし。（中略）一たび七宝荘厳の台に託しぬれば、長く三界苦輪の海と別る。(21)

六道世界における楽と浄土の楽の違いが明確に述べられる。六道世界での楽はそれがどんなに素晴らしくても必ず終わりがあり、六道での輪廻から逃れられない。極楽浄土へ往生したならば、そこは不退であり、六道輪廻から逃れられ、命にも限りがないので苦もない。人の世界と比べて楽に満ちているという点では、六道内の天と極楽浄土は似通っているが、その楽に終わりがあるのか、すなわち再び苦にさいなまれる可能性はあるのかという点で両者は決定的に異なっている。

第十に、増進仏道の楽とは、今この娑婆世界は、道を修して果を得ること甚だ難し。いかんとなれば、苦を受くる者は常に憂へ、楽を受くる者は常に著す。苦と云ひ、楽と云ひて、遠く解脱を離る。もしは昇、もしは沈、輪廻にあらずといふことなし。たまたま発心して修行する者ありといへども、また成就すること難し。煩悩内に催し、悪縁外に牽いて、或は二乗の心を発し、或は三悪道に還る。（中略）かの極楽国土の衆生は、多くの因縁あるが故に畢竟して退かず、仏道を増進す。（中略）かの土の衆生は、所有の万物に於て、我・我所の心なく、去来進止、心に係る所なし。もろもろの衆生に於て大悲心を得、自然に増進して、無生忍を悟り、究竟して必ず一生補処に至る。乃至、速かに無上菩提を証す。(22)

我が暮らす迷いの世界では苦であれ楽であれ、そのことにとらわれてしまい、たとえ仏道を行っても進みもすれば退きもし、なかなか成就できない。これに対し浄土では美しい景色や音楽や、菩薩や仏とのかかわりといったこれまで示してきた好ましい因縁によって、仏道は進む一方で決して退くことはない。我や我所に執着することもなく仏道が進み、最終的にさとりの境地にまでたどり着く浄土のさまが描かれる。

『往生要集』が十個の楽を描くことで明確にしているのは、阿弥陀浄土へ往生すれば仏道のための条件が整っているので修行がどんどん進み、さらに不退転なのでその成果は失われることもなく、最終的な幸福であるさとりの状態まで必ずたどり着けることである。浄土へ往生しただけでただちにさとりを得られるわけではないが、往生すればそこで確実に仏道増進しさとりを得られると説くことで、浄土往生が実質的に絶対的幸福への到達を意味することになる。だからこそ浄土は願うべき価値があるとされる。往生したならば必ず最終的な楽を永遠に享受できるという保証があるからこそ、そこへの往生に格別の力が注がれる。つまり往生をさとりと短絡させてとらえるためには、浄土での主体的活動とそれによる往生した者の変化がたしかであること、すなわち仏道増進が確実であることが説かれる必要がある。逆に言えば浄土での活動とそれによる変化がなかったならば、往生はそのままでは絶対的な目標にはなりえない。

これに対して『往生極楽記』では、浄土往生を最終的なさとりへとつなげるこれらの部分は描かれない。往生の瞬間までが関心の対象で、往生した後に極楽浄土でどのようなことが起きるのかについてはまったく描かれておらず、関心の外にある。修行により向上するという変化すなわち浄土における主体的活動のいっさいを描くことなく、往生を絶対的な価値としている。

要するに、両者の願う内容は同じではない。浄土往生それ自体は絶対的な価値ではなく、往生した後の変化によってはじめて絶対的価値へと到達する。往生したら確実に仏道増進することが保証されることで絶対的価値と直結して捉えられる。一方『往生極楽記』では往生後の主体はいっさい描かれず、往生後の変化は度外視されていながら、往生それ自体が願われる。両者にとって浄土往生が、絶対的価値への手段でありその過程なのか、それとも終着点なのかという点で大きく異なっているのである。両者は密接な関係にあるものの、『往生極楽記』で願われる内容は『往生要集』だけでは説明できない。

五 『霊異記』の往生譚と『往生極楽記』

ところで『往生極楽記』の伝記はその序にあるように、教理などの理論を不可欠な前提とはせず、理論を知らなくても理解できるようにと意図されたものである。(23)『浄土論』に倣ったにもかかわらず、これとは異なり『往生極楽記』は経論による理論を説かずに具体的事例のみで構成されるのであり、伝記のみから浄土理解は導き出せるはずである。このことをふまえるとき、『往生極楽記』の伝記とほとんど同じ構成を持つ『霊異記』のつぎの説話が注目される。

故の道昭法師は、船の氏、河内の国の人なり。勅を奉りて仏法を大唐に求め、玄奘三蔵に遇ひて弟子と為る。（中略）命終はる時に臨みて、洗浴し衣を易へ、西に向かひて端坐す。光明室に遍し。時に目を開き、弟子知調を召して「汝、光を見るや不や」といふ。答へて言はく「已に見る」といふ。法師誡メテ曰はく「妄りに宣べ伝ふること勿かれ」といふ。即ち後夜に、光房より出で、寺の庭の松の樹を施り耀かす。良久にありて、光、西を指して飛び行く。弟子等驚き怪しばざるは莫くありき。大徳西面して端座し、応《こころ》よく卒りき。定めて知りぬ、必ず極楽浄土に生まれしことを。賛に曰はく、船の氏、徳を明かにし、遠く法蔵を求む。是れ聖にして凡に非ず。没して光を放つ。(24)

道昭の出自を示し、つぎに仏法を尊重したことを述べる。河内に生まれ仏法を求めて唐に渡り、そこで玄奘の弟子となり修行し、日本に帰りいろいろなところに行き仏法をひろめ、また弟子達に多くの経典を講義したという。そしてつぎに臨終が描かれる。臨終には光が部屋に満ち、これを弟子も目にしている。この光が西へ向かって飛んで行き、道昭は西を向いて座ったまま死んでいた。これは奇瑞である。この様子からたしかに道昭が極楽へ往生したことがわかるというのだ。この話も『往生極楽記』に載せる話の基本構造とまったく同じように三つの要素から構成されている。[25]往生した後の浄土での出来事がまったく描かれていない点も同様である。『往生極楽記』は『往生要集』よりもむしろこの説話の延長線上に理解すべきものである。

この『霊異記』の説話で浄土往生なるものがどのように受け止められたのかうかがえる端緒は標題である。各説話に付される標題について説話集としての編集意識との関連から出雲路修が論じている。出雲路修はまず『霊異記』は過去世・現世・未来世の三世のなかで現世こそが因果の理があきらかにされる場であるとの立場にあることを確認する。そのうえで書名のなかの「現報善悪」に対応し、現報を得る縁、善悪の報いを得る縁、悪報を得る縁の、各説話の標題に示される三つの類型と、「霊異」に対応するアヤシキシルシをあらわす縁のあわせて四つの類型に説話は分類されることを示す。[26]みずからの行いの結果として来世に牛などに生まれ変わる化牛譚などの生報は、最後にあげたアヤシキシルシをあらわす縁という標題を付されて、現世における奇異説話と変容し、現報と対等には把握されないと指摘している。[27]

これに従えば、道昭の伝記に付けられた「勤めて仏教を求学し、法を弘め物を利し、命終はる時に臨みて異しき表を示す縁」という標題から、この極楽往生の話は、部屋が光で満たされこの光が西へ飛びさったという臨終でおきたアヤシキシルシすなわち現世にあらわれた奇異の話であり、死後を焦点にはしていないと解釈される。関心は死後に転生する先ではなく、現世での死の瞬間に起きた奇跡にある。道昭の説話に見られる事態すなわち奇異は、死後に極楽浄土へ往生しそこでも無上の幸福を享受することの予兆ではなく、むしろそれ自体が幸福そのものであると解釈される。ここにみられる浄土往生は現世での死に関するアヤシキシルシであって、必ずしも死後に訪れる来世を念頭にしたものではない。

『往生極楽記』の伝記に共通する骨格は、『霊異記』の道昭の話のそれと同じである。両者ともに臨終に奇異すなわちアヤシキシルシもしくは「異相」があらわれる。具体的な様子は香気であったり、極楽の音楽であったりとさまざまだが、それらは現世にあらわれるのであって往生した後の浄土の様子として描かれるのではないという点も同じである。『往生極楽記』はそこに載せる伝記のみで理解されるものであり、なおかつ浄土に関する描写やその構成をみるかぎり『往生要集』よりもむしろ『霊異記』の道昭の説話に近いのだから、『往生極楽記』は『霊異記』の道昭の説話の延長線上にこそ位置づけられ、理解されるべきであろう。

この理解は『法華験記』によっても支持される。『法華験記』の成立は浄土教が貴族社会にもひろく浸透した十一世紀前半とされ、素材は『三宝絵』とともに『往生極楽記』に負うところが大きく、その序ではこれらを「霊験得益」の具体例としている。『霊異記』では「アヤシキ」に「異」「霊」「奇」の文字が当てられ「シルシ」には「表」「験」が当てられており、これに従えば『法華験記』の「霊験」は「アヤシキシルシ」の意味となる。『往生極楽記』に載せる伝記は、現世にあらわれる「アヤシキシルシ」の類型の一つとして浄土教が浸透した時期に理解されていたのである。

『往生極楽記』の描写は、とくに浄土について『往生要集』の描写と一致しないのだから、『往生要集』に見られる輪廻転生観に基づく来世の存在を前提にして極楽浄土に生まれ変わるとする往生観念の影響を過大に評価すべきではない。類似性の高さから考えるならば『往生極楽記』は現世を焦点にする『霊異記』や『法華験記』と近いとするのが妥当である。『往生極楽記』の「異相往生」の言葉が意味するところは、これから起きることのよい予兆として「異相」があらわれ、その後に極楽浄土へ「往生」することではない。実際にもっとも関心が向けられるのは『霊異記』に連なる「アヤシキシルシ」としての「異相」なのである。『往生極楽記』が『霊異記』の道昭の説話の延長線上に位置することと、またその伝記を『法華験記』の序でも「アヤシキシルシ」の具体的としていることに留意すれば、このように解釈される。

つまり『往生要集』で絶対的幸福の実現手段として極楽浄土への往生が願われるのとは異なり、『往生極楽記』ではむしろ現世の臨終に現象する奇異こそが肯定されるべき価値すなわち実質的な目的として描かれているということができる。『往生要集』で理論として極楽浄土がいかなるものか説かれ、またそこへの往生のために念仏などの行為があると説かれているが、現在暮らしている世界からはるか遠いところへ生まれ変わり、現世とはまた別の人生がはじめられるという輪廻転生を前提にする観念は、貴族社会にそのままの形では受け入れられていない。「異相往生」の内実は、現世利益のための呪術の枠内に収まりつつその限界に位置する現世の最期の瞬間の肯定と言うことができる。一歩踏み込んでいえば、「異相往生」によって、現世での死を肯定すべき価値として積極的にとらえなおす可能性を開いたものと理解することができるだろう。この点では死を正面からとらえる浄土教の性質をまぎれもなく持っている。ひと言でいえば『往生極楽記』は現世利益的性格の延長線上に位置づけられる浄土不在の浄土教ということができるだろう。

六　小結

本節では慶滋保胤の『往生極楽記』における「異相往生」について、『往生要集』と『霊異記』との比較からその内実を考察した。

『往生要集』は往生後の主体的活動による不退の仏道増進が確実であることを前提に浄土への往生を絶対的幸福実現のための手段として価値を認める。だからこそ浄土で体験されることを不可欠な要素として描く。これに対し『往生極楽記』は往生した後は描かず関心の外にあり、「異相往生」それ自体が願われる内容となっている。これは往生を現世で起きた奇跡として描く『霊異記』と類似性が高く、その延長線上に位置づけられる。つまり『往生極楽記』の「異相往生」の内実は、来世を念頭にした浄土への往生ではなく、むしろ現世の最後の瞬間における「アヤシキシルシ」すなわち最期の現世利益的奇異と解釈される。『往生極楽記』を素材として多く用いる『法華験記』でも同様に「異相往生」を「アヤシキシルシ」として理解している。臨終における念仏などは最期の奇異を可能にする呪術的行為としての性格も有しているということができる。薗田香融や速水侑らが、勧学会などの活動から、浄土教は密教を土台としていること、さらに密教との親和性が高いことを示したが、『往生極楽記』の考察の結果も、これを補強するものとなった。

註

(1) 井上光貞『日本浄土教成立史の研究』(山川出版社、一九七五年)。

(2) 薗田香融「慶滋保胤とその周辺――浄土教成立に関する一試論」(大隅和雄他編『日本名僧論集 第四巻 源信』吉川弘文館、一九八三年。初出は『顕真学苑論集』四八、一九五六年十二月)。

(3) 慶滋保胤の行動などについては、平林盛得『慶滋保胤と浄土思想』(吉川弘文館、二〇〇一年)が詳しく考察している。さらに桃裕行『上代学制の研究 修訂版』(桃裕行著作集一、思文閣出版、一九九四年)、石田瑞麿『浄土教の展開』(春秋社、一九六七年)、大野達之助『上代の浄土教』(吉川弘文館、一九七二年)、小原仁『文人貴族の系譜』(吉川弘文館、一九八七年)、後藤昭雄「慶滋保胤」(『岩波講座日本文学と仏教一 人間』岩波書店、一九九三年)などで、勧学会および二十五三昧会について、さらに浄土教の展開におけるその役割や位置づけなどが論じられている。勧学会などの活動は、その文人貴族的性格と、浄土信仰的性格の両方をあわせ持ち、『往生要集』と異なり現世否定的な認識は弱いこと、必ずしも深刻な罪業観は見られないことなどが指摘され、共通認識となっている。文人貴族と浄土信仰のどちらにより大きな比重が置かれたという部分にさまざまな見解が見られる。『池亭記』については、大曽根章介「『池亭記』論」(山岸徳兵編『日本漢文史論考』岩波書店、一九七四年。のち大曽根章介『日本漢文学論集』第一巻、汲古書院、一九九八年収録)で、白楽天の池上篇との関係や慶滋保胤の浄土信仰の程度が考察される。

（4）『往生極楽記』については、菊地勇次郎「日本往生極楽記の撰述」（大隅和雄他編『日本名僧論集 第四巻 源信』。初出は『歴史教育』五―六、一九五七年六月）で加筆を含めた撰述について明らかにしている。橘哲哉「日本往生極楽記考」（『顕真学苑論集』五一、一九六〇年十一月）では、『往生極楽記』の載せる伝記を、浄土教への傾きが臨終に近いもの、速くから行うが浄土教に限らず雑多なもの、長期にわたり純粋な浄土教的なものに分類し、それぞれが同時代の普遍的存在、叡山浄土教の支持層、比叡山教団の中傍系の僧や南都の僧および尼僧に対応していること、また民衆を済度する人に共感を持ち源信と業意識を共有していると指摘する。竹居明男「『日本往生極楽記』の冥界思想――慶滋保胤の宗教生活についての試論」（『文化史学』四一、一九八五年十一月）では、深刻な罪業観、因果応報、六道輪廻の苦相が表面に出ていないことを指摘している。ほかに志村有弘「『日本往生極楽記』と慶滋保胤」（『日本文学研究』一二、梅光学院大学日本文学会、一九七六年十一月）など。また重松明久『日本浄土教成立過程の研究――親鸞の思想とその源流』（平楽寺書店、一九六四年）ではこれに続く往生伝とともに考察し、『往生極楽記』では往生人としての行業は正確であることを指摘している。

（5）『往生要集』は日本思想大系（『源信』）、『日本往生極楽記』は日本思想大系（『往生伝・法華験記』）所収のもの、『日本霊異記』は日本古典文学大系を用いた。

（6）『日本往生極楽記』、三、律師善謝（原漢文。書き下しは日本思想大系によった。以下同）。

（7）同前、三十三、高階真人良臣。

（8）同前、十八、阿闍梨千観。

（9）同前、三十六、越智益躬など。

（10）同前、二十六、僧玄海。

（11）同前、十一、僧智光・頼光。

（12）『往生要集』巻上、大文第二欣求浄土、第一聖衆来迎の楽（原漢文。書き下しは日本思想大系によった。以下同）。

（13）『日本往生極楽記』、三十六、越智益躬。

（14）同前、三十九、女弟子藤原氏。

（15）同前、十四、僧尋静。

（16）同前、十七、沙門空也。

（17）『往生要集』巻上、大文第二欣求浄土、第二蓮華初開の楽、第四五妙境界の楽。

（18）『日本往生極楽記』、三十三、高階真人良臣。

（19）同前、三十九、女弟子藤原氏。

（20）『往生要集』巻上、大文第二欣求浄土、第七聖衆俱会の楽、第八見仏聞法の楽、第九随心供仏の楽。

（21）同前、大文第二欣求浄土、第五快楽無退の楽。

（22）同前、大文第二欣求浄土、第十増進仏道の楽。

（23）序によれば、『往生極楽記』はもっぱら往生した人の具体例だけで構成されるのだが、その理由としてまず『浄土論』を撰した迦才への賛同がある。すなわち経論を引用するなどして往生が可能であるとする理論を説いても、「衆生」は「智浅くして」理解できないが、具体例を記して理解可能としたことへの賛同である。さらに慶滋保胤自身が、念仏をして往生したという伝記によって志を固くしたともある。これはすなわち『往生極楽記』が「衆生」を念頭にしており、慶滋保胤の浄土信仰も当初はこの水準にあったことを意味し、また世俗での極楽往生の理解は理論を不可欠とはせずに、まずは具体的な例によって行われたということである。『往生極楽記』は理論を前提にしたものではなく、むしろ単独でこそ理解されるべきものである。

(24)『日本霊異記』上巻、第二十二「勤めて仏教を求学し、法を弘め物を利し、命終はる時に臨みて異しき表を示す縁」(原漢文。書き下しは日本古典文学大系によった)。

(25) このような往生説話は『霊異記』のほかにさらに時代のくだる『法華験記』にもみえる。永藤靖『古代仏教説話の方法――霊異記から験記へ』(三弥井書店、二〇〇三年)では、遺体の腐乱やその回避と往生について論じている。

(26) ちなみに「アヤシキシルシ」という訓について、平安朝初期のものと考えられる興福寺本の訓釈では「メズラシキシルシ」としている。

(27) 出雲路修『説話集の世界』(岩波書店、一九八八年)、出雲路修「日本霊異記」(今野達他編『岩波講座日本文学と仏教二 因果』一九九四年)。

第六章　浄土教における遺体の意義と死者の存在する空間

第一節　『往生要集』は遺体を尊重する儀礼の理論的根拠となりうるか

一　はじめに

第二章第三節では天皇や上皇の喪葬儀礼をたどり、律令期に行われてきた儒教的凶礼が、摂関期になると浄土教的喪葬儀礼によってとって代わられること、さらに山陵祭祀や国忌など埋葬後に行われた国家的儀礼の対象が摂関期になると固定され、醍醐天皇を最後に新たに加えられることがなくなり、かわりに一年間の念仏や一周忌の法会が私的関係者によって行われるようになることを示した。そして第四章で、律令期に行われていた埋葬後の死者を対象とする儀礼は、律令制度の模範とされた唐のそれと異なり、日本では天皇やこれに準ずる者などごく一部に限られ、また儀礼の対象は遺体から完全に分離した霊魂でなく、むしろ依然として霊魂とつながっている遺体もしくはその延長である陵墓であることを述べた。摂関期にひろく浸透する浄土教の儀礼でも、埋葬後一年間の念仏は遺体の埋葬場所もしくは遺骨の安置場所で行われ、寺院に安置される遺骨が私的な参拝の対象として尊重されていた。

浄土教の貴族社会への浸透でもっとも重要な役割を果たしたのは『往生要集』であることは論をまたない(1)。『源氏物語』や『栄花物語』をはじめこの時期の多くの書物にその影響が見られる(2)。貴族的浄土教の理論は『往生要集』に根拠があると考えられ、浄土教の喪葬儀礼の背景にある死者観念もやはり『往生要集』に依拠している可能性がまず考えられる。そこで本節ではこうした貴族が実際に行った浄土教的喪葬儀礼が、『往生要集』の死者観念に依拠としていると言えるのか、『往生要集』に記される死についての理解や死後についての認識および死後にこの世に遺される遺体についての認識を明らかにすることから考察する。摂関期の貴族が行っていた浄土教による喪葬儀礼に、他の根拠を想定することができるかもしれないが、その場合でも『往生要集』からの影響をまったく考慮しないことはできない。まずは依拠した蓋然性が高い『往生要集』の観念や認識との関係や影響の有無について検証することからはじめる。

二　念仏と『往生要集』の世界認識

源信の著した『往生要集』は、末法においてだれもが可能な行為として念仏を説くものであると、その序で述べている。

それ往生極楽の教行は、濁世末代の目足なり。道俗貴賤、誰か帰せざる者あらむ。ただし顕密の教法は、その文、一にあらず。事理の業因、その行これ多し。利智精進の人は、いまだ難しと為さざらむも、予が如き頑魯の者、あに敢へてせむや。この故に、念仏の一門に依りて、いささか経論の要文を集む。これを披いてこれを修るに、さとり易く行ひ易からむ。(3)

顕密の教えは複雑で多様でありさまざまな修行を必要とするので、賢く努力する人には難しくないとしても、私のような愚鈍なものはできない。だから念仏に限定して経典の重要な文を集めた。これを見れば実行しやすくさとりを得やすい。既存の教団やその修行を否定するのではなく、そうすることが難しい出家者や在家者でも実行できるやさしいものとして念仏という極楽往生の手段について説くというのである。念仏の具体的内容は簡潔にはつぎのものである。

もし極楽を楽はば、応に念ずべし。彼の仏の眉間の白毫相は、旋り転ずること、猶し頗梨珠の如し。光明は遍く照らして我等を摂めたまふ。願はくは、衆生と共にかの国に生まれむと。もし相好を観念するに堪へざるものあらば、或いは帰命の相に依り、或いは引摂の相に依り、或いは往生の相に依りて、応に一心に称念すべし。[4]

極楽往生を願うなら、「仏の眉間の白毫相」を念ずるべきである。もしそれが難しければ「帰命の相」「引摂の相」「往生の相」などを念じる。これが極楽往生を可能にする念仏とそれに準じるものである。

極楽往生への願いの前提には、仏教で基礎とされる世界認識すなわち生き物は迷いの六道空間を輪廻転生するという六道輪廻の観念がある。末法の世においてこの苦に満ちた六道から逃れる手段の一つとして、念仏による極楽往生が位置づけられる。極楽浄土へ一度往生できたならば二度と六道世界に堕ちることはなく、そこでは仏道が後退することなく進み、必ずさとりへといたるのである。この浄土での過程は大文第二で、十の楽として述べられる。

念仏を勧める一方で、現世に対する認識に基づきこれを今の人生で実行せねばならないと強調する。六道輪廻から抜け出すために、大文第一では、地獄から天にいたる六道についてそれぞれの様子を描写し、つぎのように総括している。

惣じて厭相を結ぶとは、謂く、一篋は偏に苦なり。（中略）かくの如く展転して、悪を作り苦を受け、徒に生れ徒に死して、輪転して際なし。（中略）我等、いまだ曽て道を修せざりしが故に、徒に無辺劫を歴たり。今もし勤修せずは未来もまた然るべし。かくの如く無量寿死の中に、人身を得ること甚だ難し。たとひ人身を得とも、諸根を具することまた難し。たとひ諸根を具すとも、仏教に遇ふことまた難し。たとひ仏教に遇ふとも、信心を生ずることまた難し。（中略）しかるに今、たまたまこれらの縁を具せり。（中略）当に知るべし。苦海を離れて浄土に往生すべきは、ただ今生のみにあることを。(5)

地獄から天までそれぞれの世界が描写され違いが示されるものの大同小異であって、六道はつまるところ苦に満ちた厭うべきものである。我々は仏道修行をしてこなかったので、この六道世界の中で生死を際限なく繰り返してきた。いまこの身で仏道に励まなければ、これまでと同じように未来でも苦しみの六道輪廻を繰り返す。無限に輪廻する中で人となることは難しく、もし人になったとしても諸根を具えることはまた難しく、同様に仏教に出会うことはさらに難しく、信心を生じることはなお難しい。だからこそ幸運にもこれらを具えている今こそ努力しなければならない。同様のことは繰り返し説かれる。

仏子、今たまたま人身を得、また仏教に値へり。猶し一眼の亀の浮木の孔に値へるがごとし。もしこの時に於いて、往生することを得ずは、また三途八難の中に堕して、法を聞くことすらなほ難し。いかにいはむや、往生をや。(6)

現在の状態すなわち六道のうち人として生まれ、そのうえ仏法に巡り合うという状態は、なかなかない幸運なことである。この人生で極楽への往生に失敗してしまったならば、六道のなかでも苦に満ちたところに生まれ変わり、条件は今より悪くなり仏法とめぐりあうことさえきわめて難しく、往生することはなおさら困難であると、繰り返し説かれる。

この今生で修行しなければならないとする強い切迫感は、末法思想より生じている。末法思想では、釈迦が死んでから正しい実践や仏法は次第に失われ世界は悪化の一途をたどり、末法にいたるともはや成仏はほぼ不可能であると考える。再び人に生まれること、さらに仏法にめぐりあうことはきわめてまれなことで、おそらく転生のたびに、より苦に満ちたところへ生まれ変わり、最後には地獄へ行き着く。現世での人生と同じような現状維持的な来世はなく、ただ悪化の一途をたどり、ますますさとりのための条件は悪くなる。末法の世では、輪廻の中で転生を繰り返しながらコツコツと功徳を積み重ねることはきわめて困難になる。仏道修行を来世以降へ持ち越すことはできない。だからこそ今生で努力しなければならないのである。すなわち極楽浄土と地獄の分水嶺である現世ないし今生に、格別の意味付けがなされる。今我々がおかれている状態は浄土へ往生して苦しみから逃れ楽を得る好機であると同時に、もしこの機会を逃してしまったならば条件はさらに悪化するばかりで苦しみから逃れることはかぎりなく不可能に近づく。だから今こそ全力で努力すべきであると説かれる。

そして死後にたどり着くであろう極楽浄土も地獄も、空間的には断絶した世界であり、我々の暮らす世界の中にはない。『往生要集』では、極楽浄土は西方のはるか彼方にあるといい、一応この世との位置関係が設定されているが、一般的な交通手段ではたどり着けない。ひとたびそこへ往生したら今いる空間との生身での接触や往来はできない。地獄もはかりしれないほど深い地下にあるとされ、極楽浄土と同じようにこの世との自由な行き来はできない。死後行くべき極楽浄土と地獄は、いずれも今暮らしているこの世と断絶したあの世なのである。人は死ぬと、今我々が生きているこの世界から離れ、行き着くのは別世界である地獄か浄土かのどちらかになる。

三　臨終念仏から往生へ

我々はどのように現世を終えて浄土へと転生するのか順序に従いたどる。このことは大文第六別時念仏の臨終の行儀で描かれている。人生の中で念仏を行った程度により臨終をむかえるまでに来世がすでに完全に決まっているのではなく、臨終の念仏こそが最終的に往生の成否を別ける。だからこそ臨終念仏がとくに重要視される。大文第六の臨終念仏では、死期が近づいてから死ぬまでの念仏を含めた行うべき一連の作法が説かれる。まさに死ぬべきときの「行儀」と、「勧念」すなわち念仏を勧めることにわけて述べられる。

「行儀」では、『四分律抄』瞻病送終篇に引く「中国本伝」の例によって、臨終人をどのように扱うべきか示している。すなわち死の迫った病人を無常院と名付けられる別の建物に移し、現世への執着が起こらないようにし、そこに仏像を置き西に向け、左手に結んだ布を病人に持たせ、浄土への往生を念じさせる。そして源信自身の見解として、臨終を迎えるための別の建物がない場合はただ病人を西に向け、香を炊き花を散らし念仏を進めたり、仏像を拝ませると述べる。

ここでは往生のために行う処置が看病人によって主導される。往生を願う当人は臨終の状態なので、ほとんど主体的な行動はできない。そこで看病人が別処にこの病人を運び、仏像を置くなどの準備を行う。つまり当人が念仏を主体的に行い、より円滑にできるようにとこれを他者が補助し準備するのではなく、むしろ看病人が病人を往生させると言いうるほどになっている。まさに死のうとするときなのだから、そうなるのは当然であろう。だから同志は必ず看病すべきことが、つぎの「勧念」で明確にされている。

臨終の勧念とは、善友同行にして、その志あらむ者は、仏教に順ぜむが為に、衆生を利せむが為に、善根の為に、結縁の為に、患に染みし初より、病の床に来問して、幸に勧進を垂れよ。ただし勧誘の趣は、応に人の意にあるべし。(7)

往生を願う知り合いが病気になったら、仏教に従い善根や結縁のためにも、患いはじめたときから訪問して念仏を勧めるべきである。ただ念仏は様子を見て適切に勧めなければならない。このように述べられている。念仏を勧める部分には慎重さが必要とされ、格別の注意が払われる。

かくの如く病者の気色を瞻て、その応ずる所に随順し、ただ一事を以て最後の念となし、衆多なることを得ざれ。その詞の進止は殊に意を用ふべし。病者をして攀縁を生ぜしむることなかれ。(8)

病人の状態を見てその反応に従う。最期の念仏とするのはただ一つの言葉であって、言葉が多くてはならない。言葉の進め具合はとくに注意しなければならない。病人に往生の願い以外の雑念を生じさせてはならない。このように注意を喚起する。そして念仏の勧め方の具体例として、病人にかける言葉を十段階に分けて示す。

今、十事あり。応当に一心に聴き、一心に念ずべし。一々の念ごとに疑心を生ずることなかれ。
一には、まず応に大乗の実智を発して、生死の由来を知るべし。(中略)
二には、(中略)浄土に往生せむが為には、まず応にこの界を厭離すべし。(中略)
三には、応に浄土を欣求すべし。西方極楽は、これ大乗善根界、無苦無悩の処なり。一たび蓮胎に託しぬれば、永く生死を離れ、眼には弥陀の聖容を瞻たてまつり、耳には深妙の尊教を聞き、一切の快楽、具足せずといふことなし。もし人、臨終の時に、十たび弥陀仏を念ずれば、決定してかの安楽国に往生す。(中略)応にこの念を作すべし、「願はくは、仏、今日決定して、我を引接し、極楽に往生せしめたまへ。南無阿弥陀仏」と。(中略)
七には、仏子は応に弥陀仏の一の色相を念じて、心して一境に住せしむべし。(中略)

八には、彼の白毫相の若干の光明は、常に十方世界の念仏の衆生を照し、摂取して捨てたまはず。当に知るべし、大悲の光明は決定して来たり照したまふことを。（中略）九には、弥陀如来はただ光を以て遙かに照したまふのみにあらず。自ら観音・勢至とともに、常に来たりて行者を擁護したまふ。（中略）当に知るべし。この時に、仏は大光明を放ちて、もろもろの聖衆と倶に来り、引接し擁護したまふなり。（中略）決定してこの室に来入りたまふなり。（中略）

十には、正しく終りに臨む時には、応に云ふべし、「仏子、知るやいなや。ただ今、即ちこれ最後の心なり。臨終の一念は百年の業に勝る。もしこの刹那を過ぎなば、生処、応に一定すべし。今正しくこれその時なり。当に一心に念仏して、決定して西方極楽微妙浄土の、八功徳の池の中の、七宝の蓮台の上に往生すべし。応にこの念を作すべし。「如来の本誓は一毫も謬なし。願はくは、仏、決定して我を引接したまへ南無阿弥陀仏」と」と。或は漸々に略を取りて、応に念ずべし。「願はくは、仏必ず引接したまへ。南無阿弥陀仏」と。(9)

生死の由来を示し、生はかりそめのはかないもので厭うべきことを説く。そして浄土こそを求めるべきであり、それを可能にするのが念仏であると説く。阿弥陀仏の姿をありありと思い浮かべさせる。すると阿弥陀仏は大悲によって光であたりを照らし、さらにみずから菩薩を従えて来迎する。そして阿弥陀仏と菩薩に導かれて自分は極楽浄土の池の七宝の蓮台の上に往生する。このような内容の観想すなわち念仏を勧める。大文一と大文二を簡潔に要約し、厭離穢土と欣求浄土を説き、阿弥陀仏の姿を思い描かせ、さらに阿弥陀仏が来迎し、これに連れて自分が極楽浄土へ往生する様子を思いうかべさせる。

まさにこれから死のうとする人は、側で看病人が順を追って十段階にわけて説く言葉を聞き、ただ受動的に言葉を頭のなかで置き換えて観念しているにすぎない。みずから主体的に阿弥陀仏や浄土の様子を思いうかべ往生をもっぱらに願うわけではないが、耳もとで看病人に勧められるままに阿弥陀浄土をみずから思い描くことで観想のままに極楽浄土へ往生できるというのである。

看病人に勧められ行うこの阿弥陀仏や極楽往生の観相できるか否かが関心の対象となることは、引用される善導の言葉から理解される。

> 導和尚の云く「行者等、もしは病み、病まざらむも、命終らむと欲する時は、一ら上の念仏三昧の法に依り、正しく身心に当てて、面を廻らして西に向け、心もまた専注して阿弥陀仏を観想し、心と口と相応して、声々絶ゆることなく、決定して往生の想、花台の聖衆の来りて迎接するの想を作せ。病人、もし前境を見れば、則ち看病人に向ひて説け。既に説くを聞き已らば、即ち説に依り録記せよ。また病人、もし語ることあたはずは、看病して必ずすべからくしばしば病人に問ふべし、いかなる境界を見たると。もし罪相を説かば、傍の人、即ち為に念仏して、助けて同じく懺悔し、必ず罪をして滅せしめよ。もし罪を滅することを得て、花台の聖衆、念に応じて現前せば、前に准じて抄記せよ。また行者等の眷属六親、もし来りて看病せむには、酒肉五辛を食せる人をあらしむることなかれ。もしあらば、必ず病人の辺に向ふことを得ざれ。即ち正念を失ひ、鬼神交乱し、病人狂死して、三悪道に堕せむ。願はくは、行者等、好く自ら謹慎して、仏教を奉持し、同じく見仏の因縁を作せ。」と。往生の想、迎接の想を作すこと、その理然るべし。大論に、神変の作意を説いて云ふが如し[10]。

すなわち、まさに死のうとする病人は西を向いて、集中して阿弥陀仏を思い描き心と口を合わせ、阿弥陀仏とその眷族が来迎するさまを思い描く。見たものを病人に告げさせ、もしくは看病人が聞き出し、それを書き留める。もしも罪の相が見えるならばまわりの人々は念仏しまた懺悔して罪を滅ぼし、来迎が見えるようにする。臨終では阿弥陀仏の来迎を無事に観想させることに何よりも気を配る。もし正念を失ったら三悪道に堕ちてしまう。

臨終における観想の内容こそが来世を決定するのである。

こうした臨終の作法に続くのは来迎と往生である。継ぎ目なく極楽浄土がどのような世界であるかを描写する大文第二欣求浄土の、第一聖衆来迎楽へとつながっていく。

第一に、聖衆来迎の楽とは、（中略）念仏の功積り、運心年深き者は、命終の時に臨みて大いなる喜自ら生ず。しかる所以は、弥陀如来、本願を以ての故に、もろもろの菩薩、百千の比丘衆とともに、大光明を放ち、皓然として目前に在します。時に大悲観世音、百福荘厳の手を申べ、宝蓮の台を擎げて行者の前に至りたまひ、大勢至菩薩は無量の聖衆とともに、同時に讃歎して手を授け、引接したまふ。この時、行者、目のあたり自らこれを見て心中に歓喜し、身心安楽なること禅定に入るが如し。当に知るべし、草庵に目を瞑づる間は便ちこれ蓮台に跏を結ぶ程なり。即ち弥陀仏の後に従ひ、菩薩衆の中にありて、一念の頃に、西方極楽世界に生るるを得るなり[11]。

長年念仏を行ってきた者にとって臨終のときは大いなる喜びである。なぜなら阿弥陀仏がその本願によって多くの菩薩を従えて光を放ち目の前にやって来て手を差し伸べるからである。このとき様子を目にすると歓喜し、心身は安楽になり三昧の境地のようである。目を閉じ命が終わるとすぐに阿弥陀仏の後に従う菩薩の中にあり、一瞬にして西方浄土にたどり着く。このように臨終の念仏と重なるこの部分から極楽浄土の描写ははじまり、いくつかの段階を経て最後には菩提へと到達する。観想の内容がそのまま来世となり現実になることをふまえれば、つぎの言葉の意味がより理解できる。

臨終の一念は百年の業に勝る。もしこの刹那を過ぎなば、生処、応に一定すべし[12]。

いままさに死のうとする瞬間の念仏は、百年の積み重ねにも勝る効果がある。この臨終の瞬間がすぎてしまえばつぎに生まれ変わる場所が決まってしまう。臨終の念仏が重要視される理由は、臨終の観想内容がそのまま転生する場所を決定するからなのであり、また努力できる最後の瞬間だからでもある。

念仏がしっかりと実行できたならば空間的には西方のはるか彼方へ死の瞬間に移動し、もし失敗したら地中深くの地獄へ行くとされるのだが、いずれにしても現世は終わり、この世を離れる。往生の成否は死の瞬間に決まってしまい、つぎの瞬間には来世がはじまってしまうのだから、死後に遺されたものが何を行おうともすでに手遅れで、その成否を左右することはできない。だからこそ臨終が格別に重視される。すなわち臨終の重視は、死後儀礼に効果が期待できないことの裏返しでもある。こうした考え方をするなら、浄土往生の成否を左右する死後の儀礼というものは理論的にはありえないはずである。

四　遺体が儀礼の対象となる可能性

ところで死の当事者の視点ではなく、看病していた人の視点から死はどのように理解されるのだろうか。死の瞬間に極楽浄土に往生することは「一念の頃に、西方極楽世界に生るるを得るなり」という言葉に端的に表現されているのだが、看病人が目の当たりにするのは、危篤の人間が絶命する様子である。失われた意識こそが往生の主体として理解されるであろうことは想像に難くないのだが、では目の前に残された遺体はいったい何者なのか。これを対象にした儀礼などの行為がなされる可能性はあるのだろうか。

遺体に対する認識がうかがえる部分が大文第一「厭離穢土」の第七「惣じて厭相を結ぶ」にある。

かくの如く展転して、悪を作り苦を受け、徒に生まれて徒に死して、輪転して際なし。経の偈に云ふが如し。

「一人の、一劫の中に　受くる所の身の骨　常に積みて腐敗せずは　毘布羅山の如くならむ。」


迷いの世界である六道での輪廻について総括したあとに、『雑阿含経』を引用している。ひとりの人が非常に長い時間の中で受けた身体が、もしも腐敗しなかったなら、あまりの多さで山のようになるという。転生する主体は「一人」であり同一性もしくは連続性をもつ一つの存在とされるのに対して、この主体が有する身体は死ぬたびにその主体と分離し転生しあらたなものとなる。身体はそれぞれの人生に限られるもので、転生したならばまた別の身体を持つことになる。だから迷いの六道の中で転生をかぎりなく繰り返すと、かつての身体を積み重ねれば山のようになる。ただそれらはあくまで過去の身体であって今はその人の身体ではない。

問題は、転生によって分離したあとの身体すなわち遺体が、転生したあとの新しい身体を得た主体と、どのような関係にあるのかという点にある。転生以前に使っていた身体すなわち遺体への行為が、転生した後の主体に対していかなる影響をあたえるのか、もしくは影響を与えないのか。

転生後の遺体がいかなるものなのか、『往生要集』では地獄から天にいたるまでの記述でほとんど言及されていない。数少ない言及は人間の場合である。まず生きている人は不浄であると説く。


第五に、人道を明さば、略して三の相あり。審かに観察すべし。一には不浄の相、二には苦の相、三には無常の相なり。

一に不浄とは、およそ人の身の中には三百六十の骨ありて、節と節と相拄ふ。（中略）三百六十の骨の、聚りて成ずる所にして、朽ち壊れたる舎の如し。もろもろの節にて支へ持ち、四の細き脈を以て周り匝り、弥く布く。（中略）かくの如き身は、一切臭く穢れて、自性より殨れ爛れり。誰か当にここに於いて愛重し憍慢すべけんや。（中略）またたとひ上膳の衆味を食へども、宿を径るの間に皆不浄となる。譬へば糞穢の大小、倶に臭きが如し。この身もまたしかなり。少きより老に至るまで、ただこれ不浄なり。海水を傾けて洗ふとも、浄潔ならしむべからず。外には端厳の相を施すといへども、内にはただもろもろの不浄を裹むこと、猶し画ける瓶に糞穢を盛れるが如し。(13)

人間の身体の構成を、骨と骨とがつながり、この骨を筋肉が覆っているなどと、全身を解剖するかのように分析して細かく示す。そしてこのようにして成り立っている人間の身体を、すべてが臭くて穢いもので、本来的性質として放っておけば腐乱するもので、愛し執着すべきものではないと説く。素晴らしい食事をしても人の身体はこれを糞に変える不浄の働きをする。やはり人間は本質的に汚いもので、洗っても完全にきれいになることもなく、たとえ表面的にはつくろって美しくしてみせたとしても、体内は汚いと総括する。これに続けて死後について述べる。

いはむやまた命終の後は、塚の間に捐捨すれば、一二日乃至七日を経るに、その身膖れ脹れ、色は青瘀に変じて、臭く爛れ、皮は穿けて、膿血流れ出づ。鵰・鷲・鵄・梟・野干・狗等、種々の禽獣、攫み掣きて食ひ啖む。禽獣食ひ已りて、不浄潰れ爛るれば、無量種の虫蛆ありて、臭き処に雑はり出づ。悪むべきこと、死せる狗よりも過ぎたり。乃至、白骨と成り已れば、支節分散し、手足・髑髏、おのおの異る処にあり。風吹き、日曝し、雨灌ぎ、霜封み、積むこと歳年あれば、色相変異し、遂に腐れ朽ち、砕末となりて塵土と相和す。已上は究竟の不浄なり。大般若・止観等に見ゆ。当に知るべし、この身は始終不浄なることを。人道かくの如し。実に厭離すべし。(14)

死体は時間の経過に伴って腐敗し、青黒く変色し臭く爛れ、鳥や犬などの動物によって食い荒らされ、蛆がたかり、やがて白骨化してバラバラになる不浄であるというのだ。死体のこうした様子から人道をはじめ六道は離れるべき「究竟の不浄」であると説いている。

注目すべきは、死体が腐敗し最終的に「塵土」と同化するという部分である。死体が最終的に「塵土」と同じだということは、死体はつまるところ有情ではないのである。すなわち死体は精神や霊魂のある生き物ではなく、山・川・石など非生物の単なる物体として認識されている。道端に転がっている石を対象に願ってもどうにもならないのと同様に、死体が塵や土や石と同じと見なされるということは、これを対象として儀礼など行ったとしても、かつてこれを身体としていてすでに転生した者への影響はないということを意味する。死後に現世に残される遺体は霊魂が抜け出た後の残りかすとでもいうものと見なされる。

六道輪廻する有情とは、死によってこの不浄から分離した霊魂であって[15]、無事に浄土へ往生できる場合、死の瞬間に阿弥陀仏に連れられて西方浄土にたどり着く。人が人であるゆえんは霊魂にあり、だからこそ死後の霊魂の極楽往生が願われる。これに対して、身体は付随的なもので不浄として最終的にはうち捨てられる。『往生要集』では死後にこの世に残る死体を死者自身とする立場はまったくとられず、また霊魂と密接に関連するものとも見なされてもいない。

したがって、死後に遺体をどのように扱っても往生の成否には影響をおよぼすことはない。身体を直接の対象とする働きかけは、生前ならば念仏を勧めるなどして往生の成否を左右するのだが、ひとたび死んでしまえば身体は働きかけの対象ではなくなる。『往生要集』のこうした認識に基づくならば、有情ではなく単なる物体と見なされる遺体に格別の意義を見いだし、これを対象として儀礼に類することが行われるはずはない。

五　来世に儀礼が影響を与える可能性

つぎに死を迎え転生した者を対象とする追善的儀礼行為が行われる可能性についてみてみる。大文第四「正修念仏」の五つ目の「廻向門」によればその可能性はある。

　第五に、廻向門を明さば、五義の具足せるもの、これ真の廻向なり。一には、三世の一切の善根を聚集す。華厳経意 二には、薩婆若の心と相応す。三には、善根を以て一切の衆生と共にす。四には、無上菩提に廻向す。五には、能施・所施・施物、皆不可得なりと観じて、能く諸法の実相と和合せしむるなり。大論意

　これ等の義に依りて、心に念ひ、口に言ひ、修する所の功徳と、及以び、三際の一切の善根その一、自他の法界の一切衆生に廻向して、平等に利益しその二、罪を滅し善を生じて、共に極楽に生まれて、普賢の行願を速疾に円満し、自他同じく無上菩提を証して、未来際を尽すまで衆生を利益しその三、法界に廻施してその四、大菩提に廻向するなりその五(16)

『大智度論』の取意文に解説を加える後半部分であげられる「自他の法界の一切衆生に廻向して、平等に利益し、罪を滅し善を生じて、共に極楽に生まれ」ることこそ、他者の浄土往生を後押ししうるものである。ただ特定の個人に対するものではなく、すべての衆生に対しての行為である。さらにこれに関する問答がある。

　問ふ。第三と第四とは、何が故に、要ず一切衆生と共にし、及以び、無上菩提に廻向するや。

　答ふ。六波羅蜜経に云く「いかんぞ、少施の功徳多きや。方便力を以て、少分の布施を廻向して発願すら

く、『一切の衆生とともに、同じく無上正等菩提を証せむ』と。ここを以て、功徳の無量無辺なること、猶し小さき雲の、漸く法界に遍するが如し。」と。（中略）

また大荘厳論の偈に云く「施を行ずるも妙色の財を求めず、また天人の趣を感ぜむことを願はず、専ら無上勝菩提を求むれば、施は微きも便ち無量の福を感ぜむ」と。已上 故に、もろもろの善根を以て尽く仏道に廻向するなり。[17]

廻向する理由は、つまるところ少ない功徳であっても一切衆生に差し向け廻向することで、その功徳が無限にひろがるからである。他者とともにすると言いながらも自己の功徳や利益が増進されることに重点が置かれる説明である。廻向し功徳を差し向けることがどういう仕組みでその対象者の往生の助けになるのか、どういう過程で菩提へと近づくのか、具体的効果がどのようなものとなるか何も言及されていない。一般論として抽象的に死者を対象とする廻向が考えられるにすぎない。ただこの世で死んだ後であっても廻向の対象になる可能性はあると指摘できる。

では廻向する側からでなく、逆に廻向される側にとってどれほどの効果が期待できるのだろうか。まず浄土に往生できた場合、廻向の効果はどの程度のものなのか。

大文第二に、欣求浄土とは、極楽の依正の功徳、無量にして、百劫・千劫にも説きて尽すことあたはず。（中略）今、十の楽を挙げて浄土を讃へむに、猶し一毛もて大海を渧らすが如し。一には聖衆来迎の楽、二には蓮華初開の楽、三には身相神通の楽、四には五妙境界の楽、五には快楽無退の楽、六には引接結縁の楽、七には聖衆倶会の楽、八には見仏聞法の楽、九には随心供仏の楽、十には増進仏道の楽なり。（中略）

第十、増進仏道の楽とは、（中略）かの極楽国土の衆生は、多くの因縁あるが故に畢竟して退かず、仏道を増進す。（中略）もろもろの衆生に於いて大悲心を得、自然に増進して、無生忍を悟り、究竟して必ず一生補処に至る。乃至、速かに無上菩提を証す。[18]

「極楽の依正の功徳、無量」という部分に集約されている。極楽浄土はこの世よりもはるかに条件の整ったところであり、必然的に仏道修行は進み、「究竟して必ず一生補処に至る。乃至、速かに無上菩提を証す」と目的とする状態へと必ず到達できると説かれる。他者による助力の可能性は直接には触れられていない。無事に浄土往生した者に対して、廻向により功徳を差し向けることは想定していない。

つぎに地獄に堕ちた場合、廻向は死者を救いうるのだろうか。六道のなかでももっとも苦しみに満ちた条件の悪いところなので自力での脱出は事実上不可能であり、逃れるためには助けや後押しが必要とされるはずである。地獄の描写では、その様子とともに、そこへ堕ちるべき人が、どのようなことをした人なのかを述べる。はじめの等活地獄では「殺生せる者」がそこに堕ちるといい、地獄の内でももっとも深くにある阿鼻地獄でも同じように「五逆罪を造り、因果を撥無し、大乗を誹謗し、四重を犯し、虚しく信施を食へる者」や「昔、仏像を焼き、僧房を焼き、僧の臥具を焼きし者[19]」が堕ちるのである。前世の行動こそが地獄へ堕ちる理由である。そしてここから逃れるたすけは結局ないのである。つぎのように『正法念経』より引用している。

異人の作れる悪もて、異人、苦の報を受くるにあらず。自業自得の果なり。衆生皆かくの如し。[20]

地獄に堕ちたのは本人の行いの結果である。人の行いの報いを別人が受けることはないというのだから、死後遺される人が行う廻向によって地獄から救われることもない。ここでは廻向により救われる可能性を断ち切り否定する方向での理解となっている。

かしこに大いなる江あり。（中略）獄卒、罪人を執りて、かの河に擲げ、鉄の鉤の上に堕す。（中略）手を挙げ、天に向かひて号び哭く者あり。共に相近づいて号び哭く者あり。久しく大苦を受くれども、主なく、救ひものなし。(21)

「主」は「よるべ」と訓じられる。ここではっきりと地獄の苦しみから救ってくれる頼れる者はいないと述べている。もしも死後に地獄に堕ちたとして、死後の廻向などの行為が影響を与えるとしても、これが救う力として位置づけられることはない。

廻向は死後に行われる可能性があるものの、対象とされる立場にとっては意義はないに等しい。廻向することで功徳や利益が倍増すると説くものの、極楽往生したならばよりよい条件で仏道に励み必ず菩提へ到達できるのだから廻向してもらう必要はなく、地獄に堕ちたならばたとえ廻向されたとしてもそこから逃れるほどの影響はないので廻向の効果は事実上ない。生前に行われる「勧念」などの身体を直接の対象とする行為とは異質な、死後の存在ないし転生後の存在を対象とした儀礼は原理的に可能なはずだが、廻向によってそうした死者を極楽浄土へ導くことができるという理解は、『往生要集』から導き出せないのである。

六　小結

摂関期には浄土教がひろまり喪葬もそれまでの儒教的儀礼から浄土教的儀礼へと移行するが、引き続き儀礼的行為は遺体を対象とするものであった。本節では、そうした儀礼の理論的な裏付けが、貴族社会への浄土教の浸透において大きな役割をはたした『往生要集』にあるのか、言い換えれば『往生要集』の説く理論にしたがって遺体を対象とする儀礼が行われるようになったと言いうるのか論じた。

『往生要集』では臨終の瞬間に念仏に集中させることがもっとも重要であるとは言う。人は死の瞬間に、空間的に見れば遥か西方の浄土へ転生するか、地下深くの地獄へ転生するのであり、転生が完了すればその決定を覆すことはできない。だからこそ転生先が決定される臨終の瞬間までに念仏をしなければならない。そして死後にこの世に残される遺体に目を向けると、これは死者としては扱われず、最終的には塵や土と同じ無情と考えられている。『往生要集』は生前および臨終の念仏の実践を理論的に裏付けるが、遺体に格別の意義を認めず、死後に遺体を儀礼の対象とする根拠となる理論を提供してはいない。さらに身体ではなく転生した主体（霊魂）を対象とする廻向も可能性としては行われうるが、みずからの行いの報いをみずから受けるという観念があり、この世に遺された者による廻向によって死者が極楽浄土へ往生できるという可能性は、事実上否定されている。

つまり『往生要集』に従えば、遺体が尊重される対象となることはないし、遺体から分離し転生する霊魂を対象とした廻向が行われるとしても、そのことによって極楽浄土への往生が可能になることはない。遺体尊重は浄土教の影響により行われるようになったとされるのだが、浸透において重要な役割をはたした『往生要集』はその理論的根拠とはなっていないのである。『往生要集』が欠くことのできない重要な契機であったとしても、遺体を対象とする儀礼の成立にはまた別の背景もあるのではないかと推測される。

註

（1）井上光貞『日本浄土教成立史の研究』（山川出版社、一九七五年）。

（2）石田瑞麿『日本古典文学と仏教』（筑摩書房、一九八八年）。

（3）『往生要集』巻上、序（石田瑞麿校注『源信』日本思想大系、岩波書店。原漢文。書き下しはこれによった。以下同）。

（4）『往生要集』巻中、大文第四正修念仏、第四観察門、三雑略観。

（5）『往生要集』巻上、大文第一厭離穢土、第七惣じて厭相を結ぶ。

（6）『往生要集』巻中、大文第六別時念仏、第二臨終の行儀、次観念。
（7）同前。
（8）同前。
（9）同前。
（10）同前、大文第六別時念仏、第二臨終の行儀、初行事。
（11）『往生要集』巻上、大文第二欣求浄土、第一聖衆来迎の楽。
（12）『往生要集』巻中、大文第六別時念仏、第二臨終の行儀、次観念。
（13）『往生要集』巻上、大文第一厭離穢土、第五人道。
（14）同前。
（15）仏教は本来、霊魂の実在は認めないが、すくなくとも民衆へと浸透する中では実質的に霊魂の存在を認めている。
（16）『往生要集』巻中、大文第四正修念仏、第五廻向門。
（17）同前。
（18）『往生要集』巻上、大文第二欣求浄土。
（19）同前、大文第一厭離穢土、第一地獄。
（20）同前、大文第一厭離穢土、第一地獄・第三衆合地獄。
（21）同前。

第二節 『栄花物語』に描かれる浄土信仰とその基底
――『栄花物語』と『往生要集』の差違からみる貴族の浄土信仰の実態

一 はじめに

前節では貴族への浄土教の浸透で重要な役割を果たした『往生要集』をとりあげ、その死者観念が貴族等が行っていた遺体を尊重する浄土教的喪葬儀礼の理論的根拠になっているのか論じ、根拠とは言いがたいことを示した。本節では『栄花物語』を取り上げ、貴族社会で実際に行われた浄土信仰やこれに依拠した葬送儀礼、さらに葬送を終えたあとの死者をどのように認識しどのように扱っていたのかなどについて、詳しく掘り下げる。

『栄花物語』は浄土信仰を持っていた藤原道長を中心とした歴史書で、『往生要集』の影響を受けている。(1)この中には「法成寺グループ」などと呼ばれる仏教にかかわりの深い部分があり、その原資料は法成寺の尼の手によるものであったと考えられている。(2)法成寺は道長の晩年にその浄土信仰を体現するべく建立されたものであるから、この法成寺にかかわる尼による文書を原資料とする「法成寺グループ」には、道長が受容した浄土教が映し出されていると考えられる。また歴史書のなかに浄土信仰にかかわる「法成寺グループ」を配置するという構成形式自体にも貴族社会に取り入れられた浄土教の実態が反映されている。『栄花物語』に記される内容は必ずしも歴史的事実に忠実ではないかもしれないが、だからこそそこに編纂主体の思想や理念を見ることができる。

『往生要集』との違いを念頭に、『栄花物語』の「法成寺グループ」から念仏の性質と死体の意義付けを中心に

貴族の浄土信仰の実態を明らかにし、加えて『往生要集』の理論を独自に変容させた背景について論じる。(3)

二　道長の仏教に対する期待

1　出家の理由

『栄花物語』の巻十五「うたがひ」は、編年体の『栄花物語』の中で、他の巻と性質の異なる構成を持っている。巻十四までは出来事を年代順に記すという形式であるのに対し、この巻の内容は、巻十四に記された時代をさかのぼる時点からはじまり、巻十四よりも先の巻に記される時代にいたるまでの、道長の仏教にかかわる事績の全体をまとめて記す。この巻は『栄花物語』を構成する一部分でありながら一定の完結性を備え、単独でも意味をなすように構成され、仏教説話と言いうるものになっている。

その内容とは、出家、法成寺の建立、受戒、法華経の尊重、浄妙寺建立、年中行事化した仏事、四天王寺・高野山参詣、仏像の造作、写経などで、道長がいかに仏教を尊重し支援したのかを述べている。そして仏法を興隆させ弘めようとしたことから、道長が空海や聖徳太子の生まれ変わりであるに違いないと評している。これはちょうど『三宝絵』の中巻のはじめのいくつかの説話で、経典を学び仏教寺院を造るなどして日本に仏法をひろめた聖徳太子や行基が、実は救世観音や文殊菩薩の化身であり、拝むべき偉大な人と顕彰するのとよく似た構成になってる。道長は仏教の実践者であり守護者として、説話的に描かれている。

仏教の実践者および守護者としての道長の仏教的事跡は、出家が分かれ目となる。

かかる御勢ひに添へて、入道せさせたまひて後は、いとど勝らせたまへりと見えさせたまふも、なほなべてならざりける御有様と、近う見たてまつる人は尊び、遠う見たてまつる人ははるかに拝みまゐらす。(4)

道長が拝むべきほどすぐれた存在になるのは出家をして以降のことで、これを転換点として仏教信仰は深まってゆく。道長の仏教に対する認識や仏教に対する期待がどのようなものであったのか、この出家の経緯から見えてくる。

かかるほどに、御心地例ならず思され、(中略)わが御心地もよろしからず思しめされるれば、このたびこそは限りなめれと思さるるにも、もの心細く思さる。(中略)いとおどろおどろしき御心地のさまなり。かかればよろづにいみじき御祈りどもさまざまなり。されどただ今は験も見えず、いと苦しくせさせたまふ。(中略)かくて、今はとて院源僧都召して、御髪おろさせたまうつ。(中略)僧都の、御髪おろしたまふとて、「年ごろの間、世の固め、一切衆生の父としてよろづの人をはぐくみ、正法をもて国を治め、非道の政なくて過ぐさせたまふに、かぎりなき位を去り、めでたき御家を捨てて、出家入道させたまふを、三世諸仏たち喜び、現世は御寿命延び、後生は極楽の上品上生に上らせたまふべきなり。(中略)」など、あはれに尊くかなしきことかぎりなし。(5)

あるとき道長は病気になり、自覚症状も以前と比べてよくない。今度こそはもうこれまでだと思う。いろいろな祈禱をしたものの効果はなく、とても苦しんでいる。こうして出家する。院源僧都は落飾するにあたってつぎのように言う。道長はこれまで、人々の父のように国を治めてきたが、その高い位と家を捨てて出家する。だから諸仏は喜び、現世での命が延び、来世は極楽の最上位に生まれるはずである。このように出家の意義について話した。

つまるところ、道長に出家へと踏み切らせたのは自身の死の予感である。不可避にやってくる死を何とかしようとして出家したのである。院源の言葉によれば、出家することで、死を先延ばしにすることと、死んだあとに極楽浄土へ往生できるという効能が期待できるようである。ここには極楽浄土への往生という浄土教の特徴があるが、同時に現世での長寿という密教が主張する現世利益的な効果も謳っている。浄土往生の願いと現世利益は矛盾するものではないし、択一的関係にないことは留意しておきたい。死後に浄土へ往生することと、死を先延ばしにするという二つのことが、死に関して仏教に期待されている。

ちなみに、このように死を予感して出家したのだが病気は回復し、道長は法成寺を建立した。これは阿弥陀堂を中心としていることからもわかるように、浄土信仰を中心としたものである。数年前から手元において読んでいた『往生要集』が、大きな影響を与えたことが指摘されている。(6)

2　道長の「本意」

道長の出家の動機となった極楽往生を実現する手段とは臨終念仏である。往生に結びつく行為はいくつもあるが、最大のものは臨終念仏である。臨終念仏から死後の往生の確信までの場面は、正編の最後にあたる巻三十「つるのはやし」で詳しく描写され、往生伝と言いうるものになっている。

> 御心地にはかに重きにはおはしまさねど、去年より例のやうにもおはしまさず、物きこしめさで久しうならせたまひたるに、この宮の御事をいみじう思しめしくづほれさせたまへる続きなれば、かくいと弱げにおはしますなりけり。（中略）わが御心地にも、「このたびは限りのたびなり。さらにさらにもの騒がしき有様あらでありなん」とのたまはす。（中略）かくて、日ごろにならせたまへば、「本意のさまにてこそは、同じくは」とて、阿弥陀堂に渡らせたまふ。(7)

道長は体調不良が前年より続き、食事をとらなくなってしばらくたつ。加えて道長の娘でもある皇太后が死去したことで、気を落としとても衰弱している。道長自身も今度こそは最期であり、騒がしくはしたくないと言っている。こうして数日が過ぎ、同じ死ぬなら本意の臨終の行儀に従って死を迎えたいといって、法成寺の阿弥陀堂に移動した。ちなみに万寿四年十一月のことである。

そもそも自身の死の予感を契機として出家したのであり、そのときは回復したものの、今度はもう回復せずに死を迎えるだろうと覚悟して、本意をかなえるべく阿弥陀堂に移動した。死および死後に関心を寄せ、これに対処するべく仏教なかでも浄土教に頼ったのである。ここにいたって道長の仏教の実践は、臨終において阿弥陀堂で念仏を行うことに集約される。

この御堂は三時の念仏常のことなり。このごろは、さるべき僧綱、凡僧どもかはりて、やがて不断の御念仏なり。さればいみじう尊きも、やがて聞きあへるなりけり。(中略) 僧たち近うさぶらひて、御念仏をして聞かせたてまつる。(中略) 今になほ弱げにおはしませど、ただこの御念仏の怠らせたまはぬにのみ、おはします定にてあるなり。またの日も、今や今やと見えさせたまへれど、ことなくて過ぎさせたまひぬ。ついたち四日、巳の時ばかりにぞ、うせたまひぬるやうなる。されど御胸より上は、まだ同じやうに温かにおはします。なほ御口動かせたまふは、御念仏せさせたまふと見えたり。そこらの僧涙を流して、御念仏の声惜しまず仕うまつりたまふ。(中略) 夜半過ぎてぞ冷え果てさせたまひける。(8)

道長が臨終を迎えようとする阿弥陀堂には、僧がやってきて絶えることなく念仏を唱え続け、道長はこれを聞く。道長は衰弱しているが念仏を続けていることで、まだ生きていることがわかる。今にも死にそうなまま数日をすごした。そして十二月四日の巳刻に死去したようなのだが、胸より上は生前と同じように温かくて、まだ口を動かして念仏をしているように見える。まわりの僧は惜しまず念仏をした。

臨終において行われるのはただ一つ、念仏である。念仏以外に行われる臨終の儀礼的行為は何もない。周囲で念仏を唱え聞かせ、また道長自身も念仏している。死んだ後もまだ念仏をしているようであった。そしてこのような臨終の様子から道長の来世が判断される。

「臨終のをりは、風火まづ去る。かるが故に、動熱して苦多かり。善根の人は地水まづ去るが故に、緩慢して苦しみなし」とこそあんめれ。されば善根者と見えさせたまふ。（中略）山の座主、御導師仕まつりたまふ。（中略）「仏の御教のごとくにて、最後の御念仏乱させたまはざりつ。頼もしきかな。今は極楽の上品上生の御位と頼みたてまつる」など、いみじうあはれに悲し。（中略）往生の記などには、人の終りの有様、夢などこそは聞きおきて、往生と定めたれ。往生せさせたまへりと見えたり。「まづうせたまひし有様、御腰より上は温まいらせたまひて、御念仏極まりなくせさせたまひしに、功徳の相しるく見えさせたまひにきかし」などのたまひ定めさせたまふ。(9)

臨終ではたいてい風火がまず去るので苦しいのだが、善根者は地水がまず去るのでくつろいで苦しまないとある。それならば道長は善根者のようだ。最期まで上半身が温かく、また念仏を唱えていたことから、道長は善根者であり、極楽へ往生したのだと判断されたのである。葬送のときの山の座主すなわち出家も見守った院源の言葉や往生の記など、複数のものによって往生したとのだと判断される。さらに数日後に別の方法でも往生したことが確認される。

十日の夜、中宮の御夢に、いと若くをかしげなる僧の、いとあてやかに装束きたるが、立文を持て参りて、

「これ」と申せば、「いづくよりぞ」とあれば、「殿の御文」と申せば、喜びて御覧ずるに、下品下生になんあるとはべる御消息なれば、宮の御前、「いと思はずに、さやは」とのたまはせければ、この僧、「いかでか。からまでもおぼろけのことにはさぶらはぬものを」と申す、と御覧じければ、殿ばら、「さは往生せさせたまへるにこそ」と、「あはれ、この御堂のことを夜昼の御営みに心にかけさせたまひ、また念誦の最後あるべきかぎりおはしましつるに、いみじううれしきかな」と思しのたまはする。(10)

道長の娘でもある中宮の夢の中で、道長が極楽浄土へ往生したことが手紙で伝えられる。臨終での念仏の様子と相俟って、往生したと確信されるのである。道長の本意すなわち臨終念仏をして往生することは無事に実現されたと『栄花物語』では描かれている。

三　浄土往生の原理と念仏

1　『往生要集』の往生の原理

なぜ臨終念仏によって極楽往生できるのか。道長の行った臨終念仏は『往生要集』の影響と考えられるが、そこでは往生を可能にするのは阿弥陀仏の力であると、臨終における十念の中で『無量寿経』から二十願と十九願を引用して強調されている。

たとひ我、仏を得むに、十方の衆生、わが名号を聞きて、念をわが国に係け、もろもろの徳本を殖ゑ、至心に廻向して、わが国に生れむと欲せむ。果遂せずは、正覚を取らじ。

たとひ我、仏を得むに、十方の衆生、菩提心を発し、もろもろの功徳を修し、至心に発願して、わが国に生れむと欲せむ。寿の終はる時に臨みて、たとひ大衆と、囲繞せられて、その人の前に現ぜずは、正覚を取らじ。[11]

阿弥陀はすでに仏となっているのだから、これらの本願は必ず成し遂げられる。極楽への往生を願い、功徳を積んだのならば、必ず阿弥陀仏が来迎して極楽に往生できると保証されている。この阿弥陀仏の本願こそが、念仏によって往生が実現できるとする根拠であり原理である。

臨終の十念ではさらに「願はくは、阿弥陀仏、決定して我を抜済したまへ。南無阿弥陀仏[12]」「願はくは、仏、今日決定して、我を引接し、極楽に往生せしめたまへ[13]」「願はくは、仏、大光明を放ち決定して来迎し、極楽に往生せしめたまへ[14]」「願はくは、仏、必ず引摂したまへ[15]」と念じ、阿弥陀仏に頼ることで往生の実現をはかる。阿弥陀仏がその本願により、念仏する人を掬い取るからこそ往生できる。『往生要集』では、往生させる原理として阿弥陀仏が存在している。ちなみに阿弥陀仏を念じ浄土往生を願うのは、臨終にかぎらずいつでもかまわない。『往生要集』では、その瞬間を逃すともう手遅れになってしまうことと、切実さからもっとも集中でき効果が倍増することの二つの理由で臨終が重要視されるものの、日常的な念仏にも十分に意義があるとする。阿弥陀仏の本願が原理となり、臨終に限らず念仏し往生を願う者や功徳を積む者はすべてを浄土へ連れてゆかれる。

2　『栄花物語』の念仏の機序

『栄花物語』では全体を通して、往生を願うものを掬い取ろうという阿弥陀仏の本願が前面に出されることはない。道長の臨終から葬送にかけての場面でも、熱心に臨終念仏をして浄土に生まれることは述べられるが、そこで阿弥陀仏の力こそが往生を可能にする力であるという記述はない。『栄花物語』では浄土往生の実現の仕組みをどのように考えているのだろうか。往生の原理がどんなものとして捉えられているのかを考えるうえで、つぎの記述は重要である。

殿の御前御念仏させたまふ。(中略)殿御念仏果てて出でさせたまふ(中略)。この尼たち、「あはれ、この世のものとは見えぬものかな」と、「人の心の中に、浄土も極楽もあるといふはまことにこそあめれ。殿の御前の御心の中にここらの仏の現れさせたまへるにこそあめれ」などぞ、尼君、「若人欲了知、三世一切仏、応当如是観、心造諸如来」とうち誦じてまかでぬ。[16]

みずから建立した法成寺で道長が念仏している姿を目にした尼たちの会話である。この尼たちとは、巻十五や巻三十などの「法成寺グループ」と言われる仏教に関する記事群の元となった資料を制作した人々と考えられている。[17] その言葉も、登場人物の言葉あるばかりでなく、『栄花物語』の「法成寺グループ」に通底する認識として、さらには道長をはじめとする貴族の実践する浄土教の認識としての意義と重みを持っている。

その認識の内容はつまるところ、極楽浄土や阿弥陀仏は心に造られるのだというものである。唯心思想の認識であることが、尼君の誦した部分より明らかである。この部分は『華厳経』夜摩天宮菩薩説偈品のいわゆる唯心偈に由来する。

心は工みなる画師の如く、種種の五陰を画き、一切世界の中に法として造らざるもの無し。心の如く仏も亦爾なり。仏の如く衆生も然なり。心と仏と及び衆生とは是れ三つは差別無し。諸仏は悉く一切は心より転ずと了知したまふ。若し能く是の如く解らば、彼の人は真の仏を見たてまつらむ。(中略)若し人、求めて三世一切の仏を知らむと欲せば、応当に是の如く観すべし。心は諸の如来を造ると。[18]

心は画師のように五蘊を描き出し、世界中の存在のすべて例外なく作り出している。心と仏と衆生に違いはない。諸仏はすべて心の展開よりあらわれることを知っている。もしこのことが了解されるならば、その人は本当の仏を見ることができる。もしもすべての仏を知りたいならば、このように観じなさい。心が諸仏を作るのだと。

道長の念仏を見た尼が誦したのはこの最後の部分で、とくに破地獄偈とも称される。[19]

心がすべてを作るのだという観念は、『華厳経』の中でももっとも古くに成立したとされる十地品とも密接にかかわっている。

三界は虚妄にして、但だ是れ一心の作なり。十二縁分は是れ皆心に依る。（中略）十二因縁を知るは一心の中に在り。是の如く則ち生死も但だ心に依りて起つ。心若し滅することを得ば、生死も則ち亦尽く。[20]

迷いの世界である三界は心によって構成されている。十二の縁起もすべて心に依拠している。迷いや苦しみは心によって生じるのだから、心を滅することで生死の問題も乗り越えられる。唯心偈はさとりを求める人の存在構成に注目していたが、ここでは三界という人を含む世界全体に関心をむけて、我々が客観的世界と考える物とそれらの間で成立している法則も実際は心によって構成されるのだとしている。もっともここでも仏となり生死を超えるという問題意識が根底には横たわっていて、そこに帰結するためには心を修めるべきと説いている。

『華厳経』に見られる唯心思想では、すべての存在は心によって構成されるから、関心を外界に向けるのではなく心に向けて、そこで問題の解決をはかることを説く。『釈浄土群疑論』では、この思想を基礎して浄土も理解している。

唯識の理を案ずるに、心外に別法無し。万法万相は皆是れ自心なり。故に起信論に言く、心生ずれば諸法生ず、心滅すれば諸法滅す。維摩経に言く、其の心の浄に随ひ即ち仏土は浄なり。（中略）別に体の有ること無し。（中略）華厳亦言く、心は工画師の如く、種種五陰を画く。一切世間中法にして造らざる無し。(21)

唯識の教理を考えれば、心のほかに存在者はない。多くの存在者も現象もすべて自分の心でしかない。だから『起信論』で心が生ずれば諸々の存在者が生じ、心が滅すれば諸々の存在者は消滅すると言う。『維摩経』では、心の清浄に従って仏の国土は清浄であると言う。心とは独立した実体があるなどということはない。そして続けて『華厳経』の唯心偈を引用している。このように唯心浄土の観念では、すべてが心によって生じるのだから、心を修めることでそこが浄土となると考え、自己の心の問題と捉えなおす。関心を外界から心に向け、心のありようにおいて目的を達成しようとする。唯心思想では心こそが問題とされ、心においてこそ問題は解決されうると考える。(22)

こうした心によって事物が構成されるという認識が『栄花物語』にも見られるのだが、しかしながらその意味するところは異なっている。『栄花物語』では、あくまでこの世を価値の実現すべきところとして、そしてそこに価値を実現する原理として唯心思想を捉えている。『栄花物語』では心のありようは最終的な解決にはならず、むしろ心を媒介にして目の前にある現実世界に価値を実体化することで問題の解決をはかる。『栄花物語』ではこの思想を経典とは逆の方向に展開しているのである。このことはつぎの部分にあらわれている。

ここらの仏の現れたまへる、かつは、いづこより来りたまへるにか知らまほしきに、（中略）殿の御前の御心の中より現れたまへりと知りぬ。(23)

薬師堂の落慶供養のときのことで、そこに安置されている七仏薬師と六観音を、道長の心の中からあらわれたものとしている。意識され心に表象している内容が、現前のものになると考えられている。『華厳経』『釈浄土群疑論』といった経典が外界の問題をいずれも内心の問題として受けとめ内面化するのと異なり、『栄花物語』では目の前に事物を構成する原理として唯心思想を捉えられている。関心はなによりも目の前に広がる外界にあり、心は自分のあり方を変える原理ではなく、外界を変化させる原理となっている。

この目の前の現実を問題として、すぐにこれを変化させようとする性質は呪術とかわらない。仏が目の前に現れるのは、心に念じてからほどなくのことであって来世ではない。目の前に事物があることと、これを意識していることは、同時に成立するものであり両者が乖離することはない。念じることと事物が構成されることには、即時性ないし同時性がある。現世ですぐに効果があらわれるという意味で、心に念じることは現世利益の呪術さらにいえば密教、例えば雨を降らせるべく心に念じることなどと近いものと言えるだろう[24]。

ちなみに尼が立ち去る前に口にした破地獄偈と呼ばれる『華厳経』に由来する言葉も、仮名書きを主体とする『栄花物語』の中にあって、経文を読み下すことなく漢文のままで、これを誦すのである。このことは、心が事物を構成するという観念が真言陀羅尼と同様の呪術性をもって捉えられていたと思わせる。さらに念仏も呪術的機能によりとらえられていたことは他の記録からも了解される。すなわち醍醐天皇の喪葬では亡くなった日に「内裏より仰せ有て、僧廿口をして、昼は法華経を読み、夕は侍りて念仏せしむ。即ち尊勝陀羅尼を念ず。此の夕唯だ四口有り。後に漸く数を満つ。」[25]と、僧を呼び日中には『法華経』を読ませ、日が暮れてからは念仏をさせたのだが、ここでは念仏について尊勝陀羅尼を念じることだと割注で説明している。念仏を密教の真言陀羅尼と同類のものと見なし、心の内容を実現・実体化する一種の呪術として捉えている。

3　念仏が実現する内容

このように心に念じることとそれによって事物が構成されることに即時性があると考えるならば、現世から来世への境界である臨終が格別重要になる。法成寺での道長の臨終念仏はつぎのような様子であった。

ただ今はすべてこの世に心とまるべく見えさせたまはず。この立てたる御屏風の西面をあけさせたまひて、九体の阿弥陀仏をまもらへさせたてまつらせたまへり。（中略）すべて臨終念仏思しつづけさせたまふ。仏の相好にあらずよりほかの色を見むと思しめさず、仏法の声にあらずよりほかの余の声を聞かんと思しめさず、後生のことよりほかのことを思しめさず、御目には弥陀如来の相好を見たてまつらせたまひ、御耳にはかう尊き念仏を聞しめし、御心には極楽を思しめしやりて、御手には弥陀如来の御手の糸をひかえさせたまひて、北枕に西向きに臥させたまへり。[26]

臨終には執着をおこさないようにと、この世のことはまったく考えない。臨終を迎えている現実世界の物質的な刺激を遮断し受容しないようにする。阿弥陀仏の姿や声など来世にかかわることのみ意識して念じ、実際に姿を目にし声を聞いている。心に意識される内容は、外界とはほぼ断絶し、外界に影響されることなく阿弥陀仏と浄土を構成している。このように臨終念仏を行うことで死後の浄土往生が実現されると考えられている。

外界は知覚認識によって心に達する。すると心は厭うべきこの世の中にまだいるという内容に満たされ、この心によって厭い離れるべき外界が再構成される。『栄花物語』にみられる唯心思想によれば、外界からの刺激が意識にのぼり、この意識が再び外界を同じような状態に構成するという循環に陥る。だから浄土を完全に構成することはできない。浄土を実現するためには、この世についての意識を排除して、心を阿弥陀仏や浄土の意識で満たす必要がある。

ただどんなに念仏をしても、日常生活をおくるならば、必ず外界の刺激が意識にのぼる。この世の刺激を受け入れざるをえないうちは、必然的に念仏は不完全になるので、いつまでたっても浄土往生を確実なものにはできない。日常的にとても熱心に念仏していてもそれだけで往生が実現できるわけではない。日々の念仏は臨終念仏の予行演習でしかない。

完全な念仏は結局臨終から死の瞬間でしか実現できない。死とは完全に外界の刺激に反応しなくなり機能しなくなった状態で、いかなる入力も出力もしなくなった閉鎖状態ということができる。この状態になることで、はじめてこの世の刺激が意識される可能性が完全に排除できる。念仏が完全になるのは、意識がこの世の刺激を完全に反映しなくなるとき、すなわち死ぬときである。現世のいかなる入力も受け入れないことで心は完全に仏や浄土に満たされ、この心によってその人にとっての浄土往生が実現するはずである。

さらに臨終念仏の内容は、その性質により特定のことに集中したものになる。現実に目の前にひろがっている世界が、現在の心によって構成されていると考える。三世にわたる因果応報とは違い、心に念じたこととの結果が来世など時間を隔てて生じるとは考えられていない。念じることとそれによる事物の構成は同時ないし即時に起きるのである。したがって、念じる内容はいますぐ実現すべきことである。念じる内容が現在の状態を作り替え、また作り出して導くので、念じた内容と現実は密着して乖離しない。心に念じることが少しばかり先行しこれに現実が追随するのであって、方向性を生み出す極小のずれがあるのみである。したがって臨終念仏の内容はその時に実現すべきことである。すなわち臨終から浄土へたどり着くまでの過程こそが念じられることになる。この過程への意識の集中は、念仏施設である法成寺の扉絵の描写にあらわれている。

御堂に参りて見たてまつれば、西によりて北南ざまに東向きに十余間の瓦葺の御堂あり。（中略）北南のそばの方、東の端々の扉ごとに、絵をかかせたまへり。上に色紙形をして、詞をかかせたまへり。はるかに仰がれて見えがたし。九品蓮台の有様なり。あるいは年ごろの念仏により、あるいは最後の十念により、あるいは終りの時の善知識にあひ、あるいは乗急の人、あるいは戒急の者、おこなひの品々にしたがひて極楽の迎へを得たり。これは聖衆来迎楽と見ゆ。弥陀如来雲に乗りて、光を放ちて行者のもとにおはします。(中略)行者の(中略)紫金台に安座して、須臾刹那も経ぬほどに、極楽界にいき着きぬ。草庵に目を塞ぐ間は、すなはち蓮台に跏を結ぶほどなりけり。あるいは八功徳水澄みて、色々の花生ひたり。その上に仏現れたまへり。さはこれや蓮花の始めて開くる楽ならんと見えたり。あるいは三十二相あらたに見え、六通三明具へたり。仏を見たてまつり法を聞くこと、了々分明なり。これこそは見仏聞法の楽なめれと見ゆ。よろづめでたし。処は是れ不退なれば、永く三途八難の畏りをまぬがれたり。寿はまた無量なれば、つひに生老病死の苦しみなし。心と事とあひかなへば、愛別離の苦もなし。慈眼等しく見れば、怨憎会の苦もなし。白業の報なれば、求不得の苦もなし。金剛の身なれば、五盛陰の苦なし。ひとたび七宝荘厳の台に着きぬれば、永く三界の苦輪の海を別れぬ。(27)

阿弥陀堂の扉絵にはこの世からあの世への移行までが描かれた。ここには『往生要集』の影響がみられる。『往生要集』では浄土のことを十の楽によって描いている。すなわち聖衆来迎の楽、蓮華初開の楽、身相神通の楽、五妙境界の楽、快楽無退の楽、引接結縁の楽、聖衆俱会の楽、見仏聞法の楽、随心供仏の楽、増進仏道の楽である。この世で死んだ瞬間から、阿弥陀仏の来迎により浄土に往生すること、そして浄土が楽に満ちたもので、神通力を得られ、退くことなく仏道修行も進み、「究竟して、必ず一生補処に至る。乃至、速かに無上菩提を証す(28)」と、最終的な到達地点までの経過を描写している。阿弥陀仏の力によって浄土に往生しても、それだけで菩提が得られるわけではない。仏教の目的はさとりを得ることだから、極楽浄土に往生したら確実にさとりが得られることまでが描かれる。そうしなければ迷いの六道世界の中に生まれ変わることとの決定的な違い、言い換えれば浄土往生の価値を十分に説明できない。さとりにいたる十の楽を描く必要がある。

『栄花物語』はこのうち聖衆来迎の楽と蓮華初開の楽と見仏聞法の楽の三つだけを取り入れている。極楽浄土に往生したあとにそこで修行し一生補処や菩提を得るにいたるという過程、すなわち仏教において決定的な重要性と意義を持つ過程は描かれない。「ひとたび七宝荘厳の台に着きぬれば、永く三界の苦輪の海を別れぬ」に端的にあらわれているように、浄土往生は苦からの解放として理解されている。さとりを得ることに意外なほどに関心が払われていない。そしてたどりつくべき浄土やさとりではなく、むしろ現世と来世が交錯するつなぎ目にあたる来迎にこそ関心は集中している。『往生要集』の浄土の描写に基づいた文章ではあるが、ここに描かれているのはあくまで浄土へ往生するまでであって、往生した後のことは描かれていない。

阿弥陀堂に安置されている阿弥陀仏像の様子からも、同様のことが読み取れる。阿弥陀仏は極楽浄土の主催者であり、浄土図などでは極楽浄土の中心に描かれるのだが、阿弥陀堂の阿弥陀仏はこれとは異なる。そこで迎える道長の臨終念仏の場面でも、阿弥陀仏が九体安置されているのだが、「九体はこれ九品往生にあてて造らせたまへるなるべし」[29]とあるように、来迎および往生の仕方に対応して九体になっている。そのまま法成寺の扉絵の「九品蓮台」とも対応する。安置される阿弥陀仏像は、死ぬときに来迎するこの世とあの世の接点にいる阿弥陀仏であって、極楽浄土の中心にいる阿弥陀仏ではない。念仏のたすけとなる阿弥陀仏像が来迎する阿弥陀仏であることから考えれば、念仏で念じられる仏も当然来迎する阿弥陀仏である。

ここから翻って言うならば、この世でまだしばらく生き続けるつもりでいるあいだには、切実で熱心な念仏は行われることはない。もし念仏が十分にできたならその瞬間にこの世から連れ出されてしまうはずだから、この世での生活を肯定し、そのまま続けたいと思うなら、その願望と念仏の効果は矛盾することになる。この世での生存が絶望的になるより前に念仏をする動機はない。

『往生要集』の原理では、健康時の念仏にはさほど熱意が見られず臨終念仏が格別に重視されることと、念仏の内容が現世と来世の境界線上に集中していることは十分には説明できない。心に念じることは即時に実現されるという唯心思想に基づく観念があるからこそ、これから現世の終わりを迎えようとするときの臨終念仏が格別に重視され、念じる内容は臨終において実現されるべきこと、すなわちこの世を離れて浄土へと向かう過程となる。

『往生要集』の観念を念頭にしてその部分的受容として『栄花物語』をとらえるのではなく、『往生要集』をあくまで素材の一つとして描かれる全体像を見渡すことで『栄花物語』の特徴がはっきりと見えてくる。『栄花物語』では死ぬまでが念じられるのであって、死んで転生したさらに後のことは念じない。日々の暮らしを送るこの世があり、これとは別に西方に極楽浄土があるという前提で、極楽往生とはこの世での日々の暮らしを終えて、浄土に移ってまたあらたな日々の暮らしをおくることとする理解が希薄である。『栄花物語』ではこの世と同様に日々の生活をおくるような存在の空間としては浄土を捉えているとは言いがたい。来迎に象徴されるように、念じる内容はあくまで臨終にこの世に実現されることにとどまる。

四　死体の持つ意義

臨終には往生を実現すべく念仏が全力で行われる。死によって完全にこの世の刺激は意識にのぼる可能性がなくなり、心は完全に浄土や阿弥陀仏に満たされるので、浄土への往生が実現したはずである。しかし阿弥陀仏が実体として現実世界に来迎することはないし、現実世界が浄土に変わることもない。死者の心という閉じた限定されるところで来迎や浄土は実現されるはずであり、遺された人々にはこれをうかがいしることはできないため、死後にはまたあらたな局面へと進展する。

遺された者には成否をあらためて検証する手段はないが、夢に死者があらわれて往生したことがわかる場合がある。往生とは、経典によれば一瞬にして西方のはるか彼方にある極楽浄土にたどり着くこととされているのだから、往生した主体は身体から分離した霊魂ということになるだろう。

では、この世に遺された死体は何者なのか。前節で述べたように『往生要集』では死体はもはや意味のない岩や土と同じ無情（非生物）であり死者ではないと見なしている。大文第二の欣求浄土では往生した後について述べられているのだが、そこではこの世に残された死体については何も言及されていない。大文第一厭離穢土の第五人道では、六道の一つの人間は執着に値しないものとして、死体が腐敗し崩壊するさまを描き、最後には塵と同じものだとしている。『往生要集』では、死体は死者の残したものではあるが、もはや死者とはつながりの切れた単なる物体と認識している。

『栄花物語』でもこれと同じく、死体は死者が霊魂として抜け出したあとの残留物、つまるところ遺品であって死者そのものではないと考えているのだろうか。死体がどのような意義を持つのか道長の臨終から往生までの場面からはうかがうことができない。道長の死体はどのように扱われたのかたどる。

夜半過ぎてぞ冷え果てさせたまひける。御棺は悩みそめさせたまひし日より造らせたまへれば、やがて入棺したてまつりつ。（中略）またの日、陰陽師召して問はせたまふに、「七日の夜せさせたまふべし。所は鳥辺野」と定めまうしてまかでぬ。（中略）万寿四年十二月四日うせさせたまひて、ついたち七日の夜、御葬送、御年六十二にならせたまひけり。儀式有様に夜もただふけにふけもてゆく。（中略）さてよろづに悲しくて、暁方にぞ、殿ばら、さべき僧など集まりて、御骨拾はせたまひて、瓶に入れて、右中弁章信懸けたてまつりて、定基僧都もろともに木幡に率てたてまつりつ。[30]

道長の身体が冷たくなって死んだことが確認され、その死体は鳥辺野で火葬される。そして火葬を終えた遺骨は木幡に運ばれる。この木幡という場所は一門の墓所で、道長自身が整備したところである。[31]道長が生前に整備したときのありさまから死者に対する認識がうかがえる。

木幡といふ所は、太政大臣基経の大臣、後の御謚昭宣公なり、その大臣の点じ置かせたまへりし所なり。藤氏の御墓と仰せ掟てたりける所に、殿の御前若くおはしましける時に、故殿の御供などにおはしまして思しけるやう、わが先祖よりはじめ、親しき疎き分かず、いかでこれを仏となしたてまつらんと思しける御心ざし年月経けるを、このをりにこそと思しめしけり。「いづれの人も、あるは先祖の建てたまへる堂にてこそ、忌日にも説経、説法もしたふめれ、真実の御身を斂められたまへるこの山には、ただ標ばかりの石の卒都婆一本ばかり立てれば、また詣り寄る人もなし。これいと本意なきことなり」と思して、この山の頂を平らげさせたまひて、高き石をば削り、短き所をば埋めさせたまひなどして、やがて三昧堂をたてさせたまふ。僧坊を左右にたてさせたまひ、中に馬道をあけて、十二人の僧を住ませたまふ。(32)

木幡で死者に対する儀礼がそれまでまったく行われていなかったからあらたにはじめたというわけではなく、すでに儀礼は行われていたけれども問題があると考え、行い方を変更しさらに整備したのである。

摂関期にかぎったことでなくこれよりさかのぼる律令期から、身分の高い人の場合には追善供養などの死者に対する儀礼的行為が忌日にゆかりの寺院で行われている。とくに天皇やこれに準じる人に対する国家的儀礼は国忌として行われていた。このような仏事には死者へ功徳を振り向ける効能があると考えられているので、仏事が十全に行える場所ならばどこでもかまわない。忌日に寺院で仏事をすることは、死者への儀礼としてもっともふさわしいものである。

しかし、道長はこのような仏事を問題にした。問題視しているのは、「真実の御身」が顧みられていないことである。道長にとってこの世に残された死体は塵や石などと同じ無情ではなく、あくまで死者の「真実の御身」である。死体は無視できるものではなく、顧みられるべきものなのである。生前より連続性を持ち死後にも娑婆世界に残されている身体を、死者として扱おうとしている。死者への行為はこの世の死体を対象として行うべきと考えている。直接の交渉可能性がなく、どこへ行ったか確認する手段のない霊魂よりも、むしろ生前との連続性もあり社会連関の構成要素になりうる「真実の御身」こそが死者なのであると道長は捉えている。道長は死体に対して死者としての地位をあらためて与えて木幡を整備した。

御堂の供養寛仁三年十月十九日より。（中略）殿の御前仏の御前にて、三昧の火を打たせたまふ。「わがこの大願の力によりて、この山に骨を埋み、屍を隠したまはん人、わが先祖よりはじめたてまつり、親しき疎き分かず、過ぎにし方より今行く末に至るまで、菩提仏果を証し、かつはみづからの二世の願かなひぬべくは、この火一たびに出でて、今日より後消えずして、わが末の世の人々同じく勤め、三昧の灯火を消たずかかげ継ぐべくは、この火一度に疾く出づべし」と祈りて打たせたまひしに、この火一度に出でてこの二十余年今に消えず[33]。

一種の願掛けをしているのだが、このときも死体の扱われ方が死者の状態に影響を与えると考えている。三昧堂を建てるときとは少し異なり、ここでは死者を対象とする忌日の仏事や定期的な参詣については言及せず、死体を木幡に埋葬する過去から未来にいたる人がさとりが得られるようにと発願している。人が死ぬたびにそれぞれの死体を対象にその都度仏事を行い、その効果としてさとりが得られるように願っているわけではない。個別具体的な仏事の有無とは直接関係なく、死体をこの場所に埋葬することでさとりが得られるように願う。さとりの有無といった死者の状態は、どこに埋葬されたかという外形によって理解されるものとなっている。

死者を理解するにあたって、この世に残された死体の扱われ方が決定的な意味を持つ。この場から離れた所へ向かった霊魂こそが死者だという観念に基づく儀礼すなわち忌日にゆかりの寺院で仏事がすでに行われていたが、道長はこれを拡大させるのではなく、遺体すなわち「真実の御身」を死者と見なす認識に基づく儀礼を選び整備したのである。この世に遺された人が直接知覚し確認できる死体の扱われ方、具体的には埋葬場所やこれに対する儀礼行為によって、死者のあり方は把握されるのである。死者の来世はこの世を離れて続くはずではあるが、残された人々がこれを把握しようとする場合には、どうしてもこの世にあるものを通して理解することになる。

霊魂が極楽浄土へと瞬時に移動したことは、臨終念仏の内容と死の直後に一方的にあらわれる近しい人の夢という死の前後の行為と出来事でしか了解されない。臨終から喪葬までを終えてしまうと霊魂が浄土に往生したのか判断できる方法もなく、出来事の記憶や印象が薄れるにしたがって確信は風化してゆく。直接の知覚可能性のない霊魂は置き去りになるしかなく、道長が死者を祭ろうとすれば結局死体を対象とするしかなかった。死者としての第一位の地位をこの世の外にある霊魂が得ることはない。

道長も臨終行儀をして死んだあと、このような性格を持つ木幡に埋葬された。当人のあり方を決定もしくは表現するのは、死ぬまでは本人及び周囲が行い心を満たす念仏であったが、死んだ後は本人の主体性は完全になくなるのでもっぱら死体の扱われ方になる。

五　基底の思想

『栄花物語』に描かれる念仏の効能や原理は、『往生要集』とは異なるものになっていた。念仏は阿弥陀仏の本願の力を頼みにして効果が期待できるものから、念じることでその内容がすぐに目の前に実現されるものへと、現世利益の呪術に引きつけて『栄花物語』では捉え直した。死者についても、この世を去ってはるか西方の極楽浄土にいるもしくは地獄に堕ちた霊魂こそが死者とはしないで、霊魂が去った後にこの世に遺され知覚可能で存在を直接確認できる死体こそを死者の第一と考えている。出来事や存在をこの世の外を含めて理解する傾向は後退し、今暮らしているこの世の中だけで理解する方向へと大きく傾いている。信仰の中心には浄土教があり『往生要集』の影響を受けつつも、最終的にはこれをかなり変形させている。

このような『往生要集』の受容における変形は、教理の理解が不十分であったという単純な理由によるのではなく、むしろある意図が働いたからだと考えられる。『往生要集』を取り入れながらも変形させる力を持つ、より基底的な観念が『栄花物語』の根底にあると考えるとき、道長の仏教的人生をまとめて描き仏教説話的性格のある十五巻「うたがひ」が、つぎのように締めくくられていることが注目される。

世の中にある人、高きも卑しきも、ことと心と相違ふものなり。（中略）一切世間に生ある物はみな滅す。寿命無量なりといへども、かならず尽くる期あり。盛りあるものは、かならず衰ふ。会ふものは、離別あり。果報として常なることなし。あるいは昨日栄えて、今日衰へぬ。春の花、秋の紅葉といへども、春の霞たなびき、秋の霧立ち籠めつれば、こぼれて匂も見えず。ただ一渡りの風に散りぬれば、庭の塵、水の泡とこそはなるめれ。ただこの殿の御前の御栄花のみこそ、開けそめにし後、千年の春霞、秋の霧にも立ち隠されず、風も動きなくして、枝を鳴らさねば、薫勝り、世にありがたくめでたきこと、優曇華のごとく、水に生ひたる花は、青き蓮世に勝れて、香匂ひたる花は並なきがごとし。(34)

現実と欲求とは一致しない。生き物には必ず死が訪れるし、盛んなものは必ず衰え、出会ったものは必ず離別する。永遠なる事物はない。すべては水の泡のようにはかない一過性のものである。ただ道長の栄華はこれを消す契機となる変化もない。道長の繁栄はこの世で例外的にすばらしいのだ。たとえを交えてこのように道長の栄華について総括している。

前半部分は、この世のものごとはすべて一過性のもので必ず終わりが訪れるという認識である。仏教の基本とする発想では、これを受けて現世的価値を否定し、現世的価値を超える価値として仏やさとりを提示する。『往生要集』では、大文第一で六道のそれぞれの具体的な描写をもって説き、このような六道世界は執着するべきではなく離れるべき場所であると説く。そして大文第二で、このような六道世界から抜け出た世界である極楽浄土への往生を願うべきことを説く。すなわち諸行無常から厭離穢土へ、そこから欣求浄土へと導かれる。浄土信仰は、この世を否定すべきものとする認識ときわめて密接な関係にある。

これに対して『栄花物語』は、前半では諸行無常を説いているのだが、後半は厭離穢土ではなく、むしろ逆の方向へと話は向かう。この世での寿命や繁栄には必ず終わりが訪れるが、その例外として道長の現世での栄華を位置づけている。本来なら現世での繁栄は続くはずがないにもかかわらず、それが例外的に続くと主張し、その継続にこそ価値を認めている。価値あるものとされるのは、あくまでも現世での繁栄とその維持である。この世を離れたところに実現されるこの世のものを超える価値は想定されていない。仏教的な現世に対する認識を受け止めつつ、それとは逆の方向に考えは向かっている。仏教的な価値観によって書かれ仏教説話とみなしうる巻の総括で、この世での寿命や繁栄には必ず終わりが訪れ、その価値は失われるという仏教的観念を受けつつも、最終的にこれを逆転させて示している。『栄花物語』の「法成寺グループ」の際立った特徴ということができる。

『栄花物語』に描かれる浄土信仰は、このような現世的価値を肯定する立場を基礎にして、その上に成り立っている。出家の効果について「現世は御寿命延び、後生は極楽の上品上生に上らせたまふべきなり」とあったように、現世利益の延長線上に『栄花物語』に描かれる貴族的浄土信仰は位置づけられている。『栄花物語』で描かれる浄土信仰の実態は、『往生要集』で説かれるような現世否定のうえになりたつ理論そのままのものではない。たとえ現世でしばしば苦しみを味わうことになろうとも、価値が実現されうる空間として考えられるのは、我々が現在暮らしているこの世にほかならないのである。

念仏もこの世ですぐに効果が得られる呪術に類似するものとして受け止められている。また死後もその存在を考えるとき、この世から完全に消え去ったとは考えられなかったので、この世のはるか彼方にあるとされる霊魂は明確に定位されることはない。そのかわりこの世に残される死体が「真実の御身」とみなされ死者として扱われる。『栄花物語』はこの世こそが価値の実現されうる空間であるという観念が根底には流れており、これによって仏教的価値観を表面的には受け入れつつも根本的には受け入れずに押しとどめたのである。

六　小結

本節では、『栄花物語』から貴族の浄土教での念仏の性質や死に関する認識について考察した。『栄花物語』の「法成寺グループ」と『往生要集』との違いから、貴族的浄土信仰の実態およびその根底にある観念を示した。『往生要集』では阿弥陀仏の本願を根幹として、念仏によって阿弥陀仏に救ってもらうことで往生を実現しようとする。これに対し『栄花物語』では唯心思想を背景にして現世利益の呪術として念仏を捉え、念じたことはその場でただちに実現するものと考えている。だから臨終が格別に重視される。臨終に、この世から浄土へと移行する場面すなわち来迎する場面を念ずることで、浄土往生を実現しようとする。

死後にこの世に残された死体の意味も両者で異なる。『往生要集』では浄土へ往生した霊魂こそが死者であって、死体はつまるところ塵に等しいもので死者ではない。『栄花物語』では、往生した後の霊魂についてはほとんど関心は示されることなく、むしろ死体こそが死者そのものとして扱われていて、死体の扱われるさまによってさとりなどと表現される死後の幸福が実現される。死後の存在は直接知覚できるかぎりで把握しようとする。死者とは霊魂であると考え、その浄土往生を願いながら、死後に行う儀礼は死体を死者として直接の対象としていて、霊魂は結局その背後に隠れてしまう。死者とは第一に死体のことであって、これを媒介にしてはじめて霊魂が把握されるのである。だからこそ死体を重要な構成要素とする喪葬儀礼が行われるのである。

『栄花物語』の根底には、現世を価値の実現される場所としてあくまでも肯定する思想がある。仏教の基本的発想では、この世の価値には必ず終わり訪れ失われるという認識から、これを超える価値すなわちさとりを求める。表面的にはこの発想を受け入れているようでありながら、結局はいずれ失われるであろう現世的価値をどこまでも追求し維持しようとし、また死者についてもあくまでこの世において理解しようとした。現世こそが存在の場所であって価値の実現される場所であるという認識が『栄花物語』の基底に横たわっているのである。

註

(1)『往生要集』をはじめとする浄土教が文学へ与えた影響については、石田瑞麿『日本古典文学と仏教』（筑摩書房、一九八八年）などが詳しい。

(2) 松村博司『栄花物語の研究』（風間書房、一九九二年）。

(3)『栄花物語』と『往生要集』の比較については、松村博司『栄花物語の研究』でも扱っている。近年のものに木村純二「『往生要集』と『栄花物語』――日本の思想風土と仏教の葛藤の一断面」（『国士舘哲学』五、二〇〇一年三月）があり、両者においてそれぞれこの世の生にどのような価値を見いだしているのかを論じて、『栄花物語』については「近しい者と生身の体を通じて関わり合うような世界こそ、「苦」を免れなくとも生きる意味のある場」としている。『栄花物語』は新編日本古典文学全集、『往生要集』は日本思想大系（『源信』）所収のもの、『権記』は増補史料大成（臨川書店）、『西宮記』は神道大系、仏駄跋陀羅訳『大方広仏華厳経』、懐感撰『釈浄土群疑論』は大正大蔵経所収のものを用いた。

(4)『栄花物語』巻十五うたがひ。

(5) 同前。

(6)『権記』寛弘二年九月十七日条によると、道長が手持ちの『往生要集』の写本の作成を藤原行成に依頼している。

(7)『栄花物語』巻三十つるのはやし。

(8) 同前。

(9) 同前。

(10) 同前。

(11)『往生要集』巻中、大文第六別時念仏、第二臨終念仏、次観念、十念の四・十念の五（原漢文。書き下しは日本思想大系によった。以下同）。
(12) 同前、大文第六別時念仏、第二臨終念仏、次観念、十念の二。
(13) 同前、大文第六別時念仏、第二臨終念仏、次観念、十念の三。
(14) 同前、大文第六別時念仏、第二臨終念仏、次観念、十念の九。
(15) 同前、大文第六別時念仏、第二臨終念仏、次観念、十念の十。
(16)『栄花物語』巻十八たまのうてな。
(17) 松村博司『栄花物語の研究』。
(18) 仏駄跋陀羅訳『大方広仏華厳経』夜摩天宮菩薩説偈品第十六（原漢文。以下同）。
(19)『華厳経』（いわゆる六十華厳と八十華厳のいずれとも）の文言と完全には一致しないことが、新編日本古典文学全集の頭注でも指摘されている。
(20) 仏駄跋陀羅訳『大方広仏華厳経』十地品第二十二之三。
(21) 懐感撰『釈浄土群疑論』巻第六（原漢文）。
(22) 時代が降る覚鑁系の真言念仏や禅などでは唯心浄土の観念が見られるが、王朝文学など貴族的浄土教が描かれるものには見られない。
(23)『栄花物語』巻二十二とりのまひ。
(24) 空海『即身成仏儀』でも、『華厳経』の同様の箇所を引用している。王朝期の貴族がもてはやした現世利益をもたらす密教でも、唯心思想は『栄花物語』と類似する受け止め方がなされていることに留意したい。
(25)『西宮記』臨事八、凶事、天皇崩御事（原漢文）。
(26)『栄花物語』巻三十つるのはやし。なおこの部分は『往生要集』に依拠している。
(27)『栄花物語』巻十八たまのうてな。
(28)『往生要集』巻上、大文第二欣求浄土、第十増進仏道の楽。
(29)『栄花物語』巻十八たまのうてな。
(30)『栄花物語』巻三十つるのはやし。
(31) 藤本佳男「藤原道長の浄妙寺創建をめぐって」（『龍谷史壇』七三・七四号、一九七八年三月）では、木幡に建てられた浄妙寺について、藤原道長個人の信仰との関わりから論じている。道長の仏教信仰については、「自己を否定的に捉えて再認識しようとする信仰基盤に立ったものではなく、むしろ自己を肯定的に踏まえ、その上で仏教に呪的霊能を期待するという信仰」と、本節と近い見解をとっている。
(32)『栄花物語』巻十五うたがひ。
(33) 同前。
(34) 同前。

第三節　二十五三昧会における遺体尊重と死者観念

一　はじめに

本章第一節では、摂関期に浄土教が貴族社会に浸透するとき、もっとも大きな影響を与えたのは『往生要集』であったが、天皇や上皇さらには摂関などが実際に行った浄土教的喪葬儀礼は『往生要集』が説く理論では説明できないものであって、とくに遺体については『往生要集』の認識と実際の儀礼での扱いのあいだに隔たりがあったことを示した。本章第二節すなわち前節では『栄花物語』から貴族の浄土信仰がどのようなものか、念仏の機序や効果についての理解および死体に関する認識について考察した。本節では実際の浄土教的喪葬儀礼で一つの模範とされた二十五三昧会の起請文をとりあげ、死や死後についての観念について論じる。

貴族が浄土教を受容したものには、実践に重点を置いたものとして勧学会があり[1]、勧学会がそもそも内包していた念仏結社の性格をさらに強めたものとして二十五三昧会がある[2]。二十五三昧会は、勧学会に見られた「風月詩酒、世俗文字」という貴族趣味的な部分を取り除いて念仏結社としてより純化したものだが、貴族から遠いものになったわけではなく、貴族が死を前に二十五三昧会に入会してそこで火葬を行うこともあった[3]。その過去帳によれば花山法皇もそうした一人であった。二十五三昧会は喪葬儀礼に関して、法皇から貴族さらに庶民までひろく影響を与えている。後世の浄土教的喪葬儀礼はしばしば二十五三昧会に倣って行われている。

二十五三昧会は「恵心僧都源信が、その主著『往生要集』を宗教儀礼化した」[4]ものとされるが、貴族等にとっては仏教の実践という側面よりも、むしろ死を迎える準備であり、儒教的喪葬儀に取って代わり死を送る喪葬儀礼としての性格が強い。実践する作法などを決めるにあたって『往生要集』に依りつつも貴族の死に関する認識が反映され、また反対にその実践を通してここでの死に関する観念が貴族たちに浸透していったと考えられる。貴族が実際にもっていた死に関する認識は二十五三昧会のそれにより近いはずである。二十五三昧会は『往生要集』が説く理論を実践に移すための念仏結社であるから当然ながら起請文の多くの部分は『往生要集』に根拠があるが、ここでは『往生要集』によっては説明されない部分に注目することで[5]、実践される喪葬儀礼の根底にある死者観念を考察する。

二十五三昧会に参加する者の浄土往生の実践にかかわる行動規範は、起請文によって定められている。起請文には「寛和二年九月十五日　慶保胤草云々」と奥書のある『起請八箇条』と[6]、これを下敷きにしてつくられた「永延二年六月十五日　首楞厳院源信撰」と奥書のある『横川首楞厳院二十五三昧起請』（以下『起請八箇条』との区別のために『起請十二箇条』とする）の二つがある。選者の経歴の違いから、前者はより貴族的で、後者は仏教としてより本来的であるという差異が想定されるが、あわせ考察対象とする。[7]

二　念仏の目的と行われる状況

『往生要集』によれば念仏とは自分自身の極楽浄土への往生を可能にする手段である。「厭離穢土」「欣求浄土」のつぎに、自分自身の浄土往生を実現する具体的手段として念仏の内容が詳しく説かれている。『起請十二箇条』でも冒頭に、右、念仏三昧は往生極楽の為に、今日より始めて各命終の期に至るまで、毎月十五日を以て一夜不断にて共に念仏を修む。願はくは此の一夜白業の善根を積みて、将に満月の清涼の覚蘂に攀らむとす。仍て其の名を注し、僉議すること件の如し。(8)

とあり、念仏を、極楽浄土への往生を実現すべく往生を願いはじめたときから死ぬまで毎月十五日に徹夜で行うべきこととしている。往生の成否が決定される死の瞬間まで、念仏が続けられる。二十五三昧会はまさに往生すべく念仏を行うための結社であり、起請文の多くの条文は念仏に関するものである。まず毎月十五日の念仏についてつぎのように規定されている。

一、毎月十五日の夜を以て不断念仏を修む可き事

右、六節日は是れ有情の類を愍むの日、三五夜はまた無量寿を念ずるの夜なり。其の日此の夜念仏し読経するは、極楽に往生するの業と謂ふ可し。豈に直至道場の因に非ずや。是を以て吾党、五更の夢を破り、三昧の声を発し、一夜の眠を驚き、二世の善を招く。抑そも未時に大衆を集む。申時に講経を修め、其の廻向の後に、将に起請文を読まむとす。酉は、終始念仏す。辰の初は結願を竟め、同じく十二箇軸の経文を読む。共に二千余遍の仏号を唱へ、経の尽きる度ごとに廻向を唱ふ可し。廻向して後に還りて礼盤に著く。偕に一百八遍の念仏を称す。応に十万億土の媒介と為すべし。然る後、大衆五体投地し弥陀如来を礼拝す。また命終に往生極楽を決定するの礼拝を致す可し。若し結衆の中に遁れ難き障り有るは、大衆相共に議し、宜しきに随ひてこれを除く可し。(9)

六斎日は生き物を憐れむ日で、十五日の夜は無量寿仏を念ずる夜だ。この日の夜の念仏と読経は極楽浄土へ往

生する行いである。どうして直至道場の因にならないことがあろうか。そういうわけで我々は夜中の夢を破り、念仏三昧の声を発し徹夜して、現世と来世にわたる善を招く。午前二時頃に集まり、午前四時頃には経を読み廻向し、そのあとで起請文を読み、午前五時頃からはずっと念仏し続け、午前七時頃からずっと結願して十二の経文を読む。ともに二千回余り仏号を唱え、経が終わりに到達するごとに廻向し、廻向が終われば礼盤に戻り、みなで百八回の念仏をする。十万億もの人の媒介となるはずだ。その後みなで五体投地をして阿弥陀仏に礼拝し、また臨終に極楽往生を決定する礼拝を行う。もし結衆の中に支障が生じた人があれば、みなで協議してこの人を除外する。このように毎月十五日に念仏することが、細かな具体的な手順とともに定められている。不断念仏の実施日が満月となる毎月十五日であることは興味深い。月を願い求める浄土と重ねていたようである。

念仏以外にも仏号を唱えることや阿弥陀仏を礼拝することなどが行われるが、その中心はやはり念仏である。念仏は基本的に自身の往生のために行われる。功徳を廻向し人々に差し向けもするが『往生要集』ではむしろ廻向する人がより多くの功徳を得られると説明しており、(10)この起請文でも関心の中心には自分自身がある。念仏は他人を往生させるだけの呪術でもないし、他人に施術してもらうだけの呪術でもない。念仏はまず第一に自身の往生をよりたしかなものにする行為である。しかし二十五三昧会ではこのような念仏が結衆のうち臨終を迎える者に対して行われる。結社は平時の念仏よりもむしろこちらに重心を置いている。格別重視され手順が詳細に定められている。

一、結衆中に病人有る時、結番して逓に守護し問訊す可き事

右、人命は無常にして、一旦の煙忽ち昇る。天年不定にして、五夜の燭乍ち滅す。所謂朝欣び暮に歎き、昼に楽しみ夜に悲しむなり。既に病根を朱楼の身に受かば、何ぞ生樹に翠松の齢を期せむ。吾党既にこれを知る。豈に護らざる可けむや。但し生前に一善根を修めざるを恐る。何に因りて身の後、三悪道を免れむ。

嗚呼悲しきかな。猶火宅の心を廻らし遂に焔王の手に入るがごとし。須らく黄昏時ごとに皆病者の所へ行くべし。相共に念仏を唱へ其の声を聞かしむ可し。慇懃に相催し、極楽に生れしめむ。守護の作法は二親に事ふるが如し。但し二日を以て将に一番と為し、二人宿直し共に此の人を守らむとす。常に念仏を唱へ往生を相勧めむ。一人は能く平急を看て傍輩に告ぐ可し。護る可し諍う可し。懦すること勿かれ、臥すこと勿かれ(11)。

人は必ずいつか死ぬ。生きている間は楽しくても死を迎える時は悲しい。身分が高くても病気となってしまったら長生きは期待できない。このことはすでにわかっていることで、救うことはできない。ただ生前に一つも善根を積まないことを危惧する。もし善根がなければ何によって三悪道から免れるのか。ああ悲しい。火宅にいる心はめぐって閻魔王の手に入ってしまう。夕暮れ時にはみな病人のところを訪ね、ともに念仏をとなえ声を聞かせる。丁寧に促して極楽浄土に往生させよう。両親に仕えるように見守ろう。ただし二日を一番として、二人で宿直し病人を見守ろう。つねに念仏して往生を勧めよう。一人はしっかりと注意深く様子をみて、何かあったらもう一人に告げよう。しっかりと看病し、気後れしたり横になったりしてはいけない。

このように仲間が病気になると訪ね、地獄をはじめとする三悪道に堕ちないで極楽に生まれるように念仏を聞かせ、また念仏を行うように勧める。さらに病気が進行し、いよいよ死ぬかもしれないとなると、病人は別の場所に移される。

一、房舎一宇を建立し、往生院と号し、病者を移し置く可き事

右、人は金石に非ず。遂に皆憂有り。将に一房を造り其の時の願に用ゆ可し。彼の祇洹精舎の無常院の風儀を伝へ、此に結縁知識の習ひ有る地の霧露を訊ぬるを欲す。抑そも吾党の人は、或は私室を構へず、或は僅に草菴を結び、牛衣に風を防ぎ、鼠湌に日を送る。平生是の如し。疾に寝るに誰か憐みむ。夫れ黄鸝啼き

て山櫻漸く落つるの暁、白雁飛びて蘭菊半ば衰ふの晨の如きに至らむ。花の前に群居し萍実の輝を送り、月下に遊宴し桂花の影に運らざる莫し。四蛇の相闘ふの比、六禽の競ひ乱るるの時、何人か暫く相憐み、慇懃に養ふを得む。寔に往生の契有ると雖も、尚必死の人を疎む可し。仍て今結衆合力して一宇の草菴を建立し、弥陀如来を安置せむ。将に一結の終焉の処と為さんとす。三愛の起きざるの謀を成す可し。方隅縦ひ塞ぎ日時牢凶なりとも、皆此の院に移し共に彼の人を養はむ。又論に云ふ如く、仏像は西方に向け、病人は亦後に従ふ。仏像の右手の中に五色の幡を繫け、病者の左手に授け、将に幡脚を執らしめむとす。当に仏に従ひ往生の思を成さしむべし。凡そ香を焼き華を散じ、病者を荘厳す。また味を調へ食を撰し病者を供養す可し。更に一合の棺を置く。須らく闍維の備と為すべきものなり。(12)

人は強固なものではなくみな病気となる。だから一部屋作りその時の願いに使う。これはあの祇園精舎の無常院のすがたを伝えるものだ。結縁を訪ねようとする人もいつか必ず病気となる。そもそも我々は個人の部屋を持たなかったり、あるいは粗末な家を持つのみであって、貧しく風を防ぎ少しばかりを食べ日々を暮らしている。このような生活をしているものが病気になった時、いったいだれが憐れんで懇ろに養ってくれるのか。往生の約束があるといっても、それでもこれから死のうとする人を疎んじるものだ。そこで結衆で力を合わせ草庵を建て阿弥陀仏を安置し、臨終を迎える場所とする。三愛の心をおこさない方法を考える。方角や日取りが凶であったとしても、病人をここへ移しともに養おう。また論にいうように、仏像を西に向け病人をその後ろに従わせ、仏像の右手の中に五色の幡をつなぎ、病人の左手にその端を持たせて、仏に随って往生する様子を思い描かせよう。およそ焼香や散花は病人を荘厳するものであり、調味と撰食は病人を養うものである。さらに棺桶を一つ置いて、火葬の備えとする。このようにして死をみとる。

当時は一般に血縁者こそが死んだ人にかかわる対処をするという慣習があり、血縁者以外の死者や回復の見込みがない病人とのかかわりは忌避される。権力もなく裕福でもなければ、他人が処理することはもちろんないが、たとえ血縁者であってもかかわろうとはしない。そこでそうならないように結衆で往生院という建物を造りそこで看病し、さらに往生できるようにして死の瞬間を迎えるようにと定めている。ここでは直接には往生院を建てここを看病の場所とすることを定めるのみだが、当然ここでの看病の行い方はさきほどの「一、結衆中に病人有る時、結番し逓に守護し問訊す可き事」に依拠する。ここに常にだれかが訪れ念仏をしているはずである。

こうしたことは『起請八箇条』でも同じである。

一、別処を建立し往生院と号し、結衆の病の時に移住せしむ可き事

右、旧典を案ずるに云く、「人の病を受くる時、仏勧めて処を移す。衆生貪着し死に至るまで捨てず。恐るらくは旧所に在りて資財に恋愛し眷属に染著する。故に住処を避け厭離を生ぜしむ。無常の将に至らむとするを知り、正念をして易く興らしむなり。云云」と。また天竺祇洹寺の図を案ずるに云く、「寺の西北の角に無常院を為り、一立像を安置し、面は東方を向く。当に病人を置くべし。像の前に在りて坐す。無力なる者の若きは臥す。西方に向け仏相好像を観る。手に幡を懸け病人をして幡脚を執らしむ。往生浄土の意を作さしむ。処に坐すに便利有ると雖も、世尊以て悪と為さず。云云」と。故に釈尊の教に随ふ。また祇洹寺の風を写し、別院を建立て、弥陀像を安んず。結衆病に若《いた》る時、此の院に移さしむ可し。抑そも香花幡蓋の具にて室を満たし荘厳す。燈燭果瓜の類は、要求を問ひて送る。世事を耳辺に説かず。悪縁を門裏に入ること莫かれ(13)。

一、往生院と名付ける別院を建てて結衆が病気になったときには遷し住まわせること。古い経典につぎのようにある。ある人が病気になった時、釈迦は場所を移した。人々は死にいたるまで執着を捨てない。それまでいた

所では財産や親族に執着するおそれがあるからである。それまで住んでいたところから移して現世を厭い離れる気持ちを生じさせ、死の瞬間がやって来たことをわからせ、正念が生じやすくする。また祇洹寺図にはつぎのようにある。寺の西北角に往生院を建て、立像の顔を東に向けて安置し、病人を仏像のある前に座らせ、もし力がなければ横たわらせ、西を向かせ仏像を見せる。手に幡をかけその端を病人に握らせ、極楽浄土へ往生するのだと意識させる。座っているところに便があったとしても釈迦はこれを悪いとはしなかった。このように書いてある。だから釈迦の教えに随い、祇洹寺の様子を写して別院を建て阿弥陀仏像を安置する。結衆がもしも病になったときはここへ移す。そして香花や幡蓋などで部屋を満たして荘厳し、明かりや果物の類いは要求を聞いて送る。耳もとで世事をいってはいけない。悪縁を門の裏から入れてはいけない。

ようするに病人を別の場所に移しこの世に対する執着が生じないないようにし、阿弥陀仏像などを用いて往生のことに意識を集中させる。そして臨終についてはさらに細かく決められている。

一、結衆病の間、結番して瞻視す可き事

右、病身は養護せざる可からず。病心は安慰せざる可からず。故に律の中に仏の言く、「今より已後看病人を立つ可し。我を供養せむと欲する若き者は、応に先ず病人を供養すべし。云々」と。凡そ厥の功徳多く経論に出づ。啻だ八福田の裏に勝るに非ず、兼て亦十往生の中に讃す。是の故に結衆の病を得るの初より存亡遂に定まるの期まで、諸衆結番し逓に以て守護せむ。先ず二人を差し、一日夜を限り一番と為す可し。一人は偏に念仏を勧め法音を聞かしむ。一人は遠近に役走し雑事を料理す。また須らく悩む所の軽重に随ひ、結衆の多少を用ゐるべし。病者の願楽を問ひ、顕密の善根を修す。且つ仏力に祈り、且つ医療を加ふ。後番の来たるを待ち前番を去らしむ。釈尊は昔紫金の手を以て、自ら病の比丘の身を洗へり。仏子今当に薬石の勤を為すべし。盍ぞ善知識の苦を抉らざる。須らく父母師長に孝順するが如くすべし。遂に臭穢不浄を厭離すること莫かれ。日没に至るごとに必ず例時の命を勤む。若し風燭を瞑らば相集ひて念仏す。或は平生の行ふ所に随ひ、讃嘆すること十誦律の説の如し。或は病の眼の見る所を問ひ、而して記録すること道和尚の誡の如し。夫れ善悪二道に趣くは、唯だ臨終の一念に在り。善知識の縁は専ら此の時の為なり。未だ終らずして捨て去る若きは、理然る可からず。乃ち縦ひ非常のこと有りて番衆に当たるとも、必ず触穢・送終・雑事を一向に執行す可し。凡そ茲にこれを結するなり。志を興こすは此の事に在り。人深く我を恃まば、我亦人を恃む。我若し人を疎まば、人亦我を疎む。結縁の本懐已に往生の本事に違へば、結衆を敗る可し。縦ひ重障有るも結番を守り来たりて勤む可し。縦ひ他所に於いて病を受くとも、往き訪ね往き還り暇一日を尽くせ。此の程を過ぐるは此の限りに非ず。事是れ最要なり。諸れ勿きを得ず。(14)

一、結衆が病気の間は番を決めて看病すること。病となったら身や心を養い慰めないわけにはいかないので戒律のなかで釈迦はいう。これ以後看病人を設ける。もし私を供養したいと思うならば、まず病人の供養をすべきだという。臨終での看病は功徳が多いと経論に記されていて、ただ八福田の内に勝るだけでなく、十往生の中でも讃えられている。だから結縁の人は病気になったはじめから死ぬまでの間、結縁の者は番を作り交代で看病する。まず二人を定めて一昼夜を一番として、一人はずっと念仏を勧めて説法を聞かせ、もう一人はあちこちと動きまわって雑事を片づける。また苦しみの程度によって看病する人数も増減させる。看病人は楽になるように願って顕密の善根を修し、また仏の力を祈り、また治療を加える。つぎの番の人が来るのを待って、来てから前の番の人は役目を終える。釈迦は昔、紫金の手で病気の比丘の身体をみずから洗った。仏子である我々は治療に努めるべきである。どうして仲間の苦を取り除かないでいられようか。父母や師や年上の人に順うように、最期まで臭いや汚れを嫌ってはならない。日が暮れるたびに必ず勤めをしなければならない。もし命が風前の灯火のようならばみんなで集まって念仏する。あるいはいつもの行いによって十誦律の説のように讃歎し、あるいは看病して見たことを道綽の戒めたように記録する。善悪いずれの道に行くのかは、ただ臨終の一念にかかっている。善知識の縁はもっぱらこの時のためである。最後まではたさずに役割を放棄するようなことは、理としてあってはならない。たとえいつもと違うことがあったとしても、当番の人が必ず葬送や雑事をすべて執り行うべきである。縁を結ぶ意義はこのことにある。人は私をたのみとして、私もまた人をたのみにする。私がもし人を疎んじたら、人もまた私を疎かにする。そうなったら結縁の本懐は異なったものなり、往生のことは失敗してしまう。だから結縁の人はたとえ重大な故障があったとしても番を守り、やって来て務めを果たすべきだ。たとえ他のところで病気になったとしても、丸一日かけてもそこへ訪ねてゆかねばならない。往復に一日以上かかる場合はこのかぎりではない。これはもっとも重要なことである。これらをしないということは許されない。このように臨終での看病について詳しく定めている。

病気となってから臨終までの看病こそが念仏結社のもっとも重要な部分である。番を作り交代制にするとか、非常の場合などの例外も許さないとか、死んだ時に番に当たっている人が葬送までいっさいを執り行うなど、臨終について失敗がないようにかなり周到に定めている。往生するという志をもつ人が集まり縁を結ぶ目的は、自分自身で念仏を唱えることで自分の往生を実現するためであるとともに、病気となってから臨終までの、自分ひとりでは念仏も十分には行えないような状態で、看病してもらい臨終念仏をするのを助けてもらい往生を実現するためでもある。このことが規則として明確に定められている。死にゆく病人に念仏を行わせることが重要なのだが、実際に主体的に行動するのは病人ではなく看病している者で、往生の成否はむしろこの人たちにかかっている。臨終における念仏の補助とは言いつつも施術の観がある。念仏とは、本来自分が浄土往生するためにみずから行うもので、また臨終においては念仏がままならない病人を助けるべく、看病人が施術にも近い様子でその側で行うものである。

起請文によって、日常の念仏、病気のときの看病と念仏、死を見取ることと臨終念仏まで一つひとつたどった。

念仏はそもそも生前に行われるものである。『起請十二箇条』の冒頭の「念仏三昧は往生極楽の為め、今日より始めて各命終の期に至るまで（中略）共に念仏を修む[15]」や『起請八箇条』の「結衆病の間、結番して瞻視す可き事」の「夫れ善悪二道に趣くは、唯だ臨終の一念に在り[16]」といった表現からもわかるように、死の瞬間に善悪いずれに転生するか決定されるので、生きている間にこそ念仏は行う必要があると考えられている。死の瞬間に善悪のいずれに行くか決定し、もしこの時を逃すと手遅れとなってしまうから、臨終の念仏が最後の機会としてことさらに重要な意味を持つことになる。これは起請文でも『往生要集』でも同様である。

三　死体が持つ意義

『起請八箇条』と『起請十二箇条』は遺体への対応についてつぎのように規定する。平時から臨終までとは異なり『往生要集』には根拠が見いだせない規定である。『起請十二箇条』では二箇条ある。

一、兼ねて勝地を占して安養廟と名づけ、率都婆一基を建立し、将に一結の墓所と為さむとす可き事

右、一に、生は過ぎ易し。凡夫は常に芭蕉の露に類す。二に、死は遁れ難し。聖人も猶栴檀の煙に接《ちか》し。楽しみ尽きて悲しみ到る。風の花を扇りて散ずるが如し。栄去りて衰来たる。水の濁り玉の昏るに似たり。夫れ骸は露地に臥し鳥觜眼を鑿ち、骨は煙村に横たへ獣脣臠を啄む如きに至りては、行くに人流の心中に一寸の凍忽ち砕き、遊客の眼下に両行の泉乍ち流れざる莫し。魂は縦ひ花蔵の月に籠ると雖も、身は猶徒に蒿里の塵と為る。仍て兼て勝地を占し一つ率都婆を建て、名を安養廟と称し、永く吾党の墓所と為よ。但し大法師に請ひて其の地方を占するは、印契を以て地を分け真言を以て処を鎮む所なり。然る後、方神縦ひ塞ぐと雖も、土公猶在ると雖も、仏徳を借りて地を神威を以て分けば、豈に祟らむや。仍て一結の死人は三日を

過ぎず、則ち日の善悪を論ぜず、此の廟にこれを葬らむ[17]。

一、あらかじめよい土地を確保して安養廟と名付け卒都波を立てて我々の墓所とすること。ここでは埋葬について定める。人の一生はすぐに過ぎ必ず死が訪れる。遺体は放置すれば鳥や獣についばまれ食い散らかされ、見るも無残な姿になる。霊魂は月にあっても遺体は塵土にまみれてしまう。そこでよい土地に卒都婆を作り、安養廟と名付け、我々の墓としよう。ただ場所は大法師に占ってもらう。この土地を真言で鎮めることで、四方神や土公にも認めさせ確保できるからだ。そして結縁のだれかが死んだら三日以内に日の善悪にかかわらず、この廟に埋葬する。廟とは本来死者の霊魂を安置し祭る施設であって遺体を埋葬する墓とは明確に区別されるのだが、ここでは死者の遺体を埋葬するところを廟と称し、結衆のものとして土地を確保し卒都波を立て造営することを定めている。

つぎに埋葬後について定める。

一、結衆の中に已者有るは、時に葬を問ひ念仏す可き事

右、吾等既に桝房桂宮の子に非ず。或は蓬門葦戸の親を提す。匣中に驪珠無く、床上に鳳被絶つ。僮僕の数は広からず、親眷また甚だ希し。其の泉へ帰るの時に至りて、曷ぞ苦海の患を訪ねむや。仍て結衆悉く集り安養廟に行き、将に念仏を修し即ち亡者を導き、念仏畢りて後五体投地し、各尊霊を唱へ引導し極楽へ往生させむとす。二十一遍を満たす可し。仰ぎて弥陀・種覚・観音・勢至に乞ひ、願ひて七日の内に其の生る る処を示す可し。亦処の善悪に随ひて志の懇疎を致す可し[18]。

我々は高い身分ではなく貧しい身分である。財産もなく召し使いも少なく、親族も少ない。どうして死ぬとき

に訪ねて来てくれるだろうか。結衆はみな安養廟に行き念仏をして死者を導こう。念仏の後に五体投地し、霊の名前を称え極楽浄土へ往生できるように導こう。これを二十一遍する。また阿弥陀仏などに、七日以内に転生した場所を示すようにお願いする。生まれたところが善か悪かによってその後が決まる。

『起請八箇条』でもおおむね同じものがある。

一、結衆の墓処を点定し花台廟と号し、二季に念仏を修む可き事

右、人の世に在るは、誰か能く死を免れむ。偏に眼前の事を営み、身の後を慮らざるは愚かなり。我党須らく墳墓を西山の脚に占すべし。葬斂を此の郊の辺に煩さず。先ず陰陽の家に就き、鎮謝の法を致さしむ。其の処に一基の率都婆を建て、其の内に多種の陀羅尼を置く。結衆の世を下るは日時の吉凶択ばず、方隅の忌を避けず、三日の内に必ず此に葬る。縦ひ浮生を他郷に告ぐも、遂に遺骸を此の地に送らむ。願はくは一衆埋骨の契を転じて一国受生の縁を為さむ。抑そも塚間に往き視念を増すは、菩薩の常途なり。是の故に春秋の時を以て会合の期と為さむ。山花を折り林葉を供へ、後身の為に念仏を修す。松栢風寒く山門日暮するに及び、各以て分散し無常の理を観ぜむ。幽径を歩むごとに唯だ屠家の羊を悲しみ、旧栖に帰るを欲して、応に雪山の鳥を慙ずべし。或は安居の月、或は余暇の日、若し蒼率に発心する者有らば、臨時に拘らず薫修するのみ。(19)

この世に生きる人はみな死ぬ。目の前のことしか考えず死後を考えないのは愚かなことだ。我々は西山の麓に墓地を定め、わずらわされることなくこの付近に埋葬できるようにしよう。まず陰陽師に土地を鎮めさせ卒都婆を建て、その中にさまざまな陀羅尼を納める。結衆は日取りや方角などの吉凶にかかわらず三日以内にここに埋葬する。もし他の場所で暮らした人でも遺体はここに埋葬する。約束した埋葬が転じて浄土往生の縁となること

を願う。そもそも墓地に行き念ずることは菩薩が常に行うことだ。だから春と秋に会合して花などを供え、死後のために念仏し、日が暮れ寒くなったらみな分かれて無常を観じ、死すべき定めにあることや、人生は落ち着くことのない一時のものであることを思う。また安居のときや時間に余裕のあるときなど、思い立った者は時期にかかわらず修めよう。

このように『起請八箇条』と『起請十二箇条』の二つの起請文では、いずれも遺体をどのように扱うのか事細かに定めている。なかでも、遺体も霊魂と同様に死者を構成しているという理解、または遺体は死者と不可分であるという理解が、もっとも端的にあらわれているのは、

> 夫れ骸は露地に臥し鳥觜眼を鑿ち、骨は煙村に横たえ獣脣髎を啄《ついば》む如きに至りては、行くに人流の心中に一寸の凍忽ち砕き、遊客の眼下に両行の泉乍《たちま》ち流れざる莫し。魂は縦ひ花蔵の月に籠ると雖も、身は猶徒に蒿里の塵と為る。仍て兼て勝地を占し一つ率都婆を建て、名を安養廟を称し、永く吾党の墓所と為よ。(20)

の部分である。遺棄された遺体は鳥についばまれ獣に食い散らかされバラバラになり、これを目にする人はだれでも心を凍らせ涙を流す。霊魂は蓮華蔵世界の月にあるといっても、身体は墓場で塵にまみれてしまう。だから具合のよい土地に卒都婆を建てて安養廟と名付け、永く我々の墓地とすると述べられている。

死体とは、死者本体である霊魂とは峻別される偶有的なものと完全に割り切って考えられているのではない。霊魂と遺体は対比され、いずれにも注意が払われている。この世に残る遺体と往生する霊魂を区別しながらも、身体を転生のたびに取り換える単なる物体とは考えずに、その様子に涙を流すのである。その理由は死体を霊魂と同様に死者の構成要素としてとらえ、もしくは霊魂と分離はするものの完全には断絶することのないものとして考えているからである。死後の存在を霊魂と死体に分離した状態と考え、両者が尊重されるべきとしている。

さらに『起請八箇条』では「縦い浮生を他郷に告ぐも、遂に遺骸を此の地に送らむ」と、他の場所で暮らし没した場合もわざわざその死体を「花台廟」に納めることを定めている。火葬して骨のみになるとしても、遺体の移送という手間のかかることをわざわざ定めている。できることならかかわりたくないがやむをえないので埋葬を行うといった消極的態度での関与ではない。むしろ積極的に遺体を引き受けようとする姿勢である。また埋葬後には、この死体を納めた廟に集まり死者の往生を助けるために結社の構成員は念仏する。霊魂が往生する主体だとしても、身体と無関係にこの霊魂に直接働きかけて往生を助けようとするのではなく、直接知覚可能な存在である遺体を廟に保全して、そこで念仏する。すなわち離れた場所で死んだ人の遺体をわざわざ廟に埋葬する理由は、遺体が死後に行う念仏の直接の対象と考えているからである。遺体には格別の意義があり、その埋葬は極楽往生の実現に影響があると認識していると考えられている。死体は無価値な魂の抜け殻としてではなく、その人自身ないしその一部分として扱われ尊重されることがはっきりと確認できる。

このような遺体に格別の意義を認める立場は、浄土往生の理論的根拠とされる『往生要集』とはまったく異なり対照的である。『往生要集』の人道の不浄では、生きている間でさえ人間は不浄であり、死んだ後はなおさら不浄であることを説く。

> いはむやまた命終の後は、塚の間に捐捨すれば、一二日乃至七日を経るに、その身膖れ脹れ、色は青瘀に変じて、臭く爛れ、皮は穿けて、膿血流れ出づ。鵰・鷲・鵄・梟・野干・狗等、種々の禽獣、攫み掣きて食ひ噉む。禽獣食ひ已りて、不浄潰れ爛るれば、無量種の虫蛆ありて、臭き処に雑はり出づ。悪むべきこと、死せる狗よりも過ぎたり。乃至、白骨と成り已れば、支節分散し、手足・髑髏、おのおの異る処にあり。風吹き、日曝し、雨灌ぎ、霜封み、積むこと歳年あれば、色相変異し、遂に腐れ朽ち、砕末となりて塵土と相和す。已上は究竟の不浄なり。大般若・止観等に見ゆ。当に知るべし、この身は始終不浄なることを。(21)

死後に肉体が腐敗するさまが描かれ、鳥や獣に食い散らかされバラバラになり、蛆虫に食われ、ついには白骨となり、さらに風雨にさらされ最後には土や塵と同化するさまが描かれる。たとえ三悪道よりもよいとされる人間であっても求め執着すべきものではなく、不浄で苦に満ち無常であることを示し、厭離の気持ちをおこさせる。このむごたらしく見るに堪えない人の遺体が腐敗し風化するさまを説く理由は、遺体はつまるところ塵や土と同じであって、執着に値しない捨て去るべき物体すなわち無情であると理解させるためである。肉体が風化し土と同化したところに死者は存在しない。

二つの起請文ではこれとは異なり、見るに堪えない死体の様子の描写が、死体を無生物ととらえてこれに対する執着を捨てる方向に作用することはない。見るに堪えない死体の様子は死者が悲惨な状態にあることとして受け止め、遺体を保全しその状態にならないようにする。遺体も霊魂と同じく死者であると見なして、遺体を保全することが定められている。起請文では『往生要集』とは大きく異なり、遺体は依然として死者であり保全し念仏の対象とされる。そして霊魂が直接の対象とされることはなく、また直接霊魂の状態が把握されることもない。

四　死者に対する念仏は何を表現するか

念仏は生前から連続して、死後にも行われる。健康なうちから毎月十五日の徹夜の念仏が行われ、病気になったら往生院に移して結衆がまわりで念仏して聞かせ、死んだら火葬しさらに安養廟に移され、そこでも同様にまた念仏が行われる。また死ぬことによって変質するので生前とは異質な行為が死者を対象に行われるということはなく、本来生きている間にこそ行われるべき念仏が生前と連続するかたちで死後にも行われる。たしかに死の当事者は死によって主体的に念仏を行うことはなくなるのだが、結衆は生前からともに毎月十五日に念仏を行い、臨終では励まし念仏を助け、そして死後にも死者のために念仏を行っている。死後に行われる念仏は生前に行われるものと同じであり、とくに臨終のそれを延長したものといえる。

死者を無事に往生させるべく行われる念仏が直接の対象とするのは、身体性が否定され単独で存在する霊魂ではない。念仏が行われるのは死体を埋葬した廟であること、また他国で死んだ場合でもわざわざ遺体を廟へ埋葬するとしていることからも、廟に納められた遺体ないし遺骨がきわめて重要な意義を持つことが理解される。死者とは身体から抜け出し分離した霊魂であって死体は死者ではないとは考えず、死体と霊魂とは依然としてつながりがあるか、もしくは遺体も霊魂もともに死者であると考えるからこそ、これが念仏の対象になる。生前において直接には身体こそがその人であるのと同様に、死後も直接には遺体がその人として扱われる。

では、本来なら死ぬまでにこそ行うべき念仏を死後に行うことは、いったい何を意味し何を表現するのか。これには二つの段階がある。

まず一つは、いまだ転生が完了していないこと、もしくは転生先が決定していないことを意味する。「結衆の中に已者有るは、時に葬を問ひ念仏す可き事」では「仍て結衆悉く集り安養廟に行き、将に念仏を修し即ち亡者を導き、念仏畢りて後五体投地し、各尊霊を唱へ引導し極楽へ往生させむとす(22)」とあり、安養廟に埋葬されている死者が極楽への往生を引導されるべき状態にあることがうかがえる。念仏が廟で行われるということは、来世に行くべき場所がいずれかいまだ確定しておらず、死者はまだ往生を完了したと認識されていないことになる。

つぎに念仏を行うことで浄土往生に近づいていることが表現される。念仏は浄土往生を実現するための手段であり、その実行は浄土往生の可能性を高める。だからこそ生前にも定期的に行われ、また臨時に行われる。いまだ転生していない死後であっても同様で、念仏をすることで極楽浄土へ向かっていること、往生に近づくことが表現される。本人は念仏することができなくても、周囲の人々が念仏をして廻向することで同様の効果が期待される。しかしこのことは、たとえ死後の念仏をどれほど行ったとしても、論理的に往生の実現や完了は表現されないことをも意味する。遺体尊重は死者がすでに極楽にいるという静的な状態を象徴的に表現しているのではなく、地獄に堕ちることなくこれから浄土へ往生しようとする途中にある動的な過程をこの世のなかで表現している。だから往生へ向かっている過程にあるということは、同時にいまだ完全には往生できていないことを不可避に表現してしまう。すなわち往生させようとする行為自体が往生の最終的な実現を否定することになる。

『往生極楽記』では、死の瞬間に音楽が聞こえるとか死体が姿勢を保ち腐乱しないなどの「異相」が往生の成功の証拠として現象したが、現実にはそうした往生の完了を知らせる出来事はまず起こらない。臨終を延長するような念仏を完了することなく続けるしかないが、そうすることによって浄土へと接近はするがいつまでも到着することはない。念仏により実際に表現されるのは浄土への往生ではなく、浄土への際限のない接近であった。

要するに起請文の定める遺体尊重は、完了することのない死者の浄土への接近を意味することになる。埋葬後に遺体に対して行われる念仏は臨終をそのまま延長したものと位置づけられ、浄土往生へとどこまでも近づくことを可能にするが、同時に完全に往生することを不可能にする足枷ともなるのである。この世に残る遺体から完全に分離した霊魂が浄土へ往生するという『往生要集』の目標は、論理的に言って二十五三昧会の実践行為では達成されえない。遺体尊重によって実現されるのは、『往生要集』の記すところと異なったものである。

五　起請文へ影響を与えたもの

なぜ遺体が尊重すべき対象とされたのか。往生の実現を結果的に否定することになってしまうにもかかわらず、なぜ遺体への念仏は行われるのだろうか。はっきりいえるのは『往生要集』の往生に関する観念に依拠しているのではないということである。遺体に大きな意義を認めることも遺体へ念仏することも、『往生要集』の説く往生実現の理論からは導き出されることはない。

しかしあらためて『往生要集』を見直してみると、遺体を保全し保存することについては、人道ではなくむしろ地獄の描写との関係が深いことに気付く。『往生要集』では人の遺体は霊魂の抜け殻とするのだが、地獄では人の遺体に生じる腐敗し虫に食われるなどの状況が生きながらに体験される。等活地獄に属する「別処」として、

一には屎泥処。謂く、極熱の屎泥あり。その味、最も苦し。金剛の嘴の虫、その中に充ち満てり。罪人、中にありてこの熱屎を食ふ。もろもろの虫、聚り集りて、一時に競ひ食ふ。皮を破りて肉を噉み、骨を折きて髄を唼ふ。（中略）六には、不喜処。謂く、大火炎ありて昼夜に焚焼す。熱炎の嘴の鳥・狗犬・野干ありて、その声、極悪にして甚だ怖畏すべし。常に来りて食ひ噉み、骨肉狼藉たり。金剛の嘴の虫、骨の中に往来して、その髄を食ふ。[23]

二番目の黒縄地獄でも異処に、

また異処あり。等喚受苦処と名づく。（中略）鉄炎の牙の狗に噉み食はれ、一切の身分、分々に分離す。声を唱へて吼え喚《よば》へども、救ふ者あることなし。[24]

三番目の衆合地獄では、

多く鉄の山ありて、両々相対す。（中略）極悪の獄鬼、幷に熱鉄の師子・虎・狼等のもろもろの獣・鳥・鷲等の鳥、競ひ来りて食ひ噉む。瑜伽・大論 また鉄炎の嘴の鷲、その腸を取り已りて樹の頭に掛け在き、これを噉み食ふ。[25]

四番目の叫喚地獄の別処では、

その中に一処あり。火末虫と名づく。（中略）また身より虫出でて、その皮・肉・骨・髄を破りて飲み食ふ。[26]

そして最後の阿鼻地獄の十六の眷属の別所で、

その中の一処を鉄野干食処と名づく。（中略）もろもろも地獄の中に、この苦最も勝れり。（中略）炎の牙ある野干、常に来りて食ひ噉み、一切の時に於いて苦を受くること止まず。[27]

鳥や獣に身体をついばまれ、食いちぎられてバラバラになることや、虫に食われやはり同じように身体が崩壊してゆくということは、身体を刃物で切り刻まれ棒で打ち砕かれるとか、炎に焼かれるなどと同じく、地獄で体験される苦しみの代表的類型の一つである。

起請文に示される遺体理解へ『往生要集』からの影響があるとすれば、人道の部分や来迎の部分よりもこれら地獄の部分からの影響が大きい。すなわち現世でしばしば目にすることがある死体が屋外にうち捨てられ腐敗し獣に食いちぎられ虫にたかられる様子を、地獄での様子と重ねあわせて苦を受けているものと受け止めたのである。埋葬までの期間を「三日を過ぎず」と定めていることからも、虫に食われ腐敗する状況を回避しようとしたことがうかがえる。二十五三昧会では遺体が依然として死者ないしその一部であるとされ、遺体のおかれる状況がそのまま死者のおかれる状況として理解されている。しいて言うなら人は死後に死体へと移行するものと認識していた。死後に転生して新たな身体を得るのではなく、生前の身体が死後も依然としてその人の身体であり続けるのである。だから往生を願うからには遺体が地獄の様相を呈することを避ける必要があり、そのため遺体が尊重されることになったと考えられる。

ところで我々が生きているこの世と、死後にゆくべき地獄を重ね合わせることは少し時代がさかのぼる『日本霊異記』ですでに行われており、両者を重ね合わせる認識にはその影響も根底にはあると考えられる。すなわち起請文での遺体尊重は、浄土教が本格的に受容されるよりも前の『霊異記』所載の説話にさかのぼることができる。遺体を死者ないし死者と不可分なものとみなしている『霊異記』の説話はつぎのものである。

> 高麗の学生道登は、元興寺の沙門なり。山背の恵満が家より出づ。往にして大化二年丙午、宇治椅を営り往来する時に、髑髏奈良山の渓ニ在りて、人畜の為に履マル。法師悲しびて、従者万侶をして木の上に置か令む。同じ年の十二月の晦の夕に迄りて、人、寺門に来たりて白さく「道登大徳の従者万侶といふ者に遇はむと欲ふ」とまをす。万侶出でて遇ふに、其の人語りて曰はく「大徳の慈を蒙り、頃平安の慶を得たり。然して、今夜に非ずは恩を報いむに由无し」といふ。輒ち万侶を将て其の家に至り、閉ぢたる屋よりして屋の裏に入るに、多く飲食を設く。其の中己が分の饌を以て万侶と共に食ふ。（中略）夫れ死霊白骨すら尚猶し此くの如し。何に況むや、生ける人、豈恩を忘れむや。[28]

この話は死者に対してでも善い行いをすれば不思議な善い報いがあることを説くのだが、同時に死者に関する理解も垣間見える。死者は霊魂であるにしろ、遺体に対する扱いがそのまま死者に対する行いとしての意味をもっているし、死者は死体の尊重に対して恩返しをする。死後身体から霊魂は抜け出し、両者はたがいに関係の断ち切られた独立する個別の存在となるとは理解していない。死後も遺体と霊魂は不可分な関係にあるとされている。ちなみに類似の説話に下巻第二十七「髑髏の目の穴の笋を掲キ脱チテ、祈ひて霊しき表を示す縁」がある。[29]

浄土教以前から一部では遺体と霊魂とが死後も生前と同様に密接な関係にあるという観念があったことが、『霊異記』のこれらの説話からうかがえる。

遺体が棄てられて人に踏まれたり獣に食い散らかされることが死者にとって苦しみだとするこの認識は、起請文で示される「夫れ骸は露地に臥し鳥鵲眼を鑿ち、骨は煙村に横たえ獣脣鬢を啄む如きに至りては、行くに人流の心中に一寸の湨忽ち砕き、遊客の眼下に両行の泉乍ち流れざる莫し[30]」という遺体をも死者とする認識とつながる。「魂は縦い花蔵の月に籠ると雖も、身は猶徒に蒿里の塵と為る」と、浄土に準えられる蓮華蔵世界の月に霊魂があると理解できる部分があるが、死体が放置されれば結局霊魂は苦しむことになる。死後の存在形態に関する理解は身体から抜け出した霊魂だけが死者となるというものではなく、『霊異記』にもすでに見られる遺体と霊魂が相即するという理解であって、これに基づいて遺体尊重が行われると考えられる。

死後に遺体を尊重する理由の一つは、死者が遺体の扱われ方によって地獄の苦しみを味わうことを避けることにある。死者の今の状態は、遺体の今の扱われ方によって決まる。生前楽に満ちていたとしても、死後に骸骨を踏まれると霊魂はそのときに苦しみを感じる。死者の幸福はしたがって、一回の行為により完全に実現されることはなく、永続的に遺体を尊重している状態を維持することでしか実現できない。そして念仏は死体への尊重行為ではあるが、それによって実現されるのは浄土への永遠の接近であり、「異相」が生じることのない多くの場合で、浄土への到着や往生の完了は実現されることがない。願われるのは後戻りすることのない極楽浄土への往生の完了であるが、そのための手段とされる念仏が死後に延長され実現するのは、完了することのない浄土への、接近の過程であり、常に苦しみに傾く可能性を含んでいる。

『往生要集』では、末法の世の中ではもはや成仏は不可能だとする考えを前提にしているからこそ極楽浄土へ往生することを願うのであり、浄土はこの娑婆世界を離れることではじめてたどりつける場所とされる。これに従えばこの世で行われる遺体尊重が浄土に往生していることを実体的に表現することはない。遺体が軽視されることはあっても重視されることは理屈としてはありえない。遺体尊重によって実現されるのは『往生要集』の説くこの世と断絶したところにある極楽浄土への往生ではなく、この世こそが価値の実現される場であると考える『霊異記』的な死後の幸福なのである。霊魂の状態は直接確認できないためもっぱらこの世に遺る死体の扱い方によって死者のあり方が把握される。そして霊魂の往生を願うためには死体を尊重するしかないが、それによって実現されるのは永遠に完了することのない極楽浄土へ向かう過程であった。これが浄土教的喪葬儀礼によって実現される死者の状態である。

六　小結

本節では、遺体尊重の起源とされる二十五三昧会の起請文を考察し、また『往生要集』や『霊異記』の関連する部分と比較することから、貴族の浄土教的喪葬儀礼の根底にあった死者理解について論じた。

二十五三昧会は『往生要集』を実践するべく組織された結社なのだが、遺体の扱いは『往生要集』と異なり、これを保全し念仏を行うことを起請文に定めている。念仏は毎月のものや臨終のものなどがあり、そもそも生前にこそ行うべきものだが、これが死後にも延長されて遺体に対して行われる。死後にも生前との連続性において念仏が引き続き行われるということは、一つには死者が生前と同じようにいまだに往生できていないし他のどこかへの転生も完了もいないことを表現し、もう一つには、念仏の対象者が浄土への往生の可能性を高め近づいていることを表現している。そしてこの二つは一つのことに帰着する。すなわち遺体尊重は、死者が極楽へと向かいつつある動的な状態を表現するのだがこれが完了することはなく、終わることのない過程にあり続けることが表現される。死後に続けられる念仏は、臨終の瞬間を永遠に延長する。

また起請文では、『往生要集』で述べられる霊魂こそが死者であるという観念はとらず、霊魂を想定しつつもこれを直接把握することができないため遺体に生前との連続性をみて、これを死者そのものもしくは死者と不可分なものと理解している。死者の苦楽は現在の遺体の扱いの善悪に依存し、遺体の扱いを離れて死者の苦楽は認識しえない。二十五三昧会での遺体尊重は、この世に残る遺体に格別の意義を認め、いわばこれに対する呪術性のある行為として行われた[31]。そして遺体を死後日数をおかずに埋葬し保全することを定めているが、それは『往生要集』から、遺体が獣や鳥に食われ腐敗し虫がわきバラバラになるさまを、死者が地獄の苦しみを受けているさまとする認識を取り込んだためである。こうした遺体の扱い方がそのまま死者の霊魂への扱いであるという立場は『霊異記』にさかのぼることができる。つまり二十五三昧会での喪葬儀礼は浄土教の理論を説く『往生要集』を実践にうつしたものとされるが、その理論や認識に必ずしも忠実なわけではなく、むしろ『霊異記』に見られる死者理解を背景にしている。

遺体尊重が行われるうえで重要なのは、それまであいまいであった現世と断絶したはるか彼方にある死後世界像が浄土教の影響により受け止められたことではなく、むしろまず人は死後も存在し続けているという明確な理解であろう。この観念が、六道輪廻観念を実質的には解体した『霊異記』に見られる死者観念のうえに展開され、人は我々が知りうるかぎりでは遺体という姿となって死後にも存続すると考えられ、その背後には我々が直接知ることのできない霊魂の存在が考えられた。死後の苦楽は遺体の扱われ方により決定されると観念されたから喪葬儀礼や死後の儀礼的行為が行われたのである。

註

（1）勧学会およびその念仏結社としての性格については、桃裕行『上代学制の研究』（目黒書店、一九四七年）、井上光貞『日本浄土教成立史の研究』（山川出版社、一九七五年）。

（2）薗田香融「慶滋保胤とその周辺」（大隅和雄他編『日本名僧論集　第四巻　源信』吉川弘文館、一九八三年）は、慶滋保胤は文人貴族的要素を批判し勧学会をより念仏結社として純化させようとしていたことを指摘している。また堀大慈「二十五三昧会の成立に関する諸問題」(『京都女子大学人文論叢』九、一九六四年)では、二十五三昧会は勧学会から直接つながるものではないことを、源信が根本結衆ではないことや慶滋保胤は根本結衆でも最初結縁衆でもないことから論じているが、速水侑『浄土信仰論』(雄山閣出版、一九七八年)一一一頁は、井上貞光、石田瑞麿、薗田香融等の研究とあわせ考察し、「会の構成員そのほかいくつかの相違があるとはいえ、二十五三昧会は基本的には勧学会の念仏結社的面をうけつぐところに成立したとみることができる」としている。

(3) 勝田至『死者たちの中世』(吉川弘文館、二〇〇三年)。

(4) 圭室諦成『葬式仏教』(大法輪閣、一九九三年。初版一九六三年)。

(5) 速水侑『浄土信仰論』。

(6) 堀大慈「二十五三昧会の成立に関する諸問題」では、慶滋保胤が『起請八箇条』を著した際には『往生要集』を座右に置いていたと推定している。慶滋保胤については平林盛得『慶滋保胤と浄土思想』(吉川弘文館、二〇〇一年)が詳しい。

(7) 『横川首楞厳院二十五三昧起請』(『起請十二箇条』『起請八箇条』)は大日本仏教全書、『往生要集』は日本思想大系(『源信』)所収のもの、『日本霊異記』は日本古典文学大系を用いた。

(8) 『起請十二箇条』序文(原漢文。以下同)。

(9) 『起請十二箇条』第一条、「一、毎月十五日の夜を以て不断念仏を修む可き事」。

(10) 『往生要集』巻中、大文第四、第五廻向門で、六波羅密経を引用して少量の廻向が無量の功徳となると説明している。

(11) 『起請十二箇条』第八条、「一、結衆中に病人有る時、結番して逓に守護し問訊す可き事」。

(12) 『起請十二箇条』第九条、「一、房舎一宇を建立し、往生院と号し、病者を移し置く可き事」。

(13) 『起請八箇条』第四条、「一、別処を建立し往生院と号し、結衆の病の時に移住せしむ可き事」(原漢文。以下同)。

(14) 『起請八箇条』第五条、「一、結衆病の間、結番して瞻視す可き事」。

(15) 『起請十二箇条』序文。

(16) 『起請八箇条』第五条、「一、結衆病の間、結番して瞻視す可き事」。

(17) 『起請十二箇条』第十条、「一、兼ねて勝地を占して安養廟と名づけ、率都婆一基を建立し、将に一結の墓所と為さむとす可き事」。

(18) 『起請十二箇条』第十一条、「一、結衆の中に已者有るは、時に葬を問ひ念仏す可き事」。

(19) 『起請八箇条』第六条、「一、結衆の墓処を点定し花台廟と号し、二季に念仏を修む可き事」。

(20) 『起請十二箇条』第十条、「一、兼ねて勝地を占して安養廟と名づけ、率都婆一基を建立し、将に一結の墓所と為さむとす可き事」。

(21) 『往生要集』巻上、大文第一厭離穢土、第五人道、一不浄(原漢文。書き下しは日本思想大系によった。以下同)。

(22)『起請十二箇条』第十一条、「一、結衆の中に已者有るは、時に葬を問ひ念仏す可き事」。
(23)『往生要集』巻上、大文第一厭離穢土、第一地獄、一等活。
(24)同前、大文第一厭離穢土、第一地獄、二黒縄。
(25)同前、大文第一厭離穢土、第一地獄、三衆合。
(26)同前、大文第一厭離穢土、第一地獄、四叫喚。
(27)同前、大文第一厭離穢土、第一地獄、八阿鼻（無間）。
(28)『日本霊異記』上巻第十二「人畜に履まるる髑髏救ひ収められ、霊しき表を示して現に報ずる縁」（原漢文。書き下しは日本古典文学大系によった）。
(29)『日本霊異記』上巻第十二「人畜に履まるる髑髏救ひ収められ、霊しき表を示して現に報ずる縁」、下巻第二十七「髑髏の目の穴の笋を掲キ脱チテ、祈ひて霊しき表を示す縁」について、『捜神記』の影響があることが、原田敦子「日本霊異記にみる骨肉の倫理――枯骨報恩譚の伝播と形成」（日本霊異記研究会編『日本霊異記の世界』一九八二年）で指摘されており、日本の当時の実態をそのまま反映したと短絡することはできないが、これらの話が採用されたこと自体から一般的ではないにしろ遺体と霊魂は関係するのとする理解もあったということはできるであろう。
(30)『起請十二箇条』第十条、「一、兼ねて勝地を占して安養廟と名づけ、率都婆一基を建立し、将に一結の墓所と為さむとす可き事」。
(31)速水侑『浄土信仰論』で、井上光貞『日本浄土教成立史の研究』の示した観想的貴族社会浄土教と呪術的民間浄土教の二元的把握が必ずしも妥当でないとしている。従うべきである。また本書では言及できなかったが光明真言や土砂加持についても合わせ考えるべきであろう。

終章　死者の扱いおよび存在の形態と空間

本書では古代の日本において、朝廷もしくはその構成者が死・死後・死者をどのように理解し、またこの理解がどのように変化したのか考察した。第一章から第三章では、死者が生きている人々にどのように受け止められ扱われ対応されたのか、穢れと儀礼を中心に論じた。第四章から第六章では、死者がどのような存在形態でどこに存在すると考えられていたのかを、仏教説話や埋葬後の死者を対象とする儀礼などから論じた。

第一章では、式文にある穢れ規定の引用文が配置される場所の変化から、穢れが問題とされる状況が、律令期には神祇祭祀であったが摂関期になると朝廷で行われる儀礼全体に拡大したことを示した。そしてこの背景には、朝廷での諸儀礼がはじめはそれぞれ独立して行われていたが喪葬儀礼の変化を一つの契機として年中行事として一元的に把握されるようになったこと、すなわち穢れを問題とする状況の拡大の背景には神祇祭祀が律令的儀礼へ取り込まれ一元化することがあったことを論じた。第二章では、死穢とは式文の穢れ規定の成立当初には喪葬儀礼への関与を意味し、これを神祇祭祀から除くことが意図されたこと、この規定の成立の契機は吉礼と凶礼の混交に全国の神が祟ったことにあることを示した。そして摂関期に喪葬儀礼が律令的儀礼から浄土教的儀礼へと移行すると、礼が競合とするという意識は希薄になり、死穢の内容が死体や遺骨への即物的な接触へと変化する可能性を開いたことを示した。第三章では、穢れとこれに類似する語句は供物の中にあって選別により除かれるという相対性のあるものを意味していたことを示し、さらに神社には朝廷での穢れとは異なる特有の穢れが奈良時代からあり、これが摂関期に朝廷での穢れ観念と融合することで、死穢の内容が喪葬儀礼への参加から死体への即物的接触に変容することを示した。

第四章では、律令期の埋葬後の死者の扱われ方から死体こそが死者であると認識されていたこと、一般に死体への儀礼は行われないが、死者は消滅せずに埋葬地に存在し続けていると観念されていたことを論じた。第五章では、浄土教受容の基礎となったであろう仏教説話での死者観念を考察した。牛となったり地獄へ行ったという仏教説話を取り上げ、仏教で基礎とされる六道輪廻観念が実質的に解体されていて、牛も地獄も一時的であって安定した死者もしくは死後のあり方ではないこと、死者の存在は身体性や実際の遺体により把握されていること、さらに貴族に広まる浄土教は浄土そのものよりこの世で生じる臨終の奇瑞に関心を寄せていたことを論じた。第六章では、『往生要集』の死者理解は貴族等によって実際に行われていた浄土教的喪葬儀礼の根拠にはなりえないこと、『栄花物語』および二十五三昧会の起請文から浄土教的喪葬儀礼は直接にはこの世に残る遺体や遺骨へ向けた行為であり、直接の対象とはされない霊魂はその背後に間接的に把握されることを論じた。

論じられなかった問題も残った。古代の朝廷で共有されたであろう死者観念の全体像を描こうとするとき不足している部分は少なくない。朝廷や都市の十全な機能に欠くことのできない非官人や民衆の死はどのように扱われたのか、資料的な限界もあって言及できなかった。また古代において死は夢ともしばしば関連付けられるので死後世界や霊魂と夢の関係についても論じるべきだが、これも『霊異記』の冥界訪問譚でわずかに言及するにとどまった。さらに死者への対応が何に依拠して決められるのか、たとえば死者の生前の地位に依拠するのか、死後に遺された人が死者に期待する機能に依拠するのか、それとも死者自身の願望に依拠するのかなど、考察することが望ましいが及ばなかった。記紀神話にも死について言及している部分や穢れと関係があると思われる部分があるが、これも取り上げられなかった。

それでも奈良時代から平安時代にかけての朝廷やその構成者である官人貴族に、死がどのように理解され受け止められたのか考えるうえで最低限の論点は考察できたと思う。これまで柳田の祖霊観念が個別具体的な研究でも漠然ともしくは無自覚にながく前提にされてきたが、古代の朝廷に限定されるものの、これを相対化する立場の一つを提示することができたのではないだろうか。最後に律令期から摂関期までの朝廷が、死者をどのような存在として扱ったか、死者はどこでどのような状態で存在していると考えていたのかについて、その全体像を描いて本書の結論とする。

一　死穢とこれを排除する状況の変遷——対立の構図の変遷

穢れとは本来関係的なものであった。穢れとはこれまでほとんどの場合、第一に死体などの事物と定義され、加えてその事物とかかわった人も同質化し穢れとなること、その同質化した状態から原状に回復するためには一定期間の経過が必要であるとされる。しかし特定の事物がそれ自体の性質によって穢れとされ忌避されるのではない。たとえば死体がそれ自体の性質としてかかわった者に何か不幸をもたらすと考えられていて、不幸を招かないために死体への接触を忌避したというわけではない。また穢れは場所や時期などの状況にかかわらずつねに忌避されるものでもなかった。少なくとも古代の朝廷で問題とされる穢れとは、死体をはじめとする事物そのものではなく、ある特定の状況で、その状況を保全し維持するために分離し取り除くべき事物を意味していた。すなわち穢れとは、ある状況を毀損し乱すとされそこで忌避の対象とされる事物であった。守られるべき状況や環境と、そこから排除される対象の関係によって穢れというものは成り立つ。しばしば忌避の対象となる事物にばかり意識が向けられるが、それだけでは穢れの半面しか理解できない。これを忌避することによって守られる状況や環境も同じように重要であり、これをもふまえることではじめて穢れが理解できる。

朝廷にあるこの状況や環境とは、具体的には儀礼的行為のことである。いわゆる穢れの定義が、朝廷で行いまた朝廷が管理する神祇祭祀について定める『延喜式』神祇式の規定であったことからも理解されるはずである。朝廷で行われる神祇祭祀をはじめとする複数の種類の儀礼的行為は、ある時期に年中行事としてまとめられ、これが浸透してながく継承されることになった。朝廷で行われる儀礼的行為のこうした変化に伴い穢れ観念も変化した。だから穢れの変化は朝廷での儀礼的行為の変遷に則してたどることができる。

朝廷の儀礼的行為は、奈良時代から平安時代の範囲では三つの時期にわけられる。一つ目は律令期前半で、天武・持統天皇から奈良時代の終わりまでの期間である。二つ目は律令期後半の、桓武天皇からはじまり醍醐天皇を分かれ目とする期間で、唐の文化や制度の導入をさらに進めてこれを維持した。三つ目は摂関期である。醍醐・村上天皇以降の律令制が大きく変質し実質的に解体する摂関制の時代で、公家文化や王朝文化の典型として中世以降に憧憬の対象とされる時代である。

1　律令期前半（奈良時代）

奈良時代はそれまで進められてきた律令の整備がひとまず完成し、律令に基づき国家が運営される時代である。唐において律令は儀礼による身分秩序の形成と相互補完的なものであった。これを受容するべく日本でも律令を編纂し、儀礼が国家において重要な役割を果たすという認識から、いまだ儀注を編纂するにはいたらなかったものの、それぞれ個別に儀礼の整備を進めた。律令制が整備されるはるか昔から行われてきたと観念されていた神祇祭祀についても、これを継承して律令制の一部分として定めているが、太政官と神祇官を併置したことにあらわれているように、依然として律令政治からの独立性を保ってもいた。

この時期の朝廷では穢れというべきものはいまだなかったが、その前身というべきものとして朝廷での神祇祭祀での斎戒規定があり、これは唐の制度に由来する。一方、朝廷が直接は管理していない神社では、この斎戒規定とは性質の異なる特有の斎戒があり、そこには穢れと言うべきものもあった。朝廷との関係が深い伊勢神宮では、祭祀者に対して特定の言葉を口にせずほかの言葉に言い換える忌み言葉と、記紀神話などにも見られる罪を祓い清めた状態の維持が求められ、また神社やその領域が清浄でヨゴレがないことが求められた。とくに神社とその領域のヨゴレはそこに鎮座する神の祟りの原因となるので、単なるヨゴレとは区別される穢れというべきものであった。伊勢神宮においては死体は取り捨てるべきヨゴレとみなされていたが、この時点ではさまざまなヨゴレと区別される死とのかかわりは忌避されていない。祭祀者がこの穢れを掃除することは幣帛を捧げることと同じく祭祀を構成するのであって、接触した人が祭祀の妨げになるとして排除されることはない。斎戒は朝廷祭祀と神社の領域という限定された条件下でのみ問題になり、その条件を離れて問題とされることはない。

この時代には朝廷で行われる儀礼を網羅する儀式書はいまだ成立していない。朝廷では朝賀や節日や釈奠、律令に先立ってはやくから導入された天皇の喪葬儀礼などの律令制と深く関連する儀礼と、仏教儀礼さらには神祇祭祀などいくつもの儀礼的行為が行われていたが、所管の官司も別々でそれぞれが別個に行われていて、朝廷儀礼が一つのグループを構成するにいたっていなかった。斎戒における禁忌が神祇祭祀で問題とされるからといって、ほかの儀礼的行為でも同様にこれが問題とされるということはない。日常的に問題となることもない。神社の穢れや朝廷祭祀での斎戒は、朝廷やその関与するところのごく一部でしか問題とならなかった。

時代が下るとともに朝廷で行われる諸々の儀礼的行為を一つのまとまりとする認識はしだいに高まる。律令期のはじめ頃には喪葬儀礼は死者に向けて実行する具体的行為であったが、中国の服喪の受容が進み悲しみのため何もできないことを実体化する儀礼として意識され、埋葬行為に加えて本来なら行うべき他の儀礼を一定期間停止することが喪葬儀礼の実現とされる。そしてこの喪葬の時に停止されるいくつかの儀礼は、そのかぎりで一つのグループとして意識されるようになる。

2 律令期後半（平安時代前期）

この時代には大きく三つの変化が生じる。一つ目は『弘仁式』が成立し朝廷での神祇祭祀における穢れが明文化されたこと、二つ目は独立性の強かった神祇祭祀が律令的儀礼のなかに取り込まれたこと、三つ目はやや時代が下って神社で問題とされていた取り捨てるべき死体が『延喜式』に規定される人死の穢れと融合する端緒が開かれたことである。一つ目と二つ目は桓武天皇のはじめたことが継承され嵯峨天皇など少し後の時代に結実したものである。

桓武天皇は父である光仁天皇の喪葬儀礼で、埋葬にかかわる一連の行為だけではなく唐の制度に倣い長期にわたる服喪も実行しようとしたため、喪服を着た状態で神祇祭祀が行われるという事態が生じた。この事態に対して吉礼と凶礼の混淆を理由に全国の神が祟りをなしたので、神祇祭祀の実施を優先して喪服の着用を可能なかぎり短縮した。これを受けて依然として独立性があった神祇祭祀の実施方法の一つとして、神祇令の斎戒規定を拡張して吉礼とされる神祇祭祀と凶礼との混交を避ける仕組みが作られた。たとえ喪服を着なかったとしてもなお凶礼中とみなされる期間は、喪に服すべき状況にある人の神祇祭祀への参加を制限し、これを『弘仁式』で穢悪の一つとして明文化した。したがってこの穢れ規定で挙げられる「人死」とは喪葬を想定しており、喪葬の当事者のみ参加を制限することを意図し、これを排除することで守られるべきは神祇祭祀だけであって、死との接触を一般的・日常的に忌避し排除することは意図されていない。

朝廷にとっては、凶礼とされる喪葬儀礼も吉礼とされる神祇祭祀もともに、自身を再生産し維持するものであるため支えとなる。死と接触する喪葬儀礼は、君臣の関係や官人同士の身分秩序を実体的に表現し相互に承認するという働きを持つ礼の一つであり、朝廷の秩序を構築する。言い換えるならば喪葬儀礼を実行することでそれぞれの身分が明確にされ、朝廷が朝廷としての秩序を実体化し、これが強固なものとなる。喪葬儀礼は朝廷を壊す要素ではなくあくまで作る要素である。このことは神祇祭祀などと同様である。だから喪葬儀礼それ自体が朝廷から排除されるべきものとされることはなく、むしろ積極的に行われる。

したがって喪葬儀礼をすべき人を排除することは、あくまでも神祇祭祀という儀礼に限定される。吉凶の対立は、朝廷から排除すべき事柄が朝廷に入り込んで対立を生じることを意味しない。朝廷の秩序を実体化し構築するものとして、ともに朝廷のなかにある吉礼と凶礼という二つの儀礼が、性質の違いから朝廷のなかで対立し、両者の分離が求められたのである。吉礼と凶礼の対立とは唐の文化に由来する礼秩序を前提として成り立つ礼の競合関係である。国家や朝廷の秩序を構築し維持する礼制という限られた状況のなかで成り立つ対立構造もしくは択一的関係である。神社で穢れとされる死体は取り捨てるべきものであり儀礼の対象ではないため、吉礼とそもそも対立構造を成さず、したがって朝廷祭祀から排除すべき対象としては想定されていない。

二つ目の神祇祭祀の律令的儀礼の中への取り込みは、『弘仁式』で穢れ規定が成立したことにそのはじまりがすでに見えるわけだが、漸次進む。

まず律令的儀礼についてだが、これにもさまざまな儀礼があって所管の官司も違い、奈良時代にはいまだ十分に一つのまとまったグループとして把握されるにはいたっていなかった。しかし天皇の喪葬儀礼の時に停止されるという共通性から次第に一つのグループとすると認識が生じていて、平安時代になると官撰の『内裏式』が弘仁年間に編纂され、一つのグループとする認識がひろく共有された。

神祇祭祀の律令儀礼への取り込みの発端は、桓武天皇がいくつかの儀礼を整備するなかで、それまで日本では行われていなかったが唐ではもっとも重要とされた郊祀をあらたに導入しようと試みたことにある。その後、文徳天皇も郊祀を試みる一方で、神社に位階を授け神職者に把笏を許し、それまで律令政治に対して独立性があった神祇祭祀をあらためて律令政治の枠組みの中へと組み入れることも進められる。郊祀は試みたものの定着せず結局導入を断念したが、神祇祭祀を郊祀に代えて律令と表裏一体の国家的儀礼として位置づけた。神祇祭祀を律令的儀礼の一つとして位置づけなおしたことは『儀式（貞観儀式）』に反映され、『内裏式』に載せられた律令的儀礼に神祇祭祀があらたに加えられた構成となっている。ただ依然としてほかの律令的儀礼とは異質とされ、単独のグループを形成していた。その後『新儀式』にいたって、神祇祭祀をほかの律令的儀礼と区別されるグループとする認識は弱まり、ほかの儀礼と同じようにそれぞれの実施日順に配列され年中行事という形式が出来上がり、神祇祭祀の律令的儀礼への取り込みは完成し、以降これが踏襲される。こうした変化は平安時代中期の出来事の前提となる。

三つ目は、神社での穢れと朝廷での穢れの混交と融合だが、これは時代がやや下る。それまで神社では穢れを神職者が掃除することとは幣帛を捧げることとならび祭祀を構成していたが、検非違使に穢れの掃除が移譲されたことを転換点として、神社での祭祀は神職者が穢れに触れることなく幣帛を供えることで構成されるようになる。これまでの朝廷の穢れと神社の穢れでの決定的な差異は、人はその事物に接触しないようにふるまうのか、それともその事物を掃除するべく能動的に接触しようとするのかという点にあったが、掃除の検非違使への移譲によりともに接触を忌避するようになり、この差異は消滅した。そして朝廷や京内を管理しなおかつ状況により周辺にある神社にも赴き穢れについて判断と処理をする検非違使や、朝廷での祭祀をうけて現地の神社へ赴き幣帛を捧げる祭使などを媒介にして、類似性が高くなった両者は相互に浸透する。朝廷ではそれまで単なるヨゴレでしかなかった事物の一部が、神社からの影響を受けて穢れと見なされるように変化し、また反対に神社でも朝廷の穢れに特有の忌むべき期間を同じように設定するようになった。朝廷での穢れとくに人の死は、そもそもは喪葬儀礼への参加であったが、神社からの影響により即物的なもの、とくに放置され儀礼の対象にはならない死体や取り捨てるべき死体へと、その中心的な内容が変化した。

3　摂関期（平安時代中期）

平安時代中期すなわち延喜・天暦年間以降の摂関期は政治的な変化が生じ、制度の変容や変質は個々のものにとどまらず朝廷や国家の全体の仕組みに及ぶ。律令制はかつてのようには機能しなくなり何らかの対応が迫られ、名目や建前では律令制を維持しながらも実質は大きく変質し摂関制へと移行する。律令的秩序や制度は実効性を失い縮小し、そのかわり私的な事物が補い支えることで朝廷が運営される。正史の編纂が途絶え律令格式や官撰儀式書もあらたに編纂されることがなくなり、代わって歴史物語が成立し、貴族らの個人の日記が書かれ、また私撰儀式書が編纂されこれが規範性を持つようになる。官位も個人の能力や実績によって得られるものから、家柄や権力者との私的関係に左右されるものになる。

こうした大きな変化の時期に、喪葬も朝廷における位置づけや意義を変化させる。醍醐天皇の喪葬は国家儀礼であるにもかかわらず多く礼を失したものであった。この時を最後に山陵祭祀にあらたな対象が加えられることはなくなり、また喪葬が国家的儀礼として行われることがなくなってゆく。宇多天皇は譲位した後しばらくしてから没し、嵯峨・淳和両上皇などの例に倣い遺詔により国家儀礼としての喪葬を停止させ山陵も作らず、喪葬に直接かかわるのは個人的関係のあった者にかぎり、また全国的服喪も停止することとする。こののち譲位した天皇はみなこれに倣い遺詔により国家的喪葬儀礼を停止させた。また村上天皇は在位中に没したがこれに倣い、一条天皇は在位中に死ぬであろう状況であったが臨終で譲位することで朝廷が本来国家的儀礼として行うべき天皇の喪葬儀礼の実施を避けた。後一条天皇にいたっては在位中に没したにもかかわらず「如在の儀」により譲位したことにして遺体を内裏の外に運び出し、それから上皇としての喪葬儀礼を行った。天皇であっても公的秩序の中にたしかに地位を持つのは譲位するまでの期間だけで、在位中に死んだとしてもその前に譲位したものとされ、したがって喪葬儀礼は上皇の喪葬儀礼として私的関係者のみによって行われる。こうして例外的対応であった遺詔による国家的喪葬儀礼の停止が通例化して、ながく天皇の国家的喪葬儀礼を実施することなく朝廷は運営され続け、ついにかつて国家的儀礼であった内裏から発する喪葬儀礼が憚るべきことと認識されるにいたり、これが朝廷で共有される。ここに見いだせるのは死とは朝廷がみずから扱うべきものではないという位置づけである。

このような朝廷は実態において喪葬儀礼なしに成り立っている。もはや喪葬儀礼は朝廷の構成要素ではない。かつて律令制において喪葬儀礼は国家の礼秩序を構成する一要素あり、喪葬儀礼が神祇祭祀とならび朝廷や国家を実体化した。しかしこの時期には喪葬儀礼なしに朝廷は存在し、朝廷の維持や保守や実体化はむしろ喪葬儀礼をしないことで実現されると観念されるようになる。かつて喪葬儀礼は朝廷を構成し再生産する手段だったが、ここにいたって朝廷の秩序を妨げ乱すものとなり、国家秩序の内部にある不可欠なものから、その外部にあるべきであって内部に入り込むことが許されないものへと性格を反転させた。

喪葬が国家を実体化する儀礼としての位置づけを失うことと歩調を合わせるように、礼制度の枠組みの中での択一関係によって成り立っていた穢れも変容する。喪葬から国家や朝廷を構成する儀礼という性格が失われると、当然、朝廷の礼秩序の中での吉礼と凶礼の対立関係は成立しなくなり、神祇祭祀を最大の職務とする朝廷全体と、朝廷の外で行うべき喪葬との対立へと変容する。穢れは吉礼である神祇祭祀のみから分離されるべきものから、朝廷という公的秩序全体から排除されるべきものへと位置づけなおされる。すなわち国家秩序の内部での対立から、その内部と外部の対立へと変化したのである。

そして朝廷からの排除は、朝廷儀礼からの排除として観念された。朝廷儀礼の変遷は平安時代前期の官撰儀式書の構成の変遷によりたどることができた。神祇祭祀は本来政治に対して独立性があったが経緯があって律令的儀礼の中に取り込まれ、さらにその当初には他の律令的儀礼と区別されていたがやがて一元化され同じように配列されるようになったことも受けて、神祇祭祀とのあいだで構成されていた対立が朝廷儀礼の全体との対立へと置き換えられた。こうした変化をうけて、穢れが問題となる状況も神祇祭祀のみから朝廷儀礼全体へと拡大した。具体的には穢れ規定は『弘仁式』およびこれを継承した『延喜式』では神祇式の条文であり神祇祭祀に限定される内容であったが、摂関期の『北山抄』や『小野宮年中行事』などの儀式書では、「神事」には配置されず、これとは別に項目が立てられた「雑穢事」に配置される。すなわち穢れは朝廷での儀礼の全体にかかわる事項として位置づけなおされた。

さらに時代が降ると、祭祀については規定しない『法曹至要抄』で、犯罪などと同列に置かれる「雑穢」の中に穢れ規定を配置している。朝廷が穢れについての判断を下す「定穢」においても、律令期から摂関期前半までは神祇官に意見が求められていたが、やがて神祇官の判断は先例を根拠にして却下されることが多くなり、摂関期後半には神祇官ではなく法律の専門家である明法家にその判断が求められるようになったことがここに反映されている。穢れ規定の文面に変更が加えられることはなく忌避すべき事物にも変更はないが、規定の位置づけは一変し、穢れを排除して守られるべき状況もしくは環境は大きく変化したのであり、その意味で穢れ観念も変化している。

そして「人死」は、かつて喪葬儀礼への参加を意味していたが、これが朝廷を構成する儀礼ではなくなり朝廷の外部で行われるようになるのと同時に、朝廷から喪葬を分離してもなお朝廷に及びうるものとして、死体に触れたり、死体を納めた棺桶を担いだり、遺骨の入った骨壺などを持ったりという即物的な接触にその意味を変化させた。神社での穢れとの混淆や融合が進んだこともあり、かつては穢れとされなかった道に転がる死体や犬がどこからかくわえて家に持ってきた死体が、むしろ穢れとして一番目に考えられるようになる。喪葬儀礼の変質により吉礼と凶礼の対立が成り立たなくなり、穢れを排除する原理も失われる。すると「人民」の内容は神社で問題とされた死体に取って代わられ、服喪はもっぱら祭祀における衣服の適否として考えられるようになる。

儒教に由来する喪葬儀礼が停止されると、代わって浄土教が朝廷の外で喪葬を担うようになる。仏教儀礼はそれまでも儒教に由来する律令的喪葬儀礼に補助的な位置づけで参加していたが、これが停止される時期には浄土教が独自の儀礼を成立させており、その後を全面的に引き受けた。天皇をはじめとして臨終出家が行われるようになり、火葬後には遺骨が寺に安置されるなど、死は全面的に浄土教によって扱われるようになる。朝廷を構成する人々の死についての観念は、儒教に由来する律令的儀礼にあらわれるものから、浄土教のそれへと移行している。穢れ観念が変化したように、死後や死者についての観念も変化してゆく。

二　埋葬後の死者の存在形態とその場所

死者とはどのような形態でどこに存在するのか、または存在しないのか。死者観念とは、人とはどのような存在か、死とはどのような事態か、さらに人が暮らす世界とはどのような構造なのかといったさまざまな観念が集約されて構成される。朝廷にとっての機能や役割といった限定された側面に加えて、いくつもの関連する事柄が総合されると、死者という特有の存在としてより具体的な像を結ぶ。

死者の存在についての認識は、死者を構成要素とする儀礼的行為から抽出することができる。儀礼的行為は、死者とはこのような存在だという認識に基づいて作られ、人々が客観的な動作として目にし、またみずから実行することを通して、根底にあるその死者観念がおのずと浸透してゆく。たとえ特定の個人が独自の死者観念を持っていたとしても、何も表現しなければひろがることはないし、一方で国家や朝廷を構成する儀礼は必ず行うので、その根底にある死者観念はたとえ納得できなくてもひとまず受け入れ、少なくとも建前として流通し浸透する。朝廷で共有されていた死者観念はしたがって儀礼的行為から考えるべきである。

死者を構成要素とする儀礼的行為には変遷がある。まず奈良時代から平安時代前期の律令期には儒教に由来する律令的儀礼として喪葬儀礼と山陵祭祀があり、そのほかに恒例行事にはなっていないが特殊な事情による例外的事例がある。摂関期になると儒教に由来する喪葬儀礼は行われなくなり、山陵祭祀に新たな対象が加えられることもなくなり、浄土教による儀礼がこれらに取って代わる。

1　律令期（奈良時代〜平安時代前期）

律令期の儀礼は、唐から導入した国家運営の仕組みと不可分なものとして整備された。それらは当然中国にあった観念に支えられているが、受容にあたって一定の変化が生じている。このことはこの根底にある観念が中国の観念に影響を受けつつもそれに収まらないものだったことを示唆している。

まず喪葬儀礼だが、その実態は埋葬すなわち葬送儀礼であった。本来儒教に由来する喪葬儀礼は葬送ののちにも長期にわたる服喪期間があったが、日本では長期の服喪は制度として実質的には行われず、もっぱら葬送儀礼として行われた。ここでの死者はほとんどの面において生前との連続性のうえに理解されている。儀礼の規模は官人としての身分により定められ、またその対象も生前との連続性をもつ身体すなわち遺体である。死者が生前の地位とは断絶する独自の地位を得てこれに基づく特有の儀礼が行われるのではないし、死者に固有の独自の存在形態たとえば身体から完全に分離した霊魂のような形態として儀礼の対象となることもない。このことは天皇でも官人でも同じである。ここでの死者とは特殊な状態にあるものの生前と連続性がある者として扱われている。

埋葬を終えたあとの死者を対象とする儀礼については、天皇および一部の身分の高い者と、一般的な官人の場合とで異なっている。

天皇の場合は国家儀礼として喪葬が行われ遺体は山陵に埋葬され、この山陵が毎年末に行われる荷前儀礼の対象となる。桓武天皇は中国の宗廟制度を参考にして荷前儀礼を再編しており、山陵はおおむね廟に相当するものとされたのだが、儀礼の対象とされる死者の存在形態については大きく異なっている。

唐においては、人は死ぬことによって身体と霊魂（魂魄）が分離し、身体は土に帰り、霊魂は放置すればどこかに飛び去るとされる。このうち霊魂こそが死者であると考え、どこかへ飛び去らないように、死の直後にもまた埋葬を終えたすぐあとにも神主（位牌）を立てて祭ることで確保し、凶礼の最後にこれを廟に移し安置する。したがって廟祭で祭られるのは直接には神主であり本質的にはそこに確保された不可視な霊魂である。

日本では死後の存在として霊魂というものが想定されているものの、これは遺体と完全に分離し独自に単独で存在するのではなく、むしろ遺体とつねに一体であるとされる。荷前儀礼は宗廟祭祀に準えられるが、儀礼の対象は遺体と別に確保された霊魂ではなく、その遺体が埋葬されている山陵である。死者が霊魂として認識される場合でも遺体や遺体の埋葬される山陵と一体のものとみなされ、これが国家儀礼の対象となる。こうしたことは恒例の儀礼にとどまらず、死者の祟りが生じた場合でも同様である。祟りの主体が死者の霊魂とされる場合もあるが、多くの場合は遺体が埋葬される山陵が祟りの主体とされ、このことと対応するように祟る主体への朝廷の謝罪行為は常に遺体が埋葬されている山陵で行われ、遺体のない場所で行うことはない。またこうした死者認識があるということは、死者が存在するとされる空間は当然山陵であり、生前と同じこの世である。

官人の場合、喪葬は国家的秩序の一部として身分に応じて規模などが定められて行われる。埋葬を終えたのちの儀礼的行為は天皇とは異なり一般には行われない。大化薄葬令では、官人の墓について広さや高さを規定したうえで造営することとしているが、大宝令ではこの規定は変化し、一族の始祖と天皇のみが墓を造ることを許され、それ以外は墓の造営は許されなくなる。すなわち制度の整備を進めた結果として一般官人は令の定めるところの墓を造らなくなる。それゆえ律令期には墓で行われる儀礼的行為も制度としてはない。何らかの事情により埋葬地としての墓に赴くこともあったが、制度として恒例の儀礼とすることはなかった。埋葬が終わったあとには死者は社会的関係をもはや構成しない者として一般的には顧みられなくなり、したがって社会の中に地位を得ることもない。

ただし追贈や祟ったときの謝罪など特殊な事情がある場合は、朝廷によって埋葬後の官人への接触がはかられる。追贈のとき、これを報告する対象とされるのは山陵祭祀と同じく遺体の埋葬場所である。知らせは勅使により埋葬場所へと届けられ、また追贈に伴って財源や人員が確保され、令の定めるところの墓として保守がはかられる。流刑が死後に許される場合も改葬して遺体が帰葬される。これら朝廷が主体となる死者を尊重するもろもろの行為は遺体やその埋葬場所を直接の対象としており、遺体とは無関係な場所で霊魂に直接働きかけるということはない。この点では山陵祭祀と同様で、天皇と官人の間に差異はない。死者とは端的には埋葬された遺体であり、これは霊魂と一体であると観念される。

ここで注目すべきは、埋葬が終わり一度は顧みられることがなくなった遺体こそが追贈するときにわかに儀礼の対象とされることである。儀礼対象とするにあたって死者がいまだ存在しているかを確認することもなく、また霊魂を呼ぶなどの行為もない。必要となるとただちに埋葬地を直接の対象として儀礼的行為が行われる。この根底には死者は埋葬されたあと顧みられなくなっても依然として存在していて、その存在形態はそれは端的に遺体であるという認識があった。このことからさかのぼって考えると陵墓を作りまた祭祀儀礼を行うことと、死者として存在していることは直接には関係がない。陵墓の造営やその祭祀の有無にかかわらず、埋葬された者を依然として存在している死者として認識している。そのうえで天皇やそれに準ずる者は陵墓を造りこれを祭り、そうでないものは埋葬が終わったら顧みない。

つまるところ、一般的な死者は朝廷による社会連関には組み込まれない存在で、社会の外部に置かれるべきだと見なされていたのである。死者とは端的に遺体であり、もしも接触をするならば礼をもってするものとして消滅することなく存在しつづけるが、朝廷社会の構成者ではないものと認識されていて、埋葬後には意図的自覚的に制度として顧みることをしなかった。埋葬後も死者は存在し続けるが、祭祀など社会との連関行為がなされなかったのである。

そして律令期には死者はこの世の中に存在していると考えられている。霊魂を儀礼の対象とする場合でも、直接的な対象は常に遺体の埋葬される陵墓であり、霊魂と遺体は常に一体のものと把握されている。天皇は埋葬後にも朝廷内に新たな地位を得るが、それ以外の場合は、遺体の埋葬されたところに死者はたしかに存在していているものの、社会の中に独自の地位を得ることはなく、朝廷社会の外側にあるものと位置づけられている。その存在する場所はこの世の中の埋葬場所であり、現実世界とは別のあの世を死後の世界として想定してはいない。

死者はこの世の中、しかも陵墓などの埋葬場所に存在していると認識されている。

2　摂関期（平安時代中期）

摂関期になると喪葬儀礼は、それまでの国家の秩序を構成する要素という性格を大きく後退させ、最終的に国家の秩序からその外部へと追いやられる。埋葬後の官人の位置づけが埋葬行為に及び、さらに天皇のそれにも及んだのである。朝廷の関与する儒教に由来する律令的喪葬儀礼は行われなくなり、また山陵祭祀の対象が新たに追加されることもなくなり、代わって浄土教的喪葬儀礼が朝廷とは別に行われるようになる。浄土教では身分にかかわらず埋葬後の儀礼も行われる。喪葬の置かれる枠組みは、摂関期以前には律令と密接に関連する礼制度という枠組みであり、摂関期以降は朝廷とは相対的に独立する私的な領域にある浄土教の枠組みとなる。

貴族社会への浄土教の浸透において大きな影響を与えた源信の『往生要集』では、死後や死者の理解に密接にかかわる六道輪廻の思想が前提とされている。そして六道で輪廻転生する生を現世を含めて一括して、つまるところ苦しみであり執着すべきではないと説く。これに対してはるか西方にある阿弥陀仏が主催する極楽浄土は、条件が整い煩わされることがなく仏道修行が退行することなく進み、確実にさとりが得られる場所であり、願うべきところであると説く。時代は末法であるから何もしなければ人は死んだあとにおそらくは地獄に転生するとされ、これを避けるべく生きているうちに念仏をして極楽浄土への往生を願う。死後の存在の場所はいずれにしてもこの世とは断絶し自由な往来はできないあの世であると説いている。そしてこのように転生する主体は霊魂とされる。死後にこの世に残る遺体は結局は土や塵と同化する単なる物体、すなわち死者の抜け出たあとに残された物であり死者ではない。『往生要集』に示されたこうした観念に従えば、死後に儀礼的行為をすることもないし現世に残される遺体を対象とすることはない。

しかし貴族の浄土教はこのような『往生要集』の影響を受けて浸透するに違いないが、その死者理解は『往生要集』そのままではない。そもそも貴族の仏教理解は教理を説く経典の水準というよりも『霊異記』に代表される具体的事例による説話の水準に近く、浄土教はそうした水準の理解のうえに受容された。『霊異記』では六道輪廻観念を前提にすることで成り立つ説話の類型が多く取り上げられているが、その実質が解体される方向に変化を加えて構成されている。地獄は来世ではなく、いずれ解放されることが原理的に保証された一時滞在場所となり、死後の牛への転生も生存中の変身と置き換え、さらにこの世に残される死体を依然として霊魂とつながっているものとして描いている。こうした変容を被ったかたちでの仏教理解を前提にして浄土教を受容したため、『往生要集』に依拠するものの、やはりこれと異なる部分が生じる。とくに死体に対する扱いに関する部分に違いが生じる。

『栄花物語』では浄土往生の手段とされる念仏について、唯心思想を背景にして現世利益の呪術として捉え、念じたことはその場でただちに実現するものと考えている。したがって臨終が格別に大きな意義を持ち、努力はここに集中される。臨終において、まさにその瞬間に実現すべき内容であるこの世から浄土へと移行する場面がひたすら念じられる。一方、死亡し埋葬が終わった後には、この世に残された死体に対して儀礼的行為が継続的に行われる。このことの根底には、死後の転生先が死の瞬間に決定しその後に何をしてももはやそれを変えることができないとは考えず、死者の禍福は死体の扱われ方に依存するという観念がある。

『栄花物語』の根底には、現世を価値の実現される場所として肯定する『霊異記』とも共通する思想がある。遺体から分離する霊魂を想定し、はるかなたの西方浄土に去ったはずと観念しても、そのことを直接把握することはできないため、関心はそこから離れてこの世に残る死体に注がれる。ほかに死者の禍福を把握する媒介はないので、この直接知覚できる死体のあり方によって死者の状態を把握する。浄土往生の成否も結局は死体の扱われ方によってしか判断できないので、臨終にどれほど念仏をしても、それとは別に死体への儀礼的行為を継続的に行うしかない。現実になされる儀礼的行為に注目するかぎり死者とは死体のことであって、霊魂は死体の媒介なしには生きている人や社会との関係を構成することはない。社会関係を構成する死者とは何よりもまず死体であって、霊魂は死体を媒介にしてのみ了解されるにすぎない。

二十五三昧会は浄土往生を実現するべく官人貴族等を含めて結成された結社であり、『往生要集』を理論的根拠として儀礼的行為を実践することを目的としているにもかかわらず、死および死後についてこれとは異なる理解をして、遺体を死者そのものないし死者と不可分なものとして尊重している。起請文によると二十五三昧会の遺体尊重には二つある。一つは遺体の保全である。鳥や獣に喰われバラバラになるという状態が実現されないように即日火葬し卒都婆に納める。遺体の無残な様子はそのまま死者の置かれた状態として地獄の苦しみと重ね合わされ理解されるから、これを避けようとするのである。霊魂が遺体から分離するとしても、遺体は霊魂の抜け殻で土や塵と同じ単なる物体としては認識されていない。遺体への扱い方が死者の禍福につながるとされており、霊魂こそが死者だとしても遺体はこれと完全には断絶していないという認識がうかがえる。もう一つの遺体尊重の行為は、遺体の納められた卒都婆での念仏である。念仏は本来自身の死後の極楽往生を実現するために生前に行うものであり、臨終では本人の念仏を助けるべく看病人も周囲で行い、その成否は死の瞬間に決まるとされる。しかしこの念仏が死後に行われるということは、死者はいまだ浄土往生に成功したわけでもなく、地獄に堕ちたわけでもなく、いまだいずれとも決定していない状態、すなわち臨終とほぼ同じ状態のままであると認識されていることになる。

死者の極楽浄土への往生を願って行われるこの儀礼は、死者が浄土に向かいつつあることの表現となるが、しかしながらどれほど行ったとしてもその過程を表現するにとどまり、この世を離れてそこへ完全に到達することは表現されえない。死後に行われる念仏には、浄土へ近づいていることと同時にいまだ到達していないことも表現するという自家撞着的構造があり、極楽浄土への往生は完了しえない。またこの世に残る遺体を対象に儀礼的行為をするということは、霊魂はこれに依然としてつながれて離れていないことを意味し、したがって死者がこの世を離れて浄土に往生することの足かせにもなっている。

以上のような浄土教の臨終と葬送さらにその後に続く一連の儀礼から、その根底にある死者の存在形態と場所についてつぎのようにいうことできる。死者とは霊魂であるが同時にこの世に残る遺体でもある。霊魂と身体はそれぞれに分離しているものの、依然として霊魂は遺体との関係が保たれているという認識に支えられ、儀礼の具体的行為では、霊魂を直接の対象とすることはなく、つねに遺体を直接の対象とすることで死者の状態をよくしようとしている。現実的には遺体こそが直接知りうる死者であり、遺体を媒介にしてその背後に霊魂の存在とその禍福の状態が間接的に想像され、そのかぎりで把握される。直接把握されることのない死者の霊魂は、遺体への念仏により浄土へと際限なく近づくが完全に到達することはない。霊魂は浄土への移行過程にあり続けるのであって、特定の空間的に定位されているとは言えない。浄土や地獄などのこの世とは断絶したあの世を想定するが、結局死者がたどりつくことはなく、死者が存在する空間としては十分には結像していない。

3　死体への儀礼が行われる理由

律令期から摂関期に移行すると死体への儀礼的行為が一般化するのだが、何によってこの変化が生じたのであろうか。律令期には死者とはまず遺体でありまたこれと一体の霊魂であると認識されていた。そのうえで埋葬されたあとに朝廷が関与する儀礼の対象となるのは天皇とこれに準じる者に限定されていた。一般的な官人は、埋葬後も消滅することなく埋葬された場所に存在し続けていると認識されながら、埋葬を終えるとそれ以上顧みられることはなかった。それが摂関期になると、霊魂が遺体から分離するという観念がひろがりつつも死者とは依然として直接には遺体であるという認識のまま、朝廷とは別にではあるが身分にかかわらず儀礼的行為の対象となる。律令期とは異なり天皇と一般の官人とのあいだに質的な違いはない。このような変化すなわちそれまで顧みられず儀礼の対象とはならなかった死者が、儀礼の対象となり顧みられるようになるという大きな変化にはどのような理由があったのだろうか。

まずは仏教とくに浄土教の死後にかかわる観念の浸透が考えられる。『往生要集』は死後に行くべき所を二元化して描く。末法思想が背景にあるので現状維持的な死後は期待できないとして、現世より悪い地獄となるか、極楽浄土へ往生するかの二つを強調する。地獄と極楽という対照的な二つの空間から構成されるあの世を、現在生きているこの世に対置させる。こうした二重の二項対立の構造として世界は示され、死後にどちらに行くか選択を迫る。もしも死後の状態や行くべきところが一通りのみで選択の余地がないのならば、好ましい選択を実現するための努力は行われないだろう。死後を対極的性質の二つとして提示されるから人は死後に関心を向け、浄土往生を願い努力する。『往生要集』では浄土往生できるのか地獄などに堕ちるのかは死の瞬間に決定されそれ以後は変更できないと説き、だからこそ生きている間に念仏に努めるべきとする。

そして死の瞬間が訪れるとまた別の局面に進む。『往生要集』が説く内容は死にゆく本人を念頭にしていて、往生を願う本人だけで完結するのであれば何も問題は生じないのだが、現実には死にゆく本人のまわりに人がいて往生を願い念仏し、本人が死んだあともその周囲にいる。死者がどうなったかを判断するのはこの人である。つまりまず死ぬ本人の視点から死後について述べられ、死の瞬間からはこれに代わってこの世に残される人の視点から語られることに、問題が生じる。

死ぬ本人にとっては霊魂の転生先こそが死後なのだが、死んだあとにそれを本人が語ることはない。また『往生極楽記』などでは奇瑞などの異相が生じたとされるが実際には生じない。遺された人には死後の霊魂がどうなったのか知るすべはなく、あるのは目の前の死体だけである。そして転生の結果が確認できないことは転生の未定と容易にすり替えられる。この世に残される人にとって両者は現象において同じだからである。

浄土往生の実現ないしその失敗という結果が確認できないことは、いまだ死ぬ前と同様の転生先未定と置き換えられ、死後の状態が、いままさに死のうとする瞬間の延長であると解釈され、その時に求められる行為すなわち念仏が延長され行われる。認識においては死のうとする瞬間の無限の延長であるが、現実に行っているのは死後の儀礼的行為である。また一方で、浄土教の観念が受容される根底には、これまでの死体こそが死者であり霊魂もこれと一体であるという認識があるため、念仏は臨終から引き続き身体すなわち遺体や遺骨に向けて行われる。つまり臨終の瞬間が延長されているとする認識と、遺体こそが死者であるという二つの認識がねじれながらも重なり合うところに、遺体を対象とする浄土教的儀礼は行われる。

死後の儀礼は集団として見ると死者が自分自身を対象として行い、みずから浄土への接近を表現しているということができる。死の本人が個人として自分自身を対象とする儀礼をすることはないが、周囲にいて死後の儀礼的行為をするのは、自分の浄土往生を願う人々であり、この人たちが死ぬときはまた他の往生を願う結衆が儀礼をするという連鎖がつくられている。全体としてみれば浄土往生を願う人々を対象に浄土往生を願う人々が死後の儀礼的行為をするのであって、浄土往生を願う人々が浄土への無限の接近を自己表現しているということができる。

4　遺体尊重の由来

律令期から摂関期にかけて、儒教に由来する律令的儀礼と浄土教的儀礼の両方において、遺体が儀礼の対象とされたのはなぜか。どのような由来によって遺体が儀礼の対象となったのか。

律令期に行われた埋葬後の死者を対象とする儀礼は天皇などに限定して行われていたが、これは律令制の一部として唐に倣い導入され、宗廟に準えて整備が進められた。宗廟祭祀は郊祀とならび唐で行われていた儀礼の中でもっとも重要とされていたもので、死者の霊魂すなわち魂魄を祭る。魂魄が抜け出した遺体は陵墓に埋葬されるが、これは祭祀対象にはならない。つまり大陸において祭るべき死者とはつまるところ霊魂であり、日本での遺体やこれが埋葬される山陵を儀礼の対象とすることには結びつかない。唐の死者観念を受容したから死体に儀礼的行為を行ったのではなく、むしろ唐での観念を拒絶して行ったのである。

浄土教にかぎらず仏教一般でも遺体こそが死者だとする観念はない。死によって遺体から抜け出す霊魂こそが死者であり、これがほどなく転生しあらたな身体を得て別の生者となる。死後に転生するまでのあいだは中有などといわれるが、このときもすでに生前の肉体との関係は失われている。いずれにしてもその場に残される遺体は土や塵と同じ単なる物体として把握される。こうした死後理解から遺体を対象にした儀礼は生じない。

つまり遺体こそを死者とみなす観念は、唐の儒教的儀礼とともにもたらされたわけではなく、また仏教によりもたらされたわけでもない。むしろ儒教的死者観念は変容させられ、また仏教の霊魂観や死者観念も変容させられている。すなわち儒教的儀礼や浄土教的儀礼の導入以前にすでに死体を死者とみなす観念が必ずしも自覚的ではなかったかもしれないが形成され、これが根底にあって変えがたいものとなっていたため、儒教的儀礼や浄土教的儀礼を導入するにあたって変化を加えずにはいられなかったのではないかと考えられる。

こうしたことを踏まえるとき記紀神話にある黄泉国訪問譚があらためて注目される。本書では、現実の制度や儀礼およびこれに影響を与えた文献を取り上げることとし、儀礼の直接的根拠として扱うことが難しい記紀神話はあえて取り上げなかった。しかし、律令制での律令と密接にかかわる儀礼における死者観念と摂関期の浄土教での死者の扱われ方から、仏教や儒教の死者観念を拒むほどの強さを持つ、律令期から摂関期に通底する遺体もしくは死体を死者とみなす観念の存在が推測される。現実の習慣や儀礼を根底で支えるものとして、あらためて記紀神話にある黄泉国訪問譚に触れておく。ただ黄泉国はすべての死者が必ず行きつくところではないことには留意しておきたい。

記紀神話にある黄泉国訪問譚では、死者および死者世界につぎの特徴がある。一つは死者の行くべき場所は生前に居た世界からつながっていて、そこへ行くのに特別な乗り物や呪術といった手段は必要とされていない。イザナキは日常的な移動と何も変わらずイザナミを追って死者の国へ赴いている。もう一つは、死者とは生前から連続する身体そのものである。神話にはしばしばタマが重要な働きをする存在として登場するが、死んだイザナミがタマとなって黄泉国に存在しているわけではない。イザナミはあくまで腐乱し蛆のたかる死体であって、そうした身体と分離した霊魂とは考えられていない。すなわち腐敗し蛆のたかる身体こそがイザナミである。さらにもう一つは、死者の世界は最終的に生者の世界と断絶し、死者との交流は行われなくなる。イザナキは約束を破りイザナミの身体を見てしまい、追いかけられたあげく黄泉国から逃げ帰り、泉津平坂で死者との絶縁を宣言している。イザナミと特定の日だけ再会したり言葉を交わすなど、儀礼とつながりうるような行為や習慣の成立には話は帰結しない。黄泉国訪問譚がつくられた当時に、生きている人は死者との交流を持たず関係を断絶しているという現実があり、これを投影して起源説話として構成されたのではなかろうか。

これらは本書で考察した律令期から摂関期の死者観念と重なる。律令と密接に関連する儒教的儀礼や浄土教といった外来の死者や死後世界の理解や観念を受容しつつも、基底にあってこれを変容させて独自に維持された奈良・平安時代の死者や死後世界の観念は、この神話とつながる。すなわち死者とは端的に遺体であるという死者観念、さらに律令期の一般の官人が埋葬された後に依然として存在しているが顧みられないという特徴的な扱われ方も神話は一致する。これまで黄泉国訪問譚から、死後世界はただキタナイとされるだけで漠然として不明瞭にしか考えられていなかったと論じられることがあった。たしかに未熟な死後観念および死後世界観ということができるかもしれないが、儒教や仏教のより高度な死者観念を退けるだけの強固さと根深さと備えていた。儒教的な霊魂の観念や浄土のさまざまな観念がその時々に朝廷に受容され浸透するのだが、これとは異なる基底層に黄泉国訪問譚の死者観念が保存されている。記紀神話の黄泉国訪問は、奈良・平安時代でも根底に存在し続けた基底的死者観念として位置づけなおさねばならない。

参考文献一覧

＊「一次資料・古典籍」は各文献を和書・漢籍・仏典に分類し、原資料を成立順に並べたものである。ただし、史料集・大系・叢書等に収録されている文献は一括して示したので、厳密な年代順にはなっていない（史料集・大系・叢書等に収録されている書名は↓の後に記した）。また、文献には本書で引用・言及したもの以外も含まれる。

＊「参考文献」は著者名（執筆者名）の五十音順に配列した。同一著者のものは、単著・論文・共編著の順番に並べた。論集については、論集本体と論集に収録された論文の両方を別個に記載したので、重複する場合がある。

●一次資料・古典籍（史料集・大系・叢書等に収録されている書名の書誌情報は省略）

佐伯有義校訂標注『増補　六国史』一～十一（朝日新聞社、一九四〇～四一年）

訳注日本史料（集英社、一九九五年～）→『日本後紀』『延喜式（上・中・下）』

日本古典文学大系（岩波書店、一九五七～六七年）→『日本書紀（上・下）』『日本霊異記』『懐風藻・文華秀麗集・本朝文粋』

新日本古典文学大系（岩波書店、一九八九～二〇〇五年）→『続日本紀（一～五）』『本朝文粋』

日本思想大系（岩波書店、一九七〇～八二年）→『律令』『源信』『往生伝・法華験記』『本居宣長』

山中裕・池田尚隆他校注『栄花物語（一～三）』（新編日本古典文学全集、小学館、一九九五～九八年）

新訂増補　国史大系（吉川弘文館（一九二九～六四年）→『類聚国史（前・後）』『日本紀略・百錬抄』『扶桑略記・帝王編年記』『令集解（前・後）』『交替式・弘仁式・延喜式』『類聚三代格・弘仁格抄』『政事要略』

虎尾俊哉編『弘仁式貞観式逸文集成』（国書刊行会、一九九二年）

神道大系（神道大系編纂会、一九七七～九四年）→『皇太神宮儀式帳・止由気宮儀式帳・太神宮諸雑事記』『儀式・内裏式』『西宮記』『北山抄』

新訂増補　故実叢書（明治図書出版、一九五一～五七年）→『内裏儀式・内裏儀式疑義辨・内裏式・儀式・北山抄』『西宮記』

『禁秘抄考証・拾芥抄』

中川経雅・神宮司庁『大神宮儀式解』（増補大神宮叢書、吉川弘文館、二〇〇六年。初刊一九三五年）

新校 群書類従（続群書類従完成会、一九三一年～）→『皇太神宮儀式帳』『儀式』『本朝月令』『新儀式』『九条年中行事』『小野宮年中行事』『年中行事秘抄』『法曹至要抄』『貞信公記抄』『醍醐寺雑事記』『宇槐雑抄』『類聚雑例』『文保記』

続群書類従（続群書類従完成会、一九二三年～）→『師遠年中行事』『年中行事御障子』

続々群書類従（続群書類従完成会、一九六九年～）→『本朝法家文書目録』『江次第鈔』

甲田利雄『年中行事御障子文注解』（続群書類従完成会、一九七六年）

増補 史料大成（臨川書店、一九三四～六五年）→『権記』『小右記』

大日本古記録（東京大学史料編纂所、一九五二年～）→『九暦』『小右記』『御堂関白記』

『大日本史料』（東京大学史料編纂所、一九〇一年～）

小長谷恵吉『日本国見在書目録解説稿 附・同書目録・同書索引』（小宮山出版、一九七六年。初刊一九三六年）

久松潜一編『賀茂真淵全集』（続群書類従完成会、一九七七年）

大野晋編『本居宣長全集』（筑摩書房、一九六八年）

新釈漢文大系（明治書院、一九六〇～二〇一八年）→『礼記（上・中・下）』『論語』『論衡』

阮元編『十三経注疏（附校勘記）』（中華書局、二〇〇三年）→『礼記注疏』『儀礼注疏』

『晉書』（標点本、中華書局、一九九三年）

崔寔（渡部武訳注）『四民月令――漢代の歳時と農事』（平凡社東洋文庫、一九八七年）

宋懍（守屋美都雄訳注・布目潮渢補訂）『荊楚歳時記』（平凡社東洋文庫、一九七八年）

欧陽詢（汪紹楹校）『藝文類聚』（上海古籍出版社、一九九九年）

徐堅『初学記』（楊家駱主編国学名著珍本彙刊、鼎文書局、一九七六年）

『大唐開元礼』（汲古書院、一九七二年）

杜佑『通典』（中華書局、一九八八年）

王溥『唐会要』（上海古籍出版社、一九九一年）

仁井田陞（池田温他編）『唐令拾遺補 附唐日両令対照一覧』（東京大学出版会、一九九七年）

大正新修大蔵経（大正新修大蔵経刊行会、一九二四～三四年）→『冥報記』『弁正論』『経律異相』『法苑珠林』『諸経要集』『妙法蓮華経』『善悪因果経』『釈浄土群疑論』『大方広仏華厳経』（仏駄跋陀羅訳および実叉難陀訳）

伊野弘子訳注『冥報記全釈』（汲古書院、二〇一二年）

空海・弘法大師空海全集編輯委員会『弘法大師空海全集』（筑摩書房、一九八三～八六年）

「横川首楞厳院二十五三昧起請」（鈴木学術財団編『大日本仏教全書』第四十九巻〈威儀部〉、一九七一年。初刊一九一二年）

●参考文献

赤坂憲雄『境界の発生』（講談社、二〇〇二年）
赤田光男『祖霊信仰と他界観』（人文書院、一九八六年）
浅井虎夫（滝川政次郎解題）『中国ニ於ケル法典編纂ノ沿革』（汲古書院、二〇一六年。初刊一九一一年）
安蘇谷正彦『神道の生死観――神道思想と「死」の問題』（ぺりかん社、一九八九年）
網野善彦・樺山紘一他編『岩波講座天皇と王権を考える八　コスモロジーと身体』（岩波書店、二〇〇二年）
池田温「解題」（『大唐開元礼』汲古書院、一九七二年）
――「唐・日喪葬令の一考察――条文配列の相異を中心として」（『法制史研究』四五、一九九六年）
池田温編『中国礼法と日本律令制』（東方書店、一九九二年）
――『古代を考える　唐と日本』（吉川弘文館、一九九二年）
――『日本古代史を学ぶための漢文入門』（吉川弘文館、二〇〇六年）
池田温・劉俊文編『日中文化交流史叢書二　法律制度』（大修館書店、一九九七年）
石川英昭『中国古代礼法思想の研究』（創文社、二〇〇三年）
石田瑞麿『浄土教の展開』（春秋社、一九六七年）
――『往生の思想』（平楽寺書店、一九六八年）
――『日本古典文学と仏教』（筑摩書房、一九八八年）
――『日本人と地獄』（春秋社、一九九八年）
――『日本仏教史』（岩波書店、二〇〇四年）
石村喜英「僧道昭の火葬をめぐる諸問題」（『史跡と美術』四八五号、史跡美術同攷会、一九七八年）
石村貞吉『有職故実』上・下（講談社学術文庫、一九八七年）
出雲路修『説話集の世界』（岩波書店、一九八八年）
――「日本霊異記」（今野達・佐竹昭広・上田閑照編『日本文学と仏教二　因果』岩波書店、一九九四年）
伊藤益『日本人の死――日本的死生観への視角』（北樹出版、一九九九年）
伊藤東涯（礪波護・森華訳）『制度通』一・二（平凡社東洋文庫、二〇〇六年）
稲田奈津子『日本古代の喪葬儀礼と律令制』（吉川弘文館、二〇一五年）
――「日本古代喪葬儀礼の特質――喪葬令からみた天皇と氏」（『史学雑誌』一〇九編九号、二〇〇〇年）
井上光貞『日本浄土教成立史の研究』（山川出版社、一九七五年。初刊一九五六年）
――『日本古代の国家と仏教』（岩波書店、二〇〇一年。初刊一九七一年）
井上亮『天皇と葬儀――日本人の死生観』（新潮社、二〇一三年）

井之口章次『日本の葬式』（筑摩書房、二〇〇二年。初刊一九六五年）
彌永貞三『日本古代の政治と史料』（高科書店、一九八八年）
岩田重則『「お墓」の誕生――死者祭祀の民俗誌』（岩波書店、二〇〇六年）
上田正昭『アジアのなかの日本古代史』（朝日新聞社、一九九九年）
上野陽里「源信撰「横川首楞厳院二十五三昧起請」に記された遺体処置について」（『医学史研究』七二号、一九九八年）
梅田義彦「養老神祇令の斎戒規定」（『神道宗教』七二号、一九七三年）
梅原猛・中西進編『霊魂をめぐる日本の深層』（角川書店、一九九六年）
遠藤元男・山中裕『年中行事の歴史学』（弘文堂、一九八一年）
大隅和雄・速水侑編『日本名僧論集四　源信』（吉川弘文館、一九八三年）
大隅清陽『律令官制と礼秩序の研究』（吉川弘文館、二〇一一年）
――「唐の礼制と日本」（池田温編『古代を考える　唐と日本』）
大曽根章介『日本漢文学論集一』（汲古書院、一九九八年）
大津透『古代の天皇制』（岩波書店、一九九九年）
――「天皇制と律令・礼の継受――衣服令・喪葬令をめぐる覚書」（池田温・劉峻文編『日中文化交流史叢書二　法律制度』大修館書店、一九九七年）
――『日本の歴史6　道長と宮廷社会』（講談社、二〇〇一年）
大津透・大隅清陽他『日本の歴史8　古代天皇制を考える』（講談社、二〇〇一年）
大津透編『律令制研究入門』（名著刊行会、二〇一一年）
大野達之助『上代の浄土教』（吉川弘文館、一九九六年。初刊一九七二年）
大林太良『葬制の起源』（中央公論社、一九九七年。初刊一九六五年）
大山喬平『日本中世農村史の研究』（岩波書店、一九七八年）
岡田重精『古代の斎忌――日本人の基層信仰』（国書刊行会、一九八二年）
――『斎忌の世界』（国書刊行会、一九八九年）
岡田荘司編『日本神道史』（吉川弘文館、二〇一〇年）
岡田精司編『古代祭祀の歴史と文学』（塙書房、一九九七年）
岡村孝子「神祇令の特質について――唐祠令との比較から考える」（『國學院雜誌』一〇三巻一一号、二〇〇二年）
奥村郁三「神祇令と唐の祠令」（『京都産業大学日本文化研究所紀要』六号、二〇〇〇年）
小原仁『文人貴族の系譜』（吉川弘文館、一九八七年）
――『中世貴族社会と仏教』（吉川弘文館、二〇〇七年）
大日方克己『古代国家と年中行事』（吉川弘文館、一九九三年）
折口信夫「古代人の思考の基礎」（『折口信夫全集』第三巻、中央公論社、一九六六年）

――――「上代葬儀の精神」(『折口信夫全集』第二十巻、一九六七年)
――――「大嘗祭の本義」(『折口信夫全集』第三巻)
――――「霊魂の話」(『折口信夫全集』第三巻)
片岡耕平『日本中世の穢と秩序意識』(吉川弘文館、二〇一四年)
勝浦令子「七・八世紀将来中国医書の道教系産穢認識とその影響――神祇令散斎条古記「生産婦女不見之類」の再検討」(『史論』五九号、二〇〇六年)
――――「日本古代における外来信仰系産穢認識の影響――本草書と密教経典の検討を中心に」(『史論』六〇号、二〇〇七年)
勝田至『死者たちの中世』(吉川弘文館、二〇〇三年)
――――『日本中世の墓と葬送』(吉川弘文館、二〇〇六年)
金子修一『古代中国と皇帝祭祀』(汲古書院、二〇〇一年)
金子裕之『平城京の精神生活』(角川書店、一九九七年)
亀谷弘明「なぜいま、『日本霊異記』なのか」(『歴史評論』六六八号、二〇〇五年)
川崎庸之編『日本の名著4 源信』(中央公論社、一九八三年)
河音能平『天神信仰の成立――日本における古代から中世への移行』(塙書房、二〇〇三年)
河鰭実英『有職故実――日本文学の背景』(塙書房、一九七一年。初刊一九六〇年)
菊池克美「神祇令における法継受の問題」(池田温編『中国礼法と日本律令制』)
菊地勇次郎「日本往生極楽記の撰述」(大隅和雄・速水侑編『日本名僧論集四 源信』。初出『歴史教育』五巻六号、一九五七年)
木村純二「『往生要集』と『栄花物語』――日本の思想風土と仏教の葛藤の一断面」(『国士舘哲学』五号、二〇〇一年)
久野昭『日本人の他界観』(吉川弘文館、一九九七年)
倉林正次『饗宴の研究』(桜楓社、一九八七年。初刊一九六五年)
栗田直躬『中国上代思想の研究』(岩波書店、一九四九年)
黒須利夫「「年中行事障子」の成立」(『歴史人類』二一号、一九九三年)
黒田日出男「こもる・つつむ・かくす――中世の身体感覚と秩序」(朝尾直弘・網野善彦他編『日本の社会史八 生活感覚と社会』岩波書店、一九八七年)
小島孝之編『説話の界域』(笠間書院、二〇〇六年)
後藤昭雄「慶滋保胤」(『岩波講座日本文学と仏教一 人間』岩波書店、一九九三年)
小林保治『説話集の方法』(笠間書院、一九九二年)
小林由美子「『日本霊異記』と梵網経略疏」(『仏教文学』二六号、二〇〇二年)
小峯和明・篠川賢『日本霊異記を読む』(吉川弘文館、二〇〇四年)
小山靖憲『中世村落と荘園絵図』(東京大学出版会、一九八七年)

五来重『増補　高野聖』（角川書店、一九七五年。初刊一九六五年）
――『仏教と民俗――仏教民俗学入門』（角川書店、一九七六年）
――『先祖供養と墓――新しい視座で説く、先祖の祭りと来歴』（角川書店、一九九二年）
――『日本人の死生観――民族の心のあり方をさぐる』（角川書店、一九九四年）
五来重・勝又俊教他『命と鎮魂』（御茶の水書房、一九八六年）
西郷信綱『古代人と夢』（平凡社、一九九三年。初刊一九七二年）
――『古代の声――うた・踊り・市・ことば・神話』（朝日新聞社、一九九五年。初刊一九八五年）
――『古代人と死――大地・葬り・魂・王権』（平凡社、一九九九年）
齋藤融「「前後神祇式」小考」（『法政史学』六一号、二〇〇四年）
坂本太郎『坂本太郎著作集第七巻　律令制度』（吉川弘文館、一九八九年）
――『菅原道真』（吉川弘文館、一九八九年。初刊一九六二年）
相良亨『日本人の死生観』（ぺりかん社、一九九〇年。初刊一九八四年）
狭川真一『墓と葬送の中世』（高志書院、二〇〇七年）
桜井徳太郎『霊魂観の系譜――歴史民俗学の視点』（筑摩書房、一九七七年）
桜井好朗編『大系仏教と日本人一　神と仏』（春秋社、一九八五年）
佐藤弘夫『死者のゆくえ』（岩田書院、二〇〇八年）
澤田瑞穂『地獄変――中国の冥界説』（平河出版社、一九九一年。初刊一九六八年）
――『仏教と中国文学』（国書刊行会、一九七五年）
重松明久『日本浄土教成立過程の研究――親鸞の思想とその源流』（平楽寺書店、一九六四年）
柴田実編『御霊信仰』（雄山閣、二〇〇三年。初刊一九八四年）
志村有弘「「日本往生極楽記」と慶滋保胤」（梅光学院大学日本文学会『日本文学研究』一二号、一九七六年）
下出積与『日本古代の神祇と道教』（吉川弘文館、一九七二年）
――『日本古代の仏教と神祇』（吉川弘文館、一九九七年）
――『日本古代の道教・陰陽道と神祇』（吉川弘文館、一九九七年）
新谷尚紀『生と死の民俗史』（木耳社、一九八六年）
――『両墓制と他界観』（吉川弘文館、一九九一年）
水藤真『中世の葬送・墓制――石塔を造立すること』（吉川弘文館、一九九一年）
鈴木敬三『有職故実図典』（吉川弘文館、一九九五年。初刊一九五〇年）
薗田香融「慶滋保胤とその周辺――浄土教成立に関する一試

論」（大隅和雄・速水侑編『日本名僧論集四　源信』。初出『顕真学苑論集』四八号、一九五六年）
高取正男『神道の成立』（平凡社、一九九三年。初刊一九七九年）
高取正男・橋本峰雄『宗教以前』（日本放送出版協会、一九六八年）
高橋繁行『葬祭の日本史』（講談社現代新書、二〇〇四年）
滝川政次郎『律令の研究』（刀江書院、一九三一年）
――『律令諸制及び令外官の研究』（角川書店、一九六七年）
竹居明男「『日本往生極楽記』の冥界思想――慶滋保胤の宗教生活についての試論」（文化史学会『文化史学』四一号、一九八五年）
多田一臣「宗教説話の初期」（『岩波講座日本文学史一　文学の誕生より八世紀まで』岩波書店、一九九五年）
――「古代の夢」（小島孝之編『説話の界域』笠間書院、二〇〇六年）
橘哲哉「日本往生極楽記考」（『顕真学苑論集』五一号、一九六〇年）
田中久夫『祖先祭祀の研究』（弘文堂、一九七八年）
――『地蔵信仰と民俗』（岩田書院、一九九五年。初刊一九八九年）
――『祖先祭祀の展開――日本民俗学の課題』（清文堂出版、一九九九年）
――「平安貴族の葬制――特に十一世紀を中心として」（『近畿民俗』四三号、一九六七年八月）
――「たままつり――盂蘭盆会の定着化の問題」（『祖先祭祀の研究』。初出『御影史学論集』創刊号、一九七二年）。
田中久夫編『祖先祭祀の歴史と民俗』（弘文堂、一九八六年）
谷川愛「平安時代における天皇・太上天皇の喪葬儀礼」（『国史学』一六九号、一九九九年）
谷田孝之『中国古代喪服の基礎的研究』（風間書房、一九七〇年。初刊一九六〇年）
圭室諦成『葬式仏教』（大法輪閣、二〇〇四年。初刊一九六三年）
田村晃裕「来世と他界」（今野達・佐竹昭広他編『岩波講座日本文学と仏教三　現世と来世』一九九四年）
千々和到「仕草と作法――死と往生をめぐって」（朝尾直弘・網野善彦他編『日本の社会史八　生活感覚と社会』）
寺川真知夫『日本国現報善悪霊異記の研究』（和泉書院、一九九六年）
土井卓治『葬送と墓の民俗』（岩田書院、一九九七年）
土井卓治・佐藤米司他編『葬送墓制研究集成一　葬法』（名著出版、二〇〇四年。初刊一九七九年）
――『葬送墓制研究集成二　葬送儀礼』（同前）
――『葬送墓制研究集成三　先祖供養』（同前）
――『葬送墓制研究集成四　墓の習俗』（同前）
――『葬送墓制研究集成五　墓の歴史』（同前）
戸川点「釈奠における三牲」（虎尾俊哉編『律令国家の政務と儀

礼』）
所功『平安朝儀式書成立史の研究』（国書刊行会、一九八五年）
――『宮廷儀式書成立史の再検討』（国書刊行会、二〇〇一年）
虎尾達哉「上代監喪使考――唐令監喪規定の継受と実態」（『史林』六八巻六号、一九八五年）
虎尾俊哉『延喜式』（吉川弘文館、一九九五年。初刊一九六四年）
虎尾俊哉編『律令国家の政務と儀礼』（吉川弘文館、一九九五年）
中込睦子『位牌祭祀と祖先観』（吉川弘文館、二〇〇五年）
永藤靖『古代仏教説話の方法――霊異記から験記へ』（三弥井書店、二〇〇三年）
――「古代説話の研究――『日本霊異記』の冥府訪問譚」（『明治大学人文研究所紀要』三八冊、一九九五年）
永藤靖編『法華験記の世界』（三弥井書店、二〇〇五年）
中村哲『柳田国男の思想』上・下（講談社、一九七七年。初刊一九六七年）
中村史『日本霊異記と唱導』（三弥井書店、一九九五年）
夏目隆文「橘逸勢の研究」上・中・下（『綜合郷土研究所紀要』一一～一三輯、一九六五～六七年）
南里みち子『怨霊と修験の説話』（ぺりかん社、一九九六年）
丹生谷哲一『検非違使――中世のけがれと権力』（平凡社、一九八六年）
西岡弘『中国古代の葬礼と文学 改訂版』（汲古書院、二〇〇二年。初刊一九七〇年）
西本昌弘『日本古代儀礼成立史の研究』（塙書房、一九九七年）
――『日本古代の年中行事書と新史料』（吉川弘文館、二〇一二年）
西山良平「御霊信仰論」（『岩波講座日本通史五 古代四』岩波書店、一九九五年）
――「〈神〉・怨霊・山陵――タタリの全大史あるいは〈御霊〉信仰再考」（斎藤英喜編『アマテラス神話の変身譜』森話社、一九九六年）
日本霊異記研究会編『日本霊異記の世界』（三弥井書店、一九八二年）
入部正純『日本霊異記の思想』（法蔵館、一九八八年）
芳賀登『増訂版 葬儀の歴史』（雄山閣、一九九六年）
浜田隆『極楽への憧憬――浄土教絵画の展開』（美術出版社、一九七五年）
早川万年「補註一「前後神祇式」について」（虎尾俊哉編『弘仁式貞観式逸文集成』国書刊行会、一九九二年）
林紀昭「大化喪葬令の再検討」（『法学論叢』八五巻五号、一九六九年）
速水侑『浄土信仰論』（雄山閣、一九七八年）
――『平安貴族社会と仏教』（吉川弘文館、一九八三年）
――『呪術宗教の世界――密教修法の歴史』（塙書房、一九八七年）

――『源信』（新装版人物叢書、吉川弘文館、一九八八年）
――『地獄と極楽――『往生要集』と貴族社会』（吉川弘文館、一九九八年）
――『平安仏教と末法思想』（吉川弘文館、二〇〇六年）
――『奈良・平安仏教の展開』（吉川弘文館、二〇〇六年）
――「光明真言と初期浄土教」（笠原一男編『日本における社会と宗教』吉川弘文館、一九六九年。再録『平安貴族社会と仏教』）
原田敦子「日本霊異記にみる骨肉の倫理――枯骨報恩譚の伝播と形成」（日本霊異記研究会編『日本霊異記の世界』）
原田敏明『日本古代思想』（中央公論社、一九七二年）
原田敏明・高橋貢訳『日本霊異記』（平凡社、二〇〇〇年。初刊一九六七年）
樋口州男「平安時代における喪葬儀礼とその意義――平安仏教の一視点」（中世民衆史研究会編『中世の政治的社会と民衆像』三一書房、一九七六年）
平林盛得『慶滋保胤と浄土思想』（吉川弘文館、二〇〇一年）
服藤早苗『家成立史の研究――祖先祭祀・女・子ども』（校倉書房、一九九一年）
藤井正雄『祖先祭祀と葬墓』（名著出版、一九八八年）
――『祖先祭祀の儀礼構造と民俗』（弘文堂、一九九三年）
――『死と骨の習俗』（双葉社、二〇〇〇年）
――「葬制からみた霊魂観・死後観」（宮家準編『大系仏教と日本人九　民俗と儀礼』春秋社、一九八六年）
藤井正雄編『日本人の仏教10　仏教の儀礼』（東京書籍、一九八三年）
藤本誠「『日本霊異記』の史料的特質と可能性――『日本霊異記』の化牛説話を中心として」（『歴史評論』六六八号、二〇〇五年）
藤本佳男「藤原道長の浄妙寺創建をめぐって」（龍谷大学史学会『龍谷史壇』七三・七四号、一九七八年）
仏教民俗学大系編集委員会編『仏教民俗学大系二　聖と民衆』（名著出版、一九八六年）
――『仏教民俗学大系三　聖地と他界観』（一九八八年）
――『仏教民俗学大系四　祖先祭祀と葬墓』（一九八八年）
古瀬奈津子『日本古代王権と儀式』（吉川弘文館、一九九八年）
堀大慈「二十五三昧会の成立に関する諸問題」（『京都女子大学人文論叢』九号、一九六四年）
堀裕「天皇の死の歴史的位置――「如在之儀」を中心に」（『史林』八一巻一号、一九九八年）
――「死へのまなざし――死体・出家・ただ人」（『日本史研究』四三九号、一九九九年）
真壁俊信『天神縁起の基礎的研究』（続群書類従完成会、一九九八年。初刊一九八四年）
松尾剛次『鎌倉新仏教の誕生――勧進・穢れ・破戒の中世』（講談社、一九九五年）
松前健『古代王権の神話学』（雄山閣、二〇〇三年）
松村博司『栄花物語の研究』（風間書房、一九九二年。初刊一九五六年)。
丸山顕徳「日本霊異記における冥界説話」(日本霊異記研究会編『日本霊異記の世界』)
丸山裕美子「天皇祭祀の変容」(大津透・大隅清陽他『日本の歴史8 古代天皇制を考える』)
三橋正『平安時代の信仰と宗教儀礼』(続群書類従完成会、二〇〇〇年)
——『日本古代神祇制度の形成と展開』(法蔵館、二〇一〇年)
——「『延喜式』穢規定と穢意識」(『延喜式研究』二号、一九八九年)
——「弘仁・貞観式逸文について——『延喜式』穢規定成立考」(『国書逸文研究』二二号、一九八九年)
——「大祓の成立と展開」(『神道古典研究』会報一二号、一九九〇年)
——「摂関期における定穢の変遷——『西宮記』「定穢」から三条朝まで」(『大倉山論集』四四輯、一九九九年)
——「摂関末・院政期における定穢について」(『駒澤史学』六一号、二〇〇三年)
三宅和朗『古代国家の神祇と祭祀』(吉川弘文館、一九九五年)
宮田登『霊魂の民俗学——日本人の霊的世界』(洋泉社、二〇〇七年。初刊一九八八年)
宮田登・新谷尚紀編『往生考——日本人の生・老・死』(小学館、二〇〇〇年)
村山修一『浄土教芸術と弥陀信仰』(至文堂、一九六六年)
——『天神御霊信仰』(塙書房、一九九六年)
最上孝敬『詣り墓——両墓制の探究』(古今書院、一九五六年)
——『霊魂の行方』(名著出版、一九八四年)
茂木秀淳「『冥界説話』の世界観」(『信州大学教育学部紀要』七二号、一九九一年)
——「「転生説話」の一考察——「日本霊異記」と「今昔物語集」の比較を中心にして」(『信州大学教育学部紀要』八二号、一九九四年)
——「霊験譚の一考察——「往生」をめぐって」(『信州大学教育学部紀要』八七号、一九九六年)
桃裕行『上代学制の研究 修訂版』(桃裕行著作集、思文閣出版、一九九四年。初刊一九四七年)
森謙二『墓と葬送の社会史』(講談社、一九九三年)
森浩一編『墓地』(社会思想社、一九七五年)
森田悌『日本古代律令法史の研究』(文献出版、一九八六年)
守屋俊彦『日本霊異記の研究』(三弥井書店、一九七四年)
八重樫直比古『古代の仏教と天皇——日本霊異記論』(翰林書房、一九九四年)
八木毅『日本霊異記の研究』(風間書房、一九七六年)
安田夕希子『穢れ考——日本における穢れの思想とその展開』(国際基督教大学比較文化研究会、二〇〇〇年)
山折哲雄『日本人の霊魂観——鎮魂と禁欲の精神史』(河出書房新社、一九七六年)

――『神と仏――日本人の宗教観』(講談社、一九八三年)
――『仏教民俗学』(講談社、一九九三年)
――『死の民俗学――日本人の死生観と葬送儀礼』(岩波書店、二〇〇二年。初刊一九九〇年)
山岸徳平編『日本漢文学史論考』(岩波書店、一九七四年)
柳田国男「葬制の沿革について」(『柳田国男全集』第十二巻、筑摩書房、一九九〇年。初出『人類学雑誌』一九二九年六月)
――「先祖の話」(『柳田国男全集』第十五巻、一九九〇年)
山口敦史「日本霊異記と中国六朝思想」(『日本文学論集』一四号、一九九〇年)
山下克明『平安時代の宗教文化と陰陽道』(岩田書院、一九九六年)
――「災害・怪異と天皇」(網野善彦・樺山紘一他編『岩波講座天皇と王権を考える八 コスモロジーと身体』)
山田雄司『崇徳院怨霊の研究』(思文閣出版、二〇〇一年)
――『跋扈する怨霊――祟りと鎮魂の日本史』(吉川弘文館、二〇〇七年)
山中裕『平安朝の年中行事』(塙書房、一九七二年)
――『平安時代の古記録と貴族文化』(思文閣出版、一九八八年)
山本幸司『穢と大祓』(平凡社、一九九二年)
――「貴族社会における穢と秩序」(『日本史研究』二八七号、一九八六年)
山本大介「嵯峨・淳和上皇遺詔――祟る山陵と王の身体を巡って」(明治大学大学院文学研究科『文化継承学論集』二〇〇四年)
楊寛(西嶋定生監訳、尾形勇・太田侑子訳)『中国皇帝陵の起源と変遷』(学生社、一九八一年)
横井清『中世民衆の生活文化』(東京大学出版会、一九七五年)
――「触穢思想の中世的展開」(『風俗』七巻三号、一九六八年)
――「触穢思想の中世的構造――神と天皇と「賤民」と」(『国文学 解釈と鑑賞』四七二号、一九七二年)
吉川忠夫『中国古代人の夢と死』(平凡社、一九八五年)
吉野裕子『日本人の死生観――蛇・転生する祖先神』(人文書院、二〇〇三年。初刊一九八二年)
李恵燕「声を発する髑髏――『日本霊異記』と『法華験記』に現れる骨について」(『法華験記の世界』)
和田萃『日本古代の儀礼と祭祀・信仰』上(塙書房、一九九五年)
――「服属と儀礼」(伊藤幹治編『講座日本の古代信仰三 呪ないと祭り』学生社、一九八〇年)
――「古代における礼と身分意識」(朝尾直弘・網野善彦他編『日本の社会史七 社会観と世界像』一九八七年)
渡部真弓『神道と日本仏教』(ぺりかん社、一九九一年)
――「古代喪葬儀礼の変遷――天皇喪葬儀礼における吉凶意識の成立」(『神道宗教』一四五号、一九九一年)
――「古代喪葬儀礼の研究――奈良時代における天皇喪葬儀

礼の変遷」（『神道史研究』四〇巻二号、一九九二年）

あとがき

本書の中心をなす学位請求論文（中央大学大学院文学研究科哲学専攻・二〇一〇年度）で、主査にあたられた指導教官の故岸田知子先生、副査にあたられた清水正之先生・宇野茂彦先生に厚くお礼申し上げます。また野崎守英先生には学部から大学院にかけて、定年退職されるまでお世話になりました。米田達也先生、土屋裕史先生、尾形弘紀先生の諸先輩には苦しく不安なときにおおいに励ましていただきました。本書の校正では後輩の石橋賢太先生と西澤駿介氏に協力していただきました。

大川真先生には日本学術振興会の科学研究費助成事業（研究成果公開促進費）への応募・申請にあたって適切な助言をいただき、ぺりかん社編集部の藤田啓介氏には編集制作を担当していただいたことで、本書を刊行することができました。深く感謝申し上げます。

二〇一八年十二月

尾留川　方孝

本刊行物は、ＪＳＰＳ科研費JP18HP5027の助成を受けたものです。

初出一覧

本書は中央大学大学院文学研究科に提出した博士論文「奈良・平安時代における朝廷の死者観念――死者の存在形態・死者を扱う枠組みまたは存在空間の思想史的考察」（二〇一〇年八月）をもとに、いくつかの論文を加え全体を再構成し加筆修正したものである。収録論文の初出と原題を以下に示す（表示のないものはすべて博士論文が初出である）。

第一章

第一節　神祇祭祀との関係からみる穢れ規定……初出「平安時代における穢れ観念の変容――神祇祭祀からの分離」（『日本思想史学』四一号、日本思想史学会、二〇〇九年）

第二節　年中行事の成立と神祇祭祀の地位の変化……初出「官撰儀式書の構成の模索と漢籍」（『日本思想史学』四八号、日本思想史学会、二〇一六年）

第三節　由来を異にする儀式間の交渉と年中行事……初出「年中行事という範疇はいかにして成立したか――喪葬儀礼の変容と穢れ観念の成熟の影響」（『人文研紀要』八八号、中央大学人文科学研究所、二〇一七年）

第四節　日本の神祇祭祀と唐の祭祀との差異……初出「律令国家的祭祀とは神と人のどのような形態の関係か――唐の祭祀との比較からみる古代日本の律令的祭祀の特徴」（『倫理学年報』六一集、日本倫理学会、二〇一二年）

第三章

第一節　穢れの相対性……初出「穢れと供物の相対性――釈奠と神祇祭祀の差異から論じる成文化当初の穢れ観念」（『人文研紀要』七七号、中央大学人文科学研究所、二〇一三年）

第二節　朝廷の穢れと神社の穢れ……初出「平安時代における穢れ観念の多元性」（『日本思想史学』四三号、日本思想史学会、二〇一一年）
第三節　二つの穢れの融合……初出「穢れ観念の古代から中世への展開」（『日本思想史学』四六号、日本思想史学会、二〇一四年九月）

第五章
第二節　滅罪の一時的滞在地としての地獄……初出「六道輪廻観念の回避としての『霊異記』の地獄観念と死後理解――『冥報記』との差異からみる『霊異記』の独自性」（『中央大学文学部　紀要』二四七号〈哲学五五号〉、二〇一三年）
第三節　冥界の空間構造と死者の身体性……初出「『日本霊異記』における死者の身体――冥界訪問説話を中心に」（『中央大学大学院研究年報』三九号〈文学研究編〉、二〇一〇年）
第四節　「異相往生」は浄土にたどりつけたか……初出「『往生極楽記』における「異相往生」の内実――『往生要集』および『霊異記』との比較から」（『中央大学大学院　論究』四一号〈四一巻一号〉、二〇〇九年）

第六章
第二節　『栄花物語』に描かれる浄土信仰とその基底……初出「『栄花物語』に描かれた貴族的浄土信仰とその基底――唯心思想に基づく呪術的念仏観・死体尊重・現世中心主義」（『中央大学文学部　紀要』二四二号〈哲学五四号〉、二〇一二年）

索　引

＊→は関連項目，↔は対項目を示す。
＊「書名」には，儀式・令書・論文を含めた。論文の場合，作者名を〔　〕内に示した。
＊「事項」には，神道・仏教の神名を含めた。

人　名

ア行

カ行

サ行

マ行

ヤ行

書　名

タ行

ナ行

事　項

カ行

サ行

ナ行

ハ行

マ行

ヤ行

ラ行

ワ行

著者略歴

尾留川　方孝（びるかわ　まさたか）

1975年，兵庫県洲本市生まれ。中央大学大学院文学研究科哲学専攻博士課程修了。博士（哲学）。現在，中央大学文学部兼任講師。
専攻―日本思想史（古代）
論文―「神身離脱の様相と動機――神祇信仰と仏教儀礼のせめぎあい」（中央大学人文科学研究所『人文研紀要』82号），「『三宝絵』仏宝における本生譚の密教的再構築――成仏までの経緯の描写から成仏後の超常性の描写へ」（『説話文学研究』49号）など。

装訂――高麗隆彦

古代《こだい》日本《にほん》の穢《けが》れ・死者《ししゃ》・儀礼《ぎれい》　2019年1月30日　初版第1刷発行

著　者　尾留川 方孝

発行者　廣嶋 武人

発行所　株式会社 ぺりかん社
〒113-0033 東京都文京区本郷1-28-36
TEL 03(3814)8515
http://www.perikansha.co.jp/

印刷・製本　創栄図書印刷

Printed in Japan　ISBN 978-4-8315-1526-1

日本思想史講座1——古代	苅部直・黒住真・佐藤弘夫 末木文美士・田尻祐一郎編	三八〇〇円
日本思想史講座2——中世	苅部直・黒住真・佐藤弘夫 末木文美士・田尻祐一郎編	三八〇〇円
日本思想史講座3——近世	苅部直・黒住真・佐藤弘夫 末木文美士・田尻祐一郎編	三八〇〇円
日本思想史講座4——近代	苅部直・黒住真・佐藤弘夫 末木文美士・田尻祐一郎編	三八〇〇円
日本思想史講座5——方法	苅部直・黒住真・佐藤弘夫 末木文美士・田尻祐一郎編	四八〇〇円
日本思想史辞典	子安宣邦監修	六八〇〇円

◆表示価格は税別です。